*Lectori benevolo Salutem*

# HISTOIRE
## DE
# SAINT VINCENT FERRIER

PARIS
MAISON DE LA BONNE PRESSE
8, rue François I<sup>er</sup>
BUREAUX DE L'ANNÉE DOMINICAINE
94, rue du Bac

# HISTOIRE

DE

# SAINT VINCENT FERRIER

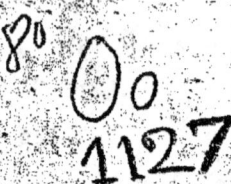

# HISTOIRE

DE

# SAINT VINCENT FERRIER

APOTRE DE L'EUROPE

PAR

## LE PÈRE FAGES

*des Frères Prêcheurs*

———

TOME SECOND

Vincenti dabo edere de ligno vitæ. *(Apoc.)*

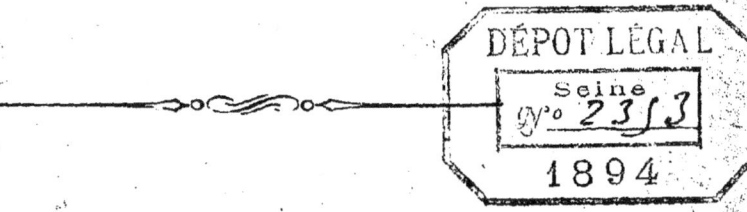

PARIS

MAISON DE LA BONNE PRESSE

8, RUE FRANÇOIS Ier

Mon Cher Père,

Vous n'êtes pas sans savoir qu'on me classe parmi les critiques impitoyables; pourquoi donc voulez-vous mon avis? C'est évidemment parce que vous avez conscience d'avoir bien travaillé : il ne faut, du reste, que jeter un coup d'œil rapide sur le dossier des pièces que vous produisez en appendice et sur l'appareil de notes qui s'étale au bas de vos pages, pour s'assurer que vous êtes en règle avec toutes les exigences de la documentation. Votre texte, d'ailleurs, est émaillé de souvenirs de voyages, de descriptions prises sur les lieux mêmes. Comme saint Vincent Ferrier, vous avez beaucoup voyagé.

Il voyageait, lui, pour convertir les gens; votre dessein n'est pas très différent. Vous avez voyagé et compulsé pour faire revivre l'édification qui procédait jadis de la vue, des discours et des miracles de ce saint homme. Dans votre exposition, vous avez évité la sécheresse et laissé place à l'enthousiasme. L'impression reçue par les anciens biographes vous a souvent paru préférable à celle qu'une étroite critique dégagerait des documents alambiqués. Vous avez eu raison. La vie des saints est un hymne chanté à Dieu, mais qui doit être entendu des hommes.

Vous l'avez compris. Vous sentez aussi qu'il y a des oreilles dures ou fausses, dans lesquelles on ne s'insinue que par des procédés spéciaux : déjà vous avez beaucoup fait pour elles;

*vous ferez plus encore en publiant, le moment venu, le procès de canonisation et quelques autres pièces mentionnées dans votre préface. Du reste, tel qu'il est présentement, votre ouvrage est assez riche en preuves de toutes sortes pour que nul, désormais, ne puisse s'occuper de saint Vincent Ferrier ou de son époque sans vous consulter.*

*Je souhaite à votre livre tout le succès que mérite un travail aussi consciencieux, entrepris dans une intention si élevée, poursuivi avec tant de courage, de patience et d'érudition.*

*Croyez toujours à ma vieille amitié,*

L. Duchesne,
*Membre de l'Institut.*

Paris, le 5 avril 1894.

# TROISIÈME PARTIE

APOGÉE — POLITIQUE HUMAINE — POLITIQUE DIVINE

1412-1416

# TROISIÈME PARTIE

## CHAPITRE PREMIER

### COMPROMIS DE CASPE

UN GRAND ACTE — ÉTAT DE L'ESPAGNE — FERDINAND D'ANTEQUERA — MORT DE L'INFANT D'ARAGON — LE COMTE D'URGELL — AGONIE DU ROI — SITUATION CRITIQUE — MEURTRE DE L'ARCHEVÊQUE — L'HOMME PROVIDENTIEL

Le compromis de Caspe ne fut pas seulement dans l'histoire d'Espagne un point d'arrêt que les circonstances avaient rendu nécessaire : ce fut encore un de ces actes féconds et décisifs comme en demandent les nations qui traversent de graves crises politiques.

Il constitua, sans secousse ni forfaiture, l'unité espagnole, et prépara Ferdinand et Isabelle, Charles-Quint et leur lignée glorieuse, c'est-à-dire l'Espagne, première puissance du monde, sur l'empire de laquelle le soleil ne se coucherait pas.

Au commencement du XVe siècle, rien ne faisait présager ces grandes destinées : l'Espagne semblait plutôt devoir sombrer sous des dissensions dont la ténacité n'avait d'égale que leur violence. Les trônes ébranlés par les coups répétés de la mort menaçaient de s'effondrer dans la ruine générale.

En Navarre et en Portugal régnaient de faibles femmes. La Castille venait de traverser une minorité orageuse avec Henri *le Doliente*. Parvenu à grand peine à l'âge viril, le jeune roi n'eut pas les qualités d'un souverain ; il mourut laissant lui-même un fils en très bas âge.

Heureusement, un homme capable d'un de ces courages de fond qui suffisent à illustrer un siècle, veillait sur ce berceau fragile. Un jour, les grands du royaume vinrent lui offrir la couronne ; pour toute réponse, il alla prendre l'enfant, lui fit de sa tête un piédestal, et le premier prêta serment au roi Jean deuxième du nom. Prince digne du trône, dirait ici Bossuet, parce qu'il avait su le refuser !

Un vieil auteur, Marineus Siculus, raconte ainsi le fait :

« Le roi de Castille tint toujours en estime et en affection son frère
» Ferdinand, parce qu'il lui connaissait une grande noblesse de carac-
» tère et des qualités supérieures. Tant à cause de ses vertus que pour
» éviter les inconvénients d'une minorité nouvelle, les grands crurent
» bien faire de lui offrir le sceptre à la mort du roi. Mais lui, écartant
» de son cœur toute ambition et toute soif intempestive de régner, prit son
» neveu encore tout enfant, le plaça sur ses épaules et dit à haute voix :
« Celui qui doit régner, Messieurs, c'est cet enfant, fils du roi Henri,
» mon très honoré frère. Pour moi, je ne demande que l'honneur de
» gouverner la Castille tant qu'il sera hors d'état de gouverner lui-même.
» Je vous invite donc, selon les lois et constitutions du royaume, à
» lui prêter serment d'obéissance, et à le reconnaître solennellement
» pour roi, selon le cérémonial accoutumé. »

Ainsi parla le prince Ferdinand.

Et il s'écrie, le bon vieux chroniqueur : « O paroles divines ! ô
» harangue qui mérite des louanges plus grandes et plus hautes que les
» louanges des hommes (1) ! »

Saluons, comme on salue l'aurore d'une grande époque, Ferdinand d'Antequera, Infant de Castille, tout à l'heure par la grâce de Dieu et le ministère de Vincent Ferrier, roi d'Aragon, de Valence et de Catalogne.

L'Aragon semblait mieux équilibré, grâce au règne paternel de Martin l'*Humain* : nous savons, par les récits précédents, à qui ces peuples devaient ce bienfait, mais nous savons aussi comment le monarque vit fondre sur sa vieillesse un malheur d'autant plus terrible qu'il contras-

---

(1) MARINEUS SICULUS. *Choses mémorables d'Espagne*. (Liv. XI, fol. 153, in-4°, 1539).
Hic responsum illud omnium saeculorum memoria dignum et vox aeternis dedicanda. Ac nescio an nisi in fabulis simile factum, aut par inveniri queat, sacro quodam rebus humanis exemplo, ut discerent homines plus pietatem officiumque in suos esse quam regnum. Cujus tamen rei fama per omnes ferme terras non minus quam pro merito est pervagata. Tanta occasione, tanto hominum consensu, ad tantam spem vocatus, non integritatem animi flexit, non consilium distulit, non vocem proferre dubitavit. Sed protinus : Ecquem, inquit, alium nuncupabis quam Joannem? Quod si non audes, me imitare ipsum. Assumpto in humero infantulo sicut erat statura sublimi ex loco superiore exclamavit : Joannes est rex! Quam vocem admirati universi et ipsi subsecuti sunt clamantes identidem : Rex Joannes!
(LAURENT VALLA, *Histoire du roi Ferdinand*.)

tait avec les joies d'un récent triomphe : son fils unique venait de succomber en Sardaigne.

Ce deuil fut le prélude des plus funestes tempêtes : les factions rivales redoublèrent leurs excès ; la peste ravageait les provinces, le schisme torturait ou émoussait les consciences. Les circonstances étaient des plus critiques.

Le mariage du vieux roi avec la douce et modeste Marguerite de Prades n'offrait que des espérances douteuses ; lui-même, d'ailleurs, avait cédé plutôt à des sollicitations pressantes qu'à un goût personnel. Il portait ses vues sur un enfant naturel de son fils, le jeune Don Fadrique (Frédéric), que son père lui avait recommandé par testament. Mais les compétitions furent bientôt ardentes et sans pudeur ; on escomptait brutalement, à la face de ce vieillard, sa mort prochaine.

Tout près du trône et de sang royal, était un homme qui, avec de la modération et des sentiments élevés, eût épargné à sa patrie bien des malheurs, le Comte d'Urgell. Sa mère, femme altière et aventureuse, l'excitait sans relâche.

Poussé par elle, il réclama comme un droit la lieutenance générale du royaume : le vieux roi la lui accorda ; c'était au fond de l'habileté, car cette charge l'envoyait à Saragosse, au foyer même des factions, si furieuses qu'il y eut du sang versé jusqu'aux pieds de la Madone Del Pilar ; mais c'était aussi un acte fort grave, car d'après une coutume établie, il sanctionnait des prétentions à la couronne.

Sur ces entrefaites, le roi fut attaqué d'un mal subit : on crut à la peste, mais plusieurs dirent tout haut que c'était l'effet des spécifiques administrés sans discernement pour augmenter sa vigueur. On se hâta d'obtenir de lui l'expression précise de sa volonté. Partagé entre sa préférence pour son petit-fils et sa conscience, il s'en tint à des réponses vagues. Laissons parler les récits contemporains.

« Les Cortès se tenaient à Barcelone. Le roi se trouvant très mal, elles
» envoyèrent des ambassadeurs au monastère de Valdoncelles où il s'était
» retiré ; après les premiers compliments, le chef de l'ambassade lui
» demanda : « Sire, vous plaît-il que la succession de vos royaumes et
» terres, après votre mort, appartienne à qui de droit ? — Oui, répon-
» dit-il. » Et le notaire lui répéta : « Sire, vous plaît-il que votre succes-
» sion appartienne à qui de droit selon la justice ? » Et ledit Seigneur
» roi répondit : « Oui. »

» Cela se passait à dix heures du soir, le 30 mai 1410. Le lendemain 31,
» à l'heure de tierce (vers neuf heures), on lui posa la même question

» en ajoutant : « Et qu'il en soit fait acte public. » Et ledit Seigneur
» roi répondit : « Oui. » Et encore une troisième fois (1). »

Ces questions et ces réponses nous semblent bizarres, car si ce n'était qu'une formule, à quoi bon tant de solennité? Mais il fallait, sans blesser le cœur du moribond, écarter l'enfant illégitime (2). Sans doute aussi, gardiennes vigilantes des lois fondamentales de la patrie, et pressentant de longs débats, les Cortès ne voulurent pas qu'aucun des prétendants pût invoquer la majesté des volontés dernières. En tout cas, question et réponse singulièrement fécondes en germes de discorde.

Deux ans durant, les diplomates et les jurisconsultes entasseront arguments sur arguments, pendant que les ambitions effrénées se donneront carrière. Les flots de parole pas plus que les flots de sang n'aboutiront; et il faudra Vincent Ferrier, c'est-à-dire la toute-puissance de Dieu remise aux mains d'un mortel, pour débrouiller ce chaos.

Heureusement, il y eut quelque chose de plus positif : préoccupé de sa succession, le roi Martin, cette même année 1410, avait voulu avoir une entrevue avec son neveu l'Infant Ferdinand. Il lui fit dire que, n'ayant point d'héritier direct, et ne se connaissant pas de plus proche parent que lui, il le priait de venir à Saragosse étudier cette affaire.

Ferdinand était alors avec une armée sous les murs d'Antequera, la plus forte place des Maures du côté de la Castille. Il prit la ville d'as-

---

(1) Voici du reste le texte de cet entretien, notarié et signé par différents témoins de tous ordres.

Senyor, nos altres elets per la cort de Catalunya, som aci davant la vostra majestad humilment supplicant vos queus placie fer dues coses lesquals son e redunden en sobirana utilitat de la cosa publica de tots vestres regnes e terres. La primera quels vullats exortar de haver entre si amor, pace e concordia, perço que Deus los vulla en tot he conservar. La segona queus placia de present manar a tots los dits regnes e terres vostres que per tots lurs poders e forces facen per tal forma e manera que la successio dels dits vostres regnes e terres apres obte (*obitum*) vostre pervingue à aquell que per justicia deura pervenir con aço sia molt plasent a Deu e sobiranament profitos à toda la cosa publica e molt honorable e pertinent a vostra real dignitat.

Senyor, plauvos que la successio dels dits vostres regnes e terres apres obte vostre pervingne a aquell que per justicia deura pervenir? *Et dictus Dominus rex tunc respondens dixit : Hoc!*

E quien sia feta carta publica?

*Et dictus Dominus rex respondens dixit: Hoc.* (*Archives de la couronne d'Aragon.*)

(2) Benoît XIII l'avait légitimé pour qu'il pût hériter de la Sicile, mais les termes mêmes de la légitimation l'empêchaient d'aspirer plus haut. — « Nolumus neque intendimus vos Fredericum prædictum aliqualiter legitimare et abilem reddere ac capacem quovis modo ad succedendum in regnis Aragoniæ. » — (*Couronne d'Aragon*, registre 2 206, fol. 165.)

vaut (1) et se rendit à Sarragosse. Les affirmations du roi étant précises, Ferdinand publia un édit dans lequel il déclara « qu'étant le plus » proche parent du roi Martin, il acceptait la succession de tous ses » royaumes, terres et possessions, se réservant d'exécuter cette décla- » ration quand l'heure serait venue (2). »

Sûr des droits de son neveu au trône de Castille, Ferdinand n'avait pas hésité à s'incliner le premier devant un enfant; convaincu de ses propres droits au trône d'Aragon, il n'hésita pas davantage à les revendiquer. L'histoire l'a surnommé *El honesto, le Juste*.

Quand le roi fut mort, les autres prétendants firent aussi valoir leurs droits auprès du Parlement de Catalogne (3). Le Parlement répondit par la formule royale peu compromettante que la couronne appartiendrait à qui de droit selon la justice. Toutefois, pour que l'incertitude n'augmentât pas le désordre, il prit des mesures énergiques, imposa silence au Comte d'Urgell, dont l'outrecuidance n'avait plus de bornes, et fit acte de désintéressement en demandant à l'Aragon et à Valence des plénipotentiaires pour traiter une question qui intéressait toute la Péninsule. On pouvait espérer la paix, lorsque la division éclata au sein même du Parlement. En même temps, les plus graves nouvelles arrivaient de Sicile : mal défendue, cette province était à la merci de tous les aventuriers.

Ainsi finit l'année 1440.

En 1441, l'horizon s'assombrit encore. Voyant la discorde régner à Barcelone, l'Aragon et Valence prétendirent tenir des États généraux séparés. Les querelles des grands en vinrent au point que, Antoine de Luna tua de sa main l'archevêque de Saragosse. Il l'avait attiré dans un guet-apens, sous

---

(1) Ce beau fait d'armes, si bien décrit par Valla, est resté célèbre dans l'histoire d'Espagne; et, plus d'une fois, on rencontre l'Infant de Castille sous la dénomination de Ferdinand d'Antequera.

Les principales chroniques d'Espagne sont à la Bibliothèque nationale, à Paris. Elles racontent sans phrases et un peu brutalement les choses : la vraie note historique est là. « Antequera pris, disent-elles, après des actions de grâces rendues à la Vierge, Ferdi- » nand s'occupa de rallier tout son monde. On pénétra dans le camp des Maures, où l'on » trouva d'immenses richesses, qui furent distribuées aux troupes, le prince ne se réservant » que l'honneur et un beau cheval. Le roi de Grenade avoua 15 000 morts; 150 seule- » ment du côté des Espagnols. » (CAYETANO ROSELL, *Chronique des rois de Castille*, t. II, p. 320.)

(2) ....Que yo so el mas propinco pariente e heredero legitimo de la corona e casa real de los reinos, etc..... e pertenecenme por derecho, como entiendo declarar a su tiempo e lugar ante quien e con derecho debo (30 septiembre 1410).

(3) Parmi les ambassades, il y en eut une du roi de France en faveur du jeune Louis d'Anjou, fils du roi de Naples et de Yolande d'Aragon. La lettre de Charles VI, en latin, est datée de Paris, xxvii juillet 1410.

prétexte de conférence. Dès les premiers mots, les choses en vinrent au pire. « Croyez-vous que le comte d'Urgell soit jamais roi? — Non, tant » que je vivrai, répondit l'archevêque. — Qu'il ait alors une chance de » plus, » dit l'interlocuteur.

Ce fut un véritable assassinat de grand chemin : le prélat était venu au rendez-vous en gentilhomme, sûr d'un gentilhomme; pouvant tout au moins espérer que la gratitude le protégerait, car Antoine de Luna venait familièrement à l'évêché et y puisait des ressources.

Ce crime odieux fut porté devant le Parlement. Mais, loin de s'amender, de Luna s'offrit à soutenir en champ clos son bon droit : défi insensé qui fut relevé par toute la noblesse d'Aragon; et la confusion fut à son comble (1).

Peu en sûreté dans Barcelone, le Parlement catalan dut se séparer. Cette affaire était si capitale que Benoît XIII crut devoir y donner tous ses soins.

Il fallait à tout prix réunir le Parlement, seule autorité encore debout. On désigna Tortose. Mais les membres ne s'y rendirent qu'avec répugnance; le Pontife dut user de son autorité auprès des évêques. Les esprits étaient découragés.

La mère du Comte d'Urgell le pressait de prendre les armes. « Au lieu, » disait-elle, de perdre son temps en contemplations stériles, il n'avait » qu'à se présenter, toutes les populations le suivraient. Il devait acheter » par l'épée le droit de régner. »

Le Comte, en effet, leva des troupes; Ferdinand de Castille protesta devant le Parlement; Urgell répondit qu'il ne voulait que protéger la liberté des délibérations; Ferdinand n'hésita plus, et mit sur pied des forces considérables qui envahirent l'Aragon. D'ailleurs, le désir de venger la mort de son ami, l'archevêque de Saragosse, lui tenait au cœur.

Le Parlement s'interposa, mais, sentant son impuissance, il voulut au moins dégager sa responsabilité : les docteurs les plus érudits, tant ecclésiastiques que séculiers, présentèrent des travaux savants sur la matière. Vains efforts qui ne firent qu'aggraver la situation.

Pendant que le Parlement de Catalogne tenait séance à Tortose, les États d'Aragon en réunissaient un à Alcañiz. Valence, nous l'avons vu,

---

(1) « El arzobispo partió se para un lugar que se llamaba el Almuña : don Anton de
» Luna embióle decir que se quería ver con èl; y el arzobispo confiandose de la tregua
» que entre ellos estaba presta e jurada, e aun porque despues de la tregua se le habia
» mucho ofrecido, fuese a ver con èl con solamente ocho cavalgaduras e descó toda su
» gent en el almuña, e don Anton vinó con sesenta de caballo armados, y en la vista
» mató al arzobispo. » (Cal. Rosell, Opus. cit., p. 337).

tenait deux Parlements opposés, l'un à Vinaroz, l'autre à Trayguera. En vain, les États d'Aragon et de Catalogne envoyèrent des ambassadeurs pour faire cesser ces scandaleuses dissensions; en vain, Benoît XIII offrit son entremise.

« Pour rallier tant de volontés différentes, de sentiments si opposés et
» une telle animosité de lutte qu'on pouvait craindre à tout instant une
» guerre ouverte, le désir de tous était qu'on fît venir pour prendre part
» à ces délibérations, le bienheureux maître Vincent Ferrier, dont la sain-
» teté et la religion étaient très vénérées en ces temps. Il se trouvait
» pour lors en Castille. On lui fit toutes sortes d'instances, comme à
» l'homme qui seul pouvait apaiser tant de discordes, particulièrement
» les dissensions qui déchiraient sa propre patrie; tous étant assurés
» qu'avec de pareils ministres, Notre-Seigneur a coutume d'opérer des
» œuvres merveilleuses (1). »

---

(1) ÇURITA. *Anales de la corona de Aragon.* Livre XI, ch. XL, p. 32. — Après l'histoire ancienne, écoutons parler l'histoire moderne : « Valence eût eu à déplorer alors de nouveaux
» désastres si, revenant à propos de Castille, le grand collecteur de moisson sacrée dont
» les sublimes accents maîtrisaient la fureur de ses compatriotes, n'eût élevé la voix
» pour leur montrer, en des circonstances si graves, le chemin du devoir. Vincent Ferrier,
» qui avait commencé sa prédication évangélique au milieu d'une émeute contre les Juifs,
» possédait alors l'enviable privilège d'être l'arc-en-ciel de la paix pour sa patrie infortunée. »
Ainsi s'exprime l'auteur d'un récent mémoire couronné par l'Académie royale d'histoire, sur le compromis de Caspe, DON FLORENCIO JANER : *Examen de los sucesos y circunstancias que motivaron el compromisso de Caspe,* Laureado por la real Academia de la historia *(Madrid 1853).*

# CHAPITRE II

## LES JUGES

LES PRÉTENDANTS — PARALLÈLE D'URGELL ET DE FERDINAND — CASPE — CONVOCATION DES PRÉTENDANTS — LE GRAND « JUSTICIA » BÉRENGER DE BARDAXI — ÉLECTION DES NEUF JUGES — DIFFICULTÉS — SERMENT SOLENNEL — VINCENT FERRIER

Il y avait six prétendants : Jean, comte de Prades ; Alphonse de Gandie ; le jeune Frédéric, comte de Lune, fils naturel du roi de Sicile ; Jacques, comte d'Urgell ; Louis d'Anjou, duc de Calabre, et Ferdinand, Infant de Castille.

Nous verrons, au point de vue du droit strict, sur quelles considérations s'appuyèrent les juges de Caspe pour porter leur jugement.

A l'extérieur, les chances des prétendants étaient diverses. Jean de Prades et Alphonse de Gandie paraissaient les moins favorisés.

Le jeune Frédéric, légitimé par Benoît XIII, pour qu'il pût au moins hériter de la Sicile, n'eut guère jamais de partisans en dehors de cette province. Louis d'Anjou avait pour lui la France.

La question se posait surtout entre le Comte d'Urgell et l'Infant de Castille : le premier très aimé en Catalogne, libéral, simple d'allures, de belle taille et hardi, mais violent et sans scrupules, prenant à sa solde tout ce qu'il y avait d'hommes perdus, et faisant alliance avec tout ce qui favorisait son ambition ; le second, chevaleresque, désintéressé, n'agissant jamais qu'après de mûrs conseils, ferme, chrétien solide, ayant pour lui tout ce qui était honorable et au fond la véritable confiance des peuples.

A mesure que le drame se déroule, leur caractère respectif se dessine ; et le verdict du compromis de Caspe sera vraiment l'expression d'un état général des esprits.

Des lettres saisies sur un émissaire donnèrent la preuve que, du vivant même du roi Martin, Urgell entretenait de sourdes menées, et recevait de l'argent, en échange duquel il promettait « d'aider le roi Maure de Grenade dans toutes ses entreprises et particulièrement contre l'Infant de Castille. »

Ces lettres, présentées au Parlement d'Alcañiz, déconsidérèrent le comte, et firent voir qu'il n'avait aucune confiance en son droit puisqu'il cherchait de pareils alliés.

Alors se fit jour l'idée de réunir les États des trois royaumes, et, parmi eux, de choisir un certain nombre d'hommes probes, aux mains desquelles on remettrait la cause.

En février 1412, une assemblée plénière des Parlements de Catalogne et d'Aragon posa un acte important dont voici la teneur :

« 1° L'affaire de la succession serait remise à neuf personnes de con-
» science droite et de bonne renommée, et de telle fermeté de caractère
» qu'elles puissent poursuivre jusqu'à la fin l'entreprise commencée, c'est-
» à-dire nommer celui à qui, selon toute justice, on devrait prêter serment
» de fidélité ; pour délibérer, la ville forte de Caspe (1) leur était assignée,
» avec pleine juridiction approuvée par le Souverain Pontife.

» 2° Ces neuf personnes devaient être graduées en l'un ou l'autre droit
» de la manière suivante : trois au premier degré, trois au second, trois
» au troisième ; elles ne pourraient lever plus de quarante soldats.

» 3° Celui que ces neuf personnes désigneraient ou six d'entre elles,
» pourvu que les trois royaumes fussent représentés, serait reconnu
» pour roi, vrai, définitif et légitime.

» 4° Cette nomination devait se faire du 29 mars au 29 mai, avec
» faculté de prorogation, mais non au delà du 29 juillet de cette année
» 1412.

» 5° Ces neuf personnes jureraient solennellement, après s'être confessé
» et avoir communié devant tout le peuple, de procéder à cette affaire le
» plus activement possible, de désigner le roi selon Dieu, la justice et la
» conscience, toute affection ou haine mise de côté ; et de ne révéler à
» qui que ce fût avant le jour de la publication, leur intention, leur vote
» ou ceux de leurs compagnons.

» 6° Les compétiteurs seraient entendus à mesure qu'ils comparai-
» traient ; en cas de simultanéité, les juges auraient le droit de donner la
» priorité à qui bon leur semblerait.

» 7° Si l'un des juges venait à être empêché, les huit autres le rempla-
» ceraient par une personne du même royaume.

» 8° Pour la garde du château et le gouvernement de la ville, on nom-
» merait deux capitaines éprouvés, un Aragonais et un Catalan, ayant
» chacun à ses ordres 50 hommes d'armes et 50 arbalétriers.

---

(1) Elle était libre, appartenant à l'Ordre de Saint-Jean de Jérusalem, et située à égale distance de Tortose et d'Alcañiz.

» 9° Enfin, aucune troupe armée ne pourrait s'approcher de la ville à
» moins de quatre lieues, sauf les hérauts des compétiteurs, lesquels ne
» pourraient pas avoir plus de 50 hommes de pied et 40 chevaux.
» Les Parlements devaient siéger jusqu'à la nomination du roi, s'en-
» gageant à ne pas révoquer le pouvoir confié aux neuf juges, et à faire
» hommage sans observation ni restriction au monarque élu. »

Cet acte fut signé le 16 février 1412.

Cela fait, on envoya des lettres de convocation à chacun des prétendants (1).

Il convient de nommer ici un homme qui fut, dans cette grave affaire, le précurseur de Vincent Ferrier. Bérenger de Bardaxi exerçait, à Saragosse, la charge difficile de grand *Justicia* d'Aragon, rouage administratif de la plus haute importance ; son office principal était de dirimer les différends entre le monarque et les sujets, ce qui, dans ces temps troublés, demandait un tact infini joint à une inébranlable fermeté. Ce fut lui qui maintint dans le devoir le comte d'Urgell ; ce fut lui qui, malgré toutes les difficultés, rassembla le Parlement de Tortose ; ce fut lui enfin qui eut l'idée des neuf juges. Il avait étudié longtemps l'affaire, et sa proposition fut regardée comme inspirée d'en haut. Néanmoins, ce fut merveille qu'on pût s'accorder (2).

---

(1) Egregio Domino Jacobo Comiti Urgelli, Parlamentum generale regni Aragonum et Ambaciatores parlamenti generalis Cathalonie principatus ipsum parlamentum representantes et ab eodem habentes plenariam potestatem in istis, honorem debitum cum salute.

Vobis qui in successione regnorum et terrarum regie corone Aragonum subditorum jus habere asseritis et pretenditis, parlamentum et ambaciatores predicti pro se et dictis parlamentis adherentibus notificant, intimant seu denunciant per presentes quod certe notabiles persone ab eisdem parlamentis super his plenum posse habentes in villa de Casp prope flumen Iberi in Aragonia constitute pro investigando, instituendo et informando, noscendo et publicando cui predicta parlamenta ac subditi et vassalli dicte corone debitum prestare, et quem in eorum regem et Dominum secundum Deum et eorum conscientias habere debeant et teneant, hinc ad vigesimam nonam diem Martis proxime futuri continue erunt personaliter congregati processuro abinde ad investigationem, instructionem, informationem et publicationem predictas.

Signé — parlamentum generale regni Aragonum et Ambaciatores parlamenti cathoIonie principatus honoribus Vestris prompti.

Data en villa Alcanicii sub Sigillis Rev$^{mi}$ in Ch. P. D. Ep. Oscensis quo dictum parlamentum Aragonense, et Rev$^{mi}$ in Ch. P. D. Archiep. Tarracone quo dicti ambassiatores utuntur hic appositis in pendenti. XVIII die februarii, Anno à Nat. Dom MCCCCXII. — (*Archives de la Couronne d'Aragon*, t. X.)

Les autres prétendants reçurent une lettre semblable.

(2) Y estando en este concierto, el Conde de Urgell por estorbar esta declaracion embió certa gente de armas de gascones (le titre dit *Ingleses* ; l'Aquitaine appartenait aux Anglais) para que se juntasen con los Valencianos para resistia a los Castellanos que querian hacer esta declaracion (s'en rapporter aux neuf juges). Ferdinand les combat. (*Chronique d'Espagne*, Op. cit. p. 341.)

Valence, toute sanglante encore de la bataille de Murviedro, acquiesça la dernière. Enfin, le 14 mars, on publia la liste des neuf juges. Pour le royaume d'Aragon : Dominique Ram, évêque de Huesca; François d'Aranda, retiré à la Chartreuse de Porta-Cœli et Bérenger de Bardaxi. Pour la Catalogne : Pierre Saggariga, archevêque de Tarragone; Guillaume de Valseca et Bernard de Gualbès. Pour le royaume de Valence : Boniface Ferrier, général de la Grande-Chartreuse; Vincent Ferrier et Giner Barbaxa, jadis conseiller du roi Pierre IV et légiste renommé.

« C'étaient, dit Çurità (1), toutes personnes si graves et de si excel-
» lentes qualités, que chacun méritait d'être seul juge dans cette importante
» affaire. Mais, par sa religion et sa sainteté, le bienheureux Fr. Vincent
» Ferrier resplendissait entre tous comme un vrai soleil, et chacun était
» sûr qu'avec un pareil guide on ne pouvait s'écarter ni de la vérité ni
» de la justice. »

La joie fut universelle.

Toutefois, la réunion des délégués à Caspe ne se fit pas sans difficultés. La France, à l'instigation de la duchesse d'Anjou, souleva un obstacle inattendu, en récusant quelques juges, notamment Boniface Ferrier, comme suspect de partialité. Et, chose bizarre, les ambassadeurs s'offrirent à soutenir leurs allégations devant les autres juges et principalement devant Vincent Ferrier. Rien ne pouvait faire mieux ressortir le caractère de notre Héros que d'être pris pour arbitre contre son propre frère par les deux puissantes couronnes de France et de Naples.

Monfar, historien des Comtes d'Urgell, raconte qu'on voulut récuser aussi l'évêque d'Huesca, parce qu'il était trop mêlé aux affaires; et encore Boniface Ferrier, parce qu'il ne l'était pas assez. Et autres griefs analogues. On passa outre.

Le Comte d'Urgell chercha, par l'éclat des armes, à regagner sa considération perdue. Ferdinand, au contraire, après l'élection des neuf juges, retira ses troupes, et pressa de tout son pouvoir la réunion de Caspe.

Vincent Ferrier, occupé à Salamanque, arriva un des derniers. On

---

(1) *Çurita*, livre XI, ch. 72.
Fue tan acertada esta eleccion que mereció la aprobacion universal; todos gozavan fama de sabios, virtuosos y prudentes : y entre todos resplendecia como un lucero luminoso el celebre apostol Fr. Vicente Ferrer. (La Fuente, *Histoire générale d'Espagne*.)
A l'examen du compromis de Caspe, nous ferons ressortir davantage encore, et documents en main, non seulement l'intégrité, mais la compétence des neuf juges.

vit bien alors que, dans l'esprit de tous, l'issue de cette grande affaire reposait sur cet humble moine. Les juges, les évêques allèrent au-devant de lui, et nul ne s'étonna que plus tard on lui donnât la priorité du suffrage, quand, en réalité, il n'avait que le huitième rang.

Au jour convenu, après avoir entendu la messe et communié devant tout le peuple, les neuf juges, une main sur les Saints Évangiles et l'autre sur le crucifix, prononcèrent le serment suivant : « Je promets à
» Dieu, à la Vierge Marie, à toute la cour céleste, et je jure sur la Croix
» de Jésus-Christ et sur les Saints Évangiles de procéder à l'affaire de la
» succession et de faire connaître le vrai roi et seigneur le plus prompte-
» ment possible, selon Dieu, la justice et ma conscience, mettant de côté
» tout égard pour affection, prière, crainte ou haine, toute espérance de
» récompense ou faveur et tout autre mauvais vouloir. Je jure de plus
» que je ne manifesterai ni donnerai à entendre à qui que ce soit, autre
» que les juges compromissaires, directement ou indirectement, en paroles,
» écrits, gestes ou de toute autre manière, ni ma volonté, mon intention
» ou pensée, ni celle des autres juges, jusqu'au jour où se fera la publica-
» tion solennelle. »

« Cet acte terminé, dit Florencio Janer, devant une foule anxieuse,
» attirée non moins par la nouveauté de la circonstance que par sa divine
» éloquence, Vincent Ferrier prêcha. Son discours fut aussi édifiant que
» plein d'opportunité ; il prit pour thème ces mots : *fiet unum ovile et unus*
» *pastor*, et les appliqua avec cette clarté, cette énergie, et cette majes-
» tueuse élégance qui lui assujettissaient quiconque avait le bonheur de
» l'entendre. »

Chacun des prétendants avait envoyé ses plénipotentiaires au Congrès. Ici, le brillant lauréat de l'Académie Madrilène s'élève au ton du dithyrambe :

« A l'imagination de l'historien se représentent ces jurisconsultes,
» gloires de la toge espagnole, oracles des lois de la patrie, épuisant
» toute leur science et déployant toutes les ressources de leur génie afin de
» démontrer aux juges la légitimité des droits de leurs augustes clients,
» pour lesquels ils ne demandaient rien moins qu'un trône. Ici encore
» s'éveille l'attention du philosophe en contemplant l'attitude respec-
» tueuse des auditeurs, oubliant leurs propres affections, dominés qu'ils
» étaient par le prestige de ce nouvel Aréopage : exemple digne, en
» effet, d'être imité dans nos temps modernes où, avec tant de légèreté,
» on traite ces siècles de barbares.

» Mais l'admiration que fait naître ce spectacle est au comble quand

» on voit, dans le fond de ce majestueux tableau, la colossale et sympa-
» thique figure d'un Prédicateur dont une double auréole de science et
» de vertu illuminait le front, et dont les sublimes accents avaient donné
» au christianisme tant de prodigieuses conquêtes : Fr. Vincent Ferrier,
» que ses propres contemporains élevèrent aux honneurs des autels. Cet
» ardent champion de la foi venait de voler vers sa patrie, pour mettre
» la paix entre les factions qui l'inondaient de sang ; il brillait au milieu
» du consistoire national comme un messager de bonheur, et c'était pour
» tous une certitude que là où tomberait son suffrage, là resplendiraient
» la justice et la vérité (1). »

---

(1) Don Florencio Janer, *Opus. cit.*, p. 62.

# CHAPITRE III

## L'ÉLECTION

DISCUSSION DES DROITS — ALERTE — FOLIE SUBITE DE L'UN DES ARBITRES — LES PORTES DU CHATEAU SE FERMENT — FORMULE DE L'ÉLECTION — LES VOIX — VINCENT FERRIER PUBLIE LE JUGEMENT — CASPE!

Les juges écoutèrent patiemment durant trente jours les raisons pour et contre.

« Quand les avocats *ne surent plus que dire* (1), » on procéda à l'élection.

Ce laps de temps ne s'écoula pas sans alertes. Les prétendants avaient dans la ville des suppôts armés qui n'épargnaient ni le bruit ni les menaces. Tenu à distance respectable par la présence de Vincent Ferrier, le diable cherchait au moins à fomenter des discordes (2). On revint sur la compétence des juges. Plusieurs firent observer que, parmi eux, il y avait deux frères, les Ferrier, naturellement portés à être du même avis; leur sainteté notoire fit tomber cette prévention comme les autres.

Un jour, Francisco de Perellos, gendre de Ginès Rabaxa, l'un des juges, demanda audience à l'assemblée. « Il avait, disait-il, reconnu des » signes d'aliénation mentale dans son beau-père. » Pour éviter des retards, à la place du malade, on nomma, séance tenante, Pierre Bertrand, Valencien, juriste distingué. Mais personne ne se trompa sur ce cas de folie subite. La Fuente dit formellement qu'elle était feinte. S'il faut en croire une note du chroniqueur Viciana, Rabaxa fit, quelques

---

(1) Ainsi parle un vieil auteur, Antist.

(2) On trouve aux sermons mss. de Valence l'histoire suivante, racontée par le Saint lui-même : « A Caspe, un sorcier voulait, à tout prix, savoir quel serait l'élu; il a recours « à son agence ordinaire de renseignements; le diable lui nomme un prétendant, et le « lendemain un autre. Et le sorcier de se fâcher. « Veux-tu que je te dise la vérité, dit « le diable? Eh bien! la voici : Pendant tout le temps du compromis, nous n'avons « jamais pu, à cause d'un certain homme qu'il y a là, approcher qu'à la distance de « trois lieues. »

Les sermons, dont ce passage est tiré ne sont pas le recueil *autographe* conservé au patriarcat de Valence; mais bien une collection beaucoup plus volumineuse qui se garde aux archives du Chapitre : le scribe, tout en respectant le fond de la pensée, a suppléé aux réticences que la modestie imposait à l'orateur.

jours après, son testament en parfaite lucidité d'esprit. Il avait, sans doute, voulu se soustraire à la responsabilité d'un pareil jugement, ce légiste consommé, ce conseiller des rois (1), ce vieillard blanchi au milieu des affaires. Il est des heures, pourtant, où nul n'a le droit de se soustraire à l'appel de la patrie, quelque lourd que soit le service demandé.

Au dernier moment, une hésitation universelle se manifesta comme à la veille des événements décisifs. On eut peur de ce qui allait s'accomplir; on se demandait s'il n'était pas téméraire de confier à des hommes, pris un peu partout, et non exempts de passion, en définitive, la destinée d'un grand peuple. Le Comte d'Urgell profita de cette minute d'incertitude pour faire déclarer que la succession d'un royaume qui, depuis trois cents ans, appartenait par droit de naissance et de conquête à une famille, ne devait pas être ainsi à la merci d'une poignée de lettrés, et que le simple bon sens indiquait que la couronne devait lui appartenir, à lui, à qui le vieux roi avait confié la lieutenance générale du royaume.

Les choses en étaient là, lorsque les portes du château de Caspe se refermèrent sur les juges. Le peuple commençait à murmurer.

L'heure était solennelle : « Ce n'était pas seulement, dit Curita, les
» royaumes d'Espagne, mais toutes les provinces de la chrétienté qui
» attendaient le jugement de cette cause; il en devait sortir le gouverne-
» ment régulier d'un grand royaume dont la conquête avait coûté tant
» de sang généreux. Tous s'émerveillaient que cela pût ainsi se déter-
» miner en paix par neuf personnes enfermées dans un château. Et on
» remerciait la Providence divine de ce que, par un bienfait signalé,
» elle faisait prévaloir le droit là où, d'habitude, ne prévalent que les
» armes et la force humaine. »

Ainsi composé, en effet, de cinq prêtres et de quatre juristes, la religion et le droit, le Sénat de Caspe fut laissé à ses derniers travaux.

Pour établir les droits respectifs des prétendants, il faut remonter au roi Jacques II. Il eut deux fils : Alphonse III, qui lui succéda, et Pierre, comte de Ribagorza. Alphonse III eut lui-même pour successeur son aîné, Pierre IV, père de Jean I<sup>er</sup> et de Martin l'Ancien, qui régnèrent successivement. Le roi de Sicile, fils unique du roi Martin, étant mort sans postérité légitime, la couronne d'Aragon restait sans héritier.

---

(1) Il avait été du Conseil de Pierre IV.

Jacques d'Urgell descendait directement de don Jayme, second fils d'Alphonse III; il était, de plus, marié à sa cousine Isabelle d'Aragon, fille de Pierre IV. A première vue, son droit paraissait primer tous les autres. Mais, à l'examen, on reconnut que l'Infant don Jayme, de qui il descendait, n'avait jamais eu de droits, et, par suite, ne pouvait en transmettre, puisque son aîné Pierre IV, héritier du trône, avait eu des descendants directs; Isabelle d'Aragon pas davantage, puisqu'elle avait des frères; sans cela elle eût pu régner, la loi salique n'existant pas en Espagne. C'est précisément ce qui fit prévaloir Ferdinand, fils d'Éléonore, sœur du roi Martin, mariée au roi Jean de Castille. A la mort de l'héritier direct, les droits étaient remontés à la branche latérale, transmissibles aux descendants.

Louis, fils du duc d'Anjou, était, par sa mère Yolande, petit-fils de Jean I*er* d'Aragon, frère aîné du roi Martin; mais comme il n'était ni né, ni conçu lorsque le roi Martin hérita du trône, il s'en éloignait d'un degré par rapport à Ferdinand de Castille, celui-ci étant désormais *nieto* et lui seulement *biz nieto* de Pierre IV.

Jean, comte de Prades, était petit-fils du roi Jacques II par Pierre de Ribagorza, très proche, par conséquent, de la souche primitive, mais par une branche qui n'avait pas régné non plus.

Alphonse, duc de Gandie était dans le même cas.

Enfin, l'illégitimité de Frédéric, comte de Lune, le fit élaguer sans examen (1).

Un coup d'œil jeté sur l'arbre généalogique ci-après achèvera de porter la lumière dans les esprits.

Le Comte d'Urgell et Ferdinand de Castille restèrent seuls en présence.

Au bord de l'urne, la main trembla à ces vétérans des affaires humaines. D'instinct, tous les regards se tournèrent vers l'homme de

---

(1) Ni le récent souvenir du deuil universel qui avait honoré la mort de son père, ni le testament de ce prince estimable sous bien des rapports, ni l'acceptation suffisamment avouée de son aïeul dont la succession était précisément en jeu, ni l'intervention réparatrice du pontife, ne purent le défendre de la répugnance qu'inspirait la tache de sa naissance. Né sous la bénédiction de Dieu, il aurait épargné à son pays tous ces désastres, toutes ces luttes, tout ce sang versé, toute cette triste histoire des peuples, qui est le récit de leurs malheurs. L'héritier, c'était lui, et nul doute que, au besoin, Ferdinand le Magnanime ne lui eût prêté l'appui de sa loyale épée, et Vincent Ferrier le poids de son autorité.

Il fut aussi question du roi Jean II de Castille, fils d'Henri III, lequel avait pour mère doña Léonor, sœur du roi Martin; mais la couronne d'Aragon ne vaqua pas durant la vie du roi Henri: quand elle vaqua à la mort du roi Martin, qui ne laissa ni fils ni frère, à défaut de branche masculine directe, l'homme le plus près du trône par parenté naturelle, se trouvait être l'Infant Ferdinand.

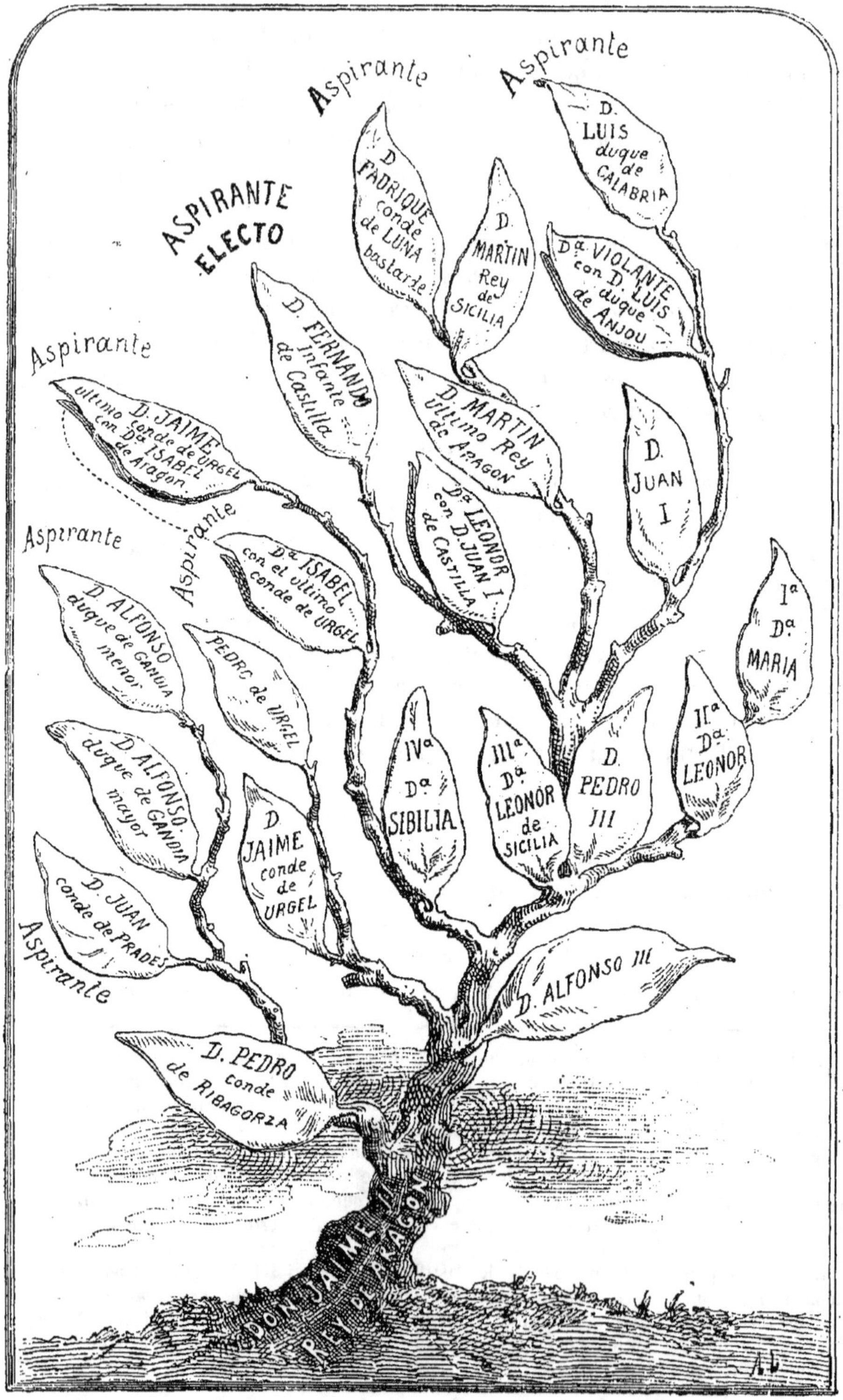
Aspirante
Aspirante
D. LUIS duque de CALABRIA
D FADRIQUE conde de LUNA bastarde
ASPIRANTE ELECTO
D. MARTIN Rey de SICILIA
Dª VIOLANTE con D. LUIS duque de ANJOU
D. FERNANDO Infante de Castilla
Aspirante
D. JAIME ultimo conde de URGEL con Dª ISABEL de Aragon
D. MARTIN ultimo Rey de ARAGON
D. JUAN I
Dª LEONOR con D. JUAN I de CASTILLA
Aspirante
Aspirante
Dª ISABEL con el ultimo conde de URGEL
Iª Dª MARIA
D. ALFONSO duque de GANDIA menor
PEDRO de URGEL
IIª Dª LEONOR
IVª Dª SIBILIA
IIIª Dª LEONOR de SICILIA
D. PEDRO III
D. ALFONSO duque de GANDIA mayor
D. JAIME conde de URGEL
D. JUAN conde de PRADES
Aspirante
D. ALFONSO III
D. PEDRO conde de RIBAGORZA
DON JAIME II REY DE ARAGON

Dieu. Il comprit, et, se recueillant dans une prière intérieure, il écrivit la formule suivante :

« Moi, Frère Vincent Ferrier, de l'Ordre des Frères Prêcheur, maître
» en sacrée théologie, l'un des juges désignés par les parlements, autant
» qu'il est en mon savoir et pouvoir, j'affirme que les parlements sus-
» mentionnés, les sujets et les vassaux de la couronne d'Aragon, doivent
» fidélité au très illustre et très magnifique Seigneur Ferdinand, Infant
» de Castille, *neveu* du roi d'Aragon, Pierre, d'heureuse mémoire, lequel
» fut père du très honoré roi Martin dernièrement défunt, — comme étant
» leur plus proche parent mâle issu de légitime mariage ; et je déclare
» que tous doivent, de devoir strict, le regarder comme véritable roi et
» seigneur, en justice, selon Dieu et ma conscience.

» En témoignage de quoi, je signe l'attestation présente de ma propre
» main et la munis de mon sceau. »

Laissons ici parler l'annaliste d'Aragon :

« Ce fut, à mon sens, un fait de haute considération que le saint
» homme Vincent Ferrier émit son vote le premier, bien que se trouvant
» avec des hommes constitués en dignité tels que l'archevêque de Tarra-
» gone et l'évêque de Huesca, lettrés les plus fameux de leur temps et
» rompus à l'étude du droit civil et canonique. Dans une cause pleine
» de difficultés inextricables, où se heurtaient les institutions, les testa-
» ments de plusieurs rois se substituant les uns aux autres, les droits et
» coutumes du pays qui ont, en pareille matière, la même force que les
» lois établies du consentement général des peuples, ils pouvaient mieux
» établir leur manière de voir qu'un religieux qui n'était que théologien.

» Mais Notre-Seigneur le voulut ainsi, pour bien faire voir que, dans
» ce jugement, il intervenait quelque chose de plus que la raison, les
» lois et les coutumes des peuples, et qu'il ne fallait pas s'appuyer seu-
» lement sur la science, ni sur la sagesse humaine (1).

» L'évêque d'Huesca, modeste autant que savant, ne craignit pas
» d'abaisser sa dignité en formulant ainsi son vote :

« En tout (2) et pour tout, j'entends adhérer à l'opinion de maître
» Vincent. »

Il fut suivi par Boniface Ferrier, Bernard de Gualbès, Béranger de Bardaxi et François d'Aranda. L'archevêque de Tarragone dit que,

---

(1) Çurita, l. XI, ch. 87.
(2) In omnibus et per omnia adhaerere volo intentioni praedicti Domini magistri Vincentii.

étant donnés les faits passés, Ferdinand de Castille était, en effet, le plus propre au gouvernement du royaume, mais que le duc de Gandie et le Comte d'Urgell, comme descendants légitimes et en ligne masculine des rois d'Aragon, étaient les premiers en droit; que, d'ailleurs, leur degré de parenté étant le même avec le feu roi, on devait choisir le plus digne. Guillaume de Valseca vota de même, sauf qu'il donnait la préférence au comte d'Urgell, ajoutant qu'ayant été longtemps absorbé par les travaux du Parlement de Tortose et souffrant, il n'avait pu étudier la chose à fond. Pierre Bertrand invoqua la même raison, disant qu'il avait fait humainement tout le possible, mais que, dans cette multitude de traités, d'allégations et d'écritures, il n'avait pu se former une conscience.

Les Parlements étaient convenus que les deux tiers des voix suffiraient, pourvu qu'il y en eût des trois royaumes. La chose se trouvant ainsi, le débat était jugé. Il fut clos le 24 janvier 1412.

On fit trois copies de ces déclarations, on en remit une à chaque État, puis on les fit authentiquer, le lendemain, par six notaires, en présence des capitaines des gardes. Le secret le plus inviolable fut gardé.

Toutes les formalités étant remplies, le mardi 29 juin à 9 heures, les juges sortirent du château. Sur une estrade élevée devant l'église et magnifiquement ornée, en présence des compromissaires, des ambassadeurs des trois royaumes, de la noblesse et d'un peuple immense, l'évêque d'Huesca célébra la messe pontificale (1), après quoi Vincent Ferrier monta en chaire et parla (2) sur ce texte de l'Apocalypse :

---

(1) L'historien espagnol se complaît dans ces récits qui font vraiment honneur à sa patrie, décrivant tout par le menu, l'estrade, l'autel, l'armure des soldats, le temps qu'il faisait, la place de chacun, enfin tout l'appareil déployé « pour un des actes les plus » souverains qui se soient vus dans les grands siècles de l'Histoire. *En el auto mas* » *soberano que se vió en grandes siglos.* » (ÇURITA.)

(2) Mariana fait parler Vincent Ferrier. Bien que vraisemblablement ce discours soit de ceux que Tite-Live met dans la bouche de ses héros, il donne assez la note vraie.

« Après la tempête et les longues bourrasques, le ciel s'est enfin apaisé et les vagues » furieuses de la mer sont tombées. Quoique sans pilote, notre navire a pu carguer ses » voiles et rentrer au port tant désiré. Devant ce temple et en la présence de notre grand » Dieu, j'ai confiance que vous écouterez ma parole avec la même bonne volonté que » vous avez mise à prier pour le salut commun.

» Au jour de l'élection d'un roi, rien ne serait plus à propos que de parler de la » dignité et de la majesté royales, si nous avions le loisir d'aborder un sujet si vaste et » si multiple.

» Les rois, sans nul doute, tiennent sur la terre la place de Dieu pour lui ressembler. » Leur devoir est de tendre à imiter, en tout genre de mérites, la divine Bonté. Ce qui se » rencontre dans les autres de vertueux et d'honnête vient de leur propre vertu. Qu'ils » tiennent donc le rang suprême, de manière à être regardés non comme des hommes, mais » comme des êtres bienfaisants venus du ciel pour le bonheur de tout le royaume.

» Un roi ne doit tenir compte ni de ses propres goûts, ni de ses intérêts particuliers;

*Gaudeamus et exultemus et demus gloriam Deo, quià venerunt nuptiæ Agni.* Cette phrase, d'allure mystique, lui fournit des interprétations « qui parurent à tous, dit Curita (1), un raisonnement divin tant à » cause de la sainteté de cet homme apostolique que de la solennité de » l'acte qui s'accomplissait. »

Puis, au milieu de l'attention générale, Vincent Ferrier déploya l'acte d'élection dressé d'un commun accord par tous les juges au moment de dissoudre le Congrès, et lut ce qui suit :

« Nous, Pierre Zagarriga, archevêque de Tarragone ; Dominique Ram,
» évêque d'Huesca ; Boniface Ferrier, grand prieur de la Chartreuse ;
» Guillaume de Valseca, docteur ès lois ; Fr. Vincent Ferrier, de l'Ordre
» des Prédicateurs, maître en théologie ; Bérenger de Bardaxi, seigneur
» de Zaydi ; François de Aranda, de la Chartreuse de Porta-Cœli, ori-
» ginaire de Téruel ; Bernard de Gualbès, docteur en l'un et l'autre
» droits, et Pierre Bertrand, docteur ès décrets, juges, députés ou élus
» par les Parlements généraux des trois royaumes d'Aragon, de Cata-
» logne et de Valence pour décider du droit à la couronne et la donner
» au prince le plus légitime, nous affirmons et publions que les trois
» royaumes susdits, tous les vassaux et sujets de la couronne d'Aragon
» doivent l'hommage de fidélité au très illustre, très excellent et très
» puissant prince et seigneur Ferdinand, Infant de Castille (2). »

Les juges se levèrent alors et s'écrièrent : « Vive notre Seigneur et roi Ferdinand ! »

---

» mais jour et nuit s'occuper du salut de l'État et n'avoir d'autre souci que le bien public.
» Un large champ s'ouvrirait devant nous pour développer ces idées ; mais comme le roi
» est encore absent, il ne faut point insister davantage. Que cela suffise néanmoins pour
» donner à tous la certitude que, dans la résolution prise, nous avons surtout cherché à
» réaliser cet idéal, et que, dans le nouveau roi, se rencontrent toutes les conditions de
» vertu, de prudence, de bravoure et de piété désirables.
» Il me reste à vous exhorter à l'obéissance qui lui est due et à vous conformer à la
» volonté même de Dieu, sans quoi toute la peine que nous avons prise serait en pure
» perte. L'autorité de celui qui gouverne n'est rien, si les sujets ne savent pas se soumettre.
» Mettez de côté vos préférences particulières, ne regardez que Dieu et le bien commun,
» et soyez persuadés que le meilleur prince sera celui qui vous est donné avec une telle
» unanimité de vues, signe certain de la volonté divine.
» Réjouissez-vous et fêtez ce jour en toute allégresse. C'est un hommage que vous devez
» au saint Pontife (il n'y était pas) qui a voulu autoriser en sa présence cet acte solennel,
» et à ces juges consommés en sagesse, par la prudence et l'habileté desquels s'est terminée
» sans encombre une affaire plus grande que tout ce qui aurait pu venir à l'imagination
» de nos pères. » (MARIANA. *Histoire générale d'Espagne*, t. II. — Tolède 1601.)

Ce discours contenait un signalement de roi qui élaguait par la force des choses le compétiteur le plus dangereux, à savoir le comte d'Urgell.

(1) Pareció a todos un divino razonamiento asi por la santidad de aquel varon apostolico, como por la solenidad del auto que se celebrava. (CURITA, l. XI, ch. XXXVIII.)

(2) Voir le texte document 1.

La foule, longtemps contenue, éclata à son tour en bruyants vivats. Le gouverneur du château arbora l'étendard royal, les tambours battirent aux champs, les trompettes sonnèrent, et ce fut vraiment, comme l'avait dit Vincent Ferrier, un jour d'allégresse.

Il y eut cependant quelques murmures, car une partie du peuple s'attendait à voir le Comte d'Urgell proclamé roi.

Vincent Ferrier, désireux de faire tomber toutes les oppositions, monta en chaire le lendemain; il résuma l'historique du Congrès, établit la filiation du nouveau roi, fit son éloge comme prince, et parvint à faire comprendre aux mécontents qu'ils étaient victimes d'un entraînement irréfléchi.

« Laissez aux méchants, leur dit-il en finissant, la responsabilité de
» leurs actes, et ne neutralisez pas, quant à vous, les bons vouloirs
» évidents de Dieu à votre endroit. »

Le roi Ferdinand réalisa d'ailleurs toutes les espérances, prudent, ferme et bon, sachant pardonner (1).

Caspe! ce nom qui nous est inconnu et que ne relate aucune de nos histoires, rappelle à l'homme d'études un des faits qui eurent le plus d'influence sur les destinées du monde, car il inaugure l'ère des grandes unités politiques, et, de Caspe aux Amériques, le chemin va s'ouvrir. Si le Congrès de Caspe n'avait pas fait son œuvre, l'Espagne achevait de s'effriter dans des dissensions stériles, la prépondérance politique passait à l'Angleterre, et l'équilibre européen était peut-être à tout jamais compromis (2).

L'Espagne a compris ce bienfait. Il y a quelques années, en même-temps que l'Académie d'histoire couronnait l'œuvre d'un homme de talent trop tôt ravi à la gloire, un peintre habile reproduisait sur la toile le compromis de Caspe; au palais de la députation, à Madrid, ce beau travail décore, seul ornement, la salle où les Commissions préparent le

---

(1) L'examen du compromis en donnera des preuves sans réplique.

(2) L'élection de Caspe est simplement racontée dans les *Chroniques d'Espagne*. « Y despues de comer, corieron toros, e hicieron muy grandes alegrias por todo el lugar. » Chacun sait que, de temps immémorial, il n'y a point de fête en Espagne sans course de taureaux. (Caj. Rosell, *op. cit.*, p. 345.)

Vidal y Micò traite très bien cette question; il sait admirablement l'histoire de son pays. Ces pages de son livre sont pleines de vie et d'intérêt. Il va sans dire qu'il est sans restriction pour le jugement porté à Caspe, p. 221-228. — Razzano en dit juste deux mots pour démontrer que Vincent Ferrier était bien avec les grands de la terre. II, 19.

budget. Vincent Ferrier y enseigne la bonne politique à ceux qui disposent de la fortune des peuples.

Vincent Ferrier, prenant à Caspe la responsabilité du pouvoir qui fait les rois, remettait en marche l'histoire de son pays comme tout à l'heure, à Perpignan, il remettra en marche l'Église sur les difficiles chemins du monde. On comprend qu'il ait, dans ce dessein, interrompu son apostolat. Pour lui, comme pour tout patriote intelligent, la patrie s'incarnait dans la royauté chrétienne, image agrandie de l'autorité paternelle, qui seule permet aux hommes d'obéir le front haut, l'âme sereine et le cœur fier, manifestement désignée aux nations que Dieu destine à ses œuvres de choix, et, pour qu'on ne s'y trompe pas, sanctionnée par des prodiges.

Il était d'ailleurs l'apôtre de la vérité, la vérité ne peut germer et fructifier que sur un terrain stable. Dieu n'est pas plus dans le trouble des sociétés que dans le trouble des âmes; on ne le voyait que trop, même dans l'Église. Régulariser les pouvoirs publics était donc la première chose à faire. En attendant qu'il pût éteindre le grand schisme d'Occident, Dieu lui donna la joie profonde de rendre à sa patrie un service à nul autre pareil (1).

Le soir même du jour où fut promulguée la décision des neuf juges, il reprit sa vie de cénobite, et partit bientôt pour continuer la divine moisson.

---

(1) Le compromis de Caspe a eu ses chantres. J'ai sous la main deux poèmes qu'il a inspirés et qui sont loin d'être sans mérite.
On peut même s'étonner que ce sujet n'ait pas tenté un dramaturge; il y a là l'étoffe d'une belle tragédie. La C<sup>tesse</sup> d'Urgell offrirait un caractère d'Agrippine qui ne le céderait point à l'autre.
De même que, dans la seconde moitié du même siècle, les confédérés Suisses, lorsque leur saint concitoyen Nicolas de Flue, choisi comme médiateur, eut rétabli entre eux la paix et l'union, les trois royaumes de Catalogne, d'Aragon et de Valence auraient pu, après le grand événement de Caspe, frapper une médaille d'or en l'honneur de Vincent Ferrier, avec cette inscription : AU SAUVEUR DE LA PATRIE.

*Il est pénible de constater qu'un acte de si haute sagesse a eu, dans les temps modernes, des contradicteurs, et que des Espagnols, non sans talent, ont remanié les Annales de leur pays pour battre en brèche l'œuvre accomplie à Caspe.*

*L'histoire serait-elle aussi en Espagne une conspiration contre la vérité, et faudrait-il, dans ce triste sens, dire qu' « il n'y a plus de Pyrénées ? »*

*L'historien de saint Vincent Ferrier ne saurait se dispenser de soumettre ce point d'histoire à un examen approfondi.*

*Mais ce travail interromprait trop longtemps la marche du récit; nous le renvoyons aux appendices, engageant le lecteur à s'y reporter, s'il veut avoir une véritable idée du grand acte accompli à Caspe.* — Voir appendice A.

# CHAPITRE IV

## LE THÉATRE — LES PERSONNAGES

LE CHATEAU DE CASPE — LE SALON DE VINCENT FERRIER — TABLE HISTORIQUE — PARLEMENT MICROSCOPIQUE — AGRIPPINE — UN ROI CHRÉTIEN — PERFIDE ALBION — MONFAR TROMPÉ — ENFANTS ROYAUX

Avant de clore ce sujet, disons quelques mots du théâtre où fut accompli le grand acte de Caspe, et ce qu'il advint des principaux personnages qui y participèrent.

Caspe est digne encore de l'honneur qui lui fut fait : c'est une des plus religieuses, et partant des plus fidèles populations d'Espagne.

Jadis résidence des chevaliers de Saint-Jean, le château de Caspe n'est plus qu'un amas de ruines imposantes encore.

Le salon de saint Vincent Ferrier (1), dont le nom domine ici même le célèbre compromis, sert de préau aux femmes frappées par la justice.

Seule, l'église devant laquelle fut proclamé, par la voix puissante de l'Apôtre, le verdict des neuf juges, est restée debout. Enclavée dans le château, elle formait, avec lui et le monastère contigu, un ensemble du plus grandiose effet. On voit encore aux murs les trous pratiqués pour le soutènement de l'immense estrade. Malheureusement, la façade a subi des mutilations déplorables.

Cependant, quelques objets précieux ont été sauvés : et d'abord la vraie Croix, sur laquelle jurèrent les compromissaires. C'est un des plus considérables morceaux du Bois sacré. Il fut donné, avec une épine de la Sainte Couronne, à Don Juan de Hérédia, grand-maître des chevaliers de Saint-Jean de Jérusalem, en récompense des services rendus à l'Église. Dans une chapelle toute de marbres précieux, ornée de peintures magistrales, un tabernacle de jaspe, admirablement sculpté, reçut ces dons précieux. On les y vénère encore aujourd'hui (2).

---

(1) C'est ainsi qu'on appelle, à Caspe, la salle où se tint le Congrès et où fut signé le résultat des délibérations.

(2) Durant la guerre civile qui précéda 1835, l'église servit de quartier général, et la sainte chapelle de cuisine. Les riches peintures disparurent; ce qu'il pouvait y avoir à convoiter pour la rapacité vulgaire fut ravi ; le beau sépulcre de Jean de Hérédia fut violé, ses restes pulvérisés ; et comme la superstition se mêle souvent à l'impiété, on donnait de cette poussière aux soldats pour les guérir de la fièvre.

La table sur laquelle fut signé le compromis a été, dans ces derniers temps, sauvée, en partie du moins, par un officier municipal, au moment où ses soldats, manquant de bois, allaient achever de la mettre au feu. L'officier a fait faire de ces précieux débris le dessus de sa table de travail.

Affectionné comme tous les Caspiens aux gloires de sa patrie, un autre habitant a recueilli les restes ouvragés de la porte du salon, et en a formé l'entrée de sa propre demeure.

Ferdinand de Castille prit en main résolûment les rênes du pouvoir. Il était à Cuenca lorsqu'on lui notifia son élection : toute la noblesse d'Aragon alla l'y rejoindre et lui fit cortège jusqu'à Saragosse, où il arriva le 3 avril.

Cependant, ni le comte d'Urgell, ni surtout sa mère n'acceptaient le fait accompli. Les diables que Vincent Ferrier tenait éloignés à quatre lieues de Caspe, comme les troupes des prétendants, avaient repris leur liberté d'action. Urgell essaya de protester en tenant à Méquiñenza un simulacre de Parlement, où ses faux amis ne cessaient de l'exciter à la révolte (1).

« Le roi, qui de sa nature était doux, dit Monfar, et très éloigné de
» faire du mal à qui que ce fût, désireux d'ailleurs de passer pour tel
» dans tout le royaume, supportait en silence ces outrages et attendait
» ce que ferait le Comte d'Urgell. La Comtesse gardait son implacable
» ressentiment; elle poussait son fils à la révolte, lui répétait sans cesse :
» *roi* ou *rien!* Elle lui parlait toujours avec aigreur, abusant de son
» titre de mère, au lieu de réprimer l'impétuosité naturelle de son fils
» et d'éloigner de lui les conseillers violents et pervers, et en particulier
» Antoine de Luna, homme à tout jamais perdu de réputation. Mais
» plus le roi se montrait libéral envers le Comte et sa famille, plus
» ceux-ci s'obstinaient et repoussaient avantageusement les royales
» avances (2). »

Le premier devoir d'un roi est d'assurer la tranquillité de ses sujets. Apprenant que de sourdes menées se tramaient, Ferdinand, en octobre de cette année 1412, se rendit à Lérida, d'où il pouvait surveiller la

---

(1) Estaban guarecidos en su fuerte Castillo de Mequiñenza, sus intimos amigos, Don Ant. de Luna, D. P. Luiz de Moros, D. Artal de Alagon, y otros notables personnajes de aquel intruso parlamento. (SANCHO. *Hist. d'Alcaniz*, p. 234.)

(2) MONFAR. *Hist. des Comtes d'Urgell*, p. 452.

Catalogne et l'Aragon. A Lérida, nous l'avons vu, César et Pompée s'étaient disputé le sort du monde, mais ce n'était plus un ambitieux vulgaire sacrifiant tout à sa frénésie de dominer, c'était un roi chrétien qui se sentait chargé d'âmes. Le philosophe peut se rendre compte ici du chemin que le christianisme a fait faire à l'humanité.

Urgell, surpris de ce brusque retour, envoya des ambassadeurs porter au nouveau roi sa soumission (28 octobre); elle était feinte, et n'avait pour but que de donner au duc de Clarence le temps d'amener les troupes promises par traité secret. L'ingérence de l'Angleterre dans les affaires d'Espagne à cette époque ne saurait être trop sévèrement qualifiée.

Ferdinand était trop loyal pour douter de la parole donnée; il quitta Lérida, alla saluer à Tortose Benoit XIII, et gagna Barcelone, où il passa l'hiver.

Au printemps, Urgell tint ouvertement la campagne. Déjà, il s'était emparé des places fortes de Tramos et de Montaragon, lorsque Ferdinand, qui n'était pas à ses débuts d'art militaire, concentra des forces considérables à Huesca et attendit une occasion favorable. Elle se présenta le 10 juillet 1413 : il surprit et tailla en pièces tout un régiment ennemi.

Voyant la partie perdue, les Anglais se retirèrent. Urgell, abandonné à ses propres ressources, se jeta dans Balaguer, où il put tenir jusqu'au 26 octobre.

Il faut lire dans Valla ce siège de Balaguer, digne de l'antiquité, et l'entrevue d'Urgell humilié avec le vainqueur noble, mais justement sévère. Toutefois, sur les instances de la jeune Comtesse d'Urgell, qui était sœur de sa mère, le roi lui promit la vie sauve.

« Le roi, toujours bon, dit Monfar, eut pitié des malheurs de cette
» famille et lui envoya des secours (1). La lettre royale est pleine de
» courtoisie. »

Le procès du Comte s'instruisit à Lérida; il fut condamné à une prison perpétuelle et conduit au château d'Ureña en Castille; on le transféra plus tard à Jativa, où il mourut après une longue captivité.

---

(1) El rey de si era manso y tenia buen natural y estaba harto lastimado de las desdichas de aquella casa, les envió por Pedro Miron que era de la casa del Conde doscientos florinos d'oro.
Balaguer tombé après un long siège, « où les gens de la Comtesse d'Urgell *firent le plus de mal possible* à ceux de Ferdinand, la Comtesse fut prise, et sur le conseil du Duc de Gandie, implora la clémence du roi. » La réponse de Ferdinand fut noble, ses reproches mérités, et finalement il fit grâce à la Comtesse, la laissa quelque temps avec son fils, puis amena celui-ci à Lérida, où s'instruisit son procès. Condamné, il est transporté à Saragosse, puis au château d'Ureña. La Comtesse est jugée à son tour, a la vie sauve, selon la promesse du roi, mais ses biens sont confisqués. Rien de la mort d'Urgell. (Caj. Rosell. Chron. d'Esp.)

Il est regrettable que Monfar se fasse l'écho d'un bruit mal fondé, et dont l'odieux aurait dû tenir plus en éveil sa bonne foi. Après la mort de Ferdinand, diverses tentatives furent faites auprès de son fils Alphonse V, pour la délivrance du prisonnier. Un jour même qu'il était venu le visiter dans la prison, sa belle prestance, sa tristesse, émurent profondément l'âme du jeune prince. Il laissa trop voir ses sentiments, car ses frères, Jean, Henri et Pierre, profitant d'un voyage qu'il dut faire en Sicile, se seraient fait ouvrir la prison et auraient étranglé le Comte de leurs propres mains.

Sans doute, on pouvait craindre que les compétitions si funestes pour le royaume ne rouvrissent leur ère sanglante, mais c'eût été là un acte barbare. Heureusement, il n'est pas prouvé.

Le chroniqueur Martin de Viciana, dit, d'après le baillage de Jativa, que le Comte mourut en 1445. A cette date, les Infants Henri et Pierre étaient morts.

Blancas, dans ses *Commentaires aux choses d'Aragon*, parle ainsi de ces jeunes princes :

« On ne se lassait pas de bénir le Tout-Puissant, lorsque surtout on
» put constater la grâce aimable et l'affabilité du jeune Alphonse et de
» ses frères. Leur enfance offrait les marques d'un si beau naturel que
» non-seulement leur père, mais le royaume tout entier les aimait comme
» la prunelle des yeux. »

« Plusieurs, il est vrai, virent dans le châtiment du Comte d'Urgell,
» d'Antoine de Luna et de quelques autres criminels de lèse-majesté,
» une sévérité peu en rapport avec la douceur habituelle du monarque,
» mais ce sont là conséquences de guerre et de victoire, et l'état des
» choses ne comportait pas une autre façon d'agir. Le gouvernement
» d'une nation, comme celui d'une famille, demande qu'on récompense
» les bonnes actions et qu'on punisse les forfaits. Ils durent à leur
» obstination de perdre les biens et la vie. » Nulle allusion à l'assassinat du Comte.

Marineus Siculus, chroniqueur contemporain, dit simplement qu'Urgell finit ses jours en prison.

« Quant aux *Infants d'Aragon*, comme le peuple aimait à les appeler,
» ils fleurirent en tout genre de gloires, les brillantes actions des uns
» rejaillirent sur les autres, et nul d'entre eux ne fut inférieur à leur
» père lui-même (1). »

---

(1) Ces assertions sont confirmées par Vidal y Micò, à qui j'ai emprunté une partie des détails qui précèdent.

Le pauvre don Fadrique, ayant suivi les errements d'Urgell, rencontra aussi une mort et une tombe ignorées.

Antoine de Lune, longtemps caché à Méquiñenza, mourut misérablement.

# CHAPITRE V

### ALCANIZ

THÈME ROYAL — RÉVÉLATION FOUDROYANTE — MARTYRE — LES TARTANES — BENOIT XIII ET LE JUGEMENT DERNIER — ENCORE LES JUIFS — UNE VILLE RECONNAISSANTE — UNE BONNE ÉDITION DE SAINT THOMAS D'AQUIN

En date du 20 novembre 1413, le roi Ferdinand fit part à Vincent Ferrier de la prise de Balaguer (1). Cette lettre, en latin, est un beau thème royal.

« Le Dieu tout-puissant, disait-elle, a humilié l'orgueil des superbes
» et brisé leur résistance. Vous n'ignorez pas toutes les machinations
» vraiment diaboliques qu'a tramées Jacques d'Urgell contre nous, son véri-
» table et légitime souverain. Pour couper court à ces révoltes qui trou-
» blaient sans cesse la paix de notre royaume, nous avons assiégé Bala-
» guer, où Urgell et ses partisans s'étaient enfermés. Après de longs
» efforts, et par l'intercession de la glorieuse Vierge Marie, Balaguer est
» tombé, le coupable s'est jeté à nos genoux en disant : *Miserere*, et se
» remettant à notre discrétion. Nous lui avons fait grâce de la vie,
» mais nous le gardons à vue, pour que la paix puisse enfin régner.
» Nous avons d'ailleurs rendu à la liberté sa famille et ses partisans. »

Cette lettre priait en même temps l'Apôtre de se rendre à Tortose, où devaient se tenir des conférences avec les Juifs, et l'invitait au couronnement du roi pour lequel tout se préparait à Saragosse.

Après Caspe, Vincent Ferrier, laissant les événements suivre leur cours, avait pris une route opposée à celle de Ferdinand. Il descendait vers sa patrie, où sa présence était encore nécessaire, et qu'il devait revoir pour la dernière fois. Du reste, ranimer la foi, mère de la fidélité, faire cesser les désordres de tous genres, ramener la sécurité avec la paix, c'était bien le meilleur service qu'il pût rendre au nouveau monarque. Mais quand il apprit, en octobre, la présence du prince à

---

(1) Au registre 3, *curiæ sigilli secreti*, folio 135, se trouve la lettre du roi à son fils aîné, lui faisant part aussi de ce brillant fait d'armes. Elle est en catalan, suivie de la lettre en latin adressée à saint Vincent Ferrier. Voir le texte, document 2.

Lérida, quand surtout on parlait de guerre civile, il crut devoir aller faire acte de sujet, et appuyer de toute son autorité morale l'autorité légitime. Ferdinand le nomma son confesseur, et c'est à ce titre qu'il lui rendit compte des événements les plus importants.

Si Urgell ne s'était soumis que par force à son souverain, il pardonnait encore bien moins à Vincent Ferrier. Aux confins de Caspe et de Peñalba, au sommet d'un sentier appelé *Cuesta de san Vicente*, une haute croix de pierre domine l'horizon : elle marque l'endroit où, sortant d'une embuscade, Urgell et ses gens se ruèrent sur le Saint. N'écoutant que son ressentiment, le Comte l'accabla d'outrages, l'appelant hypocrite, menteur et méchant homme. Le Saint le prit à part, et lui dit à voix basse : « Le méchant homme, c'est vous, qui avez tué votre frère tel » jour, à telle heure, dans telle circonstance ; Dieu n'a pas voulu donner » la couronne à un pareil criminel. »

Stupéfait de s'entendre révéler ce qu'il savait absolument secret, Urgell serait allé sur-le-champ faire sa soumission, s'il n'eût été retenu par la crainte de sa mère.

Sancho, le docte historien d'Alcañiz, raconte cette sorte de guet-apens tendu au Saint, et en infère la part qu'Urgell dut avoir au meurtre de l'archevêque de Saragosse (1), meurtre dont il persistait à douter, malgré les documents qu'il avait sous la main.

S'il faut en croire un des témoignages les plus complets touchant la vie de notre Saint, la rencontre de Peñalba n'aurait pas été la seule avanie qu'il ait eu à supporter, ni le Comte d'Urgell le seul à les lui faire subir. De ce chef, à toutes ses auréoles, Vincent Ferrier ajouta le martyre du devoir social, martyre dont l'intense acuité de douleurs n'est bien connue que de ceux qui l'éprouvent (2).

La première étape de l'Apôtre vers sa patrie fut Alcañiz.

On va encore de Caspe à Alcañiz en tartane, sorte de véhicule à centre bas, sans ressorts, et dont le nom est emprunté à la navigation : rapport trop réel qui se traduit par un roulis insensé dans d'invraisemblables fondrières.

---

(1) El monumento que consagró la Villa de Caspe a la memoria de un lance notable occurrido a san Vicente Ferrer prueba tambien de un modo muy especial la parte activa que tuvo el conde de Urgell en la muerte de l'Arzobispo de Zaragoza. Hè aqui como en sustancia la refieren las cronicas manuscritas de aquel pueblo. (*Hist. d'Alcañiz*, p. 333.)

(2) Quod ipse passus fuit multas injurias et opprobria racione et causa regis Aragoniæ ab illis qui favebant partibus ducis andegavensis qui pretendebant habere jus in dicto regno; et quod ipse illas injurias et opprobria multum pacienter sustinuit. (*Naples. Déposition du Chartreux Placentis.*)

Impuissant à Caspe, le diable se vengea de Vincent Ferrier en lui cherchant, à Alcañiz, une fort mauvaise querelle; et l'instrument fut choisi de griffe de maître : c'était Benoît XIII lui-même.

L'Apôtre reçut du Pontife une lettre dans laquelle celui-ci lui faisait part des plaintes nombreuses portées à son tribunal, à propos du jugement dernier, dont il précisait beaucoup trop la proximité. Sûr de l'objet de sa mission autant que de sa mission elle-même, l'Apôtre répondit par une apologie en règle ; et c'est d'Alcañiz, le 29 juillet 1412, un mois juste après le grand acte accompli à Caspe, qu'est datée sa réponse. Cette réponse, nous la connaissons. Benoît XIII n'avait aucun parti pris, il en accepta les conclusions, comme il avait rejeté celles du trop ardent inquisiteur Emerich, à propos de Judas.

D'ailleurs, la grande preuve de fait continuait à se produire : les Juifs se convertissaient en masse.

« Puissant Prince et victorieux Seigneur, écrivait le Sénat d'Alcañiz
» au roi Ferdinand, puisque tout ce qui touche à la gloire de la foi
» chrétienne vous est cher, nous serions répréhensibles de ne pas vous
» faire connaître les événements qui l'intéressent. Exauçant nos prières,
» l'Esprit-Saint a éclairé tous les Juifs de cette cité et de toutes les
» villes qui en dépendent, comme Caspe, Maella, Alcoriza, Castello,
» Molinés et autres lieux. De sorte que, dans toute cette contrée, on ne
» trouverait pas, désormais, quinze familles de Juifs ou d'hommes
» semblables (1). »

« Dans Alcañiz, où les Juifs étaient très puissants, ajoute le procès
» de canonisation, la prédication de maître Vincent opéra de grands
» fruits..... elle convertit, entre autres, un grand rabbin, fort érudit,
» connaissant à fond la loi et les prophètes, et très versé dans la science
» du Talmud. Après sa conversion, celui-ci, à son tour, prêcha dans
» plusieurs villes d'Aragon et amena plusieurs de ses coreligionnaires
» à la vraie foi. Il aida puissamment à la réunion des rabbins, où
» Vincent Ferrier fit son fameux traité. Son fils devint évêque de Syra-
» cuse (2). »

D'après Rodriguez de Castro, ce savant « talmudiste s'appelait Rabi
» Jehosuath Halorqui, natif de Lorca, au royaume de Murcie. Au bap-
» tême il prit le nom de Jérôme de Sainte-Foi ; il accompagna le Saint
» dans ses missions et composa des livres de haute valeur contre les

---

(1) Sancho, *Hist. d'Alcañiz*, d'après le registre des lettres missives.
(2) *Naples. Déposition de l'évêque de Télésia.*

» Juifs et le Talmud, qui furent successivement imprimés à Paris en
» 1575, à Lyon en 1586 et à Cologne en 1624 (1). »

Près d'Alcañiz, sur un monticule qui domine le *val de los Judios*, s'élève la chapelle de la *Encarnacion*; c'était la synagogue qui, après le passage du Saint, fut transformée en sanctuaire dédié à la Vierge. A l'intérieur, une image antique de Vincent Ferrier porte cette inscription : *Ob conversionem Judæorum*. La chapelle actuelle est moderne, mais réédifiée sur le plan de l'ancienne.

Ce fait des synagogues converties en églises, auquel déjà nous ne prêtons qu'une attention distraite, suppose cependant un changement bien profond; et nulle part on ne lit que les Juifs aient protesté ni alors, ni plus tard.

Alcañiz au nom arabe, l'ancienne Anitorgis, a eu de belles pages dans son histoire et, rare bonne fortune, un homme de vrai talent pour les écrire. Sancho, historien d'Alcañiz, évite à la fois le chauvinisme exagéré de quelques historiographes italiens et le vague un peu emphatique des Espagnols; il écrit vraiment l'histoire, à la façon de Çurita, l'immortel annaliste Aragonais.

Dans son livre, le compte rendu de l'élection de Caspe est aussi clair et aussi complet qu'on peut le désirer (2). Il met naturellement en relief la part importante qu'eut sa ville natale au fameux compromis. C'est d'Alcañiz que sortit la déclaration préparatoire qui fit cesser les malentendus et groupa les bonnes volontés. Parmi les Alcaniciens marquants dont il fait la monographie, était Dominique Ram, évêque d'Huesca, puis de Lérida, puis cardinal, qui, à Caspe, vota le premier sans restriction dans le sens de Vincent Ferrier.

Celui-ci, lors de ses premières missions d'Espagne, avait pu apprécier le bon esprit et la valeur morale des Alcaniciens; il demanda pour eux à Benoît XIII une faveur fort enviée alors, l'érection de leur église en collégiale. La Bulle est datée de Marseille, monastère de Saint-Victor, *tertio idus Maii, anno 1407*.

En reconnaissance, les autorités publiques, représentant la voix du peuple (*Por voto muy antiguo, el municipio, es a decir todos.* — Vox populi), firent vœu, lors de la canonisation du Saint, de célébrer solennellement sa fête. Ce vœu subsiste encore. Le dimanche *in Albis*, il y a fête à Alcañiz comme à Valence. L'Ayuntamiento s'honore d'y assister.

---

(1) *Bibliothèque d'Espagne*. t. 1, p. 203.
(2) *Histoire d'Alcañiz*, p. 604 et suiv.

Alcañiz est resté affectionné à saint Vincent Ferrier, comme à un enfant du pays, *como a un hijo del païs*, disent-ils sur un mode affectueusement doux.

Malheureusement, ni les incendies, ni les autres causes de ruines n'ont épargné Alcañiz. Mais, de la collégiale détruite, on a soigneusement extrait la chaire et la statue de saint Vincent Ferrier; chaire et statue ont été encastrées dans les murs de l'église moderne, à côté de l'autel dédié au Saint. Une inscription portant la date de 1784 dit bien les choses (1), et l'Église a consacré la piété reconnaissante des habitants en accordant deux cents jours d'indulgence à quiconque récitera une prière devant la statue (2).

Enfin une des plus vieilles cloches de la cathédrale s'appelle *Vicenta*, et l'église de *San-José de Salinas* a son plus bel autel dédié à *san Vicente Ferrer*.

De son côté, Vincent Ferrier laissa aux Alcaniciens un vrai trésor, la *Somme* de saint Thomas manuscrite, dont il se servait, et d'après laquelle fut faite plus tard l'une des meilleures éditions.

« En 1719, dit Teyxidor, le P. Thomas Madalena, étant Prieur du couvent de Sainte-Lucie d'Alcañiz, publia un opuscule intitulé : *Crisis theologica*, où il inséra toutes les notes que saint Vincent Ferrier avait écrites de sa main sur les marges de la *Somme* de saint Thomas, en quatre volumes, laissée par lui à ce couvent d'Alcañiz. »

En tête de l'opuscule, l'auteur a mis cet avertissement :

« Arrête, lecteur ! Ce que nos oreilles ont entendu affirmer comme
» tel, ce que nous avons vu de nos yeux, ce que nos mains ont touché,
» nous vous le présentons aujourd'hui, à savoir, les volumes usés par
» le temps à l'extérieur, mais intacts au-dedans, dont saint Vincent
» Ferrier se servait et qu'il a illustrés de notes marginales.
» Lorsque l'Apôtre fut élu juge de l'élection royale qui devait se faire
» à Caspe, il laissa à cette ville d'Alcañiz divers souvenirs de son pas-
» sage : le crucifix qu'il portait dans ses missions, sa chaire, ses habits

---

(1) Esto es pulpito en que predicó muchas veces san Vicente Ferrer a principios de siglo XV, el qual se conservó quando se demolió le iglesia colegial antigua. Y se repone aora para memoria del glorioso santo, en el mes de Agosto de l'año 1784.

(2) El R. P. Diego de Cadiz missionero apost.º capuchino de lo Prov.ᵗⁱᵃ de Andal.ᶜⁱᵃ con facult.ᵈᵉˢ de los Yll.ᵐᵒˢ Sres arzob.ᵒˢ de Toledo, Arzob.ʳᵒ obispo de Malaga y obispo de Cordoba, concedió mission.ᵈᵒ en esta Ciudad 200 dies de Indulg.ᵗⁱᵃ a todos los que hicieren alguna deprecacion ante esta santa ymagen de Sⁿ Vicente Ferrer colocado en esta pulpito. Alcañiz 16 de enero de 1787. — Ceci est écrit en caractères du temps, sur un petit carton suspendu à côté de la chaire.

» sacerdotaux et autres objets qu'on expose à la vénération des fidèles.
» Il fit, de plus, au couvent de son Ordre ce cadeau superbe alors quand
» l'imprimerie n'existait pas : quatre volumes contenant la *Somme* de
» saint Thomas d'Aquin, et les livres du Maître des sentences. Un reli-
» gieux, voulant faire connaître à la postérité l'origine de ce trésor,
» écrivit en tête de chaque volume : « Le vénérable Père Vincent
» Ferrier, maître en théologie et confesseur de Notre Saint-Père le Pape
» Benoît XIII, a donné ce livre au couvent d'Alcañiz. »

» Les gloses marginales, que j'ai souvent relues et transcrites, sont de
» la main même de saint Vincent Ferrier; la tradition sur ce point est
» constante, mais je veux y ajouter une preuve irrécusable tirée de la
» minute du vœu fait par la ville d'Alcañiz, de célébrer la fête de saint
» Vincent Ferrier. Cette minute a été libellée par le notaire Pierre Por-
» tolis ; elle porte qu'entre autres motifs déterminants du vœu en question
» il y a celui-ci : « Ce Saint nous a laissé aussi la *Somme* de saint
» Thomas, annotée de sa main (1). »

Du couvent à qui Vincent Ferrier légua de si précieux trésors, il ne reste plus que des maisons vulgaires; l'église est un dépôt de grains. La *Somme* de saint Thomas est à Saragosse. Le Crucifix du Saint et ses ornements sacrés ont disparu, ainsi que les riches dons que Pierre de Lune avait faits aussi à la ville d'Alcañiz. On accuse les Français d'avoir non seulement brûlé les papiers, mais fait fondre l'argent des statues et des reliquaires. Ces excès imputés aux fils de la Révolution, qui entassa sur notre sol tant de ruines odieuses, ne sont que trop vraisemblables; toutefois, la rancune des Espagnols a souvent porté l'exagération jusqu'à l'injustice. Heureux si eux-mêmes ne nous avaient pas si tristement imités !

---

(1) Voir le texte appendice B.

# CHAPITRE VI

## LE MAEZTRAZGO ET LÉRIDA

LE BAILLI MERCADER — DE VILLAGE EN VILLAGE — DÉPOSITION DE JACQUES QUINTANIS — COUVENTS TROP PETITS — L'ESTROPIÉ DE LÉRIDA — VINCENT FERRIER MODISTE — FIÈVRE OBÉISSANTE — ROI IMPORTUN — RESSUSCITÉ EN PASSANT — GENS DANGEREUX

Entre Alcañiz et Valence, en longeant la mer, s'étend ce pays que nous connaissons déjà, le Maeztrazgo, qui comprend aujourd'hui à peu près la province de *Castellon de la Plana*. L'Apôtre lui consacra les derniers mois de l'été 1412. Là, pullulaient les divisions et les haines, les plus puissants chefs de bande avaient là leurs repaires. Pacifier ces cités d'ailleurs florissantes, c'était délivrer de son plus grand embarras le nouveau gouvernement, car tous les autres y avaient brisé leur pouvoir.

Pour que ce travail de réconciliation fût durable, et sans doute aussi pour ranimer le respect envers les autorités légitimes, il déguisa son action personnelle sous l'intervention de la justice civile. De vieux comptes, vérifiés par Teyxidor, à Valence (1), relatent en effet la présence de Jean Mercader, bailli général, appelé par M° Vincent Ferrier dans le Maeztrazgo pour libeller ou ratifier les contrats pacifiques.

Ce détail n'a point échappé à l'historien de ces contrées, Bernard Mundina, qu'ici encore nous pouvons suivre en toute sécurité.

« Durant l'été de 1412, vint à Castellon l'apôtre valencien, Vincent
» Ferrier. Cette ville, alors, était en guerre avec Onda et Almazora. La
» lutte était sanglante et acharnée. Le Saint déploya sa grande éloquence
» et, profitant de la sympathie universelle, il fit tomber les inimitiés les
» plus invétérées. Aux magistrats des trois villes réunis dans ce but,
» il adressa un pathétique discours et leur fit signer la paix devant le
» bailli général de Valence appelé par lui tout exprès. Partout sa parole
» eut le même résultat. Ils furent enfin réglés, ces différends intermi-
» nables, qui surexcitaient les esprits et maintenaient ces peuples en
» guerre perpétuelle. »

---

(1) *En el Archivo del real*, armario 104, folio 98.

La relation concernant les deux autres villes belligérantes ne diffère pas sensiblement de celle-ci (1).

A la demande du Saint, les autorités de Lucena portèrent deux édits, l'un contre les habitués intempestifs des tavernes, l'autre contre la mauvaise tenue des femmes. L'édit contre les buveurs est du 30 septembre 1412, l'édit contre les femmes est du 2 octobre : l'un et l'autre, pour que nul ne les ignorât, furent gravés sur pierre et placés à l'endroit le plus fréquenté de la ville.

Il existe dans ces parages une intéressante petite bourgade que visita aussi notre Saint, mais à qui, pour un autre objet, nous consacrerons en son lieu une petite étude monographique : c'est Péniscola, où se retira Benoît XIII comme Noé dans son arche, ainsi qu'il le disait lui-même, lorsque l'autorité de Vincent Ferrier réduisit enfin à l'impuissance le Schisme, hydre monstrueux, qui depuis trop longtemps désolait l'Église.

Tous les villages des montagnes qui ceignent ces plaines magnifiques, d'où la province tire son nom, ont perpétué, par des monuments de marbre ou de granit, le souvenir du grand pacificateur. A Lucena, une chapelle ; à Cuevas de Vinroma, un ermitage composé d'une petite église, de l'habitation du chapelain et d'une hôtellerie : charmant lieu de pèlerinage à un kilomètre de la ville ; à Alcora, un oratoire en face de celui de Saint-Christophe. Cervera del Maestre a deux fontaines abondantes, dont l'une se nomme *pozo de san Vicente*.

A Castellon même, on retrouve partout son image ou ses miracles représentés dans de remarquables peintures. Au couvent de Saint-Dominique, devenu hôpital, sa statue, toute chargée d'ornements précieux, fait pendant à celle de la Vierge. Là, il fait bon voir l'habit Dominicain porté par des enfants dans les églises. Il y a cent ans, un évêque consacra sa fortune à créer, à Castellon comme à Valence, un orphelinat sous la protection et l'habit du Saint populaire.

En plusieurs endroits de ces contrées, on porte encore à la procession du Jeudi-Saint sa statue, seul trophée de joie parmi les objets sombres. C'est un souvenir des processions disciplinantes qu'il instituait partout.

Il était, en octobre, à Lucena lorsque, apprenant que le roi Ferdinand venait d'arriver à Lérida, il s'y rendit sans retard.

Rien ne saurait remplacer ici l'éloquente simplicité des témoignages canoniques.

---

(1) Le livre de Mundina est trop récent pour citer le texte.

« Jacques Quintanis, maître ès-arts et médecin du roi d'Aragon, a
» entendu à Lérida environ trente sermons de maître Vincent. L'assis-
» tance était compacte et l'empressement tel que tous, hommes et femmes,
» se levaient au milieu de la nuit pour prendre place. Il existait dans la
» ville des partis et des inimitiés invétérées dont rien ne pouvait faire
» prévoir la fin, parce qu'il y avait eu des meurtres nombreux de part
» et d'autre. Les salutaires paroles de maître Vincent ramenèrent la paix,
» l'unité, la concorde. Tous renoncèrent à leurs divisions, les plus
» mortels ennemis se demandèrent mutuellement pardon et se réconci-
» lièrent ouvertement. Et tous, hommes et femmes, bien que de langues
» différentes, comprenaient comme si maître Vincent eût parlé l'idiome
» propre de chacun, or il ne parlait que sa langue maternelle. Ce fait
» semble bien avoir le caractère du miracle (1). »

Il faut rappeler ici que Lérida était alors une florissante Université, fréquentée par des Catalans, des Navarrais, des Castillans ou des Aragonais, dont le langage différait sensiblement.

« Après avoir entendu une doctrine si merveilleuse et si pleine d'enseignements, grand nombre d'hommes et de femmes dont la vie avait été, jusque-là, un tissu de crimes, revinrent à Dieu. Beaucoup embrassèrent l'état religieux et y firent des progrès admirables. J'enseignais alors les arts à l'Université ; beaucoup d'étudiants de diverses Facultés, lois, canons, arts, médecine, abandonnèrent leur carrière et suivirent maître Vincent, décidés, pour la plupart, à vivre hors du siècle (2). »

Après son passage, en effet, on remarqua que les couvents ne purent recevoir tous les novices qui se présentèrent.

« Un jour que maître Vincent prêchait à Lérida, sur la place qui s'étend devant le couvent de Saint-Dominique, en présence du roi Ferdinand et d'une multitude innombrable, il aperçut à la distance d'environ un demi-mille, un infirme tellement éclopé qu'il ne pouvait marcher que

---

(1) Ya! lo creo, s'écrient ici les Espagnols : expression qui correspond à notre mot familier : Je le crois ! C'est avec regret que nous renvoyons les textes mêmes à une publication ultérieure.

(2) Même déposition. Un autre témoin, dont le nom et les premières dépositions sont effacées dans l'exemplaire de Valence, dit d'une manière générale qu'il a vu se réaliser à Lérida et à Balaguer tous les points sur lesquels porte l'interrogation : la vie privée du Saint, les foules énormes aux prédications, les guérisons sans nombre par la simple imposition des mains..... Des pèlerins revenus de Vannes à Lérida, ajoute-t-il, racontaient, enthousiasmés, les merveilles accomplies au saint tombeau. — Ce témoin est celui dont nous avons cité, à propos du don des langues, sous la simple indication : procès de Naples, la déposition si concluante. Il est le premier interrogé au procès de Naples. Cette remarque s'applique aux autres lacunes semblables qui pourraient se rencontrer.

sur les pieds et les mains comme les animaux. Alors, s'adressant au roi : « Majesté, dit-il, veuillez, pour l'amour de Dieu, envoyer deux de » vos gens vers ce pauvre que j'aperçois là-bas, pour voir si vraiment » il est aussi estropié qu'il le paraît. » Le roi envoya aussitôt deux officiers, Guillaume d'Apella, du comté d'Urgell, et Hugues de Vegliatz. Arrivés près du mendiant, ceux-ci en constatèrent le piteux état, et comme ils se disposaient à l'aider, ils virent maître Vincent qui, de loin, faisait le signe de la Croix; et aussitôt le mendiant se redressa tout seul et marcha comme s'il n'avait jamais eu aucun mal. Le roi et tout Lérida furent, comme moi-même, témoins de ce miracle (1). »

L'heureux guéri suivit l'Apôtre durant deux ans.

Dans un autre sermon, il dépeignit avec une exactitude si parfaite les vêtements luxueux dont le goût commençait à gagner toutes les classes de la société, qu'un jeune bénéficier, Laurent Peregrino, crut, à bon droit, qu'il parlait pour lui, et, se corrigeant, devint un de ses plus fervents disciples (2).

Ce nouveau converti était chargé de pourvoir au logement de la Compagnie. Un jour, brûlé de fièvre, il prévint le Saint que le mal ne lui permettait pas de remplir son emploi : « Allez quand même, » répondit le thaumaturge (3), » et la fièvre tomba par la vertu de l'obéissance.

Si la fièvre obéissait au commandement du thaumaturge, pour quitter un patient, elle obéissait aussi pour s'en emparer et le tourmenter obstinément, ainsi qu'on va le voir.

Le roi n'était venu à Lérida qu'appelé par des circonstances urgentes; son séjour n'y dura que le temps strictement nécessaire. Quand il eut reçu, le 28 octobre, les ambassadeurs d'Urgell apportant sa soumission, il partit incontinent pour Tortose. Or, que de conseils n'avait-il pas à demander à son confesseur!

Désireux d'avoir avec lui un entretien particulier, il se présenta un soir à l'improviste. Le Frère familier l'introduisit dans la cellule, mais tous deux durent s'arrêter au seuil.

Absorbé en Dieu, le Saint était tout enveloppé d'une lumière céleste dont le rayonnement éblouissait la vue, il n'entendit rien. Le roi, frappé d'une terreur religieuse, se retira sans oser lui adresser la parole.

---

(1) *Naples. Déposition du Catalan Bernard de Pratz.*
(2) Razzano, III, 14.
(3) *Ibid.*, III, 37.

Le lendemain, apprenant l'aventure, le Saint n'hésita pas à dire au roi qu'il l'avait fort contrarié, et il infligea sept ans de fièvre au malencontreux Frère qui avait ouvert sa cellule. Héroïque comme son maître ; celui-ci eut le courage de le suivre quand même. Chaque jour il assistait aux miracles, et entendait, grelottant de fièvre, les bénédictions joyeuses des heureux guéris (1). Razzano raconte qu'à Vannes le fiévreux demanda un jour au Saint de le délivrer. « Soit, dit le thaumaturge, mais tenez-vous prêt, car vous mourrez dimanche à la première heure (2). »

C'est l'unique exemple de ce genre qu'on rencontre dans la vie de notre Saint, mais il entendait une fois pour toutes que de semblables indiscrétions ne se renouvelassent pas. Il avait juste encore sept ans à vivre : n'y a-t-il là qu'une circonstance fortuite ?

Ici, comme dans l'Évangile, tout n'est pas raconté, car le vénérable P. Micon disait tenir de témoins oculaires que, à Lérida, devant l'église Saint-Jean, Vincent Ferrier rencontrant un cadavre, d'un signe de Croix le remit sur pied. Les Pères du couvent de Calatayud se font garants de ce miracle (3).

Même après le passage d'un pareil thaumaturge, la liberté humaine reste, hélas ! avec ses mauvais vouloirs.

« Lorsque maître Vincent quitta Lérida pour se rendre à Balaguer, il aperçut de loin sur la route un grand nombre de gens armés et dit à ceux qui l'accompagnaient : « Voici venir des hommes irrités de la conversion des courtisanes, qui ont l'intention de me tuer. — Laissez-nous vous défendre », dirent ses compagnons. Il refusa, et les pria de s'écarter ; puis, s'avançant seul vers les sicaires, il fit le signe de la Croix ; et aussitôt ceux-ci déposèrent leurs armes, lui demandèrent pardon, et se mirent à sa suite. J'y étais, j'ai vu cela de mes yeux, dit le témoin (4).

Ce thaumaturge, dont les gestes étaient si puissants, a-t-il jamais pensé à faire un signe de Croix sur sa jambe malade ?

L'historien Espagnol Baranda n'a pas eu en main vraisemblablement

---

(1) Quem testis vidit sic febricitantem ac etiam quam plures alii ex discipulis ejusdem magistri Vincentii sic eidem testi retulerunt. (*Bretagne. Déposition de Perrine de Bazvalen.*)

(2) Razzano, III, 9.

(3) En la ciudad de Lerida sabiendo que llevaban a enterrar a un hombre a la Parochia de San-Juan, salió al encuentro, y haciendo una breve oracion lo resuscitó con admiracion de todos.

(4) *Déposition de Jacques Quintanis.*

le procès de canonisation ; il n'écrivait que d'après les mémoriaux et les traditions locales : or, son récit est un résumé parfait de tout ce qu'on vient de lire ; rien n'y manque : ni les gens qui se levaient à minuit pour choisir leurs places, ni les ennemis réconciliés, ni la réforme des étudiants, ni la conversion des femmes publiques, qui, dit-il, faillit coûter la vie au saint Apôtre quand il quitta Lérida pour se rendre à Balaguer (1).

---

(1) E fue tanta la aficion con que las gentes le escuchaban que se levantaban a media noche para tomar sitio cerca, de donde pudiesen oirlo bien, pues predicaba a campo raso. Entre los frutos de su predicacion, cuenta la reconciliacion de muchos enemistados, el arreglo de costumbres de no pocos estudiantes, y la mudanza de conducta de todas las mugeres de la casa publica, lo que estuvò para costarle la vida cuando salido de aquella ciudad pasaba a Balaguer.

# CHAPITRE VII

### ADIEUX A VALENCE

LETTRES SUR LETTRES — COMMENT LE SAINT RETROUVE SA CELLULE — LE « QUIETAMENTO » — LAIQUE PRÊCHEUR — ENCORE DES LETTRES — LES MEUNIERS AU MOYEN AGE — « QUE FA LA BUFA ? » — TOUR DE DIAMANTS — LA FEMME LAIDE — L'EAU MIRACULEUSE — CAIN — LES CORBEAUX — DU FEU POUR RIRE — DANGER DES SOUVENIRS CLASSIQUES — UN VAISSEAU DE HAUT BORD ET SA CARGAISON — NOUVEL ISCARIOTE — LE « SANTO CRIST »

#### 1412

Cependant on s'impatientait de nouveau à Valence. Déjà, le 25 juin 1412, les magistrats lui avaient envoyé à Caspe la lettre suivante :

*Au Très Révérend et de grande religion, Fr. Vincent Ferrier, des Frères Prêcheurs, maître en théologie, à Caspe.*

« Très Révérend Maître,

» Vous avez bien voulu, dans ces temps derniers, visiter cette ville
» où vous avez pris naissance, et, de votre passage, il est résulté de
» grands biens, dont les uns ont atteint leur perfection, et les autres
» sont seulement en bonne voie. Il s'agit de ces rivalités dont la
» pacification intéresse autant le royaume tout entier que notre ville
» même. C'est pourquoi, très Révérend Maître, nous vous prions au
» nom de Jésus, Fils de la Vierge Marie, de revenir ici dès que vous
» aurez achevé l'œuvre entreprise au château de Caspe. Nous avons
» confiance que Dieu, qui, par vous, nous donnera un nouveau roi,
» permettra que vous donniez au royaume la plénitude de la paix.
» Veuillez donc accueillir favorablement notre demande, vous savez
» que c'est le plus grand service que vous puissiez rendre à votre
» patrie. Si vous n'achevez pas le bien commencé, Jésus, Fils de la
» Vierge, vous en demandera compte au dernier jour. Nous attendons
» votre réponse comme consolation et grâce singulière. Que la Très
» Auguste Trinité vous ait en sa sainte garde.        » LES JURÉS,
» Prêts à tout ce qui est de votre honneur et service. »

Valence le 25 juin 1412.

Le jour même, ils écrivirent à Benoît XIII pour le prier de hâter la venue du Saint.

*A notre Très Saint-Père en Dieu et seigneur, le Souverain Pontife.*

« Très Saint-Père,

» Nous avons fait connaître à Votre Sainteté, par des lettres anté-
» rieures, combien nous désirons ardemment voir la paix et la tran-
» quillité régner dans cette ville. Votre Sainteté a bien voulu nous
» répondre par des paroles de sympathie et nous dire de nous adresser
» à elle en toute confiance pour tout ce qui concernerait le bien ou
» l'utilité de notre cité. En remerciant Votre Sainteté de cette offre gra-
» cieuse, nous implorons humblement son secours. Naguère, Fr. Vin-
» cent Ferrier, que vous savez tout dévoué à Notre-Seigneur, a pu faire
» cesser les dissensions qui désolaient ce royaume ; mais la paix tant
» désirée n'a pu encore s'établir complètement. Souhaitant donc de tous
» nos vœux que les discordes soient détruites jusque dans leurs racines,
» nous lui avons écrit de revenir vers nous, sûrs que, par ses merveil-
» leuses prédications et sa prudence, les rivalités disparaîtront et la paix
» refleurira.

» Nous supplions donc humblement Votre Sainteté de vouloir bien,
» pour l'amour de Dieu, exhorter maître Vincent, et au besoin l'obliger
» par des lettres apostoliques à venir ici, achever son œuvre dès que
» l'élection du nouveau roi lui en laissera le loisir. Il sait combien cette
» ville brûle du désir de le revoir ; qu'il arrive donc sans retard, afin
» que par lui nous puissions jouir en paix de notre nouveau souverain.
» Nous regarderons cela de la part de Votre Sainteté, comme un bien-
» fait plus grand qu'il ne se peut dire, et nous lui en conserverons une
» reconnaissance éternelle.

» Que Dieu daigne garder longtemps Votre Auguste personne pour
» l'honneur et le bon gouvernement de son Église.

» DE VOTRE SAINTETÉ

» Les suppliants très humbles et très dévoués (1). »

Valence le 25 juin 1412.

Le Saint, selon toute apparence, avait quitté Lérida aux premiers jours de novembre, et repris le long du golfe de Lion sa prédication interrompue. Le 26 novembre il était à Murviédro ; les jurés de Valence

---

(1) Voir le texte de ces lettres document 3.

lui écrivirent pour lui demander le nombre de sa compagnie. Le même jour, ils décidèrent d'aménager d'estrades et de bancs le jardin des Frères Prêcheurs où le Saint devait prêcher, et confièrent à quarante citoyens dévoués le soin de ceux qui l'accompagnaient (1).

Le 3 janvier suivant, le Conseil veut que « la délibération prise à l'honneur de Dieu au sujet de la compagnie de maître Vincent soit mise à exécution, à savoir : qu'on lui donne tout ce qui peut être nécessaire en fait d'habits et de chaussures. »

Cette délibération ne s'occupe que des hommes, ce qui concernait les femmes ayant été réglé précédemment (2).

Vincent Ferrier entra dans Valence le 29 novembre. On le reçut comme un roi, dit Diago. Il fut logé dans sa propre cellule. Détail curieux : le duc de Gandie, un des prétendants de Caspe, avait retenu un logement au couvent des Dominicains, et par honneur on lui avait assigné la cellule de Vincent Ferrier. On le pria de se désister « parce » qu'aucun autre logement ne pouvait être plus agréable au Saint (3). »

Le mal avait repris le dessus, mais, à son arrivée, les asiles de débauche se fermèrent d'eux-mêmes ; et il suffit que l'Apôtre dit un mot dans un sermon du 1$^{er}$ janvier 1413 pour que, le 3 du même mois, le Conseil, dans le premier des vingt-deux articles de la pragmatique publiée ce jour-là, prohibât sous les peines les plus graves le jeu de dés et les blasphèmes (4).

Le Saint répondit à la confiance des siens en mettant ordre à leurs finances. Les deniers publics s'en allaient à vau-l'eau par des prodigalités sans mesure, les engagements se multipliaient et absorbaient d'avance toutes les ressources. Il institua un jury qui s'appela *de Quietamiento*, composé de quatre nobles et de dix citoyens. Toute dépense dépassant cinquante écus devait être examinée par eux sous un sévère contrôle. L'équilibre se rétablit peu à peu.

---

(1) *Manuel des Conseils de Valence*, vol. 24, fol. 128.

(2) Item volch lo dit present Consell que axi com per aquell fonch provehit per reverencia de Deu, que fossen vestits e calzats aquells de la compania del reverent Mestre Vicent Ferrer quen aurien menester, segons dit daquell ; e alli no parlas de savenes de Dones e de camises, ne daltres coses necessaries a cobrir lurs corsos ; perço que fos entes tot loque fos à obs a cobrir aquells. (*Manuel de los Consejos*, vol. 24, fol. 154. Délibération du 3 janvier 1412.)

(3) Teyxidor.

(4) Bastò una insinuacion del santo en un sermon que predicò en Valencia en 1 de Enero de 1413, para que la Ciutad, en su pracmatica del 3 de Enero del mismo prohiviese con gravissimas penas en la 1ª de sus 22 ordonanzas, el juego de dados y las blasfemias que occasionaba (Teyxidor).

Teyxidor observe ici avec raison que cette institution ne fonctionna régulièrement qu'en 1418, avec 12 membres, et qu'en 1454 seulement, le nombre fut porté à 14, mais la première idée date de l'époque où nous sommes.

Après deux mois passés dans sa chère Valence, l'apôtre se répandit aux alentours.

Le fouilleur Teyxidor a découvert un document concernant cette mission. Nous lui empruntons le récit qu'il en a tiré :

« Parmi les fruits de l'apostolat de saint Vincent Ferrier en cette
» année 1413, il faut mentionner la conversion du maure Azmet Han-
» naxe, Alfaquin très estimé, qui voulut, au baptême, prendre le nom
» de l'Apôtre ; il se fit, parmi les Maures, prédicateur de l'Évangile, plus
» d'une fois même il en remontra aux chrétiens. Pour mieux réussir, il
» apprit le *lemosin*, et comme il était laïque, les jurés obtinrent pour lui
» la permission de prêcher (1). J'estime, ajoute Teyxidor, que cette conver-
» sion eut lieu lors d'une excursion apostolique du Saint dans l'état de
» Valdigne, et je me fonde sur ceci, que l'Abbé du monastère de Val-
» digne offrait deux mille sous annuels à l'Alfaquin à qui la conversion
» avait fait perdre tous ses revenus.

» Vincent Ferrier fut reconnaissant de ce secours donné à son fils
» spirituel et pria les jurés de remercier l'Abbé de sa part. L'avocat
» Guillaume Estrader fut, en effet, chargé d'une lettre dans ce sens datée
» du 27 avril 1413. Cette lettre demandait continuation de la même géné-
» rosité. L'Abbé accueillit favorablement la demande, ce dont les jurés
» firent part au Saint le 11 mai suivant. »

Mais sa patrie, encore mal assurée après tant et de si violents orages, le rappela bientôt. Tous les prétextes sont mis à profit.

Le 11 février 1413, lettre pour le prier de ne pas trop s'éloigner parce que le roi devait venir.

Au Révérend et de grande religion Fr. Vincent Ferrier, éminent professeur de science sacrée.

« Révérend maitre,

» Nous recevons à l'instant des lettres de nos ambassadeurs auprès du
» roi actuellement à Barcelone, par lesquelles ils nous mandent que Sa
» Majesté doit venir ici passer tout le présent mois.

---

1) Leur lettre est du 12 octobre 1413, t. XII *des lettres missives*.

» Nous vous prions donc affectueusement de ne pas trop vous éloigner
» pour que, sans fatigue, vous puissiez revenir lors de la royale présence
» parmi nous.
» Que Dieu vous garde en sa sainte grâce !
» LES JURÉS DE VALENCE,
» Toujours fidèles à vous servir (1). »

Le 11 février 1413.

Le Saint assura l'envoyé Jacques d'Orriols qu'il serait à Valence à l'époque voulue.

Le 13, lettre pour l'inviter à venir prêcher le Carême. Le 15, lettre pour le prier de venir prêcher contre les meuniers et marchands de grains qui prétendaient vendre un mélange d'orge et de blé pour du froment pur.

Ces bons jurés savaient que rien de ce qui intéressait sa chère Valence ne pouvait lui être indifférent.

D'ailleurs, un secret instinct les avertissait que le départ définitif était proche.

Il revint le 4 mars, samedi avant la Quinquagésime : cette fois encore la réception fut royale. Tous les nobles sortirent en habit de gala, tout le clergé, toutes les confréries religieuses et les corps de métiers. Le peuple formait la haie. Un superbe dais couvrait Vincent Ferrier et son humble monture ; et lui, conversant avec Dieu, le remerciait et priait pour l'avenir toujours sombre.

« Lorsque maître Vincent, après avoir converti nombre de Juifs et d'infidèles, revint à Valence sa patrie, toute la ville accourut au-devant de lui en procession avec des croix et des étendards, spectacle d'autant

---

(1) Reverendo et magne religionis viro Domino Fr. Vincentio Ferrarii in sac. Theol. eximio Professori.
Magister Reverende. Ut didicimus per litteras ambaxiatorum nostrorum vacantium in Curia Regia nobis hodie presentatas, Dominus Rex est a Civitate Barchinone, Deo duce, causa veniendi ad hanc civitatem per totum mensem præsentem, utique recessurus. Vestram ideo amicitiam attente precamur quatenus hoc medio tempore non procul a finibus nostris elongari velitis, ut in adventu dicti Domini, quem de proximo prestolamur, absque corporis vestri fatigatione facilius et citius huc remeare possitis. Et Deus conservet vos in gracia. Valentia XI die Februarii, an. MCCCCXIII.
Jurati Civitatis Valentiæ
parati semper ad vestri beneplacita et honorem.
Respondió el santo por escrito y aseguró de palabra á Jaime de Orriols que ciertamente volveria á Valencia. Alegres y gozosos por este los Jurados le escribieron otra vez dandole las gracias y rogandole viniese el dia de Carnestolendas para predicarles la cuaresma. (TEYXIDOR, d'après le t. II, *De cartas missivas*, p. 173.)

plus étonnant que le Christ dit dans l'Évangile : « Personne n'est prophète dans son pays (1). »

Par là, sa patrie s'engageait au bien, car il est difficile de rayer de son histoire de pareilles démonstrations.

Parmi ceux qui lui faisaient cortège à cette entrée triomphale se trouvait le Franciscain Ximenès, ancien évêque d'Elne, qui, en cette qualité, avait reçu Benoît XIII, lors de son débarquement à Collioure en 1408. Vincent Ferrier et lui s'étaient connus et appréciés au Concile de Perpignan.

Depuis lors, une religieuse amitié les unissait. Canoniste distingué, le Franciscain s'était démis de l'épiscopat pour vivre à Valence d'une vie d'études (2).

Comme il marchait tout près de l'Apôtre, il lui dit à voix basse en Catalan : « *Frare Vicent, que fa la bufa?* Fr. Vincent que fait la vanité? — Elle va et vient, voltige autour, répondit celui-ci, mais par la grâce de Dieu elle n'entre pas. »

La ville, cette fois encore, se montra non seulement généreuse, mais d'une sollicitude maternelle envers lui et les siens (3).

Il prêcha durant cette dernière mission sur la place de la Leña (Marché aux bois), près de la cathédrale.

---

(1) *Toulouse. Déposition de Hugues Nigri*, Inquisiteur de France. — Et Teyxidor.
En lo dit any de 1413 torna en Valencia lo dit Mestre Vicent Ferrer lo disapte ans de carnes toltes. E anaren lo dimecres après Pascua ab molta notable gent e de gran scientia que el seguien. E axi anava per lo mon predican per ciutats, billes e lochs de que la sua santa predicatio se feyen moltes paus e perdonar morts. (*Dietario del Capellan de Alfonso V.*)

(2) Il composa en latin et en catalan des ouvrages estimés. Son Pastoral en latin est adressé à l'évêque de Valence, Hugues de Bagès.

(3) La chronique ou *dietario* citée ici s'appuie sur les délibérations officielles. — Ordena lo Consell que totes les messions ya fêtes e quels convendran fer en proheir de menchar e beoure lo Mestre Vicent Ferrer loqual per los grans prechs dels honorables jurats es vengut a la Ciutad de Valencia per sembrar la paraoula de Deou en lo beneyt temps de la quaresma, per ell e sos socis siguen pagades e fetes de la pecunia comu de la ciutad. Mes avant ordena lo consell que a qualsevol malalt axi homeus com dones de la compania del dit Mestre Vicent sien ministrades medicines per lo espicier de la ciutad de la pecunia Comuna. (Tiré de la *Chronique du Capellan del rey.*)

C'est-à-dire : « En la dite année 1413, maître Vincent Ferrier revient à Valence le
» samedi avant le mardi gras ; et il s'en va le mercredi de Pâques, suivi d'une foule
» nombreuse, composée en grande partie de gens notables et lettrés. »

« Le Conseil ordonna que toutes les dépenses de vivres faites pour maître Vincent qui
» est venu à Valence prêcher le Carême, à la prière répétée des jurés, ainsi que pour
» sa compagnie, soient payées des deniers publics. Le Conseil entend de plus que les per-
» sonnes de la compagnie de maître Vincent qui tomberaient malades soient fournies de
» médecine par l'épicier de la ville aux frais communs. »

Attentif aux besoins les plus urgents de sa chère patrie, qu'il allait bientôt quitter pour toujours, il demanda de nouveau instamment que les Juifs convertis fussent séparés des autres. Une ordonnance du 13 avril 1413 confia au bailli général, Jean Mercader, l'exécution d'une mesure si juste à la requête de maître Vincent Ferrier, *prédicateur de la vérité*.

Dans ses derniers discours, il mit toute la douceur de sa voix, toutes les inspirations de son cœur, à supplier les magistrats de combattre les vices publics, et de tout faire pour que les discordes restassent étouffées à tout jamais.

Puis il fit parler le miracle, le miracle à effet, si l'on peut ainsi dire, de ceux-là qui ne permettent pas à la mémoire de sommeiller.

A ses sermons assistaient assidûment Marguerite de Prades, veuve du roi Martin et sa sœur doña Juana, celle-ci dans toute la splendeur d'une toilette princière, et chargée en guise de coiffure d'une véritable tour de diamants. Une pierre énorme, partie on ne sait d'où, tomba juste sur la tête de la jeune princesse. Comme on s'empressait autour d'elle : « Il n'y » a pas de mal, dit le Saint, c'était pour voir seulement si la tour pou- » vait résister aux pierres. »

Un jour, une femme de condition, arrivée en retard, cherchait une bonne place : « Retournez vite chez vous, lui cria le Saint, un malheur » arrive. » Elle obéit, et en entrant à son logis, trouva une servante étouffant un nouveau-né, fruit de ses désordres. On eut néanmoins le temps de baptiser l'enfant.

Un autre jour, passant dans une rue, le Saint entendit jurer et blasphémer abominablement, et vit un homme furieux sortir d'une maison. Il entre et trouve la femme pleurant et jurant, elle aussi, de son mieux. « Ce n'est pas aujourd'hui seulement, dit-elle, mais tous les jours que » mon mari me roue ainsi de coups. Ma vie est un enfer pire que celui » des diables. — Laissez, laissez, dit le Saint, ne nommez pas ces » maudits, ils ne viennent que trop, même quand on ne les appelle pas. » Sachez patienter, offrez à Dieu vos souffrances au lieu de jurer ainsi, » ce qui ne peut que redoubler la colère de votre mari. Mais enfin, » quelle est la cause de tant de courroux ? — C'est, dit-elle, parce que je » suis laide. — Peut-on bien offenser le bon Dieu pour si peu de » chose ? » Et il la fit la plus belle de Valence (1).

---

(1) Le P. maître Fr. Christophe de Fonséca, de l'Ordre de saint Augustin, en son livre sur l'amour de Dieu, ch. XLI, raconte que, à Lisbonne, une femme était si laide et si gauche, qu'elle prêtait à rire à tous ; mais, très dévote à saint Vincent Ferrier, elle obtint la beauté à rendre jalouses toutes les dames de la ville. Saint Vincent Ferrier s'attira si bien,

Ce miracle est représenté au plafond du réfectoire des Niños de saint Vincent Ferrier. Mis en drame, il est un des plus amusants de leur répertoire. C'est vraisemblablement à ce fait qu'il faut rapporter la légende analogue qu'on retrouve jusque dans le nord de la France.

Une femme vint un jour trouver maître Vincent, se plaignant amèrement des brutalités de son mari, et demandant un secret pour faire régner la paix dans son ménage. « Allez trouver, dit le Saint, le Frère portier » de notre couvent, et faites vous donner de l'eau du puits qui est au milieu » du cloître. Lorsque votre mari rentrera, prenez aussitôt une gorgée de » cette eau et gardez-la dans votre bouche, vous verrez bientôt merveille. »

Ainsi fut fait; le mari rentré commence à s'impatienter, la femme ayant la bouche pleine d'eau ne répond pas. Confus de parler tout seul, le mari finit par se taire et, comme au fond, il était brave homme, il loua la patience de sa femme et remercia Dieu d'avoir changé son cœur et fermé sa bouche.

A son tour ravie du changement, elle retourna vers le Saint pour lui rendre compte de son remède. « Le remède que je vous ai enseigné, ma fille, » n'est pas l'eau du puits, mais le silence. Vous irritiez votre mari par » vos répliques; en vous taisant vous l'avez apaisé. Gardez le silence et » vous aurez toujours la paix. » La chose, paraît-il, est passée en proverbe : « Buvez de l'eau de maître Vincent. »

Victoria raconte qu'un Palermitain, meurtrier de son beau-frère, quitta sa patrie pour éviter la justice et se mit à faire le commerce sur les côtes d'Espagne. Vincent Ferrier le rencontra un jour à Valence et lui dit brusquement : « Mon fils, vous croyez éviter la peine du meurtre de » votre beau-frère : au moment où vous y penserez le moins, l'heure du » châtiment sonnera. »

Quelques années après, une tempête l'obligea à relâcher à Palerme. Il fut reconnu, et avoua son crime en même temps que la prophétie du Saint, auquel il se recommanda en mourant.

Mais le diable voulait avoir sa part aussi; il essaya quelques diversions. Un jour que Valence, charmée, était tout entière suspendue aux lèvres de son enfant, une nuée de corbeaux vint tournoyer sur l'assis-

---

par ce miracle, la dévotion universelle que sa chapelle, à Lisbonne, devint aussi fréquentée que pouvait l'être, à Valence, celle que son couvent lui avait dédiée. « Con este milagro se llevó san Vicente in Lisboa toda la devocion de estas, con que tan visitada está alli su capilla, como lo puede estar la de su convento de predicadores en Valencia. »

Il dut y avoir deux faits similaires.

A Valence, la chose a passé dans le domaine populaire; en voyant une femme laide, on dit : *Esta ha menester de san Vicente*. Elle aurait besoin de saint Vincent Ferrier.

tance et remplir le ciel de ses croassements. Un signe de Croix les fit fuir.

Une autre fois, le feu prit subitement à un hangar, et les flammes, violemment poussées par le vent, semblaient devoir embraser tout le quartier. « N'ayez pas peur, dit le Saint, c'est du feu pour rire » ; et la flamme tomba tout à coup.

Il dut faire enfin ses adieux.

Au couvent, patrie de son âme, devant sa cellule, témoin discret de ces divines merveilles dont les prodiges extérieurs n'étaient que le reflet, il dit, bénissant : « Consolez-vous, il y aura toujours des saints » ici. » Et la prophétie s'est réalisée.

Un mot de l'historien Diago, racontant son départ, lui a valu un tel *tolle* d'indignation qu'il faut le citer.

« Après la réconciliation des Solers et des Centelles, le Saint, dit-il,
» voulut compléter son œuvre, mais il se heurta aux mauvaises dispo-
» sitions de quelques esprits. Alors, il appela son compagnon Jofre de
» Blanes et partit. Quand ils eurent franchi la porte royale, l'Apôtre se
» retourna vers la ville et dit : *Ingrate patrie, tu n'auras pas mon corps.*
» Et en effet, malgré toutes sortes de démarches, Valence n'a jamais pu
» avoir le corps de son enfant (1). »

Il est facile de voir que l'écrivain a voulu surtout mettre en relief la prédiction de Vincent Ferrier, agrémentée d'un souvenir classique, touchant ses restes mortels qui, en effet, sont à Vannes ; et c'est pour Valence un crève-cœur sans cesse renaissant. Le fond de la pensée n'est d'ailleurs pas invraisemblable.

Le dernier regard jeté sur sa patrie ne put qu'être douloureux : c'était l'angoisse de l'adieu, c'était surtout cette impuissance si amère en face d'un être aimé qu'on sait devoir souffrir encore. Toutefois, et nous en aurons la preuve au Chapitre du Culte, Valence ne fut point ingrate ; on peut encore constater à l'heure présente que, malgré le travail des révolutions, elle est demeurée telle à peu près que la voulait Vincent Ferrier.

Accompagné des vœux de tous et suivi de sa compagnie habituelle, il sortit un beau soir de juillet par la porte del Réal, sur le chemin de Barcelone.

---

(1) Finalmente emprendiendo en Valencia cierta cosa, y siendole contra algunos, llamó al B. Fray Joffre de Blanes su compañero, y con él se salió por la puerta del Real. Y buelto el rostro á la ciudad, dixó : *Ingrata patria, non tendras mi cuerpo.* Y assi jamas lo ha podido tener por mucho que lo ha procurado.

Avant de quitter Valence avec notre Héros, et pour ne pas interrompre son nouveau voyage, il faut parler d'un fait extraordinaire survenu le 15 août de cette même année 1413, et auquel il fut mêlé. J'en emprunte le récit à une relation conservée à la paroisse de Santa-Maria del Grao ou port de Valence.

« Ce jour-là, vers 9 heures du matin, la sentinelle de garde signala un navire de haut bord qu'on apercevait au loin, en pleine mer. L'allure majestueuse de ce navire, son arrivée que rien ne faisait prévoir, une sorte de pressentiment mystérieux, attirèrent sur les bords de la mer toutes les populations riveraines. Il entra à pleines voiles dans la Turia, vers deux heures de l'après-midi. On y aborda : ô merveille ! il ne contenait ni chargement, ni équipage, mais seulement un grand Christ et une échelle de trente-trois échelons, vraisemblablement image de celle qui servit à la Passion, sinon celle-là même. On déposa respectueusement ces objets dans des barques; mais quand il s'agit de les descendre à terre, une dispute s'éleva pour leur possession entre les habitants des deux rives, savoir ceux de Ruzafa et de Santa-Maria del Grao. Pendant ce temps le navire s'évanouit.

» Comme il s'était arrêté au milieu du fleuve, le litige n'était pas facile à dirimer ; on résolut de s'en rapporter à l'évêque, et des délégués de part et d'autre se mirent en route vers la ville. A peine avaient-ils fait quelques centaines de pas qu'ils rencontrèrent l'évêque et le gouverneur, tous deux avertis en songe. Mais le songe n'avait pas indiqué les possesseurs légitimes, et ni les uns ni les autres ne voulaient se départir de leurs droits. Fort perplexes, l'évêque et le gouverneur firent armer une chaloupe montée par neuf hommes sur laquelle prirent place deux délégués de chaque partie. La chaloupe devait rapporter le Christ et l'échelle en pleine mer et les abandonner à la direction qu'ils choisiraient. La chaloupe s'avança environ à trois milles au large et débarqua les objets sacrés. A peine ceux-ci avaient-ils touché l'eau que le navire de haut bord se reforma et les ramena d'une course rapide vers la Turia, en se dirigeant cette fois sur la rive où s'élevait la petite ville de Santa-Maria del Grao.

» La partie adverse ne se tint pas pour battue et courut aux armes ; mais le ciel déclara nettement sa volonté : Ildefonse Alexandre de Ruzafa ayant lancé une flèche contre ceux du Grao, la flèche revint d'elle-même et le frappa au visage.

» Le lendemain, 16 août, on procéda à l'installation solennelle de ces objets vénérés dans l'église de Santa-Maria del Grao. La fête fut splendide, des miracles s'opérèrent ; Vincent Ferrier prêcha. Il expliqua comment le Christ avait appartenu à un rabbin de Lerida nommé Moïse Abénadès qui, tous les vendredis, réunissait les autres rabbins et reproduisait sur ce Christ tous les outrages de la Passion. Le Christ, ajouta-t-il, était venu se mettre sous la protection de ceux qui honoraient si bien sa Mère à *Santa-Maria del mar*. Benoît XIII et le roi Ferdinand voulurent éclaircir cette affaire, et tinrent à cet effet une cour de justice à Tortose. Les rabbins n'y furent pas heureux, et notamment Moïse Abénadès. Se croyant perdu, il jeta le Christ à la rivière. Le soir même, il rencontra *un de ses amis* qui lui persuada de ne point survivre à la chute évidente de leur religion ; il crut le conseil et se pendit. Cet ami était celui dont il est écrit : *Intravit Satanas in cor Judæ qui vocabatur Iscariotes.*

» L'évêque de Valence, Hugues de Bagès envoya des commissaires spéciaux à Tortose et à Lérida. Tout fut reconnu exact.

Tous les ans, on fait encore au Grao une procession où sont portés en grande pompe le Christ et l'échelle (1).

Le *Christ du Grao* rappelle le *Christ de San-Salvador* (paroisse de Valence auquel il a donné son nom). Il est venu aussi par mer, à contre courant, en remontant la Turia, en 1250. Son culte est approuvé. Vincent Ferrier y avait une grande dévotion ; il composa pour les processions dans lesquelles on le portait, l'antienne suivante : *Non sumus digni a te exaudiri, nostris demeritis meremur puniri; Jesu Rex gloriæ, da nobis salutem et pacem et pluviam congruentem.*

---

(1) Je ne sais trop quelle créance attacher à cette légende. La relation d'où elle est tirée paraît authentique ; elle nomme tous les personnages qui, à un titre ou à un autre, prirent part aux événements ; elle précise les détails, et fait foi à Valence. J'ai assisté moi-même à la procession où sont encore portés ces objets vénérables, au milieu d'un concours de peuple et avec des démonstrations extraordinaires ; volontiers je conclurais à un fond vrai.

Quant à Vincent Ferrier, si, comme l'affirme Diago, il quitta Valence en juillet, il a fallu qu'un rapide courrier soit allé le chercher. Il était à San-Mateo, fin août, dit Mundina. « A Ultimos de Agosto de l'ano 1413 se presentó en San-Mateo el apostol Valentiano san Vicente Ferrer, y predicó con fructo el santo temor de Dios (p. 486). » — Cela ferait supposer que, le 15, il n'était pas très éloigné de Valence. Mais d'un autre côté, ce même *Mundina* dit qu'en sortant de San-Mateo, il prêcha à Trayguera, le jour de sainte Marguerite. Or, dans nos calendriers, sainte Marguerite tombe le 20 juillet. Dans tout cela règne un peu de vague. Diago lui-même est vague, ainsi que le lui a démontré Teyxidor, et il se peut très bien que Vincent Ferrier fût encore à Valence au mois d'août. Mais encore une fois, il n'y a pas là de quoi infirmer le fond des choses.

# CHAPITRE VIII

### DE VALENCE A TORTOSE

DEUX LETTRES DU ROI — CONTRE TEMPS — LE DIABLE AU CACHOT — SOUS LES FIGUIERS — UN NAIF — VINCENT FERRIER EN AILES D'OR — SOURCES QUI NE TARISSENT PAS

### 1413

Sachant combien sa présence était nécessaire à Valence, le roi avait écrit de Barcelone à Vincent Ferrier, pour lui demander un de ses compagnons comme prédicateur du Carême. La lettre royale est du 15 février.

Sur l'ordre du maître, Jofre de Blanes alla faire, en effet, la station quadragésimale à Barcelone.

Un autre pli royal, daté du 12 avril, lui disait :

« Maître Vincent,

» Pour des motifs urgents concernant le bon ordre de la chose publique
» dans cette principauté de Catalogne, il nous a plu de retarder notre
» départ jusqu'après les fêtes de Pâques. A cette époque et sans faute, si
» Dieu nous le permet, nous nous proposons d'aller à Tortose et d'y
» traiter avec le Saint-Père les affaires de l'Église universelle, à l'union
» de laquelle, comme roi et prince catholique, nous entendons travailler
» de toutes nos forces. Ces affaires, qui touchent à la gloire de Dieu,
» réclament votre présence. Nous vous prions donc, aussi cordialement
» que faire se peut, de ne pas vous éloigner, mais de vous tenir prêt à
» rejoindre le Saint-Père dès que vous aurez appris notre départ, de
» manière à ce que nous soyons ensemble auprès de lui.

» Veuillez, sous aucun prétexte, ne pas faillir à ces recommandations,
» car, après le salut de notre âme, nous ne désirons rien tant dans ce
» monde que la paix de l'Église. Et outre la peine que vous nous feriez,
» il y aurait pour vous grande charge de conscience.

» Donné à Barcelone, sous notre sceau secret, le 12 avril 1413.

» Le roi, FERDINAND. »

Par commandement de S. M. Jean de Tudèle.

Enfin de Barcelone encore, en date du 29 juin 1443, le roi écrivait :

« Vénérable Maître,

» Bien que cette ville et toute la principauté de Catalogne aient pu voir
» combien notre justice procède de la grâce divine qui seule affermit les
» trônes, nous estimons que votre présence et vos exhortations sont encore
» nécessaires à ces peuples.
» Nous vous prions donc du meilleur de notre cœur de venir, le
» plus tôt que vous pourrez, travailler ici, pour la gloire de Dieu, à
» déraciner les vices et arracher la zizanie parmi ce peuple qui attend
» de vous ses meilleurs bienfaits.
» Donné à Barcelone, sous notre sceau particulier, le 29 juin 1443.
» Le roi, FERDINAND » (1).

Tous ces projets furent contrariés par les menées incessantes du comte d'Urgell ; les conférences de Tortose n'eurent lieu que l'année suivante.

Le roi ne fut libre qu'après la prise de Balaguer, dont nous avons vu qu'il faisait part à Vincent Ferrier, le 20 novembre 1443.

Celui-ci prit effectivement la route de Barcelone ; mais quand il y arriva, le roi n'y était plus, et lui-même s'embarqua pour les Baléares.

Sur la route de Barcelone, deux étapes principales l'avaient arrêté : Trayguera et San-Matteo.

Ces villes, aujourd'hui sans importance, ont joué jadis un rôle considérable. Qu'il suffise de rappeler que des Cortès ou des Parlements régionaux se tinrent plusieurs fois à San-Matteo. En juillet 1414, le Pape Benoît XIII y séjourna avec tous ses cardinaux et une suite nombreuse (2).

Perdu dans les oliviers, San-Matteo fait de loin l'effet d'une grande maison jaune fermée. Les bourgs en Espagne sont presque tous ainsi serrés autour de leur église comme une couvée qui a peur.

Là, il trouva un vieil ermite, de fraîche date installé et qui disait aux gens : « N'écoutez pas cet homme, sa doctrine n'est pas sûre, ses
» miracles sont de Béelzébuth ; je suis envoyé par le Tout-Puissant
» exprès pour vous en avertir. »

---

(1) *Couronne d'Aragon*, t. III, registre 2401, fol. 3, n° 40. — Voir document 4.
(2) En Julio del año 1414 estuvo en esta villa el papa Benedetto XIII con todos sus cardenales y servidumbre. (*Mundina*, p. 487.)

Vincent Ferrier prêcha si bien que les gens indignés coururent sus à l'ermite. On le mit en prison. Lorsque les geôliers vinrent le lendemain, la prison était vide, le prisonnier s'était évadé, sans qu'on pût savoir par où ni comment. On conta la chose à l'Apôtre, qui se contenta de sourire (1).

En entrant dans la prison municipale, à San-Matteo, on voit, à droite, deux cachots meublés d'un gros anneau de fer. L'un d'eux s'appelle encore : *El calabozo del diablo*. Déjà à Tarragone, l'archevêque avait fait emprisonner un de ces faux ermites qui disparut de la même manière.

A San-Matteo, Vincent Ferrier trouvait un couvent de son Ordre, il y tint le Chapitre en vertu de ses pouvoirs de légat. On conservait de génération en génération ce pieux souvenir.

Il prêchait au peuple sur la place, devant l'église principale qui est telle, aujourd'hui encore, qu'il la vit il y a cinq cents ans.

Comme à Nules, les jeunes gens de San-Matteo forment une confrérie en l'honneur du Saint; ils font les frais de sa fête.

TRAYGUERA. — C'est par là sous les figuiers qui peuplent la campagne autour de Trayguera qu'eut lieu l'aventure du jeune Lombard.

Il y avait dans la compagnie du Saint un jeune homme, Lombard de naissance et naïf plus que de raison. Ayant entendu dire qu'une seule chose est nécessaire, il quitta son village et son métier pour vivre en ermite. Quand le Saint passa par la Lombardie, il se mit de sa compagnie où il mena d'ailleurs une vie édifiante.

A Trayguera, l'Apôtre raconta dans un panégyrique de sainte Marguerite, comment, toute faible femme qu'elle était, elle avait terrassé et longtemps tenu le démon sous ses pieds. Après le sermon, le jeune homme se retira dans un lieu solitaire et là, supplia Dieu de lui faire voir le diable pour qu'il pût, à l'exemple de sainte Marguerite, le combattre et le terrasser. Tout enflammé de l'ardeur de sa prière, il se lève; et voilà qu'apparaît devant lui une petite vieille sordide, échevelée, à la peau noire et ridée, muette de naissance, et portant une faux pour couper l'herbe qui foisonnait en cet endroit.

Flaminius, qui narre bien cette histoire, en trace ainsi le portrait :
« Très vieille, elle était d'une maigreur absolue..... ou plutôt sa figure offrait le type exact de la maigreur, faite de rides, blême, les yeux perdus dans leur orbite, la tête couverte de rares cheveux gris, le

---

(1) RAZZANO, III, 27.

corps penché, hideuse; sa démarche était lente, ses vêtements en lambeaux (1). »

L'apparition subite du jeune homme lui fit peur; elle se mit à pousser des cris inarticulés et à le menacer de sa faux. « Pour le coup, se dit-il, » c'est là le diable en personne, ou je ne m'y connais pas. » Et, ce disant, il tombe sur la vieille et la renverse. « Ah! diable maudit, criait-il, tu » as eu raison maintes fois de moi par tes tentations invisibles, mais, » maintenant que je te vois et que je te tiens, j'aurai ma revanche. » Et il fit si bien des pieds, des poings et de la faux, qu'il laissa la pauvre vieille aux trois quarts morte.

On accourut et, pendant que, tout triomphant, il racontait sa victoire sur le diable, on l'emmena et on l'enferma sous bonne garde.

Vincent Ferrier, prévenu, pria un instant; la blessée reprit connaissance. Aussitôt, il appela un de ses prêtres pour la confesser. « Mais elle est muette, lui cria-t-on de toutes parts. — Faites ce que j'ai dit, reprit-il. » La pauvre femme se confessa très distinctement et garda jusqu'à sa mort l'usage de la parole. Quant au jeune athlète, il fut renvoyé à ses champs de Lombardie (2).

Trayguera a 3000 âmes. Sur l'autel de l'église principale trône Vincent Ferrier, tout étincelant d'or, avec des ailes resplendissantes et sa trompette en main, en sa qualité d'ange du jugement.

Dans la chaire, on a placé un Dominicain tenant un livre de chant; à son côté une mitre et un bâton d'évêque, le monde étoilé devant lui : cette fantaisie représente encore saint Vincent Ferrier chantant tous les jours la messe, refusant l'épiscopat et parcourant le monde en apôtre de l'Évangile.

Au bas du bourg, sur le chemin de Tortose, coule la fontaine *San-Vicente*, extrêmement abondante, il l'a bénite; depuis lors on ne craint plus de la voir tarir; au-dessus, une petite chapelle en son honneur avec sa statue. Les archives du lieu conservent le procès-verbal de l'érection, en 1641, dressé par le notaire Salvador Estellar (3). Le temps a délabré

---

(1) Non tam senio quam macie confecta, inerat ori macies ingens, rugæ, squallor; oculi introrsum rejecti, rara canitie caput inspersa, procero corpore et præter modum tetro, gressu lento, vestitu lacero, manu falcem tenens.

(2) Vidal y Micò raconte tout au long cette histoire. L'historien de la province de Castellon la mentionne seulement comme sue de tous et ne faisant doute pour personne : — « Este sermon fue causa de un tragico suceso, y de un milagro obrado por el santo, *el milagro de la muda.* » (MUNDINA, *op. cit.*) — Dans RAZZANO III, 21.

(3) Al salir san Vicente de Trayguera echò su benedicion a la fuente que esta saliendo de la villa camino de Tortosa, y dijò a sus vecinos que se consolasen con la

et la statue et la chapelle; bien que le Saint n'ait pas mis de condition à ses bienfaits, il demeure écrit que l'ingratitude est un vent brûlant qui dessèche toutes les sources.

Une douloureuse histoire se raconte, qui semble un avertissement. Il y a quelques années, un adolescent eut la triste idée de jeter de la boue à cette statue; puis il monta pour jouer sur le sommet de la chapelle; il tomba et ne se releva plus.

On montre encore à Trayguera la maison où habita Vincent Ferrier. Quelques faits d'un caractère miraculeux prouvent qu'une bénédiction y demeurait attachée.

A Gallera, village voisin, il existe aussi une fontaine *San-Vicente* : mais dans ce pays, tout est souvenir de lui.

---

seguridad, de que jamás faltaria el agua de dicha fuente; vaticinio que perseverá constante hasta hoy sin haber faltado el agua, aun en los años de major sequía. En memoria de su gratitud a tan antiguo y continuado beneficio, y para merecer que san Vicente les conserve su milagrosa fuente, levantaron los hijos de este pueblo encima de la misma una capilla de piedra labrada, donde se venera una imagen del santo, poniendose su primera piedra el dia 11 de mayo del año 1611, como consta por escritura autorizada por el escribano D. Salvador Estellar. (MUNDINA, *op. cit.*)

# CHAPITRE IX

### LES BALÉARES

PIERRE DE LUNE SACRISTAIN —TERRAIN MOUVANT — L'ÉVÊQUE DE MAJORQUE A SES ADMINISTRÉS — PLUIE — EFFET DE L'INTENTION — UN CABARETIER DE TOUS LES TEMPS — CHEVEUX EXORCISTES — LE DIABLE ET LE THAUMATURGE — COMPTES COURANTS — UN BEAU POISSON — UN POSSÉDÉ — PAR CRAINTE DE L'INQUISITION — SOUVENIRS — UN ARBRE RÉCALCITRANT

### 1413

Après son Concile de Perpignan, Benoît XIII avait choisi pour sa résidence habituelle Tortose. Il aimait cette ville; c'est là que, jeune prêtre, il avait exercé son premier ministère. Tortose était toute fière de l'avoir eu pour sacristain, c'est-à-dire préposé aux offices publics (1) dont cette ville a gardé le goût. C'était, de plus, un centre intellectuel; saint Thomas y était dès lors et n'a pas cessé d'y être en grand honneur; on y trouverait encore les prêtres les plus instruits de l'Espagne.

Benoît XIII y reçut notification des faits accomplis à Caspe, et nous avons vu le nouveau roi y aller lui offrir ses hommages. De là, il observait les mouvements de la chrétienté et dirigeait la portion du troupeau qui suivait ses lois. De là, il avait écrit à Vincent Ferrier à propos du jugement dernier; là, il voulait le voir à l'œuvre dans la capitale question des Juifs. Bien fixé personnellement, il attendait cette démonstration sans réplique pour l'imposer aux autres.

Les Juifs étaient, à Tortose, plus lettrés que nombreux, plus intellectuels que puissants; le théâtre était donc bien choisi. Nous verrons bientôt que le Pontife n'avait pas trop présumé de Vincent Ferrier.

Malheureusement, la guerre civile était toujours imminente, l'on ne peut rien asseoir sur un terrain mouvant, pas même des idées.

---

(1) De qua sacristia erat tunc sacrista Benedictus PP. XIII (en 1406). — Folio 129 *des obligations du sacristain*. — Ces importantes fonctions ne sont pas encore en Espagne aux mains des profanes. — Ce qui n'empêche pas les historiens locaux de blâmer la ténacité intempestive de Pierre de Lune et, d'un commun accord, de le traiter d'antipape après l'élection de Martin V.

Avec Benoît XIII à Tortose, en ce temps-là était l'évêque de Majorque, son camerlingue. Depuis longtemps celui-ci désirait appeler dans son île Vincent Ferrier, le grand convertisseur. Déjà il en avait écrit en ces termes au gouvernement civil de Majorque.

« Aux très honorés et très prudents seigneurs, nos très chers amis, les jurés de Majorque, l'évêque de Majorque, camerlingue de Notre Saint-Père le Pape.

» Honorés seigneurs et chers amis,

» J'ai su que maître Vincent Ferrier est à Valence, prêchant selon sa
» coutume la sainte doctrine évangélique. Soucieux de la bonne instruc-
» tion et du salut de vos âmes, je lui ai fait remettre, par une personne
» sûre, prière pressante de vouloir bien aussi évangéliser notre île. Vous
» savez comme moi tout le bien qu'avec l'aide de Dieu elle peut en retirer ;
» écrivez-lui donc de votre côté, ce sera prendre les meilleurs intérêts
» tant spirituels que temporels de notre chère patrie et de tout ce
» royaume.

» Écrite à Tortose, le 27 novembre 1412. »

Les magistrats de Majorque écrivirent, en effet, mais la mission de Valence fut longue, et tant de choses restaient à faire sur le continent ! Quand l'évêque apprit que l'Apôtre était à Barcelone, appelé par le roi, et que celui-ci était appelé ailleurs par les événements, il saisit l'occasion aux cheveux ; et tous deux, l'évêque et l'apôtre, s'embarquèrent à Barcelone, le 30 août 1413.

Nous savons par le menu tout ce que Vincent Ferrier fit à Majorque, grâce à l'historien Mut (1).

### Du bien que fit saint Vincent Ferrier à Majorque.

« Dès le 29 juin 1409, une délibération publique avait émis le vœu
» que saint Vincent Ferrier vînt dans notre île.
» Le Saint s'embarqua à Barcelone fin août 1413. Il arriva le vendredi
» 1er septembre et fut reçu avec enthousiasme. Dès le samedi, une immense
» foule accourut pour l'entendre.

---

(1) Bover, dans sa bibliothèque des écrivains baléaresques, dit de Mut : « Fouilleur déterminé, critique judicieux, historien érudit, habile canoniste, excellent mathématicien et inventeur de nombreux instruments de mathématiques. Mut fut un des auteurs dont le nom a dépassé les bornes étroites de leur patrie. Les Jésuites n'en voulurent pas ; il se fit soldat, puis son goût pour les recherches le fit nommer chroniste du royaume en 1644.

» Chaque nuit, il organisait les processions de discipline, où les larmes
» témoignaient de la ferveur qu'il savait inspirer. Il régnait alors une
» extrême disette d'eau; le troisième jour de ses prédications, il plut
» abondamment dans toute l'île. Reconnaissants, les habitants crurent
» qu'ils n'auraient désormais qu'à suivre les pas de cet être bienfaisant.
» Le procureur royal, Pierre Casadaguila, rendit au roi compte de la
» chose (1).

» Bien que l'église des Frères Prêcheurs fût immense, elle ne pouvait
» contenir la foule sans cesse accrue. On abattit le mur du jardin et on
» y éleva une estrade pour qu'il pût être vu de tous. Une croix fut
» plantée là depuis; elle porte son nom.

» Il prêcha dans la ville jusqu'au 3 octobre avec le plus grand profit
» pour les âmes. C'est chez nous une tradition constante qu'on l'enten-
» dait de quatre lieues, et que, parlant en valencien, il était cependant
» compris de tous les nombreux étrangers qui étaient venus là pour leur
» commerce. Singuliers effets de l'intention! Quand les hommes préten-
» dirent escalader le ciel, une langue se confondit en plusieurs. Quand
» les âmes travaillèrent sérieusement à gagner le ciel, plusieurs langues
» se confondirent en une seule!

» Il continua ses travaux apostoliques dans toute l'île, et obtint les
» résultats les plus inespérés. Près de la moitié d'une année s'écoula
» ainsi. Le 20 novembre, le roi lui écrivit pour lui faire part de sa
» victoire sur le comte d'Urgell, et l'engager à venir à Péniscola et, de
» là à Tortose, où le Pape Benoît XIII avait convoqué les rabbins les
» plus lettrés.

» Le 22 février 1414 (2), le Saint fit ses adieux aux Majorquins, et leur
» donna l'absolution générale. Puis, accompagné de toute la population

---

(1) Al molt alt e molt excellent princep e Victorios Senyor lo Senyor Rey. Molt alt e molt excellent princep e victorios Senyor = Senyor. A la vostra alta Senyoria significh com mestre Vicent arriba en esta Ciutat divendres primer dia de setembre, lo qual es estat reebut molt solempnoment e lo disapte mati comença de prehicar; fou al dit sermo la mes part del poble desta Ciutat. Hanlo, Senyor, en tanta devocio que totes nits sich fan grans processons e sich açoten molts homeus dones e infants. E vistes per nostre Senyor les oracions e pregaries dels infants e del poble, ales, Senyor, que aquest Regne era del tot perdut per secada, de continent, Senyor, al terz jorn que lo dit mestre Vicent ha prehicat, ha molt be plogut per tota la Illa, de que lo poble ses molt alegrat. Nostre Senyor Deus, molt victorios Senyor, vos mantenga per molts anys exalçant vostra alta Royal corona ab victoria dels enemichs. Scrita en Mallorqua, a XI de Setembre any MCCCCXIII. = Senyor = Humil vassal de vostra gran Senyoria qui besant vostras mans e peus se recomana en vostra gracia e merce. P. de Casaldaguila.

(2) Cette date n'est pas exacte, nous le constaterons tout à l'heure par des documents précis.

» et de sa suite ordinaire, parmi laquelle étaient des hommes qui rem-
» plirent plus tard les plus hautes fonctions dans l'Église, il descendit
» au port pour s'embarquer. Sur le parcours, les gens sortaient à l'envi
» de leurs maisons pour lui offrir des provisions. Le Saint demanda un
» peu de vin ; un cabaretier se présente : « Versez là dedans, dit-il »,
» et il levait des deux mains son scapulaire en forme de coupe. — Mais
» vous allez être taché. — N'ayez pas peur. » Et toute l'eau, qui, selon
» la coutume des cabaretiers, était abondamment mêlée au vin, resta
» dans le scapulaire, et le vin s'écoula par les pores de l'étoffe. Tout le
» monde sourit.

» A peine y a-t-il dans toute l'île une bourgade qui ne garde quelque
» souvenir de son passage : à Loller, sa chaire ; à Valdemosa, un oli-
» vier ; sur les côteaux d'Algayda, on montre l'endroit où s'asseyait la
» foule, entendant de là très bien le sermon, malgré la distance énorme
» de la ville où prêchait le Saint. Aussi trouve-t-on partout des colonnes
» ou chapelles commémoratives.

» Quelques auteurs ont avancé qu'il laissa trois villes sans y entrer,
» notamment la Pobla : mais alors la Pobla n'était qu'une réunion de
» cabanes qu'on appelait Huguelfas. Le Saint y prêcha en pleine cam-
» pagne, et la fontaine où les malades venus de loin se désaltérèrent
» se changea pour eux en source miraculeuse. Elle s'appelle encore
» fontaine Ferrier.

» Les miracles qu'opéra dans l'île de Majorque cet ange de l'Apoca-
» lypse furent sans nombre, en particulier sur les possédés du démon.
» Le Fr. Guillaume Portas, faisant la rasure au Saint, eut l'idée de con-
» server de ses cheveux dans un mouchoir. Il les appliqua au cou d'une
» possédée malgré toute sa résistance. Le démon la tourmenta plus
» violemment que jamais. « Pourquoi me tourmentes-tu de la sorte ?
» dit la malheureuse. — Eh ! les cheveux de Fr. Vincent me tour-
» mentent bien, moi ! » Il dut néanmoins céder à plus fort que lui. Le
» Saint guérit aussi un grand nombre de malades, de boiteux, d'estro-
» piés.

» Il prêchait ordinairement dans chaque localité trois ou quatre
» sermons sur le jugement dernier, assez souvent plusieurs fois par
» jour. A Valdemosa, l'église étant trop petite, il dut prêcher en plein
» air, se servant d'un olivier naturellement creusé en forme de chaire.
» Il y a quelques années, ce tronc d'olivier se fendit en trois ou quatre
» morceaux ; mais, bien qu'il soit à la porte de la ville, les pauvres
» gens qui ramassent du bois n'y touchent jamais, comme à une
» relique du Saint.

» Un jour, pendant qu'il prêchait en cet endroit, la pluie se mit à tomber abondamment, les auditeurs allaient chercher refuge dans la ville, lorsque le Saint levant les mains vers le ciel, il se forma sous le nuage pluvieux une épaisse nuée qui servit de tente à la foule et de dais à l'orateur. Et l'on voyait, tout à l'entour, la pluie tomber en couronne.

» Satan fit tout ce qu'il put pour mettre l'ivraie dans la moisson. Diverses fois, prenant des formes fantastiques, il essaya de troubler les auditeurs. Un jour, à Pollenza, au moment le plus pathétique, on entendit comme des voix gémissantes d'enfants partant d'un précipice que surmontait un rocher voisin. Émus de ces plaintes douloureuses, quelques-uns s'apprêtaient à porter secours. « Ne bougez pas, dit le Saint, reconnaissant l'ennemi : ce ne sont pas là des voix humaines. » Dès ce moment, on n'entendit plus rien, et jamais on ne put savoir qui avait poussé ces cris. D'autres fois, l'ennemi, sous la forme d'un fauve, s'élançait dans les rangs pressés des auditeurs. Un signe de Croix en avait aussitôt raison (1). »

Teyxidor complète en ces termes le récit de Mut :

« Le Saint était accompagné de deux religieux de son Ordre, d'un organiste et de son aide, et de quelques autres disciples. A son arrivée, les jurés, les nobles, le peuple, allèrent à sa rencontre. Il descendit à notre couvent de Palma. Les religieux firent rafraîchir toute la troupe : l'évêque, Louis de Prades, paya la dépense, selon les comptes du livre des recettes et dépenses : « Reçu du révérendissime évêque pour le vin servi aux gens de la suite de maître Vincent, 20 sous. »

« On ne trouve dans ce livre aucune dépense pour la personne du Saint, sinon pour porter son bagage depuis le bateau : 10 sous, 10 deniers ; et pour deux Frères de sa compagnie, 6 sous.

» Le samedi 2 septembre, le Saint chanta la messe et prêcha dans l'église du couvent. Elle a 284 palmes de long et 92 de large, plus dix chapelles de chaque côté ; la foule la remplit immédiatement, mais les gens qui ne purent entrer étaient incomparablement plus nombreux. Le Conseil du couvent résolut alors d'ouvrir deux grandes brèches au mur

---

(1) *Histoire du royaume de Majorque*, par Damets, continuée par V. Mut. Liv. VII. ch. XIII. A peine est-il utile d'observer que Mut ne fait que narrer les événements tels qu'il les a trouvés dans les archives dont il avait la garde. — Voir pour la prédication du Saint à Pollenza : *Los itineraris de sant Vicent*, par D. Antonio Cerda (septembre 1413), dans le *Boletin de la Sociedad arqueologica Luliano*. — Palma, 25 mars 1889.

d'enceinte du jardin et d'établir une estrade au côté qui regarde la cathédrale, de manière que, de toute l'immense place, du château royal et des maisons en face, il pût être vu et entendu.

» L'estrade (1) ne fut prête que pour le lundi, d'après le livre des comptes qui porte :

« Lundi, premier jour de la prédication de maître Vincent, nous avons eu à l'offerte 35 sous. »

» Or, les offertes ordinaires ne dépassaient pas 10 sous; mais avec maître Vincent, elles allèrent en augmentant. Ainsi, le mercredi suivant, elle monta à 53 sous, 8 deniers; le jeudi à 90 sous, 6 deniers; le jour de saint Matthieu à 105 sous, 3 deniers; le quatorzième dimanche après l'octave de la Trinité à 144 sous, 5 deniers, etc. ; le jour de saint Michel à 147 sous, 4 deniers; le quinzième dimanche à 153 sous, 4 deniers, etc. Il y eut des hauts et des bas le reste du temps.

» Le 4 octobre, sur les instances de diverses personnes, il quitta Palma pour prêcher dans le royaume; l'évêque, Louis de Prades, l'accompagnait. Ils étaient le 12 à Benisalem, où le couvent leur envoya un poisson qui devait être fort beau, car il fallut un mulet pour le porter.

» Le jeudi, acheté un turbot expédié à Benisalem, au révérendissime seigneur évêque et à maître Vincent, 14 sous, 8 deniers; et pour le port dudit poisson à bête de somme, 2 sous, 8 deniers. »

» Le Saint rentra à Palma le vendredi, 8 décembre; le samedi, il prêcha de nouveau dans le jardin du couvent : l'offerte fut de 54 sous. Il y prêcha les quatre dimanches de l'Avent, le dimanche dans l'octave de Noël, les mardi, mercredi, jeudi et vendredi de la même semaine, enfin tous les jours du 8 au 17 janvier 1414.

» Le 17, il fit ses adieux.

» Item, le jour de la saint Antoine, quand maître Vincent donna l'absolution générale, reçu à l'offerte 260 sous.

Le procès de canonisation ajoute que, non loin du port de Valence, une violente tempête allait jeter à la côte le navire qui portait Vincent Ferrier lorsque, à sa prière, le vent se calma tout à coup.

---

(1) Le prieur Bernard Mayol étant absent, le P. Pierre Forest, vicaire président, fit exécuter les travaux. On travailla tout le samedi sans pouvoir achever.

Dépenses faites dans le jardin pour la prédication de maître Vincent. (Livre des dépenses et recettes, f° 153. — Pour le port de trois poteaux, 4 sous, 2 deniers; pour le port de trois rouleaux d'étoffe destinée à faire la tente, 2 sous, 8 deniers; pour le fil à coudre et les aiguilles, 2 sous, 6 deniers; pour boire (sic) à M. Jaquet et à ceux qui aidèrent à porter les poteaux, 2 sous, etc. Un compte qui n'en finit pas et qu'on trouvera tout au long aux Pièces justificatives, dans le texte original. On y voit, par exemple, entre autres choses, qu'un cierge de cire blanche, pesant deux livres, coûtait 3 sous 1/2. — Document 5.

Un jour, au milieu d'un sermon, le diable entra dans le corps d'un homme qui aussitôt se mit à hurler, à se démener, à frapper les assistants. « Faites-lui le signe de la Croix sur la poitrine, dit le Saint. » On le fit et le possédé resta tranquille, comme endormi. Mais à la fin du sermon, il recommença de plus belle. « Que quelqu'un le signe en invo-
» quant Jésus, » répéta Vincent Ferrier. L'effet se produisit aussitôt, durable cette fois. Puis il dit à cet homme : « Vous savez la cause de ce
» qui vous arrive? Allez vite confesser la faute que vous n'avez pas
» osé avouer jusqu'ici, et l'ennemi n'aura plus de puissance sur vous (1). »

« Chaque jour, ajoute le témoin, on lui apportait les malades et les
» infirmes, il les touchait en prononçant certaines prières, et aussitôt ils
» étaient guéris (2). »

Notre grand couvent royal de Majorque avait été fondé par le roi conquérant. L'église était un des plus beaux vaisseaux gothiques du monde entier. Les Français, allant en Algérie et faisant escale à Palma, ne manquaient jamais de la visiter et d'y prendre ce que les Espagnols appellent *apuntes*, notes, dessins, etc. Elle fut détruite trois ou quatre ans après l'exclaustration de 1835, *par crainte de l'Inquisition!* On en voit encore partout les débris, sur le port, sur les chemins, dans les places publiques, aux maisons particulières, partout.

Dans la cathédrale, la deuxième chapelle à droite est dédiée à saint Vincent Ferrier. Elle est en marbre riche. Là, est le beau rétable dont il sera question dans les documents concernant le culte. Là, s'opérèrent les miracles rapportés aux mêmes documents. Le portrait du Saint, très ancien, a une ressemblance frappante avec ceux de Valence.

La chaire est en bois vermoulu, portative, plus grande cependant que nos chaires modernes. Elle est l'objet d'un certain culte, bien qu'irrévérencieusement placée dans une arrière sacristie, d'où elle ne sort que pour les missions extraordinaires.

---

(1) Dép. du Chartreux Placentis.

(2) Razzano a recueilli quelques-uns de ces miracles. Embarrassé de sa trop abondante matière, il établit des séries. Entre autres, à Majorque, une femme nommée Madeleine fut guérie d'un mal qui paraît être une laryngite aiguë; une autre qui n'avait que des enfants mort-nés, put enfin saluer l'espoir d'une postérité prospère : narration prolixe et chargée de détails. Razzano III, 39.

La démoniaque, guérie par les cheveux du Saint, servait aux juifs, dit un auteur, pour connaître les choses occultes. On a brodé aussi sur l'histoire du cabaretier : le Saint ayant recommandé de bien régler les questions de justice par lesquelles si souvent le diable fatigue l'âme, le cabaretier vint le prier d'insister là-dessus en sa faveur. « Et de quelle qualité est le vin que vous vendez ? » — Et le reste raconté plus haut.

A l'autel de saint Michel, de bonnes peintures représentent les processions de pénitents, conduites par Vincent Ferrier.

Dans l'antichambre de la salle capitulaire se trouve un autre portrait ressemblant.

Enfin, dans la grande sacristie, un tableau sur bois représente le Saint prêchant au peuple et aux pénitents. Au bas, on lit l'inscription suivante en espagnol : « Souvenir de la prédication de saint Vincent Ferrier du haut de la chaire de bois conservée dans la cathédrale. Ce tableau très ancien est un débris de la chapelle de saint Michel, contiguë à la chapelle royale, et que détruisit, en même temps que la chapelle de saint Pierre, l'incendie de 1349. » (Palma, 10 febr. 1826.)

Toute l'île est encore pleine de souvenirs du Saint. Outre ceux que Mut énumère, à Inca, sa chaire se conserve, et sa chapelle est la plus belle de l'église conventuelle. A Soler, à Benisalem, on vénère également sa chaire. A Fornaluch, un beau tableau rappelle la dévotion enthousiaste des habitants.

Il y avait dans l'île cinq couvents de Dominicains, qui tous avaient une chapelle en l'honneur de saint Vincent Ferrier. Depuis Mut, bien des faits se sont passés, dont quelques-uns méritent d'être signalés.

Le tronc d'olivier qui servit de chaire au Saint, à Val-de-Mosa, fut en effet longtemps respecté. Un bûcheron voulut un jour, sans malice d'ailleurs, en faire du bois à brûler : toutes ses haches se rompirent. On y éleva un oratoire.

La fontaine, qui porte encore le nom de Ferrier, entre la Pobla, Inca et Muro, a gardé sa vertu salutaire. Les lépreux y recouvrent la santé, même en y jetant de l'eau transportée d'ailleurs, lorsque, l'été, elle demeure à sec.

# CHAPITRE X

## LES CONFÉRENCES DE TORTOSE

ON S'OCCUPE DES JUIFS — UN LIVRE A IMPRIMER — GENS QU'ON ATTEND — RÉSULTAT DES CONFÉRENCES — BULLE DU PAPE — UN BATON PRÉCIEUX — LE MOUVEMENT SE PROPAGE — SCRUPULES ROYAUX — L'APPARITION DE GUADALAXARA

### 1414

La mission de Vincent Ferrier à Majorque avait duré exactement quatre mois et demi, du 1er septembre 1413 au 17 janvier 1414. Pendant ce temps, le roi Ferdinand avait frappé son maître coup à Balaguer. Nous avons vu sa lettre du 20 novembre. Cette lettre s'occupait aussi des Juifs. Relisons le fragment qui les concerne.

« Vous n'ignorez pas que, dans notre royaume, beaucoup d'enfants de
» Moïse, aveugles et incarcérés dans la dure prison du judaïsme, aspirent
» avec ardeur et par la grâce de l'Esprit-Saint à voir l'obstination de
» leur cœur s'ouvrir à la douce liberté de la foi catholique. Altérés de
» la véritable loi, ils veulent jouir des lumineuses clartés que leur refuse
» leur obscure doctrine. Nous espérons que, par le secours de votre
» parole et vos constants exemples de vertu, ils sortiront de leurs
» ténèbres et viendront à la vérité. Nous vous prions donc affectueuse-
» ment et vous demandons avec instance dans le Seigneur, sitôt cette
» lettre reçue, de vous embarquer pour Tortose, où sont déjà réunis les
» principaux de leur religion, afin que, délivrés par vous de leurs erreurs,
» ils obtiennent la palme de l'éternelle vie. »

» Le roi,
» FERDINAND. »

Les conférences de Tortose avaient été proposées à Benoît XIII par le fameux talmudiste Josué Halorqui, néophyte de Vincent Ferrier depuis Alcañiz. Il se faisait fort de convaincre les Juifs, non plus par la Bible, mais par le Talmud lui-même. Sans méconnaître la valeur d'un tel auxiliaire, Benoît XIII jugea prudent d'attendre Vincent Ferrier.

Celui-ci, arrivé à Tortose vers le 20 janvier 1414, se mit aussitôt à l'œuvre. De ses veilles sortit le Traité contre les Juifs, véritable charge de bataillon carré, lent, irrésistible, ne permettant aucune échappatoire, ne se laissant jamais entamer. Il est conservé aux *Archives vaticanes* et méritera de figurer parmi les œuvres du Saint. On n'a, depuis, rien fait de mieux, ni de plus complet contre les Juifs (1).

Les conférences s'ouvrirent le 7 février 1414, sous la présidence du Pontife lui-même, et se continuèrent sous la présidence du Général des Dominicains. Les plus célèbres rabbins (2), et les principaux docteurs catholiques, y prirent part. Vincent Ferrier en fut l'âme.

Une sorte de fièvre, l'angoisse du doute, agitait les Juifs : Dieu travaillait en eux comme en tous ceux qu'il veut sauver, par l'inquiétude. On demandait aux Écritures une lumière qu'elle ne donne qu'aux esprits bien disposés. Vincent Ferrier connaissait intérieurement cet état d'âme, il en tira un jour des effets inattendus.

« Maître Vincent prêchant à Tortose de l'autre côté du fleuve (3),
» d'une maison située au milieu des arbres, à une immense foule,
» s'arrêta tout à coup, puis regardant le ciel : « Ne vous offensez pas de
» ce repos, dit-il enfin, mais il faut que j'attende la grâce. » Il se fit peu à
» peu, par une disposition particulière de la Providence, un vide autour
» de la chaire : bientôt arrivèrent des Juifs que personne n'attendait ; et,
» sans hésitation, ils allèrent s'y placer. Quand on leur demanda pour-
» quoi ils étaient venus à la prédication de maître Vincent : « Nous en
» avons senti l'inspiration au fond du cœur, répondirent-ils. » Le Saint ne
» voulut pas commencer son discours sans ces auditeurs nouveaux.
» Ce jour-là et les jours suivants, grand nombre de Juifs renoncèrent à
» leurs erreurs (4). »

---

(1) En voici le titre : « Incipit tractatus novus et valde compendiosus contra perfidiam Judeorum. Fuit editus et compilatus jussu Benedicti pape sic in sua obedientia nuncupati per quatuor famosos magistros in sacra theologia quorum fuit unus Fr. Vincentius Ferrarii. » Parmi les collaborateurs furent Jérôme de Sainte-Foi, médecin de Benoît XIII, et converti par Vincent Ferrier, et son aumônier, le docteur André Bertrand, depuis évêque de Barcelone. (Jérôme de Sainte-Foi est le nom que prit au baptême le talmudiste Halorqui, cité plus haut.)

(2) Non seulement des rabbins habitant Tortose ou les environs, mais de tout le royaume, comme nous le verrons par la lettre de Benoît XIII aux Juifs de Perpignan, lettre qui semble bien être une circulaire.

(3) L'Èbre, sur lequel, on s'en souvient, eut lieu le miracle du pont rétabli.

(4) Quidem interrogati quis fecerat eos venire, responderunt quia nullus, sed ipsi moti in cordibus suis proposuerunt venire..... Quod previdens in spiritu dictus magister Vincentius expectabat..... Ex quibus judeis multi fuerunt ad fidem conversi. (*Naples. Déposition de l'Aragonais Barth. Peirilta*). — Dans RAZZANO, III, 14.

« Magnifique spectacle que ce Congrès de Tortose! s'écrie Algoy en
» son Histoire Ecclésiastique d'Espagne, et comparable au Parlement
» de Caspe. On peut voir par là quel degré de culture avaient les
» esprits à cette époque. Le résultat en fut très profitable à la religion
» chrétienne. Il se tint soixante-neuf sessions jusqu'au mois de novem-
» bre 1414. Les quatorze rabbins abjurèrent, sauf maître Ferrer et
» maître Albo. Maître Astruc Lévi rédigea, au nom de tous, la formule
» d'abjuration.

» Si l'on veut apprécier justement les services signalés rendus en
» cette occasion à la foi catholique, il est hors de doute que le prin-
» cipal instrument dont se servit la Providence fut saint Vincent Fer-
» rier (1). »

Les choses n'allèrent point sans difficulté, s'il faut en croire l'annaliste de Tortose Daniel Hernandez : « Chaque sermon de Vincent Fer-
» rier provoquait entre les rabbins de violentes discussions. Mais, à
» la fin, la force de la vérité eut raison du plus grand nombre (2). »

Cette conversion des rabbins frappa vivement Benoît XIII, et lui
inspira pour Vincent Ferrier une sorte de vénération religieuse. Il ne
doutait pas de son extraordinaire mission, et la lettre d'Alcañiz l'avait
confirmé dans cette certitude, mais il n'était pas fâché de voir de ses
yeux si le signe le plus clair de la fin des temps continuerait à se réaliser; employant, du reste, loyalement les moyens naturels qui pouvaient y aider.

L'exemple des rabbins entraîna la foule, mais il y eut des récalcitrants. Et le Pape, dans la splendeur de cette lumière, frappé de cet
incroyable aveuglement qui allait être sa propre histoire, publia la
fameuse Bulle : *Etsi doctoris Gentium*. L'original est aux archives de
Tortose. On y sent cette vigueur venue d'une conviction communica-

---

(1) Magnifico espectaculo es el que presentò el congreso de Tortosa comparable al
parlamento de Caspe; y que como èl da una aventajada idea de la cultura que alcanza-
ban la civilizacion y las letras en aquella epoca. El exito del congreso de Tortosa fue
sumamente prospero para la religion cristiana. Celebraronse setenta y nueve sesiones
hasta noviembre de 1414. Las resultados fueron la abjuracion de todos los catorce
rabinos excepto Rabbi Ferrer y Rabbi Albo. A nombre de todos los conversos redactò
una cedula de abjuracion Rabbi astruch Levi. Pero apreciando como se debe estos seña-
lados servicios en favor de la fé catholica, es indudable que el principal instrumento de
que para ello se valiò la divina Providentia fue Vicente Ferrer.

(2) Por este tiempo se juntaron los rabinos en Tortosa por orden del Papa Luna;
amonestandoles à convertirse empezò à predicar san Vicente Ferrer en la plaza publica,
y promovieron à entre ellos graves altarcados. A pesar de este consiguiò convertir a
muchos.

tive; et il était sûr, même dans ses sévérités pour nous étranges, d'avoir l'opinion publique avec lui.

Il prohibe absolument le Talmud et les autres livres juifs, sous des peines sévères, défend aux chrétiens de vendre aux Juifs ou d'*engager des images, vases et ornements sacrés*, et oblige ceux-ci à les rapporter. Que de choses douloureuses sous cette phrase !

Il leur interdit la profession d'avocat, de médecin, de chirurgien, de perruquier (1), d'accoucheur, et organise pour eux une législation à part. On voit d'ailleurs qu'il vise, comme les ordonnances royales, toute profession permettant de pénétrer dans les secrets des familles (2).

Parmi ses plus précieuses reliques, la cathédrale de Tortose conserve et n'hésite pas à mettre sur les autels, avec les ossements des martyrs, le bâton de saint Vincent Ferrier. Ce n'est plus le bâton du grand voyageur, comme celui qu'on vénère à Florence, c'est une canne de vieillard, avec appuie-main rapporté, formant T. Ce bâton vient de la famille de Villalba, qui lui donna l'hospitalité (3).

Le mouvement vers la vraie foi produit à Tortose s'étendit au loin. A Tamarit, dit l'historien de cette ville, tous les Juifs se convertirent, en 1414. Et il ajoute ce trait qui fait si bien voir ce qu'ont toujours été les Juifs, et quel service, en les convertissant, Vincent Ferrier rendait à la société : « La cessation des usures permit à l'agriculture d'améliorer ses conditions (4). »

« En 1414, pendant que Pierre de Lune était à Tortose, beaucoup de Juifs de Calatayud, de Daroca, de Fraga et de Barbastro deman-

---

(1) Les perruquiers pratiquent encore la saignée en Espagne.

(2) Cette Bulle de Benoît XIII, est datée de Valence, VI kal. Maii, ann. Pont. XXI.

(3) Tortose est une des villes qui ont le mieux gardé le cachet de foi profonde imprimée par Vincent Ferrier. Ici-même cependant, et ça a été la réflexion spontanée des hommes d'étude, il faut se hâter de relever ce qui reste de vie dans les ruines, d'étincelles sous les cendres ; dans vingt ans, tout sera consumé, et ce qui pourra survivre ne dira plus rien aux générations indifférentes. L'heure était venue de faire cette histoire, en empruntant à Vincent Ferrier vieilli, le texte de ses derniers sermons : *Colligite fragmenta ne pereant.*
Tortose, comme tout l'Aragon, garde aussi de Benoît XIII une mémoire respectueuse. Les fonts baptismaux de la cathédrale sont une *pila* en beau marbre sculpté, qui servait de vasque d'ornement aux jardins pontificaux, à Péniscola. Elle porte, sur quelques-unes de ses faces, la tiare et la demi-lune, et, sur les autres, une sorte d'allégorie du schisme terrassé.
La cathédrale garde le pectoral du pontife et un calice d'une grande valeur.

(4) En 1414 se convertieron todos los Judios de Tamarite locual fue debido a la predicacion provechosa de l'insigne apostol san Vicente Ferrer. Tal conversion fuè sumamente util porque con la cesacion de las usuras vinó la agricultura a mejorar sus condiciones. (*Histoire de Tamarit*, par DE MONER Y DE SISCAR, p. 170.)

dèrent le baptême, environ 120 familles. Ajoutons que les Aljamas de Caspe, d'Alcañiz et de Maella devinrent chrétiennes ; et bientôt à leur exemple, l'Alcajana de Lérida, de Tamarit et d'Alcolea ; en tout 3000 convertis (1). »

---

1) ÇURITA. *Annales d'Aragon*, lib. XII, cap. 45.

# CHAPITRE XI

## L'ENFANT DE MORELLA

UNE APPARITION — LE MYSTÈRE DE DAROCA — REPAS SINISTRE — LEÇON INUTILE — CINQUANTE JOURS DE CONFÉRENCE — CADEAUX QUI NE CONSOLENT PAS — A L'OMBRE DU CHÂTEAU DE MORELLA — RESTITUTION BIZARRE — UNE FABLE A FAIRE

### 1414

Pendant que, de concert avec Vincent Ferrier, Benoît XIII travaillait à Tortose à la conversion des Juifs, le roi Ferdinand ne perdait pas de vue la paix de l'Église. Cette préoccupation aboutit aux conférences de Morella. Et c'est toujours à Vincent Ferrier qu'il s'adresse.

Trois lettres consécutives arrivèrent au Saint, de Lérida, en date du 4 janvier 1414, du 6 mars et du 16 avril. Le roi parlait, dans cette dernière, de « certaines choses qui lui étaient très à cœur et touchaient » au salut de son âme. » Ces délicatesses de conscience, dignes d'un grand prince, nous sont révélées dans un autre fragment de lettre de la même époque.

Parmi les biens du comte d'Urgell, peu scrupuleux, lui, et que les traités avaient fait passer aux mains du nouveau roi, étaient certains droits sur l'Université de Gérone, livrés à un prix dérisoire. Le roi se demandait si la translation avait été valide, et s'il n'était pas obligé de restituer l'argent touché de ce chef par son prédécesseur. Il écrivit au Saint en ces termes humbles et touchants :

« C'est pourquoi nous avons recours à vous comme à une source
» purificatrice, vous priant affectueusement de nous dire très explicite-
» ment votre avis là-dessus, afin que notre conscience royale, déchargée
» de tout poids, puisse ne pas offenser son Rédempteur, et donner
» l'exemple à ceux qui se trouveraient en pareilles conjonctures. Que
» le Très-Haut vous garde longtemps à son divin service. »

La solution de cette affaire resta dans le domaine intime de la conscience.

Vincent Ferrier était à Tamarit lorsqu'on lui remit un nouveau pli royal concernant une apparition extraordinaire arrivée à Guadalaxara. Voici sa réponse :

« Au très excellent prince et puissant seigneur, le roi Ferdinand, roi d'Aragon.

» Très excellent prince et seigneur,

» J'ai reçu avec soumission et respect votre lettre touchant le miracle
» survenu à Guadalaxara, pendant la prédication d'un Frère Mineur, sur
» l'Eucharistie.
» A mon sens, ce prodige a un double objet. Le premier de confirmer
» la doctrine du prédicateur. De même que les lettres royales sont
» reconnues authentiques au sceau qui les marque, de même Dieu marque
» de temps en temps les prédications de ses apôtres du sceau des miracles,
» selon le mot de saint Marc : « Ils prêchèrent partout, et le Seigneur
» confirmait leur parole par des prodiges. » Que si nous considérons la
» forme de cette croix, apparaissant toute blanche dans le ciel, nous
» pourrons conclure que la doctrine du prédicateur était toute céleste et
» absolument exempte d'erreur. Le pied de la croix, divisé en trois,
» indique les trois choses nécessaires à l'Eucharistie, la matière, la
» forme et l'intention. Les bras de la croix, formés chacun de deux
» branches s'étendant à droite et à gauche, indiquent la réalité de la
» consécration, que le prêtre soit en état de grâce ou non. Les cinq
» fruits qui naissent de chaque branche, dominés par un fruit supérieur,
» rappellent les cinq mots de la consécration qui font descendre le Christ
» Seigneur et Roi à l'appel de quiconque en a reçu le pouvoir. Les
» petits fruits sont en tout au nombre de vingt-deux, parce que la consé-
» cration du vin a ce nombre de mots. Le second motif pour lequel ce
» miracle a eu lieu est de figurer la défense du Christ et de la foi en lui,
» coïncidant avec la fin du monde. Les trois parties dont se compose
» la croix apparue représentent les trois anges, autrement dit les trois
» prédicateurs qui doivent venir vers la fin des temps, et dont parle le
» chapitre XIV de l'Apocalypse; la partie supérieure, semblable à un
» fruit qui domine tous les autres, marque le temps de la prospérité
» totale où viendra le troisième prédicateur, c'est-à-dire après la mort
» de l'Antéchrist. Les deux branches transversales de la croix signifient
» les deux prophètes Élie et Hénoch, qui doivent apparaître au temps de
» l'Antéchrist et que l'Écriture Sainte signale, en effet, sous la métaphore
» d'arbres et de rameaux (Apocalypse, ch. II). Ils seront comme deux
» oliviers ou comme deux candélabres allumés en la présence du Sei-
» gneur.

» Le second ange, qui doit venir avec Élie et Hénoch, au temps de
» l'Antéchrist, est clairement indiqué par le fruit qui est au milieu de la

» branche transversale. Les dix petits fruits que porte chaque rameau
» marquent la parfaite obéissance de ces prophètes à la loi de Dieu, et le
» fruit supérieur, leur foi sans hésitation.

» Votre Majesté doit tirer de là un motif de plus de procurer de tout
» son pouvoir la conversion des Juifs et autres infidèles ; de veiller à la
» paix et à l'honnêteté des familles, en n'y tolérant ni courtisanes, ni
» jeux de hasard, enfin de rendre à tous exacte et prompte justice, et de
» faire en sorte que toutes les ordonnances soient exécutées à la lettre.

» Que Dieu vous en fasse la grâce. Amen !

» Fr. Vincent Ferrier, prédicateur.

» Tamarit, le 16 mai. »

Cette lettre a été trouvée par Antist, à Madrid, au milieu de papiers poudreux (1). On y voit cette idée fixe de la proximité du jugement dernier, et cette certitude inébranlée, que lui-même était le second des trois anges dont parle l'Apocalypse. Ce second ange devant venir au temps de l'Antéchrist, sans doute il écoutait fréquemment si les échos ne lui apportaient pas quelque nouvelle de cet ennemi dernier de l'Église de Dieu. Et qui sait si, dans ce disciple de saint François, auquel Dieu venait de faire cette faveur signalée, il n'entrevoyait pas comme un reflet d'Élie et d'Hénoch, prophètes des derniers temps ?

Parti de Tamarit en mai, il est, en juin, pour les fêtes du *Corpus Christi*, à Daroca. Le mystère de Daroca était alors célèbre dans toute l'Espagne. En voici l'historique :

Au temps de la prise de Valence par don *Jayme el Conquistador*, l'armée chrétienne, se trouvant dans un village appelé *Puch del Codol*, non loin de Jativa, entendait la messe un matin, lorsque les Maures firent irruption tout à coup. Or, six chefs devaient communier. Le prêtre, laissé seul, pour éviter des profanations, cacha les six Hosties dans le corporal, sous des monceaux de pierres, au pied d'un arbre, attendant l'issue de la bataille. Elle fut gagnée par les chrétiens. Les Saintes Espèces furent retrouvées sanglantes et les corporaux tachés de sang.

---

(1) Diago se plaint que Barcelone, qui a conservé des lettres de personnages parfaitement inconnus, n'ait rien de Vincent Ferrier. La raison en est, ce semble, que le roi ne mettait pas ses lettres aux archives, mais les gardait comme reliques. Elles ont disparu avec les trésors royaux. Aux archives municipales, on ne conservait que les lettres missives.

A propos du titre de *Predicador* qui termine la lettre de Guadalaxara, Antist remarque avec raison qu'à partir de la mission divine, à lui confiée à Avignon, Vincent Ferrier signait habituellement ainsi. — Voir document 6.

Ces corporaux, sur les instances de l'un des chefs, furent transportés à Daroca. On y bâtit une église en leur honneur. Cela coïncide avec l'institution de la fête du Très Saint-Sacrement par Urbain IV, fête dont saint Thomas d'Aquin composa le superbe office. C'était la manière dont Dieu se servait pour implanter cette dévotion en Espagne.

Les rois, les grands, le peuple, sont allés vénérer ces saints objets; ils existent encore. Les miracles bienfaisants n'y ont pas manqué; Vincent Ferrier leur a donné l'autorité de sa parole : « L'apôtre valencien,
» saint Vincent Ferrier, adora aussi ce prodige, en 1414, le jour du
» *Corpus Christi*, où il prêcha dans notre ville. Son zèle et son éloquence
» sans pareille amenèrent à la foi, ce jour-là, cent dix enfants d'Israël (1).

» Ferdinand, évêque de Telesia, auparavant chapelain du roi et dis-
» ciple de maître Vincent, qu'il a suivi pendant plusieurs années en
» Aragon, en Catalogne, à Valence, à Majorque, en Castille, en France
» et enfin en Bretagne, dit que, en 1414, maître Vincent, prêchant à
» Daroca le jour du *Corpus Christi*, fut si touchant et si béni de Dieu,
» que, après son sermon, cent dix Juifs demandèrent le baptême. Le
» témoin en a connu plusieurs. Leur synagogue fut changée en église
» sous le vocable de la Conversion de saint Paul (2).

Le Saint prit la route de Morella, où rien ne pouvait se faire sans lui.

Les Morellans connaissaient Vincent Ferrier. « En 1410, il était venu à Morella, et l'empressement fut tel à la porte de San-Matteo, par où il entra, que le passage fut obstrué. Le bailli, le justicier, les jurés allèrent le recevoir. Témoins de la dévotion indiscrète de la foule qui enlevait de grands morceaux de son vêtement, ils envoyèrent à Valence chercher de l'étoffe pour lui faire des habits neufs, comme on peut le constater aux comptes municipaux de cette année. Les documents écrits et la tradition se corroborent, et c'est notre devoir, à nous qui racontons les voyages de cet homme de bien, de consigner ce fait dans l'histoire. Mais ce qui rendit surtout son dernier voyage célèbre, ce fut le prodige que Dieu opéra par son intercession.

« Un homme de condition avait une jeune femme ornée de toutes les vertus, mais sujette à des actes de délire qui tenaient sa famille dans les plus pénibles appréhensions. Il supplia Vincent Ferrier de vouloir bien loger chez lui. Le Saint y consentit, sachant qu'il y avait là des âmes

---

(1) Résumé de la merveilleuse *Histoire des Saints Corporaux* et du *Mystère de Daroca*, par Th. Orrios de la Torre. Saragosse, 1759.

(2) Procès de Naples.

à consoler. Les premiers jours, nulle crise n'eut lieu; le mari et la malade crurent à une guérison radicale, et déjà ils remerciaient Dieu dans leur cœur. Mais voilà qu'un matin, pendant que le gentilhomme était au sermon, la jeune femme, restée à surveiller les préparatifs d'une réception de famille, fut tout à coup saisie d'un violent accès de frénésie; elle prit son petit enfant, l'égorgea, le coupa en morceaux et en fit rôtir une partie.

» Cependant, le mari revint joyeux et demanda si tout était prêt, notamment les poissons qui devaient faire le repas du prédicateur : « Oui, » dit-elle, et aussi un plat de viande dont je garde une partie pour ce » soir. » A son air égaré, l'infortuné père soupçonna un malheur; il ne tarda pas à être informé de l'horrible vérité. Chrétien, mais faible contre un pareil coup, il accusait Dieu et la Providence. « Est-ce donc ainsi, ô Dieu cruel, disait-il dans son égarement, que vous récompensez ceux qui vous honorent? Que me sert d'avoir versé tant d'aumônes dans le sein des pauvres, et d'avoir reçu sous mon toit cet homme que tous regardent comme un Saint ?..... »

» L'Apôtre est prévenu aussitôt. Il prie Dieu intérieurement et se rend à la maison en deuil.

« Ayez confiance, dit-il, Dieu qui a tiré du néant cette petite âme, » peut lui ordonner de revenir, si vous avez la foi. » Puis il se fit apporter les morceaux du pauvre petit. Fléchissant le genou, il pria, disant : « Jésus, Fils de Marie, salut et roi du monde, qui avez fait de » rien l'âme de cet enfant, faites qu'elle ranime ce corps pour l'honneur » et la plus grande gloire de Votre Majesté ineffable. »

» ..... Et devant les spectateurs haletants, les petits membres se rapprochèrent, toute trace sanglante disparut comme l'ombre au soleil, la vie circula, et l'enfant ouvrit à son père son doux regard et ses bras caressants.

» Dans les dernières années du XVᵉ siècle (c'est-à-dire après la canonisation, quand il y avait encore des témoins vivants, 1410-1456), on fit reproduire le miracle sur toile, et l'on ouvrit au culte une chapelle dans la maison même; cet état de choses subsiste encore, et l'on peut voir, là aussi, le four où fut cuit le petit enfant (1). »

---

(1) Segura, *Hist. de Morella*, p. 84.
Razzano, III, 19. — Il indique la ville par un simple ? mais la narration ne laisse aucun doute. D'ailleurs, une note des Bollandistes rectifie en indiquant *Morella*.
Razzano, III, 20, raconte un autre miracle du même genre. — *Apud ..... Urbem*, dit-il, un enfant était mort depuis douze heures : la mère, inconsolable, va se jeter aux genoux du thaumaturge. Touché de tant de foi : « Allez, dit-il, il dort. » Elle va et l'enfant demande le sein. Le nom du lieu est omis, disent les Bollandistes, pour ne pas déshonorer la famille : la vérité est que Razzano ne déchiffrait pas les noms géographiques.

Les affirmations de Ségura sont exactes de tous points. La maison appartenait à François Gavaldà, notaire : l'enfant était donc vraisemblablement son fils. En Espagne, le qualificatif d'homme de condition s'appliquait très bien aux notaires. La rue s'appelait et s'appelle encore *calle de la Virgen*. Dans la maison, l'une des meilleures pièces du bas a été changée en chapelle. Le culte s'y célèbre de temps immémorial. Un vieux tableau représentant le miracle, avec les costumes du temps, sert de fond à l'autel.

Un évêque a concédé des indulgences à ceux qui prieront devant cette image; il y a des *ex-voto*. En un mot, la puissance divine et le pouvoir ecclésiastique ont sanctionné là une croyance qui ne peut reposer que sur la vérité.

La poésie et l'art dramatique ont retourné ce sujet de toutes façons; le peuple croit.

Sur le devant de la maison, l'image du Saint, en faïence peinte, avec une inscription commémorative, dit hautement la chose, sans crainte de démenti. Au-dessus de la chapelle était le *cuarto* occupé par Vincent Ferrier. Les changements de maître ont fini par le réduire à une chambre ordinaire. En haut, dans une autre partie de l'habitation, on conserve, en effet, le four où fut cuit le pauvre petit. Une autre inscription constate le miracle, mais des réparations maladroites ont enlevé à cet objet son caractère historique.

Il y avait dans ce prodige une parabole sinistre : cet enfant coupé en morceaux, c'était l'Église déchirée, et Benoît XIII était là!

Pour l'acte important qu'il méditait, le roi Ferdinand avait préparé les choses de longue main. Après les Cortès de Saragosse, en 1414, il était venu à Morella, résidence d'été agréable malgré les orages; et de là, il fit prier affectueusement le Pape de venir passer près de lui la belle saison. Benoît vint; il s'arrêta et coucha, le 16 juillet 1414, dans l'ermitage de Villavana : d'où le tableau mentionné plus haut.

A Morella, le roi et le peuple le reçurent avec toutes sortes d'honneurs. C'était le Pape. Des présents vraiment royaux lui furent faits.

« Le 18 juillet 1414 fut pour Morella un jour mémorable et le plus solennel peut-être qu'aient jamais vu ses habitants. Le roi et la cour, en habits de gala, marchaient en tête du noble cortège qui allait, avec un nombreux clergé, recevoir processionnellement le Vicaire de Jésus-Christ, Benoît XIII. Le roi lui-même, son fils aîné et les plus hauts personnages, soutenaient les montants du dais, montrant ainsi à tous le respect dû au chef de l'Église. Avant d'entrer à la collégiale, les jurés et les principaux citoyens de Morella tinrent à honneur de prendre le dais à leur tour. Le Pape officia dans l'église Santa-Maria, le jour de l'Ascension, assisté de cinq cardinaux et de trois évêques. C'était alors pour la seconde fois que saint Vincent Ferrier se trouvait à Morella. Il y travailla cinquante jours, avec le Pape et le roi, à l'extinction du schisme (1). »

Vincent Ferrier prêcha le jour de la réception pontificale.

Il fallut pourtant entamer la grande question. Non seulement ceux qui avaient pu suivre les débats, mais le peuple lui-même, commençait à sentir que ce n'était plus une affaire de discussions théoriques, mais de personnes. Les conférences durèrent, en effet, cinquante jours, longs et douloureux, car, à mesure qu'on avançait, Pierre de Lune, de qui on attendait un exemple de désintéressement, se renfermait davantage dans sa dignité. L'empereur Sigismond écrivit que les deux Papes d'Italie étaient décidés à déposer la tiare si Benoît XIII voulait les imiter. Vincent Ferrier pria et supplia. Rien n'y fit. On dut se séparer sans avoir rien conclu (2).

Le Pape, en prenant congé des Morellans, donna à l'église principale, outre des grâces spirituelles, son calice et sa croix pectorale à reliquaire enrichie de pierreries. Ils sont portés sur l'inventaire de 1758. Pierre de Lune essayait par là d'adoucir l'impression amère qu'il laissait à l'âme des croyants.

Ces trésors, dus à la générosité de Pierre de Lune, ne sont pas déplacés dans l'église de Morella, d'un gothique pur, ornée avec goût de dorures et de tableaux précieux. On y remarque deux chaires, dont l'une, vieille, presque un débris, est celle d'où prêcha Vincent Ferrier. Depuis lui, personne n'y a monté. On songe à restaurer ce monument vénérable. A l'autel du Saint, un tableau représente l'enfant ressuscité.

Non loin de Morella, au penchant d'un de ces chemins invraisemblables comme il y en a tant en Espagne, s'élève une petite chapelle dédiée à saint Vincent Ferrier. Là, jusqu'à ces dernières années, on voyait un vieux tronc de chêne ; l'Apôtre s'en improvisa une chaire lorsqu'il fit ses adieux à Morella. Comme toujours, la foule l'avait suivi, insatiable. Pour frapper d'un dernier coup l'esprit de ses auditeurs, la vue ouverte sur l'avenir, il prononça ces mots : « Un jour viendra où » l'on dira : Heureux ceux qui vivent à l'ombre du château de Morella. »

---

(1) Muxnina, *Hist. de la provincia de Castellon de la Plana*, p. 377.

(2) S'il fallait en croire la Chronique d'Espagne de Cajetano Rosell, Sigismond ne se serait pas contenté d'écrire, mais aurait envoyé des ambassadeurs pour provoquer une entente entre les pontifes, et l'on aurait désigné Nice, Savone ou Marseille comme lieux de rendez-vous.

Un historien a relevé cette prophétie à propos des troubles qui éclatèrent contre l'empereur Charles V, en 1522. Morella, demeuré fidèle, servit de refuge à beaucoup de révoltés (1).

Longtemps, les passants prirent comme reliques des fragments du vieux tronc, jusqu'à ce que, enfin, effrité sous les blessures faites par la dévotion, plus que par le travail du temps, il disparut..... Est-ce par instinct de restitution que les Morellans, après avoir récité le *Pater* et l'*Ave* auxquels sont attachés quarante jours d'indulgence, selon la concession de l'évêque de Tortose, en 1797, mettent un caillou dans la chapelle du Saint?

Au bas de la route en pente, appelée encore *Cuesta de san Vicente*, on montre une fontaine qui porte aussi son nom. Vous constatez avec un peu de désappointement que rien d'extérieur ne la signale; un trou carré à peu près plein d'eau, c'est tout. A quelques pas de là, une autre source jaillit, abondante et fraîche, vous entendez son murmure. Mais — il y aurait ici le sujet d'une fable — la murmurante fontaine tarit au soleil d'automne, elle et bien d'autres. Et quand il se passe vingt-cinq mois sans une goutte d'eau du ciel, comme à telles époques dont on a gardé le souvenir, on voit défiler, autour de l'humble trou creusé dans la pierre, de longues caravanes chargées, bêtes et gens, de cruches débordantes. Les montagnards viennent là de très loin; ils puisent sans ménagement, et les jours se passent, et les semaines, et les mois, et l'on puise toujours; et les ardeurs d'un soleil implacable boivent les dernières réserves de la terre; et la fontaine de saint Vincent n'a pas baissé d'un centimètre.

Il faut avoir vécu dans ces pays de la soif où l'on se rappelle instinctivement les vers du poète :

Lorsque, dans le désert, la cavale sauvage,
Après trois jours de marche attend un jour d'orage.....

pour apprécier le trésor qu'a laissé là aux habitants de Morella leur bon ami Vincent Ferrier.

L'historien du pays raconte ainsi les faits :

« Dans la partie Est de Morella, en un ravin appelé le *Tin*, à peu près à 300 mètres des remparts, est une source appelée fontaine de saint Vincent. C'était, au xvᵉ siècle, un lieu de promenade. L'Apôtre y alla un jour se reposer des fatigues de son rude ministère, mais le peuple,

---

(1) Vidal y Micò tire cette prophétie de Viciana. (*Segunda parte de la Historia del Reino.*)

insatiable de sa parole, l'y suivit. Il profita de l'occurrence pour parler, et le fit avec tant de zèle que l'auditoire fondait en larmes. Pour donner plus de force à ses paroles : « Ce que j'avance est aussi vrai, s'écria-t-il, qu'il est vrai que cette fontaine ne tarira jamais (1). » La prophétie s'est accomplie jusqu'à nos jours. Le notaire, Lopez de Vidal, la mentionne dans un de ses protocoles, où il constate qu'en 1649 et 1650, toutes les autres fontaines séchèrent (2). »

Morella, place forte et sur le grand chemin des armées, n'a pas échappé aux ruines, ni ses archives aux incendies; cependant, lorsqu'une main patiente aura mis en ordre les papiers entassés dans les greniers, l'historien y trouvera une mine précieuse de documents.

---

(1) « Es tan cert lo que dig que no faltará la meua paraula aixi com may faltará el audia en aquesta font. »

(2) Segura, Hist de Morella, t. III, p. 85.

# CHAPITRE XII

## SARAGOSSE

PROTECTION DIVINE — TOUJOURS LES JUIFS — LA VIEILLE ESPAGNE — « CA... LA DEMOCRACIA ! » — UN PRÉCURSEUR — LETTRE DU SYNDIC — SC... CONTRE LES QUÉMANDEURS — CURIOSITÉ BIBLIOGRAPHIQUE

### 1414-1415

Après ses efforts infructueux auprès de Benoît XIII, le roi Ferdinand gagna Montblanch, où le parti d'Urgell semblait renaître. Le Pape se dirigea vers San-Matteo, et Vincent Ferrier vers Saragosse, centre où il voulait établir solidement le règne de Dieu et l'autorité légitime. Il y arriva le 1er novembre. Connaissant les sentiments de son père, le prince de Gérone, fils aîné du roi, n'avait pas attendu ses ordres pour faire à l'Apôtre la plus cordiale réception.

Les craintes du roi, relatives au parti d'Urgell, n'étaient pas vaines, si on en juge par la lettre que voici :

« *Au très haut, très puissant et très excellent prince, mon père très* » *cher, et seigneur le Roi.*

» Très haut et très excellent prince, puissant seigneur et père très cher,

» Étant, hier mardi, à la messe célébrée par maître Vincent, on me
» remit la lettre par laquelle vous me notifiez la grâce signalée que
» vous a faite, à vous, très puissant seigneur, à moi-même, à mes
» frères et à tous les sujets de Votre Royale Majesté, Dieu, Notre-Sei-
» gneur, par l'intercession de la glorieuse Vierge Marie, en vous révé-
» lant les menées odieuses et les trames criminelles de la mère de
» Jacques d'Urgell, qui ont mis en un si grand péril votre personne et la
» chose publique. Louange à Dieu, qui a bien voulu, dans sa miséri-
» corde, vous faire connaître à temps cette perfidie et cette iniquité !
» Louange aussi à la Vierge Marie, à l'intercession de laquelle nous
» croyons fermement devoir une pareille faveur !

» Aujourd'hui, j'ai communiqué le fait à maître Vincent, qui a
» célébré la messe solennelle en reconnaissance, et, dans son sermon,
» a vivement engagé le peuple à remercier Dieu d'un si grand bienfait.

» De quoi tout le peuple a été émerveillé comme d'un prodige et s'est
» montré fort touché.

» Quant à ce que vous recommandez d'accueillir le mieux possible
» maître Vincent, de lui complaire en toutes choses et de faire venir à
» ses saintes prédications les Juifs et les Maures, je l'ai fait avec plaisir,
» tant pour obéir à votre commandement, que par affection pour maître
» Vincent. Et je continuerai de le faire et de me conformer à ses
» désirs. Que Dieu, très triomphant seigneur, vous fasse, par sa divine
» clémence, vivre et régner longtemps et prospérer votre royale
» couronne.

» Le prince de GÉRONE, fils aîné, ALPHONSE.
» Saragosse, le 7 novembre 1414. »

Les assurances du jeune homme, en ce qui concernait les Juifs, ne parurent pas satisfaisantes au roi, car, de Montblanch, en date du 14 novembre 1414, il lui écrivit encore de prescrire formellement aux Juifs l'assistance aux sermons. Ceux-ci essayèrent-ils de s'y soustraire par des offres d'argent et de plaisir ? tout est possible, et le prince Alphonse fut obligé de se disculper auprès de son père.

« J'ai entendu dire que j'avais été accusé, à votre Cour, d'avoir dis-
» pensé les Juifs d'aller au sermon de maître Vincent, et que celui-ci
» avait dit publiquement en chaire que j'avais pour cela reçu de
« l'argent, ainsi que quelques-uns de mes conseillers. Je n'ai pas été
» médiocrement affligé, très excellent seigneur, de cette malveillance
» envers mes conseillers et moi, surtout en chose si notoire. Et j'affirme
» de nouveau ce que j'ai déjà écrit à Votre Majesté, et vous pouvez vous en
» assurer, que j'assiste toujours personnellement aux sermons de maître
» Vincent, et que j'oblige les Juifs et les Maures à y venir toutes les fois
» qu'il le juge à propos. A telles enseignes qu'un jour ils arrivèrent en
» retard, et maître Vincent, après m'avoir demandé mon consentement,
» les condamna publiquement à 1000 florins d'amende. Bien que la
» synagogue soit pauvre, j'ai fait exécuter la sentence. Je ne désire
» rien tant que de plaire à maître Vincent qui, du reste, le mérite si
» bien, tout en ayant désiré, dans cette circonstance, dispenser les Juifs
» de payer une aussi forte somme. Votre Majesté comprendra que je
» n'eusse point agi de la sorte si j'avais laissé corrompre ma
» conscience par des offres d'argent. Et je supplie Votre Majesté de
» faire rechercher ceux qui ont ainsi calomnié mon Conseil et moi, et
» de leur infliger le châtiment qu'ils méritent.

» Saragosse le 18 novembre 1414. » — Voir document 7.

L'antique cité de César Auguste n'a gardé qu'un souvenir confus de Vincent Ferrier ; comme toute l'Espagne, elle vit des travaux de l'Apôtre, mais, ingrate, elle laisse le temps et les révolutions faire leur œuvre de ruine.

Abritée derrière ses montagnes, l'Espagne, l'Aragon surtout, était le pays des chefs-d'œuvre d'art patient. Les émaux, les riches orfèvreries, les bibliothèques sans prix faisaient de Saragosse une ville de grand caractère. La cathédrale et Notre-Dame del Pilar ne le cèdent à aucun monument de ce genre. Un progrès de mauvais aloi relègue à l'arrière plan ces inappréciables trésors. Le nom de la rue de *les predicadores*, changé en celui de *calle de la democracia* en console médiocrement. Peu à peu, le linceul de l'oubli couvre les traditions et les souvenirs. Les archives du Chapitre, autrefois si riches, ont de la peine à reconstituer leurs débris. L'ayuntamiento n'a presque rien. L'aljaferia des Maures, palais où furent couronnés les rois d'Aragon et notamment Ferdinand d'Antequera, est devenu caserne. Les superbes plafonds disparaissent sous les faisceaux d'armes. Tout un côté de l'artère principale était occupé par le palais de l'Inquisition, aujourd'hui prison, et par le beau couvent de Saint-Dominique, ruine immense qu'on a cherché à utiliser sans goût. L'église monumentale, cadavre éventré, sert de hangar.

Les vieillards se rappellent une statue de saint Vincent Ferrier placée à l'angle du couvent. C'est de là qu'il prêchait aux foules. Elle disparut en 1838. Déjà en 1820, le jour même de sa fête, les Saragossans, stupéfaits, virent au matin cette statue sans tête. Un pauvre fou avait cru faire avancer la civilisation par cet acte sauvage. Le Dominicain qui devait prêcher le panégyrique en fut tellement ému qu'il mourut le lendemain.

Au musée provincial, on remarque un portrait et un bas-relief représentant le Saint. Le bas-relief faisait partie de la porte du collège fondé sous son invocation (1).

Un peintre du pays, Montanès, fut appelé, il y a quelques années, pour relever, dans l'endroit où était la synagogue, des fresques représentant une assemblée de Juifs qui écoutent un prédicateur. Ce ne saurait être qu'un monument de la prédication de Vincent Ferrier.

Bien que les souvenirs matériels de lui soient relativement rares à Saragosse, on ne peut douter que, là comme ailleurs, sa parole ait pro-

---

(1) « L'autre collège, dirigé par les Dominicains, est très important. Il fut fondé le 23 octobre 1584, sous le vocable de saint Vincent Ferrier. Il y a ordinairement 14 ou 15 Pères professeurs. Les étudiants les plus distingués le fréquentent précisément à cause de l'enseignement Dominicain. » (LANUZA, *Hist. d'Aragon*, tome dernier, p. 82.)

duit des fruits merveilleux. Fr. Jean Garcia, qui l'accompagnait, devenu évêque de Majorque, en témoigna au procès de canonisation.

« La prédication de maître Vincent, dit-il, convertit totalement les
» synagogues de Daroca et d'Alcañiz. De plus, la plupart des Juifs
» de Saragosse, de Calatayud, d'Huesca et d'autres villes, embrassèrent
» la foi chrétienne. Un très grand nombre de Maures firent de même.
» Il apaisa également les discordes qui régnaient partout (1). »

De son côté, le syndic royal de Saragosse rendit compte au roi de l'état des choses en ces termes :

« Avec tout le respect dû à Votre Haute Majesté, je lui confirme ce
» que je lui ai déjà communiqué en termes généraux. Grâce à Dieu,
» tout va s'améliorant. Votre attitude a produit ce résultat, jointe aux
» sermons de maître Vincent Ferrier, qui s'est élevé énergiquement
» contre les vices, les abus, et principalement contre les relations entre
» les Juifs ou Maures et les chrétiens, relations d'où naissaient toutes
» sortes de désordres, entre autres des vols et des alliances coupables
» que des enquêtes faites par les autorités ont révélés.
» Signé Nic. Buriès. En date de Saragosse, 30 avril 1415. »

Une phrase des sermons manuscrits, conservés au Chapitre de Valence, nous fixe sur le séjour de Vincent Ferrier à Saragosse :

« Je comptais partir d'ici aujourd'hui, mais, sur la demande des
» magistrats de cette honorable cité et à cause de la dévotion du peuple,
» je prolongerai mon séjour jusqu'à l'Épiphanie. Pas davantage, car je
» me fais vieux et j'ai encore bien du chemin à faire pour annoncer à
» tous la fin du monde qui s'approche (2). »

Il était arrivé au commencement de novembre. Dans un de ses premiers sermons, il tonna contre les quémandeurs qui abusaient de son nom. Après avoir remercié les Saragossans de leur générosité (un marchand de draps avait ouvert sa boutique à toute sa compagnie pour l'amour de Dieu) : « J'ai reçu cette nuit, dit-il, un courrier de Daroca
» m'annonçant qu'un des vôtres, nommé Bernard Aquilo, est allé à
» Daroca demander en mon nom des secours pour ceux qui m'accom-
» pagnent. Comme on prenait déjà quelques mesures : « Non ! a-t-il dit,
» confiez-moi l'argent. » Cette demande a paru suspecte et on l'a retenu
» jusqu'au retour du courrier. On a bien fait, et je désire qu'il soit traité

---

(1) Procès de Naples.
(2) Sermon pour le premier dimanche de l'Avent.

» comme il le mérite. Tenez pour certain que je n'envoie jamais personne
» isolément solliciter vos largesses. »

C'est dans cet intervalle de l'Épiphanie 1415 (1414 jusqu'à Pâques), en y ajoutant les six semaines qui s'écoulèrent de Morella à Saragosse, qu'il faut placer l'apostolat de Vincent Ferrier dans les villes que nomme Çurita, auxquelles il convient de joindre Huesca, nommée dans le procès de canonisation. Il faudrait y prendre aussi le temps d'un voyage à Bologne, dont la documentation, montée de toute pièce, est une véritable curiosité bibliographique. Disons la chose en peu de mots.

L'historien Téoli, érudit et ordinairement sûr en ce qui concerne l'Italie, a découvert un opuscule écrit par un Bolonais et racontant tout au long le voyage, les prédications et les miracles de Vincent Ferrier à Bologne, en 1415. Tout fier de sa trouvaille, il excuse les Bollandistes de n'avoir pas eu connaissance de ce précieux travail.

J'ai pu le lire tout à loisir. En vérité, c'est d'une précision qui impressionne :

« Aperçu historique destiné à être ajouté, pour la consolation spiri-
» tuelle des citoyens de Bologne, à la vie du très prodigieux apôtre de
» l'Europe et grand thaumaturge de la chrétienté, saint Vincent Ferrier,
» de l'Ordre des Frères Prêcheurs, d'origine espagnole, honoré du titre
» de citoyen de Bologne. Ouvrage où sont rapportés les faits les plus
» remarquables accomplis par lui dans cette ville.

» A dessein de raviver dans ses dévots compatriotes cette gratitude
» reconnaissante qu'il a méritée de leur part par les grâces qu'il leur a
» obtenues, et le culte spécial qu'ils ont toujours professé pour lui,
» comme il appert de documents irrécusables, tirés de l'oubli et portés à
» la connaissance publique par le soin de la Société des Amis de la
» patrie. »

Je renvoie aux notes finales l'examen de ce travail. Qu'il suffise de citer ici le jugement que porte sur l'auteur son compatriote Fantuzzi, né à Bologne, en octobre 1699. Dans ses *Notizie* sur les écrivains bolonais, article *Alessandro Machiavelli*, il lui fait son procès en règle :

« Notre avocat Alexandre fut particulièrement rempli de cet amour
» indiscret de la patrie..... Sous cette préoccupation, il se laissa aller
» à inventer des auteurs et à produire des témoignages et des documents
» nés uniquement dans son imagination. »

Quant au voyage du Saint à Bologne, nulle trace n'en existe, ni à l'aller ni au retour; on se demande même comment il a pu s'accomplir, et l'on songe involontairement à ses ailes et à ce panégyriste enthousiaste qui le fait aller, entre deux points de sermon, de la Catalogne à l'Andalousie, prendre les ordres du roi et revenir. Le temps matériel fait défaut (1). Nous savons que, après Saragosse, l'apôtre revit et consolida dans la foi tout l'Aragon jusqu'à Alcañiz ou même Téruel, d'un côté, et de l'autre jusqu'à Huesca. Peut-être même faudrait-il placer ici, chronologiquement, sa prédication à Tarragone. La lettre de Nicolas Buriès au roi est du 30 avril 1415; il ne doit pas y avoir eu un grand intervalle entre elle et les faits qu'elle raconte; or, nous trouvons le Saint à Calatayud en ce même mois d'avril 1415.

Je conviens que la vérité parfois est dure, et les Bolonais auront peine à pardonner à la critique ses exigences brutales.

On comprend si bien, d'ailleurs, que Vincent Ferrier ait voulu, avant de se coucher dans son propre tombeau, faire un pèlerinage au tombeau béni de son père saint Dominique, d'autant que nous rencontrerons tout à l'heure un épisode aimable, ressemblant beaucoup à une visite rendue.

Le culte de saint Vincent Ferrier n'en a pas moins été de tout temps très vivant à Bologne. On fit en son honneur, lors de sa canonisation, des fêtes splendides dans la belle basilique de San-Petronio.

Derrière la chaire est son autel et son portrait en vieillard, tel qu'il devait être en 1415, trois ans avant de mourir. Au couvent de Saint-Dominique, la bénédiction des enfants se fait encore sous son invocation.

---

(1) L'allusion au Concile de Constance tendrait à placer ce voyage après les grandes scènes de Perpignan. Cela paraît encore plus impossible. — Voir appendice C.

# CHAPITRE XIII

## CALATAYUD

CHRONIQUE LOCALE — PRIX D'UNE TRUITE — AVANT 1835 — PRÉDICATION EN PLEIN VENT — SÉRIE DE MIRACLES — UNE MÈRE ÉLOQUENTE — CE QUI RESTE

### 1415

De l'Épiphanie au mois de juin 1415, l'Apôtre revit tout l'Aragon; partout, il visa principalement les Juifs, car l'annaliste Aragonais signale dans toutes les villes ce qu'il appelle *Aljamas*, centres de réunion des Juifs, dissoutes d'elles-mêmes faute d'adeptes. Les points extrêmes de cet apostolat sont Huesca au Nord, Téruel au Sud, Tarragone à l'Est, Calatayud à l'Ouest. Pour toutes ces cités, il faut se contenter de l'affirmation générale de Çurità, sauf Calatayud.

Calatayud, l'ancienne Bilbilis Celteberica, patrie de Martial, et toute cette partie de l'Aragon qu'on appelle *Terre-Basse*, est, presque autant que le royaume de Valence, attachée au culte de saint Vincent Ferrier.

Nous n'avons qu'à suivre ici un historien du pays même, Don Vicente La Fuente, aussi consciencieux qu'érudit. Bien que les archives de Calatayud aient été dispersées et vendues en même temps que les riches manuscrits du couvent d'Atocha, il en a réuni les débris.

« D'après les archives de la ville de Calatayud, dit-il, en 1415, saint Vincent Ferrier prêcha ici, selon sa coutume, du haut d'une estrade élevée sur la place du marché. Il convertit un Juif très savant, nommé maître Jucejumiel, à qui la ville fit faire un vêtement complet; le Saint fut gratifié d'une truite qui coûta cinq sous et six deniers, somme considérable alors, puisqu'on ne donnait aux manœuvres que six deniers par jour.

» Nous savons aussi, par un résumé de l'histoire du couvent de Calatayud (1), que le Saint prêcha principalement dans l'église Saint-André. »

---

(1) Ce livre bien fait nous fournira plus d'une fois encore de précieux renseignements.
Le couvent des Frères Prêcheurs de Calatayud, sous le vocable de saint Pierre martyr, était l'objet des prédilections de Pierre de Lune, né à Illueca, dans les environs. Il en fit construire à ses frais la magnifique église ogivale détruite en 1848. Sa famille y avait son hypogée.

« On a placé dans la chaire de cette paroisse son portrait, devant lequel se faisaient des prières selon le rite double. On y célèbre encore chaque année une neuvaine solennelle.

» Il prêcha aussi d'un balcon donnant sur la place du marché, en face de la maison consistoriale (alors palais de l'Alcade). Là aussi, subsiste un tableau commémoratif. Jusqu'en 1835, où furent dissoutes les communautés, on venait y réciter le chapelet la veille de l'Ascension et de Notre-Dame du Rosaire. C'était toujours un Dominicain qui prêchait. »

« Comme l'auditoire, de plus en plus avide, ne pouvait tenir dans les églises ni même sur la place du marché et les rues attenantes, Vincent Ferrier dut prêcher sur les coteaux voisins, situés aux deux extrémités de la ville, l'un en dehors de la porte de Saragosse, à l'endroit qui domine la vallée de la Longia, l'autre au delà du rocher, dans une ondulation de la colline attenant à la côte appelée *del cenacho* (corbeille ou panier).

» Pour perpétuer le souvenir de ses prédications, la dévotion des fidèles a élevé, à ces deux endroits, deux monuments, ornés de sa statue, et qui sont encore debout aujourd'hui.

» Un jour que le Saint prêchait sur la colline, du côté de la porte de Saragosse, un enfant tomba dans le ravin, très haut et très escarpé en cet endroit. Pendant que tous le croyaient immanquablement broyé, il se releva sans lésion aucune, ce que chacun regarda comme un prodige (1).

» La tradition veut que le Saint ait prédit la ruine de la ville par un débordement du torrent de la Rua; mais les bons habitants de Calatayud savent que de semblables prédictions sont conditionnelles : aussi ont-ils placé sa statue sur l'écluse appelée depuis l'écluse sainte, qui contient les eaux torrentielles et les détourne de la ville vers le ravin de la Ribota. »

Et l'auteur s'attarde complaisamment à raconter des miracles posthumes de Vincent Ferrier. Citons-en un seul, qui renferme une leçon d'éloquence.

« En 1734, Maria Martinez, femme de Jean Monréal, mit au monde un enfant monstrueux, noir, froid, sans mouvement, et que tous

---

(1) « Ces lieux sanctifiés ont gardé leur vertu, car l'histoire du Saint, imprimée à Cala-
» tayud, rapporte qu'au siècle dernier, en 1738, Maria Garcia tomba du pilastre de saint
» Vincent jusqu'au bas du rocher, soit de 50 mètres de hauteur. Les témoins de l'accident
» se mirent à invoquer le Saint et coururent relever la jeune fille qui n'avait aucun
» mal. »

croyaient mort-né. Le père et les assistants demandèrent à saint Vincent Ferrier de pouvoir au moins lui conférer le baptême. On essaya pendant une heure de provoquer quelques signes de vie : ce fut en vain. La mère alors s'en mêla et dit au Saint : « Si vous êtes un si grand Saint, pourquoi ne me secourez-vous pas, moi qui ai si bien fait votre neuvaine ? » C'était péremptoire ; aussi à l'instant même, l'enfant commença-t-il à se mouvoir, la chaleur vitale lui vint, la difformité disparut, il devint blanc et beau, comme on le voit dans le tableau suspendu à la chapelle du Saint. »

Tous ces souvenirs ont disparu en 1835 ; mais on aperçoit encore de loin les piliers commémoratifs. L'architecture en est grossière ; l'un d'eux se distingue à peine des rochers naturels en forme d'aiguilles, épars sur les collines abruptes qui dominent la curieuse et antique ville de Calatayud. Cependant, par une échancrure, l'œil aperçoit l'azur du ciel : c'est la place de la statue de saint Vincent Ferrier.

Dans l'église Saint-André, la chaire tomba de vétusté en 1841. Mais, pour en conserver la mémoire, on a suspendu à la place un tableau représentant le Saint avec cette inscription : *El angel del Apocalypsis san Vicente Ferrer predicò en este pulpito por los años 1415.*

# CHAPITRE XIV

## GRAUS ET LA CATALOGNE

UNE VILLE D'AUTREFOIS — CHRIST AUTHENTIQUE — NOTRE-DAME DE LA PENA — GENS PRATIQUES — « LA PREDICADERA DE SAN VICENTE » — DISCIPLE DIGNE DU MAITRE — A BARBASTRO LE 29 JUIN — MULET IMPERTINENT — VINCENT FERRIER, AUTEUR CLASSIQUE — VISITE CÉLESTE — COMME DANS L'ÉVANGILE

### 1415

Malgré la difficulté des chemins et les horribles cahots des antiques tartanes, il n'est pas sans agrément d'entreprendre le voyage de Graus. C'est une petite ville dont l'origine se perd dans la nuit des temps. L'aspect uniforme de ses maisons grises indique une population stationnaire, elle a dû très peu changer depuis Vincent Ferrier. Elle a compris l'Apôtre de l'Occident, et il s'est établi entre elle et lui des liens que le temps ne saurait briser. On en lit le témoignage au bas d'une image assez naïve appendue là-bas dans sa chapelle.

« En juin 1415, le vénérable maître Fr. Vincent Ferrier, maintenant
» saint, Apôtre de Valence, mû par l'inspiration divine, vint à l'antique
» cité de Graus, fit une fervente mission, établit les processions de
» discipline. Remarquant dans les habitants une docilité, un zèle pour
» la gloire de Dieu, une fidélité à sa sainte loi, enfin un amour tout
» particulier pour le divin Rédempteur, il leur voua une affection spé-
» ciale et leur laissa le crucifix qu'il portait dans ses missions, et avec
» lequel il opérait des conversions innombrables. Il l'offrit à l'illustre
» Chapitre des Racionaux et au noble Conseil municipal, comme on peut
» le voir au tableau qui orne la somptueuse chapelle élevée par la grati-
» tude des habitants de Graus, dans l'église de Saint-Michel, alors leur
» patron.

» Les bienfaits, grâces et miracles que cette ville, la contrée environ-
» nante et tous les dévots au Saint obtinrent de lui sont innombrables.
» Aussi son culte augmente-t-il chaque jour; il est à présent patron de
» Graus, et l'on fait avec grande ferveur la procession du dimanche qu'il
» a tant recommandée et qui ne nous laisse jamais souffrir ni de
» disette d'eau, ni d'épidémie. »

Une autre calamité conjurée mérite mémoire : deux rivières, l'*Esera* et l'*Isabena*, baignent la vallée de Graus, et souvent elles sortent de leur lit. Il suffit alors de prendre le saint Christ et de mettre dans l'eau le pied de la croix pour arrêter l'inondation.

Ce crucifix de saint Vincent Ferrier, en tout semblable à celui de Gênes, peut mesurer 1m,50 de hauteur. Il est en bois, parfaitement conservé, y compris le pagne d'étoffe précieuse qui le couvre à la mode byzantine. L'authenticité n'en saurait être contestée ; les Souverains Pontifes, Pie IX notamment, par trois fois, et les évêques du lieu y ont attaché des grâces spirituelles précieuses.

La chapelle que la reconnaissance des habitants de Graus a élevée au Saint est en effet fort élégante. C'est une sorte de dais en marbre noir, avec incrustations de marbre de différentes couleurs ; le haut est richement orné, les colonnes sveltes et gracieuses ; l'autel porte les traces des cierges, et autres marques de dévotion (1).

A Graus, où le couvent des Dominicains ne fut bâti que plus tard, Vincent Ferrier habitait une maison que la piété des habitants vénère encore. Son image la domine, et une inscription dit que, par faveur épiscopale, il y a des indulgences à gagner pour quiconque récitera un *Ave Maria* devant cette image.

Le sanctuaire de Notre-Dame de la Peña (ou du rocher), construit sur un rocher qui domine la ville, et dont les Sarrasins avaient fait un poste de défense, remonte au VIIIe siècle. Simple statue soustraite aux profanations des Maures, l'image vénérable fut découverte, grâce à un avertissement céleste. La foi la rendit bientôt féconde en miracles, et de la cavité sombre où elle était cachée depuis des siècles, elle passa sur l'autel d'un temple somptueux. Entreprenants et décidés, les habitants de Graus obtinrent pour leur sanctuaire des faveurs rares. Il est tel jour de l'année où l'on y gagne toutes les indulgences accordées aux Saints Lieux et à Saint-Jacques de Compostelle.

---

(1) « La confrérie du *Santo Crist* de saint Vincent Ferrier compte à peu près tous les » habitants de Graus. Les populations de la contrée viennent fréquemment le vénérer. » Abondantes sont les aumônes qui s'y font, et la bénédiction de Dieu s'y montre si visible » qu'on remplirait un volume des prodiges opérés par cette sainte image, principalement » durant les grandes calamités. » — « Que llenariamos un volumen con el relato de hechos prodigiosos que se ha dignado obrar mediante la invocacion de su santa imagen, especialmente en las grandes calamitades. » (Don SATURNINO LOPEZ NOVOA. *Hist. du diocèse de Barbastro*, t. II, p. 253.)

Ce sont les 13, 14 et 15 septembre que se célèbrent à Graus, chaque année, les fêtes populaires en l'honneur de saint Vincent Ferrier et du saint Christ.

Saint Vincent Ferrier ne manqua pas d'y aller faire ses dévotions. On arrive au sanctuaire par un chemin pratiqué dans le roc, puis par une sorte de cloître en arceaux. A peu près au sommet, une saillie de rocher sert de base à un belvédère semi-circulaire, disposé là évidemment pour que les pèlerins puissent jouir d'un de ces charmants panoramas qu'aime le regard, parce qu'il les embrasse facilement. C'était une chaire toute trouvée. Les milliers d'auditeurs pouvaient à l'aise s'échelonner dans la vallée, et couvrir la colline en face; même sans un secours surnaturel, la voix puissante de l'orateur devait arriver à tous. Ce belvédère s'appelle aujourd'hui *predicadera de san Vicente*.

Nous ne pouvons quitter Graus sans vénérer les restes mortels de ce compagnon de Vincent Ferrier dont nous avons salué le berceau sur une terre aujourd'hui française.

Pierre Cerdan était un peu souffrant quand Vincent Ferrier quitta Graus. Le Saint y vit un signe de la volonté de Dieu. Sept ans durant, le disciple put du moins évangéliser toute cette contrée; il mourut sans que personne s'en aperçût; mais les cloches s'ébranlèrent d'elles-mêmes: on le trouva sur sa couche dure, le front illuminé de l'auréole des élus.

Son tombeau est à Notre-Dame de la Peña, à droite de l'autel majeur, à côté de l'autel de saint Vincent Ferrier. Il fut transporté là de la sacristie, en 1574, par le premier évêque de Barbastro, Uriés, qui était Dominicain. C'est un mausolée en bois sculpté fermé de trois clés. Seul, ce monument a été respecté du temps; mais les gracieuses légendes qui s'y rattachent méritent créance.

L'austère disciple d'un maître austère avait pour lit des sarments, et pour oreiller une pierre dure. Cette pierre finit par s'émietter, car un peu de sa poussière absorbée par un malade dans un liquide quelconque suffisait à lui rendre la santé. On raconte que les sarments de sa couche reprirent vie et produisirent longtemps de beaux fruits (1).

---

(1) « Pour continuer ses travaux et par un spécial amour envers cette ville, le Saint y
» laissa dans la maison de Vincent Tailladè, qui plus tard passa à Pierre Roda, et
» appartient à présent à Vincent Villadet, son fidèle compagnon Pierre Cerdan qui y
» mourut en 1422 : mort précieuse devant Dieu et honorée par des miracles. Ces restes
» reposent près de l'autel de saint Vincent Ferrier, dans l'église de Notre-Dame du Rocher.
» Le 29 juin 1777, l'illustrissime seigneur S. M. Cornet, évêque de Barbastro, fit
» ouvrir le cercueil, et les restes vénérés furent trouvés intacts : il fit constater à tout
» le peuple qui s'était rendu en foule. Acte fut dressé par Charles Viniales, notaire royal
» de l'Ayuntamiento. » — Ainsi parle la notice écrite au bas d'une image de saint Vincent
Ferrier. — Document 8.

Teyxidor a voulu se rendre compte de ce qui concernait Graus. A un questionnaire en

A Barbastro, le 29 juin, jour des saints apôtres Pierre et Paul, sur la fin de la messe, un orage épouvantable glaça de terreur tous les assistants : des nuages livides s'entrechoquaient presque à fleur de terre, il en sortait des éclairs si fulgurants et de tels coups de tonnerre que le peuple s'attendait à une catastrophe imminente.

L'Apôtre, calme comme le juste antique, achève lentement le Saint Sacrifice. Puis, sans un mouvement de plus, quittant ses vêtements sacrés, il se dispose à prêcher.

La pâleur des assistants l'attriste ; il fait sur le ciel le signe de la Croix, et voilà que deux grands lambeaux de nuées sombres se déchirant, laissent paraître l'azur du ciel. « Rendez grâces aux bienheureux » apôtres Pierre et Paul, dit le Saint ; leurs prières ont écarté de vous un » terrible fléau. Ces nuages ne renfermaient pas seulement de la pluie, ou » même de la grêle et des foudres, mais de véritables pierres de feu. » Cependant priez, car l'année ne s'écoulera pas sans qu'un pareil » orage ne se lève encore sur le pays ; sa violence et ses effets dépen» dront de votre fidélité. » Le onzième mois, jour pour jour, la prédiction s'accomplit (1).

A Ainça, en juillet, dix mille auditeurs, de plus en plus avides, s'entassèrent durant huit jours à ses prédications. Chaque jour, les jurés étaient obligés de l'escorter dans les rues, afin qu'il ne fût pas étouffé.

C'était un trop grand succès pour que le diable ne s'en mêlât pas. Il essaya du rire, arme parfois si terrible. Au beau milieu d'un pathétique sermon, un mulet se mit à braire si fort et si drôlement que toute l'assistance en fut troublée. Il dut se taire sous une adjuration énergique (2).

---

règle, le Prieur du couvent, Fr. Antoine Culla, répondit en date du 9 mars 1775 : « 1° Le » corps du bienheureux Gerdan est bien à Notre-Dame de la Peña : les malades visitent » journellement son tombeau, et ils guérissent ; 2° A la procession du 14 septembre, on » s'arrête devant la maison où il mourut, et où, pour la circonstance, on dresse un autel » avec tableau commémoratif et la pierre qui lui servait d'oreiller ; 3° La tradition dit, en » effet, que, lorsqu'il mourut, les cloches sonnèrent toutes seules ; il s'éleva une splendeur » au-dessus de l'endroit où il était couché sur des sarments, sous l'escalier (comme saint » Alexis). Ces sarments reverdissaient tous les ans en janvier. Une servante les brûla par » mégarde. On transporta le corps à l'église dans le grand autel, puis à la sacristie, jusqu'à » ce que, en 1574, l'évêque Uries le fit placer à l'endroit décrit plus haut. Nombreux » miracles à chaque translation. »

(1) Razzano, III. 28.

(2) Un auteur local fait mention d'un autre crucifix laissé par le Saint à Ainça : « Faites des processions de pénitence chaque dimanche de Carême, aurait-il dit, et si » vous craignez des malheurs publics, portez ce crucifix. » On le porte en effet, depuis, en pèlerinage jusqu'au monastère de Saint-Victorien, dans les montagnes.

« De là, dit l'historien du Rivagorza, le Saint vint à Benabarre, notre
» capitale.

» La nuit qui précéda son entrée, il avait logé au Mas de Piniès, pro-
» priété de Joseph Clément de Piniès, avocat distingué. On y conserve
» précieusement le lit sur lequel il prit son repos (1).

» A Benabarre, il logea avec ses frères dans la maison de Linares,
» qui lui dut aussi un bienfait signalé.

» Les sermons admirables que saint Vincent Ferrier fit dans notre
» pays ont été recueillis, et quelques-uns imprimés en latin. Il créa des
» formes nouvelles du genre oratoire, qu'ont su mettre à profit, dans le
» siècle dernier, les plus grands orateurs français, Massillon, Bour-
» daloue, etc.

» A Fonz, il laissa une prophétie mémorable et précieuse pour nous;
» c'est qu'aucun des enfants de la ville ne mourrait sur le champ de
» bataille. Partout, dans ce pays, il fit d'innombrables conversions,
» rétablit les bonnes mœurs et mit en honneur les institutions religieuses,
» grâce à son éloquence et au prestige de ses miracles (2). »

Et l'Apôtre allait ainsi, poursuivant son œuvre. A Cervera, saint Dominique tint à lui donner personnellement confiance pour les rudes et derniers combats qui l'attendaient.

Il reposait une nuit au couvent de son Ordre, lorsque le plafond de la cellule s'ouvrit et laissa passer la vision rayonnante de saint Dominique, qui vint familièrement s'asseoir sur le bord de l'humble couchette. Vincent Ferrier se leva (3) et voulut baiser les pieds de son bienheureux Père : « Non, dit saint Dominique, tu es mon fils bien-aimé, et je viens
» causer avec toi comme en famille. » Et l'entretien s'établit.

Le bienheureux Patriarche assura notre Saint, entre autres choses, de son salut éternel. La conversation s'anima et se poursuivit jusqu'au matin. Ce bruit insolite attira l'attention des autres religieux; ils allèrent à la porte de la cellule, et s'arrêtèrent, frappés des rayons que

---

(1) Cette propriété s'appelait Mas de la Pudeola, elle garda le nom de Mas Ferrer après le passage du Saint. Il aurait prédit que, dans cette maison, la pauvreté ne viendrait jamais. Aussi célèbre-t-on sa fête le 5 avril avec toute la solennité possible, et, en reconnaissance on y donne à manger ce jour-là à tous les pauvres qui se présentent.
On raconte dans ces pays beaucoup d'autres prodiges familiers que le Saint opéra en faveur de ses hôtes.

(2) *Histoire du Rivagorza*, par DE MONER Y DE SISCAR, t. III, p. 479.

(3) La toilette d'un moine qui doit se lever pour Matines est bientôt faite, et nul témoin n'y serait indiscret : son capuchon et ses chaussures; et puis c'est tout, car il dort habillé.

les fentes laissaient passer. L'homme de Dieu, interrogé, dut s'exécuter, pour éviter que la chose ne s'ébruitât au dehors, car c'est un devoir de révéler la gloire de Dieu, et Pierre de Moya, l'un des témoins du prodige, ne s'en serait pas fait faute (1).

Ce couvent de Cervera, bâti en 1318, sur l'emplacement d'une ancienne mosquée, eut son moment de gloire lorsque Philippe V y transporta l'Université de Lérida. Jusqu'en 1835, la cellule de Vincent Ferrier, avec la tradition qui s'y rattache, fut religieusement conservée (2).

A quatre lieues de Cervera s'élève le bourg de *Santa-Coloma de Queralt*. L'Apôtre y arriva providentiellement le jour où se faisait l'entrée solennelle des reliques de la sainte. Il eut les succès habituels. La population a donné son nom à la place où il prêcha.

Sa présence est constatée jusqu'à Conflans, près de la frontière française, en août de cette année 1415.

Dans ces parages était une chartreuse célèbre qu'on appelait *Scala cœli*. La foule y suivit Vincent Ferrier. Il prêcha, puis pria le portier de donner à manger à l'assistance qui se chiffrait comme toujours par milliers de personnes. Toutes les provisions du couvent furent bientôt épuisées..... Ce qui se passa ensuite peut se lire dans saint Matthieu, chapitre XV : « Le maître appela ses disciples et leur dit : J'ai pitié
» de cette foule : elle persiste à me suivre et n'a pas de quoi manger ;
» je ne puis la renvoyer à jeun, plusieurs mourraient en route. — Mais,
» dirent les disciples, où pourrions-nous, dans ce désert, nous procurer
» assez de pain pour une telle multitude? Alors le maître demanda :
« Combien avez-vous de pains? — Sept et quelques petits poissons.
» — Faites asseoir la foule. » Et prenant les pains et les poissons, il
» rendit grâces, les bénit, et les donna à ses disciples pour être distribués.

---

(1) Il y a, dit Razzano, habituellement plus sobre de style, un fait digne de mémoire et que je ne puis absolument pas laisser dans l'oubli, car il est un admirable témoignage de la vénération que portaient à notre Héros, même les habitants du ciel..... A Cervera, en Catalogne, etc..... et le reste du récit..... — Unum michi memoria dignum visum est, quod nullo pacto silentio est prætermittendum : est enim multarum virtutum ejus mirabile testimonium, manifestumque indicium quantæ venerationis a celestibus civibus habitus fuerit. Apud Cerveriam Cathaloniæ oppidum, etc (RAZZANO, *Manuscrit de Venise*. Et Bollandistes, II, 22, 23.)

(2) « El convento esta hoy completamente arruinado. En la hecatomba sacrilega de 1835
» no hubò victimas ni escenas sangrientas que lamentar : el pillaje y el incendio fueron
» las hazañas que desplegaron nuestros heroes en aquella saturnal jornada. » (*Extrait d'une lettre locale*.)

» Tous mangèrent et furent rassasiés, et on emporta sept corbeilles
» pleines de ce qui restait. Or le nombre de ceux qui mangèrent était
» de 4000, sans compter les femmes et les enfants. »

Il n'y a pas lieu d'être surpris si la foule émerveillée mit là aussi sa chape en morceaux pour avoir des reliques. La partie qui fut épargnée se conserve religieusement au monastère, avec sa discipline, que les Chartreux trouvèrent moyen de lui dérober. Diago affirme avoir vu ces objets en 1600 : la discipline est faite d'une corde et de 6 nœuds ferrés. Les morceaux de la chape guérissent de la rage; mais il ne faut pas s'en moquer, car le mal gagne les mauvais plaisants, comme il arriva, on s'en souvient, à l'Alcade de Gandesa.

A la prière de Vincent Ferrier, la multiplication des subsistances se renouvela presque chaque jour dans cette période de sa vie; c'était un antidote puissant contre l'oubli. Ce genre de prodiges s'efface, en effet, difficilement de la mémoire des hommes; mais de plus, ici, chose absolument inouïe, le miracle persévéra durant de longues années, comme on va le voir :

« J'étais, raconte un témoin, de la compagnie de maître Vincent
» lorsque nous arrivâmes dans une ville de Catalogne appelée Villalonga,
» au nombre d'environ mille personnes. Un seigneur lui offrit une col-
» lation, ainsi qu'à sa suite. Ce seigneur s'appelait Saint-Just; je l'ai
» vu, et je lui ai parlé. C'était au mois d'août; il avait offert le vin
» dans un vaisseau contenant un demi-tonneau. Maître Vincent d'abord,
» puis tous ceux de sa suite burent de ce vin; j'en ai bu aussi, et il se
» trouva qu'à la fin, le tonneau, de ceux-là qu'en langue catalane on
» appelle *comporte* et qui ont deux anses, fut encore trouvé tout plein,
» comme si personne n'avait bu. Maître Vincent arrivait au bourg de
» Saint-Martin, trois milles plus loin, lorsqu'il vit venir l'homme cha-
» ritable, auquel il dit devant moi : « Allez et gardez ce vin, donnez-en
» cependant à tous ceux qui vous en demanderont. » Or, ajoute le témoin,
» j'ai revu cet homme dix ans après, il donnait encore de ce vin à tous
» les malades, et quelle que fût leur maladie, ils étaient guéris. Et cet
» homme n'a pas craint de m'affirmer, sur le salut de son âme, qu'il en
» donnait ainsi tous les jours, et que le vin ne diminuait jamais. J'ai été
» témoin de ce miracle en l'an de grâce 1415 (1). »

---

(1) « ...... Et dixit *per animam suam* nunquam minuebatur vinum, et quod quotidié dis-
» tribuebat, et non deficiebat. Hoc miraculum dixit testis ipse se vidisse in anno
» MCCCCXV. » (*Naples. Déposition de l'évêque de Télésia*). — RAZZANO, III, 23.

Or, l'on conçoit qu'une fois la chose divulguée, les buveurs durent être nombreux.

« J'allais en compagnie de maître Vincent en Catalogne, quand nous
» arrivâmes en un lieu situé entre les bourgs de la Roche et Saint-Solon ;
» toute la compagnie était harassée et mourant de besoin. Attristé,
» maître Vincent s'engagea dans un sentier abrupt, qui menait à un bois
» près d'une petite maison. Nous le suivîmes ; il s'assit sous un chêne
» et donna ordre de s'asseoir aussi et de se reposer un peu. Et voilà
» qu'au bout d'un instant, nous vîmes déboucher de tout côté des gens
» portant une telle abondance de victuailles que tous, quelque faim et
» soif qu'ils eussent, furent rassasiés ; et ils attribuèrent la chose plus à
» un miracle qu'à un secours humain. Or, il y avait là 2500 per-
» sonnes (1). »

Les conférences de Morella n'avaient pas abouti, hélas ! malgré les plus éclatants miracles. Sur un nouvel ordre du roi, Vincent Ferrier se rapprocha de Barcelone, où il devait s'embarquer pour Nice. Il quittait l'Espagne pour ne plus la revoir, douleur moins grande cependant que le sentiment du malheur de cette patrie des âmes qui s'appelle l'Église.

---

(1) *Naples, Déposition d'Antoine Roca Majorquin.*
Ce dernier prodige faisait, au procès de Naples, l'objet d'un article particulier, l'article septième.
Un répons de l'office de saint Vincent Ferrier place le fait sous l'autorité liturgique.
    Res igitur digna spectaculo
    Ab ignotis quando vectoribus
    Allatos panes tradidit populo
    Degenti secum in nemoribus......
    Tunc exultant virorum millia,
    Dum intuentur viri magnalia.

# CHAPITRE XV

## CONCILE DE PISE

LE SCHISME A VOL D'OISEAU — INTRIGUES DÉPLORABLES — DÉFIANCE MUTUELLE DES PONTIFES — LA TERRE ET L'EAU — MOYEN BRUTAL D'EN FINIR — CONCILE DE PISE : TROIS PAPES — BONIFACE FERRIER A PISE — AMBASSADE MOUVEMENTÉE — CE QU'IL FAUT PENSER DU CONCILE DE PISE

Pour comprendre les actes majeurs qui vont s'accomplir, et par lesquels notre Héros prit sa place définitive dans l'Histoire, il est nécessaire de retracer à vol d'oiseau les évolutions du grand Schisme.

Lorsque l'évasion d'Avignon fut connue, le duc d'Orléans fit recueillir par écrit les votes de l'épiscopat français : la majorité s'étant déclarée pour la reprise de l'obédience Avignonnaise, Charles VI, fidèle à sa conscience, y revint lui-même sans arrière-pensée. Benoît XIII d'ailleurs fit les plus belles promesses qu'il se hâta d'oublier.

Boniface IX, au contraire, aurait cédé, si son entourage ne lui eût, pour ainsi dire, forcé la main; témoin ce que raconte Froissard, d'après Pierre d'Ailly qui était allé à Rome en 1398 :

« Les Romains tremblaient de voir la papauté retourner au delà des
» monts; on circonvint Boniface : « Père Saint, vous êtes vray Pape et
» demourez sur l'héritage et patrimoine de l'Église; ne vous laissez
» nullement conseiller du contraire que vous ne demouriez en votre
» état et papalité. Car quiconque soit contre vous, nous demeurons avec
» vous et exposerons nos corps et nos chevances pour défendre et garder
» votre droit. — Mes enfants, répondit le Pontife, soyez tous confortés
» et assurés que Pape je demeurerai, ni já pour traicts ni paroles que
» les rois de France et d'Allemagne, ni leurs Consaux aient, je ne me
» soumettrai à leur volonté. »

A travers toutes ces incertitudes, la papauté était toujours en Europe l'arbitre du droit public, et l'on peut voir par là quel crime commettaient ceux qui en affaiblissaient le prestige. Le Pontife romain pouvait déposer l'Empereur : il déposa de fait l'indigne Venceslas, auquel succéda Robert de Bavière, élu le 20 avril 1401.

Cet acte de vigueur présageait un triomphe définitif, lorsqu'une maîtresse intrigue de Benoît XIII fit tomber cette espérance. Il envoya des nonces à Rome, chargés de fatiguer Boniface, de lui extorquer, par tous les moyens possibles, sa démission, mais avec défense formelle de rien céder de son côté. Les nonces refusèrent d'abord de traiter Boniface en Pape, sous prétexte de droits égaux; ce qui irrita la cour romaine. Puis ils proposèrent plusieurs voies parfaitement étudiées dans la forme, inacceptables dans le fond.

Le Pontife se sentait envahir par une violente colère. Jouant leur jeu jusqu'au bout, ils firent semblant d'être découragés par tous ces refus et le prièrent d'exposer à son tour ses prétentions. Le Pontife répondit, plein de courroux, que, tenant son pouvoir de Dieu, il n'avait qu'à attendre la sujétion de tous, et que Benoît était un hérétique et un infidèle. Il se leva là-dessus et sortit. Il mourait deux jours après, 1er octobre 1404.

Les Cardinaux Romains, témoins de la mauvaise foi évidente des nonces d'Avignon, se hâtèrent de lui donner un successeur dans la personne de Cosimo Migliorati, Innocent VII, qui eut à se débattre contre d'effrayants attentats. Le champ des révolutions était ouvert, grâce à ce schisme si prolongé.

Le nouveau Pontife était un homme savant et vertueux. Deux lettres, où il déclare nettement que ni lui, ni aucun des cardinaux de son obédience n'eussent été promus, si on eût pu obtenir des ambassadeurs de Benoît une promesse sérieuse d'abdication, furent reçues en France comme l'expression de la vérité.

Sorti d'Avignon, Benoît partit pour l'Italie, et Gênes le vit avec Vincent Ferrier à Pâques 1405. Gênes, bien qu'appartenant à la France, était une ville italienne : il sondait le terrain en laissant croire qu'il se rapprochait de son rival. Il fit demander à Innocent des entrevues, offrit des sauf-conduits comme un général d'armée. Innocent ne s'y trompait point, mais les masses sont toujours avec le plus remuant; et si Benoît n'eût perdu du temps à attendre le duc d'Anjou, un coup de main hardi opérait une révolution à Rome, où les Colonna pénétraient pour lui : cela dit selon les vues humaines, mais Dieu, visiblement, se jouait de ces intrigues assez misérables.

La peste le chassa de Gênes. Il erra le long de la Méditerranée.

A Nice, il reçut la visite de Colette de Corbie, près d'Amiens. Cette sainte fille, destinée à la réforme des Clarisses, venait lui demander les pouvoirs nécessaires : elle, troisième sainte avec Pierre de Luxembourg (1) et Vincent Ferrier, appuis étranges de ce schisme déplorable.

Ces pérégrinations de Benoît XIII furent mal vues en France. Toutefois, avec la condescendance que demandaient de si graves affaires, on réunit une troisième assemblée de l'Église gallicane en novembre 1406. Malgré l'éloquence de Pierre d'Ailly, Juvénal des Ursins, chargé du rapport, conclut à la rupture définitive.

Innocent VII était mort en mars de cette année 1406.

Rome, déchirée par les factions, demanda qu'on élût un nouveau Pape. Elle cherchait un chef pour la défendre : c'est en effet la voie ordinaire du salut des peuples, mais ici, le chef lui-même était le péril. Cependant il y eut hésitation. Peut-être, une bonne lettre du roi de France et une ambassade florentine eussent-elles, arrivées à temps, obtenu des délais ?

Quoi qu'il en soit, Angelo Corrario, Patriarche de Constantinople, fut élu sous le nom de Grégoire XII. Mais alors les déclarations prirent corps : les deux Pontifes s'engagèrent solennellement à l'abdication si l'un ou l'autre mourait ou abdiquait; et, chose nouvelle et plus sérieuse, à réunir les cardinaux des deux obédiences, et à n'en pas créer de nouveaux, sinon pour égaliser les voix.

Grégoire XII, vieillard de soixante-dix ans, loyal caractère, était fort désireux de l'union. Il écrivit à Benoît XIII, au roi de France, aux autres princes, aux Universités des lettres pressantes, disant qu'il gagnerait lui-même à pied Avignon, s'il le fallait.

On crut la paix venue. Benoît XIII lut ces lettres en plein Consistoire, parut ravi, et répondit à peu près comme on le désirait, ajoutant que, n'ayant que peu de jours à vivre, il fallait se hâter. Il était alors à Marseille.

Grégoire lui dépêcha un de ses neveux. Les pourparlers furent courtois; on convint que les deux Papes se réuniraient à Savone.

Pour mettre à profit de si belles dispositions, la France envoya aux deux Pontifes une ambassade composée de sept archevêques ou évêques, de nobles, d'abbés et de savants les plus célèbres, entre autres Gerson.

---

(1) Pierre de Luxembourg, de cette illustre Maison qui venait de donner trois empereurs et quatre rois, vint faire ses études ecclésiastiques à Paris. La pureté de ses mœurs et son angélique piété le firent remarquer de Clément VII, qui lui confia, tout jeune encore, le diocèse de Metz, et bientôt le créa cardinal. Le fervent jeune homme ne vit là qu'un motif de redoubler ses austérités; elles abrégèrent sa vie. Il fut mis au rang des Bienheureux. Cette suave figure repose, comme la vue d'une fleur céleste, du triste spectacle des luttes humaines.

Benoît XIII les reçut bien, assura qu'il accepterait la *via cessionis* (démission) préférablement à toute autre. Son éloquence obtint son effet habituel. Mais quand on lui demanda de rédiger une bulle dans ce sens, il répondit que sa parole suffisait ; et quand on lui proposa de réunir les cardinaux des deux obédiences, il dit qu'il ne fallait point tant se presser : sa vieille obstination se faisait jour.

L'ambassade n'eut guère plus de succès auprès de Grégoire XII. Poussé par son entourage, il déclara ne plus vouloir entendre parler de Savone, objectant son manque de ressources et le peu de sécurité que lui offrait un territoire soumis à l'influence française. Il fallut que la France s'engageât à fournir des galères équipées au gré du Pontife et donnât des otages. Comme il hésitait encore, on lui rappela les termes de sa lettre mentionnée plus haut. Enfin, à force de bonnes raisons, il céda, mais à condition que, dès leur arrivée à Savone, les navires des deux partis seraient désarmés. A son tour, le belliqueux Pierre de Lune s'y refusa, motivant ainsi les appréhensions de Grégoire. Évidemment, ces deux vieillards étaient persuadés que l'un ne cherchait qu'à s'emparer de l'autre.

Benoît n'en alla pas moins à Savone avec dix galères bien armées. Grégoire prit la voie de terre, ne s'avançant pas trop, et cherchant à faire accepter un autre rendez-vous.

Leur dignité se ressentit de cette attitude pleine d'équivoques ; on s'en égayait par d'irrespectueuses plaisanteries (1).

Sur ces entrefaites, les ambassadeurs de Castille prononcèrent un mot nouveau, qui allait faire son chemin : *cession et concile* (*via cessionis et synodi*). Les deux Pontifes, Benoît XIII surtout, se montrèrent plus que réservés.

Bientôt on apprit que Ladislas, roi de Naples, s'était emparé de la Marche d'Ancône, et plus tard de Rome. Ces extrémités firent réfléchir les Cardinaux Romains qui, peu à peu, se détachèrent de Grégoire. Celui-ci devint alors très ombrageux, créa, malgré les conventions, quatre cardinaux, dont deux de sa famille, et chercha à intimider les autres par une attitude pleine de menaces. Par là, il provoqua la crise d'où devait sortir, après tant d'agitations stériles, la fin du grand Schisme.

Sept cardinaux s'enfuirent à Pise, d'où ils expédièrent des lettres à toute la chrétienté, déclarant n'avoir fait qu'obéir à leur serment de

---

(1) On les appelait, l'un un animal terrestre, l'autre un animal aquatique qui ne voulaient pas quitter leur élément respectif.

préparer à tout prix l'union tant désirée ; que, d'ailleurs, ils reconnaissaient Grégoire pour Pape légitime, mais infidèle à ses promesses.

La France urgea de son côté : la soustraction d'obédience fut signifiée à Benoît XIII, qui répondit par des menaces d'excommunication. L'Université prit alors parti contre lui ; ses bulles furent brûlées, et ses fauteurs fort maltraités. On publia les décrets royaux, et la France demeura neutre entre les deux obédiences.

Les cardinaux de Pise quittèrent cette ville pour Livourne, où Benoît XIII avait promis de se rendre. Il se contenta d'y envoyer des nonces, mais avec mission d'avouer de sa part que le seul moyen de sortir d'embarras était désormais le Concile général. Il nia plus tard leur avoir donné de pareils pouvoirs, et, à l'appui, convoqua le Synode de Perpignan, que nous avons rencontré sur notre route, en 1408.

Revenus à Pise, les Cardinaux écrivirent dans le sens du Concile à toute la chrétienté ; et, en octobre 1408, au nombre de vingt, ils agirent auprès de leurs collègues pour les engager à se détacher des deux Pontifes. Quelques canonistes du temps essayèrent de démontrer qu'ils agissaient contrairement à toutes traditions : il n'y avait, Dieu merci ! dans la tradition, nul exemple d'un cas pareil.

La grande majorité des chrétiens, les Universités de Bologne et de Paris, Gerson tout le premier, soutinrent les cardinaux de l'Union et réfutèrent les canonistes scrupuleux. Les princes se rangèrent de ce côté. Henri IV, roi d'Angleterre, écrivit à Grégoire une lettre fort pressante, dans laquelle il lui démontrait que le schisme avait déjà coûté la vie à plusieurs milliers d'hommes.

Le Concile de Pise s'ouvrit le 25 mars 1409. Il fut imposant : vingt-quatre cardinaux des deux obédiences, sans compter les nouveaux élus, quatre patriarches, deux cents évêques en personne ou par procureurs, près de trois cents abbés, les Généraux de tous les grands Ordres, les députés des Universités, de tous les princes et républiques d'Occident y assistèrent.

Nous ne mentionnerons que l'importante session du 15 juin, où les Pontifes furent convoqués, ou plutôt cités, et condamnés par contumace. On prépara aussitôt l'élection du nouveau Pape.

Le Conclave s'ouvrit ce même 15 juin ; onze jours après, le nom de Pierre Philargi, archevêque de Milan, de l'Ordre des Frères Mineurs, sortit de l'urne. Il prit le nom d'Alexandre V, fut solennellement couronné, et envoya des Nonces à tous les princes.

Avant de dissoudre le Concile, Alexandre V l'approuva, ainsi que tout ce qui avait été fait *in foro conscientiæ* par les deux autres Pontifes, puis déclara que la question de la réforme était remise au prochain Concile général, lequel devait se réunir au plus tard dans trois ans. En attendant, les prélats devaient tenir des Synodes particuliers, pour amasser les matériaux destinés à faire pleine lumière sur toutes choses.

Tels sont les actes officiels du Concile de Pise. Mais là n'est pas sa véritable histoire : sa genèse, ses vrais motifs, ses dessous, si l'on veut, sont encore ensevelis dans la poudre des bibliothèques ; ils en sortiront tôt ou tard. En attendant, le plus sage est de s'en rapporter à ceux qui furent mêlés aux événements, pourvu que leur perspicacité soit suffisante, et leur bonne foi hors de soupçon. Les jugements portés après coup sont toujours plus ou moins entachés de comparaisons peu désintéressées. Pour apprécier sainement le Concile de Pise, voyons-le avec les yeux des contemporains.

Boniface Ferrier, Général des Chartreux, jouissait de sa solitude, lorsqu'il reçut l'ordre de se rendre au Concile de Perpignan en 1408. En vain supplia-t-il qu'on le laissât suivre sa vocation loin de toutes les affaires, il fallut obéir *in virtute sanctæ obedientiæ*.

Benoît XIII l'envoya en qualité de plénipotentiaire aux cardinaux de Pise, qui, eux-mêmes, le voyaient de très bon œil. On connaissait son esprit conciliant ; le cardinal Brancaccio lui écrivit au nom de tous :

« Révérend Père, et ami très cher,

» Votre présence à Perpignan nous cause une grande joie, car elle y
» sera profitable aux grands intérêts qui nous occupent. Les disposi-
» tions du peuple et du clergé semblent bien providentiellement pré-
» parer la fin de nos longues tribulations. Nous savons que votre
» zèle pour la paix de l'Église n'a pas besoin d'être excité ; nous vous
» supplions instamment, néanmoins, de tout faire, soit par vos prières,
» soit par votre action, auprès de Notre Saint-Père, pour qu'aucune
» ruse diabolique ne détruise d'aussi belles espérances.

» Tous, ici, nous sommes disposés à poursuivre jusqu'à la mort l'en-
» treprise commencée.

» Excusez-moi si je n'écris pas à Notre Saint-Père, je sais qu'il reçoit
» mal mes paroles. Saluez de ma part votre frère Vincent avec qui,
» plût à Dieu que je puisse encore m'entretenir.

» Pise, 30 janvier 1409. »

Boniface Ferrier avait le dessein d'adhérer à l'assemblée de Pise, ainsi que les Prieurs des autres Chartreuses. On peut du moins le conjecturer de ceci que les Chartreux tinrent un Chapitre unique, le premier depuis le grand Schisme, décidèrent de reconnaitre tous le nouveau Pape, et votèrent des prières, non plus pour le Pape, mais pour l'union (1).

L'attitude des Pisans fit échouer ces bonnes dispositions, Boniface Ferrier raconte naïvement toutes les péripéties de son long voyage de Perpignan à Pise, à travers France, Provence, Gênes et Lucques, durant lequel aucun ennui ne fut épargné ni à lui, ni à ses compagnons (2).

Retenus presque prisonniers à Nîmes par les ministres du roi de France, ils n'obtinrent leur sauf-conduit que par l'intervention du roi d'Aragon. A Pise, sifflés dans les rues, menacés publiquement, ils ne trouvèrent d'appui nulle part ; seul, un Florentin, qui avait des intérêts en Espagne, leur offrit un asile (3). Ils ne purent, même plus tard, sortir de la ville qu'en cachette.

Ils étaient arrivés le 14 juin 1409. Lorsqu'ils demandèrent audience, on leur dit que c'était trop tard, et que, désormais, les mandataires de Pierre de Lune (non du Pape) ne pouvaient être entendus.

Le Conclave cependant n'était pas ouvert, mais la sentence contre les deux Pontifes avait été portée dès le 5 juin. A partir de ce moment-là, les Pisans, qui suivaient avec anxiété les travaux du Concile, devinrent intraitables. Le grand tort des Cardinaux était de ne pas attendre les réponses aux lettres qu'ils avaient expédiées à la chrétienté. De fait, en même temps que les délégués de Benoit XIII, arrivaient à Pise des ambassadeurs d'Aragon et de Castille, et bientôt ceux de Grégoire XII : ils ne furent ni mieux accueillis, ni mieux traités.

Boniface Ferrier est sévère pour cette attitude des Pisans :

« Quel singulier amour de la paix ! s'écrie-t-il. Comment, ô Congrès
» de Pise, nous venons à votre appel, à vos instances, et c'est ainsi que
» vous nous recevez !

---

(1) J'emprunte ce récit aux *Annales cartusiennes*. On y a le sentiment d'une lassitude extrême, et parfois le souffle amer de l'ironie fait dévier la plume du chroniqueur :
« Lorsqu'il apprit que les cardinaux de l'Union réunissaient un Concile à Pise, écrit-il,
» Benoît XIII réunit les évêques et dignitaires de son obédience à Perpignan ; Grégoire XII
» en fit autant à Cividale dans le Frioul. Trois Conciles à la fois, ce qui ne s'était jamais
» vu ! Et celui-là, qui n'avait pas de Pape à sa tête et dont les autres se moquaient, réussit
» seul. »

(2) « Imminebat eis periculum evidens personarum et bonorum ; ideo oportuit laborare
» pro salvis conductis obtinendis a tot Dominis. »

(3) Tanta fuit commotio contra nos quod illi cardinales et quidam Mareschallus Curiæ
dixerunt nobis patenter : Non possumus vos defendere ab istis periculis, vos videtis.

» A-t-il jamais existé, non pas une nation, mais une secte, un rite, une
» autorité quelconque, chrétienne ou païenne, qui traite ainsi des ambas-
» sadeurs ? Si ce qu'ils apportent est bon et utile, il fallait l'accepter avec
» gratitude, sinon, simplement le rejeter ; mais ne pas les entendre dépasse
» toute inconvenance. Et si vous me dites que vous saviez d'avance ce
» que nous apportions, je vous réponds que c'est démence pure, car
» Dieu seul connaît ce qu'il y a dans le cœur des mortels (1). »

Il avait en effet exigé de Benoît XIII plein pouvoir d'agir en son nom, *plenissimam potestatem et copiosissimas instructiones tam patentes, quam secretas.* Il faut ajouter, hélas ! que le Chartreux dit tristement : « Benoît trompait même ses envoyés : *Benedicti mens erat ipsos suos
» legatos deludere.* C'est à Pierre de Lune et à sa mauvaise foi
» qu'on doit toutes ces misères ; il avait poussé à bout toutes les
» patiences. »

Cependant, les traverses de Boniface Ferrier et de ses compagnons n'étaient pas finies ; quand ils voulurent se rendre auprès de Grégoire XII, à Bologne, le gouverneur, Balthazar Cossa, leur fit dire qu'en guise de sauf-conduit il les ferait brûler vifs, partout où il pourrait les prendre. *Dicatis eis quod vel cum securitate vel sine illa, si illic eos possum reperire ego tradam eos vivos igni concremandos.*

Niem dit brutalement qu'on a eu raison de traiter les envoyés de Benoît XIII comme des espions.

Et voilà ce que ce schisme faisait de l'Église, des âmes, et même des simples convenances !

Il est évident que l'exaspération était au comble. Cette irrésistible poussée populaire disait, à sa façon, que dans certains cas, on ne fait cesser les causes qu'en forçant les conséquences.

---

(1) « Contemplare hic ergo tu si in toto orbe ab origine mundi usque nunc est vel fuit
» nec credo erit, natio, ritus, vel secta, universitas, princeps, judex, genus, fideles, infi-
» deles, gentiles vel pagani, qui ambaxiatores maxime *ad ipsorum instantiam et vocationem,*
» ad eos missos..... quae non audierint illos ! O Congregatio Pisana ! aut illi ambaxiatores
» Domini Papæ et ejus concilii generalis, exposuissent et portabant utilia et accommoda
» pro unitate Ecclesiæ sicut veraciter faciebant, et tunc non deberent respuere eos, sed
» amplexando extollere et laudare, aut irrationabilia, et tunc poterant repellere et repro-
» bare : sed non audire eos, istud excedit omnem obstinationem humanam.

« Et si dicis : jam ipsi sciebant quid portabant, dico tibi quod istud transit dementiam,
» quia illud soli Deo competit, videlicet scire corda hominum et futura et secreta. Et
» nescis tu quod in similibus negotiis alia est potestas patens, alia secreta..... »

Et ailleurs : « Congressus Pisanus cujus artificia miserrima vidi et expertus sum, non
» consilium sed conciliabulum merito dicitur ; ergo nec Pontificem deponere nec alium
» in ejus sedem collocare poterat ; ideo ut antea Benedictus XIII verus stat Christi Vica-
» rius, et qui electum Pisanum id est Alexandrum sequitur, schismatici notam incurrit. »
(Dans la réponse aux contradicteurs de son Ordre.) Voir sa Biographie appendice D₁

Mais, au point de vue doctrinal, Boniface Ferrier n'était que juste lorsqu'il écrivait : « La foi, l'honneur de l'Église, la prééminence du » Souverain Pontife, le respect qui lui est dû, ils foulent tout aux pieds ; » ils s'insurgent contre le Pape, et se mettent au-dessus de lui, et non » seulement du Pape actuel, mais aussi des autres qu'ils déclarent, par le » fait même, hérétiques et schismatiques, comme s'ils eussent reçu la » plénitude du pouvoir spirituel et que ce fût à eux qu'il a été dit : « Tout » ce que vous lierez sur la terre, etc..... (1) »

Il est certain que du *fait* du Concile de Pise au dogme de la supériorité du Concile sur le Pape, la pente était grande, le Concile de Constance l'a bien prouvé.

Vincent Ferrier compare le Pape de Pise à l'idole que fit faire Nabuchodonosor, et il voit en lui comme un essai de l'Antéchrist (2).

Sans aller si loin, aucune loi divine ou humaine ne permet de justifier le Concile de Pise. C'est par instinct d'honnêteté et d'esprit de soumission, qui est le véritable esprit de l'Église, ou pour mieux dire, de toute société appelée à vivre, qu'on l'a traité d'espèce de conciliabule ne ressemblant à rien.

La prétendue loi de nécessité, outre qu'elle y fut parfaitement étrangère, couvrirait ici les théories les plus subversives : rien ne resterait debout, aucun principe, et pas même l'idée de justice.

Si Urbain VI est légitime, et nous l'avons suffisamment établi, ses successeurs le sont aussi ; Grégoire XII était donc le vrai Pape, seul, il avait le droit de réunir un Concile. Il a réuni de fait celui de Constance en appuyant l'Empereur Sigismond ; et, en se démettant du Pontificat,

---

(1) Apud illos perdita est fides, Ecclesiæ honor, præeminentia et reverentia summi Pontificis..... Occupant potestatem contra et super papam et non solum præsentis temporis, sed contra summos pontifices antiquos, declarando eos hæreticos et schismaticos, ac si essent in plenitudine potestatis assumpti ; ita quod non Papæ sed eis asserant suis operibus fuisse dictum : Quodcumque ligaveris super terram, etc. (*Thesaurus anecdotorum*, t. II, col. 1466.)

(2) Quod ydolum fecit Nabuchodonosor totum figura fuit quod verificatur per antichristum mixtum..... Hic quæstiones duæ oriuntur : 1ª Quod gentes aliquæ volunt dicere quod completum est istud in ydolo quod factum est Pisis..... Dico quod non intelligitur de eo. Cependant la comparaison persiste dans son esprit, mais à l'état indéterminé..... Qui habet scientiam intelligat, quia non computo tempus, nec nomino principes, nec ydolum, nec verum papam, sed qui habet aures audiendi audiat. (*Mirabile opusculum* Sti *Vincentii Ord. Præd. de fine mundi.* MºCCCCºLXXVº currente natis dmcc año, die vero IXº Martii, sine loco.) Exstat Casanatense H, VII, 29.

Il convient d'observer aussi qu'il était surtout préoccupé, en prononçant ce discours, de la proximité du jugement dernier ; que les brutalités de Jean XXIII, successeur d'Alexandre V, lui servaient de thème pour sa thèse favorite, et qu'enfin ce discours fait partie de ses œuvres recueillies après coup.

il a conféré au Concile sa vraie et seule autorité, à savoir le droit de se donner un chef. Jusque-là l'Église avait un chef parfaitement légitime, et personne, absolument personne, n'avait le droit de se soustraire à son autorité.

C'est donc à tort qu'Héfélé, partant de ce principe que le Concile de Pise ne pouvait avoir de Pape à sa tête, puisqu'on ne savait où était le Pape, tend à le justifier.

On savait très bien, et les cardinaux de Pise le savaient mieux que personne, où était le Pape, et leur devoir, à eux qui admettaient sa légitimité, le devoir dont les premiers ils avaient à donner l'exemple, était d'obéir jusqu'au bout. Pratiquement, ils ne firent qu'augmenter le gâchis en créant un nouveau Pontife.

# CHAPITRE XVI

### PERPIGNAN

BALTHAZAR COSSA — LE ROI MALADE A VALENCE — DEUX ANTAGONISTES — L'EMPEREUR SIGISMOND A NARBONNE — PAGE GLORIEUSE DE L'HISTOIRE DE PERPIGNAN — LE PAPE ET L'EMPEREUR — COMMENT ON PRÉPARE LES ACTES DÉCISIFS — BORCOLL ET L'ÉTUDIANT — SERMON IMPROVISÉ — — JUIFS CONVERTIS MAIS ENCOMBRANTS — LE DÉNOUEMENT SE DESSINE

Dans l'assemblée de Cividale, Grégoire XII s'était borné à demander qu'on désignât un lieu pour la réunion des trois collèges, promettant d'abdiquer à des conditions qui, vu les circonstances, n'étaient plus acceptables. Cette même lassitude, qui avait motivé, sinon justifié, les violences exercées à Pise contre les ambassadeurs des deux Pontifes, les fit traiter eux-mêmes comme perturbateurs du repos public. Benoît XIII était loin; mais Grégoire XII ne fut pas à l'abri du ressentiment populaire; on commençait à le traquer lorsqu'il s'enfuit déguisé en marchand, laissant son costume à son chambellan qui reçut les horions.

Nous avons vu Ladislas, roi de Naples, envahir les États de l'Église; Alexandre V s'attacha Louis II d'Anjou, qui les lui recouvra. Cependant, comme Rome n'était pas encore sûre, il se retira à Bologne, où il mourut après dix mois de pontificat. La tiare fut donnée à ce même gouverneur de Bologne, Balthazar Cossa, qui avait si durement traité Boniface Ferrier. Il prit le nom de Jean XXIII.

Saint Antonin l'a peint en deux coups de crayon : « Supérieur dans » les affaires temporelles, nul pour les intérêts spirituels (1). » Quelques cardinaux, qui avaient hésité à lui donner leur voix, disaient : « Empereur, peut-être; Pape, non. » Ces jugements sont sévères.

Sa jeunesse aventureuse et sa vie scandaleuse ont été singulièrement exagérées. Napolitain de naissance, noble, mais pauvre, il dut sa fortune à Boniface IX, qui le créa cardinal-diacre, et l'envoya légat à Bologne. Il y déploya de vrais talents militaires et administratifs. On l'accusa d'avoir empoisonné Alexandre V, d'avoir intrigué pour obtenir le pontificat. Tout cela n'est point prouvé. Il est certain que son activité à

---

(1) Vir quidem in temporalibus magnus, in spiritualibus nullus.

éteindre le schisme lui attira d'impitoyables ennemis, et que, dans ce temps-là, on ne se gênait guère pour calomnier un rival.

Les cardinaux, dans des circonstances pareilles, n'auraient pas choisi un indigne notoire. Au surplus, comme il agissait en soldat, il n'est pas étonnant qu'on lui en ait prêté les habitudes, et peu de scrupules en matière d'impôts ou de châtiments.

S'appuyant, comme Alexandre V, sur Louis d'Anjou, il continua, avec des succès divers, la guerre déclarée par Ladislas, protecteur de Grégoire XII. De concert avec l'Empereur Sigismond, il prépara activement le Concile de Constance, créa des cardinaux de mérite, essaya un projet de croisade contre les Maures d'Espagne, qui n'échoua que par le mauvais vouloir de Benoît XIII.

En ce temps-là, Vincent Ferrier arrivait à Perpignan. A Saragosse, il avait reçu du roi Ferdinand la lettre suivante :

« A notre cher et dévoué maître, Fr. Vincent Ferrier, de l'Ordre des
» Prédicateurs.

» Nous vous faisons savoir que, le mois de juin prochain, une entrevue
» aura lieu à Nice, entre le Souverain Pontife, le roi des Romains et
» Nous, pour en finir par le moyen le plus court, avec le schisme déjà
» si invétéré. Et comme l'époque convenue approche, Nous Nous prépa-
» rons pour ce voyage. Le Souverain Pontife a dû vous écrire, mais
» Nous vous prions, et vous mandons affectueusement dans le Seigneur,
» en vue de l'heureux succès d'une affaire si importante, pour laquelle
» la médiation des pieux fidèles et surtout vos prières et vos avis sont si
» nécessaires, de vous rendre à Collioure. Vous Nous y attendrez, le
» Souverain Pontife et moi ; Nous y arriverons vers la mi-juin. Nous
» espérons que Dieu, dont la cause est en jeu, Nous fera tirer bon
» profit de vos conseils, et qu'il aura égard à vos mérites.

» Donné à Valence, sous notre sceau particulier le 18 mai 1415.

» Le roi,
» FERDINAND. »

Le Saint partit aussitôt pour Collioure, prêchant le long du chemin, selon les étapes indiquées précédemment. A peine arrivé, il apprit la maladie dont le roi venait d'être atteint à Valence. La nuit de Noël, un refroidissement l'avait saisi, qui présenta bientôt des symptômes graves. Un instant même on le crut mort, et l'un de ses officiers lui ferma les yeux.

Revenu à une santé relative, il demanda que l'entrevue se fît à Perpignan, qui était moins loin, et où il était chez lui. Vincent Ferrier en prit le chemin, et y arriva vers la fin d'août.

Sa présence (1), celle du Pape et du roi avaient attiré des foules considérables. Tout se préparait pour un de ces actes solennels d'où peut dépendre le sort des sociétés.

Le Pape occupait le château, sous la garde de trois cents hommes d'armes, chevaliers de Saint-Jean pour la plupart, et commandés par Rodrigue de Lune, son neveu. Avec le roi étaient ses cinq fils, les reines et une cour nombreuse et brillante.

Mais ces deux personnalités si tranchées, Benoît XIII et Vincent Ferrier, absorbaient l'attention.

On sentait que tout l'effort de la lutte allait se concentrer autour de ces deux hommes; et la situation avait cela de dramatique que ces deux hommes s'aimaient et s'estimaient profondément et tiraient l'un de l'autre, en partie du moins, l'auréole qui les désignait à tous les regards. Le peuple qui se plaît aux luttes difficiles, à travers les marques les plus sincères de déférence et de respect, devinait deux antagonistes géants, dont l'un ne devait plus se relever.

Le Concile de Constance s'était ouvert le 5 novembre 1414. Jean XXIII y avait officié pontificalement, mais ce n'était pas la reconnaissance d'un droit, et l'on demanda la renonciation des trois Pontifes. Jean s'y soumit le premier, Grégoire XII se montra de facile composition; restait Benoît XIII.

Malgré ce que sa présence avait de nécessaire à Constance, l'Empereur Sigismond pensa que l'entrevue de Pierre de Lune et du roi était le nœud de l'affaire, et qu'il fallait assurer à tout prix un succès que les passions et les lassitudes pouvaient compromettre sans retour. Il se mit en route vers Perpignan, accompagné de dix-sept évêques.

Pour sauvegarder sa dignité, il s'arrêta à Narbonne. De là, il envoya une ambassade avec des ordres sévères et précis. Les ambassadeurs ne baisèrent point les pieds du Pontife, se contentant de l'appeler sérénissime et très-puissant Père. Cette attitude n'était point faite pour apaiser le conflit.

Vincent Ferrier porta vraiment alors tout le poids de cette situation

---

(1) « ..... Venit illuc dictus frater Vincentius fuitque receptus cum maximo honore » a predictis Dominis Consulibus et burgensibus. » *(Naples. Déposition de Jean Campellis, de Perpignan.)*

inextricable. Il allait et venait de Perpignan à Narbonne, ne s'en rapportant qu'à lui-même, et sachant que, dans l'état aigu des esprits, un mot mal interprété pouvait tout perdre.

Dans les longs conflits d'opinion, un moment vient où les préoccupations d'amour-propre ferment complètement les yeux sur les intérêts majeurs et les plus graves responsabilités. Par contraste, la sainteté, c'est-à-dire l'abnégation héroïque, éclate au milieu de ces ténèbres (1).

Enfin, le 12 septembre, les ambassadeurs de Sigismond, après une longue audience, obtinrent de Benoît qu'il promit de faire *ce qui serait nécessaire au bien de l'Église.*

Ce *nécessaire*, si clair pour tous, était dans son esprit une réticence pleine de surprises : l'Empereur le savait trop. Néanmoins, il voulut bien se contenter de la réponse, et, le 17 septembre, partit pour Perpignan, à la tête de mille cavaliers. Le roi d'Aragon envoya au devant de lui son fils aîné, avec l'élite de la noblesse espagnole, jusqu'à Salces. L'entrée fut triomphale. On célébra des fêtes splendides.

Perpignan vit alors une des plus imposantes assemblées que mentionne l'histoire. Outre les trois cours, outre les comtes de Foix, de Savoie, de Lorraine et de Provence, il y avait les ambassadeurs du Concile de Constance, savoir l'archevêque de Tours et les principaux légistes et docteurs ; l'ambassade de France, composée de l'archevêque de Reims, de l'évêque de Carcassonne, du grand-maître de Rhodes, du Prévôt de l'Université de Paris et de trois docteurs de Sorbonne. L'Angleterre était représentée par l'évêque de Worcester et des docteurs ; le roi de Hongrie par son grand chancelier ; le roi de Navarre par son protonotaire ; la Castille par le célèbre archevêque de Burgos, Paul de Sainte-Marie, et par un nombre considérable de seigneurs et de maîtres en toutes les Facultés. C'était plus qu'un Congrès européen. L'Empereur voulut qu'un roi maure captif y assistât.

---

(1) « Il y a une quarantaine d'années environ, l'Empereur Sigismond vint à Narbonne, pour traiter de la paix de l'Église. Dans le même temps, le roi Ferdinand d'Aragon et le Pape Pierre de Lune étaient à Perpignan avec une suite considérable de grands et de prélats. Pour examiner à fond cette capitale affaire, de nombreux docteurs de toutes les facultés avaient été réunis. On fit en outre venir maître Vincent Ferrier, pour conférer avec les principaux personnages ; on espérait par son moyen faire arriver Pierre de Lune à ne plus s'opposer à une paix tant désirée. L'Apôtre, en effet, mit à cette affaire tout son zèle et toutes ses forces : il allait et venait de Narbonne à Perpignan et de Perpignan à Narbonne. Je me trouvais dans cette dernière ville et j'ai entendu deux discours prononcés par lui. Il y avait là dix-sept archevêques ou évêques, sans compter les maîtres en théologie et les docteurs qui tous faisaient leur principale affaire d'assister à ses sermons.

(*Toulouse. Déposition de Galbaud Dalusti, docteur ès lois.*)

Dès le lendemain de son arrivée, après avoir entendu la messe, il se rendit chez Benoît XIII.

Suivons ici la chronique de Jean II, roi de Castille et de Léon, par son conseiller don Fernand Pérez de Guzman (1). L'auteur parle évidemment en témoin oculaire. On ne lira pas sans intérêt l'entrevue de Sigismond et de Benoît XIII.

Chapitre 234. — « Le jour suivant, qui était un samedi, 20 septembre,
» l'Empereur, toute sa cour et les ambassadeurs des rois chrétiens
» allèrent voir le Saint-Père. Celui-ci les attendait dans son grand salon,
» préparé tout exprès. A côté de son trône, il y en avait un autre un
» peu moins élevé, où l'Empereur devait s'asseoir. Quand l'Empereur
» arriva, le Pape se leva et se découvrit la tête et tous deux se donnè-
» rent la main et le baiser de paix. Cela se fit parce que l'Empereur ne
» le reconnaissait pas pour vrai Pape. Le Pape voulut faire asseoir l'Empe-
» reur le premier, l'Empereur ne le voulut pas, et ils s'assirent en même
» temps. L'Empereur lui dit qu'il venait avec un grand désir de le voir,
» d'abord pour connaître son excellente personne, ensuite pour travailler
» à la pacification de l'Église de Dieu, qui devait s'opérer en ne recon-
» naissant qu'un seul Vicaire de Jésus-Christ. C'était dans ce but qu'il
» venait de si lointains pays, non sans grandes fatigues et dangers de sa
» personne, et qu'il le suppliait de ne pas s'opposer à cette paix, cela
» dépendant plus de lui que de tout autre, tant à cause de son âge que
» de son grand savoir ; il suffisait pour cela qu'il voulût bien renoncer
» à la dignité papale, comme l'avaient fait les Papes Jean et Grégoire. Il
» rendrait par là grand honneur à Dieu et tirerait la chrétienté de troubles
» profonds. »

Chapitre 235. — De la réponse que le Pape fit à l'Empereur.

« Le Saint-Père lui répondit que sa demande était fort juste et digne
» d'un prince très chrétien, comme il l'était ; qu'il avait grand plaisir
» à connaître personnellement (*præsentialiter*) un si illustre interlocu-
» teur dont il avait toujours entendu vanter les grandes vertus, et qu'il
» était prêt à tout faire pour le service de Dieu. »

Puis ils allèrent ensemble visiter le roi Ferdinand, toujours gravement malade.

Le Pontife reçut de même les ambassadeurs du Concile, disant qu'il

---

(1) Toute l'histoire de Ferdinand d'Antequera, tuteur du jeune prince, y est racontée au jour le jour. On y trouve confirmées les tentatives faites par l'empereur auprès du Pape à Morella au sujet du schisme, l'entremise de Vincent Ferrier, ainsi que ses allées et venues de Perpignan à Narbonne.

avait un moyen sûr d'arriver à l'union, et qu'il renoncerait à ses droits, si ce moyen ne réussissait pas.

Pendant que les puissances de ce monde agissaient, Vincent Ferrier n'était pas oisif : sachant que la vie, dans le christianisme, tient avant tout aux dispositions des âmes, avant tout il s'occupait des âmes.

Le roi lui fit offrir, pour la célébration de la messe, les musiciens de la chapelle royale ; il refusa, préférant les austères beautés du chant liturgique.

Sa chapelle, du reste, était pour lui l'objet d'un soin particulier ; il ne faisait chanter que ses prêtres, comme il ne voulait qu'eux pour ministres à l'autel. Or, les chroniqueurs ont remarqué qu'à Perpignan principalement on ne se lassait pas de le voir célébrer la messe, prédication muette non moins efficace.

Dès son arrivée, on lui avait dressé une estrade en plein air, il prêchait au peuple en langue vulgaire, mais parlait au Congrès en latin, par respect pour la tradition de l'Église, laissant dans tous les esprits des impressions ineffaçables (1). Ses entretiens particuliers achevaient ce que la parole publique avait commencé. Mais surtout, il organisait la toute puissante conjuration de la prière. Chaque soir, on voyait s'aligner les files austères des disciplinants auxquelles se mêlaient des personnages du plus haut rang, grâce au costume qui couvrait le visage : masque sublime des folies de la pénitence.

Perpignan aussi, hélas ! était profondément corrompu. Bientôt tout changea de face. Les historiens nous ont tracé ce consolant tableau : les vieilles inimitiés fondues au feu de la divine charité, les maisons de débauche fermées, les usuriers restituant le bien mal acquis, la jeunesse dissolue devenue pieuse et laborieuse (2).

Merveilles de la miséricorde divine, personnifiées dans cette pauvre enfant, visiblement obsédée par l'esprit du mal, qui s'en allait échevelée, répétant le nom d'un étudiant dont elle était éprise, ayant cru, comme tant d'autres, au rêve éternel de l'amour, et glacée un jour jusqu'aux sources de la raison par le ricanement d'un être vulgaire : Vincent Ferrier la guérit ; personnifiées encore dans ce pécheur scandaleux, dont la

(1) Et quod in Perpiniano multorum corda dominorum, magistrorum, aliorumque fidelium inflammata fuerunt ad petendam unionem Ecclesiæ. (*Naples. Déposition du chanoine Louis Cardona.*)

(2) L'Université de Perpignan, fondée par Pierre IV, en 1370, était alors très florissante.

honteuse conduite égalait les richesses, et qui, à la suite d'un sermon de maître Vincent, touché d'un de ces âpres repentirs dont nous avons constaté déjà plusieurs cas extraordinaires, vendit tous ses biens, en donna le prix aux pauvres, se retira au fond d'une caverne, et y passa le reste de sa vie dans la prière, le jeûne, les veilles et les macérations (1).

Guillaume Portas, prêtre, bachelier en droit, né à Apiane, diocèse d'Elne, était à Perpignan quand Vincent Ferrier s'y trouvait avec Benoît XIII et le roi d'Aragon. Il a vu, aux sermons de maître Vincent, beaucoup de prélats, cardinaux et autres; tous en sortaient profondément touchés.

« Avant son arrivée, les laïques et beaucoup de prêtres ne savaient
» pas faire le signe de la Croix. (Il ne s'agit heureusement ici que de la
» rapidité avec laquelle ils le faisaient, selon ce que dit un jour Vincent
» Ferrier : « Ce n'est pas la Croix du bon Dieu que vous tracez, c'est le
» cercle du diable). »

» Il fit cesser des inimitiés nombreuses; les femmes quittèrent leurs
» parures provocantes; beaucoup de jeunes gens incorrigibles et corrompus
» devinrent fervents chrétiens; la nuit, ils suivaient les processions disci-
» plinantes et se frappaient sans ménagement. »

Cette déposition est corroborée par celles de Jean Campellis et de Pierre, abbé de Frontfroide.

Il est une portion choisie du troupeau de Jésus-Christ, que sa vocation même retient loin de ces grandes manifestations religieuses, si fécondes en fruits de salut : ce sont les Ordres cloîtrés. L'Apôtre ne les oublia point. Il leur consacrait ses soirées; mais la foule suivait partout ce charmeur. Un soir, chez les Franciscaines (2), l'église se trouva plus que remplie. Ayant à traiter des devoirs religieux, le Saint pria qu'on se retirât. Personne ne bougea. Il adressa dans son cœur une

---

(1) Fuit tempore meo quidam vir in Perpiniano, vocatus Ёn Borcoll mirabiliter lubricus qui auditâ ejus sanctâ prædicatione, adeò maceravit corpus suum jejuniis, lubrica membra virgulis et vepribus flagellando, quod vendens grande patrimonium quod habebat, vitam heremeticam post distributionem bonorum suorum duxit, et in paupertate mori eligens finem suum quasi in sanctitate complevit. (*Teste Pedro Andrea de Fulcorisu mag. artium et medicinæ Universitatis Tolosanæ regente, Reginæ Franciæ physico et commensale.*)

(2) Fecit quemdam sermonem de Passione ita mirabiliter quod fere omnes gentes flebant. Et gentes scientiæ quæ ibi erant, multum admirabantur quomodò sic improvisé fecerat talem sermonem, ideo publicè dicebatur quod magis divinitus quam humanitus hoc fecisset. (*Naples. Déposition de Louis Cardona.*)

Le couvent des Clarisses, où ce fait arriva, est aujourd'hui la prison civile.

courte prière à Dieu, et prit un sujet différent. « Il fit un discours sur
» la Passion, si touchant, que tout le monde pleurait, et les savants
» qui étaient là s'étonnaient fort qu'il eût pu ainsi improviser un
» pareil sermon, et on disait tout haut que c'était chose plus divine
» qu'humaine. »

A Perpignan comme ailleurs, Vincent Ferrier n'avait garde, non plus, de négliger les Juifs. La convocation des rabbins aux conférences de Tortose s'était étendue à tout le royaume, car les collections notariales nous ont conservé la lettre de Benoît XIII aux Juifs de Perpignan (1).

L'histoire des Juifs est excessivement encombrante à cette époque : les minutes notariales en sont pleines, les mémoriaux en regorgent. Outre qu'ils avaient en main la fortune publique, leurs rapports avec les chrétiens étaient soumis à une législation particulière; de plus, leur conversion leur faisait une situation à part où tout était à créer.

On peut constater dans ces documents les traces de l'influence de Vincent Ferrier non seulement sur les personnes, mais sur les lois et sur les mœurs publiques. A sa requête, Benoît XIII établit des conférences pour les Juifs quatre fois par année dans l'église Saint-Jean. Le roi Ferdinand voulut qu'ils assistassent, au moins à certains jours, aux sermons de Vincent Ferrier, et l'histoire constate qu'ils y venaient volontiers. L'ardente charité du Saint, son désintéressement, son éloquence finirent par triompher.

Un jour, cependant, excités, hélas ! il faut bien le dire, par quelques chrétiens jaloux, ils tentèrent de lui infliger un affront retentissant. L'occasion se présenta, belle. L'assistance n'avait jamais été si nombreuse ni si captivée; les trois cours, impériale, pontificale et royale étaient présentes, l'Empereur, le Pape et les princes au premier rang. Selon sa coutume, lorsqu'il rencontrait un texte probant sous sa pensée, l'orateur se tournait vers les Juifs et leur disait : « Reconnaissez-vous cette autorité ? » Les rabbins alors protestèrent à haute voix, disant qu'il citait à tort les Livres Saints et qu'il fabriquait une Bible à sa façon. Un

---

(1) Voir document 9. Tout se faisait alors par notaire, et l'histoire est enfouie dans leurs minutes poudreuses.
Nous y trouvons de même les règlements d'une confrérie établie à Perpignan en 1418 pour le *poble novellement vengut en la S<sup>ta</sup> Fé católica*. Les néophytes y prennent le nom de leur parrain ou de personnages catholiques importants, ce qui pourrait donner lieu à des méprises si l'on n'était prévenu. C'est ainsi que les actes publics portent les noms de Benoît de Luna et de Vincent Ferrier, qui sont tout bonnement les noms de Juifs convertis.

grand tumulte s'éleva, l'échauffourée devint sérieuse, et vraisemblablement il y eût eu du sang versé, si la parole toujours écoutée de Vincent Ferrier n'eût arrêté à temps le mouvement populaire. Puis il dit doucement aux Juifs : « Ce n'est pas l'habitude, chez nous, d'interrompre » le prédicateur, ni d'entamer en chaire des discussions publiques ; mais, » venez ce soir dans ma cellule, je vous donnerai pleine satisfaction. » Ils ne pouvaient s'y refuser. Touchés et gagnés, ils avouèrent qu'ils avaient cédé aux instigations de quelques envieux. L'affaire avait été publique ; Vincent Ferrier leur demanda s'ils répugnaient à une publique rétractation. « Non, dirent-ils. » Il la leur rendit du reste facile et honorable ; et l'admiration qu'il inspirait grandit encore. Les rabbins se convertirent, et avec eux soixante familles, c'est-à-dire à peu près tout ce qu'il y avait de Juifs à Perpignan. Ils firent plus, ils se mirent à la suite du Saint. Et plus tard, à Toulouse, en les voyant passer on disait : « Voilà les Juifs de Perpignan (1). »

Un auteur catalan, qui écrivait au XVIe siècle, résume tous ces faits en les appuyant de son autorité :

« ..... Ce fut alors (1415) que Dieu, par la prédication de saint Vin- » cent Ferrier, opéra de merveilleux prodiges. Les Juifs, très nombreux » dans cette ville, où ils avaient une synagogue dont j'ai retrouvé la » trace (2), venaient à ses sermons. Un jour qu'il prêcha au couvent de » Saint-Dominique, il convertit quatre rabbins, et sa parole eut le même » succès auprès de presque tous les Juifs de Perpignan. Il fit cesser les » guerres privées qui désolaient le Roussillon à cette époque. Beaucoup » de liaisons coupables furent rompues ; les usuriers restituèrent le bien » mal acquis, et les étudiants indisciplinés et vicieux, triomphant de leurs » mauvais penchants, se livrèrent sérieusement à l'étude (3). »

---

(1) Quod propter ejus prædicationem sexaginta Domus Judæorum conversæ sunt ad fidem christi in una die, de numero quarum ipse vidit aliquot in civitate Tolosana prout dicebatur : Ecce isti sunt quos convertit magister Vincentius in Perpiniano. (*Déposition du Dominicain Pierre Gauthier.*) Razzano III, 44.
Guillaume Portas d'Elne, bachelier en droit, raconte que les Juifs avaient une place à part au sermon ; et quand l'orateur rencontrait un texte, il se tournait vers eux en disant : *Et tu Judæus, habes hoc in tua Biblia, in tali capitulo.* Et loquebatur Hebrayceum. Et l'esclandre que lui firent trois ou quatre *rabi* : *Hoc est magistri in Hebrayco* ; et la réparation publique qu'il exigea, et l'amende dont les frappa le roi. Il est à remarquer qu'officiellement, Vincent Ferrier les traitait avec une sévérité calculée ; il savait combien, par besoin d'argent, tous, rois et sujets, étaient faibles à leur endroit.

(2) Les Juifs habitaient à Perpignan la rue de la Fusterie qui est toujours restée depuis leur quartier général.

(3) Le P. Ldot : *Notice sur la relique de saint Jean vénérée à Perpignan* (1590).

Cet humble moine était tout. On oubliait les fêtes, les spectacles, le Schisme même pour ne penser qu'aux sermons de maître Vincent. Les hommes de cour, les hauts personnages, l'Empereur lui-même prenaient place avec empressement devant l'estrade où l'Apôtre infatigable versait les flots de son éloquence.

Il eut là de sublimes accents. Seul, Benoît XIII resta impénétrable. Les plus affectueux tête-à-tête n'eurent pas plus de résultat (1).

---

(1) Les auteurs espagnols eux-mêmes sont sévères pour Benoît XIII. « Il aima mieux, » dit l'un, abandonner ses cardinaux, les rois, ses amis, Vincent Ferrier et Dieu même » que sa dignité. Dieu châtia par un déshonneur éternel cet homme qui voulut à tout » prix sauver l'honneur humain. » (ASTISR. *Vie de saint Vincent Ferrier*.)

# CHAPITRE XVII

## FIN DU SCHISME

NOUVELLE AGONIE — LE MÉDECIN CÉLESTE — « OSSA ARIDA » — ROI MARTYR — DERNIÈRES TENTATIVES — LE 6 JANVIER 1416 — UNE REINE PÉNITENTE — LE VAINQUEUR — MIRACLE DIFFICILE — MORT DU ROI

Un mois s'écoula ainsi : que de nuits d'agonie ! Quand tous étaient heureux par lui, le pauvre Saint, sous les angoisses de l'âme, sentait de nouveau son être physique se briser. Une fièvre intense le saisit. Douloureux corollaire d'Avignon, Perpignan fut témoin des mêmes scènes de deuil et de gloire.

Le Prieur de son Ordre le fit transporter dans sa propre cellule, plus vaste et mieux aérée. On crut la mort prochaine. Benoît XIII, à qui Dieu donnait cette suprême leçon, lui envoya son médecin. « Remerciez » le Souverain Pontife, et soyez vous-même remercié, dit le Saint, ce » n'est pas de la terre que doit me venir le remède. Jeudi, je pourrai de » nouveau paraître en public. »

Devant une affirmation aussi catégorique, il n'y avait qu'à s'incliner ; le médecin dit à la foule : « Selon la science, il n'a pas une heure à vivre, » mais il prêchera jeudi prochain ; il l'a dit, soyez-en sûrs. » Au jour indiqué, il monta en effet en chaire, et devant toute cette assemblée sourdement émue comme les flots avant l'orage, il prit un texte qui nous est parvenu dans son étrangeté, et qui passait évidemment par-dessus la tête de l'immense foule, pour aller atteindre en plein cœur celui qui, plus dur que les pierres sépulcrales, ne devait pas comprendre : *Ossa arida, audite Verbum Dei !* Pierre de Lune était là. La flèche, hélas ! s'émoussa comme s'émoussent trop souvent les meilleurs vouloirs de Dieu contre l'obstination humaine (1).

---

(1) Exceptionnellement et à cause de l'importance du fait, voici la déposition officielle :
« Recordor ultrà quod cum eodem anno in prædicta villa ægrotaret ad mortem in
» camerà ejusdem valentis magistri in sacrà paginà vocati magister Petrus Duranti de
» Ordine prædicatorum, et tractaretur de medicis, fuit destinatus magister meus vocatus
» magister Franciscus Genesii eò quod famosior. Accedens ad visitationem, *mecum comi-*
» *tante*, regratiatus est ei humillimà sic dicendo : « Medicus summus hac nocte me visi-
» tavit, admonens ut jovis futurà prædicem ; hic intus sentio me curatum, inferiores
» medicos ac medicinas non capiam. Et ista verba prædixerat lunæ ante ; et ita sequtum

Cependant, l'Empereur multipliait ses entrevue avec Benoît XIII. Poussé dans ses derniers retranchements, le Pontife posa les conditions suivantes, moyen sûr selon lui d'arriver à la paix universelle : « Qu'on » regarderait comme nul le Concile de Constance, qu'on en réunirait un » autre en France dans lequel, après avoir été confirmé Pape, il déposerait » la tiare ; enfin qu'il demeurerait cardinal et *légat a latere* avec pleins » pouvoirs dans les pays de son obédience. »

C'était une véritable dérision. L'empereur le quitta, en proie à une sourde colère. Ne pouvant s'expliquer une semblable opiniâtreté, il accusa le roi d'Aragon d'encourager sous main la persistance du Pontife. Pauvre roi ! couché sur un lit de douleur, et, comme d'autres à qui Dieu réserve une plus belle couronne, jugé digne d'être victime pour les peuples ! — Et là ne devait pas être sa plus lourde croix : mais Vincent Ferrier lui avait appris l'art de souffrir.

Celui-ci, de son côté, intervint auprès du Pontife, et cette fois, nettement, fit parler le devoir. Pierre de Lune demeura sourd, mais comprit que tout était fini, et s'apprêta à gagner Collioure, où étaient ses galères.

L'Empereur avait quitté Perpignan sans prendre congé (5 novembre 1415), menaçant d'armer toute l'Europe contre l'Espagne. Ferdinand, impuissant même à signer les actes royaux, mais vigoureux d'esprit, trouva la force de deux actes énergiques : il fit défendre à ses ports de laisser sortir aucun navire sans sa permission expresse, et envoya porter par ses fils à l'Empereur l'affirmation solennelle, comme à son suzerain, qu'il était décidé à renoncer à l'obédience de Benoît XIII. L'ambassade atteignit Sigismond à Narbonne. Il comprit enfin et s'apaisa.

Les événements vont se précipiter désormais. Le 12 novembre, une première sommation respectueuse fut faite de la part du roi au Pontife. Celui-ci, loin d'y obtempérer, répondit qu'il serait déjà parti s'il était libre. Le roi ordonna que tous les chemins lui fussent ouverts et lui envoya un sauf-conduit. Puis il le fit rejoindre à Collioure par une ambassade chargée de renouveler ses royales insistances : l'obstiné vieillard se contenta de jeter cette phrase en mettant le pied sur sa

---

» est quod dicta jovis tum futura ultra quam per tres horas prædicans, sanior quam
» quandò venerat est aspectus, capiens pro themate : *Ossa arida, audite Verbum Dei*. Et
» in medio dictæ prædicationis publicé alta et intelligibili voce protulit Deum sibi locutum
» in suâ infirmitate, à quà eum eripuerat, quia non ibi erat tumulus suus ; oportebat
» eum ad alia regna suos seminare fructus uberrimos, multa futura annuntians quæ post-
» modum sunt sequuta. Et in vero Deo non sufficeret dies ad sui miracula et fructuosam
» conversationem narrandum. » (Teste ANDREA DE FULCOVISE. *Datum Tholosæ*, die maii
die XXV, anno MCCCCLIIIJ.)

galère prête à lever l'ancre : Dites à votre roi ceci de ma part : « *Me qui te feci misisti in desertum*; moi qui t'ai fait ce que tu es, tu m'as jeté au désert. »

Il était depuis peu à Péniscola lorsqu'une troisième députation se présenta pour tenter un dernier effort. Vraiment, on traitait avec honneur une énergie si mal placée. Tout fut inutile. L'heure d'agir était venue.

Pour surcroît de précautions, le roi fit réunir une assemblée d'évêques et de docteurs auxquels se joignirent les ambassadeurs de Castille, de Navarre, des comtés d'Armagnac et de Foix, c'est-à-dire toute l'obédience Avignonnaise.

Curità rend compte en ces termes des travaux de cette assemblée : « Puisque Benoît pouvait rendre la paix à l'Église et la refusait malgré » toutes les prières et tous les avertissements, on était en droit de se » soustraire à son autorité. En ne renonçant pas, il retenait injustement » le pontificat ; il fallait donc le traiter comme s'il l'eût usurpé dès le » début. S'il était le vrai pasteur et le vrai père, il préférerait voir » l'Église unie sans lui que déchirée avec lui ; à l'exemple de cette mère » qui préféra voir son enfant loin d'elle que coupé en morceaux.

» Après avoir écouté toutes les raisons, le roi voulut prendre l'avis » du vénérable maître Vincent Ferrier. Le saint homme répondit que si » Benoît résistait à la troisième supplication, il n'y avait plus lieu » d'hésiter, de nouveaux délais pouvant amener une situation sans issue. » Si l'on ne se soustrayait à l'obédience, le Concile de Constance ne » pouvait se tenir, car tous les cardinaux et prélats dévoués à » Benoît XIII refuseraient de s'y rendre, et alors, l'autre obédience ferait » une autre élection, ce qui serait perpétuer le schisme. Quant au vrai » Pape, ajoutait-il, c'est, à mon avis, celui que le Concile général élira. » Demandez seulement l'assurance par serment que tout s'est fait selon » Dieu et la conscience. Si vous y mettez d'autres conditions, vous ris- » quez d'éterniser les disputes. »

D'ailleurs, il ne se déjugeait pas. Commentant sa pensée, il dit en chaire que Benoît était le vrai Pape, mais que la papauté étant un bien personnel, il devait y renoncer pour le bien général.

Après mûre délibération, l'assemblée conclut dans le même sens. Le roi, à qui d'heure en heure tout était transmis, fit parvenir à Vincent Ferrier, sous pli cacheté, cette décision. L'Apôtre répondit qu'en conscience on ne pouvait plus reculer.

Sur l'heure, les plénipotentiaires du roi Ferdinand, les ambassadeurs de Castille, de Navarre, d'Armagnac et de Foix renoncèrent solennellement en leur nom et au nom de leurs peuples ou souverains, à l'obédience du Pape Benoit XIII.

« La fête de l'Épiphanie de Notre-Seigneur étant arrivée, l'acte de renonciation fut publié avec toute la solennité que demandaient de si graves intérêts. Maitre Vincent Ferrier avait, au préalable, prononcé un discours ; l'intervention d'un pareil homme était la meilleure garantie de l'acte qui s'accomplissait, et lui donnait une sorte de consécration acceptée de tous. »

Seul, en effet, Vincent Ferrier avait assez d'autorité pour promulguer ce grand acte ; seul, il pouvait apaiser les murmures, faire taire les intérêts et rassurer les consciences.

Ce spectacle grandiose a été décrit par Jean Lecomte, témoin oculaire, dans une lettre à Pierre Thillia.

« On m'avait dit que Fr. Vincent devait prêcher le lundi suivant,
» dans le château, en présence du roi, et par son ordre faire connaître
» au peuple l'accord survenu entre lui et notre Sérénissime Empereur,
» pour la paix de l'Église. Le lundi, en effet, qui fut le jour de l'Épi
» phanie de Notre-Seigneur, je restai à Perpignan jusqu'après midi,
» j'assistai à la messe solennelle que maitre Vincent célébra avec beau-
» coup de ferveur devant la chapelle du château. La foule était nom-
» breuse, je l'évaluai à dix mille personnes. Il prêcha et prit pour texte :
» *Ils lui offrirent des présents.* Il parla du décret royal, l'approuva, et
» blâma la conduite de Benoit XIII. Après quoi, avant de conclure son
» discours, on lui apporta l'acte original de soustraction d'obédience,
» scellé du sceau royal et signé de la main du prince premier-né.
» Comme tous ne comprenaient pas le latin, l'acte avait été écrit sur la
» même feuille dans les deux langues, latine et vulgaire ; il lut les deux
» versions. Étaient présents, le roi des trois royaumes, le prince ainé,
» une foule de seigneurs et une grande multitude de peuple parmi
» laquelle j'étais. Sa publication faite, maitre Vincent prononça ces paroles :
« Le roi croit fermement qu'aujourd'hui et à cette heure, les rois de
» Castille et de Navarre ont publié la même soustraction, car il leur a
» envoyé des messages pour les en prier. » Puis, maitre Vincent finit
» son discours, disant : « *Bonnes gens,* de même que les trois rois, à pareil
» jour, offrirent à Notre-Seigneur des présents magnifiques, nos trois sei-
» gneurs, rois de Castille, d'Aragon et de Navarre, ont fait aujourd'hui
» cette offrande à Dieu et à la Sainte Église, pour l'union et la paix. »
Écrit à Narbonne, le **12** janvier **1416**.

Comparaison bizarre, et dans le goût du temps, disent certains auteurs. Pourquoi donc bizarre? Les développements que l'Apôtre en tira ne durent pas être sans intérêt, ne fût-ce qu'à propos de la myrrhe amère.

Et quant à l'étoile qui guida les Mages, lui-même n'était-il pas l'étoile chargée de guider les chrétiens dans ces temps troublés? Plus d'un, sans doute, en fit l'application dans sa pensée : l'Ordre de la Vérité auquel il appartenait avait déjà pour emblème cette étoile, et pour devise, la parole des Mages : *Vidimus enim stellam ejus.*

Le sermon fini, il lut la déclaration suivante :

« Acte de soustraction d'obédience, décret de renonciation. — Nous,
» Ferdinand, roi d'Aragon, etc.

» Les royaumes de la terre peuvent être quelquefois utiles au royaume
» du ciel en inspirant aux perturbateurs du repos de l'Église une crainte
» salutaire. Aussi, demandera-t-il aux princes, et avec raison, compte
» de la paix troublée, Celui qui a cru devoir confier l'Église à leur pro-
» tection. Heureux le gouvernement qui, par ses lois sages, peut se
» glorifier de rendre l'unité à la société chrétienne!

» Dès notre jeunesse, un amour profond pour l'Église nous a toujours
» porté à procurer la paix ; mais depuis que, par la volonté du Très-
» Haut, nous avons été investi de la dignité royale, nos dispositions se
» sont accrues de tout le devoir que les lois divines et humaines nous
» imposent dans ce sens.

» Et ce n'a pas été là chez nous un vain désir, nous n'avons reculé, pour
» le réaliser, devant aucune fatigue. Sans parler ici de ce que nous avons
» pu faire, soit en public, soit en particulier, qu'il suffise de mentionner
» ce que tout le monde peut constater, à savoir nos efforts pour réunir
» avec nous, en conférence solennelle dans notre ville de Perpignan,
» Notre Saint-Père le Pape Benoît XIII, et notre très illustre frère le roi
» des Romains, afin d'arriver à l'union par voie de cession, reconnue
» par tous préférable à toute autre. L'univers entier sait, en effet, que
» le Pontife a souvent mis en demeure son compétiteur d'en venir à une
» entente commune pour la renonciation tant de fois promise. Il ne devait
» pas tenir à lui que la chose ne fût faite, sans quoi, il faudrait le
» soupçonner de penser d'une manière et de parler d'une autre. Dans
» notre confiance appuyée sur des motifs si raisonnables, quand déjà le
» sérénissime roi des Romains, conduit par son zèle universellement
» connu pour l'unité de l'Église, avait fait son entrée dans notre ville,

» accompagné des prélats, des docteurs députés par le Concile de Cons-
» tance, et des ambassadeurs de France, d'Angleterre et d'autres nations
» catholiques, nous avons cru pouvoir, au grand détriment de l'affaire
» en question et de l'Église elle-même, faire droit à la demande de
» quelques délais présentée par le Pape Benoît, afin de lui ôter tout
» sujet de mécontentement. Nous étions bien persuadé, dans notre res-
» pect et piété filiale, qu'il ne mettrait pas obstacle à un si grand bien,
» et qu'il aurait honte de forfaire à sa parole si souvent répétée, alors
» surtout que, indépendamment de ses promesses, il était tenu et l'est
» encore, de nécessité de salut, par droit divin et humain, de renoncer
» simplement à la papauté, pour éviter tant de scandales dans l'Église
» de Dieu, et pour le bien universel si évident, quand même son droit
» serait incontestable.

» Mais hélas! les choses ont tourné autrement. Ce qui paraissait comme
» impossible s'est trop réalisé, et ce qui semblait à tous sans difficultés, s'est
» montré hérissé d'obstacles. Qui eût espéré, en effet, que le Pape Jean,
» si riche, si puissant, appuyé de tant de souverains, se démettrait
» purement et simplement? Que Grégoire, accusé précisément par
» Benoît XIII de mettre seul obstacle à la cession, abandonnerait si
» facilement ses droits, se faisant ainsi un nom à jamais glorieux? Qui
» eût osé penser, au contraire, que lorsque tout se prête à l'union de
» l'Église avec un ensemble de circonstances vraiment providentielles,
» quand tous les princes chrétiens sont là, lui adressant les plus humbles
» et les plus instantes supplications, qui eût osé penser que Benoît XIII
» refuserait d'adhérer à la cession, et empêcherait, au péril de tout, la
» sainte union de l'Église qu'un seul mot de sa bouche suffirait à pro-
» curer, et qui lui serait d'un mérite si glorieux?

» Lors donc que nous avons compris, par ses réponses et sa manière
» d'envisager la question, qu'il n'y avait plus rien à attendre, sinon la
» rupture définitive des négociations et la perpétuité de ce schisme déjà
» si funeste au peuple chrétien et aux âmes fidèles, après mûre délibé-
» ration, sur le conseil des représentants des diverses nations et des
» villes de notre royaume ici réunis, nous avons résolu, confiant dans
» le secours de Dieu, de couper court à tout délai de ce genre, et de ne per-
» mettre aucun subterfuge.

» Nous avons fait supplier le Pontife par notre cher fils premier-né,
« retenu que nous étions nous-même par une cruelle maladie; les ambas-
» sadeurs du roi de Castille, notre neveu bien-aimé, ceux du Comte
» d'Armagnac, notre parent, l'ont également supplié, faisant valoir toutes
» les raisons pour lesquelles Dieu lui demandait ce sacrifice, de pro-

» curer l'union de l'Église en renonçant purement et librement à ses
» droits, comme il y est tenu en conscience.

» De si humbles supplications, des prières si justes n'ont pu rien
» obtenir. Il n'a fait aucune réponse satisfaisante ; laissant complètement
» de côté l'union de l'Église, il a continué à pourvoir ses familiers des
» sièges vacants dans notre royaume ; puis, feignant d'avoir peur, il
» s'est éloigné de cette ville dans le château-fort de laquelle il trouvait un
» abri. Que pouvait-il vraiment craindre, derrière ces remparts, gardé
» par des gens de guerre, entouré d'amis, de parents, de serviteurs
» fidèles et dans son propre pays ? Mais qui plus est, il avait en main
» bien plutôt les moyens de faire craindre les autres que des motifs de
» crainte personnelle, environné qu'il était de toutes les sécurités con-
» firmées par la foi du serment, et appuyé sur la caution jurée d'un grand
» nombre de nobles Barons et des Consuls de cette ville, tout entiers à sa
» disposition. Et si, à ce que Dieu ne plaise, nous en avions eu la pensée,
» nous pouvions très facilement l'empêcher de fuir, lui que nos sup-
» plications pleines de larmes n'ont pu arrêter.

» Mais, bien que profondément attristé de son départ, et préoccupé des
» autres moyens possibles d'arriver à la paix de l'Église, cependant à
» cause de notre affection singulière pour la personne du Pontife et de
» l'honneur dû à son rang, persuadé qu'à la fin et dans un cas si évident,
» il ne refuserait pas de donner un consentement si glorieux pour lui ;
» avant qu'il ne s'embarquât à Collioure, nous lui avons envoyé des
» messagers et des députés tant en notre nom qu'au nom des autres
» princes, chargés de réitérer nos humbles et pressantes supplications. Sa
» réponse a été négative, et il est immédiatement monté sur son navire.

» Enfin, ayant appris qu'il avait choisi pour refuge le château de
» Péniscola, situé sur les terres de notre domination, nous lui avons
» envoyé pour la troisième fois nos ambassadeurs et ceux des princes
» chrétiens. Cette importunité touchante n'a pas pu émouvoir son cœur,
» il a persisté dans son obstination.

» Ce que voyant, et bien sûr désormais que tout ce qu'il était humai-
» nement possible de faire n'obtenait nul effet, nous avons résolu de
» jeter le filet d'un autre côté. Après avoir imploré le secours de Notre-
» Seigneur Jésus-Christ et de sa très sainte Mère, considérant que presque
» tout le peuple chrétien est réuni actuellement à Constance, dans la
» personne de ses ambassadeurs, de ses prélats et des hommes les plus
» distingués, décidé à obéir désormais sans réserve et en toute affection
» au Pontife que l'Église universelle choisira, que d'ailleurs il serait non
» seulement injuste mais barbare de les priver de notre communion, en

» vue de la paix et de l'unité, nous avons décidé que les ambassadeurs
» des rois et des princes de l'obédience du Pape Benoit, ainsi que les
» prélats et autres ecclésiastiques convoqués selon l'usage par le Concile,
» seraient tenus de se rendre à Constance dans un délai donné, et d'y
» unir leurs efforts aux efforts de tous, pour qu'enfin l'Église, depuis si
» longtemps en souffrance, se trouve unie et pacifiée sous un seul pasteur
» légitime et indiscuté : le tout selon la teneur des conclusions arrêtées
» entre le sérénissime roi des Romains et les ambassadeurs de Constance
» d'une part, nous-même et les autres princes de l'obédience Bénédictine
» d'autre part.

» Nous avons été puissamment encouragé à promouvoir ainsi l'unité
» catholique, en voyant les Grecs et les chefs des principales Églises
» d'Orient déplorer enfin leur longue scission de l'Église Mère, et,
» éclairés de la grâce, demander à vivre sous le même chef légitime dès
» qu'il sera nommé.

» Mais comme les meilleures décisions sont parfaitement inutiles si
» l'on n'enlève tout ce qui s'oppose à leur exécution, considérant que
» de si beaux résultats, et notamment la conservation de la foi catholique,
» ne pourront s'obtenir tant que les prélats et nos autres sujets resteront
» soumis à Benoît XIII et obéiront à ses ordres; surtout après que le
» Pontife nous a fait connaître son dessein de réunir lui aussi un Concile
» de son obédience, pour y délibérer sur ce qu'il devait nous répondre;
» comme il est bien évident, d'une part, que les prélats convoqués par lui
» ne pourraient se rendre à Constance, de l'autre, qu'il ne fera jamais ce
» qu'il refuse depuis sept ans, et qu'il n'a pas voulu faire ici dans cette
» auguste assemblée; que, par conséquent, il est un obstacle direct à
» l'accomplissement de nos décisions et empêche manifestement l'union
» et la paix de l'Église;

» Sur toutes ces considérations et d'autres encore, dûment pesées,
» l'obédience du Pape Benoît s'opposant notoirement au bien de la paix
» et à l'extinction de ce schisme si déplorable, après avoir pris conseil
» des Prélats, des Comtes, des Barons, des chefs militaires, des docteurs
» et des prêtres, aussi bien que des délégués des princes, royaumes ou
» cités ici réunis, nous prenons l'engagement pour nous-même et nos
» successeurs et nous enjoignons à tous, Prélats, Ducs, Comtes, Barons
» et généralement à toute personne constituée en dignité, tant ecclésias-
» tique que séculière, vivant dans notre royaume et dans les diocèses
» qui nous sont soumis, d'abandonner entièrement l'obédience du Pape
» Benoît XIII. Nous leur ordonnons de la façon la plus expresse de
» n'obéir en rien à ses commandements, de ne point promulguer ses

» bulles, lettres ou tout autre écrit de ses mandataires ; et nous faisons
» défense formelle aux collecteurs ou sous-collecteurs de dîmes ou
» offrandes destinées à la Chambre apostolique de répondre à ses injonc-
» tions, leur enjoignant d'attendre nos ordres ultérieurs dans ce sens, notre
» intention bien arrêtée étant de réserver ces biens, sauf ce qui pourra
» être nécessaire à l'union de l'Église, au Pontife que choisira le
» Concile.

» Nous prescrivons, de plus, à tous ceux de nos sujets qui ont des
» bénéfices ecclésiastiques, quelle que soit leur dignité, fût-elle pontificale
» ou cardinalice, d'avoir à résider dans leur Église, de ne suivre en
» aucune manière la cour de Benoît et de n'y faire aucun séjour ; faute
» de quoi nous arrêterons la collation de leurs revenus.

» Que nul parmi nos sujets à un titre quelconque, de quelque dignité
» qu'il soit, ecclésiastique ou séculier, ne se permette de contrevenir aux
» présentes ordonnances, s'il veut éviter des peines graves. Enfin, nous
» ordonnons à tous nos gouverneurs, justiciers, jurés et autres officiers,
» chacun selon sa charge, de faire mettre sous bonne garde tous ceux
» qu'ils sauraient enfreindre nos ordres et de nous consulter sans retard,
» sur ce qu'ils auront à faire ultérieurement.

» En témoignage de quoi, nous avons voulu que les présentes fussent
» scellées de notre sceau.

» Donné à Perpignan et signé de la main de notre premier-né (étant
» nous-même dans l'impossibilité de signer), le 6 janvier de l'an de
» Notre-Seigneur 1446, de notre règne, le cinquième.

» ALPHONSUS, *primogenitus*. »

Le lecteur aura sans doute remarqué la fermeté et l'habileté de cet acte, dont nul auditeur ne pouvait révoquer en doute le moindre détail, car tout ce qu'il affirme s'était passé sous les yeux de tous.

En février 1416, l'empereur reçut la notification suivante : « Par les
» présentes, nous vous faisons savoir qu'à dater d'aujourd'hui, nous avons
» abandonné et ordonné d'abandonner dans tous nos États l'obédience au
» seigneur Benoît, afin que l'Église de Dieu, unie à un unique époux, et le
» peuple chrétien depuis si longtemps agité par la tempête, se reposent
» dans la paix, nous envoyons à Votre Sérénité le décret de renonciation,
» publié dans nos domaines. En ce même jour, en la même forme, mon
» neveu, le roi de Castille, mon oncle, le roi de Navarre, et les Comtes
» d'Armagnac et de Foix, l'ont fait exécuter dans leurs États et nous
» tiendrons la main à ce que tout s'accomplisse ainsi de tout notre zèle.....

» Signé de la main de notre premier-né. Le 6 février 1416. »

C'était la réponse officielle des autres rois d'Espagne, que Ferdinand notifiait ainsi (1).

A Constance, on n'avait pas attendu jusque-là pour fêter un si heureux événement. Un *Te Deum* solennel fut chanté, suivi d'une splendide procession d'action de grâces. Tous les évêques pleuraient de joie. Gerson se fit l'interprète de la reconnaissance publique. « Sans vous, disait-il à » Vincent Ferrier, un pareil accord ne se serait jamais fait. Grâce à » cette grande œuvre qui est la vôtre, nous espérons arriver au bien » tant désiré de la paix, tous tant que nous sommes ici à Constance. »

Cette volte-face de Vincent Ferrier ne saurait être blâmée par personne. Préparée dès son départ d'Avignon, elle s'accentue à Perpignan en 1408, et enfin éclate en 1416. Il ne doute pas de la légitimité du Pontife, mais il condamne son attitude. Son influence sur le public lui défendait de se soustraire à ce devoir; mieux que cela, en vertu de sa mission divine acceptée devant les peuples, il leur devait de les éclairer. Qu'on me permette d'ajouter, pour tout esprit observateur, que l'acte accompli par lui à Perpignan marque un point culminant dans les sphères de l'âme.

Pierre de Lune et Vincent Ferrier suivent longtemps la même voie. A un moment donné, ils se séparent : l'Église supplie à genoux l'obstiné vieillard d'avoir pitié d'elle, il ne l'écoute pas. Elle ne l'a pas maudit, parce qu'elle respecte tous les tombeaux, mais elle l'enveloppe d'ombre discrète, terrible punition d'une mère outragée!

Rien d'ailleurs ne démontre mieux l'influence de Vincent Ferrier sur son temps. On sait l'entêtement des princes pour leurs idées, surtout lorsqu'ils se mêlent de gouverner l'Église. L'incroyable aberration d'Alphonse V, qui lui fit soutenir le pontificat ridicule de Muñoz, sur le rocher de Péniscola, en est une preuve. Il s'agissait donc de faire entendre

---

(1) Tous ces faits sont fidèlement résumés dans les lignes suivantes :
« Le célèbre Vincent Ferrier fut un de ceux qui contribuèrent le plus à modifier l'atti-
» tude du roi d'Aragon à l'égard de Benoît. Autrefois, partisan zélé de Benoît XIII, dont
» il dirigeait même la conscience, il avait pu se convaincre plus tard que son égoïsme était
» le seul obstacle à des sacrifices devenus nécessaires pour l'extinction du schisme, et cette
» persuasion ne lui permit pas de soutenir plus longtemps sa cause. Le renom de sainteté
» qui l'entourait et l'énergie de ses paroles ne tardèrent pas à gagner l'esprit du peuple. »
(HÉFÉLÉ, *histoire des Conciles*, t. XLV, § 765.)
Le procès de Naples avait une question ainsi conçue : « (*Utrum rerum sit*) quod pro unione
» Ecclesiæ sanctæ Dei miraculosissimé operatus est adeò quod multos principes et regna
» in obedientiam diversorum pontificum dissidentia ad unionem et unius pontificis obe-
» dientiam reduxit ? » — A quoi tous répondent par ce qui s'est passé à Perpignan.
Voir documents *10* et *11*.
Voir aussi les *Chroniques d'Espagne*, recueillies par CAJETANO ROSELL, *loc. cit.*

à des Espagnols, peuple chez lequel la fierté nationale est si développée, qu'un Pape espagnol, et le plus intelligent des trois, devait être abandonné. Vincent Ferrier a fait ce miracle.

Le Schisme était bien fini ; ce qui se fera désormais, même à Constance, sera la conséquence de l'acte posé à Perpignan par Vincent Ferrier : élément secondaire en apparence dans le jeu des forces humaines, mais aux mains de Dieu, ouvrier des œuvres qui changent la face du monde.

Vincent Ferrier partit de Perpignan comme s'il eût accompli un acte ordinaire, sans écouter les échos de cet immense bien-être de la chrétienté.

Pas plus que pour l'élection de Caspe, il ne permit qu'aucune ombre restât à cette œuvre de pacification.

Partout il la justifiait sans ambages.

Ayant appris que la reine Marguerite de Prades avait, dans son entourage, émis quelques doutes, il la foudroya d'un réquisitoire si vigoureux que la princesse, effrayée, se retira au monastère de Valdoncelles pour faire pénitence (1).

Et comme il était lui-même résolu à parcourir de nouveau l'Espagne, s'il y avait nécessité de raffermir les esprits, le roi écrivit à ses représentants cette lettre où l'on voit éclater sa vénération reconnaissante :

« Le roi Ferdinand,

» A tous nos aimés et fidèles gouverneurs, vicaires, baillis, procu-
» reurs......, jurés, consuls et autres officiers publics ou leurs lieutenants,
» ainsi qu'à tous les intendants de nos ports, préposés aux douanes,
» gardiens de frontières, etc., à qui les présentes parviendront, salut et
» considération affectueuse.

» Comme Fr. Vincent Ferrier, maître ès sciences sacrées, à nous
» particulièrement cher, se propose selon sa coutume de parcourir nos
» terres et nos royaumes pour y prêcher la parole de Dieu, nous enjoi-
» gnons à tous et à un chacun de vous, de la manière la plus expresse
» et sous peine d'encourir notre indignation, de veiller sur lui et sur
» tous ceux de sa suite comme sur la prunelle de vos yeux, dans toutes
» leurs allées et venues, ne tolérant pas que personne, de quelque rang
» ou condition que ce soit, leur porte aucun préjudice ou les inquiète en
» aucune manière. Et si quelqu'un était assez téméraire pour vouloir

---

(1) Teste ANDREA DE FULCOVISU.

» leur causer quelque dommage, opposez-vous y de tout votre pouvoir,
» et au besoin par la force des armes. Et si le dommage était déjà causé,
» faites en sorte de le réparer le mieux possible, accueillant toujours et
» partout avec respect, bonté, charité et distinction des gens que, de
» nouveau, nous recommandons à toute votre sollicitude.

» Donné à Perpignan, sous notre sceau particulier, et signé de la main
» de notre premier-né, étant nous-même empêché par la maladie, le
» 8 janvier 1416 (1).

» Signé : ALPHONSE, premier-né. »

Par mandement royal, PAUL NICHOLAI.

L'Apôtre, en effet, employa les mois de janvier et de février à parcourir le Roussillon et la Catalogne, dissipant tous les doutes, faisant taire les récriminations, éteignant les dernières étincelles de discorde, ralliant toutes les volontés.

De son côté, le roi mourant, sous prétexte de changer de climat, en réalité pour mettre fin aux hésitations de la reine Doña Catalina, dirigea sa route douloureuse vers la Castille. La mort l'arrêta près d'Igualada, à six lieues de Barcelone, le 2 avril 1416.

Véritable martyr du devoir royal, il s'était rendu à Perpignan, malgré le mal qui le rongeait, quittant le doux ciel de Valence. Et ce dernier voyage fut encore un acte de foi. Il était âgé de trente-sept ans. Roi chargé de gloire précoce, à qui rien n'a manqué, pas même la calomnie. Curità, au burin immortel comme Tacite, l'a vengé noblement.

---

(1) Voir le texte Document 12.

# CHAPITRE XVIII

### CONCILE DE CONSTANCE

TENTATIVES POUR ENVOYER VINCENT FERRIER AU CONCILE — LETTRE DE GERSON — VINCENT FERRIER N'EST PAS ALLÉ A CONSTANCE — ROLE DU SAINT EMPIRE — GRAVES INNOVATIONS — FUITE DE JEAN XXIII — « TUMULTUARITER » — PROCÈS DES RÉCALCITRANTS — LE DIABLE A CONSTANCE — MARTIN V — JEUNESSE ÉTERNELLE — NOTE FAUSSE — LE PAPE SUPÉRIEUR AU CONCILE — LISIÈRES SOLIDES — LES JUBILÉS — LE BIEN DU MAL — DÉCADENCE FATALE

#### 1414-1417

Persuadé que rien ne s'achèverait sans Vincent Ferrier, le roi Ferdinand avait fait tous ses efforts pour le décider à se rendre à Constance.

Son ambassadeur au Concile, le docteur M. Antoine Caxal, général de l'Ordre de la Merci, avait des instructions ainsi conçues :

« *Item*, il expliquera au roi des Romains et au Concile combien il » serait de grande importance que maître Vincent s'y trouvât, qu'on lui » écrive dans ce sens; le roi l'a fait, mais jusqu'ici, il doute du résultat » de sa démarche. Que les lettres du roi des Romains soient très pres- » santes, et celles des ambassadeurs du Concile officiellement convoca- » toires. Si on peut lui faire entendre que sa conscience est engagée, il ira. »

L'ambassadeur rencontra l'Empereur à Lyon. Il rendit compte ainsi au roi de sa mission : « En ce qui concerne l'appel de Vincent Ferrier au » Concile, sans retard, en ma présence, l'Empereur a ordonné qu'on écri- » vit audit maître Vincent, et il a fait écrire immédiatement après au » Concile d'avoir à expédier une lettre de convocation audit maître » Vincent, d'où, Seigneur, j'ai grand espoir du succès. »

Alphonse V, au début, imita la conduite du roi son père : son premier soin fut d'écrire, lui aussi, à Vincent Ferrier, pour le prier de se rendre au Concile.

« A notre fidèle et religieux ami, Fr. Vincent Ferrrier, maître ès sciences » divines.

» La lettre convocatoire que nous vous envoyons sous ce pli vous

» invite à vous rendre en personne au Concile, pour y terminer le schisme
» et rendre à l'Église la paix tant désirée. Nous vous prions donc affec-
» tueusement, par les entrailles de la miséricorde de Jésus-Christ, selon
» notre désir et celui de tout l'Univers, de procurer l'union dans l'Église,
» de vous acheminer le plus tôt possible vers Constance. Nous mettons
» à votre disposition, pour vos dépenses, 540 florins. Si dans six mois
» vous avez encore besoin d'argent, nous vous en enverrons. Un cham-
» pion de la foi ne peut se désintéresser de l'affaire capitale et de la paix
» universelle si nécessaire à la foi chrétienne; aussi ne devons-nous
» regarder ni aux fatigues personnelles, ni à la dépense, mais arriver à
» un si grand bien, coûte que coûte.

» Donné au monastère de Poblet, sous notre sceau secret, le 15 avril 1416.

» Le roi,
» ALPHONSE. »

Autre lettre :

« A notre dévoué et religieux Fr. Vincent Ferrier, maître en sacrée
» théologie.

» Le temps est favorable, et voici vraiment des jours de salut : faisons
» le bien tant que nous en avons le loisir. C'est pourquoi nous vous
» demandons, vous prions et vous conjurons, par les entrailles de la
» miséricorde de Jésus-Christ, d'achever ce que vous avez si glorieuse-
» ment commencé. Au nom de Dieu, dont les intérêts sont en jeu,
» veuillez vous rendre à Constance, où le salut public a besoin de vous
» et vous réclame par des supplications réitérées (*raucâ gutture*). Que
» votre charité ne fasse pas défaut à un bien si désirable. Outre la gloire
» de Dieu et les mérites que vous acquerrez, vous nous ferez un immense
» plaisir.

» Donné à Barcelone, sous notre sceau secret, le 31 août 1416.

» Le roi,
» ALPHONSE. »

Et comme il croyait que l'Apôtre ne résisterait pas à ses instances et
à celles de l'Empereur, il donna pour consigne aux délégués espagnols
de prendre conseil de maître Vincent et de s'en rapporter à lui (1).

Gerson lui écrivit à son tour :

---

(1) Item de totes les damunt dites coses comunicaran, e en llurs consells demanaran a
Mestre Vicent.

« Au célèbre docteur et prédicateur zélé, maître Vincent Ferrier, de
» l'Ordre des Frères Prêcheurs, mon Père très cher en Jésus-Christ.

» La renommée m'a si souvent et si hautement parlé de vos mérites,
» illustre docteur ; j'ai, en particulier dans mes entretiens avec le Maître
» Général de votre Ordre, appris de si grandes choses à votre sujet que
» vous me paraissez avoir été figuré, comme votre nom du reste semble
» l'indiquer, dans l'*Apocalypse*, lorsque saint Jean, embrassant d'un
» regard toutes les destinées de l'Église, disait : *Je vis un coursier au
» pelage blanc, et celui qui le montait tenait un arc ; une couronne lui
» fut donnée, et vainqueur, il s'élança vers de nouvelles victoires.* Vous
» aussi, vous vous êtes élancé pour vaincre, ô glorieux Vincent (1) !
» Mais quels sont vos moyens et quelles sont vos armes ? Est-ce avec
» un appareil guerrier ? Il répond, celui dont vous êtes l'imitateur,
» saint Paul : « *Nos armes ne sont pas des armes matérielles.* » Et autres
» passages que vous savez mieux que moi.

» Mon cœur me suggère beaucoup de choses que j'aimerais mieux de
» vive voix confier à votre sagesse ; mais d'autres occupations me
» retiennent ; d'un autre côté, il ne serait ni juste, ni raisonnable de
» vous fatiguer par de longues lettres, accablé comme vous l'êtes par
» les plus graves soucis ; je ne vous ferai donc part que d'une chose
» qui n'est pas seulement l'objet de mes désirs, mais des vœux universels.

» Tous, et particulièrement votre Maître Général, rendent à votre
» charité et à votre zèle pour la paix de l'Église, ce témoignage plein
» d'éloges que la soustraction d'obédience à Pierre de Lune, si malheu-
» reusement endurci contre notre sainte Mère l'Église, n'aurait jamais
» été obtenue du roi d'Aragon si le poids de votre autorité ne l'eût
» entraîné. Nous tous ici, au saint Concile général, attendons de ce
» grand acte le rétablissement d'une paix qui semble nous fuir depuis
» quarante ans. O trois et quatre fois heureux, si vous pouviez non
» pas apprendre, mais voir de vos yeux l'élection du Souverain Pon-
» tife, qui ne saurait tarder ! Et quelle joie pour le Concile de jouir de
» votre présence ! Ce serait là, si je ne me trompe, le meilleur moyen
» d'assurer le fruit de tout ce que vous avez fait jusqu'ici. Souvenez-
» vous de ce mot de saint Paul aux Galates : *Je suis allé à Jérusalem
» avec Barnabé et Tite, et j'ai conféré avec eux de l'Évangile que je
» dois prêcher aux Gentils, mettant de côté tout autre projet quelque
» important qu'il parût être, afin de ne pas travailler en vain.* Ces

---

(1) Gerson joue ici sur le mot *Vincens* qui veut dire à la fois *Vincent* et *vainqueur*.

» paroles me paraissent s'appliquer à vous. C'est ici, en effet, comme
» une autre Jérusalem où sont rassemblés les prélats, successeurs des
» apôtres et docteurs de la loi. Vous ne pouvez que gagner à conférer
» avec eux de votre prédication, sans parler des multiples résultats que
» peut produire votre venue. » (9 juin 1417.)

Quoi qu'en aient pu dire des écrivains de mérite, Vincent Ferrier n'alla pas à Constance. Certes, comme on vient de le voir, les sollicitations furent pressantes. La première lettre d'Alphonse V, datée de Poblet, où le jeune héritier du trône d'Aragon venait de transporter les dépouilles mortelles de son père, devait exciter les plus vifs sentiments dans le cœur tendre de Vincent Ferrier, et l'engager à déférer aux volontés dernières d'un monarque dont il avait pu apprécier le zèle généreux ; mais il se guidait toujours par des considérations supérieures. Les doctrines hétérodoxes qui avaient prévalu à Pise, et qui persévéraient à Constance auraient suffi pour l'arrêter ; et, en réalité, sa présence, si utile ailleurs, n'était pas nécessaire à Constance. Nous discuterons au surplus tout au long ce point d'histoire aux notes finales. Qu'il suffise d'ajouter ici que le Concile, embarrassé sur certains points de doctrine, envoya pour le consulter une ambassade qui l'atteignit à Dijon, ainsi que nous le verrons dans la suite. S'il se fût rendu à Constance, cet ambassade n'aurait pas eu sa raison d'être. (Voir appendice E.)

Le Concile de Constance, qui s'était ouvert le 5 novembre 1414, aux acclamations universelles, persévérait au milieu des difficultés.

Dès le début, l'Empereur Sigismond prit en main la marche des affaires. Elle montra là son vrai rôle, cette institution inaugurée dans la personne de Charlemagne, et dont on ne saurait méconnaître le caractère providentiel. Pourquoi faut-il avouer qu'elle n'a pas mérité toujours son beau nom de Saint Empire romain ?

Pour éviter de donner aux Italiens trop d'importance, on vota par nation, non plus par tête. Les nations étaient : Allemagne, Angleterre, Espagne, France et Italie. La crainte de la prépondérance se dissimulait sous la difficulté de faire voter par tête une assemblée aussi nombreuse. Chaque nation étudiait à part les questions et soumettait le résultat de ses travaux aux sessions générales.

Un instant, on pensa même à exclure du Conclave les cardinaux ; mais le cardinal Fillastre fit observer que c'était forfaire à toute la tradition ecclésiastique. L'idée vint alors de leur adjoindre trente délégués pris dans chaque nation.

L'innovation n'en était pas moins grave. Jean XXIII, effrayé de la responsabilité qu'il encourait (car tout se faisait sous son couvert), et comprenant, par les accusations dirigées contre lui, qu'il était percé à jour, s'évada pendant un tournois et se retira à Schaffouse.

Outre l'ingérence des laïques, Constance était tenue en état de siège ; la liberté de parler pouvait en souffrir. Enfin le Concile avait attiré une foule d'étrangers. Les fêtes, les spectacles, les gens de plaisir auxquels se mêlaient parfois les prélats, toutes choses qui ont fait porter sur le Concile lui-même des jugements sévères, purent aussi motiver la résolution de Jean XXIII. Cependant, sa fuite fut un tort et faillit être un malheur. Il fallut toute l'énergie de l'Empereur pour empêcher le Concile de se dissoudre.

Mais alors on manqua de mesure ; Gerson crut bien faire, pour en finir, d'émettre sur la toute-puissance du Concile, à l'encontre du pouvoir papal, des propositions dont on a singulièrement abusé depuis.

Chose plus grave ! Le Vendredi-Saint, 29 mars 1415, trois nations, France, Allemagne, Angleterre, tinrent une session d'où sortirent deux articles chargés de tempêtes : 1° Le Concile œcuménique tient sa puissance directement de Dieu, et le Pape lui-même doit se soumettre à ses décisions ; 2° Quiconque refusera d'obéir, même le Pape, subira la peine méritée, sans recours possible.

L'Empereur comprit qu'on avait été trop loin, et proposa une rédaction plus modérée. Elle allait être acceptée, lorsqu'on apprit que Jean venait de quitter Schaffouse pour Laufenbourg. Cette fuite nouvelle produisit le plus fâcheux effet : on articula de nouveau les propositions, mais plusieurs Cardinaux protestèrent.

Telle est la version généralement admise. Elle n'est pas exacte : les manuscrits du Vatican prouvent que le désir de l'Empereur fut respecté, et que les deux propositions terribles ne furent point admises à la quatrième session. Plus tard, le Concile de Bâle les fit insérer, à dessein de s'en servir contre Eugène IV ; elles ont passé de là dans l'histoire courante.

Il est bien évident que le Concile avait tort de formuler cette doctrine, mais surtout, si telle a été son intention, d'engager l'avenir. Il savait bien que, dans les conditions où il poursuivait son œuvre, son œcuménicité était discutable. On se rejette sur l'approbation de Martin V qui, devenu seul Pape, approuva tout ce qu'avait fait le Concile. Il faut distinguer : *Conciliariter*, le mot y est : or, ce qui se fit alors, n'avait pas ce caractère, mais bien un tout autre qu'on a exprimé par cet adverbe un peu barbare : *tumultuariter*.

Des ambassadeurs auprès du Pape Jean parvinrent à lui faire résigner ses pouvoirs, sans conditions. Le Concile, à tort peut-être, ne se contenta pas de cette résignation, et le cita à comparaître dans des termes fort durs. Le Pontife crut qu'il n'était pas de sa dignité d'obéir. Il fut alors déposé après lecture de 72 chefs d'accusation, réquisitoire violent qu'il convient d'accepter avec défiance, et qui montre à quel diapason étaient montés les esprits. Jean fut retenu dans diverses prisons jusqu'à l'élection de Martin V.

En juin 1415, arriva au Concile la démission de Grégoire XII. Elle fut accueillie avec joie, accompagnée cette fois de ménagements pour la personne du démissionnaire; ses cardinaux furent reconnus comme faisant partie du Sacré-Collège.

De son asile de Péniscola, Pierre de Lune lança contre ce qu'il appelait ses ennemis toutes ses foudres, désormais impuissantes. En novembre 1416, on procéda contre lui. Les anciens griefs furent reproduits : ses promesses foulées aux pieds, son humeur belliqueuse, son opiniâtreté. On essaya cependant de pénétrer jusqu'à lui. Les envoyés du Concile trouvèrent un vieillard bizarre, aux paroles pleines d'aigreur, qui les congédia rudement.

Il fut publiquement déposé le 26 juillet 1417.

Il mourut sur son inaccessible rocher, sans donner signe de résipiscence, en 1424. Cet homme, que saint Vincent Ferrier couvrit de sa grande ombre, n'est pas compté par l'Église au nombre de ses Pontifes.

Lorsque les procès contre les compétiteurs non démissionnaires furent achevés, la question de savoir s'il fallait procéder à la réforme ou donner d'abord une tête à ce corps décapité depuis si longtemps, souleva une telle tempête que, si l'Empereur n'eût su à temps déployer une salutaire énergie, le Concile allait se dissoudre. En somme, c'est à lui qu'on doit d'avoir mené à bonne fin ce Concile, à travers toutes sortes de misères venant des hommes, des choses et de tout.

On finit par s'entendre, en établissant d'abord les bases de la réforme, qui devait s'opérer ensuite de concert avec le Pape futur, à l'élection duquel il fut procédé sans retard.

Le 8 novembre 1417, 53 électeurs, 23 cardinaux, et, pour cette fois, les 30 délégués des nations, entrèrent en conclave dans l'entrepôt de grains de Constance disposé à cet effet. On prit toutes les mesures usitées pour les Conclaves.

Chaque nation essaya d'abord de faire pencher la balance de son côté; les diables, vus par Vincent Ferrier, faisaient leurs derniers efforts (1).

Les premiers votes furent extrêmement mêlés : on en rougit un peu. L'Allemagne céda la première, puis l'Angleterre, la France, et enfin l'Espagne. L'Italie, qu'on avait voulu éloigner à tout prix, resta maîtresse du terrain sans combattre; le troisième jour, toutes les voix se portèrent sur un romain, Otto Colonna. La Providence sait mieux que nous ce qu'il nous faut (2).

C'était le 11 novembre, jour de la fête de saint Martin. Le nouveau Pape prit le nom de Martin V. Il avait cinquante ans. C'était un homme vertueux, pacifique, bienveillant et modeste. 80 000 personnes applaudirent sur-le-champ.

L'empereur mena à pied la blanche haquenée du Pape, et l'on se dirigea en interminable procession vers la cathédrale. Les fastes de Constance relatent ces fêtes splendides de la jeunesse éternelle de l'Église catholique.

On s'occupa immédiatement de réforme, dont on traça les lignes générales. Le Pape devait s'entendre avec chaque nation par un Concordat.

Martin V publia ensuite une bulle doctrinale, où il se servait à

---

(1) Et modo omnes rogare debemus Dominum ut deus det semper et teneat unionem Ecclesiæ, quia quando concilium erat in Constantia, erant mille millia dæmonum repugnantium unioni Ecclesiæ. Ideo orandum est : sed libera nos a *malo*. (*Sermon pour le 4e dimanche après la Pentecôte.*)

(2) Rappelons ici, en le complétant, ce que nous avons dit touchant le mode d'être de cette puissance merveilleuse qui fonctionne ici-bas avec de si pauvres éléments. Dieu confie à l'activité humaine le choix de la personne du Pape, se réservant de conférer le pouvoir.

Il convenait que l'Église, chargée du gouvernement des âmes dans ce monde visible, eût une organisation hiérarchique bien définie, commode, s'adaptant facilement aux circonstances. C'est pourquoi, dès après saint Pierre, *sentant* qu'elle devait agir ainsi, comme parle si bien la théologie, l'Église procéda par élection.

C'est le clergé romain, devenu peu à peu le Collège des cardinaux, qui a toujours élu les pontifes. Quelquefois, comme à Constance, des princes, des moines ou d'autres personnages ont été admis à concourir à cette élection, mais non pas à la faire, et il fallut à Constance l'assentiment des cardinaux pour la validité de l'élection de Martin V.

Faute de cardinaux, le Concile représentant l'Église, peut, non pas élire le Pape, mais choisir les électeurs. Quelques Pontifes ont cru devoir désigner leur successeur, ils ne pouvaient l'imposer. Mais le Pape peut influer sur le bon gouvernement à venir de l'Église, puisque c'est une de ses prérogatives de nommer les cardinaux.

Si l'Église vient à douter de la légitimité du chef qui lui est nécessaire, elle a le droit, mieux que cela, le devoir, de s'en assurer. Et si elle exige la renonciation du Pontife douteux, elle ne fait que pourvoir à son propre honneur, aux intérêts sacrés des âmes et à la paix du monde. C'est ce qu'elle fit à Constance, et ce qui mit fin au grand schisme d'Occident.

dessein de termes généraux touchant la prédominance du Pape sur le Concile.

On se sépara magnifiquement. 40 000 cavaliers, y compris l'Empereur qui tenait la bride du cheval monté par le Pape, l'accompagnèrent à la sortie de Constance.

Le schisme était fini. On avait les yeux ouverts sur une réforme urgente. Des répressions vigoureuses appliquées à de dangereux novateurs ramenèrent les uns, endurcirent les autres. C'est la loi de ce monde pour les âmes. Les hommes de bonne volonté pouvaient avoir la paix et aller à Dieu. L'Église reprenait sa marche régulière.

Mis en liberté par ordre du nouveau Pape, Balthazar Cossa (Jean XXIII) alla le rejoindre à Florence où il se jeta publiquement à ses pieds. Cette scène attendrissante arracha des larmes à tous les assistants. Martin V le fit doyen du Sacré-Collège, avec siège à part dans les cérémonies. Descendu du faîte des grandeurs humaines, Balthazar Cossa écrivit à Pierre de Lune d'imiter sa soumission; il mena quelque temps à Florence la vie d'un pénitent et mourut le 20 novembre 1419 (1).

---

(1) Sur ce pontife, malgré cette atténuation « qu'il sut profiter des leçons du malheur, » on ne saurait admettre le jugement de l'abbé Christophe (*Histoire de la papauté pendant le XV<sup>e</sup> siècle*, t. III, p. 224) : « Après la sentence du Concile, on ne » peut guère douter que Balthazar Cossa n'ait été un des plus indignes personnages de » l'histoire..... »

Lorsque, à Schaffouse, on lui présenta le libelle infâme, œuvre anonyme qui plus tard servit de base au procès qu'on lui fit, il avoua humblement qu'il y avait quelque chose de vrai. Mais sa tristesse fut grande devant les crimes odieux qu'on lui imputait si gratuitement et avec tant de passion. De là vinrent ses exodes successifs; il ne jugeait plus sa personne en sûreté.

La note suivante n'est-elle pas aussi d'une injustice flagrante, quand il s'agit d'un des hommes qui ont joué le plus beau rôle à cette triste époque, notre Bienheureux Jean Dominici de Florence, archevêque de Raguse? « De ces quatre personnages (les cardi» naux nommés par Grégoire XII), Jean Dominici était sans contredit le plus remarquable » par ses talents, et celui qui avait le mieux mérité le chapeau par ses flatteries et ses » obséquiosités auprès de Grégoire (!). »

« La capacité et les vertus de Jean Dominique—son vrai nom est Jean Dominici—étaient » incontestables, mais c'était une de ces natures en qui le caractère n'est point au niveau » de l'intelligence et de la piété; natures faibles qui ne savent point être fidèles à une con» viction, que les circonstances entraînent, que les positions séduisent, que la majesté du » pouvoir subjugue, et qui sont de bonne foi peut-être dans leurs variations, parce qu'elles » les regardent comme un progrès de leurs idées. » (*Histoire de la Papauté au XIV<sup>e</sup> siècle*, t. III, p. 276.)

L'auteur oublie que, lorsqu'un homme vertueux respecte et défend un fait accompli contre l'inopportunité duquel il a protesté, il y a abnégation et non contradiction. Sans être un de ces *théologiens complaisants discoureurs*, Jean Dominici pouvait appuyer le Pontife à la légitimité duquel il croyait.

L'abrégé de sa vie insérée au Bréviaire — car il fut mis sur les autels par Grégoire XVI,

Angelo Corrario (Grégoire XII) fut fait légat de la marche d'Ancône et mourut, à Recanati, le 18 octobre 1417. Lorsque Martin V, qui venait d'être élu à Constance, apprit sa mort, il lui fit faire des obsèques très solennelles. « Honteuse médiocrité, » dit ici l'abbé Christophe. L'expression est trop forte. Il est regrettable que son ouvrage bien documenté, dans le but de réagir contre des apologies exagérées, force la note sévère.

Plus encore que le Concile de Pise, le Concile de Constance a été l'objet de violentes polémiques.

On a voulu abuser de la prudence de Martin V, mais l'histoire démontre que cela seulement qui avait été fait par le Concile tout entier, agissant dans la maturité d'un jugement calme, fut approuvé par le nouveau Pontife, et encore *in materiis fidei et salutis*. Rien n'était alors défini au sujet des rapports du Pape et du Concile œcuménique. Il est des choses qu'on ne voit bien qu'après coup. De plus, sans que personne songeât à lui contester ce droit, Martin V, quand il le jugea à propos, congédia le Concile (1). Dans sa bulle du 10 mars 1418, il appelle le Pape le Souverain Juge, et défend d'appeler de ses décrets.

D'ailleurs, le Concile lui-même se déjugea ; quand il s'agit de condamner Jean Huss, on demanda au nom de qui se ferait la condamnation :

---

— donne une note diamétralement opposée. Saint Antonin en fait le plus grand éloge.

Il fit en Toscane ce que Vincent Ferrier faisait ailleurs. Celui-ci n'avait pas trop présumé des vertus, ni des talents de son émule.

A Constance, il remplit sa mission avec une grande noblesse ; jusqu'à ce que la renonciation de son maître fût publiée, il voulut qu'on le traitât en Pape, il fit mettre les armes pontificales sur le couvent des Augustins qu'on lui avait assigné ; et comme on les arracha, il protesta publiquement.

A l'arrivée de Charles Malatesta, porteur de la démission de Grégoire XII, le cardinal de Raguse se rendit à l'assemblée, convoqua et assembla le Concile au nom du Pontife romain. Après cette formalité, remplie avec un grand sens de sa dignité, il lut la formule de renonciation, puis il déposa sa calotte rouge aux pieds de l'Empereur et alla s'asseoir parmi les simples évêques. Mais le Concile ne le permit pas.

C'est à ses instances réitérées qu'on doit la renonciation de Grégoire XII. Nature indécise, le Pontife se prémunissait contre ses irrésolutions en faisant de Jean Dominici un plénipotentiaire auprès du Concile.

Tranquille de ce côté, l'Empereur put alors seulement se rendre à Perpignan pour conférer avec Benoît XIII.

Fontana l'avait principalement en vue lorsqu'il écrivait :

« In qua sacrosancta synodo mirum in modum dominicani Ordinis zelus, doctrina, atque pietas eluxit : nam illius inclyti filii auro primo charitatis amicti, nullis laboribus fracti, omnem præstitere conatum pro Sanctæ Ecclesiæ unione promovenda, avertendo obstacula cuncta quæ illam perturbare posse dignoscebantur.

(1) De même que Grégoire XII l'avait fait ouvrir en son nom par Jean Dominici, du consentement de tous les membres, *ad cautelam*.

d'Ailly, cardinal de Cambrai, patriarche des Gallicans, prétendit ouvertement que le Concile étant au-dessus du Pape, ce devait être au nom du Concile ; l'opposition fut générale.

La supériorité du Concile n'a pas pu être définie comme vérité de foi, puisque l'infaillibilité personnelle du Pape est plus tard devenue un dogme.

Il faut tenir compte aussi de l'état des esprits montés contre Jean XXIII. On se rappelle qu'il fut proposé d'écarter autoritairement lui et ses cardinaux des délibérations conciliaires, *sous prétexte qu'il s'agissait de le juger.* Luther libella plus tard juste la même proposition. On peut voir par là sur quelle pente était, au début, le Concile de Constance.

Le Concile ne s'est pas prononcé entre les diverses obédiences ; il a ratifié les actes de tous les Pontifes. Le Saint-Siège était considéré comme vacant. Cependant, les Annales ecclésiastiques mentionnent, comme formant la succession légitime, les Pontifes qui siégeaient à Rome.

Le fond, l'extrême fond était sauf ; le *non patietur vos tentari supra id quod potestis* demeurait vrai. Mais le flambeau sauveur de l'humanité vacilla. Dieu pencha son Église, comme une indocile enfant, sur un véritable abîme. Heureusement, les lisières sont solides, et la main qui les tient, ferme.

Toutefois, le mal posé n'en aura pas fini avec ses formidables conséquences. C'est ainsi que le schisme effaça la ligne de démarcation entre les deux pouvoirs. De là le scandale de la déposition d'Eugène IV, au Concile de Bâle, restes informes mais dangereux du grand schisme : comme on voit certains reptiles essayer de nuire par les tronçons de leur corps mutilé.

De là encore, cet autre long serpent du Gallicanisme.

Le zèle vrai, mais outré pour la réforme, fit naître les erreurs de Wiclef, de Jean Huss, de Jérôme de Prague, précurseurs de Luther. Il n'y avait pas jusqu'aux puissances temporelles qui ne fussent menacées par des écrits tels que ceux de Jean Petit et de Falkenberg, apologiant l'assassinat politique. Le pouvoir s'était avili en haut, rien d'étonnant à ce que le peuple conclût à sa façon toujours brutale (1).

---

(1) » Le Concile de Constance a été un remède, mais un remède très malheureux ; il a
» éteint le schisme, mais altéré dans beaucoup d'esprits le concept de l'Église.
 » Ce Concile a tendu à faire prévaloir le parlementarisme épiscopal.
 » De là, dans les siècles suivants, pour fixer les limites du pouvoir dans l'Église, bien
» des volumes et des débats à travers lesquels l'idée de la Constitution purement monar-

Cependant, le remède était à côté du mal : grâce aux Saints dont se glorifiaient les deux partis, les peuples trouvaient, au milieu de ces ténèbres, des lumières éclatantes à suivre, et sur ce sol ingrat, d'éminentes vertus à imiter. A cette époque, d'ailleurs, la foi était très vivante. Il est curieux de voir l'ardeur avec laquelle on demandait des jubilés. C'était parmi les peuples et les princes une sorte d'exultation naïve et enfantine qui les portait à profiter de ces misères comme d'une bonne aubaine pour forcer Dieu en quelque sorte à leur pardonner leurs fautes.

Tout le monde pensait à unifier l'Église, nul à la détruire, pas plus qu'à mettre en doute le caractère sacré du Pape auquel on obéissait. Chose étrange! dans ce schisme il n'y avait pas un schismatique.

Il y a plus, et la vigueur des âmes s'accentua. Ces deux grandes lumières que l'Église produisit alors ne seraient vraisemblablement pas, sans le spectacle de tant de maux, arrivées au même degré de splendeur. L'histoire de saint Vincent Ferrier le démontre assez ; et quiconque voudra lire attentivement la vie de sainte Catherine de Sienne verra que les événements du grand schisme exercèrent sur elle une influence merveilleuse. Il y eut dans sa foi une intensité nouvelle, dans son zèle une expansion catholique selon la mesure même des malheurs de ce temps ; en un mot, dans son âme tout entière une impulsion spéciale communiquée aux successeurs mêmes des apôtres, par l'apostolat d'une pauvre fille sans lettres. Ce qui est dit ici de ces deux grandes âmes, on peut et on doit le dire d'une foule d'autres que l'histoire ecclésiastique met en relief.

Pendant que les âmes sans caractère subissaient l'influence qui refroidit (*ubi abundaverit iniquitas refrigescet caritas*), profitant pour leur égoïsme de l'universel désarroi, les autres se serraient contre l'autel.

C'est le crible final.

De notre temps, beaucoup d'esprits que les persécutions, les hérésies mêmes laissent indifférents, parce que la contradiction, même violente, aboutit plutôt à répandre une doctrine qu'à l'éteindre, sont ébranlés par ce fait de l'Église sortant victorieuse du grand Schisme. Dieu seul pouvait, en effet, avec des éléments si pauvres, si rebelles, perpétuer une société qui est, malgré tout, sur la terre, l'expression de sa sagesse, de sa puissance et de son amour.

---

* chique de l'Église ira baissant, remontant à l'inverse, semble-t-il, de celle de l'État, et
» sera enfin définitivement et providentiellement consacrée par le Concile du Vatican. »
(M. Brugère, professeur d'histoire à Saint-Sulpice. *Cours lithographié.*)

Le monde chrétien a profité de ces leçons. Depuis lors, il converge plus puissamment vers le centre de l'unité catholique. La revendication des prétendues libertés gallicanes, trop longtemps identifiées avec le sentiment national, est abandonnée sans retour. Le protestant Sismondi les appelle « le privilège d'être soumis exclusivement à l'autorité civile. »

Le clergé, qui les défendit si imprudemment, a laissé à ses successeurs un terrible héritage. Tous les pouvoirs persécuteurs les ont retournées contre lui.

L'esprit de contradiction, de discussion, d'investigation insolente, qui eut son origine au grand Schisme et que nous voyons se développer si fort de nos jours, tient en éveil toutes les forces vives de l'Église. C'est l'ennemi qui garde les gardes.

Vigoureusement appliquée par les Conciles, la réforme a fait disparaître ces fléaux qui rongeaient la société chrétienne. La simonie, mal odieux, une des causes du grand Schisme et que, selon qu'il arrive souvent dans les lignées vipérines du mal, le grand Schisme avait développée si tristement, nos ennemis n'en savent pas même le nom.

Sans doute, dans l'Église il y a des misères isolées, qu'une méchanceté, fille de la corruption, se plaît à grossir, à étaler, à publier, quand elle ne les invente pas au profit d'infamies sans nom ou d'ambitions dégradées. Mais il est notoire, aujourd'hui, qu'un membre vicié serait, par la force des choses et le fonctionnement normal de la vie, rejeté au dehors comme un élément morbide est sécrété par la circulation du sang dans un corps sain.

Faut-il parler de cette infaillibilité pontificale, dont les écarts du Concile de Constance ont fait reconnaître la nécessité? Elle arrive après six siècles, juste au moment où le principe d'autorité est partout sapé, battu en brèche, afin que les esprits, fatigués des dissensions stériles du nombre, se reposent dans l'unité, et qu'il y ait toujours un phare étincelant au milieu de ces tempêtes incessantes d'un monde qui croule.

Que les ennemis de Dieu en prennent leur parti : *Non prævalebunt*.

J'entends dire, il est vrai, que la lutte jusqu'ici n'a été que jeux d'enfants; mais le temps vient où le progrès humain va donner à cette institution qui la brave de tels assauts qu'il faudra bien qu'elle cède.

La réponse est facile : comme le monde Romain lorsque l'Église grandissait, le monde actuel est à son apogée de jouissances, c'est-à-dire que toute vigueur véritable lui échappe; et des esprits clairvoyants reconnaissent à plus d'un signe que si quelque chose est sur son déclin, ce n'est pas l'Église. Un grand chrétien, qui fut aussi un grand politique, Garcia Moreno, a dit : « Dieu ne meurt pas. » Une autre formule convient mieux à notre pays : Dieu n'a jamais fait son temps (1).

---

(1) Voir appendice F.

# CHAPITRE XIX

## PÉNISCOLA

HARMONIE DES MILIEUX — IMPUISSANTE COLÈRE DE L'ANTIPAPE — CHANGEMENT DE MAITRES — AUBADE MAGISTRALE — PIERRE DE LUNE ET LES ARAIGNÉES — « TRETZE SONT TRETZE » — L'ARCHE DE NOÉ — GIL MUNOZ — UN FRANCISCAIN INTELLIGENT — LES ANNÉES DE PIERRE — JUSTIFICATION IMPOSSIBLE — LE POISON — UNE PROPHÉTIE DE VINCENT FERRIER — TÊTE A METTRE DANS UN MUSÉE — QUAND LA POLITIQUE S'EN MÊLE

Nous avons vu mourir deux des Pontifes qui régnaient simultanément à la fin du grand Schisme. Cette histoire serait incomplète, si elle ne racontait brièvement les derniers jours du troisième, Benoît XIII.

Péniscola ($\alpha \kappa \rho \alpha$ $\lambda \epsilon \upsilon \kappa \eta$ de Diodore), petite Tyr à laquelle on la compare (1), fut, dès les temps les plus reculés, utilisée comme position stratégique. Amilcar voulait y établir le centre d'une nouvelle patrie carthaginoise. Le château, bâti par les Templiers, contient de beaux et spacieux appartements où mourut Benoît XIII. Après les Templiers, elle appartint aux Chevaliers de Saint-Jean, puis à l'Ordre de Montesa, qui la donna à Pierre de Lune. Celui-ci y arriva le 1er décembre 1415.

Ce rocher imprenable, nu et bizarre, cadre singulièrement avec la fortune de ce Pontife que rien ne put fléchir : comme on voit les hôtes de la création vivre dans les milieux en harmonie avec leurs couleurs et leurs destinées. Il mérite une petite monographie.

Hippolyte de Samper (2) raconte un épisode qui fait bien ressortir la ténacité de Pierre de Lune. « En 1413, sur les instances de Benoît XIII,
» le grand Maître, qui exerçait alors les fonctions de vice-roi en Sicile,
» donna ordre d'armer une galère pour défendre ses côtes. Les cheva-
» liers obéirent et servirent de leur mieux le Pontife ; mais, lorsque, en
» 1415, le roi Ferdinand eut envoyé, par son ambassadeur, C. de Vil-
» larosa, l'ordre de ne rien faire désormais pour le Pape Benoît et de

---

(1) La racine *tzyr* étant la même que *Peñasco*, les modernes la dérivent de *Pene insula*.
(2) *Histoire des Chevaliers de Montesa*, t. II, p. 440.

» ne plus lui obéir parce qu'il ne voulait pas renoncer au pontificat, le
» Pontife, irrité, jura de se venger. Il ne put le faire autrement, le
» pauvre! (sic) qu'en nous chassant de la ville et du château de Péniscola, sans songer que si le grand Maître n'avait mis à sa disposition
» cette forteresse, il n'aurait plus su, après avoir été déclaré schismatique, où poser le pied dans ce monde, n'ayant plus personne pour
» le secourir. »

Bien que Péniscola dût revenir légitimement à l'Ordre, Benoît le légua par testament au Saint-Siège. Mais le roi Alphonse V voulut avoir une forteresse si imposante et située dans ses États ; il envoya donc une ambassade au Pape Martin V qui la lui accorda volontiers. C'était le gage de la réconciliation, après la mesquine politique du roi qui lui fit soutenir quelque temps le dernier antipape Gil Muñoz. Comme toujours, la papauté faisait grand ; et le roi, aux Cortès générales tenues à San-Matteo, en date du 16 décembre 1429, fit rendre un décret par lequel Péniscola devait appartenir désormais au domaine royal.

Aujourd'hui, Péniscola est un gros bourg entassé sur un rocher. Le château vaut la peine d'être visité, bien qu'il n'offre aucun souvenir précis. De la terrasse on a une vue de mer splendide, et les jours de tempête, on assiste à une aubade magistrale donnée par le vent et les flots s'engouffrant dans les grottes souterraines.

« On remarque à Péniscola une caverne que les habitants appellent grotte du Pape Lune ; elle communique à la fois avec la mer et l'intérieur de la forteresse. Les vagues y pénètrent avec violence, bondissent et retombent en pluie épaisse, produisant un spectacle admirable et un bruit assourdissant.

» Une autre chose à noter, c'est encore l'escalier du Pape Lune qui consiste en marches creusées dans le roc même ; il servait aux embarquements clandestins (1). »

Cet escalier, en effet très curieux, est taillé dans le granit à pic, mais dissimulé derrière le rocher, pour s'embarquer ou débarquer des provisions en cas de siège.

Le souvenir de Benoît XIII, *el Papa Lluna*, comme ils disent, vit à Péniscola. L'église du lieu conserve sa croix pectorale et son calice d'argent doré, qu'on dirait avoir servi de modèle à ceux qu'on fabrique

---

(1) Mundina, *Hist. de la Prov. de Castellon de la Plana*, p. 457.
A Péniscola, il y a une *Calle de san Vicente Ferrer* annoncée par son image sur faïence. Sa fête et sa neuvaine y sont célébrées solennellement comme dans tout le royaume de Valence.

depuis quelques années sous le nom de calices moyen âge. Gil Muñoz y a laissé aussi un très beau reliquaire en argent.

On honore à Péniscola une remarquable statue de la Vierge, en bois, parfaitement conservée, et que la tradition dit avoir été apportée par saint Jacques, apôtre de l'Espagne. Pierre de Lune, homme de foi à travers tout, aimait à prier devant cette image ; un jour, il trouva le sanctuaire plein d'araignées, il les maudit, et depuis ce temps on n'en a plus vu. C'est du moins ce qu'affirment tous les habitants de Péniscola. J'ajoute que la chose est facile à constater dans un pays où la propreté souffre quelques lacunes.

Les Catalans, qui verraient volontiers réhabiliter Pierre de Lune, reconnaissent son entêtement; ils ont un proverbe ainsi conçu : *Tretze sont tretze*, c'est-à-dire : « N'insistez pas, vous perdriez votre temps. » Cela viendrait, paraît-il, de l'habitude qu'avait le Pontife de répéter, chaque fois qu'on lui proposait de se démettre : « *Je suis Benoît XIII, Benoît XIII* (1). » Aux ambassadeurs du Concile de Constance, il répondit : « Toute l'humanité était dans l'arche avec Noé, toute l'Église » est sur le rocher de Péniscola avec Benoît XIII. »

Le chroniqueur, Pérez de Gusman, raconte que, lorsque Benoit XIII sut son obédience abandonnée, il fit faire son procès à Ferdinand, et envoya, par tout le royaume, relever ses sujets du serment de fidélité. Chaque jour, il faisait prononcer contre lui la sentence d'excommunication. Pauvre roi qui se mourait!

Au seuil de la tombe, il fit jurer aux deux cardinaux qui l'avaient suivi de lui donner un successeur. Subjugués jusqu'au bout, ceux-ci obéirent ; ils élurent Gil Sanchez Muñoz, chanoine de Barcelone (décembre 1424).

Ces deux cardinaux s'appelaient Julien Lobéra, Aragonais, et Dominique de Bonnefoi, Chartreux français. Le roi Alphonse le Sage ne justifia guère son nom en essayant de maintenir ce pontificat ridicule, pour user de représailles envers Martin V qui avait donné le titre de roi de Naples au duc d'Anjou. Bérenger de Bardaxi fit intervenir le cardinal de Foix, parent du roi, et tout s'arrangea. Il ne paraît pas, d'ailleurs, que Clément VIII (ainsi s'appela Gil Muñoz) ait tenu beaucoup à la tiare.

Quand la paix fut conclue entre le pape et le roi, Martin V envoya

---

(1) De là, sans doute, cet adage familier : *Tretze es lo punto de los donos*, ce qui n'a besoin ni de traduction ni de commentaire.

au minuscule Pontife, un Franciscain intelligent qui le fit se démettre en 1429. Il mourut évêque de Majorque. Les deux cardinaux furent gardés en prison.

La relation que firent, le 21 janvier 1417, les délégués du Concile de Constance, de leur entrevue avec Benoît XIII à Péniscola, donne la note du caractère du Pontife, et peut-être aussi de la manière dont on traitait alors les choses et les personnes. Cette relation, écrite par Lambert de la Souche, Bénédictin de Liège, est dans le ton brutal d'une cédule d'huissier ennuyé. Nulle déférence, nulle marque de respect. Il qualifie couramment le Pontife de trompeur, et sa défense de fables insipides; les mots d'hérétique et de schismatique reviennent à chaque phrase.

Quant à Pierre de Lune, c'est le goût de la représentation et la fixité des idées que cette pièce met surtout en relief. Il envoya son neveu, Rodrigue de Lune, et ses deux cents archers au-devant des délégués avec prière d'attendre jusqu'au lendemain pour qu'il pût faire ses préparatifs de réception. La comparaison de l'arche de Noé résume bien ses réflexions habituelles : « *Verberando manum suam ad cathedram dixit:* » *hic est arca Nohe.* — C'est vrai, continua-t-il, que j'ai promis, dans le » Conclave où j'ai été élu, d'aller jusqu'à la cession, mais pas avant » d'avoir épuisé les autres moyens. Or, je suis juge de ces moyens, et » ils sont loin d'être épuisés. Du reste, j'ai envoyé moi-même des » ambassadeurs à Constance. Je suis irréprochable de tous points. On » m'appelle hérétique et schismatique, je suis Pape; les hérétiques et les » schismatiques sont à Constance. Sans eux, le schisme serait fini » depuis un an et demi. Je ne céderai point; vous pouvez le leur dire » de ma part. »

Tel est le résumé de cet entretien (1).

Il est difficile d'admettre, sauf les replis de l'âme dont Dieu seul est juge, qu'il fût dans la bonne foi.

Voici la clause signée par les cardinaux d'Avignon, au Conclave du 16 septembre 1394, où fut élu Benoît XIII : « Chacun de nous, pour le » cas où il viendrait à être élu Pape, s'engage à se démettre du ponti-

---

(1) Il est bon de prendre garde aux traductions. Le texte porte : « Reperimus ipsum » Petrum de Luna cum tribus Cardinalibus suis et aliis episcopis, clericis et laïcis usque » ad numerum virorum utriusque sexus (ce qui est bizarre). » L'abbé Christophe traduit: « Nous le trouvâmes avec ses trois cardinaux; près de trois cents prélats, clercs et laïques » l'entouraient. » Peut-être le mot *personnes* a-t-il été oublié par le prote. (P. 442, et pièces justificatives. *Histoire de la Papauté au XIVᵉ siècle.*)

» ficat, le jour où le plus grand nombre des cardinaux le jugera utile
» au bien de l'Église (1). »

Dans ces termes, aucun doute ne demeure possible, car les cardinaux s'étaient prononcés.

Pierre de Lune est le type de l'homme cantonné dans une idée, qui ne voit rien au delà ni autour, et y dépense dans la solitude toutes les forces de sa réflexion ; qui ne sait pas rendre les armes à la vérité d'où qu'elle vienne ; qui oublie que contester et s'opiniâtrer sont qualités communes et ordinaires aux âmes inférieures ; que se raviser, se corriger, abandonner un mauvais parti au cours de son ardeur, sont qualités rares, fortes et philosophiques.

Il mourut le 23 mai 1423, âgé de quatre-vingt-dix ans (2).

On a remarqué que Pierre de Lune avait porté la tiare trente ans (1394-1424) plus que saint Pierre, ce qui ne s'était jamais vu et ne devait jamais se voir. Le grave saint Antonin en conclut qu'il n'était pas vrai Pape. Pie IX a démontré qu'on pouvait être vrai Pape et dépasser les années de Pierre, ce qui prouve qu'on ne saurait être trop circonspect en matière de prophéties (3).

Quelques auteurs peu suivis, il est vrai, veulent que Pierre de Lune soit mort de mort violente. « Tout le monde affirme, dit le chroniqueur
» Viciana, qu'il fut empoisonné et que l'auteur du poison fut brûlé
» sur la grève près de la ville, à l'endroit où se voit encore un mon-
» ticule de pierres, élevé à cette occasion (4). »

L'Espagne s'étant jointe au Concile, grâce à Vincent Ferrier, Benoît XIII

---

(1) Quilibet Nostrum, etiamsi assumptus fuerit in Apostolatum, etiam usque ad cessionem inclusivè per ipsum de papatu faciendam, si dominis Cardinalibus qui nunc sunt vel erunt in futurum, de iis qui sunt nunc, vel majori parti eorumdem hoc pro bono Ecclesiæ et unitatis prædicto videatur expedire.

(2) Aliàs, le 29 novembre 1424. Comme complément à l'histoire de Pierre de Lune, il faut lire le récit détaillé des derniers moments du grand Schisme à Péniscola. On le trouve dans le *Boletino Ecclesiastico de Tortosa*, 1859, à la fin du volume, sous le titre d'*Episcopologio de la diocesis*, par don ANGELO SANCHO, Can. Magistral.

(3) Je m'en tiens à cette narration succincte mais certaine. Les historiens ecclésiastiques Rohrbacher et Bareille continuateur de Darras, entre autres, s'étendent davantage, mentionnent les cardinaux créés *in extremis* par Pierre de Lune ; mais leurs récits ne concordent pas, et ils écorchent les noms propres. J'observe que Bareille va trop vite en traitant de fable le serment que fit prêter Benoît XIII à ses deux cardinaux : ce serment complète bien ce que nous savons du caractère de Pierre de Lune, et l'intervention d'Alphonse V n'y contredit pas.

(4) Todos afirman que murió entoxicado y que el autor del toxico fue quemado en el arenal junto a Peniscola donde hasta huy (1565) por memoria hay un mojon de cal y canto.

restait sans obédience; on put alors procéder régulièrement contre lui : outre sa déposition par le Concile, Martin V, apprenant sa résistance, l'excommunia le jour de Pâques 1419.

C'est pourquoi l'annaliste Çuritá fait cette réflexion douloureuse : « On transporta Pierre de Lune à Illueca, parce que, ayant été schismatique, la sépulture ecclésiastique devait lui être refusée. » Son corps, admirablement embaumé, si bien qu'on crut plus tard à une conservation surnaturelle, déposé d'abord dans la chapelle du château de Péniscola, fut, en effet, transféré dans son château d'Illueca et placé dans la chambre même où il était né. Une lampe y brûlait constamment.

L'évêque italien Porro y monta un jour, brisa la lampe d'un coup de canne. En 1811, les Français profanèrent cette grande dépouille et en jetèrent les fragments par les fenêtres. Selon une prophétie de saint Vincent Ferrier, les enfants jouèrent avec sa tête. Sa famille put cependant la recueillir ; elle repose aujourd'hui dans une humble caisse de sapin, en possession du comte d'Argillo à Savignan, près de Calatayud.

Cette tête mesure $0^m,38$ de la naissance du nez au cervelet, et autant d'une oreille à l'autre; le front est beau, le nez fortement arqué, le crâne, uni et plat, avait une légère pente régulière; un œil est encore dans l'orbite ; on voit que les muscles du cou ont été violemment déchirés. Une peau épaisse couvre le tout.

Cette tête de Pierre de Lune mériterait une place dans un des sanctuaires de la science. La physiologie y trouverait matière à ses déductions.

On a dit que la reconnaissance envers Benoît XIII avait été longtemps plus forte dans le cœur du roi Ferdinand que l'amour de l'Église. C'est un sentiment assez rare pour le saluer et l'honorer, mais il faut ici réduire la chose à sa juste portée. Les Catalans n'ont point pardonné au parlement de Caspe l'élection d'un prince de Castille. Les historiens se sont plu à répéter cette phrase de Benoît XIII : *Me qui te feci misisti in desertum*, et l'un d'eux ajoute que *cela en voulait dire long*.

Un accès de mauvaise humeur dans ce vieillard obstiné, qui, plus tard, après de calmes réflexions, et déjà un pied dans la tombe, n'eut que des paroles malsonnantes pour des ambassadeurs pacifiques, n'a rien de surprenant. Il n'a contribué, nous le savons bien, à l'élection du roi qu'en confiant à Vincent Ferrier la direction de cette affaire ; il avait offert de légitimer l'enfant du roi de Sicile; à Caspe, il ne fut fait de lui qu'une mention honorifique. Cette parole ne fut donc qu'une injure gratuite à ce pauvre roi si magnanime et si abreuvé de souffrances.

Mais, pour avoir une idée de la tournure particulière que prennent les esprits quand la politique se met de la partie, il faut lire ce passage d'Antoine Buffarull : « Un chroniqueur contemporain, l'Espagnol
» Gonzalez Garcia de Santa-Maria, raconte qu'en réponse dernière à
» l'ambassade du roi, le Pape recommanda expressément de lui dire de
» sa part : « Moi qui t'ai fait ce que tu es, tu me relègues dans un
» désert. » Monfar raconte le même fait, mais au lieu de la phrase
» exclamative, il dit qu'en quittant le roi, Benoît lui remit un papier
» sur lequel était écrit cet anathème : « Je t'ai fait roi, toi qui n'étais
» rien, et en récompense, tu m'abandonnes seul dans un désert ; tes
» jours sont comptés, ta vie sera courte, ta race incestueuse ne règnera
» pas jusqu'à la quatrième génération. »

» Le chroniqueur d'Urgel conclut que la rencontre de Benoît XIII
» rendit Ferdinand malade.

» Sans attribuer une vertu prophétique à Pierre de Lune, il faut
» reconnaître que la seconde partie de l'anathème : « ne règnera pas
» jusqu'à la quatrième génération » s'est accomplie, comme nous le
» démontrerons au temps voulu, soit effet du hasard, soit châti-
» ment supérieur, que la Providence peut très bien annoncer, même par
» la bouche de l'homme le plus insignifiant. »

Inutile de faire ressortir ce qu'il y a de fantaisiste dans ces dires (1). Le roi était malade depuis longtemps, si bien qu'il ne pouvait signer les actes publics. Il se peut que Benoît XIII ait aggravé son mal, mais ce fut, comme pour Vincent Ferrier, par son obstination et non autrement. Et que dire de la contradiction flagrante autant qu'odieuse qui se ferait jour ? Si Benoît XIII connaissait dans les antécédents de Ferdinand de pareils crimes, comment le poussa-t-il au trône d'Aragon, lui aragonais ? *Me qui te feci.* — Laissons ces rancunes sans grandeur qui ne méritent pas d'appartenir à l'histoire.

---

(1) Nous en avons fait justice à l'examen du compromis de Caspe.

L'Espagne doit beaucoup à Pierre de Lune. Il enrichit l'Université de Salamanque et la dota de statuts fort sages et de privilèges spéciaux. Il construisit ou releva diverses églises ou couvents, entre autres celui de saint Pierre, martyr, à Calatayud, dans l'église duquel son père avait été enterré.

Saragosse lui doit sa plus belle coupole, et trois bustes reliquaires, en argent doré, avec émaux et pierres fines, d'une estimable valeur. Tortose conserve de lui un magnifique reliquaire, un calice superbe, une croix splendide et les fonts baptismaux en marbre précieux, sur lesquels sont sculptées ses armes. Le croissant lumineux se détache, d'ailleurs, en puissant relief sur tout ce qui vient de sa générosité.

# CHAPITRE XX

## MIDI DE LA FRANCE

PÈLERINAGE A PERPIGNAN — LE CHATEAU DES ROIS DE MAJORQUE — LETTRE DE LA REINE MARGUERITE — LE COUVENT DES DOMINICAINS — SAINT-JEAN-LE-VIEUX ET M. VIOLLET-LE-DUC — LA PLUIE ET LE BEAU TEMPS — BÉZIERS GÉNÉREUX — ENTRAIN MÉRIDIONAL — GUILLAUME SEUHIER

### 1417

Après avoir tenu dans sa main les royaumes de la terre à Caspe, à Perpignan, Vincent Ferrier venait de remettre en marche régulière la société chrétienne.

Il avait obéi à cet amour de l'Église qui, d'un croyant, fait un martyr ; mais son cœur saignait au souvenir de celui dont il avait été l'ami, la gloire et l'appui le plus sûr. Il s'en vint chercher sur le sol de la France les fortifiantes diversions des grands mouvements de peuples vers le salut et la vérité.

Une fois sur cette terre bénie qui semble avoir mission de consacrer toutes les grandeurs, il ne la quittera pas ; il lui donnera, durant des années trop courtes, ce qu'on appellerait improprement ici « les restes » d'une voix qui tombe et d'une ardeur qui s'éteint. » Les derniers flots de cette éloquence foudroyante qui, vingt ans, ébranla le monde, sa vieillesse, éclairée des lueurs d'outre-tombe, ses dernières prodigalités de miracles seront pour la France : elle gardera sa tombe à jamais glorieuse.

Comme on parcourt avec un intérêt douloureux un champ de bataille, parcourons, avant de le quitter, le théâtre du grand drame qui mit fin au schisme d'Occident et donna au Héros de cette histoire un si énorme relief (1).

---

(1) Parmi les hommes de sérieuse érudition qui, à Perpignan, m'ont prêté leur bienveillant concours, il faut nommer M. le colonel Puiggari, dont je ne puis, aujourd'hui, que saluer la mémoire. Ses notes m'ont fourni presque toute la matière de ce chapitre.

Il voulait écrire l'histoire de Pierre de Lune, et nous devons regretter que la mort l'ait empêché d'exécuter ce dessein.

De Perpignan aussi me sont venus de précieux renseignements sur les *Goys* du Rosaire, en usage dans le Roussillon depuis Vincent Ferrier.

Enfin, dans ce pays-là, on parle encore l'idiome que parlait notre Héros.

Il faut saluer cet ancien château des rois de Majorque, où logeait Benoît XIII. On l'aperçoit de loin en sortant de la gare. La plate-forme de son donjon s'élève à plus de 60 mètres au-dessus de la ville.

Dans l'aile du Midi était une grande salle, aux larges baies ogivales et munie de bancs latéraux ; c'est là que le Pontife reçut solennellement l'empereur Sigismond. Dans la cour intérieure, devant la chapelle (1), une estrade était dressée : là se faisaient les discours officiels, là Vincent Ferrier prononça son fameux sermon du 6 janvier 1416. Une lettre de la reine Marguerite de Prades, veuve du roi Martin, à son oncle, l'évêque de Majorque, en donne la preuve.

« Vénérable Père dans le Christ et cher oncle,

» Nous devons faire savoir à votre vénérable Paternité, que le lundi
» fête de l'apparition (sic) des Rois mages, le roi étant sur une estrade
» élevée devant la principale chapelle du château, après la messe dite à
» un autel dressé sur la même estrade, en présence d'un grand nombre
» de notables personnes et d'une foule immense accourue au susdit
» château pour l'entendre, maître Vincent prêcha un sermon dans
» lequel il dit, entre autres choses et très affirmativement, que Notre
» Saint-Père était le vrai vicaire de Jésus-Christ, et que bien des choses
» à lui connues ne lui permettaient pas d'en douter ; mais que, comme
» Notre Saint-Père s'était mis dans certains délais par rapport à l'union
» (chose que nous ne pourrions expliquer dans une lettre), le roi avait
» résolu, pour obéir aux ordres de Dieu, qu'il faut respecter plus que
» ceux du Pape, de faire certaines ordonnances d'accord avec son
» conseil, lesquelles devaient être amères au dit Notre Saint-Père, mais
» très profitables au salut de son âme, de même que la médecine est
» amère au malade. Ces ordonnances ont été publiées là. Comme elles
» sont longues, je n'ai pas bien pu les retenir entièrement, mais elles
» contiennent en résumé, etc. Il ajouta que de pareilles ordonnances se

---

(1) Cette chapelle, du plus pur style, a été malheureusement coupée en deux dans sa hauteur par un plancher horizontal. On peut en lire la description dans le guide en Roussillon, par M. Henry, 1842, et surtout dans le compte-rendu de la 35e session du Congrès archéologique de France. (*Rapport de M. le comte de Toulouse-Lautrec*, 1869.)

C'est par erreur que le Ms. de M. de Saint-Malo fait prêcher ce sermon à Saint-Jean-le-Vieux. « Le 6 janvier 1416, après un très éloquent et très pathétique sermon de
» saint Vincent Ferrier, fut publié le décret de renonciation à l'obédience, dans l'*église*
» *du château*. Copie en fut expédiée aux autres royaumes, qui imitèrent cet exemple. »
(MORENO CEDADA. *Historia de la Iglesia*, t. III, p. 644.)

» publiaient le même jour dans le royaume de Castille et de Navarre,
» et dans les comtés de Foix et d'Armagnac, etc.

» Fait à Perpignan, sous notre sceau secret, le 13 de janvier de l'an
» 1416. — La reine Marguerite. Par mandement de la reine, Pierre Suau.

» *Au vénérable Père en Dieu et très cher oncle, l'évêque de Majorque*
» *camerlingue de Notre Saint-Père* (1). »

Il faut saluer ce beau couvent de Saint-Dominique, très florissant alors ; bien que récemment fondé, il comptait plus de cent religieux. Le P. Llot, dans son livre déjà cité, décrit l'ancien *dormitorium*, dont le peu qui subsiste excite l'admiration. Là était la cellule de Fr. Pierre Durant, où eut lieu la guérison miraculeuse (2). Ce *dormitorium* ou cloître monumental, le long duquel étaient échelonnés les cellules, est aujourd'hui, hélas ! encombré de caissons et de matériel de guerre ; à l'entrée, dans la chapelle des confréries, une très belle fresque, bien conservée, proteste contre la profanation. Toujours et partout, à la place des couvents, des casernes, des prisons ou des hôpitaux. Quel singulier progrès !

Reconstruit en 1558, le couvent des Dominicains de Perpignan fut transformé en hôpital en 1794 ; il pouvait contenir 2000 malades.

Le cloître, orné de colonnes romanes, a été défiguré à diverses reprises. L'église sert de magasin à fourrages. Bien que diminuée d'une travée, on est saisi des proportions de ce magnifique vaisseau (3).

Il faut saluer enfin cette antique cathédrale de Saint-Jean-le-Vieux, où l'Apôtre prêchait ordinairement au peuple. « Dans ces murs avait plus
» d'une fois retenti la voix puissante du célèbre prédicateur, saint Vincent
» Ferrier, et l'on y a conservé jusqu'en 1718, la chaire d'où trois siècles
» auparavant il frappait de repentir les pécheurs les plus endurcis (4). »

On montre encore, attenant à l'un des murs intérieurs du Vieux Saint-Jean, une sorte de console historiée, qui passe pour avoir été le support

---

(1) *Archives de la couronne d'Aragon.* Registre 2355, fol. 85. Voir le texte, document 13.

(2) Perpignan vénérait alors au couvent des Dominicains, vénère encore à la cathédrale, une relique insigne : le bras gauche de saint Jean-Baptiste. « Parmi les personnages qui
« ont vénéré la sainte relique, brille d'un éclat spécial le docteur et prédicateur aposto-
« lique Vincent Ferrier, qui éclaira le monde par sa haute et divine doctrine et par sa
» sainte vie. » (Le P. LLOT, auteur catalan, *notice sur la relique*, 1590.)

(3) Elle a 62 mètres de long ; sa largeur entre les piliers est de 13m,90 et de 23m,50, chapelles comprises ; sa hauteur est de 20 mètres à la nef, et de 25m,50 au transept.

(4) PIERRE PUIGGARI (*Publicateur des Pyrénées-Orientales* du 24 décembre 1836.) Le chanoine PORTANER (*Notice ecclés. sur le Roussillon* 1824) confirme cette assertion.

de cette chaire. Elle répond bien au signalement donné par M. Viollet-le-Duc, si compétent en ces matières : « Au xiiie siècle, quand les Ordres
» Prêcheurs se furent établis pour combattre l'hérésie, la prédication devint
» un besoin auquel les dispositions architectoniques des édifices religieux
» durent obéir. Les Dominicains, entre autres, bâtirent des églises à deux
» nefs ; l'une pour le chœur des religieux et le service divin, l'autre
» pour la prédication. Alors les chaires devinrent fixes et entrèrent dans
» la construction. Elles formèrent comme un balcon saillant à l'intérieur
» de l'église, porté en encorbellement, accompagné d'une niche prise aux
» dépens du mur. On y montait par un escalier pratiqué dans l'épais-
» seur de la construction. »

A Valence, la chaire de saint Vincent Ferrier, authentique celle-là, est construite sur ces données. Perpignan était alors espagnol.

A une heure environ de Perpignan, sur la route d'Elne, le voyageur est dédommagé de l'ennui des longues montées par le panorama splendide qui s'étend sous son regard : d'un côté, les sommets aux neiges persistantes ; de l'autre, les flots bleus où viennent mourir les derniers contreforts des Pyrénées ; au centre, le damier harmonieux des terres en culture. Distrait, il n'aperçoit pas, tout près de lui, un petit monument aux briques noircies, usées par les orages et par les ans. Au-dessus d'une niche évidemment destinée à une statue, l'inscription suivante lutte contre les envahissements de la mousse :

|  A L'ONOR DE     |  STATIO DE           |
|  St VISENS     |  St VISENS         |
|  FERER SET DE    |  FERER 7 SETEMBRE    |
|  SETEMBRE        |  COLLIURE.           |

16 —— A

Là s'arrêtaient les foules qui, d'Elne et de Collioure, accompagnaient le Saint. Là tout Perpignan l'attendait. Une main pieuse, pressentant l'oubli, a élevé cette colonne de 2$^m$,50 de haut environ ; on l'appelle encore *Oratori de san Vicens*, et le coteau garde la dénomination de Terme de saint Vincent.

L'itinéraire sera désormais facile à suivre, grâce aux documents municipaux, car, en ce temps-là, les municipalités, intelligentes et soucieuses du bonheur de leurs administrés, ne négligèrent rien pour assurer le succès de la Bonne Nouvelle.

Après deux mois à peu près passés à raffermir l'unité de l'Église en

Roussillon et en Catalogne, l'Apôtre pénétra dans le Languedoc par Narbonne. Là régnait un fléau qui prépara l'œuvre divine.

« Raymond Fabri raconte au procès de canonisation que la disette
» d'eau se faisait sentir dans toute la sénéchallerie de Carcassonne, et
» principalement dans certains bourgs dont les habitants se portèrent
» au-devant de Vincent Ferrier, le priant de les secourir.
» Il s'y rendit, et, dans un lieu central, il fit ranger les gens, comme
» pour nos Rogations, autour d'une croix ; il pria et fit prier. Quelques
» instants après, quand tout le monde était encore à genoux, une abon-
» dante rosée tomba, prélude de la pluie qui dura deux jours et demi.
» Le soir du troisième jour, il ordonna le départ. Il pleuvait encore,
» et tout le ciel était nappe grise, sans trouée d'azur. On le lui fit
» observer. « Soyez sans inquiétude, dit-il, c'est fini. » Quand tout fut
» prêt, la pluie cessa, moi constatant le fait, dit le témoin (1). »

Il ne demeura là que trois jours, plus fructueux qu'une longue mission. Il se hâtait et Dieu se hâtait aussi, mettant aux choses rapides le sceau des choses durables.

L'étape suivante fut Béziers.

« Un jour qu'il prêchait sur la place Sainte-Madeleine, à Béziers, il
» se mit à pleuvoir à verse, et les gens voulaient se mettre à l'abri : « Ne
» bougez pas, dit le Saint, le bon Dieu va y pourvoir. » Et, ce disant, il
» joignit les mains, leva les yeux au ciel, pria un instant, et on vit
» apparaître le soleil plein d'éclat. Selon moi, remarque le témoin, les
» œuvres de cet homme étaient plus divines qu'humaines. »

Le nom de Dieu excitait en lui une tendre émotion, comme le souvenir évoqué d'un être particulièrement cher. On profita plus d'une fois de cette divine sensibilité pour obtenir des choses qui répugnaient à sa modestie ou à son détachement.

« A Béziers, les magistrats lui offrirent trente écus d'or, il les refusa ;
» on insista pour l'amour de Dieu, il les fit remettre au directeur de sa
» Compagnie, mais avec ordre de donner incontinent tout aux pauvres.
» Je puis l'affirmer comme témoin oculaire (2). »

Ce même témoin dit qu'il voulut se donner encore ces belles fêtes de l'âme et quitta tout pour suivre maître Vincent. Nous savons par lui que l'Apôtre évangélisa de nouveau Montpellier, prêchant tantôt chez

---

(1) *Toulouse. Déposition de Raymond Fabri.* — Razzano, III, 30.
(2) *Même déposition.* — Razzano, III, 10.

les Bénédictins de Saint-Germain, tantôt à Notre-Dame des Tables, ou dans plusieurs autres églises (1) ; il le suivit à Castelnaudary et « par-
» tout où il lui plut d'aller. »

A Castelnaudary, les choses se passèrent avec un entrain tout méridional, témoin Hugues Cado, qui s'y trouvait, et Nicolas du Bosquet, juge royal du Lauraguais.

« Un mardi de mars, avant Pâques, maître Vincent arriva à Castel-
» naudary avec sa compagnie ordinaire, grossie d'un grand nombre
» d'habitants des pays circonvoisins, notamment de Béziers.
» Sur l'avis des consuls, qui donnèrent l'exemple en même temps que
» le précepte, le peuple se rendit chaque jour à la messe et au sermon,
» devant l'église principale ; l'assistance montait environ à dix mille per-
» sonnes. Chaque soir, la compagnie de maître Vincent faisait une
» procession solennelle et se disciplinait publiquement, imitée par les
» gens du pays dont l'ardeur était telle que le sang coulait jusqu'à terre ;
» et on criait à haute voix : « Seigneur Dieu, Jésus-Christ, miséricorde ! »
» De là, le Saint se dirigea vers Toulouse, prêchant partout sur son
» chemin. Partout avait lieu la procession de discipline, et quand il
» quittait une localité, plusieurs personnes s'attachaient à lui définiti-
» vement, et sont devenues saintes (2). »

A Montolieu eut lieu la guérison de Guillaume Seuhier (3). Lui-même va nous raconter son histoire :

« Honorable citoyen, Guillaume Seuhier, marchand, âgé de soixante-
» dix ans, né à Bram, témoin assermenté, etc.....
» Ce n'était pas, dit-il, que je fusse entièrement aveugle, mais bien
» que sachant lire, comprendre et parler le latin, ma vue était depuis
» trois ans si affaiblie que je ne pouvais distinguer d'aucune façon, ni
» déchiffrer les lettres ; bien plus, il m'était impossible de reconnaître
» les miens, fût-ce même mon père ou ma mère.
» Il y a donc de cela trente-sept ans ou à peu près, le 25 mars,
» maître Vincent vint prêcher à Montolieu, diocèse de Carcassonne. Je
» m'y rendis sur la renommée du saint prédicateur et le trouvai logé

---

(1) Il n'est pas impossible qu'il faille rapporter à l'époque où nous sommes la présence du Saint à Nîmes.

(2) *Toulouse. Même déposition...*

(3) RAZZANO, III, 34, n'a pas pu lire le nom de Seuhier, se contente du prénom. Il mentionne à ce propos, mais sans y attacher d'importance, un autre malade guéri, et un sourd depuis sept ans, à qui l'ouïe fut rendue. On voit que les maladies ordinaires ne comptent plus pour lui.

» chez le chapelain du monastère. Comme il descendait l'escalier pour
» prêcher hors du village, à l'endroit disposé pour cela, je me mis à
» genoux sur les degrés et lui dis que je le croyais vrai disciple de
» Jésus-Christ, au nom duquel je le priais de me rendre la vue. Il
» s'arrêta, me fit le signe de la croix sur les yeux, en prononçant
» certaines paroles dont je ne me souviens plus, et aussitôt, en présence
» de deux cents personnes, la vue me revint si bien que j'ai eu depuis
» d'aussi bons yeux que n'importe qui, et je les ai encore par la grâce
» de Dieu. »

Dans l'église du monastère, un vitrail représente Vincent Ferrier guérissant l'aveugle.

# CHAPITRE XXI

## TOULOUSE

ENTRÉE TRIOMPHALE — FEMME ÉCRASÉE — UNE DÉPOSITION DE SEPT PAGES — CHOMAGE UNIVERSEL — LES MIRACLES — CURIEUSE PUNIE — SERMON SUR LA PASSION — LA VALLÉE DE JOSAPHAT — ÉPISODES — UN CONTRADICTEUR MALHEUREUX — ENFANTS BIEN SAGES — LE MARCHÉ AUX DISCIPLINES — LES CONFRÉRIES DE PÉNITENTS — RUINES SAIGNANTES

Nous allons maintenant assister à son entrée à Toulouse, qui eut lieu le vendredi avant le dimanche de Pâques fleuries. Depuis la première fête des Rameaux, trouverait-on beaucoup de triomphes semblables à celui de ce moine, vieux, cassé, monté sur un pauvre âne harnaché d'un bât, sans bride, avec des étriers de bois retenus par des cordes (1) ?

« Il fit son entrée dans ladite ville de Toulouse, entre quatre et cinq » heures du soir. Une grande multitude de peuple était allée au-devant de » lui. Il se dirigea vers le couvent des Frères Prêcheurs. Mais la foule, » sur la place, était si compacte qu'il lui fallut entrer dans la maison du » Recteur, et, pour sortir, on dut l'enfermer dans des madriers portés par » des hommes vigoureux, devant et derrière, à droite et à gauche de » l'âne. Ainsi escorté, afin d'éviter l'empressement du peuple à lui » baiser les mains, il dut les mettre sur sa tête. On lui jetait des mou» choirs, pour avoir au moins un objet qui eût touché ses vêtements. » Et il fallut le faire entrer dans sa cellule par un escalier dérobé (2) ! »

Ici encore, sous la froideur des textes officiels, nous verrons tout revivre et dans des proportions croissantes : les préparatifs silencieux, les foules, l'orateur ardent, le miracle des langues, les influences directes; et nous sentirons l'enthousiasme monter jusqu'à ces explosions sans pareilles dans l'histoire de l'éloquence.

Les témoignages, au procès de canonisation, sont trop nombreux et trop positifs pour leur substituer un récit plus rapide, mais qui n'aurait

---

(1) Equitabat asinum cum embardà et sine freno, cum strepis ligneis cum cordis ligatis. (*Procès de canonisation.*)

(2) *Toulouse. Déposition de Pierre Gauthier*, des Frères Prêcheurs.

pas la même autorité. Encore faudra-t-il, pour éviter la monotonie, laisser bien des détails précieux qui suffiraient à la gloire de plusieurs saints.

« J'étais alors sacristain du couvent, continue le même témoin ; j'avais
» beau ouvrir de bonne heure la porte de l'église, toujours je trouvais
» une foule de gens qui attendaient. Ils restaient là sept ou huit heures
» sans impatience. Un matin, je m'étais oublié ; quand j'ouvris la porte,
» la poussée fut telle qu'une dame tomba, et plus de cent personnes
» passèrent sur elle. A moitié écrasée, elle invoqua Vincent Ferrier, et
» put entendre la messe et le sermon ; quand tout fut fini, elle se
» trouva saine et sauve.

» Il refusa d'abord de faire publiquement des miracles, voulant éviter
» toute occasion de vaine gloire ; mais quand il vit la tristesse de ces
» braves gens, il imposa les mains aux malades, priant Dieu, invoquant
» le nom de Jésus ; et, sa bénédiction reçue, ils se retiraient tout joyeux.

» Tous les jours, je voyais quantité de gens venir par dévotion dans
» le cloître du couvent, vénérer l'estrade d'où il prêchait, et la tou-
» cher avec respect des mains et du front. »

La déposition de l'archevêque Bernard de Rosergio ne tient pas moins de sept grandes pages in-folio. Il dépose comme témoin oculaire, étant alors étudiant à Toulouse même. Nous n'en citerons qu'une partie.

« Je me souviens que le vénérable maître Vincent Ferrier, en 1416,
» le vendredi avant les Rameaux, vers quatre heures du soir, accom-
» pagné d'une suite nombreuse de pieuses personnes s'avançant en
» ordre, croix en tête, et chantant les Litanies ou autres prières, entra
» dans Toulouse par la porte de Narbonne. La majeure partie des
» habitants sortit au-devant de lui, et l'accompagna jusqu'à l'église
» métropolitaine, où, après avoir prié devant le maître-autel, il bénit
» le peuple à haute voix ; puis on se rendit, en poursuivant les chants
» pieux et avec recueillement, au couvent des Frères Prêcheurs.

» Il prêcha six jours dans le cloître du couvent. Mais l'auditoire
» augmentant sans cesse, on installa, par ordre de l'archevêque, Domi-
» nique de la Tour Blanche, devant la cathédrale, une estrade conve-
» nable.

» Après la messe, maître Vincent commençait sa prédication avec
» un visage animé et la physionomie d'un jeune homme. Il mettait
» dans ses paroles une charité si ardente, sa voix avait de si puissantes
» vibrations, et il expliquait les mystères sacrés avec une éloquence si
» entraînante que les auditeurs, simples ou instruits, écoutaient avec

» ravissement ce langage divin, en nourrissaient leur âme et ne don-
» naient aucun signe d'ennui, bien que le sermon durât au moins trois
» heures. Et des docteurs recueillaient ces sermons en latin ou en
» langue vulgaire. On les étudiait ensuite avec beaucoup de fruits (1). »

« Tout le monde, tant de la cité que du voisinage, accourait à ses
» prédications, ecclésiastiques et séculiers; les jours fériés ou non fériés,
» on cessait tout travail; les affaires étaient interrompues; les maga-
» sins, les ateliers, les bureaux, les auberges, les études d'officiers
» publics, tout était fermé. »

« J'étais alors, raconte M⁰ Hugues, notaire royal, assesseur de
» M⁰ Guillaume de Fraga, président des causes criminelles. Quoique les
» rôles fussent extrêmement chargés, nous suspendions les audiences,
» et les autres Chambres firent de même; et cela dura jusqu'à ce que
» maître Vincent eût quitté Toulouse. »

Interrogé sur les processions disciplinantes dont l'étrangeté devait
attirer l'attention de l'autorité ecclésiastique, l'archevêque répond simplement qu'à Toulouse, « chaque jour, après le sermon, ou le soir,
» beaucoup de gens se revêtaient d'habits de pénitence, se mettaient en
» procession et se frappaient parfois avec des disciplines de fer jusqu'à
» effusion du sang, non sans grandes marques de douleur intérieure :
» ce qui provoquait chez tous les assistants une vive contrition de leurs
» péchés. »

Sur les miracles, il dit que « pendant que Vincent Ferrier habitait le
» palais épiscopal, il y venait chaque jour une grande multitude de
» malades de tout âge et de toute condition. Maître Vincent sortait de sa
» chambre, les mains jointes sur sa poitrine, leur adressait de consolantes
» paroles, les exhortait à mettre toute leur confiance en Dieu, leur faisait
» faire le signe de la Croix et dire : Jésus, Fils de Marie, Maître et salut
» du monde, soyez-moi propice et miséricordieux ! Puis il les bénissait à
» son tour avec cette même invocation. Quelquefois, il leur mettait la
» main sur la tête, les signait au front, et beaucoup ont affirmé dans la
» suite s'être sentis guéris de leurs maux..

» Le Jeudi-Saint, jour où il reçut le prélat au palais épiscopal, à la
» porte, il guérit un paralytique devant tout le peuple (2). »

---

(1) Une de ces copies se trouve encore à la bibliothèque de Toulouse : nous en repar-
lerons aux Œuvres du Saint.

(2) Pour éviter la poussée des foules enthousiastes qui se pressaient au couvent, le
Saint avait accepté l'hospitalité au palais archiépiscopal.

Il arrêtait la pluie ou la foudre à son gré ; il le fit sur la place de la cathédrale, il le fit dans la cour du Carmel, où il donna cette petite leçon à la foule peu patiente : « Allons, bonnes gens, ce n'est que de l'eau et non pas des pierres ; au surplus, Dieu va y pourvoir. » Puis, sur un signe de Croix, le nuage se partageait en deux comme une étoffe (1).

Au couvent des Clarisses, il voulut absolument être seul avec les religieux et les religieuses. Une fille d'Ève, curieuse, se cacha dans un coin : elle comptait sans l'œil intérieur de maître Vincent qui la fit sortir (2).

Elle ne sut pas étouffer une rancune puérile et monta la tête à ses fils. Ces jeunes gens résolurent de tuer le Saint, mais lui les paralysa : « Dites à votre mère de réparer d'abord les fautes de sa vie ; en atten-
» dant, vous resterez perclus. » Il fallut bien que l'orgueil se brisât, et ce fut pour le bien de tous.

« Enfin, tant de prodiges dont j'ai personnellement connaissance, si
» nombreux et si éclatants qu'on aurait pu croire à la création d'un
» monde nouveau (3). »

Dieu, en effet, créait un monde nouveau dans les âmes.

Ce témoin relève spécialement le sermon sur la Passion du Vendredi-Saint, où l'affluence fut si grande que toute la place Saint-Étienne n'y suffisait pas, et que tous les toits environnants étaient garnis de spectateurs. A un moment donné, tout l'auditoire éclata en sanglots. Jamais on ne vit un spectacle pareil.

« Le Saint y mit une telle profondeur de vues et une telle onction,
» ajoute un autre témoin, Jean Régis, recteur de l'église métropolitaine,
» qu'on l'aurait cru personnellement présent à ce grand drame (4). »

Ce sermon, en effet, frappa tous les assistants. Un officier, Jean de Saxis, en parle ainsi :

« Le Vendredi-Saint entre autres, en présence de l'archevêque, de
» plusieurs prélats, d'un grand nombre de maîtres en science sacrée,
» de docteurs, de licenciés en l'un et l'autre droit, d'officiers royaux et
» d'une foule évaluée à 30 000 personnes, maître Vincent prêcha sur la

---

(1) Razzano, III, 29.

(2) Mulierem quamdam honestam absconsam retro fores in loco tenebroso stare præsentiit et exire mandavit. (*Toulouse. Déposition de Gaillard de La Roche.*)

(3) *Toulouse. Déposition de Pierre Gauthier.*

(4) C'est ce discours que M. Meyer a trouvé à la bibliothèque d'Oxford.

» Passion de Notre-Seigneur. Il représenta si vivement et avec des
» accents si douloureux, des réflexions morales si heureusement
» déduites, la cruauté des Juifs envers le Sauveur, que tous crurent
» assister à la réalité de cette tragédie. La pitié arracha des larmes et
» des sanglots de tous les cœurs. J'en ai été témoin.
» Ce sermon dura environ six heures, sans que personne témoignât
» aucune fatigue. Ce jour-là, beaucoup d'étrangers étaient venus de
» très loin pour entendre un prédicateur si fameux. Il parla en valen-
» cien comme toujours; tous néanmoins ne laissèrent pas de le com-
» prendre et de rapporter tout au long le sermon dans leur langue,
» comme s'il eût été leur compatriote. Ceci est de notoriété publique. »
Percin ajoute ce détail : « Pendant qu'il prêchait la divine Passion,
» avec l'onction la plus touchante, un jeune homme tomba d'un lieu
» très élevé, et se blessa grièvement. Il le guérit sur place et allait
» reprendre son discours, mais l'enthousiasme du peuple fut plus fort
» que le respect du lieu saint, et un immense cri s'éleva : « Un grand
» prophète a paru parmi nous, et Dieu a visité son peuple. »
» L'orateur se tut; puis, de la main, demandant le silence, il pour-
» suivit son discours avec une telle efficacité de grâce, que les gémis-
» sements, les sanglots, les poitrines frappées l'interrompirent plus
» d'une fois encore. Nul ne se retira qui ne fût contrit et changé dans
» son cœur, car il versait les paroles de vie avec des accents inconnus
» depuis les apôtres (1).

» Ce ne fut pas cependant le plus grand coup frappé par l'incompa-
» rable orateur!
» Vénérable et discret messire Jean Régis, recteur de l'église métro-
» politaine de Toulouse, se souvient qu'un jour, maître Vincent, prêchant
» sur ce texte : « Morts, levez-vous, et venez au jugement, » sa voix prit
» un tel accent, que tous les cœurs furent saisis d'épouvante. C'était
» bien plus la voix d'un ange que la voix d'un homme, et les gémis-
» sements et les sanglots éclatèrent dans l'auditoire, tant il avait puis-
» samment évoqué le jour des justices définitives..... »
Trois siècles après, non seulement la tradition, mais l'émotion vivait
encore, comme on peut s'en rendre compte par le récit de l'historien
local.
« Le dimanche des Rameaux, il prêcha dans l'église Saint-Étienne,
» sur ce texte : « Morts, levez-vous, et venez au jugement. » Il frappa

---

(1) Percin. *Monumenta Conv. Tolosani* (1693).

T. II.

» d'une telle terreur les esprits, les cœurs, et même les sens des audi-
» teurs, qu'il ne paraissait plus un homme, mais l'ange même qui appel-
» lera l'humanité aux pieds du tribunal suprême. L'immense auditoire
» qui remplissait, non seulement la vaste nef, mais encore la place et
» les rues circonvoisines, tomba plusieurs fois la face contre terre, sans
» pouvoir se relever et criant miséricorde. Quand le Saint descendit de
» chaire, la foule l'entoura avidement, baisant ses mains, touchant res-
» pectueusement ses vêtements, en enlevant même des lambeaux (1). »
On peut juger par là des effets produits.

« Le succès de la mission fut tel, dit l'archevêque, que tous les
» pécheurs publics changèrent de vie. »

Dès le premier sermon, les femmes de mauvaise vie, tout en pleurs,
étaient allées porter les clés de leurs maisons aux échevins. Peu à peu,
les jeux de hasard et les blasphèmes cessèrent complètement.

Jean Inardi, juge royal, rapporte ces paroles, qui se disaient tout
haut par les rues : « Cet homme vient pour nous sauver. Jusqu'ici nous
» pouvions arguer d'ignorance, mais que dire après avoir entendu un
» pareil prédicateur ? Nous sommes perdus, si nous ne l'écoutons pas. »

» Je sais pertinemment que les gens qui, jusque-là, essayaient en
» vain de lutter contre la luxure, se corrigèrent enfin.

» J'ai ouï dire à l'archevêque de Toulouse, théologien consommé, que,
» depuis l'apôtre saint Pierre, il n'y avait pas eu dans l'Église de pré-
» dicateur comparable à maître Vincent (2). »

Quelques petits épisodes, qui auraient pu être désagréables, tournèrent à sa gloire.

Un jeune homme, perché sur le portail de l'église et, par conséquent,
derrière lui, s'était endormi dans une position très dangereuse. La
foule, le voyant faire ces mouvements oscillants, particuliers au sommeil, s'émotionnait, criait déjà. Tranquille, et se tournant à demi, le
Saint fit le signe de la Croix, et, de lui-même, le jeune imprudent se
mit dans une position plus équilibrée (3).

Un religieux interrompit un jour l'orateur au milieu de son discours;
entendant parler de la fin du monde, il s'écria : « Mais, Père, il est
» écrit que, avant la venue de l'Antéchrist, Babylone doit être détruite. »

Après avoir essayé inutilement de le faire taire, Vincent Ferrier lui

---

(1) Percin. *Opus. cit.*, p. 93.
(2) *Déposition de Jean Régis*, recteur de la cathédrale.
(3) *Déposition de Galhaud Dahusti*. Razzano, III, 10.

dit : « Sans aucun doute, mais il faut entendre le sens des mots : Baby-
» lone veut dire confusion du péché, ou, si l'on veut, désordre universel
» par le péché. »

Le témoin, Galbaud Dahusti, raconte à ce propos que Vincent Ferrier prédit alors la destruction de Paris et de Rouen :

« Nous fûmes tous surpris, nous qui connaissions la prospérité de ces
» villes ; mais, plus tard, cette parole nous revint, quand nous vîmes
» Rouen assiégé par les Anglais et tenu longtemps bloqué, les commu-
» nications avec Paris interceptées, le pouvoir passant dans des mains
» étrangères, la capitale assiégée à son tour et réduite à la dernière
» extrémité, et nous comprîmes que maître Vincent avait parlé là selon
» l'inspiration divine qui le guidait toujours. »

Lorsque la contradiction dépassait les limites, Dieu intervenait directement. Jean de Saxis, militaire et docteur ès lois, maître des requêtes
du roi de France, avait été d'abord frappé de la messe célébrée par le
Saint, avec grande ferveur, et chantée avec une harmonie douce et touchante par ses chantres, gens honnêtes et dévots, observa-t-il. Le soir,
il eut une déconvenue dont son esprit de discipline dut sans doute lui
faire exagérer l'expression.

« Le jour de Pâques, maître Vincent prêchait à l'heure accoutumée
» sur la place Saint-Étienne ; son sujet était la résurrection du Sauveur.
» Il nous apprit de quelle manière et à quel moment cette résur-
» rection s'était accomplie ; puis, à quelles personnes Notre-Seigneur
» avait apparu d'abord, où et sous quelles formes. J'assistais à ce
» sermon.

» Le soir, il me prit fantaisie d'aller entendre un autre sermon, prêché
» par un religieux d'un autre Ordre. Il prononça d'abord son texte, sur
» un ton plein de suffisance ; puis, dès le début, rappelant certaines
» paroles dites par maître Vincent, mais sans le nommer, il dit que ce
» qui avait été prêché le matin même *par quelqu'un* était apocryphe, et
» devait s'entendre différemment, comme il se faisait fort de le démon-
» trer, sans plus tarder, à son auditoire. A peine a-t-il prononcé ces
» mots que ses traits s'altèrent, il devient tout pâle, la parole expire
» sur ses lèvres ; il fallut l'aider à descendre de chaire et à regagner son
» couvent. On ne l'a plus revu depuis ; il se fit transporter dans son
» pays d'origine. Toute la ville demeura persuadée que c'était un châ-
» timent de sa présomption ; c'est aussi mon avis.

» J'ajoute, qu'à mon sens, maître Vincent est sans contredit au
» nombre des élus, et, par conséquent, saint, et comme tel, doit être

» être canonisé par le siège apostolique. » Et il signe cela comme un bulletin de victoire (1) : SAXIS.

Un gardien des Frères Mineurs, nommé Jean Garcia, alla maintes fois au sermon de maître Vincent, sous un habit d'emprunt, avec l'intention de trouver à reprendre à ses cérémonies ou à ses paroles. Mais ce fut en vain, maître Vincent étant un véritable puits de sagesse et de science. Aussi, le Franciscain disait-il tout haut que jamais il n'avait vu, que jamais il ne verrait rien de semblable (2).

La déposition de Fr. Hugues Nigri, des Frères Prêcheurs, professeur d'Écriture Sainte, grand Inquisiteur de France, doyen de la Faculté de théologie, à Toulouse, pénitencier du Pape et conseiller du roi très chrétien, est de tout point enthousiaste. Jamais il n'a entendu parler un homme aussi versé dans la science scripturaire, expliquant aussi clairement les textes sacrés et les appliquant aussi heureusement. Beaucoup de gens, ajoute-t-il, avaient des préventions contre maître Vincent, mais dès qu'on l'avait entendu, ce n'était plus qu'un concert unanime d'éloges.

Lorsqu'il partit de Toulouse, une foule d'étudiants mirent leur avenir éternel sous la sauvegarde persévérante de cet attrait, qui les avait un jour subjugués : ils quittèrent tout pour suivre cet Apôtre, qui allait sans gîte assuré pour le lendemain, et que la mort pouvait surprendre d'un jour à l'autre. Mais qu'est-ce que la mort à qui, une bonne fois, a regardé le ciel ?

« J'avais, dit Jean Salvatoris, prêtre recteur de l'église paroissiale de » Sainte-Madeleine, disposé mon avenir dans le sens du monde et du » mariage : je devais être notaire. Mais quand maître Vincent quitta » Toulouse, je le suivis avec un certain nombre de jeunes gens, étu- » diants comme moi, jusqu'à sa mort. »

Le nombre des femmes de sa compagnie s'augmenta également. Mais, sentant sa fin approcher, et peut-être par déférence pour quelques âmes timorées, « il réunit en communauté toutes celles qui se présentèrent, » dans un vaste local que le Chapitre mit à sa disposition. Le Chapitre

---

(1) Cette phrase, d'allure décidée, revient dans les dépositions. « Je crois fermement » que, depuis les apôtres, le monde n'a pas eu un prédicateur d'une sainteté et d'une » science pareilles. Les âmes qu'il a sauvées sont absolument innombrables, et lui-même » est élu pour sûr, ou bien il n'y a pas d'élus. Je conclus donc à sa béatification solen- » nelle. » (*Déposition de Jean Salvatoris*, curé de Sainte-Madeleine.)

(2) *Déposition de Galbaud Dahusti.*

» pourvut également à leur subsistance ; elles y menèrent la vie la plus
» édifiante (1). »

Faisant ainsi du reste, il ne se privait pas de l'appoint précieux que donnent à l'œuvre divine ces âmes consacrées par l'Église sous l'heureuse épithète de *devoto femineo sexu*. Elles n'oublièrent pas dans leur retraite celui qui leur avait ouvert l'horizon des impérissables amours.

Telle fut cette mission de Toulouse.

Tous avouèrent que la renommée n'était rien en comparaison de la réalité.

Tant que dura la présence de l'Apôtre, toute préoccupation humaine s'arrêta. On y vit un marché de haires et de disciplines ouvert en permanence. La grande place fut appelée la vallée de Josaphat, à cause des clameurs d'épouvante et du saisissement qui renversa la foule lorsque, plongé un instant dans l'infini de Dieu, l'Apôtre en fit jaillir cette terrifiante vision du jugement dernier.

Une providence spéciale veillait sur ces âmes désireuses de leur salut, et le mot évangélique fut réalisé pleinement : « Cherchez le royaume de
» Dieu, le reste viendra par surcroît ». « Les maisons vides étaient gardées
» par leurs anges, dit suavement un auteur. Laissés seuls dès minuit,
» les petits enfants ouvraient leurs yeux riants et leurs bras caressants
» à leurs pères régénérés (2). »

» Dans une multitude telle qu'il était impossible d'en évaluer le
» nombre, jamais il ne survint de désordre ; nul ne fut fatigué ni
» incommodé (3). »

Pas un bruit dans ces foules, pas une parole déplacée dans ces concours énormes d'hommes et de femmes, la nuit, pas un accident.

Ce fut une heure de bon sens absolu dans la vie d'un peuple. Durant ce temps il eut tout entier le sens de Dieu, c'est-à-dire du vrai, du beau et du bien (4).

---

(1) *Déposition de Jean Inardi*, magistrat.

(2) J'avais trois petits enfants en bas âge ; de très bonne heure ma femme et moi nous nous rendions à la messe et au sermon, laissant les enfants couchés, et nous ne rentrions qu'après tout l'office, c'est-à-dire vers onze heures ; et toujours nous trouvions nos enfants tranquilles, gais, bien portants, n'ayant ni remué, ni pleuré. C'est ma conviction qu'il y avait là quelque chose de merveilleux. (*Déposition de Hugues*, notaire royal.)

(3) *Déposition de Gaillard de La Roche*.

(4) Un chroniqueur laïque, qui écrivait en 1515, a raconté ces faits. Son ouvrage a pour titre pompeux :

*Domini Nicolai Bertrandi, utriusque juris professoris præstantissimi parlamentalisque*

Nous avons revu un peu cela de nos jours, lorsque parut Lacordaire. Toulouse en particulier le reconnaîtra dans ces ovations, dans ce Dominicain s'interrompant sous les cris enthousiastes d'un peuple immense, dans ces étudiants frappés de la grâce, et allant demander à un moine la solution du problème de la vie.

Le spectacle extraordinaire des Flagellants avait frappé tous les esprits, et les témoins y reviennent dans des termes souvent émus.

« A Toulouse, maître Vincent sut avec un merveilleux succès ins-
» pirer la pénitence à ses auditeurs. Nombre de gens se livraient à des
» flagellations publiques. Ils allaient le soir, par la ville, en troupes,
» chantant des mélodies plaintives en l'honneur de la divine Passion.

» J'ai pris part moi-même à ces pénitences publiques, et je m'en fais
» gloire. Plus d'une fois je me suis trouvé là, parmi des centaines de
» lettrés et de maîtres de toutes les Facultés, accomplissant aux yeux
» de tous cet acte salutaire de réparation (1). »

« Un très grand nombre d'hommes et de femmes, repentants de leurs
» péchés, allaient par la ville, nu-pieds, sous les livrées de la pénitence,
» se frappant sans pitié : J'ai vu de mes yeux le sang couler jusqu'à
» terre ; et plus d'un puisa dans ce spectacle le regret amer d'une vie de
» désordres (2).

» Parfois, le sang était si abondant, dit l'inquisiteur Hugues Nigri,
» qu'on les aurait cru sortant du pressoir. »

Pierre Pelafigue, du Tiers-Ordre de saint François, ayant eu l'occasion de laver les vêtements des disciplinants, y trouva des lambeaux de chair.....

S'il faut en croire le Dominicain Pierre Gauthier, la pénitence avait son luxe :

---

*Tholosæ eloquentissimi, celeberrimum ac preditissimum quidem opus de Tholosanorum gestis ab urbe condita cunctis mortalibus apprimé dignum conspectibus*, etc.

La municipalité Toulousaine ne pouvait demeurer indifférente à de pareilles manifestations. On trouve, en effet, au registre des délibérations le document suivant : « Cum nuper
» venerit in presenti civitate magister Vincentius Ferrarii, sollempnis magister in theologia
» (sic), et moratus fuit per tres septimanas cotidie sermocinando, plura bona exempla
» dando, cui ipsi dederunt centum franchi amore Dei, fuit questio si exsolvetur de pecuniis
» et allocabuntur in computis thesaurariorum vel non.
» Dominus Ramundus de Aurivalle..... Selvantur C. franchi. » (*Arch. comm. de Toulouse. Délibérations*, fol. 139, 140.)

Un autre document constate que l'autorité civile s'émut des désordres possibles dans les processions nocturnes des disciplinants, le maître n'étant plus là depuis longtemps. (*qui diù est a presenti civitate recessit.*)

(1) *Déposition de l'archidiacre Béranger Alberti.*

(2) *Déposition de Hugues, notaire royal à Toulouse.*

« Je faisais partie de ceux qui organisaient les processions discipli-
» nantes. Il était impossible de ne pas constater une action directe de
» Dieu, en voyant des gens de marque, laïques et clercs, faire publique-
» ment pénitence et se frapper avec des disciplines de fer ou d'argent,
» car les argentiers tenaient alors étalage de semblables objets. Ils se
» réunissaient le soir; pour n'être pas reconnus, ils se revêtaient dans
» l'obscurité d'une sorte de tunique de lin descendant jusqu'aux pieds,
» ouverte seulement par derrière, depuis le cou jusqu'à la ceinture. Je
» les ai vus là au nombre de deux et trois cents. Il s'y mêlait même des
» enfants dont la ferveur était si grande qu'ils y seraient venus plu-
» sieurs jours de suite si on le leur eût permis. Cette procession de
» pénitence continua longtemps après le départ du Maître. Elle avait lieu
» tous les jours, fériés ou non. Plus d'une fois Dieu y attacha le sceau du
» prodige par l'intercession de son serviteur. Elle se fait encore (en 1454).
» Et on entendait chanter de très beaux morceaux en l'honneur de la
» Passion du Christ et de la Vierge Marie, au lieu des chansons gros-
» sières d'autrefois (1). »

Après son départ, on fit une autre procession réparatrice à un endroit
appelé Cofeletra ou Delfeletra, à un quart d'heure de la ville où se faisaient
auparavant, comme dans beaucoup de banlieues, toutes sortes de
débauches (2). Hélas! au rapport d'un autre témoin, il ne se passait pas
là que des indécences, mais aussi d'abominables superstitions.

« J'avais vu auparavant des gens entrer dans cette église et y assister
» à toutes sortes de passes des mimes et des jongleurs; mais je fus alors
» témoin d'un spectacle bien différent: ces mêmes gens s'y rendaient
» processionnellement, précédés d'un grand crucifix de bois, et se fla-
» gellant rigoureusement (3). »

Les processions de discipline ont duré longtemps après Vincent Ferrier, ou plutôt elles subsistent encore dans ces confréries de pénitents,
dont s'honorent quelques villes du Midi.

L'archevêque de Toulouse dit, en effet, que « ces processions se répan-
» dirent beaucoup, et nombre de gens y trouvèrent l'amendement de leur
» vie et l'acheminement à une sainte mort. »

A Toulouse, en 1459, on érigea une confrérie en l'honneur de saint
Vincent Ferrier et sous son vocable.

---

(1) *Déposition du notaire Hugues.*
(2) *Déposition de Pierre Gauthier.*
(3) Teste discreto viro magistro Joanne Hugonis baccalaureo.

« Jean Amici, vicaire de la ville de Toulouse, etc., à tous ceux qui
» liront ces présentes, salut.

» Il est venu à notre connaissance que des hommes probes, nobles,
» marchands, bourgeois, ou simples citoyens de cette ville, désirent
» vivement ériger une confrérie dans le couvent des Frères Prê-
» cheurs en l'honneur de la Sainte Vierge, et spécialement pour la
» gloire du confesseur et docteur Vincent Ferrier, mis depuis peu au
» au nombre des Saints. Nous, à qui Dieu a fait la faveur signalée de
» contempler ce Saint, qui avons entendu sa parole dans cette noble
» ville de Toulouse, et qui l'avons vu mettre sur les autels par notre
» sainte Mère l'Église, désirant de tout notre cœur encourager cette
» pieuse intention, nous permettons, autant qu'il est en nous, que la
» confrérie susdite soit érigée. »

De là je conclus, ajoute Percin, que les descendants de ces nobles
requérants érigèrent quelque temps après, dans notre petit cloître, à la
chapelle des Trois Rois, la confrérie en question, dont saint Vincent
Ferrier est le premier patron (1).

---

(1) Resterait à parler des monuments qui furent les témoins muets de ces merveilles.

La chaire d'où prêcha saint Vincent Ferrier, à Toulouse, et qu'illustrèrent aussi saint Bernard, saint Dominique et saint Antoine de Padoue, était encore l'objet d'un culte lorsque la Révolution éclata.

Le couvent des Frères Prêcheurs est devenu petit lycée, après avoir été un haras. L'église, qui a deux nefs d'une prodigieuse hauteur, dont les nervures s'épanouissent en gerbes merveilleuses, existe encore, type de ces églises monastiques dont parle Viollet-le-Duc ; mais les vingt-cinq chapelles sont bouchées de plâtre ; les grandes fenêtres ogivales sont garnies de vitres à moitié cassées. On n'a pas même enlevé les pierres qui servaient à l'attache des étalons !

Le clocher, que les architectes déclarent le type achevé du style mitré, laisse voir comme des blessures saignantes, des trous hideux ; la brique rouge produit ce sentiment poignant. Sur ce clocher s'élançait, à quinze mètres, une flèche en métal ; on l'a convertie en monnaie de billon.

La salle du Chapitre, dont les deux colonnes de soutènement, légères et sveltes, font l'admiration de tous les visiteurs, est relativement conservée. Le réfectoire a longtemps servi de salle aux réceptions officielles.

# CHAPITRE XXII

## A TRAVERS LE MIDI

UN ENGIN DE GUERRE — L'ÉPILEPTIQUE DE MONTESQUIEU — L'ENTHOUSIASME GAGNE LES TEXTES OFFICIELS — UNE PAGE D'ÉVANGILE — TABELLION ATTENTIONNÉ — LE LÉGENDAIRE MILON — OU SAINT DOMINIQUE AURAIT REÇU LE ROSAIRE — TROIS RÉCITS CONTEMPORAINS — GENS CONFESSÉS MALGRÉ EUX

De Toulouse, Pierre Gauthier accompagna le Saint à Portet, à Muret, où il passa trois jours, puis à Castanet, où il prêcha le vendredi avant Quasimodo, et « où les trois heures du sermon parurent une heure à » peine. »

« J'ai ouï dire à des hommes dignes de foi, raconte un autre témoin, » qu'à Muret, au diocèse de Toulouse, pendant que maître Vincent » prêchait, une terreur folle saisit les auditeurs en voyant s'effondrer » tout à coup un énorme engin de guerre. Maître Vincent dit textuel- » lement : « Que personne ne bouge ! N'ayez pas peur ; Dieu est avec » nous. » Et aussitôt, tout rentra dans l'ordre (1).

« A Muret, écrit à son tour Percin, il rendit solennellement grâces à » Dieu de la victoire remportée sur les hérétiques en 1213, année où le » Très Saint Rosaire fut révélé à notre Père saint Dominique par la très » auguste Reine du ciel.

» Pendant qu'il parlait, il arriva qu'une sorte d'échafaud très élevé se » rompit et allait, dans sa chute, multiplier les morts et les blessés ; » déjà les cris s'élevaient de toutes parts, quand l'homme de Dieu, puis- » sant en œuvres et en paroles, apaisa le bruit, et d'un geste arrêta le » péril. Lorsque, après le sermon, la foule se fut retirée, l'échafaud » tomba ; mais on le remit en sa place en mémoire d'un tel prodige : » et j'en ai vu moi-même la relation dans les archives royales du comté » de Comminges (2). »

---

(1) *Déposition de Fr. Marcel*, gardien des Franciscains de Toulouse.

(2) Il est assez difficile de se rendre compte de la nature de cette machine ; c'était sans doute quelque baliste, ou catapulte ou instrument semblable, destiné à battre en brèche les murailles des villes, et conservé là comme trophée ou comme antiquaille.

» Honorable et prudent messire Jean d'Avessane, négociant à Mon-
» tesquieu, dépose que maître Vincent se rendit de Muret à Hauterive,
» puis à Montesquieu.

» Il y avait là des épileptiques et, sur le conseil du témoin, l'un
» d'eux, Géraud Tournier, vint trouver le Saint et le pria de demander
» à Dieu la guérison de son terrible mal, sur quoi maître Vincent le
» signa du signe sacré de la Croix et dit : « Allez en paix », et depuis
» lors, ledit Géraud n'eut plus sa maladie (1).

» La comtesse de Carmaing (ou plutôt de Caraman), fille du vicomte
» de Redé, en Roussillon qui appartenait alors à l'Espagne, demanda au
» Saint de venir sur ses terres.

» A raison de son origine espagnole, maître Vincent acquiesça, et y
» prêcha trois fois sur la place du Marché de Caraman, devant un
» auditoire évalué à dix mille personnes. » — Ce qui prouve que la
foule le suivait aussi bien aux villages que dans les grandes villes.

L'enthousiasme persévérant semble gagner ici jusqu'aux textes officiels.

« Je sais, de science certaine, et je me souviens sans erreur possible,
» qu'il y a bien longtemps, au temps de ma jeunesse, la renommée aux
» ailes bruyantes apporta au pays le nom d'un certain Frère Prêcheur,
» maître en théologie, sujet du roi d'Aragon, prédicateur sans pareil,
» et son nom était dans toutes les bouches ; il s'appelait maître Vincent ;
» et il vint dans cette ville (à Castres), etc..... »

L'entrée fut la même qu'à Toulouse, y compris « un fort cercle de
» bois dans lequel on dut l'enfermer, pour qu'il ne fût pas étouffé par
» la foule. »

Il alla d'abord faire une dévote visite au maître-autel de l'église du
couvent, et prier au tombeau de saint Vincent, martyr, son patron.

Il prêchait sur une estrade élevée dans le cimetière des religieux.

« Il passa dans notre ville la semaine des Rogations. Le jour de
» l'Ascension, après avoir béni les malades, selon son habitude, il se
» retira dans sa cellule. » — Or, la scène suivante est-elle de l'Évangile
ou des Actes des Apôtres ?

« Nous vîmes arriver deux hommes, un prêtre et un séculier portant
» un paralytique. Ses serviteurs leur dirent de revenir à l'heure des
» Vêpres. Mais le paralytique ne voulut point se retirer et se cram-
» ponna de toutes ses forces à une barre de fer, demandant à grands

---

(1) RAZZANO, III, 34.

» cris la bénédiction de Fr. Vincent. Entendant du bruit, le Saint sor-
» tit : « Que voulez-vous de moi, demanda-t-il ? — La santé et votre
» bénédiction. Il y a sept ans que je suis retenu sur un lit de douleur. »
» Alors, en notre présence, avec un grand esprit de foi, le Saint bénit le
» paralytique et le toucha sur diverses parties du corps en récitant
» quelques formules de prières. Le malade resta saisi comme d'un mysté-
» rieux sommeil, puis, pendant que ses porteurs réparaient leurs forces,
» il se leva, s'approcha d'eux, disant qu'il était guéri, et les priant de
» venir avec lui remercier Dieu et Fr. Vincent. J'ai vu, depuis, maintes
» fois cet homme : il marche comme tout le monde.

» Ce même soir de l'Ascension, pendant que Fr. Vincent prêchait,
» il s'éleva un ouragan d'une violence extrême, mêlé de tonnerres et
» d'éclairs épouvantables. Toutes les cloches de la ville s'ébranlèrent.
» Le Saint fit mettre tout le monde en prières. Aussitôt, sans transition,
» toute cette tempête se dissipa, et le ciel redevint radieux et sans
» nuage. J'étais présent (1). »

« ALBY. — C'est un notaire, receveur de l'enregistrement et commis-
» saire royal près le sénéchal de Toulouse, qui va vous parler d'Alby.
» Il a lu, avec toute l'attention professionnelle, certains chapitres et
» mémoriaux écrits sur papier, qu'on lui a présentés, ainsi conçus :
» Interrogatoire sur la vie, les prédications, les disciplines, les miracles
» de Vincent Ferrier ; et il jure de parler et de déposer à ce sujet selon
» la vérité.

» Il était donc à Alby, complétant ses études et faisant en même
» temps l'éducation du fils d'un magistrat, lorsqu'il se fit un grand
» bruit dans l'Albigeois. On ne parlait que d'un certain Fr. Vincent
» qui, pour lors, prêchait à Toulouse.

» Enfin, maître Vincent, prêchant de ville en ville, arriva dans Alby
» le vendredi qui précède la Pentecôte de cette année 1416, un peu

---

(1) *Déposition de Jean Massa*. Ord. Præd. — RAZZANO, III, 31.
Notre couvent de Prouille a longtemps gardé la preuve matérielle du petit fait suivant :
« J'avais, ajoute le témoin, une cousine religieuse à Prouille, qu'une maladie grave
» empêchait de faire profession. Elle promit de faire peindre Vincent Ferrier, qui, disait-
» elle, ne pouvait manquer d'être canonisé. Elle guérit, le portrait fut exécuté. J'ai vu
» beaucoup de gens obtenir devant cette image la cessation de leurs maux. »
Castres n'a rien gardé du passage de son Apôtre. Là, plus qu'ailleurs, les ruines se
sont multipliées sous la Révolution. On se souvient encore des charretées de livres et de
manuscrits précieux, des ventes au poids du papier à l'épicier du temps. Ce qui reste
d'archives n'a pas trait au commencement du xve siècle. C'est en vain qu'on feuillette
Marturé, Magloire, Mayral, Dom Vaysette et les documents inédits sur l'Albigeois de
Compayré.

» avant le coucher du soleil. Son entrée fut triomphale : toute la popu-
» lation, depuis le plus petit jusqu'au plus grand, avait tenu à lui faire
» cortège. Sa compagnie ordinaire marchait processionnellement, chan-
» tant des litanies sur un ton majestueux, précédée d'un crucifix que
» portait un homme en longue robe nommé Milon (1).

» Le premier jour, Vincent Ferrier prêcha dans l'église du couvent
» des Frères Prêcheurs. Puis on éleva sur la place de Saint-Salm une
» estrade où il prêcha jusqu'au vendredi de la Pentecôte.

» Le jour de la Pentecôte, il prit pour texte : *Tous furent remplis
» du Saint-Esprit.* Le lundi : *La grâce du Saint-Esprit s'est répandue,* etc.
» — Le mardi : *Une grande joie a éclaté dans cette ville.* — Le mer-
» credi : *Lorsque je serai mis en croix, j'attirerai tout à moi.* Je ne me
» souviens plus des autres textes (2).

» Il prêchait avec une telle perfection que jamais, depuis, je n'ai rien
» entendu de comparable. Je porte à dix ou douze mille le nombre des
» personnes qui accouraient d'Alby ou des environs. Je n'ai jamais vu
» d'auditoire aussi attentif, personne ne bougeait, ne sortait, ne bâil-
» lait, ne dormait : tous l'écoutaient pieusement et absorbés.

» Et l'honnête tabellion ajoute, avec force textes scripturaires à
» l'appui, qu'à son avis, maître Vincent est dans la gloire, et qu'il y
» a lieu de le canoniser.

» En foi de quoi, signé Albéric de La Roche (3). »

A quelques kilomètres d'Alby, sur une hauteur, s'élève le vénérable
sanctuaire de Notre-Dame de la Drèche, que Vincent Ferrier visita. Il s'y

---

(1) Ce Milon devint légendaire. C'était vraisemblablement quelque vieux pêcheur qui faisait, au vu et au su de tous, énergique pénitence; ayant accepté l'office de porte-croix et d'organisateur de procession, avec sa belle voix il entraînait la foule.

(2) Il y avait vingt-huit ans de cela.

(3) Les archives locales confirment la vérité de ces récits :
« Le 20 mai, les consuls envoient chercher maître Vincent, maître en théologie, à Saint-
» Paul-Cap-de-Joux, pour prêcher à Alby. Il resta jusqu'au 20 juin, faisant des processions,
» disant la messe et prêchant en plein air : il y avait plusieurs pénitenciers. Lorsque le
» prédicateur partit, on remit à son *gubernador* une bourse contenant vingt écus pour le
» plaisir qu'il avait fait par sa bonne doctrine. » (p. 37. C. C. 172.) (Inventaire des *Archives du Tarn.*)

Ici s'ouvriraient, en effet, une série de documents originaux fort intéressants dans ce sens qu'on y assiste aux balbutiements de notre langue nationale; on y peut comparer le prix des denrées et la rémunération du travail avec ce qu'ils sont actuellement; on y verrait surtout comment était reçu Vincent Ferrier. Quelques-uns ont été publiés avec beaucoup de soin par les *Annales du Midi* (tome IV). Nous y renvoyons les lecteurs à qui les idiomes méridionaux sont familiers. Nous pouvons, d'ailleurs, leur substituer des récits locaux fort anciens et peu différents, pour la plupart, des attestations juridiques.

trouvait sur un terrain de famille. Une bulle d'Honorius III avait concédé à saint Dominique et à son Ordre naissant diverses églises et terres adjacentes, sur l'une desquelles était bâtie l'antique chapelle. Non loin de là, on pouvait saluer, avant la Révolution, un petit oratoire qui a toujours été considéré comme le point central des missions de saint Dominique dans l'Albigeois; et ce lieu s'appelle encore *Lous predicadous*. Là, selon une tradition respectable, saint Dominique aurait reçu le Rosaire des mains mêmes de la Très Sainte Vierge.

Après Alby, les historiens locaux signalent la présence de Vincent Ferrier à Gaillac et à Cordes, gros bourgs auxquels il donna dix jours; puis à Najac, où l'enthousiasme fut grand, comme on va le voir.

MISSION CÉLÈBRE A NAJAC, EN 1416. — « En ce temps-là, Dieu suscita
» du sein de l'Espagne un des plus célèbres prédicateurs qui aient
» jamais existé.

» Valence était sa ville natale; son nom, Vincent Ferrier.

» Comme Najac était une ville importante et la clé de la haute
» Guyenne, le Saint alla directement de Cordes à Najac; il prêcha à son
» passage à la Guépie.

» Il fit son entrée dans la cité au son de toutes les cloches, monté
» sur un petit âne. Une foule innombrable d'hommes et de femmes qui,
» des paroisses du bailliage, s'étaient venus joindre aux Najagais,
» louaient Dieu et disaient à haute voix : « Béni soit le saint prédi-
» cateur! »

» Il était accompagné de cinq religieux de son Ordre et de quelques
» autres prêtres pour entendre les confessions. Plusieurs personnes
» dévotes de diverses conditions et humblement vêtues suivaient les
» prêtres. Un homme, nommé Milon, portait une croix de bois avec
» l'image de Jésus-Christ. Le peuple fut grandement édifié en voyant
» la modestie et la mortification de cette compagnie. Quand ils furent
» arrivés à l'église, ils terminèrent leurs cantiques, suivant leur cou-
» tume, et le Saint récita la collecte en l'honneur de saint Jean, titulaire
» de l'église, puis, se tournant vers le peuple, il le bénit.

» Après Vêpres, ledit Milon s'en allait par les rues de la ville,
» mettant les enfants en procession deux à deux..... Après les litanies
» et la discipline, il réunissait le peuple et chantait de belles strophes
» en l'honneur de la Passion de Notre-Seigneur et de la Sainte Vierge.
» Puis, il faisait une petite exhortation; et le peuple était vivement
» excité à la dévotion et au repentir de ses fautes.

» Et tout le monde vantait les prédications admirables, les bonnes

» œuvres et la sainte vie de maître Vincent. On ne trouvait rien à
» reprendre ni en lui, ni en ceux qui étaient avec lui; on était au con-
» traire obligé d'en dire toute sorte de bien.

» Sur le soir, il sonna la compassion, et toute sa compagnie accourut
» suivie par le peuple. Le directeur des pénitents disposa la compagnie
» en deux groupes : l'un formé par les hommes qui devaient se donner
» la discipline, et précédé par une image de la croix; l'autre formé
» par les femmes et précédé par une image de la Passion. On fit la pro-
» cession autour de l'église avec tant de dévotion et de recueillement
» qu'il n'y eut personne parmi les assistants qui ne poussât des san-
» glots. Cet exercice eut lieu tous les soirs pendant les cinq jours que
» dura la mission.

» Au lever du soleil, le Saint arrivait à l'église, appuyé, à cause de
» ses infirmités, sur le bras d'un de ses compagnons. Il prêchait avec
» une ferveur, une force et une animation admirables. Il citait avec
» tant d'à-propos la Sainte Écriture qu'il semblait même aux savants
» que l'Esprit-Saint avait dicté les textes. Il expliqua au commence-
» ment ces paroles du Psalmiste : Le désert fleurira et les collines se
» couvriront de joyeuse verdure. Plusieurs des auditeurs, pénétrés
» d'effroi, ressentaient un saisissement qui les faisait tomber dans une
» espèce de pâmoison.....

» La ville de Najac, comme tant d'autres, conserva longtemps le sou-
» venir de cette célèbre mission.

» Les Najagais furent tous affligés du départ du Saint; ils le suivirent
» en pleurant jusqu'à la Feuillade, où se firent les adieux les plus tou-
» chants. Ce regrettable et à jamais mémorable départ eut lieu le
» 22 juin 1416.

» Vincent Ferrier se dirigea vers Villefranche, où il prêcha avec
» beaucoup de fruit pendant cinq autres jours. »

VILLEFRANCHE. — Le récit est d'un témoin oculaire; il diffère peu
du récit précédent; mais cette ressemblance même prouve que la fantaisie ne s'est point glissée dans les souvenirs des annalistes.

« Maître Vincent, de l'Ordre des Prédicateurs, vint à Villefranche l'an
» 1416, le 22 juin, pendant que j'étais Lecteur au couvent des Frères
» Mineurs. Il entra, monté sur un âne, entre midi et une heure de
» Vêpres, venant de Najac. Le clergé de la cathédrale et les Frères de
» Saint-François allèrent au-devant de lui en procession, et avec eux
» une grande foule d'hommes et de femmes louant Dieu et disant : « Bien-
» venu soit ce Père saint et tant désiré. » Avec lui étaient beaucoup de

» personnes dévotes de divers états, humblement vêtues, précédées
» d'un homme qui portait un grand crucifix de bois. On remarqua la
» plus grande austérité de mœurs : les hommes étaient séparés des
» femmes. On alla d'abord à l'église principale, qui était située en lieu
» élevé, et quand ils eurent fini de chanter ce qu'ils avaient à chanter,
» le Saint dit une prière à la louange de Notre-Dame, à qui l'église est
» dédiée, puis il se tourna vers le peuple et lui donna sa bénédiction.
» Sur son âne, il paraissait très vieux, mais quand il disait la prière
» et donnait la bénédiction, il ne paraissait pas avoir plus de trente
» ans.

» De là, on le mena chez un négociant où on le laissa. A la chute du
» jour, quand sa compagnie se fut rafraîchie dans diverses maisons, où
» on la reçut de très bonne grâce, on sonna Complies : une grande
» foule de peuple et toute la compagnie du Saint s'y rendirent.

» Alors, le directeur de la pénitencerie ordonna son monde comme
» deux régiments, d'un côté les hommes allant se disciplinant, de l'autre
» les femmes. La procession de ces pénitents se fit autour de l'église ;
» elle dura deux heures, avec un tel sentiment de piété, qu'il n'était
» personne de cœur si dur qui ne se sentit touché et ne pleurât, tant
» sur ses péchés qu'au souvenir de la Passion du Christ, et en présence
» d'un tel exemple de pénitence. La même chose eut lieu pendant les
» quatre autres jours que le Saint resta parmi nous ; et non seulement
» alors, mais ce genre de pénitence persévéra pendant quelque temps
» à Villefranche.

» La veille de saint Jean, dès une heure du matin, la place de
» l'église, qui est très vaste, ayant un jet d'arbalète de large, autant de long,
» et, de plus, deux larges rues qui débouchent sur elle, étaient pleines.
» Le Saint vint prêcher ; il s'appuyait comme un vieillard cassé sur
» quelques hommes de sa suite, derrière lui venait une telle foule, qu'elle
» dut garnir toutes les terrasses et tous les toits ou balcons. Montant sur
» l'estrade, le Saint quitta sa chape, revêtit les habits sacerdotaux et
» chanta la messe ; puis il déposa les ornements sacrés, reprit la chape
» de son Ordre, et prêcha ce jour et les trois jours suivants avec l'ardeur
» d'un jeune homme de trente ans. Tous ceux qui étaient là, et il y en
» avait de diverses nations, le comprenaient ; beaucoup répétaient ou
» écrivaient ses sermons. Il citait l'Écriture avec tant d'à-propos, qu'il
» semblait, aux gens lettrés, que l'Esprit-Saint avait écrit exprès pour
» autoriser ce qu'il avançait.

» Sa prédication n'était point pour rire, mais de vertu telle qu'elle
» pénétrait les cœurs et les touchait, quelque obstinés qu'ils fussent.

» Aussi, beaucoup se décidèrent-ils à faire pénitence et y persévérèrent.
» Les inimitiés cessèrent dans Villefranche, les projets sinistres furent
» abandonnés, et la paix régna, grâce à lui. Il observait tout à fait
» les règles de son Ordre, et avait avec lui un grand nombre de reli-
» gieux et des plus savants. Villefranche fut tout édifiée de cela et d'autres
» choses encore, et c'est bien triste que ce grand bien fût si passager. »

De Villefranche, l'Apôtre se rendit à Rodez, par Saint-Affrique et
Sauveterre.

« 30 juin 1416. — Le Conseil communal décide d'offrir 10 livres
» tournois à maître Vincent au cas où, suivant la rumeur publique, il
» viendrait prêcher à Saint-Affrique. »

« 6 juillet 1446. — Les consuls, sur le rapport de Raymond Picarlat,
» l'un d'eux, qui avait été envoyé vers maître Vincent, assurent au Con-
» seil que le saint personnage arrivera dans la huitaine à Saint-Affrique. »

Il s'y rendit en effet. La preuve en est dans un article des dépenses
communales portant qu'on lui construisit une chaire à prêcher, et que
la ville fit acheter du poisson pour 11 sous 8 deniers pour sa nourriture (1).

A Rodez, Vincent Ferrier prêcha devant une foule immense, réunie
dans le pré Saint-Félix, au bas de la ville. Dans cet emplacement, qui
a subi peu de modifications, on ferait aisément des manœuvres de cava-
lerie. A la fin du siècle dernier, on voyait encore, dans une muraille
bordant cette prairie, une statue en pierre de saint Vincent Ferrier,
élevée à l'endroit même où il prêcha.

La municipalité de Rodez vota 40 livres tournois pour l'entretien des
religieux qui l'accompagnaient.

Saint-Affrique, Sauveterre et Rodez furent évangélisés du 25 juin au
23 juillet.

En ce qui concerne Milhau, nous avons la lettre d'un Dominicain de
cette ville à un Dominicain de Rodez; cette lettre n'est guère qu'une
traduction commentée des archives municipales.

« Lundi, 29 juin 1446. — Le Conseil communal, informé que maître
» Vincent était à Sauveterre, se hâta de lui écrire pour le prier instam-
» ment de faire à Milhau l'honneur d'une visite. On dépêcha vers lui
» Bernard de Salte et Pierre Barrière. Ces députés revinrent le jeudi

---

(1) *Archives Mun. de Saint-Affrique*, BB. 4.

» suivant, avec la bonne nouvelle que le saint voyageur, après une
» réception des plus affables, avait bien voulu promettre de se rendre
» aux désirs du Conseil. La place publique fut parée ainsi qu'aux jours
» des plus grandes solennités. Des draps et des tentures en tapissèrent
» le pourtour. Une estrade, et, sur cette estrade, un autel s'élevèrent au
» milieu. Enfin, la fontaine Mage devint l'objet d'une ornementation
» appropriée à la circonstance.

» Les consuls, de leur côté, ne perdaient pas une minute. Comptant,
» et avec raison, sur une grande affluence d'étrangers, ils faisaient
» arriver du grain en ville et préparer des logements.

» Jeudi, 23 juillet. — Sur le soir, toutes les cloches annoncèrent
» l'approche de maître Vincent (1). Peu d'instants après, la population
» entière, grossie par des masses de fidèles accourus des paroisses voi-
» sines, se pressait, émue et avide de voir et d'entendre, aux abords de
» la porte par laquelle il allait entrer.

» Le saint voyageur se retira au couvent de son Ordre. »

« Laissez-moi vous dire ici, car les moindres détails intéressent dans
» cet épisode de l'histoire de Milhau, qu'à peine y fut-il rendu, les consuls,
» désireux de lui témoigner par toute sorte de petits soins leur vive gra-
» titude, y firent apporter du pain, du vin et un superbe barbeau assai-
» sonné avec du vin blanc et de fines épices. Laissez-moi ajouter encore,
» toujours à la louange de ces mêmes magistrats, que de semblables
» cadeaux se renouvelèrent les jours suivants : le présent offert le 29
» consista en quatre truites du Tarn ou de la Dourbie.

» Les personnes pieuses de tout rang et de toute condition, qui s'étaient
» attachées au nouvel Apôtre et le suivaient à travers les royaumes et
» les empires, étaient au nombre de cent-quarante à cent-soixante. Les
» consuls en prirent le plus grand soin et les logèrent deux à deux chez
» les principaux habitants de la ville.

» La prédication ne durait pas moins de trois heures ; et cependant,
» ô prodige de l'éloquence et de la foi ! la péroraison de ses discours
» arrivait toujours trop tôt pour l'auditoire émerveillé.

» Le départ de notre Saint eut lieu le 29. Il se remit en route dans
» l'après-midi, et fut coucher à Compeyré.

» Comme il était sur le point de quitter Milhau, les consuls, avec
» l'agrément du Conseil, le supplièrent de vouloir bien se souvenir de
» la ville et de ses habitants, se recommandant à ses ferventes prières.

---

(1) C'est exact, car il fut alloué « als senhiers (sonneurs) per so car avian faghs trinhos
» (carillons) a la venguda de M. Vincens » II sous, VI deniers.

» Ils le supplièrent, en outre, de vouloir bien accepter la modique somme
» de 20 livres, pour subvenir à l'entretien de sa compagnie, ce qu'il ne
» voulut point accepter.

» Mais, ayant appris qu'il se trouvait, parmi les personnes qui le sui-
» vaient, un prêtre dont la fonction était de pourvoir celles-ci de chaus-
» sures et autres objets nécessaires, nous le priâmes de vouloir accepter,
» au nom de Dieu et pour l'entretien de la suite de maître Vincent,
» lesdites 20 livres, lesquelles, ayant été acceptées, lui furent remises
» dans un petit sac, sur le chemin de Compeyré. »

De Milhau, l'Apôtre se rendit au Puy, par Mende et Saint-Flour. Il employa, dans ce trajet apostolique, les mois d'août et septembre.

L'histoire manuscrite du Gévaudan, par l'abbé Prouzet, nous dit que « saint Vincent Ferrier, suivi d'une centaine de pénitents vêtus de sacs
» et marchant nu-pieds, prêcha à Mende, pendant plusieurs jours, sur
» les places publiques, et opéra beaucoup de conversions. »

La ville de Mende garda ce souvenir. « A peine le Saint fut-il cano-
» nisé, en 1457 le chanoine Bernard Robin fit élever dans la cathédrale
» un autel en son honneur ; l'année suivante, sur la demande du prévôt
» Guilabert de Cénare, la fête de saint Vincent Ferrier fut célébrée dans
» le diocèse à neuf psaumes et neuf leçons (1). »

De Mende, par Saint-Chély-d'Apcher et Marvéjols, l'Apôtre se dirigea vers Saint-Flour. Le document municipal, retrouvé aux Archives de cette ville, est un des plus importants. Grâce à lui, nous entrevoyons que l'apostolat de Vincent Ferrier, dans le centre de la France, n'eut pas lieu en 1407, comme nous l'avons déjà laissé entendre. Ses prédications

---

(1) Le chanoine Robin ne faisait qu'exécuter les dernières volontés d'un de ses confrères, Ponce Jourdain, qui avait entendu Vincent Ferrier prêchant à Mende. Les miracles ne tardèrent pas à se multiplier devant cet autel. « ..... Quem ego Poncius Jor-
» dani praedicantem, populum exortantem et convertentem, futurumque judicium generale
» in proprio nuntiantem, in praesenti civitate vidi.
« Idem Dominus Bernardus, post ipsius sancti paulò post canonizationem ymaginem in
» ipsius honorem et exaltationem exculpi, formari et benedici, et ibi suis sumptibus collo-
» cari pro majori parte fecit ; et de post suis meritis et precibus idem sanctus ibidem
» multis miraculis claruit, prout et, Deo gratias! multi suffragantur. » (Extrait du testament du chanoine Ponce Jourdain). Ce testament est du 28 janvier 1476.
Deux chapelains furent attachés au service de l'autel du saint, avec des revenus fixes. Pendant les guerres de religion, presque tous les biens affectés à cette fondation furent confisqués. Un des derniers chapelains, Antoine Cabot, déclarait en 1567 que les revenus de la chapelle étaient de quatre-vingt-douze livres, et que, déduction faite des charges, il ne lui restait que soixante-quatre livres, quinze sous. (*Archives départ. de la Lozère*, Série G, n° 1941).

à Saint-Flour eurent lieu en septembre 1416 ; leur durée exacte ne ressort pas du document ; mais elle dut être courte, car l'article des dépenses pour maître Vincent et ses compagnons, « tant qu'il demeura, » ne monta qu'à 2 livres, 2 sous, 3 deniers (1).

La grosse affaire est toujours cette estrade partout nécessaire en plein air au prédicateur. Quatorze ouvriers s'y mettent le 29 août à Saint-Flour, et, le 10 septembre, le travail est à refaire, comme n'offrant pas les qualités requises.

On faisait déjà des confitures en Auvergne à cette époque, car on donna pour 4 deniers de pâte de coing à un malade de la compagnie.

Le tarif des notaires, qui étaient en même temps des écrivains publics, était moins fort qu'aujourd'hui, s'il faut en juger par la somme attribuée à Me Durant Colonghas « pour six lettres closes, écrites l'une à Monseigneur le dauphin, l'autre au seigneur de Monchanson, la troisième à Jean Lonc ; pour réparer le pont du Colombier, et trois à maître Vincent, de la part des consuls, pour le prier de venir ici. Au total : 2 sous, 6 deniers. »

Nous trouvons ici la preuve nouvelle que les compagnons prêtres du Saint s'éparpillaient sur la route pour continuer l'œuvre de salut ; l'un d'eux, en effet, prêcha les Quarante Heures à Saint-Flour en 1428 ; et l'on sent la note émue dans le compte du « bon chapela, disciple de » maître Vincens », qui arriva « le dimanche de *caramentrant* (carême » entrant, ou dimanche gras) (2). »

La renommée des eaux du centre de la France date de loin : Royat, Néris, La Bourboule et Vichy étaient déjà connus. L'épisode de Chaudes-Aygues trouve ici sa place. Il y avait là des bains très fréquentés, occasion de nombreux désordres. Le Saint protesta d'abord, on n'en tint nul compte ; alors, en vertu de son intuition surnaturelle, il dévisagea les coupables avec une telle précision, sans toutefois les nommer, qu'il fallut bien venir à résipiscence.

---

(1) Item, per pan, vin, peysso, huous et fruta payats per la despensa de maistre Vincens et sos companhos, per lo temps que say demoret..... payat. II L. II S. III d.

(2) Extrait des *Archives communales de Saint-Flour*, Ch. xi, registres 29, 30 et 40. — Publié par les *Annales du Midi*.

# CHAPITRE XXIII

### DU PUY A BESANÇON

NAIVE CHRONIQUE — BERTRAND DUGUESCLIN — 1417 OU 1407 — UN FER=
MIER DE LA MAILLE — LE PRÉ D'AYNAY A LYON — MESTRE VINCENT A
MASCON OU LE REGISTRE DE JEAN CROCHAT — SAINT LADRE D'AUTUN

Les histoires locales nous ont conservé le récit détaillé des prédications de Vincent Ferrier au Puy. C'est d'abord le livre de *Podio* ou chronique d'Étienne de Médicis, bourgeois du Puy (1).

« Du Fr. Vincent de Ferrières saluberrime déclamateur de la foi
» catholique.

» L'an 1416, le troisième d'octobre, arriva au Puy, très honorable homme
» maestre Vincent de Ferrières, religieux de l'Ordre des Frères Prêcheurs,
» docteur en théologie, natif de Valencie en Catheloigne, lequel allait
» preschant la parole de Dieu parmi le royaulme de France. Et entra
» ledit jour environ vespres, en la ville du Puy. Et avait avec luy de
» quatre-vingts à cent religieux, habillés en façon de hermites qui tous-
» jours le suyvoient pour ouyr et apprendre la saincte doctrine, et
» alloient ensemble de deux en deux comme en manière de procession.
» Et avoient une bannière devant, que portait lung d'eulx en laquelle
» avait un dévot Crucifix. Et ainsi s'en allarent loger au couvent de
» Sainct-Laurens.

» Et le lendemain, il fit faire un bel eschaffault auprès du Breulh
» joignant la muraille des Cordeliers, où il y avoit en ung costé du dist
» chaffault ung bel autier pour dire messe, et près du dit autier avoit
» ung petit parquet pour les chantres qui luy aidoient à dire sa messe,
» car le dit Fr. Vincent ne chantoit guère que ne fût en note. Et fai-
» soient moult noble et dévote procession les dicts frères venant au dit
» lieu, et chantoient dévotes antiennes et oraisons et se battoient et dis-
» ciplinoient en ce faisant, tout le sang en yssoit habundamment exhor-
» tant le peuple à prendre cette discipline pour le purgement de leurs

---

(1) Publiée par AUGUSTIN CHASSAING, chez Marchesson. Le Puy, 1874.
M. Meyer dit d'Étienne de Médicis qu'il puisait avec intelligence à des sources maintenant perdues.

» péchés : dont plusieurs gens de bien se disciplinoient, voyant et con-
» templant ces dévotes gens ainsi, pour avoir la rémission de leurs
» péchés, se battre. Et s'en venoient dessus l'eschaffault et portoient
» alors une banière devant eulx out estoit painct l'ymage de Nostre-
» Seigneur quant fut attaché au pilier pour estre batu. Et là ainsi arrivés
» disoit le dit Fr. Vincent sa messe, et la messe dicte se mettoit à pres-
» cher en moult noble ordre. Et le suyvoit le peuple en si grande quan-
» tité, qu'on ne sauroit le nombre dire pour ouïr la saincte prédication
» et y venoient de dix lieues, quinze lieues, vingt lieues ; et sembloit à
» sa parole qu'il n'eust pas trente ans combien qu'il fut homme vieulx
» et tenant saincte vie lequel ne mangeoit qu'une fois le jour. En ses
» prédications, il reprenoit fort tous les états du monde pour les offences
» qu'on faisoit contre Dieu, et lavoit chacun moult agréable excepté les
» clercs et faisoit miracles ; et fist quinze sermons au Puy out il parla
» de moult nobles matières.

» Il y a encore de présent, au Puy, en la sacristie des Jacopins, une
» chape-que ce Saint porta en procession, tandis qu'il demeura dans Le
» Puy, que maintes fois j'ai vue et maniée (1). »

L'histoire moderne n'ajoute que quelques menus détails :

« Le célèbre Dominicain fit dans cette ville, le 3 octobre 1416, une
» entrée tout à la fois humble et solennelle ; il était, à cause de ses
» infirmités, monté sur une petite mule. Le Saint, descendu au couvent
» de son Ordre, commença par révérer l'auguste cathédrale, puis il alla
» demander au grand vicaire l'autorisation de prêcher, quoique une per-
» mission universelle lui eût été donnée par le Souverain Pontife. Sa
» renommée avait attiré une telle multitude de peuple qu'aucune église
» n'était capable de la contenir ; il fallut, sur sa demande, lui dresser un
» autel dans la prairie du Breuil : quinze fois il renouvela ses prédica-
» tions, et, par une merveille continuelle, non seulement sa voix ne
» s'altéra point, malgré l'épuisement où il était réduit, mais quoiqu'il ne
» s'énonçât qu'en espagnol ou en latin, il fut compris sans exception de
» tous ses auditeurs (2).

---

(1) « Et par l'espace de dix-neuf ans, tint et demeura sa vie en tel estat, puis alla
» mourir à Vannes, où il est enterré. Et y démontre Dieu pour l'honneur de ce glorieux
» sainct de très excellans miracles.
» Pourquoi pape Calixte III son compatriote l'an 1455, le reddugt au rang des saincts
» confesseurs et fist sa feste célébrer les nones de april. » (Chronique d'Étienne de Médicis, t. 1ᵉʳ, p. 283.)

(2) (Hist. de l'Église d'Auvergne, par le comte de Résie, t. III, p. 328.)

Au volume RR. des Archives généralices, on trouve une note destinée aux Annales de

» Il semble que son arrivée au Puy fit retirer les partisans du duc
» de Bourgogne qui, peu de temps auparavant, avaient investi et
» assiégé la ville, qui tenait le parti du roi et du dauphin (1). »

En suivant les dates des documents municipaux, le Saint alla par petites journées du Puy à Moulins. Clermont-Ferrand était sur sa route. On se souvient de l'embarras où nous avons été, lors de son premier voyage dans cette ville, en 1407, pour faire concorder les affirmations des auteurs avec la rapidité de sa marche. L'erreur est manifeste : le document municipal de Clermont-Ferrand ne laisse plus aucun doute.

Le jeudi après sainte Catherine, c'est-à-dire, cette année-là, le 30 novembre, fut élevé le « chadafalt », désormais classique. Ces bons Auvergnats, durs à la besogne, avaient soif : les cinq premiers articles désignent ce qu'on leur donna pour « boire »; et il y en a d'autres. Bien est-il vrai qu'il faisait très froid, et chacun sait que le froid et le chaud, arrivés à un certain degré, produisent des effets identiques : il est fait mention, à diverses reprises, de « fagos et faiz de serment (sarments) », pour chauffer *les disciplines* (ce qui signifie, sans doute, la salle où les disciplinants changeaient de costume), et aussi « du charbo » pour chauffer lez mains du dit maître Vincent quand chantoit (2). Le Saint était presque septuagénaire.

---

Bzovius portant que Vincent Ferrier prêchait au pré du Breuil; les habitants étaient sur les tours, les clochers, les maisons et les murs.

(1) Odo de Gissey, *Hist. de N.-D. du Puy*, p. 328.

Qu'on nous permette d'ajouter la note suivante :

« En l'an du Christ 1380 (après le trespas du seigneur connestable Bertrand du Claisquin)
» fut ordonné par ces gens après plusieurs déplorations et griesves plainctes et lamentables,
» le metre et rendre en ecclésiastique sépulture dans l'église des Frères Prêcheurs de la
» dite ville du Puy seigneurieusement ainsi qu'il lui appartenoit, et par les dits citoyens
» de la dite ville du Puy fut reçu très honorablement avec torches, dueil et grande pompe
» et toute habondance de triomphes mortuaires, qui ne fut pas faict sans grande dépense.
» Et fut tumulé son dict corps dans le dict temple des dicts Frères Prêcheurs en un beau
» monument qui fut tout récemment construit au-devant du grand autel de la dite
» église soubs la chapelle de saincte Magdeleine et de sainct Roch qu'a faict nouvellement
» édiffier sire Jacques David, bourgeois du Puy. » (*Étienne de Médicis*, t. I<sup>er</sup>, p. 230.)

« Les articles de la Société d'Agriculture du Puy, 1834, par M. Fis., racontent qu'en
» 1562, 8000 religionnaires, commandés par le sieur de Blacons, n'ayant pu surprendre la
» ville, saccagèrent les faubourgs et pillèrent l'église Saint-Laurent, brisèrent les statues
» du portail, les verrières, et dévalisèrent les tombeaux, entre autres celui de Duguesclin.
» Sur le tombeau du connétable, magnifique monument de la foi du xiv<sup>e</sup> siècle, on lisait
» l'épitaphe suivante : Ci gist très noble h<sup>e</sup> et vaillat messire Bertrad de Claiskin, conte
» de Lögneville, connestable de France, qui trépassa l'an mil CCCLXXX le 14 de
» jul. »

(2) *Archives communales de Clermont-Ferrand*, Comptes de Montferrand, fol. 26, 30 et 42. Une sentence judiciaire du 7 mars 1447 condamne les consuls de Clermont à payer « le salaire de deux ouvriers employés pendant que maître Vincent précha. »

» Son séjour à Clermont-Ferrand ne fut alors que de cinq jours, mais
» il rayonna dans toute la contrée. Nous avons, en effet, à la fin de
» cette année 1416, la place d'un Avent. »

Les archives de Moulins conservent aussi les comptes de ce qui fut fait lors de la venue de maître Vincent. La nomenclature s'ouvre par « 7 livres, 7 sols, 4 deniers de dommages-intérêts payés au fermier de » la Maille, parce qu'on avait fait crier que ceux qui apporteraient du » pain en ville seraient exempts de la Maille. » Le nombre des auditeurs venus de loin et ne voulant pas s'en retourner avant que le Saint ne fût lui-même parti, faisait évidemment craindre la famine.

« On donne à ceulx qui ont amené Fr. Vincent et ses gens et son » bagage de la Chièze à Moulins, la première semaine de février 1446, » 115 sols (1). »

On construisit deux « chaffaulx », dont l'un vraisemblablement pour les chantres. Au départ, on obligea l'Apôtre à recevoir trente livres de gratification (2).

L'endroit où les envoyés de Moulins vinrent chercher l'Apôtre est la Chaise-Dieu, où il y avait alors un célèbre monastère de Bénédictins.

Le Saint remonta jusqu'à Lyon, selon ces paroles du célèbre jurisconsulte Guy Pape : « J'ai vu ces deux grands flambeaux de la science » divine qui allaient prêchant par le monde : Vincent Ferrier à Lyon, » 1415, et Bernardin de Sienne en Piémont, 1429 (3). »

En mars 1417, les consuls de Lyon délibérèrent d'envoyer l'un d'eux, Aymard de Chaponay, porter de leur part à Fr. Vincent Ferrier, qui est à Courzieu, une lettre dans laquelle ils lui annoncent que les Lyonnais sont tout joyeux de savoir qu'il doit venir prêcher en leur ville.

Un autre conseiller, Jean Leviste, avec son chapelain, un procureur et un valet allèrent jusqu'à l'Arbresle, au-devant du Saint, qui prêcha cette année-là au pré d'Aynay, appartenant à l'abbaye de ce nom. Il fallut abattre le mur de clôture pour agrandir encore un emplacement déjà si grand.

---

(1) Nous sommes, selon le calendrier moderne, en 1417.

(2) Voir le reste, document 14.

(3) L'erreur de date est facile à voir : « Vidi duo lumina sacræ theologiæ actu prædi-
» cautia per mundum. Primo videlicet S. Vincentium Ferrariæ, quem vidi prædicare in
» civitate Lugdunensi anno Domini currente 1415. Secundo etiam vidi S. Bernardinum
» de Senis, prædicare in patriâ Pedemontium anno Dom., 1429. (Questio 8ª.) »

En date du 2 juin, les consuls délibèrent de gratifier Fr. Gabriel, disciple de maître Vincent, qui avait prêché huit jours à Lyon (1).

De la Rochette, historien des évêques de Mâcon, raconte, d'après les archives de cette ville, l'entrée solennelle de maître Vincent venant de Lyon. C'était le 4 mai 1417.

Dès le 23 avril, on avait donné prix fait à un charpentier pour la construction de l'estrade où l'Apôtre devait prêcher en plein air.

L'évêque Jean Christini, à la tête de son Chapitre, accompagné du clergé et d'une foule immense, fut le recevoir à la porte de la ville. Le pieux cortège fut conduit dans une prairie qu'on nomme encore le pré du Breuil, où une estrade avait été dressée pour que le saint missionnaire pût facilement être vu et entendu de la multitude qui se pressait sur ses pas et qu'aucune église n'eût pu contenir (2).

L'auteur continue à citer, en le dénaturant, le document municipal; il paraît préférable de lui laisser sa forme originale.

« 1417. — Item le mardi, III$^e$ jour de may, l'an que dessus heure de Vespres mestre Vincent Ferrier, mestre en théologie, vint à Mascon et amena en sa compagnie en procession VIxxX religieux..... homes, et fu logié le dist mestre Vincent au couvent des Frères Prescheurs de Mascon et les dits religieux furent logiés en la dicte ville de Mascon, c'est assavoir XXX au cloystre de l'église de Saint-Vincent et le résidu ès hostels des bourgeois de la ville, et prêcha le dit Fr. Vincent au pré du roy appelé du Brul et dit la messe le mercredi en suyvant V$^e$ du dit moys, et continuellement tous les jours dit sa messe solennelment, et preschat jusqu'au mardi XIII$^e$ jour du dict moys auquel jour XIII$^e$ du dit moys se partit de Mascon. Et fut baillié par le dit procureur de la dite ville par l'ordonnance faicte sur et par la plus grande et sayne partie de la dicte ville à frère Symart de la Grolete sous-prieur des Jacopins de Mascon pour la dispense du dict mestre Vincent et de quatre religieux ses serviteurs IX escus..... qui valent X l., 2 s., VI d. et au recteur qui avait laministracion des dicts VIxxX religieux, X L. pour les nécessités des dicts religieux. Et fust fayte durant le dict tems toutes les nuis grât de suplice de gens touts nus, soy battants jusques au sanc au dit pré et par la dite ville tant homes comme enfans male depuis hage de XII ans jusqu'à l'âge de VII, et femes, vellards en criant a aulte voys et grant cris; en l'onour soit et en la remembrance de la saincte

---

(1) *Registres consulaires de la ville de Lyon*, publiés par GUIGUES. — Document 15.
(2) *Histoire des évêques de Mâcon*, par DE LA ROCHETTE, t. II, p. 355.

pasion de Notre-Seigneur Dieu Jésus-Christ et les dicts enfants criaient à grant voy : Seigneur Dieu, Jésus, miséricorde! Tellement que c'était une grande admiration et pitié à veoir et oyr. Et depuis, les jours des venredis, samedis continuelment et les dimanches, et autres jours fériés ont été faict apres ce que le dict Fr. Vincent fu parti de Mascon les semblables disciplines et congregacions comme dit est. Et tous les jours les petits enfans s'assembloient par la dicte ville disant *Pater noster* et *Ave Maria*, et *Credo in Deum patrem omnipotentem* et *Credo spiritum sanctum*, et en grand procession et portant la croix et criant comme dit est : « Miséricorde Vierge Marie! Mère de Dieu priez pour
» nous et pour touts pécheurs. *Amen* (1). »

Une note des archives d'Autun signale le passage du Saint dans cette ville : « 1er septembre 1440, jours tenus au champ Saint-Ladre (Saint-
» Lazare) devant la chapelle où feu Fr. Vincent et d'autres ont prêché.»
Ce champ, aujourd'hui place publique centrale où se tiennent les marchés, est éminemment propre au déploiement d'une grande foule.

---

(1) *Registre de Jean Crochat de 1415 à 1418*, folio XXXVI.
Le 22 juin suivant, Fr. Raphaël, Dominicain, de la maison de Fr. Vincent, vint à Mâcon et prêcha dans l'église des Jacobins de son Ordre et sur la place au Prévôt, où assistèrent grand nombre de gens de la ville et d'étrangers. (DE LA ROCHETTE, *opus cit.*)
Le pré de Breuil est ce qu'on appelle actuellement, à Mâcon, le quartier Saint-Antoine. Le cloître de Saint-Vincent est un ensemble de bâtiments entourant l'église de ce nom, ancienne cathédrale aux trois quarts détruite. Ce qui en reste est imposant. Le couvent des Dominicains est devenu le pensionnat des Saints-Anges, défiguré, sauf quelques arcades du cloître qu'on distingue encore. L'église, coupée horizontalement, sert de salle de récréation.

# CHAPITRE XXIV

## LA COMMUNION DES SAINTS

DE SARAGOSSE A BESANÇON — CE QUI FAIT ABOUTIR LES CONCILES — LA CROIX DE LA TERRE ET LA CROIX DU CIEL — « DANS MOINS DE DEUX ANS ET EN FRANCE ». — LE CALVAIRE D'AUXONNE — RENCONTRE DANS LA VALLÉE — ITINÉRAIRE ENCHEVÊTRÉ — LE REPRÉSENTANT LEJEUNE

Vincent Ferrier avait hâte d'arriver en Franche-Comté. Ce serait même à son désir de rencontrer là une âme humble selon le monde que notre France aurait dû ces merveilleux fruits de salut qui l'ont maintenue chrétienne (1).

Nous lisons, en effet, dans la vie de sainte Colette, écrite par l'abbé Larceneux (2) :

« Vincent Ferrier avait écrit de Saragosse à la Bienheureuse qu'il
» allait à Besançon pour la voir et pour conférer avec elle sur les
» affaires de l'Église et sur le schisme, selon l'ordre qu'il en avait
» reçu d'en haut ; qu'il se mettait en chemin, mais que son voyage
» serait long, parce qu'il avait encore ordre de prêcher en passant par
» toutes les villes de la France, et que, quand il approcherait de Besançon,
» il lui en donnerait avis. La Bienheureuse reçut la seconde lettre à
» Auxonne ; il lui marquait, de plus, qu'il ne prêcherait pas seulement
» quelques sermons à Besançon, mais qu'il y ferait une mission pour
» avoir plus le temps de la voir et de conférer avec elle.

» Toute la cité fut comblée de joie quand Colette publia cette mis-
» sion ; la réputation de ce grand prédicateur enflammait du désir de
» l'entendre ; la plus grande partie de la noblesse du pays et des villes

---

(1) Fuit hæc sanctissimo viro occasio ut B. Colettæ visendæ cupidus ex Aragonia in Burgundiam hac una de causa se conferret, ubi cum ea in conventu Poligniacensi tunc existente multos de rebus cœlestibus sermones miscuit. (Les Bollandistes, *Vie de sainte Colette*, ch. III, n° 34.)

(2) Curé de Belmont (Jura). Ce digne prêtre, au dire des Clarisses, n'épargna ni travaux, ni voyages pour trouver les documents et les traditions relatifs à son sujet. On regarde ce travail comme le plus exact et le plus complet. Il le composa d'avril 1784 à mai 1785, sur des manuscrits poudreux, écrits en langues diverses, la plupart indéchiffrables, conservés tant à Besançon qu'à Poligny et à Gand, et qu'il transcrivit plusieurs fois. Les recherches et le résultat qu'il en a tiré se trouvent au monastère des Clarisses de Poligny, réunis en 110 cahiers bien tenus.

» voisines se rendirent à Besançon, il en vint même beaucoup des pro-
» vinces étrangères, de la Suisse et de la Lorraine.

» Saint Vincent Ferrier arriva à Besançon le 4 juillet de l'an 1417,
» avec une foule de disciples et d'autres personnes qui le suivaient; il
» entra par la porte des Minimes; il alla droit à la maison de Sainte-
» Claire, pour voir la Bienheureuse. Ayant conféré quelque temps en
» secret avec elle, il se retira chez les Dominicains, dans la maison de
» son Ordre.
» Ses disciples avaient dressé le même jour un autel sur la place
» Saint-Pierre et une chaire de prédicateur auprès de l'autel. La mis-
» sion dura trois semaines. Les anciens, qui ont parlé de cette mission,
» rapportent que les sermons de Vincent Ferrier et les miracles de
» sainte Colette avaient changé entièrement la face de Besançon (1).

» Ce saint prédicateur prêcha six fois pendant sa mission dans l'église
» de Sainte-Claire, devant la Bienheureuse et les religieuses.
» On ne sait point ce qui se dit dans les conversations secrètes des deux
» grands saints. On sut seulement six semaines après la mission, par
» les lettres de Thiébaut de Rougemont, archevêque de Besançon, qui
» était au Concile de Constance, que les deux Saints avaient écrit aux
» Pères du Concile de la part de Dieu, de tenir ferme, qu'il en sorti-
» rait un grand Pape qui ferait finir le schisme et remettrait la paix
» dans l'Église. Ils adressèrent leurs lettres au prélat de Besançon, qui
» les en remercia, et les porta au Concile où elles furent lues publi-
» quement.
» On ne peut exprimer, disait la lettre du prélat à son Chapitre, la
» joie que le Concile en fit paraître, connaissant la sainteté de ces deux
» Saints qui faisaient des miracles, ressuscitaient les morts et étaient
» devenus les oracles du monde chrétien; d'autant plus que tous les
» deux avaient abandonné Pierre de Lune, qui était la pierre d'achop-
» pement du Concile par son obstination. On ne douta plus depuis ce
» temps de l'heureux succès du Concile; il y eut un accord merveil-
» leux parmi les nations qui le composaient, et Martin V fut élu.
» Saint Vincent Ferrier, s'entretenant un jour avec le P. de la Balme,
» confesseur de la Bienheureuse, lui confirma qu'il n'était venu d'Espagne
» à Besançon que pour la voir. Le Père lui demanda comment il avait
» connu la Sainte en France, lui étant en Espagne. Saint Vincent

---

(1) Je laisse de côté des pages exclamatives sur l'éloquence de l'Apôtre.

» Ferrier dit alors à ce Père, en confidence, qu'étant un jour en oraison
» à Saragosse et priant pour l'Église, il vit sainte Colette aux pieds de
» Jésus-Christ, le pressant de finir le schisme et d'user de miséricorde
» envers les pécheurs qui en étaient la cause.

» Jésus-Christ me fit aussi connaître, ajouta le Saint, que sa volonté
» était que j'allasse à Besançon la voir, en prêchant dans les villes de
» France, et que, lorsque je serais à Besançon avec la Sainte, il nous
» communiquerait ses desseins et ce qui regardait les intérêts de son
» Église (1).

» Saint Vincent Ferrier, ayant vu la croix que Jésus-Christ avait
» envoyée à la Bienheureuse (il en sera parlé tout à l'heure), se pros-
» terna d'abord avec un grand respect, pria quelque temps devant elle
» avec une ferveur singulière et l'embrassa. Il fit ensuite beaucoup de
» questions à la Sainte sur les circonstances du temps, du lieu, de la
» manière dont elle lui avait été envoyée, en présence du confesseur et
» de toutes les religieuses de la maison. Il félicita la Sainte d'un tel

---

(1) Insuper inter multas revelationes quas Deus multiformi sua gratia notas fecit venerabili et egregio doctori sancto Vincentio Ord. prædicatorum, ostensa est ei in spiritu hæc sancta ancilla Dei genua flectens ante supremam Dei majestatem et divinam bonitatem, atque rogans cum ardentissimo amoris affectu pro p<sup>ccis</sup> atque delictis humane fragilitatis et peccatorum; visusque est illi Pater misericordiarum et Deus totius consolationis hoc pacto respondere : Filia, quid vis tibi faciam, cum quotidie a peccatoribus contumeliam patior et opprobria. Etenim blasphemias et convicia in me assidue loquuntur, et mandata mea nichili faciunt.
Ob quam certe revelationem atque visionem venit supradictus doctor insignis et preclare sanctitatis ex partibus Aragonie in Burgundiam ad conventum Poliniaci ut ipsam visitaret coramque cerneret, habuitque semel cum ea multa verba ad edificationem animi et spiritualem consolationem conducentia. (Extrait d'une vieille vie de sainte Colette imprimée en caractères gothiques, 1520, sous ce titre : *Brevis legèda Beate Virginis Sororis Colete, reformatricis S. Clare.*)
Citons encore, à cause de son antiquité, le passage suivant, extrait de la *Vie de sainte Colette*, par P. de Vaux.
Lune des principales requestes et prieres quelle faisoit à Dieu en ses devotes orisons œstoit pour les povres pecheurs et defaillans. Entre pluseurs revelations que Dieu, par sa sainte grace, veult manifester au venerable docteur et excellent de œuvre et Ordre Prescheur, maistre Vincent, fust la cognissance de sa petite ancelle. Laquelle il vit en son esprit moult tres humblement agenoullie devant la souveraine Majeste divine, priant moult devotement et ferventement pour les pechies et defaultes de son povre peuple. A laquelle Notre-Seigneur li respondi : « Fille, que veuls tu que je leur face. Tous les jours
» je suys diceulx injuriez et vituperez. Il me despiechent sans cesser plus menu que on
» ne despieche char en la boucherie en moy blasphemant et reniant et trespassant tous
» mes commandemens. » Et pour cette cognissance et vision que Dieu par sa grace veult audit docteur de sa petite ancelle reveler, il se transporta du royaulme Dasragon et vint en Gaulle cest assavoir en Franche, especialement pour la personnelment visiter et culrent ensemble moult de saintes paroles et de prouffitables collocutions. Et recheurrent par la bonte de Dieu pluseurs espiritueles consolations.

» présent reçu du Roi des rois ; puis il la pria de recevoir le présent
» qu'il désirait lui faire lui-même de ce qu'il avait de plus précieux
» dans sa pauvreté, et de plus conforme au présent de Jésus-Christ ;
» c'était la croix qu'il avait apportée d'Espagne, et avec laquelle il
» était entré dans toutes les villes de France où il avait prêché.

» Cette croix, en sapin, noire, large de deux doigts, haute de quatre
» à cinq pieds, grossièrement taillée, avait été faite en Espagne. On la
» conserve encore aujourd'hui dans la maison de sainte Colette, à
» Besançon, comme une relique ; elle est placée au bout d'une galerie,
» près de l'oratoire de la sainte. Les religieuses y vont faire une prière
» particulière tous les jours (1).

» Le Saint, après avoir offert la croix à la Bienheureuse, ne pouvait
» se lasser de fixer avec étonnement celle que Jésus-Christ lui avait
» envoyée (2). Il adressa à cette croix des paroles si touchantes que la
» Bienheureuse en fut ravie en extase, en présence du Saint. Quand elle
» fut revenue à elle-même, elle le remercia de son présent, lui dit que
» ces deux croix du Maître et du serviteur étaient ce qu'elle estimait le
» plus et qu'elle conserverait le plus précieusement. Mais que, pour le
» remercier plus particulièrement, elle allait lui dire ce que le Seigneur
» lui avait fait connaître de lui dans cette élévation d'esprit qui venait
» de lui arriver : que Dieu l'appellerait à lui dans moins de deux ans,
» pour le récompenser de ses grands services. Le P. Vincent, surpris
» d'une telle prophétie et répétant les termes de la bienheureuse : *Dans*
» *moins de deux ans*, lui dit qu'il espérait aller mourir en Espagne. « En
» France, répondit la Bienheureuse. » Sa prophétie s'accomplit exactement.

» Ce fut un touchant spectacle que la plume ne peut représenter que
» celui du moment où ces deux Saints se séparèrent pour la dernière
» fois : ils ne purent se dire ni l'un ni l'autre un seul mot, la grille
» était ouverte, toutes les religieuses, à genoux et fondant en larmes,

---

(1) Il est écrit sur un des côtés : « C'est ici la croix dont saint Vincent Ferrier, venu
» d'Espagne à Besançon, l'an 1447, fit présent à sainte Colette, alors réformatrice des
» dames de Sainte-Claire de cette ville. »

(2) On peut encore vénérer, chez les Clarisses de Besançon, cet inestimable trésor, seul bijou dans ce royaume de la pauvreté. C'est une croix d'or renfermant une parcelle de la Vraie Croix, apportée à sainte Colette par saint Jean, de la part de Notre-Seigneur, de la part de l'Époux qui ne sait rien refuser aux désirs de l'épouse. La croix est bien en or terrestre et cependant étranger à la terre, incrustée de perles fines.
La croix de saint Vincent Ferrier subsiste aussi, humble sœur de la croix du ciel.
« La croix de saint Vincent est de sapin, fort simplement faite, de la hauteur de huit pieds, peinte en noir, donnée par iceluy à notre bienheureuse Mère, s'en voulant partir de la cité. ». (*Lettre des Clarisses de Besançon à celles d'Amiens*, 27 juin 1624.)
On trouvera, appendice G, une note sur cette croix.

» demandèrent au Saint sa bénédiction. Ce touchant adieu est décrit
» dans un manuscrit des Archives du couvent de Besançon (1). »

Nous n'avons pas interrompu le récit de Larceneux, qui nous introduit de prime abord à Besançon, mais là ne fut pas la première étape du Saint en Franche-Comté, ni sa première rencontre avec sainte Colette. D'après une lettre de l'abbesse, Marthe Taboureau, aux Clarisses d'Amiens (9 juillet 1624), ils se seraient rencontrés à Auxonne et auraient prié ensemble au calvaire érigé par la Sainte dans le jardin de son couvent, calvaire dont il reste quelques débris.

Les éphémérides d'Auxonne (2) font mention de la présence de Vincent Ferrier, les 17, 18 et 19 avril 1417. « Il était, disent-elles, accom-
» pagné de cent Dominicains et de dix mille personnes », ce qui, manifestement, veut dire que sa troupe ordinaire, habillée de blanc et de noir, montait à une centaine de personnes, et qu'une grande multitude l'avait suivi de ses dernières étapes pour entendre encore sa parole. Il prêchait à gauche de l'église Notre-Dame, sur la place appelée aujourd'hui place des Casernes.

« Une nouvelle entrevue eut lieu entre les deux Saints à Poligny, en
» juin 1417. La tradition veut que sainte Colette, alors au château de son
» amie, Blanche de Savoie, à Frontenay, ait eu surnaturellement con-

---

(1) Comme tant d'autres, ce manuscrit est perdu depuis la Révolution. Le récit, auquel nous avons conservé à peu près sa forme peu châtiée, n'est guère que la reproduction des Mss de Sœur Perrine et de Pierre de Vaux, tous deux contemporains de sainte Colette. Mss qui se conservent à Gand, chez les Clarisses ; Poligny en garde aussi une copie. C'est indigeste, mais curieux. Sœur Perrine était nièce du P. H. de la Balme. Ces mémoires ont tenté, dit-on, la plume de Veuillot.

L'histoire de sainte Colette a été d'ailleurs écrite par le P. Sellier, S. J. (1853) ; par M. Douillet, curé de Corbie, où est née la Sainte (1869) : ouvrages auxquels il faut joindre les récents travaux de l'abbé Bizouard, aumônier militaire d'Auxonne.

Un ancien manuscrit raconte à sa manière l'entrée de Vincent Ferrier à Besançon : « L'an 1417, le jour de saint Martin, 4 de juillet, il arriva dans Besançon une bande
» d'hommes, de femmes, d'enfants qui s'en allaient soy battant de verges et de courgées
» et de fouets, et ce par le prêchement d'un jacobin nommé Fr. Vincent, du royaume de
» Valence, en terre de Aragon, lequel avait en sa compagnie des disciples habillés en
« ermites. »

Dans la série des comptes de la ville de Besançon, il y a lacune entre le 24 juin 1413 et le 24 juin 1418 : conséquemment rien qui ait trait à la mission de Vincent Ferrier en 1417. Mais le souvenir de cette mission vivait encore un demi-siècle après, témoin le passage suivant des comptes de 1466 : « Compte de Estienne de Choys, trésorier de la cité pour un an, 1ᵉʳ janvier 1465. — 31 décembre 1466, du xviiiᵉ de janvier au lundi après la Purification. Premièrement, payé à Jehan Grenier le jeusne, pour une journée de son chert à trois chevalx pour charroyer pierre en l'ostel de la ville, pour surmurier les loiges de sainct Vincent, de l'Ordre des Frères Prédicateurs : Pour ce V groz viez.

(2) Recueillies par M. de Giroux, 1830. Ms conservé à la Bibliothèque d'Auxonne.

» naissance de la venue de Vincent Ferrier. Ils se seraient avancés l'un
» vers l'autre, guidés par une lumière intérieure ; la rencontre se fit en
» un lieu appelé encore vallée de Saint-Vincent. Comme ils avaient
» soif, une source y jaillit par son ordre ; elle a gardé son nom (1).

» A son entrée à Poligny, il fut reçu en grande solennité, la foule
» l'escorta jusqu'à l'église Saint-Hippolyte, où l'attendaient le curé Jacques
» Morelli et les Dominicains. Il prêcha sur la place attenante ; le soir, il
» prêchait aux Clarisses. Après quelques jours passés à Poligny, le Saint
» se rendit à Besançon où il arriva le 4 juillet (2). »

« Il laissa aux Clarisses de Poligny deux cordes faictes en forme de
» discipline auxquelles il y a de gros nœuds, au bas desquelles on voit
» encore les traces du sang qui y sera demeuré depuis, et l'on croit que
» c'était la discipline dont se servait ce grand Saint (3). »

Courte Épée, historien érudit de la Bourgogne, fait aller Vincent Ferrier de Dijon à Auxonne, et, d'après ce qu'on vient de lire, la mission d'Auxonne et de Poligny précéda celle de Besançon, mais, chronologiquement, les principales au moins des prédications du Saint à Dijon eurent lieu après Besançon. Cet itinéraire, au surplus, est assez enchevêtré, et il y aurait place pour une excursion évangélique en Lorraine (4). Courte Épée donne peut-être le mot de l'énigme en disant que le Saint s'arrêta en Bourgogne en repassant.

Les souvenirs de Vincent Ferrier en Franche-Comté ne se bornaient pas aux monastères des Clarisses ; Chifflet, l'historien connu, dit que la chaire d'où prêchait le Saint se conservait en grande vénération au

---

(1) Trois choses ont gardé et gardent encore aujourd'hui son nom : la vallée, la source, le chemin qui y conduit.

(2) Le dictionnaire géographique de la Franche-Comté, par Rousset, ne dit qu'un mot de Colette et de Vincent Ferrier, dont il place l'entrevue à Poligny en juin 1417, mais il fait grand éloge du couvent des Dominicains « où régnaient la discipline et la ferveur. » Le Souverain l'affectionnait tout particulièrement : plus de dix mille messes y avaient été fondées. Depuis la Révolution, l'église, en vieux granit, sert de halle aux grains : profanation qui contraste avec l'esprit religieux du pays. Au couvent même est installée la sous-préfecture.

(3) *Mémoire de tout ce qu'a fait notre Béate Mère au couvent de Poligny.* Ms, p. 21.

(4) Cette mission est certaine, mais aucun document local n'en précise les détails. Les archives de Toul et de Nancy BB et CC ne remontent pas au delà du XVI<sup>e</sup> siècle. Si la chaire de saint Vincent Ferrier à Toul n'est pas cette chaire portative rapiécée qui sert aux catéchismes, dans une chapelle de la cathédrale, impossible de la retrouver. Aux archives de Bar-le-Duc, de 1321 à 1421, il n'est mention que de trois années étrangères à notre sujet. A Metz et à Verdun, rien. En tout cas, il faut placer cette mission à l'époque où nous sommes, et non en 1405, comme le font la plupart des auteurs.

couvent des Dominicains, et que, après la canonisation, Besançon obtint un de ses bras, relique précieuse conservée à la basilique de Sainte-Madeleine (1).

---

(1) Ejus cathedra, concionum μνημοσυνη, in dominicanorum cœnobio hodieque servatur. Brachium vero jam defuncti et in sanctorum canonem auctoritate apostolica relati Vesuntionem delatum est, et habetur in Basilica sanctæ Mariæ Magdalenæ.
(JOAN. CHIFFLETIUS PATRICIUS CONSULARIS. *Vesuntio civitas imperialis* pars II. p. 293, Lyon 1618.)

On chercherait vainement à l'église de Sainte-Madeleine le bras de saint Vincent Ferrier. Le 8 juin 1794, jour de la Pentecôte, eut lieu, à Besançon, ce qu'on appela la fête de Chamart, promenade publique. Le représentant Lejeune fit entasser les croix, les reliquaires, les confessionnaux, y mit le feu de sa main en renouvelant le blasphème des Juifs : « Que le Dieu des catholiques sauve son culte s'il le peut. » Puis il brûla de l'encens en disant : « Les derniers restes de la superstition sont détruits. » A cette fête présidait, sur une estrade à part, la déesse Raison, jeune fille d'un employé du temps, qu'on obligeait aussi à parader les seins nus sur les autels..... Ces odieux sacrilèges lui mirent au cœur un inexprimable dégoût ; elle devint parfaite chrétienne ; tout le monde la nomme encore à Besançon.

DUNOD, *Histoire de l'Église de Besançon*, p. 255 ; le P. PROST, *Histoire manuscrite de Franche-Comté*, p. 503 ; RICHARD, *Histoire des diocèses de Besançon et de Saint-Claude* ; CHEVALIER, *Mémoires historiques sur Poligny* ; GENOUD, dans son travail sur la *Suisse française*, racontent ces faits sans rien dire de nouveau.

On peut néanmoins citer encore quelques lignes de Chifflet comme plus ancien :

« Eo verò sedente (l'évêque Thiébaut) vidit vezontio duo illius ætatis lumina beatam
» Coletam ordinis sanctæ Claræ restitutricem, et sanctum Vincentium Ferrerium.
» At verò apostolicus ille vir, ordinis prædicatorum, 4 julii horis vespertinis anno 1417,
» paucis antequam ad cœlos evolaret mensibus, Vesuntionem ingressus est magno discipulorum comitatu.
» Quotidiè mane in plateâ quæ inter ædem S. Petri, et domum civicam interjacet,
» altari ad id composito sacrosanctum Missæ sacrificium offerebat : missam excipiebat
» oratio ad populum de Deo divinisque rebus ; sed ea adeò potens atque efficax ut mira» bilis in audientium animis excitaret motus. Ejus cathedra, etc. » (ut suprà)

# CHAPITRE XXV

## BOURGOGNE ET CENTRE

VIEUX FRANÇAIS — UNE AMBASSADE A DIJON — LA PESTE A CLAIRVAUX — CHAIRE SUR UNE BOUTIQUE — LA PREMIÈRE PIERRE DU COUVENT DE CHAMBÉRY — CHAPE, MISSEL, BATON ET CHAPEAU — STYLE DE PROCUREUR — BULLE D'INDULGENCES — DECIZE — ÉVÊQUE PEU ACCOMMODANT — A VOL D'OISEAU

### 1417

Entrons avec maître Vincent dans la capitale des ducs de Bourgogne. Elle nous offre heureusement des pièces officielles à peu près intelligibles aux simples mortels

« Le mercredi neuvième jour de juin ès Jacobins où estoient: (Suivent les noms des conseillers présents.)

» Item, que tous les beloingiers fascent telle diligence de cuire pain blanc, que la ville n'en ait point de faulte, espécialment tant que Fr. Vincent qui briesvement doit venir sera en ceste ville.

» Item, que pour quelconque habeundance de gens qui viennent pour le fait dudit F. Vincent, les hostelliers ne autres habergeurs de gens ne soient si hardiz de prendre des chevaulx plus qu'ils ont accoustume, c'est assavoir pour cheval cinq blancs jours et nuyt sous peine de l'amende.

» Item, que durant le tempz que le dit Fr. Vincent sera en ceste ville, il n'est ouvertes que trois des portes de la ville, c'est assavoir la porte du pont d'Ousche, la porte Saint-Nycolas et la porte Neuve, à chacune desquelles portes pour les garder aura XII personnes bien armées ensemble, IV arbalétriers et II archers qui ne laisseront entrer dedans la ville aucun estranger qui soit armé, que l'arnois ne demoure à la porte, et que les dits gardes seront le soir du jour qu'ils auront gardé au guet de la ville avec les autres qui sur ce seront advisiez pour la seureté de Madame et de la ville. »

Le 27 juillet, on éleva une loge en bois sur le mur des Chartreux, pour la duchesse Marie, M$^{me}$ de Guienne et Mesdemoiselles qui voulaient entendre prêcher Fr. Vincent, qui venait d'arriver, et qui devait prêcher hors de la ville, près des Chartreux.

« Le vendredi sixième jour d'aoust ès Jacobins où estoient, etc.

» Fut donnée licence aux Jacobins de faire leurs questes parmi la ville jusqu'à quinze jours.

» Le mercredi dix-septième jour d'aoust, en l'hostel de Jehan Gros, devant la chapelle où estoient, etc.

» Délibéré est que la ville fera au Fr. Vincent, de l'Ordre des Jacobins, maistre en théologie, qui est venu faire de moult belles et notables prédications, un don en drap ou en vaisselle d'argent ou en monnoye, lequel que l'on verra estre plus propre et honorable jusqu'à XX francs (1). »

« Pendant que maître Vincent était à Dijon, une grande discussion
» s'éleva au Concile de Constance sur un point de foi. Comme on ne
» pouvait s'accorder, le Maître général des Dominicains, Jean de Puynoix,
» homme de grande science, proposa d'en référer à maître Vincent. Il
» nous dira la vérité, car jamais le mensonge ne s'est trouvé sur ses
» lèvres.

» On mit en route, en effet, pour Dijon, une ambassade dont faisaient
» partie le cardinal de Saint-Ange, deux maîtres en théologie et deux
» docteurs. Le cas proposé, maître Vincent l'expliqua, puis ajouta : C'est
» à cause de l'orgueil de plusieurs que Dieu a refusé de vous éclairer là-
» dessus. Il y a là-bas un démon qui empêche la vérité..... (la phrase est
» inachevée.) Ce ne sont là cependant que des jeux d'enfants ; et je
» m'étonne que des hommes si savants n'aient pu résoudre cette question.
» Et il la résolut.

» La réponse fut regardée par tout le Concile comme un prodige. La
» formule en était d'une lucidité si parfaite qu'on ne pouvait rien y
» changer (2). »

---

(1) Le lundi sixième jour de septembre ès Jacobins, où estoient, etc.
Perrenot de Chassigny a marchandé à mesdit seigneurs de faire du bois du chaffault de Fr. Vincent une bonne bertoiche pour la ville et y employer léalment tout ledit bois et a promis de rendre toute affinie la dite bertoiche de son métier bien et loyalement et prête pour couvrir de tuelles, et assise sur les murs de la ville bien et seurement au lieu plus nécessaire entre la porte Saint-Pierre et la porte du pont d'Ousche, à ses frais et dépens, dedans la feste de saint Rémy prochainement venant, parmi ce qu'il aura de la ville pour ses services et labours de ce faire la somme de VII francs seulement.
(Série B, n° 4471, f. 58 et registre du secret de la ville de Dijon 1446, f. 70.)

(2) Item dixit quod anno MCCCCXVI, existente magistro Vincentio in Digio, in Concilio Constantiensi fuit magna disputatio de fide, et super unum articulum non poterant concordare, dictum fuit per Magistrum Ordinis Prædicatorum qui vocabatur Joannes de Podio Nucibolleno (sic) qui fuit profundissimus litteraturæ et sacrarum scripturarum doctissimus : Postquam non possumus concordare, mittamus ad illum Patrem magistrum Vincentium qui non dicet mendacium quia non est inventus dolus in ore ejus. Et statim fuit missa Ambasciata ex parte Concilii ad dictum Patrem magistrum Vincentium, inter

Ce ton sec tient au style juridique des témoignages, mais il y eut des préambules plus aimables renfermés dans ces deux petits mots de la déposition : *Inter multa*. Son premier biographe lui fait verser des larmes, dans la surprise de son humilité. Quant aux paroles, qui semblent dures, elles retracent, hélas! toute l'histoire du grand schisme.

Un auteur ajoute : « Un mot de cet homme pesait plus que toute la
» science des cardinaux et des docteurs dont se composait l'auguste
» assemblée. »

D'après Courte Épée, Vincent Ferrier alla de Dijon à Bourg-en-Bresse. Sur la route, Rochefort-sur-le-Doubs et Tournus gardent son souvenir.

Il faut sans doute placer ici sa visite à Clairvaux. Les enfants de saint Bernard étaient décimés par la peste ; il aspergea d'eau bénite tous les lieux conventuels : le fléau cessa tout à coup, les malades furent remis sur pied (1).

Quelques lignes de l'archiviste actuel du département de l'Ain rappellent le passage du Saint à Bourg-en-Bresse : « La halle servait de forum,
» si je puis parler ainsi ; on s'y promenait et on y agitait les intérêts de
» la cité. Pendant le long temps de la construction de Notre-Dame, c'est
» sous la halle que se firent les sermons. La chaire était au centre du
» bâtiment, placée sur une boutique.
» Le Dominicain saint Vincent Ferrier, y donna une mission. Cette
» chaire, respectueusement couverte d'une plaque en bois, existe encore
» dans l'église des Sœurs de Saint-Joseph, qui fut l'église, comme on
» sait, sauf les transmutations modernes, de nos anciens Domi-
» nicains (2). »

---

quos venerunt cardinalis Sancti Angeli, et duo magistri in theologia et duo doctores, et proposuerunt coram eo quæstionem, et inter multa quæ dictus magister Vincentius locutus fuit coram eis, hoc unum dixit : Quod propter superbiam et arrogantiam aliquorum ibi existentium Deus non vult manifestare hoc secretum, quia ibi est unus diabolus qui non permittit ut veritas......
Et tamen ista sunt puerilia, et miror tantos viros scientia præditos ista ignorare. Sic et sic est, et ita est veritas. Dedit que declarationem ; et quod ipse determinavit fuit acceptum, et totum Concilium tenuit ad miraculum, ita quod nihil aliud poterat suppleri.
(*Naples. Déposition de Ferdinand*, évêque de Telesia.) — Dans RAZZANO II, 18.

(1) Procès de canonisation.

(2) *Description historique et topographique de l'ancienne ville de Bourg*, par M. BROSSARD, archiviste de l'Ain, p. 32.

Cette chaire est octogonale, en chêne. Les prêtres la baisent respectueusement avant d'y monter. L'inscription suivante sur cuivre fut composée par un homme qui passe pour érudit :

> SANCTUS VINCENTIUS FERRERIUS
> APOSTOLATU
> SÆCULO XIV PER GALLIAS
> SUSCEPTO
> DE HOC SUGGESTU
> CONCIONES IN VICO MERCATORIO
> PALAM HABUIT
> POPULO BURGENSI
> IN UNITATE FIDEI CONFIRMANDO

Il est difficile de mettre en doute la présence du Saint à Chambéry à cette époque, d'après les documents suivants :

« En 1414, Amédée, duc de Savoie, voyant le résultat des prédica» tions de saint Vincent Ferrier, demanda à nos Pères d'établir des cou» vents sur ses domaines, et pria le Pape Jean XXIII d'appuyer sa
» demande. Les lettres apostoliques sont datées de Mantoue, 29 jan» vier (1). »

Le schisme, alors dans toute sa force, empêcha la réalisation du projet. On y revint plus tard, d'après ce que relatent les *Archives généralices* de la Minerve (2).

« L'an 1418, sous le pontificat de Martin V, Sigismond étant empe» reur et Amédée VIII duc de Savoie, la renommée des Frères-Prê» cheurs s'était tellement répandue que les habitants de Chambéry sup» plièrent le duc Amédée d'obtenir de Martin V la licence nécessaire
» pour la fondation d'un couvent.

» Le Pape, en effet, lança une Bulle aux termes de laquelle les Frères» Prêcheurs qui depuis si longtemps déjà édifiaient par leur science et
» leur piété les villes d'Annecy et de Montmélian, pouvaient aussi s'éta» blir à Chambéry, capitale de la Savoie, et y défendre les saines doc» trines contre les hérésies naissantes. Il semblait que le Pontife prévît

---

(1) « Ad annum 1414, Amadæus Sabaudiæ comes, videns uberes fructus quos S.V. Fer» rerius ejusque socii prædicatores in convertendis infidelibus atque peccatoribus facie» bant, concessit patribus nostris ut in totâ ditione sibi subditâ tam civitatibus quam
» castris possent novos conventus formare et erigere ut evangelicâ prædicatione populis
» sibi subditis fierent in salutem. Quâ de re etiam Joannem XXIII supplicavit qui apos» tolicis litteris (Mantuæ 3 idus februarii) comitis decretum confirmavit. » (*Annales dominicaines.*)

(2) Registre PP., fol. 537.

» ces enfants de lumière qui devaient s'opposer si énergiquement à
» Luther et à Calvin, et briser, sous le marteau des divines Écritures,
» leur impiété sacrilège (1).

» Or, cette même année 1418, il arriva, par je ne sais quel heureux
» hasard, que saint Vincent Ferrier, évangélisant la Savoie avec le succès
» que l'on sait, posa la première pierre du couvent de Chambéry (2).

» A son départ, les religieux obtinrent, à force d'instances, qu'il leur
» laissât son missel, son chapeau, son bâton et sa chape, reliques qui,
» depuis, furent constamment honorées par de grands concours de peu-
» ples, et d'innombrables offrandes (3). »

Sur la grande route qui conduisait d'Italie dans le comté de Bourgogne s'élève le village de Croy. « Saint Vincent Ferrier y prêcha se
» rendant à Besançon, escorté de ses flagellants et de ses ermites
» sans doute. La patrie de Vaud a donc eu sa part de toutes ces scènes
» étranges du moyen âge. La construction de la chapelle Sainte-Anne
» témoigne de la profonde impression laissée par saint Vincent Ferrier
» en ces contrées (4). »

Cette chapelle fut bâtie en souvenir des prédications de l'Apôtre au lieu
dit des Clées, hameau appartenant au monastère de Romainmôtier (5).

---

(1) La bulle est datée du 21 novembre 1417. *Bullaire dominicain*, t. II, p. 572.

(2) *Annales du couvent de Chambéry*. Archives généralices. *Loc. cit.*
Besson. Mémoires pour *l'Histoire ecclésiastique de la Savoie*, p. 322 (1759), dit plus explicitement encore que les religieux de Saint-Dominique, établis à Montmélian, furent appelés pour former le couvent de Chambéry en 1418, qui eut l'honneur d'être gouverné quelque temps par saint Vincent Ferrier. (Mémoires pour *l'Histoire ecclésiastique de la Savoie*, p. 322. — 1759, in-4°.) Mais c'est une erreur, le passage du Saint ne put qu'être rapide.

(3) J'ai ouï dire à nos Pères les plus anciens et les plus graves que les reliques de saint Vincent Ferrier étaient exposées tous les ans à la vénération des fidèles le 22 janvier, fête de saint Vincent martyr, parce que, à pareil jour, il avait posé la première pierre du couvent de Chambéry. Et j'affirme que ce sont bien là le chapeau du Saint, que les fidèles ont tant de fois placé sur leur tête pour se guérir de douleurs violentes, son missel, sa chape et son bâton, tels que les Pères dont j'ai parlé plus haut les vénéraient, il y a quarante-cinq ans, d'après une tradition ininterrompue. En foi de quoi, j'ai signé de ma main, au nom de Notre-Seigneur, de la Vierge Marie, de saint Vincent Ferrier confesseur, et de saint Vincent martyr, mes patrons. (L'an 1623. Fr. Andreas Moncelin. Ord. Præd. Sacerdos.) — Voir document 16.

(4) *Mémoires et documents* publiés par la Société d'histoire de la Suisse Romande, t. III, p. 738.
Pour faire concorder tous ces dires, il faut supposer avec Courte Épée que l'Apôtre alla, toujours prêchant, de l'Auvergne jusqu'en Suisse, en passant par Dijon et Besançon, et qu'il revint par ces deux villes prêchant toujours.

(5) Nous avons parlé de ce fait en 1405, en relevant l'erreur du *Mémorial* de Fribourg qui le place à cette date.

NEVERS. — Parmentier, Procureur général de la Chambre des Comptes du Nivernais, écrivit en 1770 une histoire des évêques de Nevers, restée manuscrite ; il raconte, en son style froid comme des chiffres, l'arrivée de notre Saint dans cette ville :

« 1417. Saint Vincent Ferrier prêche à Nevers sur la place du Marché-aux-Bêtes près l'hôpital de Saint-Didier, et prend pour texte ces paroles : *Ecce tabernaculum Dei*. Les échevins l'avaient envoyé chercher à La Palisse (20 lieues). Il arriva à Nevers le samedi avant la fête de saint Clément (22 novembre), et y demeura jusqu'au jour de saint André (30 novembre), en tout neuf jours. Il logeait aux Jacobins, qui prétendent avoir sa chaire portative, et il avait avec lui six compagnons. Au sortir de Nevers, il s'en alla en Bretagne ; mais on ne le fit conduire en bateau que jusqu'à La Charité, sauf qu'on lui donna un guide jusqu'en Bretagne. La dépense faite à son occasion monte à 44 livres, 13 sous, 8 deniers (1).

» Quand Vincent Ferrier fut canonisé, les Nivernais, qui l'avaient honoré comme saint de son vivant, érigèrent aussitôt une chapelle en son honneur dans l'église des Frères Prêcheurs, qu'il avait autrefois visitée. Et la foule s'y pressait fréquemment, à cause du grand respect qu'inspirait la mémoire de l'homme de Dieu.

» Les archives de la préfecture renferment l'original d'un Bref de Calixte III accordant, à ceux qui visiteront cette chapelle, un an d'indulgence, auquel le cardinal Alain, légat en France, ajouta 100 jours (2). »

---

(1) T. II, p. 308.
Dépense commune audit feu Perrin Garin qu'il a paié — par l'ordonnance et commandement desdits quatre (échevins) et la délibération de plusieurs bourgeois et habitants, — la somme de XLI livres, XIII sols, VIII deniers en plusieurs parties, et par la manière ci-après divisée pour le fait et la venue d'ung escellant et noble Prescheur nommé maistre Vincent, maistre en théologie, homme de sainte vie, lequel vint à Nevers le samedi avant la feste Saint-Clément et y demora jusques au jour de la Saint-André apostre en suivant, et le dit temps durant, chacun jour chante messe à note et après ce sermon : c'est assavoir, etc. Voir document 17.

(2) Alanus miseratione divinâ et S. Praxedis sacrosanctæ romanæ Ecclesiæ presbyter Cardinalis in regno franciæ ceterisque Galliarum ac illis adjacentibus partibus usque ad Rhenum apostolicæ sedis legatus, universis christi fidelibus salutem in Domino.
Cupientes ut capella ad honorem et sub vocabulo gloriosi confessoris S. Vincentii nuper canonizati in Ecclesiâ conventus Prædicatorum Nivernensium erecta noviter et instituta, et ad quam ob ejusdem sancti reverentiam magna *habetur devotio* congruis honoribus frequentetur, ac in suis structuris et ædificiis citius substruatur, ac votivè pro tempore reparetur pariter et conservetur; nec non et christi fideles eo libentius devotionis causa ad capellam ipsam confluant quo ex hoc ibidem dono celestis gratiæ uberius conspexerint se refectos.
Qui in S. Dominici et S. Petri martyris et S. Thomæ de Aquino nec non *prælibati*

De même une petite histoire de Decize résume ainsi ce qui, dans les archives, concerne notre héros : « Maître Vincent Ferrier, Espagnol,
» jouissant d'une grande réputation de vertu et de sainteté, voyageait en
» France. Les habitants de la ville de Decize, ayant appris qu'il était de
» passage à Bourbon-Lancy, envoyèrent vers lui Hugues Palucan pour
» le prier de venir honorer leur ville de sa présence. Le messager reçut
» pour son voyage 14 livres tournois. Le saint personnage ayant accepté
» l'invitation, arriva à Decize le 9 décembre ; il fut reçu avec beaucoup
» d'honneur et logea chez Henry Basserand, l'un des principaux
» notables, et seigneur de Lamenay. On éleva une chapelle où l'illustre
» hôte dit la messe, etc. ; ensuite, on le conduisit à Nevers, dans un
» bateau couvert. La réception coûta 24 livres, 11 sols, 10 deniers.
» Vincent Ferrier, qui depuis fut canonisé, allait prêcher en Bretagne.
» Il mourut à Vannes en 1419 (1). »

A Bourges, une épreuve assez grave attendait Vincent Ferrier. C'était un dernier assaut de l'enfer qui pouvait ruiner bien des choses faites ou à faire. L'archevêque, absent de son diocèse, y revint décidé à en interdire l'entrée au saint Apôtre. N'ayant pas su se défendre de cette tournure que prennent quelquefois les bruits publics, il ne vit dans ce titre de légat *a latere Christi* que se donnait Vincent Ferrier, et dans cette troupe nombreuse qui le suivait, que la marque d'un charlatanisme immense. Mais, lorsque le prélat vit à ses genoux, lui demandant humblement mission et bénédiction, ce vieillard portant au front une sorte de rayonnement qui n'était pas de la terre, il hésita ; et quand, au premier discours, cette voix si pleine de Dieu eut frappé son cœur ; lorsque surtout le Saint, souriant doucement, lui eut fait comprendre que rien ne lui était caché du secret des âmes, il ne put retenir son émotion, s'avança au pied de la chaire, fondant en larmes, le reçut dans ses bras, puis remercia Dieu hautement de lui avoir envoyé un pareil apôtre (2).

S. *Vincentii* festivitatibus, capellam prædictam devotè visitaverint annuatim singulis festivitatibus unum annum misericorditer impertimur.
Tenor vero dictarum litterarum de verbo ad verbum sequitur et est talis :
Callistus Ep. serv. servorum
Dei dilecto filio Alano, etc.
Datum Romæ anno Incarnationis Domini 1455 pridie idus septembris. Pont. nostri anno primo. Datum Gannaci claromontensis diœcesis anno à Nat. 1456, 3 septem.

(1) Voir aussi dans l'*Hagiotie Nivernaise*, p. 86 et suiv., l'*Abrégé de la vie si prodigieuse de l'infatigable Apôtre de la France, de l'Italie, de l'Espagne*, etc.

(2) « ... Et il ne voulut pas qu'il logeât ailleurs qu'au palais épiscopal où il le reçut avec toutes sortes d'égards.
Avant de quitter son premier logis, l'Apôtre paya son écot à sa manière. La femme

Deux dispositions juridiques éclairent comme un phare tout ce voyage à travers nos provinces centrales.

« Pierre du Colombier, de la suite du Saint, affirme que d'innombrables pécheurs furent convertis en Espagne, dans le midi de la France, à Carcassonne, mais surtout en Auvergne, dans le Bourbonnais, le Lyonnais et la Bourgogne. Il y était, et a vu notamment toutes les femmes perdre toutes leurs habitudes de luxe et de vanité.

» De même beaucoup d'hommes ecclésiastiques et séculiers abandonnèrent leurs bénéfices ou leurs revenus : tel fut ce Fr. Blaise d'Auvergne qui, de fort riche, devint pauvre volontaire. Tels furent encore d'autres seigneurs qui se mirent à la suite de maître Vincent. »

« Pendant tout le temps que je l'ai suivi, j'ai été témoin de nombreux » miracles opérés à la prière du saint Apôtre dans l'Albigeois, le diocèse » de Rhodez, le Velay, l'Auvergne, le Bourbonnais, la Bourgogne : des » malades de toutes sortes venaient lui demander sa bénédiction, il la » leur donnait, leur imposait les mains ; ils s'en retournaient guéris et » louant Dieu.

» Beaucoup de possédés furent également délivrés par lui. Et tout » cela est notoire et reconnu pour avéré dans toutes ces contrées (1). »

A Tours, il reçut le célèbre orateur Antoine Montanus, qui venait lui notifier, comme à un roi, l'élection de Martin V (11 novembre 1417).

Tours et la Touraine qui alors, dit un chroniqueur, étaient une vraie Babylone de vices, furent par lui changées en une Jérusalem de paix et de vertu. Enfin, en janvier 1417, il traversa l'Anjou, prêchant toujours, et par Nantes mit le pied en Bretagne.

---

de son hôte était malade de douleurs intolérables : voyant la foi de cette femme, il fit le signe de la Croix sur ses membres languissants, et la santé lui revint. » *(Naples. Déposition de Jean Soler, depuis évêque de Barcelone.)*

Il est regrettable qu'aucun document, à Bourges, ne relate ces faits. Ce qui reste des Archives capitulaires ne commence qu'en 1426.

Au *Patriarchium Biturense*, l'histoire de l'évêque contemporain de Vincent Ferrier tient dans une page. Les rares chroniques du pays sont également muettes. Il faut savoir que, en 1487, le 22 juillet, un immense incendie détruisit les archives municipales et que, en 1562, les protestants « particulièrement, saccagèrent le couvent des Dominicains, acharnés contre ces vaillants défenseurs de la foi, » comme parle un chroniqueur local. Toutes leurs archives, tout ce qui avait été collationné par ces fouilleurs patients fut détruit avec une sauvagerie qui n'excluait pas la rapacité.

(1) *Toulouse. Déposition de Béranger Alberti*, qui, jeune étudiant, avait suivi l'Apôtre durant dix-huit mois, c'est-à-dire depuis Toulouse jusqu'à sa mort.

# QUATRIÈME PARTIE

SOLEIL COUCHANT — RAYONS D'OUTRE-TOMBE

1417-1419 ET SEQ.

# QUATRIÈME PARTIE

## CHAPITRE PREMIER

### « IN FINES ORBIS TERRÆ »

DÉPOSITION DE JEAN BERNIER — SCÈNE DE L'ANTIQUITÉ — EXIGENCES DE LA CRITIQUE — OÙ FINIT LE MONDE — TOUT EST PERDU, TOUT EST SAUVÉ — VINCENT FERRIER ET JEANNE D'ARC

#### 1417

« Je soussigné Jean Bernier, de Cordèmes, au diocèse de Nantes, dépose
» que Jean, duc de Bretagne, en 1417, entendant dire tant de bien de
» maître Vincent, alors en Auvergne, me chargea trois fois d'aller le
» prier, de sa part, de venir en Bretagne rétablir la foi catholique :
» la première fois au Puy, la seconde à Bourges, la troisième à
» Tours.

» Maître Vincent, après avoir lu les lettres du prince, donna son
» consentement en toute bienveillance et humilité. »

Le premier biographe de Vincent Ferrier consacre un livre entier sur quatre à ce que fit son Héros en Bretagne, durant les deux dernières années de sa vie. Là, se renouvelèrent tous les genres de miracles, en nombre plus considérable encore. Là, ce grand soleil, après avoir parcouru notre hémisphère, avant d'éteindre ses feux dans l'Océan de l'éternité, fit resplendir ses derniers rayons, plus beaux peut-être et plus chargés de vie que la splendeur du matin ou les ardeurs du midi.

Cette étape suprême s'ouvre par une scène digne de l'antiquité ; ou plutôt, qu'avons-nous à envier à l'antiquité, sinon des historiens tels que Tite-Live et Tacite ?

Les compatriotes du Saint, qui l'avaient suivi jusque-là, voyant ses forces diminuer sensiblement, le supplièrent de retourner avec eux à Valence, et d'y finir ses jours.

Il est superflu de dire que cette âme, qui n'avait jamais eu pour la terre l'ombre d'une aspiration, ne cédait pas, au seuil du tombeau à un sentiment humain ; et pourtant, ce doux et mystérieux appel des lieux qui nous ont vu naître, ce quelque chose fait avec les débris de nos origines, avec la poussière de nos douleurs et de nos amours et qu'on appelle la *patrie*, nom si beau que le ciel n'en a pas d'autre, l'émeut encore. Les Saints peuvent aimer les choses saintes ; ils peuvent aimer leur patrie et leur mère. Jésus-Christ s'est accordé ces deux amours.

Ils partirent donc la nuit, sans prévenir personne, pour ne pas attrister ce bon peuple. Mais voilà qu'au lever du jour, après de longues marches, ils se retrouvèrent aux portes de la ville : « Dieu veut que je meure ici, » dit le Saint.

Quelle est cette ville ? Nantes et Vannes s'en disputent la gloire.

Il faut ici mettre les textes sous les yeux du lecteur. « J'ai entendu » dire à défunt Jean Hervé, aumônier du duc Jean, que maître Vincent, » se trouvant aux environs de la ville de Nantes, ses serviteurs, crai- » gnant qu'il ne mourût, voulurent le ramener dans sa patrie. Il monta » sur son âne, et toute la nuit chevaucha avec eux, mais voilà qu'à » l'aurore ils se trouvèrent juste au même point d'où ils étaient partis. » Le Saint leur dit alors qu'il devait finir ses jours en Bretagne. Et, de » retour dans cette contrée, il se dirigea vers Vannes, d'où la duchesse » lui envoya sa litière, parce qu'il était complètement affaissé par » l'âge (1). »

Il semble bien, d'après ce récit, que Vincent Ferrier partit de Nantes pour Vannes, où il devait mourir. Or, Vannes revendique aussi la scène du faux départ.

On se demande d'abord s'il n'y a pas erreur de copiste et s'il ne faut pas lire *Vennetensem* au lieu de *Nannetensem* ? La différence n'est pas grande ; et le manuscrit de Valence est, au point de vue des noms propres, un véritable magasin de curiosités. Mais les deux leçons portent bien *Nannet*..... comme on peut s'en convaincre par le *fac-simile* ci-joint. De plus, le témoin Prigent Plœvigner Vannetais ne pouvait confondre les deux villes. Il est vrai qu'il parle par ouï dire. Mais n'aurait-il pas corrigé l'assertion si ses souvenirs personnels eussent été en faveur de Vannes? C'est donc à Nantes qu'il faut placer cette scène lors de la première prédication du Saint en cette ville.

---

(1) *Bretagne. Déposition de maître Prigent Plœvigner.*

Ite deponit q̃ ipse audivit semel a quodam nunc defuncto Mag̃ro Joanne herrici elemosinario dicti defuncti dñi Joanis ducis q̃ Britanie dicẽ q̃ ohendicl'q Magr Vincẽtiq esset Civitate nanneten[si] ipsiq inuelos preuenerit Jn partib; illis indixerant eu ad repararandum tos candit apellant suã et vna cum seruitorib; suis equitavit perno ctem et in aurora cher reperit se ad locu a quo vecesserat et tunc videns ipse casum huig dixit eisdem suis familiarib; q̃ nunquã a britania recederet jam q̃ deus volebat q̃ in ibi dies suos termina cet : et sic britaniam reuersq miraculis predicta ciui cate venetium in letitia q̃

(Extrait du procès de canonisation conservé à Valence.)

Ce qui a pu donner lieu au quiproquo, c'est la tradition subsistant à Vannes d'un autre faux départ, par mer celui-là, comme nous le verrons plus tard. Et voilà comment la nécessité de satisfaire la critique gâte à plaisir un des plus touchants épisodes de l'histoire des âmes.

Et maintenant, sera-t-il permis à l'historien, sans forfaire à sa mission calme et froide, dans un siècle où tout va si vite : les livres, les hommes et les événements, de formuler tout haut la réflexion qui hante son esprit ?

Le Juge suprême avait prédit à son prophète de la fin des temps qu'il mourrait *in fines orbis*, où finit l'univers : n'y a-t-il là qu'une indication géographique ?

Si les dernières volontés d'un mourant sont sacrées, si le testament d'un homme est un acte qui domine à juste titre toute législation, n'est-il pas permis de voir, dans les circonstances, merveilleuses d'ailleurs comme toute sa vie, qui accompagnèrent la mort de l'Apôtre Européen, un sens grandiose ?

Serait-il surprenant que le trépas de ce prophète renfermât quelque prédiction de large envergure ? Qui sait si là où s'est éteint le dernier éclat de cette trompette du jugement, ne viendra pas retentir le premier coup de clairon des phalanges vengeresses ?

Il est à craindre, hélas ! que la France, après avoir porté sur tous les points du globe son épée ou son génie prosélytique, n'inaugure la série des nations périssantes, pionnière de la mort comme de la vie. Mais il resterait debout, ce fragment de peuple au cœur si français, qui a su, même à la France oublieuse, donner tant de leçons d'honneur et de fidélité ; il serait là, veillant sur le tombeau de sa patrie d'adoption, et attendant, comme ses ancêtres, que le ciel tombe.

Il y a ceci au moins qui paraît démontrer qu'au sort de la France sont liées les destinées du monde : pendant que Vincent Ferrier annonçait à la vieille Europe la fin de toute chair, la France était arrivée au point de sa décadence la plus extrême. Tout était perdu, bien perdu. Le roi d'Angleterre, partout vainqueur, signait ses actes du titre arrogant de roi du royaume uni de France et d'Angleterre.

A cette heure douloureuse, Dieu manifestant sa volonté par un prodige, Vincent Ferrier mourait sur la terre française. Un parfum d'immortalité sortit de cette tombe. Là s'élaborait l'espérance.

Une touchante coïncidence en est la preuve. Quand le monde reprenait vie, dans cette nuit même où le grand vieillard errait aux environs de la ville bretonne, cherchant en vain le chemin du retour, à l'autre bout de la France, une humble petite enfant entendait des voix mystérieuses : Jeanne d'Arc avait dix ans (1).

Vincent Ferrier paraît avoir aimé la Bretagne d'un particulier amour ; sa vieillesse, ses vues d'outre-tombe, tout en lui s'harmonisait avec ce coin de terre au caractère si à part, aux aspects sauvages, où tout respire une poésie austère. La nature simple et forte des habitants dut toucher son cœur, et leur droiture appeler ses soins.

Il fait bon lire dans les documents, les détails de son apostolat en Bretagne ; il est touchant de voir ce vieillard usé, en qui toute force semblait défaillir, hormis aux heures où, du foyer brûlant de son cœur, s'échappait la flamme ardente de la parole inspirée, s'en aller le soir par les villages, enseigner les petits enfants, dresser leurs mains timides au signe de la Croix et leur langue peu déliée à la récitation des formules divines, rechercher les pauvres et les oubliés, dans ce pays où le pauvre est plus pauvre qu'ailleurs, ce semble, et l'oublié plus abandonné (2).

Heureux parmi le peuple, il allait cependant où la charité l'appelait, et, s'occupant des grands, c'est encore au bonheur du peuple qu'il s'employait. C'est ainsi que son premier miracle fut d'obtenir pour la duchesse de Bretagne, fille du roi Charles VI, la grâce d'une postérité dont tout espoir semblait perdu (3).

Nous allons suivre pas à pas ses traces bénies.

---

(1) Et c'est Calixte III, le Pape prophétisé de Vincent Ferrier, celui-là qui devait le canoniser lui-même, c'est Calixte III qui a rayé de l'Histoire la monstrueuse iniquité du Procès de Jeanne d'Arc. L'acte d'annulation est du 7 juillet 1456.

(2) RAZZANO, IV, 2.

(3) *Ibid.*, IV, 3.

# CHAPITRE II

### DE NANTES A VANNES

70 000 AUDITEURS — LA DEMOISELLE QUI VA DEVANT — NANTES EN 1793 — FRANÇOISE D'AMBOISE — LE MONASTÈRE DES COETS — M. OLIER — LES PREMIÈRES VIOLETTES DE FÉVRIER — SUR LE CHEMIN DE SAINT-GILDAS — LES CALVAIRES DE BRETAGNE — SAINT-SAUVEUR DE REDON — LE PARDON DU GUERNO

#### 1418

La Touraine et l'Anjou, peut-être trop fortunés jardins de la France, n'ont pas gardé la trace de l'apôtre thaumaturge. Seul, un témoin au procès de canonisation ouvre en quelques paroles, cette dernière série de merveilles :

« Maître Prigent Plœvigner, étudiant à Angers, a connu pour la première fois maître Vincent quand il prêchait dans cette ville. Sa prédication dura un mois. »

« Pendant ce mois, dit le naïf historien Guyard, il fit tomber de dessus » la tête des femmes, la creste de leur vanité. » Ce que le procès de canonisation constate aussi.

D'Angers, il se dirigea vers Nantes, par la Loire ; il aborda le mardi gras, 14 février 1418.

L'évêque Henri le Barbu, son clergé et le peuple allèrent le recevoir au rivage. Dès le lendemain, mercredi des Cendres, il prêcha dans le cimetière de Saint-Nicolas, sur lequel on a élevé depuis la basilique du même nom. Là, comme partout, la foule fut considérable et le succès complet.

Un texte officiel porte à soixante-dix mille le nombre de ses auditeurs. Là, les miracles recommencèrent de plus belle, car, « dit le même témoin, » beaucoup de lépreux et d'infirmes allaient lui demander leur gué- » rison (1). »

Et nous savons que ce n'était jamais en vain.

« La femme d'un officier, devenue aveugle, et qu'une foi tardive avait » fait suivre le Saint, se présenta un jour à lui au couvent des Domini-

---

(1) *Déposition de l'évêque de Télésia.*

» cains où il logeait, le suppliant de lui rendre la vue. Il toucha les
» yeux éteints, et les signa trois fois du signe sacré, disant : « Que
» Jésus-Christ vous donne la lumière. » A la troisième invocation,
» l'aveugle commença à voir (1). « La demoiselle qui servait de guide,
» dit l'historien naïf, marchait devant en allant et derrière en revenant. »

C'est en vain qu'à Nantes on fouille les souvenirs. Le couvent des Dominicains est affecté à une industrie quelconque ; l'église, qui garde encore un certain caractère, a été coupée en deux par une voie nouvelle.

Il y avait là plus à détruire : Dieu y était plus vivant. Aussi la bêtise et la férocité humaines s'y sont-elles concentrées aux jours de la Révolution. Dix-huit mois durant, une Commission fonctionna pour rechercher et brûler toutes les archives des couvents, des évêchés, des châteaux, des paroisses. Là, trois mois, régna Carrier, rebut des ignominies humaines. Son éloquence consistait à sacrer, à jurer et à répéter : « Dénoncez, dénoncez donc tas de..... La Loire est assez large et assez » profonde ! »

Un jour, pour donner plus de poids à ses discours, il monta dans la chaire de Sainte-Croix. Un émissaire secret de Paris, chargé de l'espionner, trouva que cela *faisait plus de mal que de bien!* Pauvre langue française! La Convention guillotina Carrier, malgré son système de défense simple et concluant : « Je n'ai fait qu'exécuter vos ordres. »

Tels on voit, dans les bas-fonds de la nature maudite, des monstres venimeux, épouvantés de leur propre fécondité, dévorer leur lignée affreuse.

Le regard peut heureusement se reposer de ces hideurs par la consolante vision d'une de ces âmes vraiment royales, que l'influence de Vincent Ferrier éleva plus haut encore que les plus hautes dignités de la terre. Née en 1427, la bienheureuse Françoise d'Amboise fut mariée à Pierre, duc de Bretagne, second fils de Jean V et de Jeanne de France, fille de Charles VI.

« La duchesse Jeanne était une des plus vertueuses princesses de ce
» siècle. Formée à l'école de Vincent Ferrier, Dieu l'avait choisie pour
» jeter les premières semences de la vertu dans l'âme de la petite Fran-
» çoise (2).

---

(1) *Bretagne. Déposition du Dominicain Jean Mahé* qui, avec tout le clergé de Nantes, assista à la réception du Saint *ad ripariam Ligeris*.

(2) *Vie de la Bienheureuse Françoise d'Amboise*, par Mgr RICHARD, archevêque de Paris. — Paris et Nantes, 1865.

» La duchesse Jeanne avait été la mère et la maîtresse spirituelle de
» Françoise d'Amboise, qui lui fut confiée dès l'âge de quatre ans, et à
» laquelle elle légua, comme le plus précieux des dépôts, les enseigne-
» ments de Vincent Ferrier. Pendant que les chevaliers chevauchaient
» à travers bois, Jeanne de France et ses femmes se livraient aux exer-
» cices de piété enseignés par le Saint. (Cela se passait à Guingamp, où
» se tenait une des plus charmantes cours de l'Europe.) Les noms
» de la pieuse Jeanne et de Vincent Ferrier furent désormais insépa-
» rables dans le cœur de Françoise, qui les prit tous deux pour
» guides de sa vie, et qui se voua à son tour au culte de l'illustre
» Apôtre.

» ..... La bienheureuse Françoise d'Amboise gardait précieusement
» un chapelet de bois qu'elle avait eu de saint Vincent..... » « Après
» la canonisation, le cardinal légat, Alain Coëtivy, lui fit aussi présent
» d'un doigt du Saint, de son bonnet doctoral, et de sa ceinture, qu'elle
» reçut comme précieuses reliques, et, lorsqu'elle mourut, les laissa en
» son monastère des Coëts-les-Nantes, qu'elle avait fondé (1). »

Nous aurons à parler plus tard de cette influence posthume de Vincent Ferrier sur l'Église et le monde, influence dont nous ressentons encore les puissantes ondulations. Nantes nous en offre d'ores et déjà une preuve non seulement authentique mais autographe.

*Extrait des mémoires autographes de M. Olier, Tome V<sup>e</sup>.*

« Il (2) me fit entendre que la grâce apostolique ne consistoit point en
» cela seulement et qu'il n'avoit pas esté donné à tous d'opérer en cette
» mesme énergie, et que cela dependoit de DIEU d'opérer auec efficace par
» quj il luy plaisoit à la faueur de quels sujets il vouloit, et que ce don
» mesme etoit donné selon l'intent (sic) que DIEU avoit de faire vsage de ses
» ministres.

---

(1) *Vie de la Bienheureuse*, par le vénérable ALBERT LEGRAND, édition Kerdanet; p. 548.
Ce monastère des Coëts était un Carmel, aujourd'hui Petit Séminaire.
Pendant la Révolution, M<sup>me</sup> de La Salmonière, dernière prieure, se retira chez les Dames hospitalières de la Grande Providence que sauva leur charité vraiment extrême : elle porta avec elle les reliques de sainte Françoise d'Amboise et de saint Vincent Ferrier. A sa mort, elle les laissa à la communauté qui lui avait donné asile.
La supérieure actuelle et plusieurs Sœurs qui l'ont connue en ont témoigné et en témoignent encore. Sur quoi Mgr Jacquemet, évêque de Nantes, authentiqua les reliques qu'on peut encore vénérer. On trouvera l'acte épiscopal. — Document 18.

(2) M. Olier rend compte ici de la vision qu'il eut en Bretagne de saint Vincent Ferrier. On regrette la perte du commencement de ce récit.

» Il me faisoit entendre qu'il m'obtiendroit l'efficace et le don sor-
» table a ma vocation et mon employ qui ne porte pas pñtement exer-
» cice assidu de la predicâon.

» De plus même, il me fit entendre que jaurois la grâce de former des
» enfans a DIEU quy continueroient nos desseins a son diuin service et
» dilateroient le royaume de Jésvs-Christ. Ce qui seroit dvn fruit plus
» stable et permanent que celuy de la seulle predicâcn quj passe promp-
» tement et na pas tant de suittes.

» Et pour cela qu'il desiroit que je commenceasse a faire quelque chose
» dans Nantes, qui est proche de Vannes, et y envoyer quelques sujets
» quil remplira de sa grace et benediction, pour commencer a agir con-
» formement a ses intentions et continuer ces trauaux en cette prouince
» de Bretagne que DIEU a mise sous sa protection.

» En suitte de quoy faisant rencontre du Grand Vicaire de Monseigneur de
» Vannes, il me témoigna quil seroit a souhaiter pour le bien de la prouince
» quil y eut quelques établissements a Nantes sans me parler du bien de
» son propre diocaise quil sembloit oublier pour me confirmer. Et étant
» arrive a Nantes, je trouve de grandes ouuertures et semonces (*sic*) dans
» les cœurs de tous les sujets les plus importans de la ville et du dio-
» caise pour opérer quelque chose a la gloire de DIEU.

» Ce grand Saint me demanda vne mese par mois pour ces intentions.
» Et deuant que sortir il me pria de réciter aussi mes offices et faire mes
» œuures en ses intentions même, ce que je luy promis, luy demandant
» quil voullut aussi mettre en moy ses dispositions. »

Eudes David, paroissien de Saint-Nicolas, à Nantes, subissant à son tour l'irrésistible attrait, se mit à la suite de l'Apôtre. Il va nous en tracer à grands traits l'itinéraire final par Vannes, Tréguier, Saint-Brieuc, Saint-Malo, Dol, Rennes, la Normandie, Avranches, Bayeux, Coutances, Caen, puis de nouveau la Bretagne par Dol.

Mais le détail du chemin suivi n'est point facile à déterminer. Les points de repère, tels que les établit le procès de canonisation, démontrent que l'Apôtre ne suivait point les voies romaines, mais il se peut qu'il ait utilisé les chemins des saulniers, car il existait et il existe encore dans ces parages des marais salants très importants.

Les chemins de Bretagne, immortalisés par la verve de La Fontaine, nous sont connus. Mais quoi! habitué aux invraisemblables fondrières de l'Espagne, l'Apôtre allait tranquillement sur son vieil âne, précédant sa troupe le long des poétiques sentiers, dans ce pays qui avait à cette époque tous les charmes et toutes les productions du midi. On se rendait le soir d'un village à l'autre, priant et chantant, lui, méditant au gazouillement timide encore des mésanges, et le front rafraîchi par la brise parfumée des premières violettes de février. Nous sommes en effet au 18 février 1418, selon le calendrier moderne.

Il va de Nantes à Vannes, par Guérande et Redon, mais en s'arrêtant presque à chaque bourg.

Alain de Cressoles l'a entendu à Pont-d'Armes; Jean Donyou, à Laroche-Bernard; Olivier Denoual, à Questembert. L'impression dut être profonde, car ce témoin, frappé plus tard par un malheur de famille, se souvint du prédicateur sans pareil; et il raconte tout au long la conversation qu'il eut avec sa femme, au sujet des miracles du Saint, et leur prière naïve pour leur fils muet, prière exaucée naturellement (1).

L'impression fut si profonde, en effet, que Yves, abbé de Lanvaulx, se souvenait, trente ans après, du texte du sermon : *Aqua quam dedero vobis, si quis biberit ex eâ, non sitiet amplius.*

Pierre Jolis, de Fégréac, raconte comment Perrinet Perrault, complètement sourd, fut amené à Vincent Ferrier, prêchant dans cette paroisse.

« Maître Vincent lui toucha les oreilles en disant une prière, et le
» signa; aussitôt, l'ouïe revint, et le malade entendit comme jamais il
» n'avait entendu, ce qui fut réputé miracle (2). » Et la femme dudit Perrinet vint confirmer la chose.

A Guérande, jolie petite ville, bien conservée, avec ses murs, ses tours, ses créneaux gothiques, l'Apôtre s'arrêta un peu plus longtemps.

« Comme maître Vincent se trouvait au pays de Guérande, on portait
» une démoniaque, liée solidement sur un char, à la chapelle de Saint-
» Gildas des Bois; le convoi se trouva à passer devant l'endroit où le
» Saint prêchait. Il demanda quelle était la maladie de cette femme, fit
» arrêter le char, et pria d'attendre la fin du sermon. Le sermon fini,
» il s'approcha, signa la possédée qui fut aussitôt guérie, et, joyeuse,
» s'en retourna dans son pays, rendant grâces à Dieu et à maître
» Vincent (3). »

A l'ancienne collégiale de Saint-Aubin, aujourd'hui église paroissiale

---

(1) Le Père en déposa lui-même au procès de canonisation. — Ch. *Gloire posthume.*

(2) Et quod ipse magister Vincentius manus suas apposuit circa caput et aures dicti Perinetti dicendo unam orationem, et signavit eum signo sanctæ crucis, et continuo auditus sibi venit, audivit ita bene sicut unquam audiverat : quod fuit pro miraculo reputatum.

(3) « ..... Idem accessit prope dictam quadrigam, et ipsam mulierem signavit signo
» sanctæ crucis dicendo unam orationem, et continuo dicta mulier sanata fuit et soluta
» ligaminibus suis. » (*Déposition de Martin Guernézou.*)

à Guérande, une chaire extérieure, pratiquée dans l'épaisseur du pilier droit de la porte principale, garde le nom de saint Vincent Ferrier. Il n'est pas impossible que cette chaire ait été en effet illustrée par lui, mais il faut supposer que, construite par exemple dès le temps de saint Yves qui, lui aussi, évangélisait en plein air son cher peuple breton, elle fut, par respect, encastrée dans les nouvelles constructions ; car la façade actuelle de l'église ne remonte pas au delà du XVIe siècle (1).

Autour d'un monastère de Bénédictins, fondé par saint Convoïon, au IXe siècle, sous le nom de Saint-Sauveur, se groupèrent des maisons. Instinctivement, les hommes venaient abriter leur vie proche de la bénédiction de Dieu durant la paix, proche de la sécurité en temps de trouble, proche de la charité en temps de misère. Et, peu à peu, le village grandit et il est devenu ville : elle s'appelle Redon. C'est l'histoire des deux tiers des villes ou bourgades de France. Vincent Ferrier y prêcha huit jours (2).

Or, un de ceux-là auxquels Dieu avait commis le sort éternel des autres, oubliait ses devoirs : Vincent Ferrier fut sévère, et le pauvre moine, si touché qu'il pleurait jour et nuit. Redoutant sa faiblesse, il voulut suivre l'Apôtre, mais son supérieur le retint (3).

Non loin de là, dans les landes de Muzillac, s'élevait la chapelle du Guerno. Elle renfermait une relique insigne de la Vraie Croix, avec une bulle d'indulgences ; aussi les *Pardons* y étaient-ils très fréquentés.

Là encore, à cause des foules, on avait construit une chaire extérieure donnant sur le cimetière. Elle existe toujours.

Vincent Ferrier est patron de la paroisse, et sa fête s'y célèbre en grande solennité, le premier dimanche de septembre, comme à Vannes.

Enfin, il s'arrêta à Theiz, à deux lieues de Vannes, où il dut célébrer et prêcher en plein air, « *in quodam habitaculo alto sibi ad hoc convenienter præparato* (sur une sorte de grand échafaud préparé à cet effet) (4). D'après le document suivant, c'était le vendredi 17 mars. D'où il s'ensuit que, dans les simples villages, et bien qu'il n'y eut aucune fête, la foule était toujours aussi nombreuse, et nécessitait ces préparatifs extérieurs. Le lendemain, 18 mars, il fit son entrée à Vannes.

---

(1) On trouve encore en Bretagne plusieurs de ces chaires extérieures et aussi des Calvaires de granit, dont la plate-forme a été visiblement construite pour servir de chaire à prêcher ; la plupart furent élevées après Vincent Ferrier, en souvenir de lui, et en vue des apôtres de l'avenir. L'une des plus belles chaires est celle de Vitré.
Voir en appendice une note sur la chaire de Guérande. — Appendice *H*.
(2) Depuis, le monastère est devenu le collège dirigé par les Eudistes.
(3) *Déposition d'Yves*, abbé de Saint-Sauveur de Redon.
(4) *Déposition de Michel Macéot*.

# CHAPITRE III

## VANNES

CHANGEMENT A VUE — UN HOMME DE FOI — « COLLIGITE FRAGMENTA » — MIRACLES EN PASSANT — COULOIR MALPROPRE — LIGNÉE DUCALE — LE MÉDIATEUR

### 1448

« Maître Vincent entra dans Vannes le samedi avant le dimanche de
» *Lætare* de l'an 1417 (en réalité 1448); l'évêque, Mgr Amaury, le
» Chapitre, le clergé, la noblesse, le peuple, allèrent au-devant de lui
» jusqu'à la chapelle Saint-Laurent, distante d'une demi-lieue. On lui fit
» une réception magnifique. Lui, était monté sur une petite ânesse; et
» il alla ainsi jusqu'à la maison de Robin-le-Scarb, où il logea (1). »

Un grand nombre de témoins parlent de cette entrée à Vannes, qui avait évidemment frappé tous les esprits. Elle eut, en effet, et comme des changements à vue, deux côtés bien différents. A quelques milles de la cité, toute la pompe d'une réception solennelle. Le duc Jean, la duchesse, fille du roi de France, leur suite, l'évêque, le clergé, les magistrats, le peuple; mais, en se rapprochant des portes, sur deux lignes immenses, se déployait tout ce que la misère humaine connaît d'infirmités, de maladies, de dégradations physiques et morales. Il faut avoir assisté en Bretagne à quelqu'un de ces grands Pardons de Sainte-Anne d'Auray, par exemple, pour se faire une idée de cette collection d'estropiés, de manchots, de lépreux, de cancéreux, d'aveugles, de culs-de-jatte, de mendiants de toute sorte, étalant leurs moignons rouges, leurs plaies hideuses au linge purulent.

On conçoit que l'enthousiasme dut prendre des proportions grandes quand on vit, sous la bénédiction du Saint, tout ce peuple déguenillé se redresser, jeter ses béquilles, laisser dans les fossés ses petites charrettes, ces mille trophées de la misère; redevenus allègres et forts, lever au ciel leurs bras libres et leurs yeux purifiés; puis marcher avec ces mouvements de membres longtemps engourdis, chantant ou priant à pleine voix, prendre les devants du cortège.

---

1) *Bretagne*. *Déposition d'Yves Le Gluidic*, archiprêtre de l'église de Vannes.

« Lorsque maître Vincent fit sa première entrée à Vannes, je vis,
» devant la maison de Pierre Bourdin, citoyen de Vannes, un grand
» nombre d'infirmes qui accouraient vers le Saint pour être guéris de
» leurs infirmités ; moi-même j'approchai comme les autres et me retirai
» guéri (1). »

Un malheureux à qui tout mouvement était interdit, au spectacle de
tant d'heureux, ne se contint pas, et, d'une voix que centuplait sa foi
ardente, couvrit tous les bruits de la foule, toutes les acclamations de
l'enthousiasme.

« Parmi les malades était un homme nommé Jean Leben, alité depuis
» dix-huit ans. *Voyant les autres s'en retourner guéris*, et qu'il ne pou-
» vait lui-même approcher de maître Vincent, il se mit à crier de toutes
» ses forces : « O serviteur ! ô ami de Dieu, daignez m'écouter ! » Et il
» ne cessait de répéter : « Ayez pitié de moi, grand serviteur de Dieu ! »
» si bien que maître Vincent, ému de pitié, passa près de lui et lui dit : « Je
» n'ai ni or ni argent, mais ce que Dieu m'a donné vous l'aurez. Au
» nom de Jésus-Christ, levez-vous et retournez dans votre maison. » Il lui
» imposa les mains avec la formule accoutumée. Aussitôt, l'infirme se leva
» guéri, et le Saint s'écria, les yeux pleins de larmes : « A vous, Seigneur,
» et à votre saint nom, toute gloire et tout honneur ! » Mais le miraculé
» put à peine s'ouvrir un passage à travers la foule enthousiasmée (2). »

Le lendemain, il prêcha sur la place des Lices, devant le château de
l'Hermine, en présence de toute la Cour ducale. Son texte fut :
« Recueillez les morceaux, de peur qu'ils ne se perdent (3). » Il venait

---

(1) *Déposition de Rival Madec.*
L'entrée de Vincent Ferrier à Vannes, avec son cortège de misérables revenus à la joie
de vivre, sous la bénédiction de cet homme, je la sais de tout point véridique. Toutefois,
cette clarté de l'esprit, qui vient moins des documents que de l'identification de l'intelligence avec le sujet, je veux l'appuyer encore. L'historien Téoli avait éprouvé, lui aussi,
ce sentiment qui s'impose quand il écrivait : « En dedans des portes, il vit un spectacle
» infiniment plus doux à son cœur que le premier. C'était un nombre infini de pauvres,
» de misérables, d'aveugles, d'estropiés et d'autres mendiants, rangés en chœur sur deux
» lignes, et lui demandant à mains jointes sa bénédiction. Le saint vieillard, tout com-
» passion et charité, les bénit volontiers et leur rendit en un instant la santé tant
» désirée. » (Téoli. *Vie de saint Vincent Ferrier*, p. 186.)

(2) *Déposition de l'évêque de Télésia.* Cette déposition d'un étranger, bien que témoin
oculaire, laisse un certain doute sur le lieu du miracle. Mais M. Mouillard, qui a fait un
usage presque exclusif du procès de Bretagne, place ce miracle à Vannes. Un tableau
qui se voit dans la chapelle du tombeau du Saint, rappelle la guérison du paralytique.
Dans Razzano, IV, 3. Il place aussi le miracle à *Vannes* et fait chanter l'heureux guéri
« una cum aliis omnibus ad eumdem concurrentibus. »

(3) *Déposition de Yves le Gluidic.*

là pour mourir. Qu'elle était donc merveilleuse cette corbeille où tous les peuples avaient déjà puisé! Si tels étaient les restes, on peut imaginer ce qu'avait dû être le festin; si tels les épis destinés au glaneur, ce qu'avait dû être la moisson!

« Maître Vincent prêcha sur la même place, tous les jours, depuis le » IVe dimanche de Carême jusqu'au mardi de Pâques. Comme partout, » après sa prédication, il guérissait les malades qui se présentaient (1). »

Olive, femme d'Alain Aufredich, atteinte de paralysie partielle, alla trouver maître Vincent après sa prédication. Celui-ci la reçut très affablement, lui toucha la tête et le côté, et fit le signe de la Croix sur elle, disant : « Au nom de Jésus. » Arrivée dans sa maison, elle ne sentit plus aucune douleur, ni pendant les dix ans qu'elle vécut encore (2).

Il y avait aussi des malades apportés de loin; et, si l'on avait mal calculé le temps ou les accidents de voyage, il fallait aller frapper au domicile du Saint; mais sa patience ne se lassait pas, et ces pauvres gens n'étaient point déçus.

« Jean le Métayer, de Calmont, grièvement blessé à la guerre, alla » trouver maître Vincent dans la maison de Robin le Scarb. Prévenu » par un de ses compagnons, le Saint descendit dans la cour, toucha la » blessure, regardant le ciel, récita une prière et fit le signe de la Croix. » Le blessé ne ressentit plus dès ce moment, ni jamais depuis, aucune » douleur. Il a vu, ajoute-t-il, dans cette même cour, un grand nombre » de malades, recourant à maître Vincent. Après qu'il leur avait » imposé les mains, ils étaient guéris (3). »

« Ma mère souffrait depuis plus de trois ans d'atroces douleurs dans » la tête; elle alla trouver maître Vincent dans la maison qu'il habitait » à Vannes et le supplia de la délivrer de cette infirmité; il lui fit le » signe de la Croix sur la tête, en invoquant le nom de Jésus, jamais » plus elle n'a souffert (4). »

La maison de Robin le Scarb, où il logea, se voit encore, rue des Orfèvres; sa chambre, vrai cellule de moine, a été convertie en chapelle, mais l'abord de ces lieux, si pleins de souvenirs, vous affecte d'un sentiment pénible. On y arrive par un couloir malpropre, l'escalier est

---

(1) *Déposition de Guillaume Caramou.*

(2) *Déposition de Simon Maydo.*

(3) Dicit etiam quod vidit in dicta aula quam plures recurrentes ad dictum magistrum Vincentium lætos et asserentes se curatos recedentes. (*Déposition du patient lui-même.*)

(4) *Déposition de Michel Macéot.*

étroit et dangereux, et la pauvre cellule à peine éclairée. Il y a là quelque chose à faire pour la gloire de saint Vincent Ferrier (1).

Aux femmes qui lui demandaient la fécondité, il enseignait une méthode simple de prières qui furent souvent efficaces.

Il obtint à la famille ducale, nous l'avons vu, la grâce d'une nouvelle postérité.

« Le père du duc de Bretagne, actuellement régnant, obtint, par l'in-
» tercession de maître Vincent, un fils que le Saint baptisa lui-même
» avec la permission du Pape Martin V, et auquel il donna son nom (2).
» Plus tard, maître Vincent dit à la duchesse, ignorant qu'elle était
» enceinte, que Dieu bénirait l'enfant qu'elle portait, et, peu après, elle
» mit au monde le duc actuel (3). »

« Le bon sainct homme, peu de temps paravant son trespas, se retira
» par devers la duchesse de Bretaigne, ma dame Jehanne de France,
» laquelle était ensainte, et après aucunes devises contemplatives,
» elle lui requist qu'il priast Dieu pour elle, à ce que l'enfant qu'elle
» portait peust venir au sacrement de baptesme et il lui respondit
» qu'elle estoit grosse d'ung filz qui serait martyr : depuis elle enfanta
» ung filz qui fut nommé Gilles, dont cy après ie reciteray au long la
» piteuse mort (4). »

---

(1) Mahé, dans ses *Antiquités du Morbihan*, page 399, dit que le duc Jean se retira au château de l'Hermine, pour laisser au Saint son hôtel de la Motte, mais que Vincent Ferrier préféra la demeure d'un simple particulier. C'est exact, mais il se trompe quand il affirme que le Saint mourut dans cette maison.

La place des Lices est encore à peu près la même ; c'est une sorte de large rue en pente, irrégulière, mais offrant un commode et vaste théâtre pour le discours en plein air ; de plus, tous les créneaux et terrasses du château étaient couverts d'auditeurs. Du château de l'Hermine, il ne reste qu'une tour belle encore.

(2) Cet enfant ne vécut pas.

(3) *Déposition de noble dame Perrine de Bazvalen.*

(4) ALAIN BOUCHARD, *Les grandes cronicques de Bretaigne*, etc., S. L. M. cinq cens XXXII. (Petit in-folio goth. à 2 col.) F. CLIII.

La duchesse Jeanne donna le jour à son fils aîné, François, en 1440. Il devint duc de Bretagne en 1442.

Pierre, d'après le registre des comtes de Bretagne, naquit le 7 juillet 1418 ; il succéda à son frère en 1450. Il y eut donc un intervalle considérable entre le premier de ses fils et le second ; la bénédiction de Vincent Ferrier fit cesser cette stérilité.

Le petit Vincent de Bretagne ayant pris tout naturellement ses ailes d'ange sous le baptême administré par le Saint, Pierre II vint au monde très peu de temps après, suivi de Gilles et d'une fille, Isabeau, qui épousa le comte de Laval. La duchesse avait déjà deux autres filles : Anne et Marguerite.

Le vicomte Walsh a bien raconté dans son livre, *Le Fratricide*, ce long martyre de Gilles de Bretagne.

Ses prêtres, de leur côté, secondaient à l'envi le zèle de l'Apôtre.

L'un d'eux attirait surtout l'attention par son zèle plus humble et plus touchant.

« Maître Vincent avait avec lui un jeune clerc séculier qui, durant la » prédication, réunissait les enfants, les instruisait et leur enseignait le » *Pater*, l'*Ave*, le *Credo* et le signe de la Croix. Ayant fait, disait-on, » un pacte avec le diable, il avait été délivré par maître Vincent.(1). »

Nous connaissons cette âme reconnaissante, à qui l'on doit une des premières biographies du grand thaumaturge.

Après vingt-quatre jours passés à Vannes, le mardi de Pâques de cette année 1418, le Saint se mit en route pour évangéliser le reste de la Bretagne. L'espoir de mettre fin à la guerre de Cent ans, si désastreuse pour la France, le fit aller jusqu'en Normandie, centre des opérations du roi d'Angleterre. Il avait encore juste un an à vivre.

---

(1) Déposition de Yves Le Gluidic et de Thomas Lebrun.

# CHAPITRE IV

## BRETAGNE BRETONNANTE

SOUVENIR DES CROISADES — JOCELYN — LES ABOYEUSES — LE COMBAT DES TRENTE — PLOERMEL — LE BIENHEUREUX GRIGNON DE MONTFORT — LES MAÇONS DE VINCENT FERRIER — UNE CALOTTE BIEN AUTHENTIQUE — DU VIADUC DE MORLAIX — COMMENT DISPARAISSENT LES SOUVENIRS — HISTOIRE D'ANES A CHATELAUDREN — LA VIERGE D'ALBATRE

Sa compagnie le suivait toujours. Outre les maîtres en théologie, les bacheliers et autres personnes notables (1) que signalent les témoins, nous y voyons figurer des noms qui semblent tirés du livre d'or des croisades. Henri du Val, Denoual de Chef du Bois, Josso du Plessis de Rosmadec, tous jeunes hommes, de ceux-là dont la Bretagne est incessamment prodigue, toujours prêts à prendre en main la cause de Dieu.

La première étape fut Theix pour la seconde fois ; Olivier de Bourdiec, jeune alors, devenu depuis recteur de Liziverdel, l'y avait suivi : étonné de l'entendre prêcher le jour même de sa sortie de Vannes, il demanda si c'était là sa coutume, on lui répondit qu'il faisait ainsi tous les jours depuis vingt ans.

De Theix à Jocelyn, où les Rohan, héritiers des Penthièvre, tenaient leur cour.

Jocelyn tranche encore sur ce pays plein de merveilles. Le site est admirable, le château des ducs de Rohan, monument superbe, princièrement conservé, est plein des plus touchants souvenirs. Dans l'église est le tombeau d'Olivier de Clisson, chef-d'œuvre mutilé pendant la Révolution. Enfin, le pèlerinage célèbre de Notre-Dame du Roncier, et le phénomène mystérieux des aboyeuses. Le souvenir de saint Vincent Ferrier y est représenté par une antique statue.

Là, au témoignage de Gilles Malletaille, qui fut chargé par le seigneur du lieu de porter des provisions au prieuré de Saint-Martin, où logeait le Saint, se renouvelèrent ces curiosités, pas toujours discrètes, ni bien-

---

(1) Ex post vidit quod in suâ comitivâ erant aliqui magistri in theologiâ, et bacchalarii, et alii notabiles. (*Déposition de Jean Roland.*)

veillantes. On passa des nuits, l'œil collé à de petits judas, pour voir ce que faisait dans l'intimité de Dieu ce thaumaturge extraordinaire (1).

Entre Jocelyn et Ploërmel, sur un plateau entouré de grands sapins, eut lieu le fameux combat des Trente. Une colonne commémorative, très simple, et qui semble respecter la pudeur du courage, invite les Bretons à imiter leurs ancêtres.

Ploërmel ne garde que par tradition le souvenir de l'Apôtre. Cependant, on voit sa statue dans l'église des Frères Ménaisiens; elle est moderne, mais l'expression en est inspirée.

Les procès de canonisation sont plus explicites. On parlait à Ploërmel des miracles sans nombre accomplis par Vincent Ferrier. Une pauvre mère avait son enfant dans un état désespéré : « Je le portai seul, dit
» le témoin, à maître Vincent, qui habitait alors le prieuré de Saint-
» Nicolas, situé dans le faubourg de Ploërmel ; la mère n'avait pas osé
» venir. Je fis connaître au Saint le mal de l'enfant : il m'écouta, puis
» le signa, et récita, les mains jointes, une prière. La prière n'était pas
» terminée, que l'enfant se mit à sourire. Depuis lors, il est plein de
» vie (2). »

Tant à Ploërmel qu'à Jocelyn, on se souvint plus tard de l'Apôtre thaumaturge : dans la gloire posthume, plus d'un rayon partira de là.

De Ploërmel, il se rendit à La Chèze, par la Trinité-Porhoët.

« Il y avait, à La Chèze, une grande chapelle dédiée à la Très Sainte
» Vierge, sous le nom de Notre-Dame de Pitié. Totalement abandonnée
» depuis plusieurs siècles, elle n'avait pas même de toiture, et l'intérieur
» était rempli de ronces et d'orties. Le grand apôtre de Bretagne, saint
» Vincent Ferrier, dans le cours de ses missions, l'avait vue dans cet
» état, et, prêchant un jour au peuple, après avoir exprimé le désir qu'il
» aurait eu de la restaurer, il avait assuré que cette grande entreprise
» était réservée par le ciel à un homme que le Tout-Puissant ferait
» naître dans les temps reculés, homme qui viendrait en inconnu, qui
» serait beaucoup contrarié et bafoué, homme cependant qui, avec le
» secours de la grâce, viendrait à bout de cette sainte entreprise. Que

---

(1) Voir le Chapitre de la *Vie intime*.

(2) ..... « Et ipso adhuc dictam orationem dicente, idem infantulus cepit in conspectu testis loquentis ridere et convalescere..... et adhuc vivit in humanis. » (*Déposition de Robert Juno, prêtre.*)

» Montfort eût ou non connaissance de cette prophétie, il entreprit de
» relever ces ruines et y réussit merveilleusement (1). »

L'enquête officielle va nous faire défaut, et c'est au grand nombre des miracles qu'il faut attribuer cette lacune. La satiété gagna bientôt les commissaires. Pour l'acquit de leur conscience, ils rayonnèrent encore jusqu'à Nantes et Dinan, mais ne s'occupèrent ni de Quimper, ni de Léon, ni de Tréguier. « J'ai passé, dit Bernard Guyard, par plusieurs
» lieux de Bretagne où la commune tradition raconte des merveilles qui
» ne sont pas communes, et en donne de bonnes marques..... Mais, comme
» ceux qui faisaient l'information à Vannes virent qu'il y avait des
» miracles pour canoniser plusieurs Saints, ils n'écoutèrent pas tout,
» pour ne pas traîner en longueur et faire s'impatienter le duc, le peuple
» et l'évêque. »

Nous avons heureusement les anciens auteurs bretons, tels qu'Albert Legrand, Alain Bouchard, Don Lobineau, Bernard Guyard lui-même. Leurs récits s'appuient sur les souvenirs locaux, très vivants encore à l'époque où ils écrivaient.

De La Chèze, Vincent Ferrier entra dans le Finistère par Pontivy, où il a sa statue, ainsi que dans toutes les églises environnantes. Il est particulièrement honoré à Kerfourn et à Lamothe.

Passons avec lui, d'un vol rapide, à Guémené, Rostrenen, Auray, Hennebont, Carhaix, Quimperlé (2), Concarneau, Pont-l'Abbé, Quimper.

Mgr de Lézeleuc affirmait que la cathédrale de Quimper, ou tout au moins les tours, et ce bijou de granit qui s'appelle la chapelle du Folgoat, ont été construits par les maçons de saint Vincent Ferrier. En tout cas, les dates coïncident, car la chapelle du Folgoat fut dédiée en 1449. L'Apôtre tenait absolument à ce que toutes les personnes de sa suite travaillassent selon leurs moyens. Il est assez naturel, sentant sa fin

---

(1) *Vie du vénérable serviteur de Dieu, Grignon de Montfort*, p. 124. Paris. Leclerc, 1839.
Le vénérable Grignon de Montfort vient d'être béatifié.

(2) Dans le réfectoire du couvent des Dominicains de Quimperlé, qu'occupent actuellement les religieuses, il existe une très vieille chaire dans laquelle les Dominicains faisaient la lecture ; elle présente le modèle uniforme des chaires portatives que la tradition dit avoir servi à Vincent Ferrier.
Dans ce couvent, dont la façade existe encore, fut enterré Jean de Montfort. Le tombeau, retrouvé par hasard dans l'emplacement du chœur, plus que profané, de l'ancienne église, avec les restes des religieux, attend le monument qu'une piété respectueuse ne manquera pas de lui donner.

approcher, qu'il ait laissé là une partie de sa compagnie, lui assurant, avec le pain de chaque jour, cette place au paradis, que les ouvriers du moyen âge espéraient en élevant, plus avec leur foi qu'avec leurs mains, ces splendides chefs-d'œuvre de l'art chrétien.

Près de Douarnenez, à Guérinec, s'élève une chapelle dédiée à saint Vincent Ferrier, avec une curieuse chaire extérieure, sculptée. On en trouve une autre à Tréminou, près de Penmarc'h.

Lesneven possédait encore, à la Révolution, un cadeau précieux, au point de vue thaumaturgique, reçu de la main même du thaumaturge. Nous ne saurions dire ici les choses mieux que le savant M. de Kerdanet, dans son édition annotée des Saints de Bretagne.

« La tradition rapporte que saint Vincent Ferrier avait particulièrement aimé cette ville, à laquelle il avait légué sa calotte; on l'y a longtemps conservée dans un reliquaire d'argent, en forme de chapelle, dont on fit l'ouverture le 14 octobre 1669. « Nous y avons trouvé, porte le
» procès-verbal, cette calotte de drap noir, laquelle n'a pas encore perdu
» sa forme et figure, quoiqu'elle ait été investie de feu dans l'incendie
» d'une maison prophane où on l'avait portée pour satisfaire aux prières
» et dévotions des locataires et habitants de ladite maison, et la mesme
» calotte, trouvée dans ledit reliquaire est affirmée estre la vraie calotte
» de M. de saint-Vincent de Ferrier (sic), ainsi qu'il conste par un certi-
» ficat et attestation donnés par vénérable et discret messire Guillaume
» Le Brunec, vivant vicquaire perpétuel et chanoine de Lesneven dont
» voici copie fidellement collationnée à l'original qui estait aussi inséré
» près la calotte, dans ledit reliquaire (1). »

---

(1) Suit le certificat : « Les soussignants vicquaire perpétuel, en l'église de monsieur
» saint Michel à Lesneven, chanoine d'icelle, sieurs Sénéchal Baillif et procureur du roi
» en Léon, et nobles habitants dudit Lesneven, certifions que, suivant la délibération du
» général desdits habitants, la vraye calotte de monsieur saint Vincent Ferrier a été mise
» en un reliquaire d'argent fait faire par maistre Julien Crouézé et François Pellan, mar-
» guilliers, esté en ladite église, conformément à ladite délibération fait et cloué (sic)
» par maistre Christophe L'Uzinec, maistre orfeuvre en nos présences, après que ladite
» calotte et le présent y ont été mis avec un écriteau au dedans, attaché à vis qui con-
» tient ces mots : Ici est la vraye calotte de monsieur saint Vincent de Ferrier, posée là
» dedans l'an seize cent trente-neuf par vénérable et discret Messire Guillaume Le Brunec,
» lequel reliquaire a été à l'instant délivré à honorable homme Yves Le Reffloc'h et Henri
» Kervisant, Marguilliers à présent de ladite église. En témoin de quoy nous avons signé
» à Lesneven, ce jour dix-septième du mois d'avril seize cent trente-neuf, jour de
» dimanche des Rameaux. (Suivent les signatures.)
» De tout quoy j'ai rédigé fidellement ce présent estat et procès-verbal, pour valoir et
» servir à la plus grande gloire de Dieu et à l'honneur de ses Saints, et pour marquer
» à la postérité l'estime et la vénération que nous devons avoir pour un si rare et pré-

A Saint Pol-de-Léon, saint Vincent Ferrier n'est représenté que par une statuette placée derrière la chaire dans la cathédrale.

A Morlaix, il trouvait un beau couvent de son Ordre, dont l'église, avec ses splendides verrières, vient d'être odieusement défigurée. Il y passa quinze jours. On y vénéra depuis sa cellule.

« Il prêchait du haut de la rue des Fontaines, lieu élevé par-dessus
» la ville, et le peuple, pour l'ouïr, se rangeait sur les douves et contre-
» escarpe du château, et au parc au duc, la ville entre deux, nonobstant
» laquelle distance, sa voix étant si miraculeusement portée aux oreilles
» de ses auditeurs, lesquels l'entendaient aussi bien que s'ils eussent été
» au pied de la chaire. En mémoire duquel miracle on bâtit en ce lieu
» un petit oratoire en son honneur (1). »

Le voyageur qui traverse Morlaix sur le viaduc de la voie ferrée peut se rendre compte de ce que dit ici l'historien. Morlaix s'étend sur deux collines aux pentes rapides. Du point où il parlait, l'Apôtre avait sous son regard un double amphithéâtre chargé d'auditeurs jusqu'au sommet de la crête opposée : de l'un à l'autre, la distance est d'environ deux cents mètres à vol d'oiseau.

La rue des Fontaines existe encore. Une rosace ogivale, aux vitraux aveuglés, qui semble servir de frontispice à la fontaine, pourrait bien être l'ancien chœur des Carmélites, bâti sur l'emplacement de la chapelle de saint Vincent Ferrier. Cet oratoire fut en effet démoli pour accommoder le monastère des religieuses en 1626.

Le P. Albert Legrand, dans sa *Vie des saints de Bretagne*, adressée à Messeigneurs Les Estats de Bretagne, en date du 1er novembre 1636, nous conduit à la suite du Saint, de Morlaix à Rennes, par Lannion, Land Treguer (Tréguier), La Roche-Derrien, Guen-Kamp (Guingamp), Chastel-au-Dren, Saint-Brieuc, Lamballe, Quintin, Jugon, Saint-Malo, Dinan, Dol, Autrain, Bazouges, Fougères et Vitré.

L'évêque de Tréguier, Mathias du Kostker, alla le recevoir à l'église de Crech' Mikel (2).

---

» cieux trésor. A Lesneven, ce douzième jour d'octobre seize cent trente-neuf, en
» présence du soussignant. Signé : Jan Macé, vicquaire PPel (perpétuel) de Lesneven,
» Reffloc'h, prestre et chanoine. »

(1) Albert Legrand. *Saints de Bretagne*.

(2) D'après l'historien qui nous sert ici de guide, à Quimper, l'évêque Bertrand de Rosmadec alla aussi au-devant du Saint ; à Saint-Pol-de-Léon, l'évêque Alain II ; à Saint-Brieuc, l'évêque Jean de Malestroit ; à Saint-Malo, l'évêque Robert de la Motte ; à Dol, l'évêque Étienne Coëvret ; enfin, à Rennes, l'évêque Anseaume Cantemerle lui firent le

Tréguier n'a gardé de saint Vincent Ferrier qu'une tradition orale, mais il se peut que la monumentale chaire-calvaire, élevée près de là, à Plouguescant, soit due à son passage, comme on élève encore des croix de mission.

L'Apôtre ne séjourna que cinq jours à Guingamp (1), dans le couvent de son Ordre, détruit en 1591, par l'armée du prince de Dombes, et remplacé depuis par l'hospice du Mont-Bareil.

Nous assistons ici à la disparition des souvenirs : longtemps conservée avec vénération, sa chaire a fini par être reléguée, comme un vieux meuble, dans quelque coin, d'où elle a disparu. On trouve dans les débarras de l'église une chaire en bois peint, dite de saint Vincent Ferrier; elle est moderne, mais elle a pu être faite sur le modèle de l'ancienne. Le grenier du presbytère de Plumagoar a gardé jusqu'à ces dernières années un tableau représentant la prédication de saint Vincent Ferrier.

A Châtelaudren, le recteur actuel, homme d'érudition et de zèle, a redonné vie aux traditions :

« Sur la colline qui domine la petite ville de Châtelaudren, s'élève
» une antique chapelle dédiée à la Très Sainte Vierge, et qui doit son
» origine au grand thaumaturge et apôtre de la Bretagne.

» Saint Vincent Ferrier, passant, en 1417, par Kastel-Audren, château
» bâti par Audren V, roi de la Bretagne armoricaine, au v$^e$ siècle, consacra
» ce lieu et tout le pays d'alentour *An Itron-Vari* « à la dame Marie »,
» comme on disait alors; et il fit vœu de lui bâtir un sanctuaire, avec
» les aumônes qu'il recueillerait lui-même dans ses missions, parmi les
» associés du Saint-Rosaire.

» Les nombreux et éclatants miracles opérés dans ce lieu doublement
» béni y attirèrent bientôt une si grande foule de fidèles que, aux XVI$^e$ et
» XVII$^e$ siècles, on fut forcé d'agrandir le sanctuaire.

» La nouvelle église, avec ses sept autels, enrichie par la piété et les
» dons des fidèles, possédait autrefois, avec des revenus considérables,
» des objets d'art d'un grand prix qui ont en partie disparu en 1793.

» Les précieux débris arrachés à la Révolution, et surtout les peintures
» sur bois, en 132 tableaux, l'une des plus grandes pages laissées par

---

même honneur; c'est assez vraisemblable, mais je crains que ce ne soit une déduction de convenance, sauf pour Rennes, où des documents précis confirment le fait.

(1) « La bienheureuse Françoise d'Amboise retrouvait à Guingamp les traces du grand
» prêcheur qui y avait passé cinq jours! » (ROPARTZ. *Histoire de Guingamp*, p. 284.)

» le XVᵉ siècle, non seulement à la Bretagne, mais à la France tout
» entière, font de cette église l'un de nos plus riches et de nos plus
» curieux monuments historiques (1).

» Entre autres richesses, chères plus encore à la piété qu'à l'art, il
» en est une dont nous devons la découverte à l'un de nos premiers
» peintres, envoyé l'an dernier par le ministre des beaux-arts, pour
» reproduire les peintures de la voûte. Ce trésor, caché sous d'épaisses
» couches de badigeon, est une grande et belle statue de Notre-Dame, en
» albâtre. La Vierge-Mère, assise, porte le sceptre à la main, et, sur
» ses genoux, l'Enfant-Dieu. C'est le modèle, si humain et si céleste,
» toujours employé au moyen âge, comme le mieux fait pour ravir les
» yeux et enchanter les âmes. Tout porte à croire que c'est bien la
» statue donnée par saint Vincent Ferrier, devant laquelle tant de
» générations se sont agenouillées et tant de grâces ont été obtenues.
» Une vieille légende, fidèlement conservée dans le pays de Châtelau-
» dren, dit qu'un jour les pèlerins deviendront si nombreux à Notre-
» Dame, qu'ils useront par leurs genoux le pavé du sanctuaire (2). »

Et cependant, Vincent Ferrier avait été mal reçu à Châtelaudren. Le maréchal du pays refusa de ferrer son âne, et, quand il passa sous les remparts, les soldats se moquèrent de cette humble monture. « Riez,
» mes enfants, repartit tristement l'Apôtre, riez à votre aise, avant long-
» temps, les brebis et les ânes viendront paître dans les ruines de ce
» château. »

La prédication ne se vérifia que trop lorsque, moins de trois ans ans après, en **1420**, le duc de Bretagne, pour venger une injure du duc de Penthièvre, fit raser la forteresse. Elle est aujourd'hui promenade publique, pleine d'herbe, où paissent, en effet, en liberté, les ânes et les brebis.

Le Saint ne voulut pas, toutefois, laisser la ville sous le coup de cette menace ; il la mit sous la protection spéciale de la Sainte Vierge, et l'on vient de voir qu'il procura les ressources nécessaires pour l'érection d'une église à Notre-Dame. Châtelaudren répara sa faute.

« Avant **1790**, lit-on encore au registre de paroisse, il existait à
» Châtelaudren une chapelle dédiée à saint Vincent Ferrier. Longtemps
» célèbre, à cause de la nombreuse Congrégation qui s'y rassemblait,
» elle fut vendue pendant la tourmente révolutionnaire, et convertie en

---

(1) Rapport de M. Geslin de Bourgogne au Ministre des beaux-arts, en 1849.
(2) *Journal de Paroisse*, 1874.

» maison privée. Elle est située au bas du champ de foire appelé place
» Saint-Vincent. Tout près, une gracieuse fontaine porte aussi son
» nom (1). »

---

(1) Cette chapelle de saint Vincent Ferrier, habitée actuellement par de bons villageois, chaisiers de leur état, est encore l'objet d'une certaine vénération. On en montre les bénitiers, les poutres, les crédences creusées dans le mur, la place mi-circulaire de l'autel. Une très vieille statue en bois prétend représenter le Saint. C'est l'œuvre d'un artiste de fantaisie; néanmoins, ces braves gens ont refusé maintes fois de s'en dessaisir, même à des prix élevés.

A Notre-Dame, la statue est bien en albâtre. Les couleurs naïves, dont on crut bien faire de la badigeonner, la sauvèrent des rapacités révolutionnaires.

# CHAPITRE V

## LA BRETAGNE FRANÇAISE

COMMENT LA BRETAGNE EST CHRÉTIENNE — HOSPITALITÉ INTÉRESSÉE — LES CHEMINS DE BRETAGNE — DINAN — IDYLLE BRETONNE — LES DEUX CIERGES — UN CONFRÈRE DU ROSAIRE INSCRIT PAR SAINT DOMINIQUE — LE JERZUAL — POÉSIE — LE COUVENT DE BONNE-NOUVELLE — L'ART DE VÉRIFIER LES DATES — L'ENFANT DEUX FOIS MIRACULÉ

### 1418

La ligne de démarcation entre les deux Bretagne est à Châtelaudren ; on y parle les deux langues. L'étranger qui traverse Châtelaudren un jour de marché se croirait en pleine tour de Babel, grâce aux sons différents qui frappent l'air.

Vincent Ferrier consacra dix ou douze jours à Saint-Brieuc et à Lamballe (1). Là aussi des miracles et des fruits abondants. Dans ce pays ignorant, mais sincère, les résultats d'une telle prédication devaient être merveilleux : ils le furent.

« Lorsque maître Vincent arriva dans nos contrées, peu savaient le
» *Pater noster*. Ce pays fut réformé à fond par ses prédications, et cette
» réforme dure encore (2). »

« Les blaphèmes, les parjures et les autres crimes régnaient univer-
» sellement, mais tout fut corrigé par les enseignements de maître Vin-
» cent. Ce changement dure encore, et tout l'honneur lui en est
» attribué (3). »

Eudes de Plumaugat l'a suivi à Rennes, à Dinan, à Ploërmel et à Vannes. Partout le même concours et les mêmes fruits.

Olivier du Bourdiec précise et dit :

« Par ses mérites et ses prédications, les princes, le clergé, le peuple
» changèrent du tout au tout. Et je sais bien que, après son passage, les
» gens vécurent mieux qu'auparavant. »

C'est donc bien lui qui a fait la Bretagne chrétienne.

---

(1) *Déposition de Jeanne Ruallin, qui suivit l'Apôtre jusqu'à Moncontour.*
(2) *Déposition de Denoual de Chef-du-Bois.*
(3) *Déposition de Guillaume Caramou.*

A Lamballe, une noble dame insista pour le loger ; ce n'était désintéressé qu'à demi ; la curiosité s'en mêlait, et Dieu consentit à renouveler pour elle le prodige de la chambre illuminée. De plus, elle souffrait de violentes céphalagies dont le Saint la guérit pour payement de son hospitalité (1).

Non loin de Saint-Brieuc, dans un de ces chemins de la Basse-Bretagne *où le destin vous adresse quand il veut qu'on enrage*, arriva l'épisode mi-plaisant que voici :

« Je faisais alors partie de la troupe de maître Vincent. Nous allions
» de Saint-Brieuc à Quintin. Voilà que l'ânesse qui portait ses livres, lui
» allant à pied, tombe dans un bourbier et ne peut plus se relever.
» Jésus ! s'écria-t-il, secourez-la ! » Mais la pauvre bête resta engluée. Alors,
» un des assistants la piqua avec un bâton ferré, disant : « Tu te relèveras
» de par tous les diables ! » et en effet, elle se leva. Mais maître Vincent,
» par l'horreur que lui inspirait cette invocation, fit enlever ses livres
» de dessus la bête, et ne voulut plus la monter. Il alla ainsi à pied
» jusqu'à la ville. Au surplus, il supporta ce petit accident en toute
» patience et charité (2). »

Par Jugon et Moncontour, le Saint arriva à Dinan. Dinan était dès lors un gracieux séjour, aux alentours ravissants, ayant beaucoup plus le caractère d'une ville méridionale que d'une cité bretonne.

« Chaque jour, dans les lieux précités, à ses prédications, accouraient
» de grandes foules de peuple, de tous les états, ecclésiastiques et sécu-
» liers, nobles, bourgeois et plébéiens. Quand il fut à Dinan, le duc Jean,
» d'illustre mémoire, Robert de la Motte, évêque de Saint-Malo, et un
» nombre considérable de hauts personnages ne manquèrent pas d'y
» assister (3). »

Les désordres, et ils étaient grands, cessèrent. Plusieurs témoins rapportent des miracles ; mais ils sont de ceux que le thaumaturge renouvelait chaque jour par centaines.

« Entre autres, dit Guyard, Thomas, fils de Jean le Fontenay, épilep-
» tique, fut présenté au Saint ; il ne tomba ni de l'espérance qu'il avait
» d'être guéri, ni du mal qui le tourmentait. »

Jeanne le Moulnier, après promesse de mariage, fut atteinte de paralysie. Il y avait trois ans qu'elle était dans cet état lorsque maître Vincent prê-

---

(1) *Déposition de Geoffroy Bertrand.*
(2) *Déposition de Henri Duval.*
(3) *Déposition de Robert Juno, prêtre.*

chait à Dinan. Elle se fit porter à l'église des Frères Prêcheurs, où il était descendu. Guérie d'un signe de Croix, elle revint à pied ; le fiancé avait su attendre, ils s'épousèrent. — Une gracieuse idylle bretonne.

Guillaume de Linquillic, licencié ès lois, le propre fils du magistrat que la ville avait chargé de la subsistance de l'Apôtre et de sa suite, rapporte un fait assez curieux : « Mon père avait gardé comme reliques » deux cierges qui avaient servi à la messe de maître Vincent ; ma mère » voulut les utiliser pour la fête de la Chandeleur, mais ne put les » retrouver. Après un laps de temps assez long, une nuit, mon père » vit deux cierges allumés sur le coffre de sa chambre à coucher. Ma » mère les vit aussi. Or, ce jour-là même, nous l'apprîmes ensuite, maître » Vincent payait son tribut à la mort. »

Le couvent des Dominicains de Dinan avait été fondé en 1224, par un gentilhomme breton, Alain de Lanvallay. Croisé contre les Albigeois, il assista aux prédications de saint Dominique, se fit inscrire dans la confrérie du Rosaire, et, un jour de combat dangereux, en reçut visible protection. La narration naïve que l'on en trouve dans l'*Histoire généalogique* de Dupaz mérite d'être citée :

« Estant une fois à la guerre, accompagné de peu de soldats catholiques » et quasi comme assiégé et environné d'une très grande multitude d'héré- » tiques, il se trouva tant las et pressé qu'il ne trouvait plus aucune » espérance de pouvoir résister. Pour ce, il eut recours à la Très Sacrée » Vierge, laquelle, comme très douce dame, luy donna suffisant secours, » combattant pour luy avec cent cinquante pierres, lesquelles furent » divinement jetées contre les ennemis avec une très grande impétuosité ; » et icelles en ayant mis plusieurs par terre estonnèrent si fort le reste, » que, pleins de crainte, ils se mirent tous à fuir, et lui, par ce moyen, » se veit avec tous ses soldats être délivré.

» Ceste merveille fut cause qu'estant de retour en son pays, très » riche et très terrien qu'il était, il fonda le couvent de Dinan de l'Ordre » des Prédicateurs, autrement dit de Saint-Dominique. Et, peu de » temps après, il se rendit religieux du même Ordre, receut l'habit au » susdit couvent, et de brave soldat temporel, il fut faict un généreux » gendarme spirituel et excellent prédicateur.

» Il voyagea par toute la France, prêchant le Saint Rosaire ; et enfin » il alla en la ville d'Orléans, au couvent dudict Ordre, où, passant de » ceste vie en une meilleure, il fut enterré devant l'autel de la très » glorieuse Vierge. La bouche et les mains duquel estaient très claires et » lucides non autrement que du cristal, et ce pour ce que, par sa bouche,

» il avait proféré tant souvent les sainctes oraisons de ce sacré Rosaire,
» et que de ses doigts, il avait ordinairement manié le chapelet et touché
» les grains qui facilitent le moyen de dire plus commodément ce sacré
» Rosaire. »

De ce couvent, il ne reste rien qu'une salle basse, sorte de halle dont les colonnes soutenaient l'église.

La place du Champ, à Dinan, où prêchait Vincent Ferrier, n'a pas changé d'aspect. On y remarque la statue de Duguesclin, placée là en mémoire du combat soutenu par le vaillant chevalier contre Thomas de Cantorbéry en présence du duc de Lancastre.

Au Jerzual, seule grande artère par où communiquaient alors les deux coteaux sur lesquels est bâtie la ville de Dinan, une ruelle porte le nom de Vincent Ferrier. On prétend même qu'il aurait logé dans une des maisons de ce pittoresque quartier.

Un érudit, M. Mahéo, nous a conservé le petit poëme suivant, à physionomie contemporaine.

*Passage de saint Vincent Ferrier à Dinan, en 1417, et sa prédication au couvent des Frères Prescheurs.*

Des ville et forbourgs de Dynan
Acourayent esprins de grand joie
Bien diceulx devotz habitanz
Pour voir le grand prescheur de la foy.
De la campaigne et des champs,
Durant cestz dix jours de mission,
Chaicun advenait en chentant
A lesglise de nostre clouaison.
Pour ouïr et escouter en ce lieu
La parolle de Jeslu de Dieu.
Toulz, sans exception daulcun,
Nobles, baronz, aussi vilains,
A gouster de sa voix le parfum
Dans le clouestre estayent admins.
Dedans leglize du monastère,
Y fut posé bans et bancelles
Ou nombre de genz sarimerent
Soyt notables et jouvencelles ;
La fousle advenant si préssée
En leglize par un grand concour.
Dou meintes personnes malaysees
Sy teinrent en la grand cour.
Le clairgé et meintz habytanz
Notables dyri et dalantour
Du sainct missionnaire à Dynan.

Impetrerent aussi a leur tour
Qu'il pleust de leglize le chanceau
Estre a son agreyment quiter
Pour mieulx sur le champ es chevaux
Devant touz estre à prescher :
Ce qua limpetration diceulx
Fust dict et fait le jour suyvant.
Genz de toute sorte estayent heureux
Douir en aise discour si savant ;
Nulle part plus belle feste fut veue
Et plus grande dévotion cogneue.

Pour monstrer sa vie et repoz,
Il estiroit toutes les nuictz
Pour n'avoir souplesse à son doz.
Les langes et le doulx de son lit ;
Et a quatre heures au matin.
De se lever il estait certain.
Durant deux heures bien entières,
Il ne decessoit point en prières
A Dieu et a Benoiste Marie
Dans toulz lieux comme dans cetuy.
Apres de meintes oroisons,
La cloche aprestoit à sa messe
Ou chaiscun se fousloit de presse
Et estoit en comtemplacion
Despoir de ouir sa doulce voix
Qui ornoit le cueur de la foy.

Quoy qu'il fust de grand mesgreur,
Et aussy de pitoyable paleur
De chair ni de brune ni de blanche.
Il ne mangeoit qu'au sainct dimanche ;
De ung platz legumes il prenoit
Et son vin avecque l'eau blanchissoit ;
Ni du soir non plus du matin,
Il ne despouilloit ceinture de crin
Quelle serroit durement son corps
Et que vouloit bien endurer
Jusqua trespaz de vie à mort.

Quand Vincent Ferrier dit à Dieu
A tout le bon peuple lecoutant.
Que devoit quiter icelieu,
Laquelle chose fut larmoyant.
De moment que le sainct missionnaire
Advertit son despart en chaire,
Peine fust bien grande en lesprit
Du bon peuple par lui converti,
Vers chemin de Dol cheminant

Par grand concour y fust mesné,
O de meintes larmes et cloches sonant
Jusqua il fust bien esloigné.

Saint-Malo, Miniac, Dol, Antrain, Bazouges, Fougères et Vitré n'offrent que des traditions orales. Rennes est moins pauvre. « Tou-
» jours occupé de son rôle de médiateur, racontent MM. Ducret, Ville-
» neuve et Maillet (1), Jean V fut secondé dans sa bienveillante mis-
» sion par l'une des plus grandes célébrités du siècle, le Dominicain
» Vincent Ferrier, qui remplit tout l'Occident de ses prédications et
» vint terminer en Bretagne ses courses apostoliques. Le jour où il vint
» à Rennes apporter le fruit de sa parole évangélique, l'évêque Anselme
» Chantemerle, suivi de tout le clergé, de la noblesse, des magistrats,
» de la bourgeoisie, alla le recevoir hors ville, avec la pompe réservée
» aux princes, et lui offrir l'hospitalité au manoir épiscopal. Vincent
» Ferrier refusa humblement et demanda un asile au couvent de Bonne-
» Nouvelle (2). Pendant les trois jours qu'il passa à Rennes, il prêcha
» sur la place Sainte-Anne, au milieu d'une foule attentive qui n'aurait
» pu trouver place dans les églises. Toutes les maisons qui commen-
» çaient à peupler ce lieu ouvrirent leurs fenêtres aux auditeurs impa-
» tients et virent jusqu'à leurs toits se couvrir des plus imprudents.
» La parole du saint prédicateur arrivait sans efforts à toutes les
» oreilles et descendait dans tous les cœurs. C'était un grand bienfait et
» le seul possible alors, que cette voix pure et forte venant rappeler les
» principes de la morale éternelle au milieu de ces temps de
» désordre.
» Le roi d'Angleterre, débarqué en Normandie, voulut lui-même
» entendre cette voix, qui, dans un faible corps, avait tant de puis-
» sance. Il envoya un ambassadeur au Dominicain. Vincent Ferrier

(1) *Histoire de Rennes*, p. 157, ad annum 1418.

(2) « Le couvent des Jacobins de Rennes fut fondé par Jean de Montfort. Pendant la
» bataille d'Auray, ce prince voyant son armée en désordre, fit vœu de fonder une
» église et un monastère à Rennes en l'honneur de la Sainte Vierge. Ses troupes s'étant
» ralliées et Charles de Blois ayant été tué, un hérant se présenta au comte de Montfort
» et lui dit : « Seigneur, je vous annonce une bonne nouvelle : Vous êtes duc de Bre-
» tagne. » Dans l'instant, le vainqueur confirma son vœu et déclara publiquement que
» l'église qu'il ferait bâtir serait dédiée à la Sainte Vierge, sous le nom de *Notre-Dame de*
» *Bonne-Nouvelle*, ce qu'il ratifia aux États assemblés à Rennes en 1366. A la sollicita-
» tion de l'évêque de Nantes et Tréguier, qui avait été de l'Ordre de Saint-Dominique, il
» voulut que cette église fut desservie par des Jacobins. Le couvent sert aujourd'hui de
» manutention militaire et de magasins d'habillements pour tout un corps d'armée ; il ne
» reste plus que quelques arceaux du cloître. C'est à côté de l'église de Saint-Aubin
» actuelle. » (MARTEVILLE. *Histoire de Rennes*, p. 120.)

» n'hésita pas à se rendre près du roi, dans l'espoir de devenir l'instru-
» ment de la paix. »

« Nous apprîmes un jour, dit le témoin Olivier Rouxel de Bréhant
» Loudéac, qu'un héraut du roi d'Angleterre était venu pour le cher-
» cher et l'emmener à la cour. Ce héraut faisait monter à 30 000 per-
» sonnes le nombre des auditeurs qui assistaient à Rennes aux sermons
» de maître Vincent. Une grande foule suivit l'Apôtre pour entendre
» encore ses prédications lorsqu'il alla vers le roi d'Angleterre. »

Le séjour de Vincent Ferrier à Rennes avait été fort court. M. de la Bigne-Villeneuve l'a supputé après les comptes capitulaires (1).

« De ce texte, dit-il, je déduis les dates suivantes : le dimanche du
» *Jubilate* est le troisième dimanche après Pâques ; en 1418, il arrivait
» le 17 avril. Par conséquent, Vincent Ferrier fit son entrée à Rennes

---

(1) Extrait d'un registre des comptes du chapitre de Rennes, tenu par maître Jacques de la Mandaye, prévôt dudit chapitre.
Compte du quartier d'été 1418.
*Item*, le mercredi après *Jubilate*, de l'agrément et sur l'ordre de Messieurs (du Chapitre), le prévôt a présenté à maître Vincent Ferrier, très excellent professeur en Écriture Sainte, qui dans ses prédications a été très goûté du peuple de Rennes, en pain et en vin, 10 sols.
*Item*, le même jour, le dit prévôt, sur l'ordre des dits seigneurs, a remis à Droet Vaillant, appariteur, et autres visiteurs du Chapitre, afin de préparer des bancs et des sièges pour les dits seigneurs pendant les prédications susdites, 5 sols.
*Item*, le jeudi suivant, présenté au dit maître Vincent, en pain et en vin, 9 sols. 4 deniers.
*Item*, le vendredi suivant, présenté au dit maître Vincent, en pain, en vin et poisson, 22 sols, 6 deniers.
*Item*, le lundi avant la fête de l'Invention de la Sainte-Croix, présenté au même en pain, vin et poisson, 15 sols.
*Item*, la veille de la fête de l'Ascension de Notre-Seigneur, sur l'ordre et commandement du dit chapitre, payé, tant pour aider au payement d'un cheval pour le dit maître Vincent, que pour pain, vin et poisson à lui offerts, 40 sols.
(*Archives départementales d'Ille-et-Vilaine,* fonds du chapitre de Saint-Pierre de Rennes, (5. G.CG). Voir le texte, document 16.)
« Le pain et le vin offerts chaque jour par ordre des seigneurs chanoines au saint
» prédicateur constituaient ce qu'on appelait les honneurs du Chapitre.
« C'était un usage adopté vis-à-vis de tous les personnages importants qui venaient
» pour la première fois à Rennes. Cette offrande honorifique consistait ordinairement en
» deux estamaulx, (l'estamal ou estamoire était un vase avec couvercle ; pris comme
» mesure de capacité, il équivalait à un litre et demi de vin, et deux douzaines
» (ou 24 livres) de pain capitulaire.
» En additionnant les dépenses du Chapitre enregistrées par le prévôt Mandeaye à
» l'occasion du double passage à Rennes de saint Vincent Ferrier, on trouve qu'elles
» montent, pour les cinq journées indiquées, au total de cinq livres, 1 sou, 10 deniers,
» lesquels, au pouvoir actuel de l'argent, représenteraient, d'après le calcul de
» M. C. Leber, 112 fr. 02. (*Mélange d'histoire et d'archéologie bretonnes,* t. II, ch. II,
» p. 19.)

» le 20 avril, qui se trouve le mercredi suivant ; il y séjourna le 21 et
» le 22.

» Vient ensuite une interruption jusqu'au 2 mai, veille de l'Invention
» de la Sainte-Croix, c'est dans cet intervalle que le saint Apôtre s'en
» alla trouver à Caen le roi d'Angleterre, sur l'invitation qu'il en reçut.
» Il était donc, d'après notre compte capitulaire, de retour à Rennes le
» 2 mai ; il en repartit le 4, veille de l'Ascension, pour se rendre à
» Montfort, puis à Jocelyn, Ploërmel et Vannes, où il devait rendre sa
» belle âme à Dieu, le 5 avril 1419. »

Il y a ici une erreur probable. Le Saint se dirigea sur Caen, à travers la Normandie : il est assez difficile qu'il ait pu, même sans s'arrêter, faire ce trajet, passer trois jours à Caen et revenir du 23 avril au 2 mai. Le plus vraisemblable est que, pendant la période ci-dessus, il s'absenta de Rennes quelques jours pour évangéliser les environs.

D'après le témoin Olivier Nouvel, il prêcha et guérit miraculeusement un enfant à Aubigné, non loin de Rennes. Cette faveur n'engageait pas l'avenir, car quelques années après, l'enfant tomba dans un mal étrange qui violentait tout son être, mais il se souvint de Vincent Ferrier, qui le guérit de nouveau.

Ce fut, en effet, par Saint-Aubin d'Aubigné, Dol et Avranches que le Saint gagna la Normandie.

# CHAPITRE VI

### CHEZ LES ANGLAIS

LE POUVOIR DE SATAN — UN MAL ÉTRANGE — UN BON PLAISIR DE DIEU — CAS PARTICULIER DE L'INFLUENCE DES ESPRITS — NOTES DIPLOMATIQUES ET FIÈRES — TRÊVE ET RÉSURRECTION

#### 1418

Près de Saint-Lô, on présenta au Saint un malheureux atteint d'un mal particulièrement navrant et mystérieux. « Qu'on transporte le » malade à Caen, » dit le Saint.

Il venait de prêcher à Caen, à la grande admiration de tous, mais surtout du roi Henri et de sa cour, principalement à cause du don des langues, lorsqu'arrivèrent les parents du pauvre petit infirme. Devant cette réalité vivante et navrante, il prit occasion de dépeindre le pouvoir de Satan sur l'humanité ; après quoi, chose rare et qui rappelait *Jésus frémissant en lui-même*, son front se plissa, et il commanda au Nom du Très-Haut à l'ennemi du genre humain de laisser ce petit corps.

Mais il vaut mieux laisser la parole aux témoins.

« Maître Vincent se dirigea sur Caen, en Normandie, où il prêcha
» trois fois devant le roi d'Angleterre, les grands de la cour, et une
» foule considérable de tous pays, qui le comprirent parfaitement,
» comme s'il avait parlé la langue de chacun des auditeurs (1).

» Il y avait à Saint-Gilles, près de Saint-Lô, au diocèse de Cou-
» tances, un enfant nommé Guillaume de Villiers, âgé de dix ou onze
» ans ; il était muet, n'avait ni bu, ni mangé depuis deux ans et demi,
» environ. Ses parents, entendant parler de la sainteté de maître Vin-
» cent qui prêchait alors à Caen, diocèse de Bayeux, où était aussi le
» roi d'Angleterre, y conduisirent l'enfant sur un char, et prièrent le
» Saint de demander à Dieu sa guérison ou sa mort. Le Saint fit mettre
» en prières l'assistance, qui était extrêmement nombreuse ; l'enfant

---

(1) ..... Et ulterius quod dictus Fr. Vincentius accesserat ad civitatem de *Can* in Normandia in qua prædicavit, et tres sermones fecit præsentibus Enrico rege Angliæ terræ et pluribus ducibus et principibus ac multitudine copiosa diversarum generationum et linguarum audientes prædicationes ipsius fratris Vincentis et in lingua sive idiomate suo clarissime intelligentes. *(Toulouse. Déposition de Gilles Morelli.)*

» parla, but, mangea, et se trouva totalement guéri. *Et totaliter sanatus inde recessit* (1). »

Jean de Villiers, propre frère du miraculé, vient à son tour raconter ce prodige évidemment destiné à frapper l'imagination des Anglais :

« Mon frère Guillaume avait une tumeur à l'aine, laquelle ayant été
» percée par le barbier, le malade resta trois mois alité, puis perdit la
» parole et ne put prendre aucun aliment, ne mangeant ni ne buvant
» et n'émettant aucune déjection, si ce n'est du sang qui lui sortait par
» les narines quand on le contrariait. Il était, en outre, totalement
» insensible physiquement. Plusieurs fois, en ma présence, on le frappa
» de verges jusqu'au sang : il ne pleurait pas et ne donnait aucun signe
» de douleur. Cependant, il continuait à grandir, maigrissait peu et
» entendait tout ce qu'on disait autour de lui.

» Après son sermon, le Saint, en présence d'une multitude innom-
» brable, fit le signe de la Croix sur l'enfant en disant : « Que la béné-
» diction de Dieu, Père, Fils et Saint-Esprit, descende sur toi et y
» demeure à toujours. » Puis il lui demanda : « Mon enfant, qu'éprou-
» vez-vous ? — Père, un bon plaisir de Dieu qui s'accomplit en ce
» moment. » Et aussitôt, il commença, aux yeux de tous, à manger, à
» boire, en un mot, à recouvrer la santé qu'il ne perdit plus
» depuis..... (2) »

Enfin, Gilles Lescarne, hospitalisé à Saint-Gilles, dans la maison du miraculé, alors âgé de quarante-six ans, l'interrogea sur ces faits dont on parlait encore. Voici sa réponse :

« J'étais dans cet état depuis sept ans; maître Vincent étant venu
» prêcher en Normandie, on me présenta d'abord à lui à Saint-Lô, mais
» il ne voulut rien faire en ma faveur, et commanda qu'on m'amenât à
» Caen, où était le roi d'Angleterre avec toute sa suite. Mes parents s'y
» décidèrent. En présence du roi, des seigneurs et de tout le peuple,
» maître Vincent fit un signe sur moi; après quoi, je repris incontinent
» toutes les fonctions normales de la vie, et suis complètement guéri
» depuis. A mon sens, j'avais dans le corps des esprits mauvais qui
» sortirent de moi avec violence, sur l'ordre de maître Vincent. » Le Saint affirma que, pendant tout ce temps, un esprit bon avait soutenu les forces de l'enfant, ce qui lui permettait de croître. Démonstration apparente de l'influence simultanée qu'exercent sur nous les bons et les mauvais anges.

---

(1) *Déposition de Jean Ruault.*

(2) « ..... Et illico idem infans cepit omnibus videntibus edere et bibere, et de dicta
» infirmitate convalescere, nec de post ipsam sentiit infirmitatem..... »

Le témoin cité plus haut, Jean Ruault, eut la curiosité d'aller à Saint-Gilles voir l'enfant guéri; il rapporta de ce voyage que partout, en Normandie, Vincent Ferrier multipliait les miracles.

C'est avec un intérêt poignant qu'on lit, au *British Museum*, les échanges de notes diplomatiques, à cette époque, entre les deux Cours de France et d'Angleterre. Certes, elles ne sentent pas l'agonie, et la royauté française sut être fière jusqu'à la fin. L'intervention de Vincent Ferrier aboutit à une trêve de trois ans, qui permit à la France de respirer, c'est-à-dire de préparer son salut.

A part les trois jours à Caen, Vincent Ferrier ne fit guère que traverser la Normandie. Cependant, le témoin qui nous sert de guide, Eudes David, qui, de Nantes, suivit l'Apôtre dans ses dernières pérégrinations, nomme Bayeux, Coutances, Avranches, Saint-Lô et enfin Dol, par où il rentra en Bretagne.

Saint-Lô garde, comme une légende, le souvenir d'un miracle qui serait de premier ordre s'il était mieux établi.

Dans la belle cathédrale de Dol, il y a de Vincent Ferrier une statue moderne.

# CHAPITRE VII

## SA MORT

LA MAISON DREULIN — MANIÈRE DE PAYER SON ÉCOT — UN BEAU COIN DE TERRE — L'OREILLER — FAUSSE SORTIE — TOUTES LES CLOCHES SONNENT — COMPATISSANCE DES FEMMES — « MESSIEURS LES BRETONS » — PRIÈRE EXAUCÉE — HEURES SUPRÊMES — LA DUCHESSE DE BRETAGNE — LES PAPILLONS BLANCS — SÉPULTURE — VANNES EN DEUIL

La présence de Vincent Ferrier est constatée une seconde fois à La Chèze, La Trinité-Porhoët, Jocelyn, Ploërmel (1), Redon qui se trouvent sur la route directe.

De Redon, l'Apôtre gagna Nantes, où il prêcha une partie de l'Avent de cette année 1418, et de là se rendit à Vannes pour y mourir.

L'entrée du Saint à Vannes fut solennelle comme la première fois. La procession se forma, à la chapelle Sainte-Marguerite, près le cimetière de Saint-Paterne. La duchesse lui avait envoyé sa litière; il s'en servit par déférence. Le même sentiment lui fit accepter l'hospitalité d'un seigneur, nommé Dreulin, familier de la cour de Bretagne, et dont la maison était située sur les lices mêmes.

« J'ai vu maître Vincent, un carême, à Vannes; il était logé dans la
» maison Dreulin, aujourd'hui Fauchour. Il prêchait et chantait la messe
» chaque jour. Son éloquence était extraordinaire.....

» J'ai été souvent témoin de ses repas, il mangeait et buvait très peu,
» et jamais de viande (2).

» Très peu de temps avant de tomber mortellement malade, maître
» Vincent prêchait encore; j'y étais; et on venait l'entendre de deux et
» trois lieues à la ronde (3). »

---

(1) C'est à ce second voyage qu'il faut rapporter le miracle de Ploërmel, raconté plus haut, car le témoin n'a vu pour la première fois Vincent Ferrier qu'à Rennes; et lui-même nomme les villes où il l'a suivi, dans l'ordre suivant: Rennes, Dinan, Jugon, Lamballe, Ploërmel et Redon.
En essayant d'établir l'itinéraire d'après le procès de canonisation, les incertitudes se multipliaient tellement que j'ai préféré y renoncer, et suivre ce qui *semble* le plus rationnel.

(2) *Déposition de Pierre Josso, écuyer.*

(3) *Déposition de maître Prigent Plœvigner.*

Il suit de ces attestations que l'Apôtre garda jusqu'à l'agonie son courage, sa mémoire, sa force et son austérité. Il devait mourir avant la fin de ce carême.

Quand la nature épuisée demanda grâce, la grâce suppléa la nature. Avant de parler et après, il était défait, exténué, il fallait l'aider à marcher et à se soutenir.

Tout ce qui lui restait de vie se concentrait dans sa parole.

Les soins qu'on lui prodiguait furent payés par lui à sa manière accoutumée. L'enfant de ses hôtes étant tombé dans une chaudière bouillante, un signe de Croix le rendit à la vie (1).

On essaya de lutter contre une catastrophe évidemment imminente; lui, doux et bon, se laissait faire.

Il est, non loin de Vannes, un coin de terre enchanté, où l'œil embrasse la petite mer (Morbihan) et son archipel, d'une poésie plus séduisante que l'archipel grec. Là, grâce à ces courants d'eau chaude dont Roscoff ressent encore la bienfaisante influence, toute la végétation méridionale s'épanouissait. Aux premiers effluves printaniers, l'air devenait tiède et balsamique.

Le Saint pouvait à son aise rêver du ciel sur ce coin de terre aux aspects mêlés d'une âpreté sauvage et d'une si suave mélancolie, où la grise atmosphère grandit toute chose; où, quand vous voyez se détacher sur l'horizon du couchant la silhouette d'un homme ou d'un objet, vous croyez à l'apparition fantastique d'êtres surnaturels.

« Il est de tradition constante, dans la commune d'Arradon (2), que
» le grand Dominicain de Valence a demeuré plus ou moins longtemps
» dans ce lieu durant son séjour à Vannes. On montre ici, dans un
» champ, sur le bord de la mer, un petit mamelon granitique, présentant
» deux cavités jumelles rapprochées l'une de l'autre, arrondies en cupule
» et que l'on considère comme l'empreinte miraculeuse de ses deux
» genoux. Souvent, quand je passe en cet endroit, je trouve quelqu'un de
» nos paysans implorant là saint Vincent Ferrier, dans l'attitude supposée
» qu'il y prit autrefois lui-même, agenouillé.

» Dans cette commune, un antique manoir porte le nom de *Truhélin*
» que M. Rosensweig, archiviste du département, désigne dans son dic-
» tionnaire topographique du Morbihan par le mot *Treulin*.

» Or, en langue bretonne, le D et le T se substituent l'un à l'autre,

---

(1) *Déposition de Thomas Lebrun, Domicellus et advocatus peritus.*
(2) Petit bourg situé près de Vannes, sur le bord de la mer.

» d'après la dernière lettre du mot qui précède; *Dreulin* est donc la
» même chose que *Treulin*.

» Nous savons que le domicile accepté par le Saint, situé entre le
» château de l'Hermine et le couvent des Frères Minimes, fut celui d'un
» seigneur dont la sœur était très liée avec la duchesse, et qui se nom-
» mait Dreulin. C'est aussi à la résidence rurale de ce seigneur que
» l'Apôtre épuisé allait prendre un peu de repos.

» De temps immémorial, les fermiers de Truelin ou Dreulin, qui, de
» père en fils, se succèdent sur cette terre, conservent pieusement dans
» une boîte de chêne, une pierre vénérée de tous, que l'on nomme
» *l'oreiller de saint Vincent Ferrier* (1).

» Ce n'est là qu'un point dans l'histoire de ce grand homme, mais ce
» souvenir préparera peut-être en ce lieu un sanctuaire en l'honneur de
» celui *dont la doctrine éclatait comme un soleil et dont la parole était*
» *ardente comme la flamme.* »

D'après l'historien Guyard, le duc de Bretagne avait choisi Vannes pour
sa résidence, à cause de la beauté et de la fertilité du pays environnant.
Il prend de là occasion de faire de Vannes le plus pompeux éloge :

« Elle sut résister à César. Elle avait un commerce plus étendu que
» l'ancienne Tyr. Polybe et Strabon affirment que Venise s'estimait
» fière d'avoir reçu le jour des Vannetais. Longtemps, les mœurs et les
» coutumes furent les mêmes. Les îles voisines et notamment l'île de
» Rhuys sont enchanteresses et pleines de beaux et harmonieux oiseaux. »
On croirait lire un chapitre de *Télémaque*.

Navrés de douleur à la pensée de perdre leur ami, leur protecteur et
leur frère, et plus encore du chagrin de laisser si loin de leur patrie
cette tombe glorieuse, les Valenciens renouvelèrent leurs supplications.
Souriant, il acquiesça de nouveau (2).

Il fit ses adieux à la duchesse et à sa cour. On pleura, mais on res-
pecta ce sentiment, dans un pays où l'on retrouvera l'amour de la
patrie, quand il aura disparu du reste de la terre.

---

(1) Extrait d'une relation locale. En 1672, en procédant à l'inventaire des biens du seigneur de Truhellin, il fut produit un coffre ou *casse* renfermant *la pierre qui avait servi d'oreiller à maître Vincent*. Elle est aujourd'hui dans ce qui reste de l'ancienne église d'Arradon.

(2) « Quand il objectait, dit Albert le Grand, la prophétie d'après laquelle il devait
» mourir à l'Occident, les Valenciens répondaient que l'Occident est relatif, et que Valence
» est à l'occident de quelque partie du monde. »

Guyard, qui raconte la mort du Saint avec une naïveté touchante, dit tout au long les raisons qu'avaient les Espagnols de l'emmener, et *celles qu'ils firent valoir n'étaient pas les mêmes.*

« Ils se considéraient comme ayant un très grand trésor en garde, et
» qu'ils seraient mal reçus en Espagne sans saint Vincent Ferrier ; et,
» d'ailleurs, là où avait été le berceau devait être la tombe. Et ils lui
» dirent que là-bas on le désirait, que, s'il venait à être malade, il serait
» mieux dans son couvent d'air natal, que sa course était terminée et
» qu'il n'y avait plus pour lui que le *in reliquo* ; mais comme on savait
» qu'il était plus facile d'emporter la ville de Vannes que saint Vincent
» Ferrier, on choisit la nuit. Et ils partirent, en effet, de nuit. »

« Les religieux, ses compagnons, le voyant malade, le firent embarquer
» pour sa patrie ; mais le mal s'étant aggravé tout d'un coup, il fut
» obligé de revenir, et fut reçu au son de toutes les cloches (1). »

La tradition montre l'endroit précis où il s'embarqua, presque en face de l'ancienne porte de la ville. Non loin de là, on découvre un reste de pignon d'une chapelle bâtie à l'endroit où il débarqua. Elle s'appelait chapelle du *Fétis*.

« Quand il rentra, au matin, sur son humble monture, toutes les
» cloches sonnèrent à grande volée ; tout travail cessa dans la ville, le
» peuple entier accourut, et ce fut réjouissance comme aux jours de
» grande solennité. »

Revenu à son logis, il guérit une dernière fois tous les malades qui se présentèrent et dit au peuple : « Allez, mes enfants, Dieu m'a renvoyé,
» non plus pour vous prêcher, mais pour mourir. Retournez dans vos
» maisons, et qu'il vous récompense de l'honneur que votre affection
» a cru devoir me rendre. » Le soir même, une fièvre violente le saisit,
» accompagnée de douleurs extrêmement aiguës. Mais, athlète dès long-
» temps maître de la douleur, le sourire ne quitta pas ses lèvres. De
» pieuses instances obtinrent qu'il prît quelques breuvages fortifiants, qu'il
» se dépouillât de son rude cilice de crin et qu'il acceptât un matelas (2). »

---

(1) Ægrotantem religiosi comites patriæ restituendum navigio imposuerunt..... sed ingravescente morbo redire coactus, in omnium pulsu campanarum rursus excipitur. (*Offices propres du diocèse de Vannes*, édition 1757. Dans RAZZANO, ce faux départ, (à âne, mais il se trompe) IV, 4.

(2) *Déposition de plusieurs témoins bretons.*
« Avant sa dernière maladie, il portait toujours un cilice ; malade, il avait une sorte de
» thorax d'étamine que la duchesse lui enleva, nous présentes, pour le garder en guise de
» reliques. La dextérité compatissante des femmes lui fit prendre un potage fait avec de la
» viande, mais on lui laissa croire que c'était fait avec du poisson. » (*Déposition de Perrine de Bazvalen.*)

Comme on en profitait pour le prier de résoudre le différend qui s'était élevé entre les religieux de son Ordre et les magistrats, au sujet de sa sépulture, il supplia que la paix qu'il avait prêchée et tant souhaitée à ses chers Bretons ne fût point troublée pour un si futile objet (1).

La cour, l'évêque, les magistrats, le peuple, vinrent tour à tour le visiter. Tous pleuraient à chaudes larmes. Il les consola de son mieux. Don Lobineau lui fait tenir ce discours : « Messieurs les Bretons, si
» vous voulez rappeler dans votre mémoire tout ce que je vous ai prêché
» pendant deux ans, vous trouverez qu'il n'est pas moins utile que
» conforme à la vérité. Vous n'ignorez pas à quels vices votre province
» était sujette et que je n'ai rien négligé pour vous ramener dans le droit
» chemin. Rendez grâces à Dieu avec moi de ce que, après m'avoir donné
» le talent de la parole, il a rendu vos cœurs capables d'être touchés et
» portés au bien ; il ne vous reste plus qu'à persévérer dans la pratique
» des vertus et à ne pas oublier ce que vous avez appris de moi. Pour
» ce qui me regarde, puisqu'il plait à Dieu que je trouve ici la fin de ma
» vie et de mes travaux, je serai votre avocat devant le tribunal de
» Dieu, je ne cesserai jamais d'implorer sa miséricorde pour vous, et
» je vous le promets, pourvu que vous ne vous écartiez point de ce que
» je vous ai enseigné. Adieu, je m'en irai devant le Seigneur dans dix
» jours d'ici (2). »

La prière de saint Vincent Ferrier est bien efficace, car, jusqu'à ce jour, la ténacité vigoureuse de ce peuple a résisté à la perfidie comme à la violence, et à l'action plus dissolvante encore de ses renégats. Sa foi, son respect des traditions, en font encore, au milieu des flots montants d'une indifférence souillée, comme un peuple à part.

Il eut pour ses disciples un dernier entretien où il épancha tout son cœur d'apôtre, de frère et d'ami.

Demeuré seul, il se fit donner l'absolution avec l'indulgence plénière *in articulo mortis* : unique faveur qu'il eût acceptée de Martin V, quand

---

(1) « Je ne suis qu'un pauvre moine, serviteur de Jésus-Christ, lui fait dire Albert
» Legrand, j'ai beaucoup plus à m'occuper du salut de mon âme que de la sépulture de mon
» corps. Que ma mort ne vous soit pas un sujet de trouble. Laissez au Prieur du couvent
» Dominicain le plus proche le soin de disposer les choses. » — Le couvent le plus proche était Guérande ou Quimperlé.
La question sera reprise au Chapitre des reliques.

(2) Dans Razzano, tout cet épisode, discours compris : « Viri Britones, ero patronus. » IV, 5. Mais il a bien garde de nommer *Dreulin* ou *Lefauchour !* Sa langue s'y refuse et aussi sa plume : il circonlocutionne : « Locus ubi hospitatus est. »

celui-ci lui demanda ce qu'il désirait en récompense de tant de services rendus à l'Église.

Il reçut avec une douce piété les sacrements qui servent de viatique à tout chrétien pour le voyage d'où l'on ne revient pas.

Un biographe écrit cette jolie phrase : « Il fit cela comme tout le monde, » pour que la mort n'hésitât pas à le frapper, dans la pensée qu'un esprit » céleste était caché sous cette enveloppe mortelle. »

Dès lors, son âme resta unie à son Créateur dans une douce et sereine extase.

Cependant, le deuil était universel et l'attente cruelle. On voulut encore une fois recevoir sa bénédiction. Volontiers, et malgré l'affaissement de ses forces, il y consentit. Toute la ville vint de nouveau. De son lit de mort, sa main bénissante s'abaissait sur tous.

Quand vint le neuvième jour, une pâleur livide se répandit sur ses traits, annonce de la prochaine agonie. Il se fit lire la Passion de Notre-Seigneur selon les quatre évangélistes, puis les sept psaumes de la pénitence, et se mit à réciter lui-même le psautier, dont il avait si bien l'habitude.

Chose singulière, il eut au dernier moment, ce juste, d'extraordinaires sentiments de repentir. On voyait comme une contraction douloureuse de tout son être à certaines paroles du prophète pénitent, et la sueur lui perlait au front. C'étaient là les dernières brûlures de la justice inexorable sur cette âme qu'avaient tant respectée pourtant les poussières humaines.

Les religieux qui l'assistaient lui dirent alors : « Nous ne pouvons » que vous répéter ce que vous avez vous-même conseillé aux autres : « Ayez confiance en Dieu et en sa miséricorde. » Ce qu'entendant, il leva » les mains au ciel et entr'ouvrit les yeux de l'air le plus pénétré. »

Comme on finissait d'invoquer tous les Saints pour ce Saint qui allait tout à l'heure orner leurs phalanges glorieuses, sentant venir la mort, il joignit les mains, leva les yeux au ciel, étreignit une dernière fois le Crucifix inspirateur et témoin de tous les mystères d'amour qui avaient formé la trame de sa vie. Son visage prit alors une expression singulière de joie. Il achevait doucement son pèlerinage sur la terre.

Ame libre, mais portant visiblement le cachet de son origine divine, il avait atteint un des plus hauts sommets où il soit donné à l'homme de parvenir, non pour lui seulement, mais pour le bien de ces multitudes que Dieu, Pêcheur éternel, a résolu de sauver dans sa miséricorde ineffable.

Il mourut le mercredi de la semaine de la Passion, 5 avril 1419, à l'heure de Vêpres, âgé de 70 ans (1).

La duchesse de Bretagne voulut laver de ses royales mains les pieds du grand missionnaire, hommage instinctif que la langue sacrée exprime : *Quam pulchri pedes evangelizantium pacem, evangelizantium bona!* Jamais fut-il mieux appliqué? L'eau dont elle se servit ne cessa de répandre une odeur suave et resta pure jusqu'à évaporation complète. Plusieurs malades y trouvèrent la guérison de leurs maux.

« Ce fut sur un grabat, dans la maison Dreulin, aujourd'hui Le Fau-
» chour, qu'il rendit l'esprit. La duchesse et M<sup>me</sup> de Malestroit l'assistaient
» ainsi que plusieurs autres dames; les religieux de son Ordre et les
» prêtres l'exhortaient à se perdre en Dieu et dans la Passion du Christ.
» Quand il fut mort, on barricada la maison, car on disait que les
» Frères Mineurs et même les Dominicains voulaient enlever son
» corps.
» La duchesse garda sa chape comme une relique, après l'avoir revêtu
» de la chape de son confesseur qui était aussi Dominicain. »

Quand il eut expiré, on vit une multitude de papillons d'une éclatante blancheur pénétrer dans sa chambre par la fenêtre. On crut que c'étaient des anges qui venaient chercher son âme. Plus vraisemblablement, ils furent attirés par le parfum pénétrant qui, à la même heure, s'exhala de tout son corps (2).

---

(1) Les Bollandistes, conséquents avec eux-mêmes, mais conséquents dans l'erreur, trouvant le mot *septuagesimum*, — « nescio quomodo irrepserat » disent-ils, — lui substituent *sexagesimum*.

(2) Visa est ingredi cubiculum quo recumbebat magna et candida multitudo quorumdam animalium quæ vulgo papiliones dicuntur. (RAZZANO ms. de Venise). — *Déposition d'Olivier Le Bourdiec*.

Au printemps, surtout dans les pays humides, on trouve beaucoup de papillons blancs, du genre *noctuelles*, que leur couleur a fait surnommer des anges. En espagnol, *Palomas* veut dire à la fois *papillons* et *colombes*, quoiqu'il y ait un autre mot plus usité pour désigner les papillons, *mariposas*; c'est ce qui fait l'erreur de beaucoup d'historiens parlant ici de colombes.

« Quand l'âme fut partie, des papillons blancs entrèrent dans la chambre, quelques
» assistants manifestèrent de l'étonnement. Combien? Deux ou trois : (ceux qui s'étonnè-
» rent, et non les papillons, comme semble traduire l'abbé Mouillard.)

« Le v jour d'auril, an dit an mil quatre cens XVIII, le glorieux confesseur et ami de
» Dieu frère Vincent Ferrat, natif d'Arragon, religieux de l'Ordre des Frères Prescheurs,
» rendit à Dieu, l'esperit en la ville de Vennes, en l'hostel des bourgeoys de la ville nommé
» Le Faucheur. Il fut depuis honorablement canonizé et reluits par miracles saincts en
» paradis : le corps de lui fut mis au cueur de l'Église cathédrale de Vennes, et pour
» congnoistre l'an et le moys de son trespas, prenez les lettres nombrables de ce verset :
» Inclite Vincenti capit heu te mors in Aprili. » (ALAIN BOUCHARD. *Grandes chroniques*
» *de Bretaigne*.)

« Ces petits papillons, dit Guyard, volaient par la chambre avec une
» gaieté non pareille. Il semblait qu'avec leurs petits ailerons, ils vou-
» laient faire naître une musique de l'air pour chanter au triomphe de
» son entrée au ciel. »

Une toile de valeur, conservée à la cathédrale de Vannes, représente
la mort de saint Vincent Ferrier.

L'évêque et le Chapitre firent soigneusement garder le corps, n'entendant pas qu'il fût enseveli ailleurs que dans la cathédrale de Vannes.
Leurs appréhensions n'étaient point vaines : quand l'évêque vint le soir
faire la levée du corps, il y eut des batailles, plusieurs religieux furent
blessés ; mais, le cordon d'hommes armés établi autour du cercueil eut
le dessus. Enlevé de force, le corps fut porté par le vicaire Jean Collet,
celui-là même qui avait administré les derniers sacrements, par Yves
Le Gluidic, et d'autres prêtres.

« Le soir de ce même jour, dit l'historien de Bretagne, le corps fut
» transféré processionnellement à la cathédrale. Le peuple assistait à
» cette translation, y compris ceux qui avaient mission de le suivre
» depuis la maison Dreulin (1) et de ne pas le laisser enlever par les
» Frères Mineurs, dont le couvent se trouvait sur la paroisse.

» On le plaça dans le chœur. Beaucoup de gens venaient, par dévo-
» tion, toucher comme reliques ces restes vénérés et les vêtements qui les
» couvraient. »

Le concours fut si grand qu'il fallut le conserver trois jours pour
satisfaire la dévotion des fidèles, et l'entourer de soldats armés. Pendant
ce temps, le corps garda sa souplesse et la plus entière fraîcheur. Le visage
avait cette couleur sereine du plein repos. Le parfum dont nous avons
parlé remplissait l'église et se répandait loin au dehors.

« Tous, évêques en tête, ne craignirent pas de préjuger la décision de
» l'Église, tous vinrent inaugurer le culte public rendu à ces saintes
» dépouilles ; la duchesse conduisant le prince François, une de ses
» dames portant le prince Pierre (le duc était détenu au château de
» Chantocé par la duchesse de Penthièvre), la noblesse, la justice, la
» ville, les environs ; au loin, on eût dit que toute la Bretagne était à
» Vannes, hommage aussi universel que spontané (2). »

---

(1) Il ne reste rien de la maison Dreulin ; elle fut détruite, selon toute apparence, pendant la Ligue, après laquelle tout ce quartier fut transformé.
Dans RAZZANO, maladie finale, dispute pour son corps, mort et papillons, IV, 7, 8.

(2) ALBERT LEGRAND. *Histoire de Bretagne.*

D'après les dépositions canoniques, Jean Lavazi, charpentier, fit le cercueil et y déposa le corps, revêtu du costume de prédicateur, en présence de la duchesse Jeanne de France, de Madame de Malestroit, et de plusieurs autres dames. On le porta processionnellement à l'église ; l'évêque et son frère Robert, évêque de Saint-Malo, présidaient ; il fut placé dans le chœur d'abord, la face découverte, et on lui faisait toucher des objets ; puis dans la sacristie, en attendant l'ordre du duc, alors à Nantes.

L'ordre venu, Guillaume Robert, maçon, fit la fosse. Le prêtre Yves Dano célébra la messe des obsèques.

Il fut inhumé entre le chœur et le maître-autel, du côté Nord, devant le siège épiscopal, le vendredi 7 avril, à 4 heures du soir.

Jean Lavazi ajoute que, par précaution, l'on mit sur le tombeau de grosses barres de fer et de grosses pierres (1).

Flaminius fait de Vannes attristée un tableau assez vraisemblable.

« Non seulement ceux qui furent présents à sa mort, mais encore la
» ville entière fut plongée dans la douleur. On ne pleure pas plus amè-
» rement le meilleur des pères ou le fils le plus aimé. Partout on ne
» s'entretenait que du malheur commun : partout des gémissements,
» partout des lamentations, auxquels se mêlaient les louanges du Saint.
» L'un vantait son austérité, sa vie exemplaire, l'autre exaltait son éru-
» dition admirable, véritable répertoire de littérature, un troisième la
» force irrésistible de son éloquence et le don de prophétie qu'il avait à
» un si haut degré. D'autres, enfin, rappelaient ses innombrables
» miracles. Et à mesure qu'on le louait, l'enthousiasme grandissait et
» les louanges redoublaient. Et personne n'était taxé d'exagération en
» louant ainsi cet homme, modèle achevé de toutes les vertus. »

Les funérailles eurent lieu avec toute la solennité qu'il est facile d'imaginer. Toute âme vivante qui put y assister y assista. L'évêque de Vannes, ayant à ses côtés l'évêque de Saint-Malo, déposa lui-même avec respect la dépouille sacrée dans le tombeau creusé en face du siège épiscopal.

La vertu thaumaturgique, pour ainsi dire exubérante dans Vincent Ferrier, et qui s'était manifestée dès le sein de sa mère, demeura inhérente à ses dépouilles et à tout ce qui lui avait appartenu. Deux morts, placés à côté de sa tombe ouverte, revinrent à la vie, et attestèrent sur la terre sa gloire dans le ciel. Mais ceci appartient à la gloire posthume.

---

(1) « ..... Pro bonâ custodia corporis hujusmodi, quià illi de Ecclesia venetensi reputabant dictum Mag. Vincentium sanctum, et ob hoc volebant ejus corpus servare pro reliquiis. »

# CHAPITRE VIII

## RÉCIT BRETON

PARFUM ARMORICAIN — LA VILLE DU BLÉ BLANC — ADIEUX ET RETOUR — LE MOINE APOTRE — LE CHATEAU DE L'HERMINE — EXCURSIONS — LE GÉNIE CELTIQUE — LE MANOIR DE TRUHELLIN — RAFAEL DE CARDONA MONTRE LE CIEL

Les choses de Bretagne ne sont bien dites que par les Bretons.

Après la sécheresse des documents officiels, le lecteur me saura gré de reproduire un gracieux récit tout imprégné de parfum armoricain :

« Aux premières lueurs d'un beau matin de printemps, au moment où
» la marée venait battre ses quais antiques, une scène étrange se passait
» en avant de l'étroite porte ogivale, par laquelle on pénétrait, du côté
» de la mer, dans la vieille cité de Vannes, que l'on nommait au pays
» d'Armor, *Guenned*, « la ville du blé blanc. »

» Une foule se pressait, composée de paysans à la chevelure courte sur
» les tempes, et tombant entre les deux épaules, comme la crinière d'un
» casque; de marins, au teint luisant comme la peau de l'anguille de mer et
» basanée par le soleil et les lames; de femmes des îles, dont les sombres
» justaucorps dessinaient la taille souple et dégagée. Tout ce monde
» entourait un religieux monté sur une mule grise, et criait : « Souez !
» Souez ! n'entru Doué ag eur entru Vicent ! » « Miracle ! Miracle ! Gloire
» à Dieu et à maître Vincent ! »

» Le religieux portait, sous un manteau noir, la robe et le scapulaire
» blancs de saint Dominique; son visage, austère et fortement bistré,
» accusait une origine méridionale, et le caractère dominant de ses traits,
» cependant pleins de charmes, était une inflexible fermeté.

» Pourquoi tout ce tumulte ? Pourquoi les barques aux voiles rouges
» se balançaient-elles à la houle, abandonnées de leurs équipages, et
» qu'était-il donc arrivé ? Une chose singulière en effet, et tellement
» surprenante, qu'après quatre cents ans, elle n'est pas oubliée.

» La veille, ce Dominicain avait fait ses adieux au peuple; en pleine
» chaire de la cathédrale de Saint-Pierre de Vannes; puis, devançant son
» départ annoncé, et, dès la chute du jour, il était monté sur sa mule,
» et, suivi de ses compagnons, il avait voyagé toute la nuit; et le matin,

» au lever de l'aurore, il se retrouvait tout étonné sous la porte de la
» ville, à un trait d'arbalète du point d'où il était parti.

» C'était un miracle de Dieu, qui voulait dire à son serviteur qu'il ne
» reverrait plus son doux pays de Valence, délices des Espagnes, et qu'il
» ne devait pas davantage essayer de quitter ces pauvres Bretons, qu'il
» avait trouvés impies par ignorance, et dont il avait fait les fervents
» chrétiens que vous savez.

» Ce moine, c'était saint Vincent Ferrier, depuis bientôt cinq siècles
» le patron vénéré de ma vieille patrie.

» C'était aussi l'une des plus puissantes figures de cette rude époque où
» une seule guerre durait cent ans. Semblable au lévrier rapide à la
» gueule crispée sur une torche ardente, dont la vision prédit à la pieuse
» mère de saint Dominique les glorieuses destinées de son fils, notre
» saint, appelé tantôt par les peuples et tantôt par leurs maîtres, redescen-
» dait sans cesse du Nord au Midi, pour remonter du Midi vers le
» Nord.

» La résidence habituelle du duc de Bretagne était alors le château
» de l'Hermine qu'avait bâti Jean de Montfort, son père : « Petit basti-
» ment pour ung prince », dit un vieux chroniqueur, « mais avec force
» petites tours sur la douve, issant les unes de autres, et deux grosses
» pour le dehors. »

» C'était sur la place des *Lices*, aujourd'hui bien amoindrie, que, d'or-
» dinaire, le radieux Dominicain parlait au peuple, après avoir célébré
» la messe sur un autel en charpente, fort élevé, et recouvert d'un dais
» formé d'étoffes, que la duchesse avait elle-même brodées en compagnie
» des dames les plus nobles de la ville. Cet autel était dressé précisément
» en face du château de l'Hermine « duquel alors, les fenestres, crenaux,
» tours, guérittes, et jusques aux toitures, estoient remplis de gens
» d'armes, populaire et manans de glèbe, aussi bien que les places et
» rues tout à l'entour. »

» Mais de temps en temps, l'infatigable missionnaire disparaissait de la
» vieille cité, et, tout en instruisant les paysans les plus misérables, gour-
» mandant les châtelains et les grands vassaux du duché, il parcourait les
» îles de la mer petite (Mor-bihan), et les rivages de tous ces *fiords* pro-
» fonds qui déchirent de-çà, de-là, les côtes bretonnes, et les rendent sem-
» blables aux bizarres contours de la boréale Islande. Le souvenir en est
» resté vivant parmi les paysans de nos campagnes. Les sites grandioses
» de l'Armorique, les voix de la mer, battant ses hautes falaises, les pierres
» fameuses, témoins trop silencieux de la nuit celtique, tout cet ensemble

» imposant s'harmonisait avec le génie austère et un peu sombre de
» Vincent Ferrier.

» Ces lieux sont à la fois et charmants et sinistres. Quand, remontant
» vers le Nord, on arrive, par mer, en face de la côte méridionale du pays
» des Vénètes, on aperçoit tout d'abord, et de bien loin, se détachant
» des terres encore incertaines, deux monticules qui dominent la longue
» courbe de ces rivages. C'est ainsi que s'annonce la patrie renommée
» des grandes tombes rocheuses, car ces collines ne sont que les antiques
» sépultures de deux chefs des anciens clans celtiques. Ces peuples du
» matin croyaient, sans doute, les sommets nécessaires aux âmes comme
» aux aigles, pour s'élancer vers l'infini, et, pénétrés déjà de la foi aux
» avenirs immortels, ils n'écrivirent leur histoire qu'avec leurs tombeaux.

» N'était-ce pas là, pour le moine inspiré, un milieu singulièrement
» favorable à ses méditations fécondes qui préparaient ces harangues salu-
» taires et magnifiques sur le jugement dernier, qu'en réponse à des
» étonnements timides, le Pape Benoît XIII déclara « superbement édi-
» fiantes » et illuminées des splendeurs les plus pures de la catholique
» doctrine ?

» En face de la presqu'île de Rhuis, où l'on voit, là-bas, par-dessus des
» îles semées de villages, se dessiner en silhouette noire la massive tour
» du monastère de Saint-Gildas, asile inclément d'Abélard ; sur une
» pente boisée, s'abaissant doucement vers la mer, s'élève, modestement
» caché sous les grands chênes, un vieux manoir où j'ai passé mon heu-
» reuse enfance. Là, j'ai souvent baisé, dans son coffret de bois vermoulu,
» *l'oreiller de saint Vincent Ferrier.*

» Car nous conservons au pays breton la trace de nos Saints bien-
» aimés ; nous isolant, dans notre foi profonde, de tout ce qui menace et
» de tout ce qui croule, nous cherchons, dans leurs légendes, de fécondes
» leçons, et nous croyons que le vrai du passé reste le vrai de l'avenir.

» Dès le lendemain de la miraculeuse aventure qui a été le point de
» départ de mon récit, une fièvre maligne s'empara de Vincent Ferrier,
» et les moines, ses compagnons, se souvinrent avec tristesse que
» lorsqu'il s'était trouvé arrêté par la main de Dieu, sous la poterne de la
» ville, il s'était écrié : *Hæc est requies mea in sæculum sæculi.*

» Jeanne, duchesse de Bretagne (c'était une fille de France), ne pou-
» vait se résigner à quitter, pour regagner ses courtines de soie, le
» chevet de l'humble moribond étendu sur une natte de paille.

» Le peuple désolé encombrait, dans un religieux silence, les rues
» raides et étroites qui avoisinaient sa demeure, et, de temps en temps,

» Rafaël de Cardona, le plus jeune des Dominicains qui l'assistaient,
» s'approchait d'une fenêtre et faisait connaître à ces braves gens l'état
» du malade bien-aimé.

» Le mercredi 5 avril 1419, vers le soir, ce moine apparut à l'ou-
» verture vers laquelle tous les regards étaient dirigés, et il montra le
» ciel à la foule, pour indiquer que l'âme bienheureuse avait quitté la
» Bretagne et la terre.

» Alors, tout ce peuple tomba à genoux, et, devançant le jugement de
» l'Église, s'écria : « *Vicent, entru Vicent, patronn er Guenneten pedeit*
» *aveit omb!* Vincent, maître Vincent, protecteur des Vannetais, priez
» pour nous ! »

» Au moment où il rendit le dernier soupir, un vol de papillons
» blancs pénétra dans la chambre, voltigeant autour de son front, puis
» au-dessus de ses lèvres, et, prenant son essor, disparut vers les hau-
» teurs azurées de l'air.

» Comme le soleil, dit l'antienne de son office, il se coucha à l'Occi-
» dent de la terre; puis, escorté d'un essaim d'anges, il monta aux
» lumineuses demeures du ciel (1). »

---

(1) J'ai pu tout à loisir compulser les Documents conservés aux archives de Vannes. Il existe, dit-on, certaines pièces gardées secrètement et avec un soin jaloux, dans quelques recoins du Finistère : qu'on les publie, l'intérêt local et la foi bretonne ne peuvent qu'y gagner. Mais, si touchant que soit l'attrait d'une tombe, si grande que soit la séduction exercée par ce pays aimé entre tous, la Bretagne n'est, en définitive, que le dernier épisode de la vie de saint Vincent Ferrier : nous avons les éléments suffisants pour donner à cet épisode tout son relief.

# CHAPITRE IX

## PROCÈS DE CANONISATION

### § 1. — *Le procès.*

TOCSIN D'ALLÉGRESSE — LE LIVRE D'HENRI LE MÉDEC — POURQUOI PAS CANONISÉ PLUS TOT ? — LA PESTE VEILLE — FRANÇOISE D'AMBOISE — LE SAINT CORPS — LES COMMISSAIRES APOSTOLIQUES — LE CHAPITRE GÉNÉRAL DES DOMINICAINS — DIEU LE VEULT ! — IMPOT DE CIRCONSTANCE — LA VOIX DU PEUPLE — TROP DE MIRACLES — LES ENQUÊTES

A peine le sépulcre de Vincent Ferrier était-il fermé que le procès de canonisation fut ouvert ; le peuple fit son office de grande voix de Dieu. Les foules se pressaient au saint tombeau, on organisait des processions, des démonstrations et des fêtes ; lorsqu'un miracle extraordinaire avait lieu, on sonnait toutes les cloches, tocsin d'allégresse ; et ce n'était point une sinécure d'être sacristain en ce temps-là, insinue un chroniqueur.

Le dimanche, on rappelait les prodiges de la semaine, si bien que peu de temps s'était écoulé, lorsque maître Salomon Périou emporta à Rome, de la part du duc de Bretagne, un gros volume de relations de miracles, composé par Henri le Médec, d'après le livre de paroisse.

Les *ex-voto* et les offrandes se firent si nombreux et si riches que, dès le 31 octobre 1449, l'évêque Amaury de la Motte publia un règlement pour les répartir selon les besoins les plus urgents.

Pourquoi Vincent Ferrier ne fut-il canonisé que près de quarante ans après sa mort ? Certes ! les miracles ne manquaient pas, ni les bonnes volontés. Tout le monde s'y employa : les princes, les évêques, les Universités, Vannes, la Bretagne entière. Les suppliques pleuvaient à Rome. Le Chapitre de Vannes engagea ses biens pour subvenir aux frais nécessaires.

Il semble que Martin V devait avoir hâte d'accomplir un devoir de reconnaissance envers un Saint qui avait rendu la paix à l'Église. Eugène IV, de son côté, était très affectionné aux Frères Prêcheurs ; il voulut que le Concile de Florence se tînt dans leur église de Santa-Maria-Novella ; il prit parmi eux plusieurs évêques et un cardinal, et eut le loisir de canoniser saint Nicolas de Tolentino. Enfin, Nicolas V canonisa saint Bernardin de Sienne, selon la prédiction de Vincent Ferrier.

Si l'on veut tenir compte des raisons humaines, Alphonse V, roi d'Aragon, avait été trop mêlé à l'histoire de Vincent Ferrier pour que la canonisation pût se faire sans lui, mais alors il soutenait le dernier antipape Gil Muñoz, successeur de Pierre de Lune, sur le rocher de Péniscola.

On pourrait invoquer encore les troubles persistants de l'Église à cette époque, le Concile de Bâle, et la lutte fratricide du duc François et de Gilles de Bretagne.....

La véritable raison est qu'Alphonse Borgia n'était pas encore Pape. Or, Vincent Ferrier avait annoncé qu'il serait canonisé par lui.

Peut-être fallait-il aussi, en présence d'un tel entassement de prodiges, laisser refroidir l'enthousiasme. Ce qu'il en restait dans la mémoire des hommes après trente-cinq ans pouvait bien passer pour l'expression de la vérité. L'oubli même, hélas! commença tôt à étendre son linceul glacé sur toutes ces merveilles; mais la peste vint qui raviva les souvenirs.

« Au bout de six ou sept ans, le concours des peuples au tombeau de
» maître Vincent diminua un peu ; mais, depuis les trois dernières années,
» l'éclat des miracles a réveillé la foi, et notamment cette année, on a
» fait de nombreuses processions en l'honneur dudit maître Vincent *contre*
» *la peste.*

» Et j'ai ouï dire que la peste avait cessé dans les paroisses où l'on
» avait organisé des processions au tombeau de maître Vincent (1). »

« Beaucoup de gens de bien affirment que la peste ne cessera que si
» l'on procède à la canonisation de maître Vincent (2). »

« Et des murmures s'élèvent de toutes parts de ce que maître Vincent
» n'est pas encore canonisé (3). »

Cette peste, venue d'Asie, éclata en Europe en 1450 : jubilé de la Mort.

Au rapport de Fernel, médecin de Henri II, les deux tiers des populations succombèrent : *Vix ut tertia pars viventium superstes evaserit.*

Mézeray porte à cinquante mille le nombre des morts à Paris, en six semaines : elle sévit cruellement en Bretagne. Or, à cette époque, eurent lieu, au tombeau de Vincent Ferrier, les miracles les plus éclatants.

---

(1) *Déposition d'Ollivier Le Bourdier.*

(2) *Déposition de Hervé Maydo.*

(3) *Déposition d'Alain de Cressoles.*

Le Dominicain Yves de Pontsal venait d'être élu évêque de Vannes; il connaissait l'état des choses, ayant été trésorier de la cathédrale; la mission de faire canoniser Vincent Ferrier semblait lui être réservée; aussi s'en occupa-t-il sans tarder. Il ranima les pèlerinages et favorisa son culte de toute manière. Par ses ordres, le prêtre Yves Noël continua l'œuvre de Henri le Médec, c'est-à-dire qu'il libella les miracles accomplis au saint tombeau.

En 1450, Pierre, second fils de Jean V, succéda sur le trône de Bretagne à son frère François.

Sur ce trône était assise Françoise d'Amboise, l'élève de Jeanne de France et par conséquent de Vincent Ferrier. La pieuse Jeanne avait demandé comme faveur insigne d'être ensevelie à côté du maître de son âme, et, sur son lit de mort, elle avait fait promettre à sa fille adoptive de s'occuper sans retard de la canonisation de leur saint ami et protecteur dans le ciel. Libre et maîtresse, celle-ci tint parole; elle trouva du reste dans le nouveau duc, son mari, le concours le plus bienveillant (1).

Pierre II se mit immédiatement en rapport avec le Souverain Pontife Nicolas V.

Les cours d'Espagne envoyèrent leurs instances (2); le Général des Dominicains, Guy Flammuchet, agit de son côté; Nicolas V approuva. Mais comme les Dominicains prétendaient toujours à la possession du corps de Vincent Ferrier, ce Pontife crut le moment venu d'en finir avec toutes les revendications. En date du 5 octobre 1451, une Bulle, adressée au duc Pierre, déclarait la cathédrale de Vannes dépositaire *à perpétuité* du corps de Vincent Ferrier (3). Puis il accorda une indul-

---

(1) « Se souvenant des dernières paroles que sa défunte tante, la duchesse Jeanne de
» France luy avait dites, luy recommandant sur toutes choses qu'elle procurast la canoni-
» zation de saint Vincent Ferrier, elle en fit grande instance au duc Jean son beau-père,
» et au duc François son beau-frère; mais son mary étant parvenu au duché, elle
» embrassa cette affaire de telle résolution, que la mesme année 1453, à la Pentecoste,
» le Chapitre général du dit Ordre fut célébré en la ville de Nantes : lequel elle défraya
» libéralement, suplia le général Fr. Martial Auribelly de joindre ses prières et celles
» de tout son Ordre aux siennes et de toute la Bretagne, à ce que l'on procédast à cette
» canonization; ce qui fut fait, et la dite canonization célébrée à Rome l'an 1455; et fut
» dépêché légat *à latere* en Bretagne, le cardinal d'Avignon Alain Coativy. » (ALBERT
LEGRAND, *Vie de la Bienheureuse Françoise d'Amboise*, p. 549.)

(2) Voir, aux documents, la lettre d'Alphonse V au Pape. On y assiste à la formation de l'espagnol comme nous avons assisté à celle du français. — Document 20.

(3) « ...... Nos, ne ipsa ecclesia super dicto corpore vel illius occasione per aliquos
» fratres dicti ordinis vel quosvis alios impeti sive molestari valeat providere volentes.
» dilecti filii nobilis viri Petri Ducis Britanniæ super hoc precibus inclinati, volumus, et
» ex certâ scientiâ decernimus, declaramus et ordinamus quod corpus ipsum, etiamsi et

gence plénière à tous ceux qui, visitant le sépulcre du Saint le jour de la fête des saints apôtres Pierre et Paul, feraient une aumône pour la reconstruction de la cathédrale. Cette faveur, rare alors, attira une foule de pèlerins.

Enfin, en date du 15 novembre 1451, le même Nicolas V publia une autre Bulle par laquelle il instituait trois commissaires apostoliques pour organiser l'enquête préparatoire à la canonisation de Vincent Ferrier. Ce fut Georges, cardinal évêque de Préneste, Alphonse Borgia, cardinal prêtre du titre des quatre Couronnés, celui-là sans lequel cette grande affaire ne pouvait aboutir, et Jean, cardinal de Saint-Ange.

Sur ces entrefaites, s'ouvrit à Nantes le Chapitre général des Dominicains, qui acceptèrent les faits accomplis, sauf à renouveler leurs instances en temps opportun, et parurent ne s'occuper que de la glorification de leur Frère. Le choix du lieu indiquait assez clairement ces dispositions. Seize cent quarante-cinq religieux furent présents. Le duc Pierre pourvut à toutes les dépenses.

Pour subvenir, en outre, aux frais de l'enquête, en janvier 1454, il établit l'impôt suivant, qui fut couvert d'enthousiasme, en dépit de quelques récalcitrants.

« 2 janvier 1453 (1454 *more gallicano*). — Pierre, par la grâce de Dieu,
» duc de Bretagne, comte de Montfort et de Richemond, à nos prési-
» dens, sénéchaulx, allouez, baillifs et prévots, procureurs, leurs lieu-
» tenants, sergeans généraulx et particuliers et à tous aultres justiciers
» et officiers de notre duché sur ce requis, salut.
» Comme deparavant ces heures pour le faict de la canonizacion du
» très dévot religieux home, mestre Vincent, de l'Ordre des Frères Pres-
» cheurs, duquel repose le corps et est ensepulturé en l'église cathédrale
» de Saint-Pierre de Vennes, qui, pour la continuation des grâces ines-
» timables, miracles vertueux et aparens que, à sa prière et supplicacion,
» Dieu, nostre créatour, fait par chascun jour, es digne d'estre canonizé,
» nous, pour aider à supporter les charges qui convenables et nécessaires
» sont à fere en la matière, voulons et ordonnons par chascune escuelle de
» chascune paroesse généralement partout nostre païs soit levé cinq deniers

---

» postquam ad canonisationem hujusmodi processum fuerit, *in eadem ecclesiâ perpetuo*
» *maneat*, non obstantibus, etc., *quodque forsitan ipse Vincentius non in dictâ Ecclesiâ*
» *sed alibi sepeliri ordinaverit.* » Extrait de la Bulle de Nicolas V. — Septimo idus octobris, 1451.

Pie II renouvela des mêmes ordonnances en date du 29 février 1459. Dans l'intervalle, le duc Pierre donna force de loi à la première par un édit daté du 30 novembre MCCCCLIV.

» une foiz et pour ung an seulement poier, a en estre la levée et recepte
» fete par les commis et depputez des evesques et cappitre du dict lieu
» de Vennes, ainsi que bien à plain par nos lettres patentes sur ce faict
» peut apparoir. Et de présent nous soit venu à connaissance que plu-
» sieurs de nos subgetz sont reffusans et déloians de poier les dits cinq
» deniers, parquoi si pourveu ni estoit, seroit et pourroit estre retardée
» ladicte canonizacion et l'œuvre d'icelle qui desja est encommencée
» bien avant, que seroit à nostre grant desplaisir, savoir faisons, nous,
» désirant sur toutes choses ladicte canonizacion et l'œuvre d'icelle estre
» parachevée et accomplye à l'honeur et louange de nostre Créateur et
» à l'intencion de nostre Saint-Père le Pape et de nous et pour le bien de
» tout le peuple chrestien, ce que bonnement ne se peut fere fors par le
» moien desdicts deniers. Avons voulu et ordonné, voulons et ordon-
» nons par ces présentes que la levée soit fete aux désirs et sellon la
» teneur de nos dites lettres, lesquelles voulons que aient effect et enté-
» rinence. Et vous mandons et à chascun de vous en son bailliage et
» jurisdiction, si come à lui appartient, à la contribution desdits cinq
» deniers, ainsi et en la manière ordonnée contraindre nosdicts subgetz
» tant par exécution et explectacion de biens, que par toutes aultres
» voies dèues, licites et raisonnables.....

» En manière que les dits commis et depputez pour en faire la levée
» puissent colliger promptement les dits deniers pour estre employez à
» ce que dessus, et que aucun tardement ne s'y trouve..... car tel est
» notre plaisir.

» Voulons que à la copie de ceste, foy soit ajoustée comme à l'ori-
» ginal ; de ce faire et tenir fidèlement les choses à ce appartenantes et
» nécessaires nous avons donné, donnons plain pouvoir, auctorité et
» mandement espécial.

» Mandons et commandons à tous nos féaulx et subjects en ce fai-
» sant vous obéir et diligemment entendre.

» Donné au chasteau de Bréant, le second jour de janvier l'an
» mil CCCC cinquante troys (54).

» Signé : Pierre.

» Par le duc en son conseil, P. Raoulet.

» Donné et fait par *Vidimus* à Vennes, en la chambre le XIXᵉ jour
» de febvrier l'an mil CCCC cinquante troys.

» Collation faite sur l'original, signé par moy Labarre, not., et par
» moy G. M. Gazin, notaire. »

Le Maître général des Dominicains étant venu à mourir, on procéda à une nouvelle élection. La duchesse et toute sa cour se mirent en prières dans la chapelle du couvent de Nantes.

Le choix tomba sur Martial Aurebelli, Avignonnais, théologien célèbre, et converti de Vincent Ferrier (1).

Nicolas V disait dans sa bulle :

« Attendu que, depuis longtemps déjà, l'excellence de la vie de Vincent
» Ferrier, originaire de Valence, de l'Ordre des Frères Prêcheurs, ses
» mœurs irréprochables, les fruits merveilleux de sa prédication pleine
» de charité, la fréquence et l'éclat de ses miracles, accrus encore dans
» ces derniers temps, sont de notoriété publique dans presque tout l'Oc-
» cident, désirant répondre aux supplications nombreuses qui Nous ont
» été adressées, Nous vous chargeons, vous dont la prudence et la
» fidélité Nous sont connues, d'ouvrir, par vous-même ou par d'autres
» ecclésiastiques constitués en dignité, sur la sagesse et la science des-
» quels vous serez suffisamment édifié, une enquête diligente sur tous
» les faits en question et leurs circonstances ; et de Nous en faire, en
» consistoire secret, un véridique rapport. Mais, comme parmi toutes
» les causes soumises au jugement du Saint-Siège, celle-ci est la plus
» importante, il faut y apporter une spéciale attention ; c'est pourquoi
» Nous voulons que les personnes que vous députerez à cette enquête,
» bien que graves et de bonne renommée, prêtent serment entre vos
» mains ou entre les mains de quelqu'un que vous désignerez, afin que,
» n'ayant dans cette affaire que Dieu et la vérité en vue, elles s'en
» acquittent avec tout le zèle que réclament « les saints Canons. »

Là-dessus, les trois commissaires apostoliques choisirent des sub-délégués pour traiter sur place avec plus ample connaissance.

Ce furent : pour la Bretagne, Raoul de la Moussaye, évêque de Dol, Jean l'Epervier, évêque de Saint-Malo, les abbés de Saint-Jacut et de Buzay, les officiaux de Nantes et de Vannes, assistés de notaires apostoliques ; pour le royaume de France, l'archevêque et le doyen de la métropole de Toulouse et l'évêque de Mirepoix ; pour Naples, Arnold, patriarche d'Alexandrie, archevêque de Naples et l'évêque de Majorque ; pour le Dauphiné, les évêques de Vaison et d'Uzès, l'official et le doyen de Saint-Pierre d'Avignon.

---

(1) Auribæus (Martial), né à Avignon, au commencement du xv<sup>e</sup> siècle, touché des sermons de Vincent Ferrier, qui était alors à la cour de Benoît XIII, prit l'habit des Dominicains, en 1424. Il devint Général de l'Ordre, contribua puissamment à la canonisation de Vincent Ferrier et tint le fameux Chapitre de Montpellier, en 1456. (BARJAVEL, *Monographie du département de Vaucluse.*)

La lettre des commissaires apostoliques aux délégués de Naples est datée de Rome, le lundi, 13 mai 1454 ; aux délégués de Toulouse, le lundi, 18 janvier 1454.

Dès que les lettres concernant la Bretagne arrivèrent, le Chapitre de Vannes, à la date du 26 octobre 1453, remit à Guillaume Coetmeur plein pouvoir pour la canonisation, avec instances d'y employer tous ses soins et de n'épargner aucune démarche *ubicumque fuerit oportunum*.

A Nantes, le nouveau Général des Dominicains avait eu avec l'évêque et le duc de Bretagne des entretiens sur ce grand objet ; puis, quand, par ses religieux, il eut entre les mains tous les aboutissants de l'affaire, il fit, dans l'église du couvent, une sorte de réunion préparatoire à laquelle assistèrent le Duc, la cour et toute la noblesse environnante. Plein de son sujet, il parla si éloquemment qu'on cria : « Dieu le veult ! » et on suspendit tout autre affaire pour s'occuper uniquement de cette croisade pacifique.

La charge était lourde, et l'enquête pouvait être longue : l'évêque de Dol hésita, l'évêque de Saint-Malo dit qu'il ne pourrait s'en occuper longtemps ; de fait, il rentra dans son diocèse après avoir entendu seulement cinq témoins. Néanmoins, on convint de se trouver le jeudi, 15 novembre 1453, dans la petite ville de Malestroit. Ainsi fut fait.

Le lendemain, l'évêque de Vannes, Yves de Pontsal, exposa l'état des choses et supplia, à deux reprises différentes, les délégués d'ouvrir sans retard l'enquête officielle.

Le spectacle de la foi ardente du peuple, accouru en grande foule, fit le reste. Les délégués déclarèrent qu'ils avaient d'abord hésité à se rendre à Vannes, à cause de la peste, mais qu'ils s'y étaient enfin résolus, la peste cessant, d'ailleurs, depuis qu'on s'occupait sérieusement de Vincent Ferrier.

C'est pourquoi, le 20 novembre, à dix heures, ils firent leur entrée solennelle avec une suite nombreuse. L'évêque vint les recevoir processionnellement. Toutes les cloches s'ébranlèrent, les orgues retentirent. On chanta l'hymne à l'Esprit-Saint. Le Prieur des Carmes du Bondon énuméra éloquemment les *ex-voto* qui ornaient le sépulcre.

Pour la troisième fois, l'évêque supplia de parfaire l'œuvre commencée. « L'évêque nous a conjurés, par les entrailles de la miséricorde de
» Dieu, dirent les délégués dans leur rapport, et au nom de son peuple,
» qui ne cesse de lui envoyer des suppliques, de procéder à la visite
» du tombeau de maître Vincent, à l'examen de sa vie et de ses

» miracles. Il a voulu que nous prissions connaissance des images de
» cire, des croix, cercueils, suaires de morts ressuscités, chaînes de
» captifs délivrés et autres *ex-voto*, et que nous en rendissions témoi-
» gnage comme preuve des susdits miracles.

» Nous certifions, en conséquence, qu'il est bien constant dans toute
» la Bretagne et lieux circonvoisins, que Vincent Ferrier a été toute sa
» vie bon catholique et qu'il a tout fait pour la gloire de Dieu ; que, par
» ses mérites, de nombreux miracles se sont opérés et s'opèrent tous les
» jours et incessamment ; que, pour ce motif, depuis le jour de sa mort
» jusqu'à l'heure présente, un concours de peuple n'a cessé de se faire à
» son tombeau. Nous avons vu et entendu grand nombre d'aveugles, de
» démoniaques, de naufragés, de gens atteints de diverses maladies et
» notamment de la peste qui sévit dans ces contrées, affirmant qu'ils
» ont été guéris et délivrés du péril de mort par les mérites de maître
» Vincent ; enfin, les *ex-voto* sont en quantité telle qu'il faudrait plu-
» sieurs jours pour les compter. — Que, cela étant, ils procèdent aux
» préliminaires de la canonisation. »

Il se fit alors un beau mouvement. Les délégués descendirent de leurs sièges et s'avancèrent dans le sanctuaire, vers le côté droit de l'autel. L'évêque leur montra un modeste tombeau fait d'une dalle de pierre jaune, supportée par quatre colonnettes. Là reposait celui qui avait été l'arbitre des grandes causes, et dont les ossements étaient, depuis un demi-siècle, les agents de plus en plus actifs de la joie, de la santé, de la vie.

Un grand silence planait sur l'immense foule. Les délégués, au nom de la terre et du ciel, demandèrent si vraiment c'était là le tombeau de Vincent Ferrier. Et, sous les voûtes qui s'ébranlèrent, le peuple cria tout d'une voix : « Oui, c'est bien là ! »

La Commission siégea avec des intermittences jusqu'en avril **1454**. Elle entendit en tout 313 témoins.

Dans l'intervalle des sessions, 74 témoins furent entendus en divers lieux par des commissaires isolés. L'évêque de Dol recueillit à Plumaugat 3 témoignages, le 15 décembre 1453, et 19 à Dinan, du 11 au 15 mars 1454 (nouveau style). L'official de Vannes en recueillit, pendant les mois de janvier et de février, 31 à Vannes, 6 à Redon, 2 à Nantes, 5 à Fégréac, 4 à Questembert, 4 à Guérande.

Les délégués arrêtèrent alors les dépositions : « Nous avons, dirent-
» ils, reçu et interrogé tant de témoins, ils nous ont énuméré tant et de si
» grands miracles opérés par l'homme de Dieu, comme en font foi leurs

» dépositions ci-jointes, que nous jugeons superflu d'en interroger davan-
» tage ; et, bien que chaque jour encore, des prodiges sans nombre
» s'accomplissent au saint tombeau, nous closons là notre enquête et
» en envoyons la teneur à Vos Paternités Révérendissimes. »

(En date du dimanche 7 avril 1453-1454) (1).

« Si l'on avait fait par toute la Bretagne, dit l'historien Guyard, les
» recherches qu'on a faites à Vannes, vous en verriez bien d'autres,
» chers lecteurs. Mais on n'avait ni le loisir, ni les moyens nécessaires
» pour faire tous ces voyages. »

C'eut été d'ailleurs inutile : lorsque le légat vint, il trouva les miracles
tellement multipliés, un dossier si énorme que lui aussi n'hésita pas à
déclarer en avoir beaucoup plus qu'il n'en fallait et à clore son enquête.

Le procès de Toulouse fut instruit en avril 1454. Les préliminaires
solennels indiquent un acte des plus graves et sont la preuve du sérieux
avec lequel l'Église traite la canonisation des Saints.

Les témoins prêtèrent serment les deux mains sur les Évangiles.
L'archevêque prêta un serment spécial entre les mains de son collègue
de Mirepoix.

Là aussi, pour faciliter les dépositions, la Commission d'enquête se
transporta en divers lieux, entre autres à Prouille, centre Dominicain
par excellence.

Les dépositions de Toulouse, fort longues pour la plupart, sont frap-
pantes par leur uniformité. Comme à Vannes, ce sont les mêmes faits,
les mêmes détails, presque les mêmes termes, parce que, après trente-cinq
ans, ce sont les mêmes ineffaçables impressions.

A Naples, on procéda un peu différemment. Au lieu de laisser chaque
témoin à ses souvenirs, on rédigea vingt-sept articles sur lesquels les
interrogés purent réfléchir au préalable.

Les dépositions furent recueillies en août, septembre, octobre et
novembre de l'année 1454. Elles vinrent un peu de partout.

---

(1) Le procès de Vannes et les affirmations y contenues sont attestés par les enquêteurs ;
savoir : 1° Joannes Anglici Clericus Tarcorensis diocesis, magister in artibus et in jure
canonico baccalaureus, auctoritateque imperiali et hujusmodi inquestæ notarius publicus.
2° Rodolphus de Rochâ Calidâ presbyter rectorque parochialis ecclesiæ S⁺¹ Eligii de Landebia
Dolensis diocesis, publicus auctoritate imperiali notarius, et in hujusmodi inquestæ scriba
juratus. 3° Guillermus de la Houlle presbyter rector Ecclesiæ parochialis de Bréant-Loudéac,
diocesis Briocensis, publicus auctoritate imperiali notarius, et hujusmodi inquestæ una
cum notariis supraseriptis coram memoratis dominis commissariis scriba juratus.
*Les dépositions reçues à Dinan et lieux circonvoisins ne sont plus signées* de la Houlle,
mais bien *de* Roche Chaude.

Tous les interrogés, au nombre de vingt-huit, approuvent les articles généraux dans leur teneur, la plupart comme témoins oculaires. Sur les articles spéciaux, par exemple sur la guérison de Matthieu Studet et *de Virginitate*, quelques-uns disent *nihil scire*. Mais pas un ne se pose en contradicteur. L'avocat du diable n'a pas dû avoir beau jeu dans ce procès.

Il faut lire aux documents ce questionnaire, véritable monographie abrégée, réquisitoire en règle de vertus et de bienfaits (1).

L'évêque de Majorque dut descendre de son siège et déposer comme simple témoin.....

On ne lui fit grâce de rien; le témoin, interrogé sur les motifs qui l'ont poussé à faire une telle déclaration, si c'est par prière, présents reçus, par faveur ou considération humaine quelconque, ou si c'est uniquement pour l'amour de la vérité, répondit que l'amour de la vérité seul avait dicté ses réponses.

Il y eut donc trois évêques qui déposèrent au procès : savoir Telesia, Majorque et Toulouse ; un autre témoin, Jean Soler, lui-même miraculé, devint, quelque temps après, évêque de Barcelone.

L'un de ces prélats surtout mérite attention, parce qu'il avait suivi l'Apôtre à peu près dans toute l'Europe. C'est Ferdinand, évêque de Telesia.

Et le roi Alphonse fut interrogé aussi. On sait qu'il mourut à Naples. Nous n'avons que la moitié à peu près de son interrogatoire sur les articles généraux et les royaumes de Léon et de Castille. Pour lui, le dixième article, c'est-à-dire les dissensions apaisées, et les innombrables conversions d'infidèles, sont de notoriété publique. Il peut certifier le onzième pour avoir, de sa personne, assisté journellement à la messe chantée et au sermon de maître Vincent. Au douzième, il répond qu'il a vu lui-même maintes fois ledit maître Vincent imposer les mains aux malades et ceux-ci s'en retourner guéris. Au quinzième, que maître Vincent a travaillé, en effet, activement à l'union de l'Église, surtout à Perpignan, où le roi Ferdinand et lui-même, actuellement roi, se trouvaient. Au seizième, qu'en effet il y avait aux prédications de maître Vincent, grand nombre d'hommes de nationalités diverses, que tous le comprenaient et en étaient dans l'admiration.

Au vingt et unième, c'était l'opinion commune que Fr. Vincent observait toujours à la lettre la règle des Dominicains aussi bien dans sa cellule qu'en public. Au vingt-troisième, sur la vénération que les princes portèrent à maître Vincent, il peut l'affirmer sciemment. Sur

---

(1) Voir le texte de l'interrogatoire, document 21.

le reste, il dit généralement que la vérité est selon la teneur de l'article proposé, ou qu'il ne sait rien.

Nous avons le procès de Bretagne tout entier, parfaitement conservé à Vannes. Des enquêtes de Toulouse et de Naples, il ne nous reste que quelques précieux fragments copiés de l'exemplaire de Palerme, incomplet lui-même. Ils sont à la bibliothèque de l'Université à Valence.

L'enquête de Toulouse embrassait tout le royaume de France; elle entendit 48 témoins.

Celle de Naples devait probablement résumer les faits accomplis à Gênes, en Espagne et aux Baléares, à cause de la fréquence des communications; de plus, Alphonse V, roi d'Aragon, s'y trouvait; 28 témoins furent entendus.

Celle d'Avignon comprenait le Dauphiné et vraisemblablement la Savoie et le Nord de l'Italie.

A Vannes, le peuple vint en foule témoigner en faveur d'un protecteur prodigue de merveilles. Et puis, le foyer central était là. Dans les autres enquêtes, les témoignages furent plus étudiés, et les témoins choisis. Avignon n'en compta que 18.

On peut conclure, d'après les fragments qui nous restent, que, si on avait tous les interrogatoires, on retrouverait tous les miracles éparpillés dans la narration des divers biographes. Chose bizarre, ce qui fait le plus défaut, c'est l'Espagne; et l'on se prend à redire, comme l'évêque de Lucera, qu'elle a manqué à tous ses devoirs en ne recueillant pas les prodiges sans nombre accomplis par son glorieux enfant. Au surplus, c'est peut-être parce qu'ils étaient sans nombre.

Ces divers témoignages offraient un ensemble de merveilles si extraordinaires, que Calixte III donna ordre formel aux Dominicains de la Minerve de les mettre, à toute réquisition, aux mains de ceux qui désireraient les consulter.

## § 2. — *La canonisation.*

LE PAPE ATTENDU — A LA MINERVE — LE CIEL APPROUVE — ACROSTICHE — LA PAROLE EST AUX BRETONS — LA PREMIÈRE STATUE — LE MOT DE L'HISTOIRE

L'enquête close le 7 avril 1454, du calendrier romain 1455, l'évêque de Vannes, de concert avec le duc de Bretagne, désigna trois hommes sûrs pour porter à Rome le dossier, et, si besoin était, presser la canonisation. Ce furent le chanoine docteur Jean Ynisan, Roland le Cozic, Dominicain, et Gilles Gazin, licencié ès lois.

Tout était prêt sur la terre, et le ciel parlait clairement.

Juste le lendemain du jour où les derniers sceaux s'apposaient aux témoignages des Bretons, Alphonse Borgia était élu Pape, sous le nom de Calixte III. Par trois fois, sur le grand chemin du monde, Vincent Ferrier s'était arrêté devant un enfant et avait dit : Celui-là me canonisera.

Né à Cavalls, près de Xativa, Alphonse Borgia devint chanoine de Lérida. Il dirigea la paroisse de Saint-Nicolas de Valence, et Martin V le fit monter sur le siège épiscopal de cette ville à la mort d'Ulpien de Bages, en 1429. Il avait refusé divers évêchés, mais celui-là touchait de trop près à son ami vénéré Vincent Ferrier pour qu'il hésitât.

Il s'entremit utilement dans les démêlés d'Eugène IV et d'Alphonse V d'Aragon, roi de Naples. La paix rétablie, il fut créé cardinal du titre des Quatre Couronnés. On lui offrit des sièges plus considérables, il refusa. Mais lorsque, au Conclave du 8 avril 1455, son nom sortit de l'urne, il accepta simplement le lourd fardeau du pontificat. Il avait fait ses preuves d'humilité : les sentiments humains n'avaient rien à voir là dedans. Il s'y attendait si bien qu'il l'avait dit à tout le monde. Nous savons déjà qu'à l'avance il avait choisi son nom et fait vœu (1), non pas s'il devenait Pape, mais *lorsqu'il serait Pape* de tout tenter pour détruire l'empire Ottoman, tout-puissant depuis la prise de Constantinople. Mais comme il était d'une extrême vieillesse, âgé de quatre-vingts ans, vigoureux, d'ailleurs, on souriait et sa nomination fut une surprise. Mais une prophétie de Vincent Ferrier ne pouvait rester sans accomplissement.

Il fut grand ami de saint Antonin, qui alla le féliciter et encourager ses idées belliqueuses, lui affirmant, ce qui était vrai, que le monde chrétien était heureux de le voir Pape.

Ce mouvement aboutit à la victoire d'Hunyade, à Belgrade.

Son premier souci fut de canoniser Vincent Ferrier. Il savait bien

---

(1) Encore simple cardinal, il avait, en effet, formulé ce vœu : « Moi, Calixte *Pape*, » je fais vœu à la sainte et indivisible Trinité d'employer tous les moyens en mon pou- » voir, armes, interdits, exécrations et toutes autres voies, à poursuivre les Turcs enne- » mis irréconciliables du nom chrétien. »

Aussitôt intronisé, il arma seize galères dont il donna le commandement au patriarche d'Aquilée. Il voulait à tout prix reconquérir Constantinople. Il y eut quelques escarmouches et de petites conquêtes d'îles. A sa mort, on trouva 1500 écus d'or amassés dans ce but. Il ordonna l'*Angelus* de midi tout spécialement contre les infidèles.

quel protecteur il se donnait au ciel. Très pieux, il créa la fête de la Transfiguration (6 août). Il mourut à Rome, précisément dans les premiers jours d'août 1458, sans même avoir trouvé le temps, une fois l'œuvre accomplie, de publier les Bulles de canonisation.

Quand les envoyés de Vannes arrivèrent, il se donna pour remplaçant, dans la Commission d'enquête, Alain de Coëtivy, d'origine bretonne, cardinal évêque d'Avignon, et le chargea du rapport.

Tous les dossiers furent soigneusement examinés. Le 3 juin 1455, en Consistoire public, il déclara, de son magistère infaillible, que Vincent Ferrier était au nombre des Bienheureux, et fixa la solennité de la canonisation au 29 du même mois, fête de saint Pierre et de saint Paul.

Par une convenance, facile au génie aimable de Calixte III, la solennité se fit à la Minerve (1).

« Cette année, dit Fontana, en la fête de saint Pierre et de saint Paul,
» Calixte III mit au nombre des saints confesseurs Vincent Ferrier. Ce
» jour-là, on fit une procession solennelle de Sainte-Marie-sur-Minerve
» à Saint-Pierre. Tout le clergé romain, les prélats, les cardinaux, la
» cour et un peuple innombrable y assistèrent avec grande dévotion afin
» d'implorer l'assistance divine contre les Turcs. »

« On a des raisons de croire que les prières faites à cette occasion ne
» furent pas stériles (2). »

Les Bretons étaient là, et l'on est heureux de rencontrer dans les actes des États de Vannes, sous le duc François II, en 1462, cette phrase : « Item, de ce que, à Rome, à la canonisation de saint Vincent,
» les Bretons mirent les bannières de Bretaigne couronnées. »

Mais ce jour-là, que se passait-il à Vannes? Le saint corps, instrument de tant de mérites et appelé à tant de gloire, fut découvert et placé devant l'autel pendant qu'on célébrait un Service, auquel le mot funèbre ne conviendrait plus.

Le ciel devait bien un miracle, il en fit plusieurs, dont quatre atti-

---

(1) Voir aux documents le bref de Calixte III au duc de Bretagne. Document 22.
(2) Fontana, Monumenta Dominicana, ad annum 1455.
Et Castrucci : « Hic pontifex hoc anno in festo appo. Petri et Pauli, in ecclesia Sti
» Petri tota presente curia et populi ingenti multitudine, maxima cum solemnitate et
« devotione ipso summo Pontifice missam celebrante et devotum proponente sermonem,
» Beatum virum magistrum Vinc. Ferrarium de Valencia ord. nostri, SS. conf. catha-
» logo adscripsit, et tanquam veraciter ac riteapostolica auctoritate adscriptum ab omnibus
» X<sup>u</sup> fidelibus acceptari et coli mandavit : cujus festum celebrari instituit nonis aprilis;
» concessit quoque indulg. septem annorum et totidem quadragenarum visitantibus eccle-
» sias ordinis in festo ejusdem..... » (Castruc. Monim. Præd. Pars V, ad Mart. Auribelhi, anno 1455.)

rèrent spécialement l'attention. Valence qui, sans doute, était représentée à Rome, l'était aussi à Vannes, et les heureux délégués rédigèrent un mémoire que nous ont conservé les archivistes Falcò et Sala :

« En ce dit jour, 29 juin, fête de saint Pierre et de saint Paul, en
» ladite cité de Vannes, beaucoup de miracles furent opérés. Le corps
» du Saint, ses habits et sa chape furent trouvés aussi intacts, aussi pré-
» servés de toute corruption que le jour de sa sépulture. Durant la
» messe, le corps fut exposé devant l'autel, deux morts recouverts
» de la chape ressuscitèrent avant la fin de l'office, à la vue de
» toute la multitude; un parent du duc de Bretagne fut guéri de la
» lèpre instantanément, un aveugle de naissance recouvra la lumière, et
» beaucoup d'autres miracles eurent lieu en ce jour-là par l'intercession
» du Saint, à la grande admiration de tous (1). »

L'évêque de Lucera se mit à l'œuvre pour écrire la première *Vie de saint Vincent Ferrier.* Le Maître général des Dominicains composa l'office du nouveau Saint. Il y glissa un curieux acrostiche : les premières lettres des strophes de l'hymne de Vêpres et des antiennes de Matines et de Laudes forment ces mots : *Martialis Auribelli fecit.* Pourquoi ce jeu d'esprit, si fréquent dans les amours de ce monde, ne serait-il pas permis à des hommes épris de la sainteté de leurs frères ?

Le Général des Dominicains et le cardinal d'Avignon partirent bientôt après pour aller inaugurer, à son glorieux sépulcre, le culte public de saint Vincent Ferrier.

Don Lobineau décrit exactement les solennités qui se firent à cette occasion.

« Le cardinal de Coëtivy, nommé légat, arriva à Vannes le 2 juin 1456.
» Il était escorté de Raoul Roussel, archevêque de Rouen; Laurent de
» Faye, évêque d'Avranches; Léon Guérinet, évêque de Poitiers; André
» de la Roche, évêque de Luçon; Philippe Rouaut de la Rousselière,
» évêque de Maillezais; Martin Berruyer, évêque du Mans; Jean de

---

(1) En lo dit dia (29 de juni dia de sent Pere e sent Pau) en la dita ciutat de Vannes foren fets molts miracles. Lo seu cors et habit, e cappa fonch trobat acci net e sancer com lo dia que fonch soterrat. E fent l'offici e solemnitat de la Missa tenint lo cors davant l'altar, li foren mes dos homens mors daball la capa, e ans que la missa fos acabada foren resuscitats e tornats de mort a vida, e nço present tota la multitud de les gents. E un parent del duc de Bretaña que era lebroz de continent que ha tocat lo cors del sant glorios, fonch sanat e guarit. E un orb a natura cobra la bista. E molt altre miracles que foren fets per lo sant beneyt aquel dia en la sua canonisacio fonch cosa de gran admiracio.

» Beauveau, évêque d'Angers ; Jacques d'Espinay, évêque de Rennes ;
» Guillaume de Malestroit, évêque de Nantes ; Yves de Pontsal, Domi-
» nicain, évêque de Vannes ; Jean de l'Épervier, évêque de Quimper ;
» Raoul de la Moussaye, évêque de Dol ; Jean de Coëtquer, évêque de
» Tréguier ; Jean Prigent, évêque de Saint-Brieuc ; Guillaume Ferron,
» évêque de Léon, et Mathurin le Léonnais, abbé de Saint-Mélaine.

» Le concours de la noblesse et du peuple, tant de Bretagne que des
» provinces voisines et d'Angleterre même, fut infini. On le fait monter
» à 150 000 personnes.

» Le 4 juin, premières Vêpres du Saint au tombeau. Le duc, les barons,
» les prélats y assistèrent : à 11 heures de nuit, Matines de saint Vincent
» Ferrier et élévation des reliques. Elles furent mises par le légat dans
» une châsse nouvelle ; on ne laissa dans l'ancien tombeau que quelques
» vertèbres. La châsse fut placée près du grand autel, fermée de trois clés,
» dont l'une fut donnée au légat, l'autre au duc, la troisième à l'évêque
» de Vannes.

» Le 5, à la messe solennelle, après l'Offertoire, le légat annonça la
» canonisation de Vincent Ferrier. Des hérauts la proclamèrent aussitôt
» en latin, en breton et en français.

» Après la messe et le *Te Deum*, on mit la châsse dans un tombeau
» élevé, qui se voit encore dans une chapelle, en forme de caveau, sous
» le chœur de l'église cathédrale de Vannes (1). »

Sur ce tombeau, transformé en autel, fut placée la première statue du
nouveau Saint. Elle aussi fut féconde en miracles (2).

---

(1) On peut y joindre le récit naïf d'Alain Bouchard :

« De la canonisation du corps de monseigneur saint Vincent, à Vannes.

» L'an mil quatre cent L. VI, le 6e jour de juing, heure de minuyt au matin, d'icelny
» jour fut levé de terre et solennellement canonisé le corps de monseigneur saint Vincent,
» confesseur, par messire Alain de Coëtivy, cardinal de l'église de Rome et légat du
» siège apostolique. Et furent présents à ce beau service : le duc Pierre de Bretaygne
» avecques les barons et notables seigneurs du pays, et assistèrent quatre archevêques,
» dix évêques et plusieurs abbés et autres seigneurs d'Église. »

(ALAIN BOUCHARD, *Grandes Chroniques de Bretagne*. Paris, 1514, feuillet 116).

(2) Je l'ai retrouvée au presbytère de l'Ile-aux-Moines (Morbihan). Malgré les ravages
du temps et l'incurie avec laquelle on l'a traité, ce précieux débris garde encore un
cachet d'art et de foi. Il se trouve là, en vertu d'une série de transmissions consignées au
procès-verbal, dont voici un extrait :

« Primo, que Messieurs les vénérables et discrets dignitaires et chanoines du Chapitre
» de l'église cathédrale de Vannes ont, par délibération capitulaire, en datte du ven-
» dredy, premier septembre mil sept cent quatre-vingt, fait présent à Mme Jeanne-
» Suzanne Touzé de Grand-Isle, dame Le Gris (en reconnaissance de son zèle et piété
» depuis bien des années à orner les chefs, bustes, châsses et reliques, chapelles et
» ancien tombeau de saint Vincent Ferrier, apôtre de la Bretagne et patron de la ville
» de Vannes, aux jours de ses fêtes et autres solennités) *de la première et plus ancienne
» statue au naturel* de saint Vincent, placée dans l'origine de son culte, en 1455, sur l'autel

A peine élevé sur le siège pontifical, Pie II se hâta de parfaire l'œuvre de son prédécesseur, en fulminant, le 1er octobre 1458, la Bulle de canonisation (1).

Dès qu'elle fut publiée, la dévotion redoubla, les vœux, et par suite les miracles, se multiplièrent. « Vannes est la piscine de la France et
» du monde! s'écrie Guyard; impossible de tout raconter. » Puis il entonne un dithyrambe en l'honneur de Vannes : « O Vannes! je passe
» sous silence le grand nombre de tes habitants, les uns sauvés du dan-
» ger très éminent de leur vie au milieu des flots enragés de l'Océan,
» les autres guéris de paralysie, les autres de la peste, les autres d'aveu-
» glement, les autres ressuscités de mort à vie, et enfin de toutes sortes
» de maladies. Je dis seulement que tu peux te vanter de posséder un des
» plus grands saints qui aient jamais relui dans le firmament de l'Église! »

Et, après avoir employé toute l'originalité de son style à raconter les miracles du Saint, il ajoute : « Voilà une bonne partie des miracles que
» j'ai colligés dans l'information de Vannes ; j'en ai tellement corrigé
» le narré que j'ai mieux aimé me mettre en danger d'en retrancher de
» belles circonstances que de vous être trop ennuyeux. »

C'est évidemment cette façon d'agir qui a donné lieu à la divergence des récits, chaque auteur racontant à sa manière ; et c'est pour cela que nous avons fait parler le plus possible les pièces originales.

Guyard prend à témoin toute la ville de Rennes, tout le diocèse, et toute la province de ce que les oraisons de saint Vincent Ferrier font des miracles continuels, et qu'il s'en débite une quantité énorme au couvent des Dominicains de Rennes. Et il a vu de ses propres yeux, tant des religieux que des séculiers, ardents de fièvre, guéris subitement dès qu'on lisait l'oraison sur eux. Et il répète qu'il n'a mis dans son livre qu'un petit nombre de miracles « au respect des 873 trouvés vrais, au procès
» de canonisation. Un véritable labyrinthe de merveilles. »

Et voici, tel qu'il s'est imposé aux historiens, le résumé général des faits : « Au temps du maître général Martial Auribelli eut lieu en grande
» solennité la canonisation du bienheureux Vincent Ferrier. Tout le
» monde fut dans la stupéfaction du nombre des miracles qu'on publia.
» Citons ceci seulement qu'il fut reconnu vrai que, après son propre trépas,
» il avait ressuscité 28 morts (2).

---

» érigé sous son invocation, dans le caveau de son tombeau, sous le chœur de l'église
» cathédrale de Vannes. »

(1) Voir document 22 la Bulle de canonisation.

(2) « Hujus generalis Martialis Auribelli tempore, canonizatus fuit B. Vincentius cum

# CHAPITRE X

## THAUMATURGE — GLOIRE POSTHUME

### § 1 — *Le miracle.*

PAGES BLANCHES — LE SURNATUREL — LAZARE DORT — L'ÉTAT D'INNOCENCE — LA VIE DANS LA MORT — SANCTION DIVINE — ORATEUR ET PRATICIEN — « SICUT PARVULI » — LA CHAPE DE SAINT MARTIN — COUVERCLE DE PLOMB — LE SEMEUR DE MIRACLES

Le manuscrit de Razzano à Venise, que nous avons lieu de croire le plus correct, finit ainsi :

« De même que pendant sa vie il sema les miracles, de même, après sa
» mort, l'attouchement de ses restes vénérables, de ses habits ou de son
» tombeau n'a cessé jusqu'à cette heure de produire les plus merveil-
» leux effets. Nous consignons ces prodiges dans le livre suivant. »

Et les pages sont demeurées blanches. C'est à ce livre, resté ouvert, que nous donnons le nom de *Gloire posthume.*

Les tombeaux des Saints sont des sources de bienfaits plus ou moins intermittentes, jaillissant aux appels et, pour ainsi dire, sous les percussions de la foi. A quelques-uns d'entre eux il est donné de continuer, dans le cours des siècles, l'action exceptionnelle qui fut le caractère propre de leur vie. Tel fut, tel est encore, au moins en Espagne, en Italie et dans le Nouveau-Monde, l'apôtre Vincent Ferrier. Il n'y a guère que la Vierge-Mère qui l'emporte sur lui en cette thaumaturgie universelle.

---

» maxima solemnitate, et tanto fuit multitudo virtutum et miraculorum ejus recitata, quod
» omnibus versum est ad stuporem: inter alia autem probatum est, quod post mortem XXVIII
» mortuos suscitaverat. » (Extrait de Martene et Durant.)

De son côté, l'Ordre Dominicain, au Chapitre général de Montpellier, en 1456, enregistrait les fêtes de Vannes avec ce style sobre des annalistes : « Nous donnons acte que le
» corps sacré de saint Vincent, qui gisait à Vannes en Bretagne dans un lieu humble, a été
» relevé et mis dans un lieu honorable et bien orné, en présence du Très Révérend Seigneur
» Légat de France, Alain, par la miséricorde divine, cardinal prêtre de la Sainte Église
» romaine du titre de Sainte-Praxède, appelé communément cardinal d'Avignon, du
» très illustre seigneur duc de Bretagne, de l'illustre dame la duchesse, sa femme, du
» Révérend Père et Seigneur évêque de Vannes, du Révérendissime Maître Général de
» l'Ordre, Fr. Martial Auribelli, des chanoines de ladite église de Vannes et des religieux
» de notre Ordre, le 5 avril de cette année 1456. »

Or, ce qu'on appelle la libre pensée n'accepte pas le miracle : le parti pris est évident, car le miracle se constate, comme tout autre ordre de faits, et tous les jours encore il s'en produit sous nos yeux. Mais il peut se trouver des esprits droits que troublent ces dénégations aussi gratuites qu'audacieuses. Faibles, éblouis peut-être par ce merveilleux constant, ils se demandent si tant d'hommes qui ont témoigné des miracles de Vincent Ferrier n'étaient pas des esprits hallucinés, si siècle de foi ne veut pas dire siècle d'enthousiasme crédule, si, enfin, un certain scepticisme n'est pas légitime et sage en présence du surnaturel.

Nous n'avons pas à entreprendre ici une étude rationnelle du miracle, mais il convient d'en dire quelque chose dans l'histoire d'un homme dont la mission, j'allais dire le métier, fut de faire des miracles plus encore que des sermons.

Oui certes, il y a des faits surnaturels, il n'y a guère eu que de ceux-là dans toute cette histoire. Et pourquoi pas, s'ils sont authentiques ? Le surnaturel, c'est le commerce du Créateur avec sa créature, commerce infiniment honorable pour l'homme. L'esprit réfléchi regarde et adore, sans autre étonnement que celui de la gratitude mesurant la distance que Dieu daigne franchir. Pour qui a lu la Bible, c'est-à-dire l'histoire des rapprochements de Dieu, et surtout l'Évangile, histoire de *Dieu fait homme*, les faits surnaturels n'ont plus rien qui surprennent.

Dieu peut faire des miracles (1).

Nous ne saurions manifestement refuser à l'Auteur des êtres, qui crée les substances avec leurs formes, leurs propriétés, leurs mouvements, le pouvoir de produire à son gré tels effets en dehors des forces naturelles, et en passant par-dessus les causes secondes. Les fleuves, deux fois par jour, remontent vers leur source sous l'influence de la marée, rien ne s'oppose à ce que celui qui a jeté dans l'espace les astres et leur puissance d'attraction, suspende pendant quelque temps le cours d'une rivière.

Si Dieu a donné à la terre la faculté de produire des plantes curatives, et s'il doit plus tard rappeler à la vie les générations humaines, fauchées par la mort, quelle difficulté à ce qu'il rende la santé sans les remèdes, et la vie au lendemain même du jour où la mort a frappé ?

Pour nous, Lazare est mort depuis trois jours ; pour Lui il dort, afin

---

(1) J'estime assez mes lecteurs, pour supposer qu'ils croient à une cause intelligente et libre, en dehors de laquelle il n'y a plus qu'un matérialisme abject, qui n'a rien de commun avec la science.

de bien faire voir que le pouvoir de ressusciter Lui est aussi *naturel*, qu'à nous le pouvoir d'éveiller.

Et il y a ceci de touchant que, presque toujours, le miracle a lieu pour secourir plus vite les misères de cet infirme qui est l'homme. Nous le ferions, nous, si nous le pouvions; pourquoi Dieu ne le ferait-il pas? Et, n'eût-il pour but que de faire éclater sa puissance, à quel titre lui contester ce moyen de gouvernement?

De même que Dieu peut faire des miracles, il peut communiquer à qui bon lui semble le pouvoir d'en opérer.

Considéré dans le thaumaturge, le miracle n'est qu'une sorte de restitution de la royauté conférée primordialement à l'homme sur les autres créatures. Quand l'homme, par l'effort d'une vertu héroïque, vient à se replacer dans les conditions où il était avant la chute originelle, il semble juste que Dieu lui rende les privilèges de cet état perdu.

Or, tel est l'état des Saints.

Et ce privilège les suit après leur mort.

Il est souverainement remarquable qu'à leurs ossements desséchés, Dieu donne plus de pouvoir que n'en eut jamais la vie la plus vigoureuse; et l'Église y puise le droit de proposer à ses fidèles le culte d'un élu authentique.

Accompli sur un tombeau, le miracle relie l'homme à ce Ciel où s'en sont allés ses frères, où il ira lui-même, à son tour, à travers le sombre passage de la mort. Ainsi, la terreur fait place à l'espérance, et l'on s'encourage à marcher dans une voie souvent rude, mais au bout de laquelle des amis vous tendent leurs bras chargés de couronnes.

Nous savons que le champ dans lequel la nature travaille est immense et que ses limites nous échappent encore; mais il arrive un point reconnu de tous où le pouvoir de la nature cesse. Ce qui se produit au delà est du domaine exclusif de Dieu.

C'est pourquoi les fausses religions font et feront toujours un vain appel à cette source de popularité aussi bien qu'à la sainteté de leurs adeptes. Des martyrs fanatisés plus ou moins volontaires, peut-être; des saints et des thaumaturges, jamais. Ceci est une *sanction* que Dieu entend donner seul.

Le miracle est donc un contraste avec la règle établie, un moment d'arrêt dans la marche des choses, qui attire le regard et le ramène en haut.

Cet appel est surtout fait au peuple, aux simples qui n'ont pas le temps d'étudier. Et, généralement, le peuple accepte ces avances comme le bon Dieu les lui offre, comme une invitation à se sentir béni et protégé.

Pour bien prouver à son peuple qu'il s'occupait de lui, et du même coup éclairer la gentilité, Dieu mit aux mains de Moïse le miracle à discrétion.

Et quand ce peuple, pris de terreurs folles et d'injurieux retours, murmura et se découragea, les miracles se multiplièrent plus encore. Ce peuple, type illustre des peuples que Dieu veut à lui, à la lettre, vécut de miracles.

Lorsque, au milieu de la corruption romaine, les rares esprits vigoureux qui surnageaient encore souriaient tristement en regardant l'insanité des dieux, et laissaient tomber les derniers lambeaux d'une philosophie vaine en s'écriant : « Vertu, tu n'es qu'un nom ! »

Lorsque, au sein même du peuple de Dieu, les prêtres et les docteurs de la loi allaient s'agenouiller aux carrefours, faisaient sonner la trompette sur le passage de leurs aumônes, émaciaient leurs visages sous la rigueur des jeûnes légaux, blanchissaient, en un mot, l'infect sépulcre de leur cœur, pour se faire admirer du reste des hommes ;

Quand l'humanité, descendue là, entendit le discours sur la montagne, si inouï, si étrange, faisant vibrer des fibres depuis si longtemps oppressées sous la chair et le sang, et tourbillonner l'esprit comme dans un ardent vertige, on comprend que, à ces lueurs fulgurantes qui l'appelaient vers les sommets, l'humanité ait branlé la tête et dit irrévocablement : *Durus est hic sermo*.

Mais il savait cela, lui, l'orateur. Aussi, pour commentaires à ses paroles, descendu de sa tribune immense, au premier lépreux qu'il rencontra, il dit : « Je le veux, sois guéri. » A l'officier, qui se présenta, demandant la guérison de son fils, il dit : « J'y vais. » Et le mal n'attendit pas la venue du Maître.

Et le soir de ce célèbre jour, *il guérit tous ceux qui avaient quelque infirmité*.

Le lendemain, ce fut le tour des disciples. La barque va sombrer, il dort : « Seigneur, nous périssons ! » Il fait un signe, et la mer s'apaise.

Rien de démonstratif comme cette manière de procéder. Quiconque voudra lire attentivement l'Évangile à cet endroit comprendra que cette foule ait laissé là ses docteurs, ses pharisiens et ses scribes, pour s'attacher à ce praticien incomparable.

Et, quand les apôtres s'en allèrent par le monde, prêchant la doctrine d'un crucifié, leur ombre même sema des miracles. « Je n'ai rien, » disaient-ils à ce perclus en qui tant de perclus sont représentés, mais » ce que j'ai, je te le donne : au nom du Christ Jésus, lève-toi et » marche. »

Il fallait cela ; il fallait que l'homme, si porté à se croire indépendant, sût bien que Dieu est maître ici-bas. Il fallait qu'il fût patent que la maladie, la mort, les accidents sont des vouloirs de Dieu dont il délivre quand il lui plaît.

Le miracle, c'est l'œuvre de la foi : la foi, mère des grands élans, coup d'œil puissant qui traverse toute chose créée, et va se perdre en Dieu source de l'être. Que refusera Dieu à un sentiment pareil? Ne l'eût-il pas dit lui-même, nous le comprendrions : Ayez la foi, dites à cette montagne : « Sors de là, » elle obéira. Ne voyez-vous pas que vous ne faites qu'un avec celui qui a créé les mondes?

Que craignez-vous? homme de peu de foi. Rien ne paralyse comme la peur. La foi se joue des orages comme l'oiseau des tempêtes. Sentant la présence de Dieu, maître des éléments, enveloppée de calme, elle s'avance hardiment sur les flots. Nous trouvons de cela un lointain reflet dans la native puissance du génie humain. Souvenez-vous de vos jeunes enthousiasmes, et n'avez-vous pas poussé un cri intérieur quand vous avez lu, par exemple : « *Quid times? Caesarem vehis!* Que crains-» tu? Tu portes César! »

Avez-vous vu l'enfant avant que les réalités de la vie aient enchaîné ses ailes et rétréci son cœur? Est-ce que l'espace et le temps sont quelque chose à ses yeux? Faut-il s'étonner si le Christ, ayant pitié de l'infirmité de nos calculs, nous a donné comme modèle à suivre, jusqu'aux portes du royaume à conquérir, l'enfant, le petit enfant? Les Saints sont de sublimes enfants, vigoureux et beaux de tout leur immortel avenir, ayant foi en leur Père éternel, et jouant avec sa gloire. Et nous, nous sommes des vieillards décrépits, frappés d'enfance à contre sens.

Quoi encore? Et que faut-il ajouter sur cet inépuisable sujet avec lequel l'impie prétend nous embarrasser?

Le miracle, c'est le signe de Dieu quand il veut fonder. Qu'il suffise de rappeler ceux qui illustrèrent l'origine du peuple franc. Et il comprit longtemps, ce peuple dont le premier drapeau fut la chape de saint Martin. Pauvre vieille France! La source des prodiges n'est pourtant pas tarie sur ton sol ; mais crains qu'enfin le divin Semeur n'aille porter ailleurs ses bienfaits méconnus par toi!

Le miracle enfin, hélas! c'est un sceau de plomb sur le cœur de l'incrédule.

Rien de triste comme ce glas funèbre, qui revient à chaque miracle de Moïse : *Ut induraretur cor Pharaonis. Et induratum est cor Pharaonis.*

Il y a là un état psychologique trop facile à saisir.

L'incrédule est libre, qu'il demeure avec sa liberté ; mais qu'il nous laisse libres aussi, aller à la suite de Celui qui continuait à semer des biens sans s'inquiéter du mauvais œil de l'hypocrisie ou de la turpitude.

Il y a toujours des miracles dans l'Église, parce que l'Église est chargée de redire toujours les choses de la foi, qui toujours révoltent le sens humain.

Mais il est des heures où, comme l'a décrit dans son magnifique langage une des plus notoires victimes des époques sans foi, l'humanité est

..... Aussi lasse, aussi dégénérée.
Elle branle une tête aussi désespérée,
Que lorsque Jean parut sur le sable des mers ;
Où l'espérance humaine est lasse d'être mère,
Et, le sein tout meurtri d'avoir tant allaité,
Elle fait son repos de la stérilité.

A ces heures, il faut redire le sermon sur la Montagne et faire luire, dans des éclairs successifs, la route perdue du bonheur. Si elle voit encore de ses yeux le mal qui l'écrase emporté d'un mot, l'ennemi qui l'opprime dédaigneusement jeté aux pourceaux, et la mort fuir étonnée, il est certain que l'humanité se ravisera et voudra encore du salut.

C'est l'histoire de saint Vincent Ferrier en son temps.

Tout était à faire au temps de Notre-Seigneur ; tout était à refaire au temps de saint Vincent Ferrier.

Et il allait, lui aussi, semant les miracles, comme le soleil sème la lumière.

## § 2 — *Autour du tombeau.*

PAR LASSITUDE — LA CLOCHE ET LA FORMULE — LES POSSÉDÉS — MIRACLES COMMUNS — COMME UNE POMME POURRIE — CHEVAL BIEN DRESSÉ — SOUS LE MOULIN — LOUPS DE MER BRETONS — LES VOEUX — LES RAILLEURS — JACQUES LE PETIT — DANSE MACABRE DE RESSUSCITÉS — JEAN GUERRE — L'AMOUR PLUS FORT QUE LA MORT

Pour avoir une idée de sa puissance thaumaturgique, il suffit de rappeler que la Cour romaine reconnut authentiques 873 miracles. Et l'on sait que la Cour romaine se montre, dans cet ordre de choses, d'une difficulté proverbiale.

Or, ce fut loin d'être tout. Le premier biographe de Vincent Ferrier dit que si on eût fait en temps opportun des enquêtes à Barcelone, à Valence et dans les autres villes d'Espagne, il n'aurait pas fallu moins de trente jours pour tout lire.

Quand il s'agit de le canoniser, après avoir constaté ce nombre incroyable de prodiges, dont deux ou trois suffiraient à mettre sur les autels un de ces décorés du bon Dieu qu'on appelle des Saints, on arrêta l'enquête *par lassitude*.

De fait, il en devait être ainsi. Quelques auteurs ont parlé d'une cloche des miracles, au moyen de laquelle il aurait tous les jours, vingt ans durant, appelé à la santé les estropiés et les incurables, comme on appelle les pauvres à une distribution de secours : c'est faux, mais il est certain que les dépositions juridiques en donnent la pensée.

« Tout le temps que j'ai été dans sa compagnie (quinze mois), j'ai
» vu, après la messe et le sermon, et même après vêpres, grand nombre
» de malades venir à maître Vincent et lui demander la santé. Maître
» Vincent leur imposait les mains avec un grand esprit de foi, puis les
» bénissait, et, Dieu opérant par lui des miracles, les malades s'en
» retournaient joyeux (1). » Or, il prêchait tous les jours.

« Pendant le séjour de maître Vincent à Majorque, des infirmes, des
» gens atteints de toutes sortes de maux affluaient vers lui chaque jour
» et lui demandaient la santé ; il les touchait, leur imposait les mains
» en prononçant certaines prières, et aussitôt les malades étaient guéris.
» Je le sais, car je l'ai vu de mes yeux, ayant fait partie de la suite du
» Saint durant tout le temps de son séjour dans l'île (2). »

---

(1) Vidit quandiu fuit in societate ejusdem quod finitis missa et sermone et etiam dictis Vesperis, multi infirmi de diversis infirmitatibus tacti concurrerunt ad prefatum mag. Vincentium pro sanitate obtinendâ, et cum magna devotione idem Rev. Magister super eos manus imponebat iisdem benedictionem dando sic et taliter quod meritis et precibus ejusdem Deus operabatur in ipsis infirmis quod leti ab eo recedebant.
*Toulouse. Déposition de Pierre du Colombier.*
Item dicit quod ad eumdem Mag. Vincentium dictim magna multitudo hominum infirmorum diversis infirmitatibus, quibus ipse manus imponebat, et eos signo crucis cum aliqua oratione signabat, et continuo sanabantur, gracias Deo et dicto Mag. Vincentio referentes. (*Dép. de Yves Le Sénéchal, abbé de Saint-Sauveur de Redon.*)

(2) *Déposition du Chartreux Jean Placentis.* — Et une foule de témoignages semblables.
« Que de fois, dit l'évêque de Telesia, ai-je vu des malheureux atteints de toutes sortes
» de maux, à qui maître Vincent imposait les mains, et ils étaient guéris. » Dixit quod vidit multoties occurrere sibi plures infirmos diversis infirmitatibus gravatos, quibus imponebat manus et sanabantur. Interrogé à Naples sur les miracles, il répond nettement : « Quod non posset numerare omnia quæ audivit et vidit, quæ sunt verissima, nec pos-
» sent ea libri capere. »

Le thaumaturge avait sa formule : il en usait comme d'un pouvoir inhérent à sa mission; il y mettait tout son esprit de religion, comme à un sacrement spécial dont il eût été le ministre (1).

Benoît XIII, l'homonyme de l'antipape, s'en servit plus tard, et non sans résultats. C'est ainsi que d'un vase où a été contenue une liqueur précieuse, il sort encore longtemps après un parfum exquis.

Vincent Ferrier, à la lettre et toute sa vie, réalisa cette parole évangélique : « Voici les prodiges qui accompagneront les croyants : ils
» chasseront les démons en mon nom, parleront des langues nouvelles
» et guériront les malades par l'imposition des mains. » Habitué dans sa foi sans ombre à prendre Dieu pour ainsi dire au mot, il rappelait à Jésus-Christ ses propres paroles, et Jésus-Christ, rencontrant toujours la foi au degré voulu, y répondait toujours selon sa promesse.

Son tombeau, à Vannes, devint tout naturellement un centre de prodiges. Nous ne saurions mieux faire que de reproduire les principaux miracles dans leur teneur officielle, engageant les lecteurs familiarisés avec la langue de l'Église à lire ces textes (2), pleins d'un charme naïf qu'aucune traduction ne peut rendre.

Nous sommes au moment psychologique où le latin devient français, où la vivacité gauloise oblige Cicéron à dépouiller sa toge majestueuse mais embarrassante ; la période, avec ses inversions et ses incidences, disparaît, la phrase prend une alerte allure, les mots sont encore latins, la langue ne l'est plus.

Et c'est un charme aussi de retrouver ces noms d'hommes et de lieux qui n'ont pas changé depuis cinq siècles (3) ; et sous la narration simple et parfois rudimentaire, on croit voir de ses yeux se succéder les événements.

Les premiers miracles ont trait à ce mal étrange qu'on appelle *obsession* ou *possession* suivant le degré, mal dont nous avons, grâce à Dieu, à peine l'idée, imprégnés que nous sommes d'atmosphère chrétienne. Nous avons constaté plus d'une fois, au cours de cette histoire, des délivrances de ce genre : ce ne furent point des cas isolés.

« Il avait, dit le témoin Eximené de Buerba, maître ès arts, un tel

---

(1) Signa autem eos qui crediderint hec sequentur, super ægros manus imponent et benè habebunt. Jesus Mariæ filius mundi, salus et dominus qui te traxit ad fidem catholicam, te in eâ conservet, et beatum faciat et ab hac infirmitate liberare dignetur. Amen.

(2) Quand ils seront publiés.

(3) Mais il est aussi bien amusant de voir la manière dont les divers auteurs ont défiguré ces noms bretons, en essayant de les traduire chacun dans leur langue.

» pouvoir sur les possédés, qu'à première présentation le mauvais esprit
» était obligé de se retirer, et ne pouvait plus revenir (1). »

On a relevé soixante-dix cas de possession guéris par Vincent Ferrier : ce ne furent que les plus saillants ; le chiffre véritable ne saurait être produit, même approximativement. Or, ces sortes de cures ne sont rien moins que faciles, s'il faut s'en rapporter aux précautions que prend l'Église, peu sûre de réussir quand ce n'est pas un Saint qui opère (2). Elle hésite devant ces misères sans nom, qui, avec la folie, l'épilepsie et la rage, font si bien voir à l'humanité toute la profondeur de sa chute.

« Le témoin cité plus haut rapporte qu'une démoniaque bretonne
» nommait à première vue tous les étrangers de la suite du Saint et racon-
» tait leur histoire. On remarqua plusieurs fois que le démon mordait les
» exorcistes, révélait leurs péchés, blasphémait horriblement durant
» l'exorcisme, mais que, en présence de Vincent Ferrier, il n'attendait
» même pas les formules imprécatoires. »

Quand un homme se rencontre capable de maîtriser de tels ennemis, il faut le saluer et remercier Dieu de qui vient un pareil pouvoir. Revenons au saint tombeau.

« Il y avait dans la paroisse de Sainte-Marie du Mené, au faubourg de
» Vannes, un certain Perrin Hervé, dit Grasset, atteint d'une singulière
» démence ; je l'ai vu dans sa maison, étendu, fortement lié avec des
» cordes, invoquant le diable et blasphémant Dieu et les Saints. On le
» porta à Notre-Dame du Bon-Don ; il poussait des cris horribles et
» entrait dans de véritables accès de rage quand on jetait sur lui de
» l'eau bénite ou qu'il entendait parler de Dieu. Fr. Thomas, Carme,
» conseilla de le porter au tombeau de maître Vincent. On lui lia les
» mains et les bras avec une chaîne de fer ; je ne me souviens plus s'il
» avait aussi les jambes liées, mais je sais très bien qu'il fallut le porter.
» Placé sur le tombeau, il dormit environ une heure, puis, s'étant
» réveillé, il demanda pourquoi on l'avait ainsi garrotté. On lui en dit
» la raison. « Soit, dit-il, mais me voilà guéri ; maître Vincent est venu
» me parler pendant mon sommeil. Et vous-mêmes ne l'avez-vous pas
» vu ? » On le délia, et il rentra chez lui sain et sauf. L'étrangeté de la

---

(1) Tantam gratiam habebat super dæmoniorum vexationem quod ad primam præsentationem oportebat spiritum malignum discedere et non plus redire. (*Enquête de Toulouse.*)

(2) Les exorcismes ont leur liturgie ; il y a même dans la hiérarchie sacrée un ordre d'exorcistes. Mais, pratiquement, nul ne peut appliquer l'exorcisme sans une permission spéciale de l'évêque.

» maladie avait attiré beaucoup de monde : on sonna toutes les cloches,
» J'ai vu depuis le miraculé, il est en parfaite santé (1). »

Le patient lui-même va nous expliquer son cas :

« Perrin Hervé (Alias Grasset), de la maison du prince Pierre, actuel-
» lement duc de Bretagne, originaire de Guillac, au diocèse de Saint-Malo,
» habitant Vannes depuis quarante ans, âgé de cinquante-sept ans, dépose,
» sous la foi du serment, qu'il y a environ vingt-huit ans, un samedi des
» fêtes de Pâques, il fut pris, vers 11 heures du matin, d'une sorte de mal au
» cerveau et à d'autres points du corps, tellement violent qu'il en perdit la
» raison, se mit à courir comme un furieux parmi les rues et les places,
» et qu'il fallut le lier avec des chaînes de fer. Sa persuasion est qu'un
» démon l'obsédait, car il ne peut pas assigner d'autre cause à son mal.
» Le dimanche suivant, vers l'heure de vêpres, il fut conduit par sa
» femme, ses voisins et ses amis, qui, auparavant, avaient fait un vœu à
» maître Vincent, à son tombeau dans l'église de Vannes. Il fut placé
» sur la pierre tumulaire et s'y endormit, ayant pour oreiller la chape
» du Saint, gardée comme une relique par la duchesse de Bretagne. Pen-
» dant ce sommeil, il vit maître Vincent debout devant lui et l'entendit
» prononcer ces paroles : « Mon fils, tu seras tantôt en bon poinct. »
» En effet, il s'éveilla guéri, et, en reconnaissance, laissa au tombeau
» les chaînes dont il avait été lié. Depuis, il n'a ressenti aucune atteinte
» de son mal. »

D'après le témoin Hervé Legoff, le Fr. Thomas, Carme, pensa au tombeau de Vincent Ferrier, parce que le démoniaque le mordit cruellement pendant qu'il lui jetait de l'eau bénite.

Interrogé sur les miracles, un autre témoin dit qu'il a vu, quelque temps après la mort de maître Vincent, des fous et des démoniaques conduits enchaînés au saint tombeau et s'en retourner guéris. « Com-
» ment le savez-vous ? — Parce que je les ai vus étendus sur le tom-
» beau et se relever ne donnant plus aucun signe de démence. On
» sonnait les cloches et le peuple accourait rendre grâces à Dieu et à
» maître Vincent (2). »

Puis, viennent ce qu'on serait tenté d'appeler des miracles ordinaires, dont il faut au hasard citer quelques-uns.

Une jeune fille avait, par un de ces mouvements de déglutition dont on n'est pas toujours maître, avalé une boucle de ceinture en fer; il ne

---

(1) *Déposition de Pierre Floc'h.*
(2) *Déposition d'Ollivier Le Bourdiec.*

fallait pas songer à l'extraire, et la mort semblait imminente, car, déjà, l'enfant ne pouvait ni parler, ni boire, ni manger, ni avoir aucun repos. Les personnes qui étaient là conseillèrent de la vouer à maître Vincent ; elle-même fit un vœu dans son cœur, et on la mena au sépulcre. Après qu'elle eut prié, elle et ceux qui l'avaient accompagnée, la boucle sortit d'elle-même par la bouche (1).

Jean Baut, entre plusieurs histoires, raconte qu'un vase d'argent ayant été volé, le propriétaire invoqua le Saint ; le soir, on trouva le voleur dans un pré, où il avait caché le vase, et d'où il n'avait pas pu sortir.

« Ma fille Guillaumette, dit encore le même témoin, fut atteinte de la
» peste si gravement qu'elle était froide et paraissait morte. Le dimanche,
» je me rendis à l'église de Vannes, où j'entendis lire de nombreux
» miracles opérés par maître Vincent. L'idée me vint de me recomman-
» der à lui ; je le priai de me rendre ma fille si c'était la volonté de
» Dieu. Au retour, je trouvai ma fille joyeuse et faisant bon visage.
» *Facientem lætam et bonum vultum.* »

« Mon fils Jean tombait d'épilepsie, les crises se renouvelaient deux
» ou trois fois par jour. Me souvenant alors de la sainteté de maître
» Vincent, je lui vouai mon fils et commandai, en son honneur, une
» image de cire du poids de l'enfant. Depuis lors, celui-ci n'a jamais eu
» de rechute (2). »

Voici un petit miracle que Vincent Ferrier ne pouvait guère refuser. Guillaume Robert Carrier, celui-là même qui fit la fosse du Saint, avait une plaie à la jambe, dont il souffrait tellement qu'il pensait mourir. (*Ex qua tantum dolorem patiebatur quod credebat mori.*) Aussi, sa supplication fut-elle ardente : « O maître Vincent, ami de Dieu, priez-le
» pour moi ! qu'il guérisse ma jambe, j'offrirai à votre tombeau une
» jambe de cire ! » Et le Saint, en lui accordant sa demande, dut sourire là-haut, pensant que jamais il n'avait songé à faire le signe de la Croix sur sa propre jambe (3).

Geoffroy Leclerc, barbier, fut appelé pour raser la tête de la fille de Michard, tailleur, sur laquelle était tombée une poutre énorme ; mais il ne put en venir à bout, parce que le crâne avait été brisé.

L'enfant resta dans cet état une demi-journée et toute une nuit,

---

(1) *Bretagne. Déposition de Perrine de Bazvalen.*
(2) *Bretagne. Déposition de Simon Maydo.*
(3) *Bretagne. Déposition du patient.*

n'émettant aucun souffle et ne pouvant rien prendre. La mère la voua à maître Vincent : aussitôt elle poussa un soupir, parla et fut guérie (1).

Jean Michard, tailleur, confirme le miracle opéré en faveur de sa fille Jeannette.

« Elle s'amusait, dit-il, à sauter sur une grande pièce de bois qui,
» venant à basculer, la précipita dans une carrière de pierres et lui
» tomba sur la tête. Quatre hommes eurent peine à mouvoir cette poutre.
» La tête de ma fille, meurtrie en différents endroits, offrait l'aspect
» d'une pomme pourrie (2). »

Après une bataille contre les Anglais, Rodolphe du Bois, blessé et réfugié dans un marais d'où il voyait les ennemis mutiler et achever les Français et les Bretons, se recommanda du fond du cœur à Vincent Ferrier :

« A peine mon vœu était-il formulé, dit-il, qu'un cheval au pelage
» roux s'offrit à moi, sellé et bridé ; je sortis de ma cachette et montai
» le cheval qui se laissa faire et ne fit aucun mouvement désordonné.
» Je remarquai que la selle avait été mise comme j'ai coutume de la
» mettre moi-même. Je ne puis attribuer ce secours qu'à l'interven-
» tion de maître Vincent. »

Jean Quéré nous dira qu'il a vu un pauvre prêtre de Lyon, atteint de la lèpre, à moitié guéri après avoir fait vœu de visiter le tombeau, et guéri tout à fait au tombeau même. Ce prêtre attira l'attention, plusieurs témoins en parlent.

Denoual de Chef-du-Bois raconte la guérison de son fils réduit à la mort par une maladie vraiment extraordinaire et difficile à décrire. Puis il ajoute :

« Je revenais de Carmenguy chez moi, lorsque j'aperçus la maison
» de Jean Hervé qui brûlait. Déjà toute la toiture était embrasée, et il
» semblait ne devoir rester que les quatre murs. Je fis mettre à genoux
» mes compagnons, j'en fis autant moi-même, et nous priâmes maître
» Vincent d'éteindre l'incendie. Il l'éteignit, en effet, si bien, qu'un
» petit enfant laissé dans la maison fut retrouvé sain et sauf, et la

---

(1) .....Statim emisit anhelitum, locuta est et sanata fuit.

(2) Par exception, voici le texte, il peint la scène. « Johannes Michart pannicisor dicit
» quod cum (filia sua) luderet super unam magnam peciam ligni super quam saltabat
» casualiter ab uno buto ligni hujus cecidit ad unam carreriam lapideam ; super cujus
» filiæ caput dictum lignum de inde cecidit, quod lignum ab illo buto quatuor homines vix
» elevare possent, ex quo caput dictæ filiæ effractum fuit in multis locis tantum ut molle
» effectum ad modum unius pomi putridi. »

» maison elle-même n'eut que des dégâts insignifiants. Or, le feu était
» si intense que personne n'avait osé entrer ni même s'approcher.
» Nous remarquâmes, en outre, qu'il resta très peu de traces de l'in-
» cendie. »

Jean Quélas, ne trouvant pas d'avocat pour défendre sa cause devant le Conseil du duc, va en demander un au tombeau de Vincent Ferrier, qui l'exauce.

Suivons de la rive ce petit drame, il se passe à Josselyn. Un enfant s'était, en se baignant, imprudemment avancé jusqu'au gouffre tournoyant d'un moulin.

« Ledit Guého ne savait pas nager; trois fois il disparut, et la troi-
» sième fois ne reparut plus. Alors, Margot Bondart et les autres témoins
» de la catastrophe vouèrent à maître Vincent le malheureux: celui-ci,
» aussitôt, revint sur l'eau et y resta étendu sur le dos, mais comme
» mort et sans faire aucun mouvement. Les assistants redoublèrent leurs
» supplications: il se tourna de lui-même et revint au bord obliquement.
» Il ne peut y avoir là qu'un miracle, car tout le monde, à Josselyn,
» connaît cette mare et sa profondeur. Maintes personnes s'y sont noyées,
» et jamais on n'a pu en sauver aucune (1). »

« Les parents du jeune Guého, dit Jean Lévesque complétant ce
» récit, étaient alors à Vannes aux Indulgences; je vouai leur fils, en
» leur nom, à maître Vincent. L'enfant reparut, mais mort, au moins
» c'est ma conviction absolue, il ne bougeait non plus qu'une poutre; il
» avança ainsi vers la terre en travers sur l'eau, d'environ trois lon-
» gueurs de piques. Dès qu'il fut au bord, bien que la tête ne parût
» plus tenir au tronc, qu'il eut toute la pâleur d'un mort et les yeux
» fermés, il cria : *Jésus!* On l'enveloppa dans une couverture, et la vie
» revint. »

Nous allons maintenant entendre ces vieux loups de mer bretons, honneur de la marine française, qui, journellement, accomplissent des prodiges d'adresse et d'abnégation.

Il faut avoir vu Penmarc'h un jour de tempête; il faut avoir vu ces vagues monstrueuses accourir échevelées, blanchissantes d'écume, semblables à des coursiers sortis de l'enfer, et briser leur fureur contre le granit impassible; il faut avoir entendu, à la pointe du Raz, à chaque lame, retentir ces coups de tonnerre dans les cavernes profondes où nul

---

(1) *Bretagne. Déposition de Th. Tournemote.*

œil humain n'a pénétré ; il faut avoir passé par ces courants de foudre que la vapeur ardemment concentrée s'essouffle à remonter ; il faut avoir vu, par un temps calme et sans un nuage au ciel, ces longs flots, travaillés par je ne sais quelle violence sourde, monter, monter encore, envelopper le haut rocher sur lequel étaient assis de joyeux contemplateurs, et cueillir traîtreusement ces grappes humaines (1) ; il faut avoir navigué dans cet archipel de cailloux, comme dit le breton hyperbolique à rebours, semé de rochers à fleur d'eau, effrayant labyrinthe qui déroute toute direction normale, pour savoir quelle trempe Dieu et les éléments ont donnée à ces hommes. Quand ils parlent, comme on va le voir, on peut les en croire.

Jean Guézou, de Calmont, pêcheur, âgé de cinquante ans, à ce qu'il affirme et comme le témoigne son extérieur, témoin prévenu, appelé, admis après serment, soigneusement examiné et interrogé.

Toutes ces formalités ne l'émeuvent guère, et pendant que, *pas gêné* (2), il tournera dans ses doigts son berret fauve, sa face hirsute s'animera, et il dira les choses comme savent les dire les marins. Il veut d'abord qu'on sache son opinion sur maître Vincent.

« Il prêchait très bien, à mon idée, et je n'ai jamais entendu dire que
» du bien de lui.

» Le mercredi, 28 novembre dernier, vers minuit, Jean Rochelart,
» Perrot Keranroux, mon fils Noël et moi, nous pêchions par le travers
» de l'îlot d'An-Maluec, près de l'île d'Houat, environ à huit lieues
» marines de Vannes. Nous allions lever les filets jetés depuis la veille,
» lorsqu'il s'éleva une si violente tempête et la mer devint tellement
» furieuse que, si accoutumé que je sois à fréquenter ces parages depuis
» mon enfance, jamais je n'ai vu rien de semblable. Le danger étant
» imminent, nous largâmes les amarres et laissâmes tomber les ancres,
» décidés à laisser le navire faire côte où il plairait à Dieu. Mais le
» vent était si fort que le navire tournoya sur place sans avancer
» (c'était un cyclone). Nous passâmes ainsi trois heures. Alors, j'ordon-
» nai, d'abord à mon fils Noël, comme le plus innocent, et puis aux
» autres matelots, de se mettre à genoux, d'implorer dévotement maître
» Vincent, et de faire vœu d'aller en pèlerinage à son tombeau s'il nous
» délivrait. Ainsi fut fait ; la tempête cessa aussitôt, la mer tomba tout

---

(1) Le fait est arrivé il y a peu d'années : une famille entière, le père, la mère et deux enfants, alors que le ciel et la mer ne présentaient aucun signe d'orage, furent enlevés par une lame de fond.

(2) Expression familière aux Bretons.

» à coup et devint belle ; nous retrouvâmes intacts nos ancres, nos cor-
» dages et les filets qui auraient dû être cent fois mis en pièces. Il ne
» peut y avoir là qu'un miracle. Je me connais à la mer autant que
» qui que ce soit, j'affirme qu'il n'y avait aucun signe d'éclaircie dans le
» temps ; la cessation subite de la tempête après le vœu ne peut s'attri-
» buer qu'à maître Vincent. »

Jean Rochelart, quarante ans, aussi de Calmont, pêcheur, dépose de son côté qu'il est allé sur les côtes d'Angleterre, et fort loin au large, et que jamais il n'a vu semblable bourrasque. « Il engagea, lui aussi, le
» jeune Noël, comme plus innocent, à demander à maître Vincent qu'ils
» ne mourussent pas sans confession. Quand la prière eut été faite, la
» mer devint incontinent aussi tranquille qu'elle peut l'être. »

Que ceux qui demandent à quoi sert l'innocence méditent cette histoire. La même idée touchante revient plusieurs fois dans ces récits.

« Je fis vœu alors, ajoute le témoin, de ne manger ni de boire, une
» fois descendu à terre, avant d'avoir été visiter le saint tombeau. Je l'ai
» fait, on a publié le miracle et c'est par ordre de ces messieurs de
» l'Église que je suis venu ici. »

Et il redit énergiquement, en sa qualité de vieux marin, que cela n'était pas naturel, « que leurs filets étaient bien perdus et eux-mêmes
» noyés, sans le secours de maître Vincent. »

« Un jour, dit un autre témoin, que nous revenions d'Espagne avec
» un équipage nombreux et beaucoup de passagers, il s'éleva, à la hau-
» teur de Penmarc'h, une telle tourmente de vent et de pluie qu'on ne
» voyait plus à deux pas devant soi. La mer se démonta sous l'effort
» de la bourrasque, et bientôt nous dûmes abandonner le navire à lui-
» même.
» Après nous être confessés les uns aux autres, nous nous attachâmes
» deux à deux. Le navire, poussé par les courants, alla s'échouer entre
» deux rochers d'où aucune force humaine ne pouvait le faire sortir.
» Nous restâmes dans cette situation depuis l'aube jusqu'à l'heure de
» vêpres. Le souvenir de maître Vincent nous frappa tout d'un coup
» l'esprit : nous fîmes un vœu, et aperçûmes une manière d'homme
» blanc, qui prenait en main notre voile et l'orientait dans le sens favo-
» rable ; le navire sortit aussitôt des rochers, et nous ne tardâmes pas
» à aborder au grand port de Penmarc'h (1). »

---

(1) *Bretagne. Déposition d'Eudes de la Barre*. D'autres furent sauvés dans des circonstances plus critiques encore.

« Lorsque le navire eut sombré, racontait cette fois un véritable
» naufragé, me sentant moi-même au fond de l'eau, je fis vœu à maître
» Vincent, et aussitôt je sentis une main qui me ramenait à la surface ;
» je ne vis personne, mais bien une planche là tout à point, au moyen
» de laquelle je gagnai la rive. Je ne puis attribuer mon salut qu'à
» maître Vincent, car je ne sais nullement nager, et le naufrage avait
» eu lieu à plus de quatre lieues au large (1). »

Un témoin valencien revenait de Saint-Jacques de Compostelle sur un navire breton, avec cinq cents pèlerins, en rivière de Vannes, lorsque le navire toucha une roche à fleur d'eau et y resta trois heures. On invoqua maître Vincent, aussitôt le navire se détacha de lui-même du rocher ; rien n'avait été perdu, personne blessé ; on rentra au port sans avarie ; mais dès que tout fut débarqué, marchandises et gens, le navire sombra. Le choc contre le rocher avait disloqué toutes ses œuvres vives. « Il ne faut pas demander si nous allâmes avec dévotion, dit le narrateur,
» visiter le tombeau de maître Vincent et lui rendre grâces d'un pareil
» bienfait. »

Le lecteur aura remarqué, sans doute, ce complément qui accompagne presque toujours la prière, et sans lequel vraisemblablement les miracles ne se seraient pas accomplis : je veux dire les vœux.

Dieu les exige pour corriger cette pente du cœur humain si oublieux, si personnel, si porté à croire que tout lui est dû, même les miracles. Ceux que le Saint guérissait pendant sa vie avaient entendu vibrer sa parole, senti l'attouchement béni de sa main, l'impression restait ; et si on l'eût rencontré de nouveau, on aurait rougi d'avoir été ingrat. Un tombeau n'a pas la même efficacité.

Le vœu, en outre, lie à Dieu, relève l'âme comme le contrat d'un misérable avec un puissant, on en est fier ; tant qu'il n'est pas accompli, sa pensée, toujours présente, porte au bien ; la loyauté, la délicatesse y trouvent leur compte. Plus tard, son souvenir peut arrêter sur une pente mauvaise.

Enfin, et surtout peut-être, le vœu est le levier du sacrifice ; il atteint en nous la passion dominante, parfois cachée : c'est la loi providentielle du malheur ; il nous prend ce que nous ne donnerions pas de nous-même. Un secret instinct nous y pousse au moment du danger ; l'avare promettra un cierge énorme, l'orgueilleux un voyage nu-pieds.

Les vœux n'étaient pas non plus sans action sur autrui, ils édifiaient

---

(1) *Bretagne. Déposition de Pierre Cadinz.*

ceux qui en étaient les témoins, les ex-voto entassés constituaient comme un fonds permanent où les affligés allaient puiser la confiance.

Aussi, toujours prêt à exaucer les supplications, le Saint entendait-il qu'on fût sincère ; il voulait que le prodige eût du retentissement, surtout il ne supportait pas les railleurs.

« Pierre Lechanteur avait la face tellement tournée qu'il ne pouvait » plus voir la partie antérieure de son corps. Guéri par maître Vincent, » il promit d'aller à son tombeau chaque année. Il n'y alla pas et sa » figure tourna. Et tant qu'il s'abstint ainsi d'aller visiter le tombeau » personnellement, le mal subsista ; dès qu'il renouvelait son vœu, le » mal disparaissait. — « Et combien de fois eut lieu cette alternative ? — » Six ou sept fois (1). »

« Je fus frappé de cette espèce d'apoplexie qu'on appelle haut mal, et » j'avais perdu la vue. Vœu fait à maître Vincent, je recouvrai la santé ; » dans les trois jours, j'accomplis mon vœu ; mais ne fis pas publier ma » guérison, comme je l'avais promis. Au bout de huit jours, le mal revint, » et, de nouveau, je perdis la vue. J'eus d'abord recours aux remèdes : » une femme qui faisait un peu de médecine me proposa de me saigner » et ne put y réussir. Étonnée, elle me demanda si je n'avais pas fait » quelque vœu. Je reconnus mon oubli et me fis conduire par ma voisine » à l'église de Vannes ; j'y eus un court évanouissement, au sortir » duquel j'avais recouvré la vue et ne sentais plus trace de mon mal. Je » n'eus garde cette fois de ne pas faire publier la chose (2). »

Deux jeunes gens s'étant allés promener en mer, survient une tempête qui bientôt les met en péril, ils font un vœu à maître Vincent et sont sauvés. L'un dit : « Allons accomplir notre vœu ; » mais l'autre : « A présent » que nous sommes sauvés, je ne me soucie plus de maître Vincent. » Aus- » sitôt, il tomba demi-mort, comme frappé de la main de Dieu ; tous ses » membres se disloquèrent, il devint hideux à voir. Et tous, de lui con- » seiller d'accomplir son vœu au plus tôt, et de se recommander à Dieu » et à maître Vincent. On le mena au tombeau, et là il recouvra son » premier état (3). »

« Jean Le Barz, patron de barque, sortait du Morbihan, lorsqu'un » navire espagnol tout armé, venant de Belle-Isle, l'attaqua et le fit pri- » sonnier avec tout son équipage. Les hommes qui le composaient, voyant

---

(1) *Bretagne. Déposition du patient lui-même.*
(2) *Bretagne. Déposition de Jeanne Aufray.*
(3) *Naples. Déposition d'un officier valencien.*

» le danger, s'étaient recommandés à maître Vincent, sauf l'un d'eux,
» Jacques Lepetit. Comme le patron l'engageait à imiter ses camarades :
« Quel secours voulez-vous attendre de maître Vincent, répondit-il,
» puisqu'il n'a pu se secourir lui-même, vu qu'il est mort comme les
» autres? » Sur ces mots, sa bouche se contourna jusque sous l'oreille,
» il perdit la parole, tomba et resta ainsi environ deux heures. Le patron
» lui suggéra de nouveau de penser à maître Vincent, ce qu'il fit sans doute
» intérieurement, car il recouvra la parole. Toutefois, il garda toujours
» depuis une assez grande difficulté de parler, et une certaine difformité
» de visage. »

« Peu de temps après, ajoute le témoin, nous fûmes délivrés par des
» bretons de Penmarc'h.

» Et plusieurs autres vinrent confirmer l'histoire de Jacques Lepetit. »

Un certain clerc séculier, appelé Braban, originaire de Picardie, avait pris en haine maître Vincent et proférait contre lui toutes sortes de paroles outrageantes. Une Bretonne qui l'entendit, celle-là même qui fait la déposition, pria Dieu dans son cœur de faire que ce Braban eût besoin du secours de maître Vincent. Sa prière fut exaucée, car deux ans ne s'étaient pas écoulés que Braban était frappé de paralysie, il avait la bouche toute de travers. Mais un vœu fait à maître Vincent le remit en son premier état (1).

Ici va commencer le défilé des morts. La résurrection d'un mort, même quand on s'appelle Vincent Ferrier, n'est pas chose ordinaire ; aussi, les commissaires enquêteurs tiennent-ils à bien s'assurer, comme on va le voir, que les témoins ne s'en sont pas fiés aux apparences.

Messire Yves, abbé du monastère de Notre-Dame de Lanvaulx au diocèse de Vannes, avait un neveu âgé de seize ans auquel il ordonna un jour d'aller chercher des noix. L'enfant comprit qu'il s'agissait de grimper à un superbe noyer qui se trouvait dans le jardin du monastère. Il y mit l'ardeur de son âge, et voulut même atteindre un nid de pies, perché comme toujours au sommet des branches.

---

(1) Ces punitions d'insolents avaient eu quelquefois lieu aussi durant la vie de thaumaturge, s'il faut en croire le témoignage suivant :

Dicit etiam quod durante vita Magistri Vincentii et tempore quod erat in Britannia, domina tunc princeps Orantensis scripsit Dominæ quondam Ducissæ quod unus cliens de partibus sui principatus qui murmuraverat contra eumdem Magistrum Vincentium cum certis aliis in suâ prædicatione, et ob hoc ejus intestina ceciderant de ventre, qui postea et post quam cognoverat se errasse, et ab eodem Magistro Vincentio veniam petierat, precibus ejusdem Magistri Vincentii fuerat liberatus ab hujusmodi infirmitate. (*Déposition de Perrine de Bazvalen.*)

On ne tarda guère à venir dire à l'abbé que son neveu était gisant au pied de l'arbre. Vérification faite, il avait un bras et une cuisse cassés, et tout le corps brisé. L'abbé, le jugeant mort, n'eut d'autre pensée que d'invoquer et de faire invoquer par ses religieux maître Vincent, pour qu'il lui donnât au moins le temps de se confesser ; le vœu fait, l'enfant vécut et guérit.

Vient une longue file de témoins, Religieux et autres, attestant le fait.

« Comment savez-vous qu'il était mort ? » demanda-t-on brusquement à l'un d'eux, qui avait aidé à porter l'enfant.

« Je le suppose, car je l'ai vu rendant le dernier soupir comme font » les morts ; et dès lors il eut la coloration de la mort, le corps froid et » raide comme les autres morts, fort nombreux, que j'ai pu voir (1). »

Perrot Mauret dit que sa fille, âgée d'un an, fut attaquée d'un mauvais mal et mourut. Elle était morte depuis une demi-heure lorsqu'il la porta au tombeau de maître Vincent, qui la ressuscita.

Naturellement, on lui demande à lui aussi : « Comment savez-vous » qu'elle était morte ? » Et il répond comme tout le monde : « Je le sais » parce que, ayant assisté au trépas de beaucoup de gens, hommes et » femmes, ils présentaient tous les mêmes signes. Or, leur mort ne » faisait de doute pour personne. »

Jean Guerre était un Trécorois, archer du duc de Bretagne. Un jour de paye, il se prit de querelle avec des camarades, et reçut des blessures tellement graves qu'il fut laissé pour mort, « car, observe le » témoin, ce Guerre était un homme terrible et blasphémateur enragé : » cela le calma un peu (2). »

« Ledit Guerre devint froid et rigide, il n'avait plus ni parole, ni » souffle ; au jugement de tous les assistants, il était bien mort. Quelqu'un » lui fit le signe de la croix sur le front avec un cierge béni comme on » fait aux morts. Un autre lui mit des plumes sous les narines et à la » bouche, pour voir s'il respirait encore. Désolées de le voir ainsi mourir » sans confession, les personnes présentes firent un vœu à maître Vincent. » Le vœu était à peine formulé que le mort recouvra la parole (3). »

Le témoignage du prêtre Ollivier Le Bourdiec, appelé *in extremis*, mais trop tard, est encore plus explicite.

---

(1) *Déposition de Jean Le Maignen.*

(2) Dictus Guerre erat multum terribilis et blasphemator. Et post non fuit ita terribilis.

(3) *Déposition de Catherine de Guernezou et de Marguerite, sa fille.*

« Je l'ai palpé à la bouche, aux narines, au cou, au cœur, à plu-
» sieurs autres endroits du corps; il était partout glacé, dur et rigide
» comme sont les morts, et j'en ai beaucoup vu; il ne respirait plus,
» tous les muscles étaient détendus, le teint était bien celui d'un
» cadavre. Cela dura environ une heure; c'est ma conviction, et celle de
» tous ceux qui l'ont vu, qu'il a été vraiment ressuscité par maître
» Vincent. Je l'ai fait, sans hésitation, publier comme tel le dimanche
» suivant dans l'église de Vannes. »

Lorsque le miraculé lui-même eut recouvré la parole, on lui demanda
ce qu'il avait éprouvé. Dans ces brouillards de la mort, il avait vu des
choses singulières, assez voisines de la damnation. « J'affirme, dit-il,
» qu'au moment où des démons de formes diverses me tourmentaient
» le plus, j'aperçus maître Vincent, vêtu de blanc, qui me délivra et me
» *ressuscita*; à partir de ce moment, les démons cessèrent de me
» tourmenter (1). »

« Jean Coento, laboureur de Saint-Mollf, dépose que Perrine, sa
» femme, depuis longtemps infirme, perdit enfin la parole, la vue,
» l'ouïe et tout usage de pensée. Le soir de la fête de saint Pierre et de
» saint Paul, la croyant bien morte, parce qu'elle était froide partout
» le corps, ce que constatèrent aussi les personnes présentes, qu'elle ne
» respirait plus, avait les yeux tournés et la couleur d'un trépassé,
» enfin, tous les signes de la mort, que le témoin connaît bien, ayant
» assisté à beaucoup de morts, il sortit de sa maison et alla sur un
» monticule voisin d'où l'on apercevait le clocher de l'église de Vannes.
» Il se mit à prier humblement maître Vincent d'intercéder auprès du
» Très Haut, pour qu'il daignât ressusciter sa femme; rentré chez lui, il
» la trouva morte comme auparavant; il se mit alors de nouveau à
» gémir et à prier maître Vincent, et cela environ une heure. Au bout
» de ce temps, ladite femme ouvrit les yeux, parla, mangea, but et fut
» guérie. Le lendemain elle était sur pied, vaquant à ses affaires et ne
» sentant plus aucun mal. »

Cette grâce était bien due, sans doute, à un mari si persévérant. Et
la femme confirme la chose, sauf que tout est nuit pour elle jusqu'au
moment de sa résurrection.

---

(1) « Asserens quod videret dictum magistrum Vincentium in albis, et quod demones in
» multis speciebus ipsum vexaverant, quodque per dictum Mag. Vincentium liberatus et
» ressuscitatus fuisset, quodque ad adventum dicti Mag. Vincentii demones ab ejus vexa-
» tione cessaverant ». Jeanne Ruallin et Richard Le Fichant viennent affirmer la réalité
de cette mort, au moins selon tous les signes extérieurs.

Jean Morio, 35 ans, dépose qu'il a vu un enfant mort à la suite d'une chute dans un escalier.

« Il ressemblait, dit le témoin, à tout ce que j'ai vu d'agonisants et
» de trépassés. Il est resté ainsi plus d'une demi-heure. Le vœu fait,
» auquel j'ai assisté, l'enfant ouvrit l'œil droit, commença à parler, puis
» mangea. Le lendemain, il se promenait, et le dimanche d'après, rien
» ne subsistait de son mal. »

Ce miracle avait eu plusieurs témoins. L'un d'eux réédite la comparaison facile au pays du cidre; le crâne était *quasi unum pomum putridum*. Tous disent qu'il était bien mort, et que, voué à maître Vincent (*illico*), aussitôt, il se mit à manger.

Marion, femme de Guill. de la Rivière de Questembert, raconte que, menant au moulin un cheval difficile, le cheval ne voulut pas avancer; alors son jeune fils prit le cheval par la bride, mais celui-ci le frappa du pied si fort à la tempe que l'enfant tomba et pendant deux heures resta mort, si du moins les signes de la mort ne trompent pas, à savoir : « il ne remuait aucun membre, il ne respirait plus, il était froid et
» raide, le feu était impuissant à le réchauffer (1). »

Vivement recommandé à maître Vincent, il commence à parler, se recommande lui-même et se lève guéri. Et, tous les témoins de la scène affirment que l'enfant était bien mort.

« J'avais une fille qui tomba malade et mourut. C'est du moins ma
» conviction, car je fis faire la croix et le cercueil pour son enterrement.
» Mais, nous étant souvenus, dans notre chagrin, ma femme et moi, de
» la sainteté de maître Vincent, fîmes un vœu; l'enfant recouvra aussitôt la vie et ne ressentit plus aucun mal (2). »

« J'ai vu, durant l'année qui suivit la mort de maître Vincent, un
» homme et une femme venus de Normandie, avec un enfant alors
» vivant, mais qu'ils assuraient avoir été mort et ressuscité après un
» vœu fait en l'honneur de maître Vincent. J'ai entendu sonner les
» cloches pour célébrer le miracle (3). »

« Le Prieur du monastère de Val-du-Christ dit que beaucoup de
» Valenciens vont au tombeau de Vincent Ferrier, et en rapportent des
» merveilles. Et il narre l'histoire d'une femme que son mari, jaloux,

---

(1) Non movebat aliquod membrum nec emittebat anhelitum, nec aliquod spiraculum vitæ in eo apparebat, et erat frigidus et rigidus, nec poterat ab igne calefieri.

(2) *Déposition de Nicolas Le Comte, conseiller du duc de Bretagne.*

(3) *Déposition de Michel Macéot.*

» avait frappée de deux coups de poignard *de part en part*, et qui
» recouvra subitement la vie et la santé (1). »

Les faits suivants ont trait aux douleurs maternelles, toujours si émouvantes, et le caractère de foi invincible qui s'y mêle les rend plus touchants encore. Là, vraiment, l'amour est plus fort que la mort.

« Olivier Rouxel, de Vannes, perdit son fils Olivier. La mère, ne pou-
» vant croire au trépas d'un enfant qu'elle aimait éperdument, lui appro-
» chait un flambeau de la bouche et du nez, lui mettait aux pieds des
» briques brûlantes. Bien que tout fût inutile, elle ne voulut pas qu'on
» ensevelît le pauvre petit, et le garda près d'elle. Le lendemain, elle
» demanda à son mari s'il n'avait point été prier au tombeau du Saint.....
» Non, dit le mari. » Elle le supplia de s'y rendre aussitôt. Il y va faire
» brûler un cierge, et en rapporte un à sa femme pour qu'elle aille l'y
» faire brûler à son tour. Ne pouvant se résoudre à abandonner long-
» temps le cadavre aimé, elle court en hâte à l'église des Franciscains,
» qui était la plus proche, recommande son fils à Dieu, à la Sainte
» Vierge, à saint Vincent Ferrier, et laisse de quoi dire une messe. Au
» retour, sa fille vient à sa rencontre, et lui dit que l'enfant est toujours
» raide et glacé. Elle ne désespère pas encore, et voue de nouveau son
» fils à maître Vincent. Après quoi, entrant dans sa chambre, elle voit
» l'enfant qui lui tend les bras, et demande un fruit tout près de là,
» car, dit-il, il a faim. Folle de joie, elle oublie le fruit, et court annon-
» cer à son mari que leur fils n'est plus mort. Il vient, et l'enfant lui
» sourit. La mère alors présente le fruit. Et tous deux conduisent le cher
» petit ressuscité au tombeau du Saint pour le remercier. L'enfant, qui
» avait neuf ans, passa le reste du jour à jouer avec ses camarades. »

« Une autre mère était veuve. Son plus jeune enfant mourut ; mais,
» se souvenant des prédications de maître Vincent, qu'elle avait vu sou-
» vent pendant son séjour en Bretagne, et dont elle entendait chaque
» jour raconter des merveilles, elle prit le cadavre, l'enveloppa et le
» confia à un serviteur nommé Allenou, qui devait le porter à cheval
» jusqu'au saint tombeau ; elle-même suivait le triste convoi. Arrivés à
» l'église, elle prit le cadavre, et le posa sur la pierre du sépulcre. Puis
» elle pria, disant : « O maître Vincent, si vous êtes saint comme je le
» crois, comme nous le croyons tous, et si vous pouvez au ciel quelque
» chose, rendez la vie à mon enfant. »

» Quand sa prière fut terminée, l'enfant remua, *fit bon visage et*

---

(1) A parte posteriori ad partem anteriorem ; que mulier fuit sana et in sanitate permansit. — Razzano IV, 10.

» demanda des cerises que le domestique avait apportées. Tout mal
» avait disparu. « Il vit encore, ajouta l'heureuse mère, et il est ici, prêt
» à vous répondre..... » Et ce disant, elle nous amena son fils aîné,
» son autre fils Pierre, et Guillaume *le ressuscité*. Nous les avons
» examinés séparément, interrogés avec le plus grand soin. Après leur
» avoir fait prêter serment, leurs dépositions ont été en tout semblables
» à celle de leur mère. Chaque année, le jeune Guillaume revient au
» tombeau, et toujours il nous dit que c'est pour accomplir le pèleri-
» nage promis en reconnaissance de sa résurrection.

» Soit dit en toute vérité, sans obéir à intrigue ou subornation quelconque.
» Le peuple s'était porté en foule à l'église, et les cloches sonnaient à
» toute volée. Pas un doute ne s'élevait sur la mort de l'enfant et sur
» sa résurrection par les mérites de maître Vincent (1). »

Cette mère ne fut pas la seule heureuse ce jour-là ; et nous allons entendre la merveilleuse histoire d'un futur grand prédicateur du culte de saint Vincent Ferrier.

« Presque immédiatement après la résurrection de mon fils, arri-
» vaient à Vannes les parents d'un autre enfant âgé d'environ un an et
» demi. Sa mère prise, pendant une nouvelle grossesse, d'un désir fou
» de manger de la viande, l'avait, dans un accès de délire, coupé en
» deux, et on voyait encore les marques de la suture. Et les parents
» venaient au tombeau remercier maître Vincent de ce que, après un
» vœu fait en son honneur, les deux parts du petit corps s'étaient
» rejointes et l'enfant avait repris vie. »

A ce récit trop succinct, il convient d'en ajouter un autre.

« J'ai ouï raconter qu'à Vannes, une femme, sujette à des accès de
» démence, ayant à préparer un jour le repas de son mari, prit son
» petit enfant âgé d'environ quatorze mois, le coupa en deux, puis une
» moitié encore en deux, et en fit cuire une part. Elle servit à son
» mari ce ragoût préparé avec du safran et d'où émergeait une petite main.
» Éperdu de douleur, le mari sortit aussitôt et alla se jeter au pied du
» tombeau de maître Vincent. Il y resta jusqu'à la nuit, suppliant et
» pleurant. Les gens de l'église furent obligés de le prier de sortir ;
» mais quand il rentra chez lui, il trouva son fils jouant sous le lit,
» comme font les enfants, et conservant encore sur la partie de son
» corps qui avait été cuite une teinte safranée. Il retourna aussitôt à
» l'église avec lui, et l'offrit à maître Vincent. J'ai vu durant six jours

---

Bretagne. Déposition de noble Dame Olive de Coatsal.

» cet enfant vivant et bien portant; il gardait en effet certaines mar-
» ques sur le haut du corps. Et tout cela était public, notoire et su de
» tous à Vannes et aux environs. »

Interrogé sur l'époque, le témoin dit que c'était au temps du jubilé de Compostelle. Diago a fait la supputation du temps et place le prodige en 1420 (1).

Les témoins se succèdent, parlant encore d'enfants sauvés, d'incendies éteints. Et ils se sont trouvés au pied du tombeau parmi des foules de pèlerins, disant tous que, dans leurs paroisses respectives, maître Vincent était regardé comme saint, et que Dieu opérait par lui beaucoup de miracles, parmi lesquels je cueille encore celui-ci :

« Elle avait tous les signes de la mort : la bouche fermée, les yeux
» vitreux, pâle, froide et raide : tout le monde la tenait pour morte, etc.,
» maître Vincent la ressuscita (2). »

Que d'autres, dont les témoins répètent à satiété qu'ils étaient marqués des signes du trépas, qu'ils ne respiraient plus, qu'ils gisaient raides et cadavériques (3).

En dehors de l'enquête proprement dite, recueillons quelques faits encore. Bien que l'imagination se blase sur tout, même sur les prodiges, rendre la vie à un mort n'est pas un acte assez banal pour le passer sous silence.

## § 3 — *Au loin.*

ÉLOQUENCE MATERNELLE — DU BRUIT DANS UN CERCUEIL — L'AMBASSADEUR D'ESPAGNE — MIRACLES PAR GROUPES — QU'EST-CE QUE LE BRUIT PUBLIC? — UN MOT DE SAINT AUGUSTIN — PALAIS D'EXPOSITION — LES HÉROS D'HOMÈRE

Le chanoine François Castillon, auquel nous avons emprunté l'étrange histoire de Zamora, écrivait en 1470 : « Saint Vincent Ferrier ne cesse
» d'opérer des miracles; il nous en arrive de tous les côtés. A Bologne,
» un enfant de quatre ans s'était noyé. Sa mère, qui avait eu cet

---

(1) *Naples. Dép. de Quidam armorum rex nuncupatus de Valentia.*
Nous retrouverons cet enfant au Chapitre du Culte : devenu Dominicain il fut envoyé en Sicile où il prêcha avec grand succès la dévotion au thaumaturge. C'est Vincent Pistoia.

(2) *Déposition de Perrine Tudon.*

(3) En a-t-on jamais fait le calcul exact ? Saint Antonin dit : « Vingt-huit morts ressus-
» cités après le trépas du Saint. » Ce chiffre, déjà respectable et répété par tout le monde, est certainement au-dessous de la vérité.

» enfant après un vœu en l'honneur de saint Vincent Ferrier, exhala sa
» douleur dans une ardente prière :

« C'est par vous que je l'ai obtenu, ô Vincent, dit-elle, par vous il
» doit m'être rendu. Tu nous l'as donné une fois, il faut nous le donner
» encore. Tu as rendu féconde une épouse longtemps stérile, tu te dois
» à toi-même de venir au secours de la plus infortunée des mères. Que
» m'a-t-il servi de l'avoir engendré, si je devais si tôt le perdre ? il fal-
» lait ne pas nous le donner, plutôt que de l'enlever si prématurément,
» et par un tel malheur ! Que m'a-t-il procuré depuis sa naissance autre
» chose que des chagrins et des inquiétudes ? Ce n'est pas donner à une
» pauvre femme de la joie et de l'allégresse, mais bien un continuel
» souci et une souffrance ininterrompue. Pourquoi faire briller un
» rayon qui devait si tôt s'éteindre ? Pourquoi cet astre a-t-il paru sur
» l'horizon s'il devait si tôt arriver à son couchant ? Tu as pu un jour
» vaincre les lois de la nature, tu pourras, tu sauras encore, ô Père, le
» retirer de la mort par tes prières. Ce que tu as accordé aux supplica-
» tions de tant d'autres, accorde-le à cette mère qui t'en conjure. Mon
» enfant a vécu par toi, que par toi il revienne à la vie ! »

Vincent Ferrier ne pouvait évidemment pas résister à une pareille
éloquence. Pendant qu'elle parlait ainsi en pleurant, l'enfant commença
à respirer, et lui fut bientôt rendu sain et sauf.

Les registres du couvent de Bologne portaient, à la date du 15 avril 1481,
la mention suivante :

« Prise d'habit du Fr. Vincent, de Bologne, celui-là même qui fut
» ressuscité par les mérites de saint Vincent Ferrier, confesseur. » Nous
trouvons le même fait, relaté et commenté dans les *Mémoires historiques*
d'un religieux, mort à Bologne, en 1577 :

« Cette année (1564), dit-il, s'est tenu, dans ce couvent de Bologne, le
» Chapitre général de l'Ordre. On y a vu figurer un religieux, originaire
» de Rome, qui, à l'âge de sept ans, s'était noyé dans le Tibre, et avait
» repris vie par l'intercession de saint Vincent Ferrier. Lui-même prêcha
» dans notre église devant un concours immense de fidèles. Moi qui
» écris ces lignes, je l'ai entendu en divers endroits, et, chaque fois, je
» ne pouvais me défendre d'un mouvement de stupeur en voyant ce
» ressuscité (1). »

---

(1) 1481. Fr. Vincentius de Bononia (18 aprilis) ad habitum clericalem Ordinis receptus
est. Iste est quem Omnipotens Deus meritis S. Vincentii Confessoris a mortuis resusci-
tatus fuit (sic).
1564. Hoc anno celebratum fuit Capitulum generale fratribus numerosum..... in questo

Lopez de Salamanque racontait qu'à Saint-Pierre martyr, de Tolède, on allait enterrer un enfant, lorsque la mère s'écria : « Père saint Vincent, » ayez pitié de moi! je n'ai que ce fils. »

Aussitôt, les porteurs sentirent un mouvement dans la bière, l'enfant vivait.

Un aimable récit emprunté à Vidal y Micò : « Lorsque le roi » Alphonse V nomma ambassadeur, près la cour de Bretagne, André » Bojador, originaire de Lérida, le duc fêta son arrivée à Vannes par » un grand festin. L'ambassadeur avait à table, debout derrière lui, une » gracieuse jeune fille uniquement occupée à le servir. Elle avait été » ressuscitée par saint Vincent Ferrier ; la duchesse, qui l'avait prise » comme dame d'honneur, n'avait pas cru mieux honorer son nouvel » hôte qu'en lui rappelant ainsi la gloire du grand thaumaturge espagnol. » Fort touché de cette attention, l'ambassadeur en consigna le récit » parmi ses notes diplomatiques. »

Les récits de Vidal y Micò parcourent toute la gamme des misères qui accablent l'humanité, depuis la mort jusqu'à la maladie des vers à soie, toutes misères justiciables de saint Vincent Ferrier.

Et, comme si ce n'était pas assez des guérisons ou des résurrections particulières, des témoins disent que des villages entiers furent délivrés de divers fléaux (1), ou parlent de malades conduits par troupes au saint tombeau.

---

monastero di Bologna...... In questo Capitulo se li ritrovò quidam par'lus septennis romanus, ex voto habitu nostro indutus in memoriam S. Vincentii Confessoris, cujus meritis a submercione Tiberis ereptus fuerat. Concionatus est in Ecclesia nostra magno promiscui populi accursu, cum magno auditorum stupore : questo putto predicò in molti luoghi e monasterii di questa Città. Io Fra Ludovico Archista il sentii molte volte et ogni volta mi pareva il stupore della ntntnra. Fr. Ludovico da Prelormo (surnommé l'*Archista*), *Memorie storiche*, petit in-4º, 202 pages.

(1) Je prends dans Vidal un fait de ce genre, parce que j'en ai vu la preuve authentique. Le gros bourg d'Agullente fut frappé de la peste l'an 1600. La moitié de la population périt, le reste s'enfuit dans les cavernes environnantes. A quelque distance était une chapelle dédiée à saint Vincent Ferrier. Un jour, Jean Solvès, sacristain de la chapelle, aperçut de chez lui un Dominicain à genoux devant l'autel; la lampe, que la fuite des habitants avait depuis longtemps laissée sans huile, brillait d'un éclat inaccoutumé. Étonné, il sort pour constater de plus près le phénomène et parler au religieux. Celui-ci avait disparu. Un des principaux citoyens, André Calatayud, passait par là ; le sacristain lui fait part de l'événement; mais, incrédule comme saint Thomas, Calatayud veut voir à son tour : la lampe se détache doucement et vient se poser devant lui toute droite..... Il sonne la cloche à toute volée ; les habitants arrivent en foule. Oindre les pestiférés et leurs maisons de cette huile miraculeuse fut l'affaire de quelques heures; toute trace de fléau disparut. La municipalité fit vœu de célébrer tous les ans la mémoire de ce bienfait. Le procès-verbal est conservé aux archives locales. (Vidal y Micò, p. 474.)

« Je voyais chaque jour des gens venir nu pieds au tombeau de
» maître Vincent, rendant grâces des bienfaits reçus, et leur nombre
» croît, croît de jour en jour (1). »

« De la France, de l'Espagne et des autres pays, on venait en pèleri-
» nage au tombeau de maître Vincent, on y passait la nuit, et tous les
» pèlerins assuraient qu'ils avaient été guéris de maux divers (2).

» J'ai entendu lire dans l'église de Vannes une infinité de prodiges
» opérés au tombeau de maître Vincent : des morts ressuscités, des
» périls de mort conjurés, des possédés, des fiévreux, des sourds, des
» muets, des aveugles guéris (3). »

« Allain Philippot dépose que, devenu choriste de l'église de Vannes,
» il voyait tous les jours une multitude de pèlerins offrir toutes sortes
» d'ex-voto et publier les miracles opérés en leur faveur par l'interces-
» sion du Saint...... Que, chaque dimanche, on annonçait en chaire les
» prodiges opérés. C'était et c'est encore le bruit public que tous ceux
» qui invoquent maître Vincent sont exaucés. »

On pose à plusieurs cette subreplice question : « Qu'est-ce que le
» bruit public ? — Le bruit public s'établit lorsque les gens d'un même
» pays disent uniformément la même chose. — Et sans se troubler,
» l'un d'eux continua : Et j'ai vu des gens apporter des suaires, assurant
» avoir été ressuscités par les mérites de maître Vincent.

» Dès que quelqu'un est malade ou perd quelque chose, vite on
» recourt à maître Vincent, et le mal est réparé (4).

» En ce temps-là vint à Toulouse un saint religieux de l'Ordre de
» Citeaux, du monastère de Poblet, *valdè recollectus et magnæ devo-*
» *tionis vir*. Prêchant le dimanche après l'Épiphanie dans l'église des
» Frères Prêcheurs, il se mit à faire l'éloge de Fr. Vincent et à
» raconter les innombrables miracles accomplis par lui. A la fin du
» troisième sermon, en présence d'une immense foule, il ne craignit pas

---

(1) Et dicit quod dictim videt plures venientes tam in albis quam nudis pedibus ad sepulcrum dicti Mag. Vincentii, reddentes gracias sospites inde redeuntes, et quod ad ejus sepulcrum de die in diem crescit, crescit, concursus populi (*Déposition de Jean Cadoret*).

(2) *Déposition de Michel Macéot.*

(3) *Déposition d'Ollivier Le Bourdiec.*

(4) *Déposition de Pierre Floc'h.*
Le prêtre sacristain de l'église de Vannes apporta aux commissaires enquêteurs tout un volume composé par lui des merveilles opérées pendant quatre ans au tombeau du Saint. Elles sont telles, dit-il, et en si grande quantité, qu'il n'est pas possible de les spécifier. Il pria toutefois qu'on veuille bien lire son travail, assurant sous la foi du serment que ses récits sont de la plus scrupuleuse fidélité.

» d'avancer qu'il n'est pas un miracle accompli par les saints, que
» maître Vincent n'ait fait à son tour (1). »

Louis de Grenade va jusqu'à dire qu'il faisait des miracles comme nous pouvons lever la main. Celui-là seul pourrait les compter, qui compte les étoiles.

Il y a du reste un argument négatif plus fort que toutes les affirmations et même que les chiffres. « *On n'y faisait plus attention.* « *Illa non mirantur homines quia frequentia sunt, et tamen mirabilia sunt.* Les hommes n'admirent plus ce qu'ils voient fréquemment, quelque merveilleux que ce soit. » (Saint Augustin.)

La vérité est que tous les historiens s'y sont lassés, qu'ils ont eu beau varier les formules, se borner à certaines catégories ou à certains pays pour ne pas être submergés, il a fallu s'arrêter. La simple énumération a fatigué même les scribes. Le nombre seul des malades guéris en se couchant sur le matelas du Saint monta à quatre cents.

Quand on a dit un certain nombre de fois : malade, il fut guéri, mort il ressuscita, il ne reste plus que le recours à l'éloquence des chiffres. Or, les chiffres, nous les connaissons.

Si l'on réunissait tous les ex-voto provenant des miracles opérés par saint Vincent Ferrier, un palais d'Exposition, si grand qu'il fût, ne suffirait pas à les contenir (2).

Homère a pu, avec la bouderie d'un héros vulgaire, faire un chef-d'œuvre qui n'a jamais été surpassé ; et nous sommes tenus en admiration par ces conseils des dieux s'occupant des choses humaines et venant eux-mêmes aider la faiblesse des mortels ; que ne ferons-nous pas avec nos saints, ces gigantesques héros que Dieu revêt ici-bas de sa toute-puissance ?.....

Cette comparaison me hantait l'esprit lorsque j'ai trouvé au frontispice de l'histoire des *Hommes illustres des Frères Prêcheurs*, les vers suivants :

---

(1) *Toulouse. Déposition de Hugues Nigri,* grand Inquisiteur de France.

(2) Une légèreté frondeuse sourit avec dédain de la foi qui s'attache aux miracles de saint Vincent Ferrier : un jour, dans une nombreuse réunion, le P. Lacordaire racontait un de ces miracles, un de ceux qui paraissent les plus bizarres. Un auditeur levait les épaules : « N'est-ce pas, Monsieur, lui dit finement l'abbé Desgenettes qui se trouvait là, » n'est-ce pas que le bon Dieu n'en pourrait faire autant ? »
Il n'y a pas à s'occuper des contradictions venues de l'ignorance ou du préjugé, mais il est curieux d'observer le changement qui s'opère chez des hommes réfractaires d'abord, mais droits et réfléchis, lorsque quelque circonstance les amène dans les milieux où la tradition de ces faits merveilleux est restée vivante, en Espagne, par exemple.

Jam Troes cantare sinat belloque superbos
Graiugenas docto carmine Mæonides ;
Facundus sileat jam gesta insignia narrans
Romulidum grandi Livius historia,
Pallados omnigenæ cultrix, virtutis imago,
Emicat alma ducum nam nova progenies

# CHAPITRE XI

## CULTE ET RELIQUES

### § 1 — *Culte dans l'Église.*

CANONISATION ANTICIPÉE — BREF DE CALIXTE III — LE CULTE A VANNES — PROGRESSION RAPIDE DES RITES — L'ESPAGNE INTERVIENT — OFFICE OBLIGATOIRE — LES LUNDIS ET LES VENDREDIS — FORMULES LITURGIQUES

Les peuples canonisèrent Vincent Ferrier, même de son vivant. Nous avons entendu sur ce point des témoignages officiels sans ambages. L'Église a besoin de cette voix du peuple chrétien pour donner la *sanction* qui fait les Saints du calendrier.

Yves, abbé de Saint-Sauveur de Redon, atteint de pleurésie, allait mourir, lorsque l'idée lui vint de faire dire par ses religieux une messe de *Spiritu Sancto* avec mémoire de *saint Vincent Ferrier*, et promesse, *lorsqu'il serait canonisé*, de lui faire faire un beau portrait. Il s'endort là-dessus et se réveille guéri (1).

L'évêque de Mayorque raconte que, confessant un clerc malade à mort de la peste, il lui conseilla de faire fabriquer, comme vœu à Vincent Ferrier, une image de cire de sa hauteur et de son poids, que l'on mit près de *l'autel du futur Saint*.

« La nuit suivante, le moribond vit apparaître maître Vincent, qui l'assura de sa guérison immédiate, laquelle fut constatée au matin par les médecins (2). »

A Vannes, devant son tombeau, presque immédiatement après sa mort, un autel fut élevé, où l'on célébrait couramment la messe en son honneur. Le duc Jean V avait institué à cet effet une rente annuelle de 50 livres, payables au Chapitre, sur le revenu d'un moulin situé en la paroisse de Baden. L'acte notarié à Nantes est du 10 avril 1430.

---

(1) *Déposition du patient lui-même.*

(2) Quam prope ejus altare reponi faceret. Et nocte sequenti dixit se vidisse Magistrum Vincentium sibi apparentem et dicentem quod confideret in Deo et D. N. J. C. quoniam ipse erat liberatus, et de mane dictus testis et medici invenerunt eum sanum.

Dom Morice, dans ses *Archives de Guémené*, rapporte qu'en 1434, le 13 octobre (1), Isabelle, duchesse de Bretagne, fonda à perpétuité une messe à célébrer dans la cathédrale de Vannes, à l'autel de saint Vincent Ferrier, et légua pour le salaire de cette messe 2000 écus d'or. Le vicomte de Rohan donna au Chapitre de Vannes, pour réaliser cette libéralité, 163 livres de rentes sur sa seigneurie de Plouha et de Plouezec.

Aux *documents de l'Histoire de Bretagne*, dom Lobineau mentionne diverses offrandes du même genre.

Et ce n'est pas seulement à Vannes et en Bretagne. A peine la mort du Saint fut-elle connue, qu'il fut honoré dans tous les pays où il avait prêché, c'est-à-dire dans toute l'Europe occidentale; et partout, les rapports officiels signalèrent une quantité énorme d'ex-voto, de statues et d'autels, en son honneur (2).

Inutile de dire que Vannes continua de son mieux le culte de Vincent Ferrier lorsqu'il fut placé sur les autels par l'Église elle-même. Calixte III n'eut pas le temps de publier la Bulle de canonisation, mais il adressa en particulier à l'Église de Vannes, un Bref qui est à la fois un témoignage d'estime et un encouragement.

« Oui, disait-il, l'Église se réjouit d'avoir donné naissance à un tel
» fils, et la patrie céleste est heureuse aussi de l'arrivée d'un si noble
» hôte. Qu'ils se lèvent donc tous les amis de la foi et célèbrent sa
» fête avec dévotion, afin que lui-même les recommande à Dieu avec
» tous les égards mérités.

» Désirant que, dans la cathédrale de Vannes, où repose le corps du
» bienheureux Vincent, le culte divin soit entretenu et reçoive de con-
» tinuels accroissements, à tous ceux qui visiteront dévotement ladite
» église au jour de la fête de saint Vincent, et contribueront à son
» entretien, Nous accordons une indulgence de quarante années et
» autant de quarantaines. »

Cette indulgence était accordée à perpétuité. La bulle est datée de Saint-Pierre de Rome, l'an 1458, 27 mai. Calixte III mourait le 8 août suivant.

Le 6 septembre de chaque année, jusqu'à la Révolution, Vannes a

---

(1) Vincent Ferrier ne fut canonisé que onze ans plus tard.

(2) A ces mots de la Bulle de canonisation *Votorum emissionem*, le P. Brémond fait cette remarque : *Hinc ingens ille numerus anathematum seu donorum quibus ubique terrarum ornantur altaria, statuæ ac imagines S. Vincentii.*

célébré en fête chômée la translation des reliques de saint Vincent Ferrier. Depuis, cette fête se solennise le premier dimanche de septembre.

De la fête principale, le 5 avril, les évêques de Vannes ont tenu à faire aussi une fête d'obligation pour tout leur diocèse; mais, comme cette date coïncide presque toujours avec les solennités pascales, Mgr de Bertin la transféra au 5 mai par ordonnance du 9 novembre 1757.

Au temps de Guyard (1637), la fête du 5 avril était très solennelle à Vannes; durant toute la nuit, les mères faisaient baiser à leurs enfants le tombeau du Saint et lui consacraient leur avenir. C'est là que se trempait la jeunesse bretonne.

Et le naïf historien nous décrit le cérémonial du jour. « A minuit,
» procession fondée par Jean Morin, autrefois président du présidial de
» Vannes, et Jeanne Hutteau, sa compagne.
» L'on sort processionnellement de la sacristie; on va au tombeau
» prendre le chef de saint Vincent, l'on y chante un motet, ensuite le
» verset et l'oraison, puis on sort du tombeau par le côté de saint
» Barthélemy, en chantant *Iste confessor*, alternativement avec l'orgue
» en faux bourdon; puis on vient mettre le chef sur l'autel de la paroisse;
» on y chante en musique le *Regina cœli lætare*, et l'officiant dit l'orai-
» son, après quoi on chante *De profundis* en faux bourdon. Avant la
» procession on sonne les glas, et pendant la procession, on sonne la
» grosse cloche en branle. Le lendemain, l'officiant dit une messe
» basse. »

Des désordres ayant eu lieu, le Chapitre ordonna de faire cette procession la veille, à 5 heures du soir.

La nouvelle de la canonisation de saint Vincent Ferrier fut une joie pour le monde entier. Partout elle fut célébrée avec le plus grand enthousiasme, dont l'écho se retrouve dans les archives locales.

Les Souverains Pontifes encouragèrent d'ailleurs son culte de tout leur pouvoir. De précieuses faveurs spirituelles, rares alors, furent promulguées.

Dès 1472, Sixte IV accordait à tous ceux qui visiteraient son église à Florence (couvent des Tertiaires) le jour de sa fête, sept ans et sept quarantaines.

Le peuple chrétien construisit des églises sous son vocable, les municipalités reconnaissantes le prirent pour patron des villes dont elles avaient la charge, ses frères en religion élevèrent sur tous les points du globe des monastères en son honneur.

Le Chapitre général des Dominicains, tenu à Rome, en 1468, porta parmi ses *Inchoationes* l'ordonnance suivante :

« Nous voulons que, dans tous les couvents de notre Ordre et dans
» tous nos martyrologes, la fête du bienheureux Vincent Ferrier soit
» annoncée pour le 5 avril en ces termes : « Mort du bienheureux Vin-
» cent Ferrier, confesseur, né à Valence. Dès son adolescence, fermant
» prudemment l'oreille aux appels trompeurs du monde, il entra dans
» l'Ordre des Frères Prêcheurs. Après s'y être exercé à l'étude et à la
» pratique de toutes les vertus, il partit pour prêcher, en homme vrai-
» ment apostolique, la parole de Dieu aux divers peuples de la terre,
» non sans mêler à sa prédication un grand nombre de prodiges. Enfin,
» plein de jours et doué de l'esprit prophétique, il mourut à Vannes,
» où son tombeau, devenu magnifiquement glorieux, grâce aux miracles
» innombrables qui s'y opèrent, atteste sa sainteté.

Pour couper court à des demandes qui n'en finissaient pas, Pie V lança, le 28 juin 1571, un Bref par lequel il permettait universellement l'office de saint Vincent Ferrier, et accordait pour le jour où il se ferait, cinq ans et cinq quarantaines d'indulgences.

L'Espagne, qui déjà honorait de toutes ses pompes un Saint si glorieux pour elle (1), voulut que l'univers entier le fêtât obligatoirement. Pie V n'avait donné qu'une permission.

« Notre Saint-Père le Pape Clément IX, ayant proposé à la Sacrée
» Congrégation des Rites une demande faite au nom de Sa Majesté Catho-
» lique la reine d'Espagne, par son ambassadeur le marquis d'Astorga,
» et tendant à insérer dans le Bréviaire romain l'office de saint Vincent
» Ferrier, des Frères Prêcheurs, la Sacrée Congrégation a décidé que tous
» ceux qui sont tenus à la récitation des Heures canoniales, tant séculiers
» que réguliers, devraient désormais faire l'office de saint Vincent Ferrier
» sous le rite semi-double, sur quoi Sa Sainteté a permis la promulgation
» du présent décret (29 novembre 1668). »

---

(1) J'ai sous les yeux son office composé à l'usage de l'Église d'Elne, imprimé à Barcelone en 1511, et celui de Tortose en 1524. Voir document 24.
Sa neuvaine, qui va parfois jusqu'à vingt et un jours, comme à Calatayud, est universellement célébrée. Concours, miracles, rien n'y manque. La première fois qu'on la fit à Palencia, deux enfants morts ressuscitèrent, et une femme hydropique fut guérie.
On célèbre aussi, en certains endroits, les sept vendredis qui précèdent sa fête. Chacun de ces vendredis, quiconque prie dans quelqu'une de nos églises, gagne sept ans et sept quarantaines d'indulgences, et une indulgence plénière l'un des sept vendredis à son choix.
Outre son office au bréviaire Dominicain, plusieurs hymnes ont été, en divers pays, composés en son honneur; je donnerai, aux pièces justificatives, la *prose* qui se chantait à la messe solennelle. — Voir Appendice *I*.

Diverses églises demandèrent un rite plus solennel, notamment Messine, aux syndics de laquelle Paul III répondit favorablement, en date du 5 septembre 1536.

Et Benoît XIII, de sainte mémoire, qui imposait les mains aux malades, avec la formule et l'invocation de saint Vincent Ferrier, non sans résultats, ordonna, en date d'avril 1726, que sa fête fût célébrée sous le rite double par l'Église universelle.

Outre les fêtes solennelles, le Chapitre des Dominicains, tenu en 1644, ordonna au couvent de Vannes et à ceux de la Congrégation de Bretagne, de faire l'office de saint Vincent tous les mercredis qui ne seraient pas empêchés; et Clément X, à la demande de notre pieux cardinal Marie des Ursins, concéda que tout l'Ordre en récitât l'office les premiers lundis ou les premiers vendredis de chaque mois qui seraient vacants. Daté du 19 novembre 1674.

De là sont nés, évidemment, le privilège de la messe votive du Saint, messe tant en honneur dans le Nouveau Monde, et la dévotion si répandue des sept vendredis précédant sa fête, sanctionnée avec indulgences, par le Pape Benoît XIII, le 6 février 1726.

Notre bullaire est plein d'actes pontificaux accordant aux églises particulières ou aux couvents, des indulgences, des translations de fêtes, des privilèges, etc., en l'honneur de saint Vincent Ferrier.

En somme, son culte a suivi, dans l'Ordre de Saint-Dominique et dans l'Église, la progression des Saints les plus considérables.

La liturgie a consacré les formules de bénédiction dont il se servait. Les champs et les vignes sont mis sous sa protection par une série de très belles prières. On l'invoque contre la foudre et les tremblements de terre selon un rite spécial; enfin, l'eau se bénit tout particulièrement en son nom.

Au petit formulaire officiel dont nous nous servons, ce qui a trait à saint Vincent Ferrier va de la page 14 à la page 29.

Comme durant sa vie, tout ce qui afflige l'humanité, y compris les bêtes nuisibles, est justiciable de sa toute puissante intercession.

## § 2 — *Culte à Valence.*

PROPHÈTE DANS SON PAYS — « CALLE SAN VICENTE » — MIRACLE DE BIENVENUE — PREMIÈRE CHAPELLE — JUBILÉ LUCRATIF — DEUX BIBLES — LE MOCADOR — LES RESTES DU COUVENT — LE BREF « GLORIOSUS » — ÉCHANGE DE BONS PROCÉDÉS — POIGNÉE DE MIRACLES — LE PORTRAIT — LES STATUES — LE PROTECTEUR — VALENCE LA BELLE

L'histoire détaillée des honneurs rendus à saint Vincent Ferrier serait à elle seule un ouvrage de longue haleine. En règle générale, il faudra nous contenter d'indications sommaires; mais il faut faire une exception pour Valence. Valence a, de son mieux, rendu à son illustre enfant l'honneur qu'il lui a procuré.

Si le proverbe : *nul n'est prophète dans son pays*, est une épigramme contre les patries ingrates, Valence ne fut point ingrate; s'il repose sur les ombres mêlées nécessairement à l'enfance des héros toujours humains par quelque endroit, l'enfance de notre Saint n'eut point d'ombre.

Il existe à Valence une *Calle san Vicente*, c'est la rue Saint-Vincent Martyr. Si vous demandez pourquoi il n'y a pas de rue Saint-Vincent Ferrier, on vous répond : « *Toda Valencia es de san Vicente Ferrer.* » Valence tout entière appartient à saint Vincent Ferrier! »

Valence recevait Vincent Ferrier, comme Rome ses triomphateurs; et il est encore, de la façon la plus vivante, « *gloria y delicias del » Valentino pueblo.* »

L'absence de leur Saint est une douleur toujours vive pour les Valenciens. Si ses restes étaient rapportés à Valence, ce serait une joie absolument délirante. Après les fêtes incomparables du *Corpus*, sa fête est la plus splendidement célébrée; sa maison natale est aussi fréquentée que le temple de la Vierge de *Los desemparados*, où il a, du reste, la place d'honneur à côté d'elle.

Nombre de magasins portent, appendue, l'image de *san Vicente Ferrer*. Pas une famille qui ne le regarde, à un titre ou à un autre, comme un protecteur toujours actif.

Dès que Vincent Ferrier fut canonisé, son culte prit tout de suite à Valence de grandes proportions. Le 1er février 1456, dimanche de la Sexagésime, eut lieu la fête de la canonisation. La procession solennelle, partie de la cathédrale, se dirigea vers le couvent des Dominicains. On portait la chape du nouveau Saint. Comme toujours, le miracle intervint. Un jeune garçon, tombé du clocher, ne se fit aucun mal (1). Il est vrai qu'il s'appelait aussi Vincent. La municipalité de Valence décida que, chaque année, la fête du nouveau Saint serait jour férié, sans travail, et fêté avec toute la solennité possible (2).

Et un peu plus tard :

« Le Conseil étant assemblé, un des honorables conseillers, Rambaud
» de Cruilles, a rappelé que, au dernier Conseil, tenu la veille de la
» Quinquagésime, il avait été dressé acte d'une supplique émanant du
» couvent des Frères Prêcheurs, et portant qu'ils avaient décidé
» d'élever un beau rétable en l'honneur du bienheureux Vincent Ferrier,
» mais qu'ils ne pouvaient exécuter ce dessein sans une subvention et le
» secours des fidèles. Il priait en conséquence l'honorable Conseil de
» voter à cet effet quelque subside pour l'amour de Dieu et du Saint. Le
» Conseil, ouï cette proposition et l'exposition des motifs, considérant
» que ledit Saint était fils et naturel de Valence, à laquelle Notre-Sei-
» gneur a fait tant de bien, etc..., accorde le subside. »

Un rétable était peu de chose, il fallait un vrai monument. Aussi, en 1460, le couvent commença-t-il la chapelle de saint Vincent Ferrier, celle où furent transportés son père et sa mère, celle que la Révolution a respectée, et qui sert aujourd'hui d'église aux soldats de la garnison. Cette chapelle paraît n'avoir été achevée qu'en 1473, car, cette année-là, la procession du 5 avril, fête du Saint, s'y arrêta pour la première fois, et les mémoriaux du temps relatent cette solennité comme ayant été célébrée avec une pompe et un éclat sans pareils (3).

Mais cette chapelle, bâtie sur le terrain de l'ancien réfectoire, n'était pas assez belle au gré des Valenciens. En 1536, les religieux obtinrent un Jubilé par lequel tout fidèle visitant cette chapelle et donnant une aumône, depuis les premières Vêpres du 9 mars 1536, jusqu'à soleil couché du lendemain, pourrait gagner l'indulgence plénière. Ce Jubilé, publié à Valence, en Catalogne et en Aragon, produisit 1156 livres, 15 sols, 9 deniers.

---

(1) « En lo dit any primer dia de febrer feren processio per san Vicent, de la seo al
» monestir de predicadors e portaren la sua cappa. Loqual fonch canonizat lo dia de sar
» Pere y san Pau en roma per papa Callixt : e aquell dia caygue un fadri que die
» Vicent del campanar de Predicadors, e nos feu nigun mal. » *(Mémoire contemporain.)*

(2) Au volume 37 du *Manuel des conseils*, en date du 3 avril 1456.

(3) Les *Mémoires Manuscrits des Archivistes*, Falco et Sala, fort volumineux, sont remplis de détails relatifs au culte de *san Vicente Ferrer*, et, à l'appui, des documents originaux en Catalan. On y voit, par exemple, que le rétable doré de sa chapelle, tel qu'il existe encore, fut posé le 16 avril 1611 ; il coûta 250 livres.

En 1574, doña Angela Montagut de Villanova donna la grille. Le rétable fut payé par un riche citoyen. On y voit des tableaux représentant les miracles du Saint, ou ses parents. Ils sont de Vic. Salvador. Le tableau de droite, qui représente la prophétie des bateaux, est une vraie collection de portraits, tant religieux que laïques. A gauche, est un beau tableau du compromis de Caspe.

La lampe fut donnée par le marquis de Legañez. Les fresques furent faites par J.-B. Baiùco, en 1692.

Cette chapelle, trop petite encore, fut refaite en 1772. Les fresques actuelles sont de Vergara. Fr. Alberola sculpta la coupole. Les statues sont l'œuvre de Joseph Pujol. Elle coûta en tout 42 875 livres, 15 sols, 10 deniers. Elle fut dédiée le 23 avril 1781. C'était le lundi de Quasimodo. Une religieuse des *Catalinas*, Suor Ant. Real, fut guérie ce jour-là de douleurs intenses. On en publia la relation circonstanciée.

Indépendamment des reliques proprement dites, dont nous parlerons au paragraphe suivant, Valence possède, dans sa bibliothèque publique, la Bible qui fut donnée à Vincent Ferrier par Benoît XIII. Ce sont deux volumes splendides, in-folios manuscrits, de cette belle écriture du moyen âge, qui a servi de modèle à nos incunables ; le tout sur parchemin d'une finesse extrême, semblable à nos meilleurs papiers glacés.

Sur une colonne, le texte sacré, et, en regard, les commentaires qu'en ont donnés les docteurs, plus quelques notes marginales sobres, de la main de Vincent Ferrier. La plupart ont été coupées en guise de relique.

Tout en le regrettant, je n'ose trop blâmer les audacieux : c'est moins coupable que de voler les livres eux-mêmes et de piller les couvents. Telle quelle, cette Bible est un travail sans prix (1).

Il y a, dans le trésor de la cathédrale, une autre Bible de Vincent Ferrier, plus portative, et n'ayant que le texte. Elle paraît lui avoir servi d'oreiller. Le même trésor renferme aussi sa chape (2).

---

(1) On lit en caractères gothiques sur la couverture : Ista Biblia estofata fuit S$^{ti}$ Vincentii Ferrarii Ord. Praedicatorum in sacra pagina magistri, quam sibi dedit sanctissimus in Christo pater Benedictus Papa XIII, cum esset confessor suus.

(2) Le 24 juin 1544, l'inventaire de la sacristie du couvent relevait deux grandes statues, dont l'une de saint Vincent Ferrier, avec un pied de cuivre et reliquaire au bas ; un autre reliquaire en forme d'ostensoir contenant un os de saint Vincent Ferrier ; une boîte d'argent doré avec quatre lions aux pieds, et contenant son cilice ; deux souliers, l'un garni d'étoffe d'or, l'autre de brocart : on le portait aux malades ; un bonnet de saint Vincent Ferrier aussi garni de brocart, et que l'on portait également aux malades ; une tunique et un cordon ; un morceau de son scapulaire. Cet inventaire est complété par celui qui fut fait le 4 septembre 1681, où l'on trouve, de plus, un coffret couvert d'étoffe verte contenant une aube dont s'était servi le Saint.

Les comptes municipaux attestent que, maintes fois, la ville prit à sa charge l'ornementation de l'église du couvent, et notamment de la chapelle de saint Vincent Ferrier; c'est un courant de sympathie qui ne se dément jamais.

A cette heure même, les fêtes annuelles de *San Vicente Ferrer* sont vraiment superbes. Toutes les confréries, toutes les paroisses y prennent part. Toute la ville est pavoisée. Il est des rues qui disparaissent complètement sous les tentures, les fleurs, les inscriptions, les oriflammes. Telle est la *Calle del milagro*, où s'accomplit l'épisode de *Mocador*. Le Saint prêchait sur la place du Marché : « Du Secours! dit-il, s'interrom-
» pant tout à coup; il y a par ici une misère qu'il n'est que temps de
» soulager. — Où Père? répondirent cent voix. — Suivez mon mouchoir. »
Et le mouchoir, volant par les airs, alla se poser tout en haut d'une maison à plusieurs étages. On y courut : dans une mansarde gisaient de pauvres petits orphelins, mourant de faim. La ville les adopta. Et c'est ainsi que des choses qui nous paraissent ridicules ou invraisemblables demeurent là-bas, à travers les siècles, l'objet d'une créance démonstrative au premier chef.

On peut juger de la magnificence de notre couvent à Valence par ceci, que l'église avait 34 chapelles et en outre 12 autels, non compris la chapelle de saint Vincent Ferrier, la seule qui ait été conservée. Parmi l'aménagement informe de la caserne, on reconnait quelques débris des grands cloîtres. La salle du Chapitre, soutenue par deux colonnes en palmier, belle image du juste, est encore entière.

En 1565, l'évêque de Valence, Martin de Ayala, réforma le calendrier de son diocèse et supprima l'obligation de fêter saint Vincent Ferrier. Peut-être était-ce une habileté. Les jurés et la ville tout entière s'émurent, on dressa une supplique à saint Pie V, alors pontife suprême. Il répondit, en date du 24 mai 1567, par le bref *gloriosus in sanctis suis*, dont j'extrais les fortes paroles qui suivent : « La fête du bienheureux Vincent Ferrier
» se célébrait de temps immémorial en grande solennité et dévotion
» dans la ville et dans toute la province de Valence. Pour des motifs
» que nous ignorons, le Synode provincial, tenu par l'archevêque et ses
» suffragants, a cru devoir supprimer cette fête, à la grande tristesse des
» fidèles. Leur bien spirituel en a souffert, et le culte d'un Saint si honoré
» jusqu'à ce jour risquait de tomber dans l'oubli. C'est pourquoi, prenant
» en considération l'honneur dû à un si grand ami de Dieu, et les désirs
» des pieux fidèles, en vertu de notre autorité apostolique, nous
» ordonnons que la fête de saint Vincent Ferrier soit solennisée à perpé-

» tuité dans la ville, le diocèse et la province de Valence, et que le jour
» où elle tombe soit un jour de férie. Nous voulons que cette fête soit
» remise au catalogue des fêtes solennelles, et nous entendons qu'elle ne
» puisse jamais, ni sous aucun prétexte, en être ôtée. »

En conséquence, le Synode de 1577, tenu par le bienheureux Patriarche de Ribera, « vu le lien étroit dont Valence est attachée à saint Vincent » Ferrier, son enfant et son patron, décida que sa fête serait célébrée dans » le diocèse à l'instar des fêtes de précepte (1). »

Mais, comme cette date du 5 avril tombe presque toujours dans les fêtes de Pâques, en 1594, l'archevêque et le Chapitre de Valence demandèrent à Clément VIII la translation de la fête au lundi de Quasimodo. Ce qui fut accordé par un bref daté du 20 septembre 1594.

Jusqu'aux brutales spoliations de 1835, il était difficile de déterminer qui l'emportait de l'amour des Valenciens pour leur Saint, ou des preuves de protection que celui-ci leur prodiguait. La peinture, la sculpture, l'art théâtral, l'éloquence et jusqu'à la pyrotechnie, multipliaient sans cesse, sous les yeux de ces peuples reconnaissants, les innombrables bienfaits de *san Vicente Ferrer* : disette, peste, tremblement de terre, afflictions, besoins, maux de toutes sortes, il guérissait tout, et quiconque l'invoquait était toujours consolé. On composa un gros volume des miracles accomplis à Valence seulement, principalement le jour de sa fête. Nous en extrayons quelques-uns.

Le jeune Jean-Louis Bertrand voulant fabriquer des fusées, une étincelle tomba dans la poudre, qui lui brûla horriblement le visage. Sa grand'mère, Ursule Ferrer, va tout de suite prier à la chapelle du Saint. Au retour, elle trouve l'adolescent guéri. Devenu homme, il fut atteint d'une grave maladie, et voilà que, dans la nuit où l'on n'attendait plus que sa mort, saint Vincent Ferrier lui apparut, l'assurant d'une longue vie. Veuf, il voulut entrer à la Chartreuse de *Porta Cœli*. Sur la route, il rencontra saint Vincent et saint Bruno, qui lui dirent que ce n'était pas sa vocation ; il retourna, épousa Angela Exarch. De ce mariage. naquit saint Louis Bertrand.

Au mois de juin 1511, un enfant de quatre ans tomba dans le conduit d'eau du moulin de Bovella. Après l'avoir cherché longtemps, on le

---

(1) Nemo sane est qui ignoret quantum valentina civitas Domino Vincentio Ferrario civi suo et patrono sit devincta, quantaque illum veneratione, non ipsa solum, sed et totum regnum prosequi debeat. Quare statuimus ut ejus festum in tota hac diœcesi celebretur et colatur, ipsumque catalogo colendorum festorum hoc nostro decreto reponimus.

trouva noyé : sa mère, en larmes, le porta à la chapelle du Saint ; il reprit vie.

La fille de Louis Marc, marchand, estropiée des bras et des jambes et, de plus, étique, portée à la même chapelle, revint au logis sans le secours de personne.

Le même jour, une autre femme obtint la guérison de son enfant mourant, après avoir fait chanter les Laudes de saint Vincent Ferrier.

Théodora, fille de F. Suarez, âgée de cinq ans, tomba d'un escalier et demeura difforme, bossue de la poitrine et du dos. Elle resta cinq ans dans cet état, clouée sur une chaise. Un jour qu'une procession en l'honneur de saint Vincent Ferrier passait devant la maison, son frère lui dit de se recommander au Saint ; elle le fit, promit un cierge et pria. Puis, elle fit quelques pas, soutenue par son frère, et, quand son père rentra de la procession, elle se jeta à son cou, disant qu'elle était guérie. Quelques heures après, il ne restait plus rien de son mal. On publia ce prodige. Un *Te Deum* fut chanté dans la chapelle du Saint, et l'archevêque Alliaga fit faire une constatation officielle.

En 1618, Valence était affligée d'une extrême sécheresse ; les prières n'obtenaient rien. Pendant ce temps, Vincent Villaraza, enfant de huit ans, tomba malade de fièvres malignes et bientôt fut réduit à l'extrémité ; son père quitta la maison pour ne pas le voir mourir, le laissant aux soins d'une tante. Tout d'un coup, la nuit, l'enfant s'écria : « Tante ! le Saint ! » Interrogé sur ce qu'il voulait dire, il ne fit que répéter les mêmes paroles. Son père et d'autres personnes furent appelés. « Quel Saint vois-tu ? » Et il montrait du doigt un endroit, disant que le Saint était vêtu de noir et de blanc, et tenait le bras levé. A ce signalement, on reconnut Vincent Ferrier. « Te dit-il quelque chose ? — Il me dit que je vais être guéri, et qu'il pleuvra demain. » Ce qui arriva. La pluie dura trois jours.

Doña Angela Ribelles, baronne d'Alcudia, fut blessée mortellement au flanc gauche d'un coup d'arquebuse. Plusieurs chevrotines étaient restées dans les chairs. Les médecins travaillèrent en vain. La malade se fit porter le portrait de saint Vincent Ferrier et pria devant lui avec ferveur. La nuit suivante, elle vit entrer deux Dominicains, dont l'un resta au pied du lit et l'autre procéda à l'extraction des projectiles et à la fermeture de la plaie. Tout fut remis en place et guéri sans douleur. La dame, étonnée, demanda à qui elle devait un pareil secours. « *A san Vic. Ferrer*, » fut-il répondu. Elle voulut se lever pour remercier ; les deux visiteurs avaient disparu. Elle appela, on constata la chose ; les bandes levées, on trouva une médaille faite avec le métal extrait de la blessure.

Le fait fut rendu public, et la dame fit faire, pour 1200 livres, la grille qui forme la chapelle du Saint, et laissa par testament 300 écus pour la faire dorer.

En 1517, Jacques Lombard, charpentier, avait fait le *lion* dans une représentation de saint Jérôme. Il fut si fatigué qu'une tumeur lui vint, accompagnée de fièvre ardente et de paralysie générale. Un prêtre de Saint-Barthélemy allait l'administrer, lorsqu'il se recommanda dans son cœur à saint Vincent Ferrier, en l'honneur duquel il récitait chaque jour diverses prières. Vers le milieu de la nuit, Vincent Ferrier lui apparut et lui dit : *Llevat, Fill, no ayes pou de res, anem a maytines que hora ès.*

Il se leva, en effet, tout guéri. Et comme il parlait du *frayle* qui l'avait visité, on crut qu'il délirait. « Je ne suis point fou, dit-il, c'est bien *san » Vicente* qui est venu du couvent, et la preuve, sans conteste, c'est ma » guérison. » Or, c'était cette image sur toile, buste seulement, en attitude de prédicateur, qui se conservait dans la cellule du Saint. Le lendemain, on alla raconter la chose à l'évêque, qui fit dresser procès-verbal, lequel se trouve encore aux archives de la cathédrale.

Un des plus anciens religieux a raconté à Antist, qui a recueilli soigneusement tous ces faits, la guérison similaire du jeune de Marrades. Cet enfant, âgé de deux ans, tomba gravement malade, et, comme les médecins ne comprenaient rien à son mal, son frère voulait les renvoyer. « Oui, dit l'enfant, les médecins, mais pas le *frayle*. » Guéri subitement, on le mena dans toutes les églises et couvents de la ville, jusqu'à ce que, arrivé devant le tableau de saint Vincent Ferrier, il s'écria : « Père, le voilà ! »

Il n'était pas sans intérêt de retrouver cette image qui apparaissait aux malades et les guérissait, aussi l'avons-nous cherchée avec tout le soin imaginable. Le Valencien Antist nous en donne d'abord le signalement : « C'est, dit-il, un tableau qui représente le Saint jusqu'au milieu du corps » en attitude de prêcher. C'est le vrai portrait de saint Vincent Ferrier » *tiré au vif* (sacado al vivo). Tous nos anciens le disent. Nous l'avions » placé dans sa cellule, en face de la Vierge qui lui parla, il parut préfé- » rable de l'avoir dans le cloître. Jusqu'en 1517, il y était seul de son » espèce, *j'ai vu mettre les autres*. Or, Jacques Lombard dit positivement : » *El del claustro ha venido* ; et le jeune Marrades ajoute : *Y me ha librado » de la muerte.* » Le doute n'est donc plus possible (1).

Ce portrait, recueilli pieusement par un particulier, existe encore ;

---

1) Dans Vidal x Mico, p. 440.

malheureusement, peint à la colle et détrempé par l'humidité, il était de reproduction difficile, mais Ribalta s'en est inspiré ou plutôt l'a copié en y mettant son rare talent. Cette peinture se voit au musée de Valence, n° 407. C'est elle que nous donnons au commencement de cet ouvrage.

Valence conserve d'autres portraits de son glorieux enfant. Outre celui de la *Casa natalicia*, il y en a un dans sa chaire, à la cathédrale; mais cette peinture, bien que rappelant les traits généraux, est fantaisiste, et ne doit pas remonter plus haut que le patriarche Jean de Ribera, qui défendit à tout prédicateur d'oser désormais monter dans cette chaire. Cette défense est toujours respectée.

Un agriculteur de Picacent avait un portrait de saint Vincent Ferrier. Une nuit, entendant frapper à la muraille, il se lève, allume un flambeau et voit le tableau s'agiter, en effet; puis il aperçoit de la poussière tombant du plafond; il n'a que le temps de fuir lui et sa famille; la maison s'écroula. L'image du Saint, demeurée intacte, fut transportée plus tard à la sacristie de sa chapelle.

Deux Maures, cheminant un jour dans la campagne de Teulada et passant devant une image du Saint, l'un d'eux salua, l'autre l'en reprit; le châtiment ne se fit pas attendre : un bon soufflet, appliqué par un bras invisible, lui causa une telle émotion qu'il mourut peu après.

Le 4 mai 1549, Pierre de Frias perdit la parole à la suite d'une grande frayeur, puis, à divers symptômes, on reconnut qu'il allait mourir. On envoya chercher la relique du Saint, devant laquelle on récita sur le malade l'Évangile de saint Marc, il répondit: *Gloria tibi Domine*. Il était guéri.

C'est l'ordinaire, à Valence, que les douleurs cessent par l'application du cilice, de la tunique ou de tout autre objet ayant appartenu au Saint. A Foyos, près de Valence, un agriculteur tomba malade de pleurésie qui ne tarda pas à devenir mortelle. Il invoqua saint Vincent Ferrier dans son cœur. La nuit, il le vit en songe qui lui arrachait du côté une sorte de matière pernicieuse de la grosseur d'un œuf. Il s'éveilla guéri.

A Bugnol, à deux lieues de Valence, le 6 août 1527, Matthieu Nuñiz avait perdu l'ouïe. Les médecins n'y pouvant rien, il fit vœu à *san Vicente*, qui l'exauça.

Une pauvre femme d'Onteniente n'arrivait jamais à terme. Elle se recommanda au Saint, lui promettant le poids de cire du premier enfant qu'elle mettrait au monde. Ce fut encore un fœtus inanimé. Elle voulut néanmoins accomplir son vœu et pesa le fœtus; il prit vie dans la balance.

Victoria raconte avec complaisance la tempête du 28 septembre 1697, qu'il considérait d'une maison de campagne. Valence lui paraissait tout en feu. Cependant personne n'eut de mal, et les dégâts extérieurs furent insignifiants. On l'attribua au Saint, car les foudres étaient telles que, sans miracle, il devait y avoir beaucoup d'accidents.

Antist termine aussi ses relations par ce fait qui lui est personnel : « Enfant, j'étais très malade, dit-il, ma mère alla prier à la chapelle de » saint Vincent Ferrier, ayant la pensée de promettre de ne point m'em- » pêcher de prendre l'habit dominicain si je lui en demandais la per- » mission ; au retour, elle me trouva hors de danger. Quelques années » plus tard, me trouvant dans la cellule du Saint, le jour de sa fête, » je sentis naître le désir d'embrasser la vie religieuse. Ma résolution » fut prise de quitter sans retard le droit que j'étudiais, et je promis, » en outre, d'écrire l'histoire de mon céleste inspirateur. Né dans la » même ville, baptisé sur les mêmes fonts, portant le même habit et le » même nom, fils du même couvent, j'acquitte ma dette de reconnais- » sance. »

Au collège patriarcal, une belle toile représente l'entrée solennelle d'une relique du Saint, en 1600 (1).

Au surplus, saint Vincent Ferrier est partout, ou plutôt il était partout. Et si le culte d'un Saint est en rapport avec la multiplicité de ses images, saint Vincent Ferrier est certainement un des plus honorés.

Il y avait, dans le palais de la Députation (Conseil provincial de la province de Valence), une statue en bois très belle ; la foudre tomba et brûla les ornements tout à l'entour, sans toucher la statue : « Je l'ai vue, » dit Sala, de mes yeux, et elle y est encore en cette année 1608. » Et il ajoute : « Il n'y a pas de maison, si pauvre qu'elle soit, qui n'ait son » oratoire, petite chapelle ou sanctuaire intime avec lampe et image du » Saint. Et par la ville, il n'y a ni place, ni rue, ni ruelle, qui n'ait son » image peinte du seigneur *san Vicente Ferrer*. »

A l'Hôtel de Ville ancien, il y avait, sur les tours, deux statues, l'une à l'Ouest, de saint Vincent martyr, l'autre à l'Est, de saint Vincent Ferrier, qu'on apercevait de très loin. Notre Saint est encore sur le Pont-Neuf, avec saint Thomas de Villeneuve, et sur le pont Réal, avec saint Vincent martyr.

On se souvient d'un arbre généalogique composé par don Lopez Ferrier, et que Teyxidor donnait comme fiche de consolation aux Ferrier

---

(1) Voir l'article suivant.

actuels, dont on contestait la parenté avec notre Saint. Cet arbre était fort compliqué. Outre toute la généalogie et la parenté du héros principal, il représentait sa descendance spirituelle, soit onze saints ou bienheureux ; et sa descendance..... sociale, c'est-à-dire Ferdinand de Castille, couronné roi d'Aragon, et, après lui, Jean II, Ferdinand le Catholique, la reine Isabelle, Charles-Quint, Philippe II et Philippe III (que Dieu garde !), et auquel ce travail était dédié.

En 1609, pour la fête du Saint, on fit un arbre naturel dans lequel tous ces personnages étaient en statues. L'arbre avait soixante palmes de hauteur. Il coûta 1500 réaux.

L'histoire de la province d'Aragon, de 1808 à 1818, par les PP. Mariano Raiz et Luis Navarro, raconte que, lors de l'occupation française en 1810, la bannière de saint Vincent Ferrier servait à rallier les volontaires, avec celle du roi Jacques le Conquérant, qu'on ne sort que lorsque la patrie est en danger, et qui ne se baisse jamais, ni devant personne ; pour qu'elle passe, on démolit portes et murailles.

Valence dort confiante en la protection de ce vigoureux thaumaturge : les traditions rassurantes font partie de l'air qu'on respire.

En 1600, quand la peste désolait l'Espagne et surtout Jativa, les Valenciens virent, sur la porte par où l'on se rend à Jativa, saint Vincent Ferrier, une épée à la main, conjurant le fléau. On y mit une statue le représentant dans cette attitude.

Le 18 juin 1666, à minuit, une grande lumière apparut sur la *Casa natalicia*. Un homme l'aperçut et appela aussitôt sa famille et le maître de la maison qu'il habitait. Saint Vincent Ferrier, vêtu de son costume Dominicain, apparaissait dans un nimbe, les bras ouverts ; il se tourna trois ou quatre fois, regardant la ville de tous côtés. Le lendemain, les jurés, avertis, firent venir les cinq témoins, qui déposèrent juridiquement.

Il n'y avait là rien que de très simple : l'horizon humain s'était un instant agrandi pour laisser constater *de visu* ce fait indéniable que des esprits invisibles remplissent l'air, et que les Saints s'occupent de cette pauvre terre où ils ont souffert et mérité.

Mais la confiance doit être raisonnée, comme tout autre sentiment, et appuyée sur la bonne conduite. Outre les profanations dont nous avons parlé, Castelar crut, un jour, dans un discours, devoir outrager saint Vincent Ferrier, disant qu'il occasionnait des émeutes. C'est ainsi qu'ils écrivent l'histoire, ces meurtriers des nations. On voulut faire à Valence un *Triduum* de réparation solennelle ; la solennité n'eut pas lieu pour raisons politiques. Mauvais augure! Hélas! l'augure n'a pas tardé à se réaliser. Les coups du ciel se sont multipliés, terribles, et les Saints demeurent sourds. Mais ce sont là des châtiments de miséricorde que la catholique Espagne saura comprendre (1).

En résumé, sachant que Dieu qui donne les patries veut qu'on les aime, Vincent Ferrier consacre à la sienne ses plus belles années, lui donne la paix, le sens religieux et un roi sage. Et ce fut une véritable renaissance dans les lettres, dans les arts, dans la jurisprudence. Péralez, le continuateur d'Escolano, s'étend avec complaisance sur ces bienfaits de la paix dans sa Valence fortunée ; elle prit alors ce beau caractère de ville courtoise, riche, lettrée, pleine d'une noble allégresse.

C'est vrai que les étrangers s'accoutument à Valence, et que l'on quitte à regret ce peuple affable, poli, empressé, ce climat idéal, ces orangers toujours en fleurs. Mais, quand on a vu le jour sous ce ciel, et qu'on a le cœur bien né, qu'il doit en coûter de partir pour des cieux inclément, à travers les méchancetés humaines, par des routes néfastes ! Pauvre et chère Bretagne, ton ciel mélancolique est bien attrayant, mais Valence!!! Et comme nous comprenons que cet homme à l'âme pleine de tendresses y soit revenu trois fois se retremper au cœur de ses frères, et qu'il ait désiré y mourir (2) !

## § 3 — *Le culte en Italie.*

FLORENCE — UN BATON PEU COMMODE — LA BIBLE DE PISE — PLÉIADE DE SAINTS — LES ORAGES — PIÉMONT ET LOMBARDIE — UN SAINT QUI FAIT FRACAS — LES TREMBLEMENTS DE TERRE — NAPLES : SAINT JANVIER DANS L'OUBLI — ROI ÉTONNÉ — LA VRAIE PRIÈRE — DON JUAN D'AUTRICHE — DEUX HOMONYMES — ENCORE UN BATON — LE COUTUMIER DE LA MINERVE

L'Italie, ou du moins le centre et le sud de l'Italie, n'ont pas eu Vincent Ferrier pour apôtre, parce qu'il s'y trouvait des hommes de haute sainteté capables d'y faire les mêmes œuvres de vie que lui-même ; nous connaissons sa réponse aux Florentins. La question d'obédience

---

(1) Se souvient-on des tremblements de terre et des inondations ?

(2) Il faudrait ici parler des *centenaires* dont Valence honore, la cinquante-cinquième année de chaque siècle, la canonisation de son glorieux enfant : ils sont aux notes finales. — Voir Appendice J. J'invite le lecteur à s'en rendre compte.

lui imposait aussi une certaine réserve, mais elle n'avait rien d'absolu ; pour lui, le souci des âmes dominait toute autre préoccupation ; il espérait, d'ailleurs, que l'unité ne tarderait pas à se faire, peut-être même au profit de Benoît XIII, qu'il regardait toujours comme Pontife légitime.

Séméria se trompe donc quand il avance que « Boucicaut ayant été » tué par un habitant de Polcevera, en 1409, à cause de ses vexations, » Vincent Ferrier revint à Gênes, et alla de là prêcher aux Pisans, aux » Florentins et aux Siennois. »

A Florence, l'archiviste Guasti, qui a compulsé page par page toutes les archives, comme en fait foi le formidable travail publié par lui, n'a pas trouvé le moindre vestige de saint Vincent Ferrier. A Santa-Maria Novella, ni Bigliotti, ni Fineschi, chroniqueurs complets, sinon parfaits, n'en parlent, sauf de ses reliques et des tableaux qu'il a inspirés (1).

Mais, en revanche, son culte, dans toutes les parties de l'Italie, est encore aussi vivace, plus vivace même que dans maint endroit où il a passé. C'est comme un regret sans consolation qui s'étourdirait en multipliant les témoignages de tendresse.

Dans le grand cloître de Santa-Maria Novella, une des merveilles de Florence, tout couvert de fresques, qui attire les étrangers presque autant que la fameuse chapelle des Anglais, les trois arceaux 55, 56 et 57 sont consacrés à saint Vincent Ferrier. A la sacristie, un bon tableau représente le miracle de Salamanque.

Les enfants y sont journellement bénis avec sa relique, petit ossement de la grosseur d'un pois. Ils portent ses couleurs jusqu'à un âge relativement avancé. Les malades y viennent boire de l'eau bénite en son nom.

Là aussi, on conserve un de ses bâtons. L'authentique, parfaitement en règle, peut seul faire croire que ce soit là le bâton de saint Vincent Ferrier. Il est peu commode, recourbé désagréablement en crosse d'évêque, rompu au milieu et rattaché par une sorte d'anneau en ivoire, garni au bas d'une longue douille en cuivre ouvragé, sur laquelle est sculptée une croix. Au surplus, il est conservé avec beaucoup de soin.

Notre couvent de Saint-Marc, si plein de chefs-d'œuvre, que le vandalisme italien n'a pas osé y toucher autrement qu'en le transformant tel quel en musée, n'a pas et ne peut pas avoir de souvenir direct de

---

(1) Parmi ces tableaux, il faut citer celui de *Dandini*, qui surmonte l'autel de la famille Cavalcanti ; il représente Vincent Ferrier prêchant, et, au-dessus, le jugement dernier. Devant ce tableau brûle constamment une lampe entretenue par les aumônes des fidèles ; on gagne des indulgences en y priant.

notre Héros, mais on sent que la voix de cet homme a eu là un grand retentissement. Sa statue sur la façade de l'église fait pendant à celle de saint Dominique.

A l'intérieur, un bon tableau le représente encore, et Fra Bartolomeo, l'émule souvent heureux de Fra Angelico, lui a consacré une admirable toile conservée aux Beaux-Arts, salle des Antiques, sous le numéro 65. Fra Angelico lui-même l'a peint en médaillon, autour de sa fameuse Crucifixion. Saint Antonin, devenu archevêque de Florence, lui a consacré des pages émues dans son histoire trop concise.

Le monastère de Prato, illustré par sainte Catherine de Ricci, a été bâti sous son invocation.

Sienne est muette sur saint Vincent Ferrier. Pistoie aussi. La chronique du P. Vincent di Poggio, conservée à Lucques, relate *con amore* toutes les choses importantes, notamment ce qui a trait à sainte Catherine de Sienne; très certainement, l'auteur n'aurait pas oublié son patron s'il eût trouvé quelques vestiges de son passage à Lucques. Il en parle, du reste, mais indirectement (1).

Nos annalistes du couvent de Pise ne mentionnent saint Vincent Ferrier qu'à propos d'une Bible dont il se servait, et qu'il illustra de notes marginales (2).

Ce couvent, transformé de bonne heure en Séminaire, n'a subi presque aucune modification; la bibliothèque est intacte, pleine de richesses inestimables. Mais son trésor est la Bible de saint Vincent Ferrier, aussi authentique que celle de Valence. Chef-d'œuvre de calligraphie, les caractères sont aussi parfaits que l'imprimerie la plus soignée, sur parchemin d'une extrême finesse; la reliure est en bois très solide. A la fin se trouvent les Oraisons et les Offices dits du *Commun*, avec l'ordinaire de la Messe et le chant de la Préface. C'était évidemment un Missel portatif en même temps qu'une Bible. En tête, on lit: *Hanc Bibliam Domino inspirante Beatissimus Pater Vincentius Valentianus reliquit mihi fratri Antonio d'Auria ante obitum suum.* Puis, au bas de la même page, Fr. Amédée de Pise raconte comment il a pu obtenir cette Bible de Fr. Antoine d'Auria, et déclare la laisser à la sacristie du couvent.

---

(1) Notamment t. II, page 52.

(2) « Alio tamen membranaceo Bibliorum volumine potiuntur, quo sanctus Vinc. » Ferrerius usus est, notationibusque illustravit. » Ces notes ont donné lieu à ce qu'on trouve parfois catalogué parmi les œuvres du Saint : *Concordantia ad totam Bibliam.*

Répétons que saint Vincent Ferrier n'était pas nécessaire en Italie, et qu'il avait assez à faire ailleurs.

Les travaux de saint Pierre martyr portaient encore leurs fruits, le grand souvenir de sainte Catherine de Sienne vivait dans tous les esprits, et le bienheureux Jean Dominici, que saint Vincent Ferrier recommandait aux Florentins, n'était pas seul. Sur la ligne ferrée de Florence à Pistoie, le regard est attiré par une petite station, moins célèbre par son site pittoresque que par le Saint auquel elle a donné le jour : le bienheureux Laurent de *Ripafracta*, à peu près contemporain de Vincent Ferrier, puisqu'il mourut au couvent de Pistoie, en 1457.

La légende d'un autre Bienheureux, Pierre de Jérémie (1), dit qu' « il » travailla au ministère de la parole avec d'autant plus d'ardeur que » saint Vincent Ferrier l'avait assuré que Dieu bénirait son zèle » apostolique. »

Enfin, saint Antonin allait venir (2).

Notre église, Saint-Romain de Lucques, a consacré à saint Vincent Ferrier un autel digne de la relique qui s'y vénère. Ce sont deux phalanges de doigt, que procura le bienheureux Jean de Pistoie, mort dans ce couvent en 1491 (3). Jusqu'à l'expulsion des religieux, la fête de notre Saint, qui se célébrait à Lucques le V⁰ dimanche après Pâques, était une véritable fête populaire.

« Grâce au zèle de Jean de Pistoie, dit Franciotti (4), on éleva en » Toscane, à Vincent Ferrier nouvellement canonisé, une foule d'autels, » de statues et de temples. »

Le culte de saint Vincent Ferrier a baissé dans les villes comme la foi, mais le paysan, aux prises avec les difficultés de chaque jour et sachant ce que coûte le grain de blé qui nourrit les hommes, regarde au ciel, ne serait-ce que pour conjurer les éléments. Or, dans ces plaines de la Toscane et de l'Ombrie, encadrées de collines, s'abattent tous les ans d'effroyables orages. Il lui faut donc un protecteur : ce protecteur est saint Vincent Ferrier. Tout le territoire de l'ancien duché de Lucques

---

(1) Nous en faisons la fête le 10 mars.

(2) L'Italien Razzano dit positivement que Vincent Ferrier ne dépassa pas Gênes.

(3) La pierre sépulcrale, placée au milieu du chœur, porte l'inscription suivante :
« Ici est conservé le corps vénérable du bienheureux Jean de Pistoie, homme d'une » grande sainteté de vie et prédicateur excellent, qui prit dans cette ville l'habit de » Frère Prêcheur; imitateur zélé de saint Vincent Ferrier, il en propagea le culte, et » enrichit notre église de la relique insigne d'un doigt du Saint. »

(4) *Histoire des saints de Lucques*, p. 507.

solennise ses fêtes avec tout l'éclat possible. A Camaiore, il existe un couvent de notre Ordre, sous son patronage.

A San-Pietro d'Aliana, petit bourg situé entre Prato et Pistoie, son image est en grande vénération, et trois ou quatre fois par an, on fait en son honneur des processions splendides; en retour, Vincent Ferrier les délivre de la grêle.

A Santa-Maria al Fornello, diocèse de Florence, on inaugura, une année, en grande solennité, une belle statue de saint Vincent Ferrier. En mai, orage et grêle terribles, mais la paroisse fut respectée scrupuleusement, comme si le fléau avait eu sous les yeux les délimitations du cadastre.

Au village de Saint-André, un honnête régisseur, appelé Gaëtano, tomba du haut d'un char dans un torrent plein de pierres où il devait se rompre les os. Ce n'est pas bien long de dire : *San Vincenzo benedetto, salvete me!* Il n'eut point de mal. Il fit bâtir à ses frais, dans le petit couvent du village, une chapelle en l'honneur de son protecteur, et institua une fête annuelle. Il est mort il y a quelques années.

Dès 1419, c'est-à-dire aussitôt après sa mort, Vincent Ferrier eut à Chiéri, en Piémont, un autel très fréquenté. Un des prieurs de notre couvent fit de son propre chef une enquête, et la ville vota des fonds pour faciliter les recherches. On releva nombre de miracles. Entre autres :

« Gaspard Brilla de Chieri, mordu par un chien enragé, hurlait comme
» font les chiens. Il voue à saint Vincent Ferrier une image de cire et se
» trouve guéri. »

« Jean de Albano, charpentier, laisse tomber un outil sur son pied ;
» les os, les muscles, le sang étaient mêlés en une sorte de bouillie. Il
» fait un vœu au Saint, le sang s'arrête, et bientôt, sans l'intervention
» des hommes de l'art, tout mal disparut (1). »

« Aubert de Villa de Chieri, au temps où saint Bernardin de Sienne
» prêchait dans cette ville, atteint de mauvaise fièvre, fait vœu à Vincent
» Ferrier d'une image de cire de son poids, aussitôt l'appétit revint, et
» peu après guérison complète (2). »

« Le jeune André Zurlet, de Savigliano, était sur le point de mourir,
» on allait le signer pour la dernière fois (3). Son grand-père s'en va

---

(1) Immediate sanguinis effusio cessare cepit et absque phisici vel cirogici (*sic*) curâ liberationem perfectam obtinuit meritis Beati Vincentii.

(2) Immediate comedendi habuit voluntatem, et comedere cepit, et per modicum intervallum temporis ab ipsâ infirmitate liber convaluit.

(3) In articulo mortis de quo non expectabatur nisi crucis signo signaretur.

» désolé, mais, en passant devant l'église de Saint-Dominique de Chieri, il
» voit les *ex-voto* à l'autel de saint Vincent Ferrier, prononce un vœu; au
» moment précis l'enfant reprend vie et santé.

» Béatrixima Brolia de Chieri dépose que son mari, muet et paralysé,
» aussitôt après un vœu à Vincent Ferrier, recouvra la parole et le mou-
» vement qu'il a conservés jusqu'à sa mort (1). »

La famille de Broglie, qui a près de là son tombeau, fut aussi redevable au Saint de faveurs signalées.

La ville de Fano, dans le duché d'Urbin, reconnaissante du merveilleux secours obtenu de Vincent Ferrier durant les pestes et autres fléaux, le prit pour protecteur par décret public, en date du 5 avril 1467 : fête solennelle.

Une ordonnance de la municipalité de Turin (2) dit en substance que, vu la confiance des habitants en saint Vincent Ferrier, les miracles qu'il opère chaque jour, et à l'exemple de la plupart des villes d'Italie, Turin le choisit pour patron spécial.

Un long procès-verbal d'une des précédentes séances du Conseil raconte comment le Provincial et le Prieur du Couvent, apportant soixante exemplaires très richement reliés d'une vie de saint Vincent Ferrier, avaient été reçus solennellement par les syndics. L'hommage accepté, on décida que la fête du Saint serait célébrée pendant huit jours, à partir du 19 avril, avec panégyrique chaque jour, et que les représentants de la cité assisteraient en corps à la clôture. Une somme de cent cinquante livres fut votée pour indemniser les religieux des frais d'impression, et un don de 20 livres de cire, pour contribuer à la somptuosité de la fête (3).

D'après le P. Hyac. Albert Torre (4), dans notre église de Turin, en 1730, une confrérie s'établit sous le patronage de saint Vincent Ferrier, et, à cette occasion, son autel fut refait et reçut de riches ornementations, notamment un tableau de Florentin Galeati, qui le représente prêchant au peuple.

En 1776, des seigneurs allouèrent un capital de 25 000 livres,

---

(1) Immediate loquelam recuperavit quâ posteà semper usus fuit usque ad mortem; et hoc fuit sunt jam XVIII anni vel circà.
Copie authentique de cette enquête se trouve à notre couvent de Turin.

(2) 18 mai 1739.

(3) 6 avril 1739. Jusqu'à l'occupation française en 1799, la municipalité de Turin fournissait annuellement deux torches de cire de cinq livres chacune, pour la neuvaine de saint Vincent Ferrier.

(4) *Mémorial historique*, Ms. in-folio 1780.

dont le revenu était destiné à la fête du Saint. Un bref pontifical, daté du 9 juillet 1776, accordait 7 ans et 7 quarantaines à tous ceux qui assistaient à la neuvaine et à la fête.

Encore aujourd'hui, le culte de saint Vincent Ferrier, dans notre couvent de Turin, se traduit journellement par des faveurs singulières qu'il serait opportun de consigner pour l'édification de tous (1).

A Plaisance, à San-Giovanni in Canale, notre ancien couvent, on fait encore chaque année une neuvaine en son honneur, elle se termine, le deuxième dimanche de mai, par un panégyrique solennel ; pendant trois jours on bénit en son nom les campagnes.

La *Nuovissima guida della cita di Piacenza* (2) apprend aux visiteurs que la chapelle, peinte à fresque par l'éminent professeur Pietro Giorgi, est dédiée à saint Vincent Ferrier, élu patron de la cité en 1736. Un tableau qui représente le Saint ressuscitant un mort est de Joseph Marchesi, dit le Samson, Bolonais, élève de Franceschini, auquel on le dit supérieur comme dessin. C'est le miracle de Salamanque ; deux autres grandes toiles sont consacrées au même prodige. Notre Saint fut élu en effet, en 1736, pour protecteur de Plaisance ; à cette occasion, toute la ville illumina.

La dévotion à saint Vincent Ferrier, disent les mémoires historiques du couvent de Saint-Paul de Verceil, fut introduite, ou pour mieux dire, renouvelée en Italie, et en particulier à Verceil, par le P. Campana. Notre église n'avait pas alors d'autel dédié au Saint, bien que son image peinte par Ferroni de Milan fût très honorée. Comme on ne voulait pas se laisser devancer par la cathédrale qui lui préparait un autel somptueux, le comte Buronzo d'Asigliano fit ériger ici, en 1745, un bel autel en marbre de diverses couleurs et admirablement sculpté (3).

En mai 1727, le soir de la neuvaine en l'honneur du Saint, comme la

---

(1) Note locale.
Alliaudo (*Memorie patrie*) rapporte un contrat entre les Dominicains de Pignerol et Jean de Viana, marchand, passé devant M⁹ Jean Fulleti, notaire, par lequel Jean de Viana s'obligeait à terminer et à orner l'autel de saint Vincent Ferrier à l'église des saints Antoine et Dominique. Il légua 100 florins pour six messes par an à cet autel ; plus une redevance de 25 livres de viande, le jour de la fête du Saint. Son fils Georges transigea pour 33 florins une fois donnés par acte notarié le 13 décembre 1523.

(2) Confirmé par le *Ristretto di Storia patria* de l'avocat Ant. Dom. Rossi, p. 101, t. IV. p. 368 ; et par Christophe Poggioli. bibliothécaire, au t. VII de ses *Memorie storiche di Piacenza*, p. 317. (Placentia, 1759, 4º.)

(3) *Memorie Storiche*, etc., recueillies par le P. Palateri, 1759, p. 404.

foule emplissait l'église de Saint-Eustorge, à Milan, et la place environnante, des détonations d'armes à feu effrayèrent les chevaux des voitures rangées dans un angle. Ils parcoururent les rues à fond de train, renversant plusieurs personnes. Un jeune homme, appelé Joseph San-Pietro, fut piétiné, et les roues des carrosses lui passèrent sur le corps. On le crut mort, il se releva intact. Au début du danger, la foule n'avait cessé d'invoquer tout haut saint Vincent Ferrier.

De là, la grande dévotion que Milan lui a vouée.

Benoît XIII, de notre Ordre, accorda pour Milan, comme pour Vannes, la fête de la translation des reliques de saint Vincent Ferrier, avec indulgence plénière.

Peut-être y aurait-il lieu de demander que cette fête soit célébrée dans notre Ordre, comme cela se fait pour plusieurs de nos Saints.

Cette église de Saint-Eustorge à Milan, monument superbe, construite au IVe siècle, fut entièrement restaurée au XIIIe siècle, *epoca d'oro della chiesa*, disent ses monographes.

Notre saint Pierre martyr y a ses reliques et son autel, pur chef-d'œuvre (1).

Antoine Lugini fut chargé d'orner la chapelle de saint Vincent Ferrier : deux grands tableaux représentent, l'un le miracle de Salamanque, l'autre l'apparition d'Avignon. Au transept droit, un tableau du même artiste le représente encore. Les confrères du Saint-Sacrement l'ont pris pour patron. Sa fête se célèbre solennellement le 4 septembre, à Saint-Eustorge. « *Si sa ch'era un santo che faceva fracasso* », expression de l'archiviste. Il a son autel à *Notre-Dame delle Grazie*. Un tableau représente la résurrection de l'enfant cuit.

A Crémone, qui l'a pris solennellement pour un de ses protecteurs, à Novare, à Verceil et à Modène, grande dévotion au grand thaumaturge.

Je trouve aux archives de Sainte-Sabine deux prodiges peu communs, l'un opéré à Mano, le 17 avril 1735, l'autre en juin de la même année, chez les *Zitelle mendicanti*.

Ferrarini cite ce mot d'un personnage éminent : « On ne peut aller

---

(1) Non loin de Milan, le pèlerin va saluer le lieu où saint Pierre martyr tomba victime de son zèle pour la foi. Un petit autel marque l'endroit où il fut frappé. Puis se traînant à travers bois, il vint mourir à l'endroit précis où est élevé le maître-autel du couvent qui porte son nom. On permet au visiteur de prendre un peu de cette terre imbibée de sang généreux, et sur laquelle le héros écrivit avec ce sang le *Credo* du chrétien. On garde religieusement le couteau, sorte de long yatagan qui lui fendit le crâne. Le village porte son nom, et c'est en son honneur que les femmes y sont coiffées d'un soleil d'argent.

» nulle part sans entendre parler de quelque grâce ou miracle de saint
» Vincent Ferrier. Il rapporte qu'une jeune femme, bénie avec la relique
» au moment où l'agonie commençait, s'éveilla aussitôt comme d'un
» sommeil léthargique. Le médecin n'hésita pas à dire qu'il y avait
» miracle et qu'il en rendrait témoignage devant tout tribunal. Ce fait se
» passait le 7 avril 1727. C'est peu, dit Ferrarini, comparativement au
» nombre et à la qualité des miracles, mais c'est un témoignage *de visu*
» et récent. »

Faenza, Ancône, les Romagnes, les Marches sont peuplées de statues ou d'oratoires élevés en l'honneur de saint Vincent Ferrier.

— A Fabriano, dans la marche d'Ancône, au carnaval de 1733, des secousses violentes de tremblement de terre, répétées à intervalles assez longs, ébranlèrent la ville, tenant les habitants dans cet état plus que douloureux de l'expectative aiguë. Le gouvernement ordonna des prières publiques, les images les plus vénérées furent exposées, non en vain, car la prière n'est jamais vaine, mais Dieu attendait qu'on pensât à son serviteur. Le jour de saint Thomas, le prédicateur parla de prodiges opérés à Naples par saint Vincent Ferrier, précisément contre les tremblements de terre ; c'en fut assez, on orna l'autel du Saint magnifiquement, on exposa sa relique et un triduum commença. Dès la première cérémonie, une secousse formidable fit vaciller le temple, mais n'ébranla pas la foi.

Après le triduum, le gouvernement fit peindre l'image du Saint dans le Palais apostolique avec cette inscription : *Divo Vinc. Ferreri protectori, ob liberatam civitatem a terrœ motibus Carolus Gonzaga Mantuanus N. S. Reg. et Gubernator monumentum posuit anno. sal. 1733.*

La fête du Saint qui tombait quelques jours après fut célébrée avec toute la splendeur, toute la joie et tous les feux d'artifice possibles.

Durant la procession, de gros nuages s'amoncelèrent autour de la ville, formant ombre à la voûte bleue. On ne s'inquiéta point, on ne se pressa point ; quand tout fut fini, le pavillon bleu se referma et il plut à verse. Relation de ces faits fut envoyée à Rome.

Un évêque a qualifié Vincent Ferrier de « Saint dont ses diocésains
» font tout ce qu'ils veulent : *Questo è un santo che i Ravennati lo
» fanno fare a loro modo.* » (Paroles de Mgr Jérôme Crispi, évêque de Ravenne.)

Enfin, toute l'Italie le revendique absolument comme sien.

Les prodiges opérés par ses images, son bref, l'huile de ses lampes ou une simple invocation sont partout sans nombre et quotidiens. Teoli a là-dessus des pages compactes, puisées aux sources locales.

A la bibliothèque du Palazzo Ducale, à Venise, on peut lire une lettre du Ravennate Carlo Lovatelli au comte Paolo Antonio Milceti Faentino, *scritta in occasione della grazia conceduta da Dio per l'intercessione de S. Vinc. Ferrero al sig. Ippolito suo figlinolo da mortale infermità liberato.*

Cette lettre a sept pages in-8°, je n'en retiens que ces trois lignes :

« Les médecins qui se rendaient compte du danger plus que personne, sans pouvoir le conjurer, nous suggérèrent l'idée, à la comtesse et à moi, d'avoir recours aux Saints. Nous pensâmes à saint Vincent Ferrier. »

Le jeune homme avait dix-neuf ans (1).

J'ai sous les yeux la relation d'un miracle arrivé au monastère bénédictin de Sainte-Marguerite, à Côme (2). Recommandé à saint Vincent Ferrier, le sujet sur lequel toutes les ressources de l'art avaient été épuisées sentit d'abord un grand repos d'esprit, puis voulut se lever, on l'en empêcha à cause de sa faiblesse, mais bientôt l'*impulsion intérieure* fut si forte qu'il se leva, et dès lors, rien ne parut plus de son mal.

Le médecin dressa procès-verbal approuvé par l'Ordinaire, le 19 août 1740.

La bibliothèque de la Casanate à la Minerve contient des volumes de *Miscellanea* où sont relatés divers miracles dus à l'intercession de saint Vincent Ferrier. L'un d'eux, au volume 508, publié sous la responsabilité de l'archevêque de Naples, est accompagné de cette petite hymne.

O lumen Hesperiæ!
Nova lux Italiæ!
Decus atque gloria
Urbis Valentinæ!

O lumière de l'Espagne! Astre nouveau de l'Italie! Honneur et gloire de la cité de Valence! les aveugles, les boiteux, les morts et les infirmes courent

---

(1) Cela finit naturellement par un sonnet.
Quel pio, unico e amabil giovanetto
Di puro cuore, adorno, e saggia mente,
Ch'era de'genitori il caro oggetto
Sorpreso fu da febbre atroce e ardente ;
Febbre crudel che l'infiammò nel petto
E semivivo il rese egro e languente.
Ricorsero al Ferrer, ma quel negletto
Da lui sembrava e i voti loro non sente.
Digià la cruda, inesorabil morte
Stendea sul volte suo l'atra bandiera
Troncar tentando le vital ritorte,
Ma il gran Ferrer quando che men si spera,
Qual egli suole valoroso, e forte
Riportò da colei vittoria intera.

L'aimable adolescent pieux, au cœur pur, à l'esprit sage, adoré de ses parents, fut saisi d'une fièvre ardente qui, sous peu de jours, le mit à la dernière extrémité. On eut recours à Vincent Ferrier; il semblait d'abord sourd aux vœux qu'on lui adressait, et déjà la mort inexorable étendait sur le visage du malade son voile sombre; mais, au moment où l'on s'y attendait le moins, le grand Saint triompha du trépas selon sa coutume.

(*Miscellanea*).

(2) Imprimé à Rome en 1741.

T. II.

| | |
|---|---|
| Ad te cæci, ad te claudi<br>Mortui quoque et infirmi<br>Currunt; et obediunt<br>Mors et pericula;<br>Sentit aer, imbres cedunt,<br>Cedit pestis, ignis cedit,<br>Mare flumen et tempestas<br>Dæmones et mundus,<br>Lætantes uno ore<br>Omnes populi vocate<br>Vincentium, hunc patrem<br>Laudate in sæcula. Amen. | vers toi; le trépas et les dangers de toutes sortes t'obéissent; l'air, les pluies, la peste, le feu, les fleuves, les tempêtes, le démon et le monde reconnaissent ton pouvoir.<br><br>Tous, d'une voix, dans votre allégresse, ô peuples, invoquez-le, saluez-le comme votre père et louez-le dans tous les siècles.<br><br>Ainsi-soit-il. |

A Naples, le culte de saint Vincent Ferrier a pris diverses formes. Beaucoup d'enfants revêtent par vœu l'habit Dominicain en son honneur; ils le portent publiquement et ne le laissent que lorsqu'il est usé ou devenu beaucoup trop petit.

Le peuple a oublié le nom patronymique de la grande famille Dominicaine et n'appelle plus les Frères Prêcheurs que *Frati di san Vincenzo*.

Il se raconte, à Naples, un fait moderne et assez aimable pour trouver ici sa place. Le roi Ferdinand II, travaillant dans son cabinet particulier, vit entrer un jour, à l'improviste, un Dominicain porteur d'une supplique avec prière d'y donner suite sans retard. Tout bienveillant qu'il fût pour l'Ordre, le monarque n'en fut pas moins désagréablement surpris de cette sorte de sans-gêne. Il appelle ses gardes : ceux-ci affirment n'avoir laissé entrer personne. La domesticité, interrogée, répond de même. Intrigué, le roi monte en voiture et va droit au couvent de *San-Domenico Maggiore*. « Quel est donc, dit-il au Prieur, celui de vos subordonnés qui est » venu au palais ? » Le Prieur répond que, à sa connaissance, personne n'est sorti du couvent. « Tous vos religieux sont-ils là? — Oui Majesté. » Nous pouvons au surplus nous en assurer. » Un coup de cloche, et le roi put compter tous les sujets de son royal couvent de Saint-Dominique Majeur. Cette constatation n'était pas faite pour l'éclairer. Le Prieur eut une inspiration soudaine : « Venez à l'église, qui sait si celui que vous » cherchez n'est pas là ? — Le voilà ! » dit le roi, montrant un tableau. C'était Vincent Ferrier.

Une pauvre veuve, de celles que le malheur trouve peu préparées au pénible métier de solliciteur, s'était adressée au Saint et avait mis la supplique sur son autel. Le Saint fit la commission. Le fils fut placé au collège royal, et plus tard dans un emploi honorable; la fille dans une bonne maison d'éducation.

En 1836, le choléra sévissait à Naples : saint Janvier même semblait n'y rien pouvoir. On s'adressa alors à saint Vincent Ferrier. Le choléra disparut. Naples célébra une fête splendide. On coula le Saint en argent massif, et il fut solennellement institué patron de la ville (1).

La statue d'argent fait partie du trésor de la cathédrale.

Notre église de Saint-Pierre martyr, à Naples, possède le portrait du Saint par Van Dyck ; tout autour, des médaillons représentent des scènes miraculeuses. Au bas, la pieuse reine Isabelle d'Aragon prie saint Vincent Ferrier de faire reconnaître son innocence.

Mais c'est à *Santa-Maria della sanità* qu'il est honoré de cette dévotion qui force la main aux thaumaturges. La statue en bois, très ancienne, rappelle celle de la *Casa natalicia* à Valence. Elle est sous un immense globe de cristal. Sa tête seule paraît, car tout le corps est couvert d'*ex-voto*.

Il faut voir prier devant cette statue quelque âme besogneuse, quelque mère tremblante, quelque pécheur fatigué du poids des folies humaines.

Le chœur est encombré de témoignages des grâces obtenues, naïfs pour la plupart. On trouverait là tous les costumes ou ustensiles en usage depuis cent ans. Quant aux *fac-simile* de cire, aux cercueils enfantins et aux béquilles, le nombre en est infini. Les objets de valeur sont serrés avec un soin qui fait plus d'honneur à la prudence des bons Pères Mineurs qu'à leur confiance en la Naples moderne.

Cette église a été nôtre. Quand les Mineurs Observantins en prirent la desserte, Vincent Ferrier leur souhaita sans jalousie la bienvenue à sa manière. Le sacristain, sonnant la cloche tout en haut du clocher, perdit l'équilibre : il eût été broyé dans sa chute si une invocation rapide à *san Vincenzo* ne l'eût remis sur pied ; il n'a jamais su comment. Le tableau commémoratif porte la date de 1820.

Malheureusement, personne n'a songé à recueillir ces faits merveilleux journaliers. Il y aurait là pourtant un livre intéressant à faire.

Don Juan d'Autriche avait une grande dévotion à saint Vincent Ferrier. Étant vice-roi de Catalogne, il demanda une relique.

On lui envoya de Valence un petit ossement.

---

(1) En date du 30 avril 1838 : la délibération est aux archives, sous le numéro 29. On trouvera aux pièces justificatives cet acte qui fait honneur à la municipalité napolitaine. — La statue a coûté 1500 ducats. — Le ducat valait 4 fr. 25. — Voir Document 24.

Cette relique arrêta une révolution à Naples en 1647. Au commencement d'avril, la rébellion, appuyée par les armes françaises, était au comble. Le 4, don Juan fait exposer le Très Saint-Sacrement à l'autel de Vincent Ferrier ; puis il monte à cheval portant la relique sur sa poitrine. Il parcourt les rues, promettant le pardon à ceux qui déposeraient les armes : le tumulte cessa comme par enchantement. En mémoire de ce bienfait, il assigna des fonds pour la fête du Saint, à la paroisse de Consuezza, terre de sa Commanderie.

La Sardaigne honore notre Saint d'un culte spécial. A Sarsari, Iglezias et Cagliari, on chante ses *Gozos* en espagnol. En son nom on bénit tant les personnes que les campagnes.

La Corse, et principalement le détroit de Bonifacio, éprouvèrent longtemps les effets visibles de sa protection. Téoli, qui habita notre couvent de Bonifacio, en raconte plusieurs.

Quant à la Sicile, voici ce qu'on lit dans la *Sicilia Sacra* (1), et dans Fontana, à l'année 1466 :

« Le bienheureux Vincent Pistoia, prédicateur tout apostolique en Sicile,
» et fidèle disciple de saint Vincent Ferrier, illustrait, en ce temps-là,
» l'Église catholique..... C'était lui qui, tout enfant, coupé en morceaux et
» cuit en manière d'aliment par sa mère folle, fut ressuscité par saint
» Vincent Ferrier. Ses prédications ardentes convertirent un grand nombre
» de Juifs : la synagogue se dépeuplait, si bien que les quelques demeu-
» rants décidèrent de ne plus aller l'entendre. Mais le vice-roi Loxi-
» mène leur ordonna, par lettres patentes du 18 mars 1466, et sous des
» peines sévères, d'assister aux sermons du zélé prédicateur, lesquels
» avaient lieu dans l'église des Frères Prêcheurs près *Piazza* (2). »

Cette narration incolore en dit plus que les dithyrambes. Nous avons trouvé à son heure, à Vannes, cette curieuse histoire renouvelée de Morella.

On peut voir, par le texte cité en note, qu'il y a eu confusion entre Jean de Pistoie, dont nous avons salué le tombeau à Lucques, qui propagea de son mieux le culte de saint Vincent Ferrier en Italie, et le Père Vincent Pistoia, apôtre de la Sicile.

---

(1) Autore Pirro Rocco. — Article. *Église de Catane.*

(2) Hic diu egit Fr. Vincentius Pistoya quem joanem appellat Bononiensis Michael Pio in historia sua Parte II. Lib. 3. ubi de eo præclara facinora scribit. Is Pistoya fuit qui a divo Vincentio Ferrerio medius gladio divisus ac igne assatus resursitus est (sic). In hoc cœnobio (Platiensi-di Piazza) degens anno 1466, multis ac præclaris laudibus extollitur à Lopximeno Urriès Siciliæ proreye suis litteris 18 martii 1467, in quibus præcipit ut Judæi omnes compellantur ad sermones audiendos quos Pistoya in hoc templo edebat. (*Sicilia Sacra*, t. 1er p. 586.)

L'annaliste Michaël Pio, auquel fait allusion Pirro Rocco, s'exprime ainsi : « Fr. Vincent Pistoia que d'autres appellent Jean, est celui-là
» même que saint Vincent Ferrier ressuscita. Par ses discours enflammés,
» il mit au cœur de tous les Siciliens la dévotion à son saint patron. Il
» délivra de la peste la ville de Termini en conseillant l'usage de la
» prière suivante, selon la *relation qui nous vient de la Sicile* (1). »

Pour inspirer la confiance, le prédicateur avait un argument irréfragable : il découvrait ses bras et montrait les sutures que le rapprochement des chairs avait laissées.

En ce temps-là, les Siciliens avaient un autre apôtre qui puisa également, au contact de Vincent Ferrier, le zèle ardent et les prodigieuses vertus qui le firent Saint (2). C'est le bienheureux Pierre de Jérémie, dont on prépare la canonisation. Son corps est sous le maître-autel de notre église, à Palerme. On y a célébré, en 1887, avec grande magnificence, son quatrième centenaire. J'ai vu les effroyables chaînes ou plutôt le carcan de fer qu'il portait autour des reins. Ce formidable instrument de supplice, par le mérite des douleurs qu'il a causées, aide la délivrance des femmes en péril de mort.

Ce Bienheureux fut en Sicile le pendant de ce Jean Dominici que Vincent Ferrier recommandait aux Florentins.

Dès que notre Saint fut canonisé, on lui érigea dans l'église de Saint-Dominique, à Palerme, un autel somptueux. Mais, pour suffire aux exigences d'un culte toujours croissant, on bâtit, deux ans plus tard, en 1458, une église et un couvent sous son invocation (3). Les confiseurs y établirent, en 1585, leur confrérie qui devint très florissante. Une autre confrérie se fonda aussi sous son patronage, en 1715, au couvent de

---

(1) « Fra Vincenzo Pystoia (ch'altri lo chiamano Giovanni) che fu quello che fu resusci-
» tato da S. Vincenzo Ferrerio..... E che fu quello che stampò con lo spiritoso ed infuo-
» cato suo dire la devozione del santo che lo resuscitò, nei siciliani : e liberò della peste
» la città di Termini damlogli la sequente orazione e Versi, secondo le relazioni avute
» dalla Sicilia. Cioe : *Super ægros manus imponent et bene habebunt. Jesus Mariæ Filius
» mundi salus et Dominus per merita B" Vincentii sit tibi clemens et propitius (Amen.)*

(2) « ..... Atque ministerio Verbi Dei : quo sane in munere ex eo tempore diligentius et ferventius cœpit laborare, quo a sancto Vincentio Ferrerio, certior effectus fuit, studium hoc suum Domino vehementer esse probatum. » (Légende du Bréviaire au 40 mars.)

Razzano Palermitain dit de son côté : « In summam vero admirationem omnes qui
» aderant adduxit, quum mentionem fecit de divo Vincentio Valentiano, etc. » (*Annales omnium temporum Petri Ranzani Panormitani. Ord. Præd.* t. 8, p. 384 Ms. Bibl. comm. de Palerme.)

(3) Sur la porte de l'église on lit cette inscription : « Anno Jesu Christi MCCCCLVIII kal. Maij. Pont. Max. Calixto III rege Aragonum D. Alphonso. Simon Bononius Panormitanus antistes Divo Confessori Vincentio hoc templum dicavit. »

Sainte-Zite, qu'on appela dès lors Sainte-Zite et Saint-Vincent, puis Saint-Vincent tout court. Les confrères portent un costume approchant de l'habit Dominicain, avec une médaille de saint Vincent Ferrier.

La fête se solennisait avec procession et pompe extrordinaire à Palerme, le dimanche de Quasimodo, comme à Valence. Le Sénat de Palerme l'élut patron de la cité.

Un missel qui lui a servi se conserve à notre couvent. C'est un joli manuscrit in-8° sur parchemin, avec de légères enluminures.

Le couvent de Marsala possède un bâton de saint Vincent Ferrier. Un Dominicain sicilien, voyageant en Espagne, rencontra l'Apôtre, s'entretint avec lui et lui demanda un souvenir. N'ayant rien autre chose, l'Apôtre donna son bâton. Il a $1^m,27$ de long, l'appui-main a $0^m,10$; il est enfermé dans une gaine d'argent, et on ne le voit que par un point à claire-voie.

On ne sait de quel bois il est fait; il n'a pas de nœuds. Téoli a vu ce bâton à Trani, si l'on en juge par le signalement qu'il en donne. « Il a cinq » palmes de longueur, il est d'essence inconnue et en forme de béquille. »

De tout temps, ce bâton a opéré des miracles : c'est la meilleure preuve de son authenticité.

Une statue du Saint, en marbre blanc, œuvre du célèbre sculpteur Gagini, a mérité l'attention des voleurs officiels ; elle est sous scellés.

La Sicile a baptisé Vincent Ferrier *il Santo delle grazie* (1).

Longtemps, le culte de saint Vincent Ferrier a éclipsé, en Sicile, même le culte de sainte Lucie, la glorieuse vierge de Syracuse. La province Dominicaine de Sicile a gardé l'usage de chanter, après le *Salve Regina* des Complies, l'antienne à saint Vincent Ferrier.

Dans les Abruzzes, dès que survient une infirmité privée ou qu'un fléau public éclate, on fait faire des triduums ou des neuvaines en l'honneur de saint Vincent Ferrier, et nos religieux sont requis pour aller dans les campagnes bénir les récoltes sous son invocation.

---

(1) On se rappelle que le maître général, Jean de Puynoix, devenu évêque de Catane, y porta avec lui, comme un trésor, la lettre qu'il avait reçue de Vincent Ferrier. Cette lettre existe encore, sous une enveloppe d'argent, illisible, les mots étant aux trois quarts rongés.

Et qu'il est triste de parcourir cette île, naguère si florissante et si chrétienne ! Devant l'église de Sainte-Agathe, à Catane, l'herbe pousse dru, et les lézards se chauffent au soleil. Arrêterait-elle encore aujourd'hui l'Etna en courroux et les laves envahissantes ? Le couvent des Bénédictins, merveille d'art et de marbre précieux, sert de collège à une jeunesse effrontée.

Rome, quoi qu'on en ait dit, n'a jamais vu Vincent Ferrier et n'avait pas à le voir. Mais, revenue à elle-même et à ses Pontifes, elle n'a pas oublié celui à qui elle devait tant.

Canonisé à la Minerve, Vincent Ferrier a ses reliques, ses tableaux, ses souvenirs, en bonne place dans la Ville Éternelle.

Le *Coutumier* de la Minerve décrit en longues pages les préparatifs de sa fête et de la neuvaine préalable ; on s'en occupe chaque année plusieurs mois à l'avance. Elle se célèbre le troisième dimanche après Pâques, avec indulgence plénière, en vertu d'un Bref spécial.

## § 4 — *Le culte en divers lieux.*

TABLEAU PARLANT — CONDAMNÉ QUI N'A PAS PEUR — PATRON DE MAJORQUE — A QUOI SERVENT LES STATUES — L'ENFANT DE RAGUSE — A CONSTANTINOPLE — CARDINAUX RUSSES — DANS LE NOUVEAU MONDE — QUELQUES NOMS — UN SAINT QUI N'EST PAS JALOUX — SAINT VINCENT DE PAUL — LA CORSE A LA FRANCE

Il nous reste à faire connaître certaines particularités sur quelques autres théâtres de ce culte si répandu.

Majorque, objet d'un soin spécial de la part de Vincent Ferrier, n'a pas non plus été ingrate. Là, du reste, comme ailleurs, le culte s'est perpétué par les prodiges.

En 1674, Antoine Suñer, de Palma, possédait un tableau représentant le Saint. Chose bizarre ! ce tableau lui causait une frayeur dont il n'était pas maître. Il crut bien faire de l'appendre au mur extérieur du couvent des Minimes, sur la place même où le Saint avait prêché. Cette place, promenade publique au bord de la mer, était fréquentée par les oisifs, et il s'y commettait beaucoup de péchés.

Le tableau frappant les esprits en même temps que les yeux, on s'observa et on pria.

Un jour, on s'aperçut que l'image se mouvait. On approcha, la figure était animée et on entendit des paroles distinctes sortir de ses lèvres. Les commentaires allaient leur train et la terreur augmentait, lorsqu'on découvrit tout un essaim de familles juives converties qui avaient repris leurs anciennes pratiques. L'Inquisition fit son office, facilité par le prodige.

Un jeune Majorquin faisait tous les jours sa prière devant cette image ; il fut tout surpris, un soir, de la voir comme courroucée et le visage éclairé d'une lumière sinistre. Préoccupé de ce phénomène, il prit un chemin autre que son itinéraire habituel. Il apprit le lendemain que trois hommes s'étaient appostés pour le tuer.

Un homme de la campagne, attaqué par quatre ennemis, fut lié à un arbre, et les balles allaient le percer, lorsque Vincent Ferrier, auquel il s'était recommandé, apparut, et les balles tombèrent inertes. Les meurtriers le laissèrent pour mort, et lui se trouva délié sans aucun mal. De son mieux, il publia le miracle.

Un malheureux, condamné au dernier supplice, marchait allègre à l'échafaud. Plein d'une invincible confiance, il répétait : « *San Vicente* me sauvera. » Déjà l'instrument du supplice était sous ses yeux, lorsqu'arriva l'ordre du vice-roi de le mettre en liberté.

La muraille à laquelle était appendu le tableau merveilleux s'était peu à peu couverte d'*ex-voto*, dont plusieurs de valeur considérable, tentation permanente. L'évêque et le Chapitre décidèrent de transporter l'image à une chapelle de la cathédrale, en attendant qu'on lui construisît le superbe sanctuaire où elle continua longtemps à faire des miracles. De 1674 à 1705, ils formèrent un volume.

Le 6 août 1675, le grand Conseil de Majorque étant en séance, la proposition suivante fut mise aux voix : « Illustres seigneurs, le royal cou-
» vent de Saint-Dominique, représenté par le Prieur Antoine Barcelona,
» fait observer que la reconnaissance due à saint Vincent Ferrier par ce
» royaume demande que sa fête soit célébrée plus solennellement et plus
» universellement.
» En effet (et ici en abrégé ce que le Saint a fait dans l'île), ses faveurs
» miraculeuses ont continué. C'est ainsi que, en 1634, lors de la grande
» sécheresse, on porta en procession sa statue, il plut toute la semaine,
» jusqu'à la veille de sa fête, et, ce jour-là, la pluie dura vingt-quatre
» heures. La récolte fut aussi bonne que les autres années. Nous venons
» de voir, cette année, une marque identique de sa protection. Le peuple
» désire en témoigner sa gratitude au thaumaturge. C'est pourquoi le
» couvent de Saint-Dominique vous prie de demander au Pape saint
» Vincent Ferrier pour patron du royaume. »
Adopté à l'unanimité.

La Sacrée Congrégation des Rites répondit qu'il fallait, par votes secrets, une approbation du projet, qui, dès lors, serait soumis à Sa Sainteté. Le 14 octobre, le Conseil approuva, *nemine discrepante* (1).

---

(1) *Archives générales du royaume de Majorque*, livre des délibérations du grand Conseil de 1670 à 1676.

Le 18, deux jurés se présentèrent au Chapitre, pour lui faire part de la délibération, et le prier d'écrire à Rome en conséquence (1).

Le vendredi 10 septembre 1683, le Chapitre élut deux chanoines chargés de faire le devis d'un rétable en jaspe qu'on projetait pour l'autel de saint Vincent Ferrier (2).

Une délibération du Chapitre, du 16 mars 1685, ordonne que le capital, réuni pour le rétable qu'un riche habitant venait de prendre à sa charge, soit converti en rentes pour le culte du Saint.

La dévotion des Majorquins à Vincent Ferrier était telle, que le poids des ex-voto d'argent placés dans sa chapelle à la *Seo*, monta un jour à 600 livres. On en fabriqua trois statues de différentes grandeurs. Une d'environ 0ᵐ,66 était gardée sous clé et pour cause ; quant aux autres, le gouvernement en fit des monnaies en 1822, pour nécessités publiques. Les douros portent *salus populi*.

De notre couvent de Raguse nous est venu le récit suivant :

« Après avoir parlé des saintes reliques, il me paraît convenable de dire
» un mot des images miraculeuses vénérées dans notre église de Raguse.
» Il faut mentionner en premier lieu celle de saint Vincent Ferrier,
» que tout le peuple tient en grand honneur, à cause de la multitude d'en-
» fants auxquels elle rend la santé. Toute la ville vient prier devant cette
» image et y entasse les offrandes. Lorsqu'on la mit sur l'autel, au
» temps où le P. Jean de Pistoie prêchait, c'est-à-dire en 1484, la peste,
» qui, depuis trois ans, désolait la ville, cessa tout à coup. La mémoire de
» ce bienfait se célèbre encore le 5 avril, jour de la fête du Saint. Un
» tableau représente le miracle. De nos jours, l'an 1691, sur la demande
» de l'archevêque, nos Pères, vêtus en pénitents, portèrent cette image

---

(1) Die veneris 18 mensis octobris, anno 1675.
Eodem die. Entraron dos dels magnifichs SS. Jurats de la Ciutat y pût regne que foren lo jurat Andreu y Armengual y donaren noticia de com el gran y general consell ha determinat y elegit en patro del regne de Mallorca a san Vicente Ferrer, y que estimarian molt que el molt illustré Capitol escrigues una carta a la Sagrada Congregacio de Ritus per dit negosi.
Fuit conclusum ques fasse dita carta y que se diga per medi del segretari a dits SS. Jurats a qui volen que se dirigesca y encanien dita carta.
(*Liber resolutionum capitularium ab anno 1675-1686*, f. 22.)

(2) Die veneris, 10 septembre 1683. Foren elegits los SS. Canonges Llompard y Alcover para que juntament ab lo Senyor Canonge protector de la Capella de S. Vicens Ferrer qui es y per temps sera, vejen y fassen el tanteo (calcul) de lo que podra costar el ter retaulo de pedra jaspe de la Capella de S. Vicens Ferrer (f. 304).

D'après RAZZANO (IV, 11.) Majorque possédait une chape de Vincent Ferrier, merveilleuse contre fièvres, possessions, dangers de couches, etc.

» à travers la ville, et une maladie contagieuse, qui régnait depuis plu-
» sieurs mois, disparut.

» Mais un prodige plus éclatant encore, c'est la résurrection de Pierre
» Bicich, Ragusien. La tradition, les relations officielles, la peinture
» s'unissent pour documenter ce fait. Enfant, il mourut, et sa mère, pleine
» de foi, le porta devant l'image de saint Vincent Ferrier. A peine la
» cérémonie sainte, objet de son vœu, était-elle achevée, que l'enfant
» reprit vie dans ses bras. En cette année 1691, il était encore plein de
» santé âgé de 56 ans (1). »

Le 26 avril 1702, le P. André d'Andréa, Vicaire général de la Congrégation Dominicaine d'Orient, écrivait au Révérendissime P. Joseph Pie Gaddi, vicaire général de l'Ordre :

« Nous supplions de nouveau Votre Paternité Révérendissime d'obtenir
» du Souverain Pontife la permission d'ériger, dans ce couvent, la Confrérie de saint Vincent Ferrier, avec toutes les grâces et privilèges dont
» jouissent celles de la Minerve et de Pérouse, et que sa fête soit célébrée
» *in perpetuum*, le mardi après le dimanche *in Albis*.
» Sachez, au surplus, qu'ici, le peuple a la plus grande dévotion envers
» ce Saint. » (*Saint Pierre de Galata. Constantinople*, le 26 avril 1802) (2).

---

(1) Post venerabiles reliquias visum est mihi de SS<sup>m</sup> pariter imaginibus quæ miraculis inclitæ Ragusii in Ecclesia nostra sunt, nonnulla adnotare. Itaque piissimum S<sup>ti</sup> V. Ferrarii simulacrum magna populi devotione colitur presertim pro salute infantium. Omnis ad divum V. votis ac donis civitas confluit. Traditur autem momento quo in altare nuper B. Fr. Ioan. Pistoriensis opera dum Ragusii conciones habuisset, erecto, idem simulacrum repositum fuit, nempe anno 1484, pestilentiæ morbus qui annis tribus desæviens civitatem in solitudinem fere redigerat omnino evanuisse. Unde ad perennem tanti beneficii memoriam sacra ejusdem dies quinta scilicet aprilis adhuc inter civitatis, et ut aiunt Palatii, festa quod Curiæ vocant habetur.

Hoc miraculum ex tunc in altari depictum conspicitur.

Nostra etiam ætate, anno scilicet 1691 indicta ab archiepiscopo supplicatione fratres nostri idem simulacrum deferentes, in omnem pœnitentiæ speciem efformati per civitatem incesserunt, pieque creditum est Divi Vincentii intercessione contagium quod a pluribus mensibus sæviebat cessasse; revera enim statim cessavit.

Sed mirum omnino est quod constanti fama et scripto traditur atque in eodem altari vetus pictura ostendit : nempe Petrus Bicich Ragusinus civis (qui anno 1691, 56 annos natus adhuc vivebat) infans ætate, e vivis sublatus et a matre fide plena ad Ecclesiam nostram delatus coram Divi Vincentii simulacro sacris ex-voto peractis vivus et incolumis surrexisse.

(*Archives généralices* ou *Archives générales de l'Ordre*. PP. Extrait des *Monumenta Congregationis S. Dominici de Ragusio*, f. 462.)

(2) « Tra le altre cose l'avevamo supplicata (Vr̃a P<sup>tà</sup> Rma che si degnasse di ottenerci
» dal sommo Pontefice la bolla (come anche al presente la preghiamo) di poter instituire ancora in questo convento la confraternità del nostro S. Vincenzo Ferrerio, con
» tutti quei privilegii, grazie che gode quella di Minerva o di Perugia, e che la sua festa

Le P. Hyacinthe Lazzarini, nouveau préfet de la Congrégation d'Orient, écrivait à son tour, en date du 9 mars 1804 :

« Prière au Révérendissime Vicaire général de l'Ordre d'obtenir au
» plus tôt la confrérie de saint Vincent Ferrier pour notre église, et
» autant de ses reliques qu'il sera possible, vu les grâces retentissantes
» obtenues par son intercession.

» Envoyez-moi le plus que vous pourrez des images et des reliques
» de ce Saint. Les grâces et les miracles qui s'opèrent deviennent de jour
» en jour plus nombreux, et la dévotion s'accroît en conséquence (1). »

Le culte de saint Vincent Ferrier existe toujours à Constantinople. Une relation récente nous apprend que les femmes turques vont lui demander la bénédiction pour leurs enfants.

Sa renommée s'étendit si loin, que, dans la Russie noire, on le vénère comme l'Apôtre de l'Occident ; et il est curieux de le voir dans la ville de Léopol, vêtu en cardinal, comme membre honoraire des *Peregrinantes*, vaste association pour la propagation de la foi dans les pays du Nord, dont les membres ont, en effet, la permission de porter, en partie du moins, la pourpre cardinalice.

Dans le Nouveau Monde, qu'il suffise de citer une relation envoyée par le couvent de Manille (Philippines). Dès le XVIe siècle, toutes les formes de son culte usitées en Europe furent en grand honneur dans ces contrées ; et, par suite, tous les témoignages de reconnaissance tels que ex-voto, dons plus ou moins précieux, images de cire ou de métal, enfants voués aux couleurs Dominicaines, et les portant publiquement, dévotion du lundi, etc (2).

Même note pour la *Trinidad* et *Santa-Fé de Bogota* (Nouvelle-Grenade).

---

» esteriore, con la sua messa cantata e indulgenze, si possa fare in perpetua alla terza
» feria dopo la Domenica in *Albis*. E sapia che qui si trova una gran devozione verso
» questo gran santo. Spero che non le sara difficile di ottenere questa grazia..... »

« (1) Il P. Lazzarini supplica il P. R<sup>mo</sup> Vic<sup>o</sup> Genle dell'Ordine.
» 1° Perche l'Emo Prefetto di Propaganda conceda la confraternità di S. Vincenzo al
» convento e chiesa nostra de Galata.
» 2° Per avere quante si potranno reliquie di S. Vincenzo a distribuire, essendo acca-
» dute grazie strepitose per intercessione di detto santo.
» ... Immagini di S. Vincenzo, ma delle migliori, e poi di questo santo quante più
» reliquie puoi spedirmi, tanto più farai carità e piacere. Le grazie ed i miracoli che si
» operano da quel santo in queste parti sono moltissimi, ne è grandissima per conse-
» quenza la devozione. La confraternità sarà stabilita giacche nulla il vescovo ha con-
» trario, ne può recar disturbo.

(2) Todos los lunes en esta iglesia de N. P. Santo Domingo suele haber ofertas de muchas candelas en el altar del Santo Angel del Apocalypsis, por los muchos favores que unos han conseguido. Desde muy remotos tiempos han ido ofreciendo aqui sus devotos

Des hommes d'une grande autorité ont professé pour saint Vincent Ferrier un culte qui sort de l'ordinaire.

Saint Louis Bertrand disait à qui voulait l'entendre que Vincent Ferrier était un homme comme le monde n'en verrait plus. « Comme il était très malade, raconte son biographe, on invoquait pour lui la divine miséricorde, le secours de la Sainte Vierge et de saint Vincent Ferrier. A ce nom, il s'écria tout à coup : *O sancte Pater Vincenti, pater mi, pater mi, currus Israël et auriga ejus!* Il reprit un peu de force, et son premier soin fut d'aller célébrer la messe à la chapelle de son Saint préféré.

Le bienheureux Nicolas Facteur, Franciscain, n'était sûr de rien que par son intercession. Il lui adressait toutes les personnes qui le consultaient. Un pauvre enfant allait mourir : « Portez-le, dit-il, à la chapelle de » saint Vincent Ferrier. » L'enfant vécut.

Comme il était Franciscain, on croyait lui être agréable en lui parlant de saint François ou de saint Antoine de Padoue. « Mais, non! » disait-il, on n'est pas jaloux dans le ciel, adressez-vous à saint Vincent » Ferrier. »

Le bienheureux patriarche Jean de Ribera choisit pour sépulture la Celda Santa.

Les divers Ordres citent des religieux de mérite qui durent à saint Vincent Ferrier leur sainteté et leur puissance sur les âmes. Notamment, le vénérable P. Jérôme Lopez, de la Compagnie de Jésus, le P. Jacques Lopez, de l'Ordre de saint Augustin, et d'autres dont fait mention l'Histoire de cet Ordre, par le P. Jacques Jourdain.

Nous avons vu comment l'illustre fondateur de la Compagnie de Saint-Sulpice dut à la surnaturelle intervention de Vincent Ferrier l'une de ses plus importantes fondations. Et qui dira si, contemplant cette vie à la fois si active et si unie à Dieu, l'homonyme de notre Saint, Vincent de Paul, n'a pas puisé là l'idée de l'incomparable institution des Sœurs de la Charité qui ont pour voile leur pudeur, pour cloître la rue où grouille la misère, et pour cellule le chevet des malades? Nous surprendrons

---

varios objetos de plata, que representan las varias curaciones hechas por él á favor de ellos. Cuelgan en el altar de S. Vicente aqui varias presentallas de plata, como cabezas, ojos, piernas, pechos, brazos, vientres, manos, etc. etc., cuyo peso total serà de unas veinticinco à treinta libras, sin contar la plata que se ha gastado en màs de una ocasion á favor del culto. Hay tambien varias veces vesticiones de niños y niñas, que sus madres o parientes los han ofrecido, y han sido librados de varios peligros de muerte, como de calenturas, viruelas y otros enfermedades, y son vestidos con nuestro hàbito y segun el rito de nuestra Orden, y lo llevan publicamente màs o menos tiempo.

bientôt le héros de la bienfaisance rêvant devant la prophétique parole du grand thaumaturge, et l'expliquant avec son humilité sans pareille.

Il l'avait présent à l'esprit dans tous ses actes, et dans tous ses enseignements; tous les jours, il l'invoquait pour obtenir l'esprit apostolique.

Le bienheureux Léonard de Port-Maurice, appelé par saint Alphonse de Liguori le grand missionnaire de son époque (première moitié du xviiie siècle), mettait sous la protection directe de saint Vincent Ferrier toutes ses entreprises.

Lors de ses travaux en Corse, durant les troubles qui aboutirent à la cession de l'île à la France en 1768, il écrivait au commissaire général Giustiniani, à Bastia :

« J'ai remis le soin de rétablir la concorde aux mains de la
» Très Sainte Vierge et de mon puissant avocat saint Vincent Ferrier;
» tenez pour certain qu'ils ont déjà obtenu cette faveur de Dieu, et
» reposez-vous tranquillement. »

(En date de Corté, 14 septembre 1744.)

Et le 16 : « Soyez donc sans inquiétude ; reconnaissez plutôt qu'il est
» palpable que la Sainte Vierge et mon patron saint Vincent Ferrier, tra-
» vaillent dans le ciel, et ne doutez pas de l'accommodement. »

Le 25, après avoir indiqué des moyens humains très sages, il veut
« qu'on obtienne du Pape une indulgence plénière en forme de Jubilé, qu'on
» se réunisse le soir dans toutes les églises pour réciter le rosaire et des
» prières à saint Vincent Ferrier, et qu'on le choisisse pour protecteur de
» la paix dans tout le royaume. »

C'est ainsi qu'au courant de l'histoire on surprend partout l'action invisible de cet homme. On conçoit d'ailleurs qu'il s'occupe encore d'un monde aux nouvelles destinées duquel il a si activement travaillé.

## § 5 — *Le corps.*

POSSESSION DISPUTÉE — DÉLÉGUÉ INTELLIGENT — LA LIGUE EN BRETAGNE — COMÉDIE SÉRIEUSE — TROP BIEN CACHÉ — L'INVENTION — ÉVÊQUE PEU FIER — NOUVELLE RECONNAISSANCE — ÉTAT ACTUEL

Le corps de saint Vincent Ferrier appartient à la cathédrale de Vannes. C'est un fait et c'est un droit, non seulement parce que les Souverains Pontifes ont exprimé sur ce point leur volonté formelle, mais parce que, originairement, il en devait être ainsi. Deux témoins ont entendu le Saint répondre à ceux qui lui demandaient où il voulait être enterré :

« Où il plaira à l'évêque de Vannes (1). » Et cette demande lui était faite par un de ses frères, Yves Nubieu.

Un autre témoignage dit : « Où il plaira au duc de Bretagne et à l'évêque. Surtout que la paix ne soit pas troublée pour un si futile objet. » Or, le duc de Bretagne et l'évêque de Vannes se sont nettement prononcés.

Malgré l'adjuration pacifique du mourant au sujet de sa dépouille mortelle, les choses, nous l'avons vu, ne se passèrent pas sans troubles. La vérité est que le trésor était considérable.

Les Frères Prêcheurs disaient, non sans apparence de raison, que ce grand obéissant durant sa vie devait vouloir l'être aussi dans la mort. On devait donc obtempérer aux désirs de ses supérieurs immédiats.

Bien que le vœu d'obéissance soit absolu dans l'Ordre de Saint-Dominique, on respecte les volontés dernières. Toutefois, l'évêque n'eût failli à aucun de ses devoirs s'il eût consenti à ce qu'on portât le saint corps à Guérande ou à Quimperlé, où étaient les couvents les plus proches.

Car, s'il faut en croire un de ses disciples, Jean de Millocen, Vincent Ferrier aurait dit : « Si c'est possible, qu'on prenne l'avis du Prieur du » couvent le plus proche. »

Et il y avait, en faveur des Dominicains, un précédent bien significatif dans la cession miraculeusement forcée des reliques de saint Thomas d'Aquin (2).

Aussi ne cessèrent-ils de protester, ne voulant pas laisser prescrire, et qu'on pût dire plus tard : « Possession vaut titre. »

Même après la Bulle si formelle de Nicolas V et l'ordonnance catégorique du duc de Bretagne (3), les Dominicains ne perdirent pas

---

(1) Ipse Mag. Vincentius dixerat quod si conventus sui ordinis esset in civitate predicta vel prope, conventus posset disponere de sepultura sua ut sibi placeret ; sed quia non erat remittebat dispositioni Dñi Episcopi Venetensis. (*Bretagne. Huitième déposition.*)

(2) Les reliques restèrent longtemps au pouvoir des Cisterciens, chez lesquels le Saint était décédé. elles passèrent même aux mains du comte de Fondi ; mais, par des apparitions, des objurgations et même des châtiments répétés, saint Thomas les fit enfin restituer aux Dominicains. Le Pape, qui d'abord était opposé à cette translation, changea subitement d'avis. (Voir la Liturgie dominicaine au 28 janvier.)

(3) Elle s'exprimait ainsi :

« 30 novembre 1454.

» PIERRES par la grace de Dieu duc de Bretagne, conte de Montfort et de Riche-
« mont, à tous ceulx qui ces presantes lettres verront, salut.
« Come par la grâce divine le benoist maistre Vincent de Valence de l'Ordre des Prê-
« cheurs amprès plusieurs et innumerables doctrines qu'il a fait à l'exaltation de la foi
« catholique soit en ceste notre ville de Vennes trespassé et son corps honnourablement
» ensevely et ensepulturé en l'église de Vennes, l'une des églises cathedrales et honnou-

toute espérance. Un Pape pouvait donner ce qu'un autre Pape avait refusé.

Le jour de la canonisation, le Maître Général, d'après le vœu formulé par le Chapitre général de l'Ordre, déposa, selon les formes légales, une requête afin d'obtenir le corps du nouveau Saint, déclarant, pour éviter une discussion mal séante, qu'il en appellerait en cour de Rome.

Trois ans après, en 1458, une supplique adressée au nouveau Pontife, Pie II, disait en substance que, lorsque saint Vincent Ferrier arrivait quelque part, il n'avait jamais d'autre demeure que les couvents de son Ordre, qu'en vertu de sa profession religieuse il n'avait pu avoir d'autre intention que de se conformer à toutes les obligations qui en découlent, quelle que fût d'ailleurs la formule dont il s'était servi (1).

Que lorsque ses frères, les Dominicains, avaient voulu, fondés sur ce droit, emporter le saint corps, ils avaient été repoussés par une violence indigne.

Que la canonisation avait eu lieu surtout aux frais des Dominicains et grâce à leurs soins, et que le droit voulait que, mort, on appartînt à ceux à qui on avait appartenu vivant.

A ces causes, les suppliants demandaient au Pape de vouloir bien nommer des cardinaux pour examiner la question.

Pie II désigna les cardinaux des Ursins et de Zamora. Peut-être eussent-ils donné gain de cause aux Dominicains si, sur ces entrefaites, François II, duc de Bretagne, n'eût envoyé au nouveau Pape une ambas-

» rables de ûre païs, et que, aussi en contemplacion de nous, notre Saint-Père ait ordonné
» que le corps dudict maistre Vincent auprès qu'il sera canonizé demeure en perpétuel
» en ladite église, comme appert par les bulles de notredict Saint-Père estantes en datte
« du septième idus d'octobre l'an mill CCCC cinquante et un, seavoir faisons que pour les
» causes devant dictes et mêmes que ma très redoubtée dame et mère la duchesse, pour
» la parfaicte dévocion que elle avait audict mestre Vincent, se fist ensevelir et est en-
» sepulturée en ladicte église près de la tombe dudict mestre Vincent, et que nous avons
» fait jurer nos bien amés et féaulx conseillers l'évesque et chanoines de Vennes que
» jamais ne consentiront que ledict corps fut translatté de ladicte église mais l'empêche-
» ront à tout leur pouer, sans sur ce user de relaxacion ou dispensacion de serment et
» pour aultres causes à ce nous mouvans, ûre entencion et volonté est que jouxte et sellon
» l'ordonnance venue du Saint-Père ledict corps dudict mestre Vincent desmeure en
» icelle église de Vennes en perpétuel sellon ladicte ordennance de nostre Saint-Père et
» laquelle, en parolle de prince nous promettons fare et ferons garder estat, nonobstant
» quelconques lettres que par importunité de requestes ou aultrement on pourrait de nous
» obtenir, quelles ne voulons avoir auchun effet. Et au vidimus deceste faicte par une
» de nos courtz voulons icelle foy estre adioutée come à l'original.

» Donné en nostre ville de Vennes le derrain jour de novembre l'an mil CCCC cinquante et quatre. Signé : Pierre.

» Par le duc : de son commandement G. de Bogar. Avec le grand sceau de cire rouge. »

(1) De fait, quelque temps auparavant, un Dominicain mort à Valence avait été enterré chez les Cordeliers, en attendant qu'on pût le transporter au couvent le plus proche.

sade dont faisaient partie l'évêque de Saint-Malo, témoin des fêtes de la canonisation, et surtout un habile homme, Bertrant de Coëttanezre, vice-chancelier, à qui l'évêque de Vannes confia la cause en lui remettant la bulle de Nicolas V.

Coëttanezre alla droit au Pape. L'authenticité de la bulle reconnue, Pie II n'hésita plus, et, le 9 février 1459, il lançait une autre bulle prescrivant aux Dominicains et à leurs ayant-droit de n'inquiéter désormais Vannes au sujet de la possession des reliques de saint Vincent Ferrier, à aucun titre, ni sous aucun prétexte. Coëttanezre porta lui-même cette bulle au cardinal de Zamora, alors à Sienne, et en fit intériner les clauses par un notaire apostolique, afin que nul n'en ignorât. La cause était jugée. Une nouvelle chicane, au sujet de l'authenticité de la bulle de Nicolas V, fut dirimée par un arrêt de Pie II, en date du 20 février 1459 (1).

Tout alla bien jusqu'au XVIe siècle. Lorsqu'éclatèrent les guerres de religion, la catholique Bretagne s'arma, le gouverneur Mercœur, duc de Penthièvre, fit demander, pour soutenir la ligue, du secours au roi d'Espagne, qui envoya un parti de Valenciens. Ceux-ci crurent l'occasion venue de s'emparer des restes tant souhaités de leur glorieux compatriote ; ils employèrent d'abord les moyens diplomatiques, firent agir le duc de Mercœur, qui fit parler la reconnaissance.

*Lettre du duc de Mercœur au Chapitre de l'église cathédrale de Vannes.*

« Messieurs,

» Le désir que j'ay de donner contentement au roi catholique, en
» tout ce que je puis luy être agréable, comme à celui qui mérite beaucoup
» des catholiques de cette province, il me convye vous escrire ce mot pour
» vous faire entendre la singulière dévotion qu'il porte au précieux corps
» de Monsieur saint Vincent lequel, à ce que je pense, repose en votre
» église. Souhaitant infiniment l'avoir entre ses joyaux et trésors plus
» sacrés, il me fait vous prier bien afectueuseman de vouloir en cela
» condescendre à sa demande, vu la très grande obligation qu'il a gaignée
» sur nous, ayant donné charge à Monsieur maitre Cornet d'aller exprès

---

(1) Outre Martial Auribelhi, cinq Généraux Dominicains sont venus à Vannes visiter le tombeau du Saint : Salvo Cassetta, de Sicile ; Joachim Turriano, Vénitien ; Jean Claireau, Normand ; Silvestre de Ferrare, et Nicolas Rodolphi, Florentin. Celui-ci fit bâtir un couvent de Dominicains dans un faubourg de Vannes, qui fut dédié à saint Vincent Ferrier en 1633. Les autorités vannetaises n'avaient pas voulu permettre jusque-là, un semblable établissement, par crainte que les Dominicains n'enlevassent le corps de Vincent Ferrier. En 1628, le Carmel situé sur le Port avait déjà pris son nom.

» vous porter cette nouvelle de ma part et vous représenter plus particu-
» lièrement l'afection de Sa Majesté en cet endroit, que s'il vous plait de
» satisfaire au désir très chrestien d'un si grand roy, vray protecteur de
» l'Église catholique, comme de rechef je vous en suplie, vous m'obli-
» gerez aussi de vous assister en tout ce qu'il me sera possible d'aussi
» bonne volonté que se pourra.

» Dieu, Messieurs, vous tienne toujours en sa sainte garde.

» Votre bon et affectionné amy,
» EMMANUEL DE MERCOEUR.

» Nantes, le 6e de janvier 1592. »

Quelques chanoines furent gagnés, car nous avons une lettre de Philippe II ainsi conçue (1) : « Don Phelipe, par la grâce de Dieu roi
» d'Espaigne, des deux Cecilles, de Hierusalem, etc.

» Vénérables et nos bien-aimés Doyen et Chapitre de Vannes, j'ay
» entendu la volonté en laquelle vous m'avez offert de m'envoyer les
» reliques du sainct corps de sainct Vincent et pour ceste chose de sy
» grande satisfaction et contentement pour moy, je vous remercye de ce
» que jà vous faictes, et pour la dévotion que j'ay à sainct Vincent, je
» vous encharge que vous donniez ordre à ce qu'ils me soient randus le
» plus tôt que faire se pourra, rendant par ce moyen ma confiance cer-
» taine sur chose que je tiendrai à un grand service et de laquelle je vous
» demoureray fort recognoissant.

» Donné à Valladolid, ce 20e de juillet 1592. Moy, le Roy. » (*Traduction contemporaine.*)

Les chanoines répondirent poliment que ce n'était pas en leur pouvoir.

« Sire,

» Nous avons presenteman reçu la lettre de laquelle a pleu à Votre
» Majesté nous honorer pour nous faire entendre sa singulière devocion
» à la mémoire et sainctes reliques de Monsieur sainct Vincent, de laquelle
» Monseigneur le duc de Mercœur, gouverneur de ceste province, nous

---

(1) « Venerables y amados nuestros Dean y Cabildo de Vanes. He entendido la voluntad
» con que haveys offrecido de embiarme las reliquias del santo cuerpo de san Vicente
» Ferrer, y por ser cosa de tanta satisfaccion y contento para vos, os agradesco mucho lo
» que en esto haceys, y por la devocion que à ellas tengo, os encargo que deys orden para
» que quanto antes se me puedan traer, que en esto me sacareys cierta mi confianca,
» y hareys una cosa que os tendre en mucho servicio y de que os quedare muy agra-
» descido.
» Dado en Valladolid xx de julio 1592. »

Yo el Rey.

» avoit cy devant parlé et fort instamment pressez de satisfaire à vostre
» vœu. Sur quoy nous l'avons tousiours supplié, comme aussy sup-
» plions, par la présente, Votre dicte Majesté, croire que sy c'estoit chose
» qui dépendist de notre pouvoir, nous eussions promptement obéy
» à votre désir, mais ayantz meurement pensé à cest affaire, avons trouvé
» qu'il ne nous est aucunement licite de toucher à telz sacrez trésors, tant
» à cause de l'absence de Monseigneur nostre évesque, qui est jà un an et
» demy à Paris pour les affaires de l'Estat, que d'autant qu'en nos Chartes
» nous avons trouvé bulles de notre Sainct Père, par lesquelles est faicte
» très expresse deffense à toutes personnes de quelque qualité quelles
» soient, de transférer hors nostre église les dictes reliques, sous peine
» d'excommunication et d'encourir l'indignation de Dieu, lesquelles
» bulles originalles nous avons montrées à mon dict Seigneur de Mer-
» cœur, et pour vous mieux asseurer de ceste vérité, nous avons député
» un de notre compaignie devers Monseigneur dom Mendo Rodriguez de
» Lederma, votre ambassadeur à Nantes, pour la luy faire voir affin que
» Votre Majesté soit par luy clairement asseurée de ce faict. Regretantz
» infiniment que ne pouvons accomplir votre devotieuse volonté de
» laquelle nous sommes intiereman humbles serviteurs qui supplions
» devoteman Dieu le créateur, vous donner, sire, avec toute prospérité
» et bénédiction, longue et heureuse vie.
» A Vannes, ce dernier de may 1593, vos très humbles et très affec-
» tionnés serviteurs. »

Les Espagnols s'y prirent alors différemment. Ils organisèrent une comédie populaire, décidés à profiter d'un moment favorable pour enlever les reliques. Mais un nommé Burgerol, Vannetais établi à Valence, ayant eu vent du projet, prévint ses compatriotes qui, sans rien dire, confièrent le dépôt au plus ancien des chanoines. Celui-ci le cacha chez lui, si bien qu'on ne put le trouver jusqu'au départ des Espagnols. Sur son lit de mort, il fit porter le précieux coffre à la sacristie de la cathédrale, où il demeura longtemps sans honneurs par crainte des huguenots.

Valence réveilla cette torpeur en demandant pour la seconde fois des reliques. C'était l'an 1600 (1). L'évêque de Vannes, Jacques Martin de Belleassise, comprit la leçon. Pour donner un nouveau lustre au culte du Saint, il fit faire de belles tapisseries qui représentaient ses miracles. Elles existent encore en loques déplorables dans le grenier de la cathédrale de Vannes.

---

(1) Nous en parlerons tout à l'heure.

Les pèlerinages recommencèrent. La foi provoqua de nouveaux prodiges dont le bruit s'étendit au loin. La reine, Marie de Médicis, le prince de Condé, le duc de Guise, les ducs de Brissac témoignèrent hautement de leur vénération pour le thaumaturge; les prédications des Dominicains firent le reste. Alors, on réclama les reliques égarées. Pour réparer l'oubli passé, les chanoines firent faire une belle chapelle et une châsse d'argent.

L'évêque Sébastien de Rosmadec ordonna des recherches, et on finit par découvrir, dans le chappier, le vieux coffre à trois serrures qu'on fit sauter. On trouva un crâne sans mâchoire inférieure et des ossements répandant une odeur balsamique, plus deux pièces de monnaie, l'une de Jean V, l'autre de François I*er*, ducs de Bretagne.

Le théologal Henri Basseline, avait, pendant ce temps, ouvert l'ancien tombeau où étaient les vertèbres, et un petit reliquaire d'argent où était la mâchoire inférieure. Ceci se passait le 24 mai 1637. Tout le monde était fixé sur l'authenticité du trésor recouvré, mais il fallait une certitude absolue. Le 7 août, l'évêque convoqua le Chapitre, et, en sa présence, Jean Petit, sieur de la Bergerie, docteur en médecine, et Claude Gossement, chirurgien, déclarèrent par serment que c'était là les parties d'une même tête. On chercha encore dans une autre châsse, appelée des *Corps saints*, mais on n'y trouva rien de Vincent Ferrier.

Le 23 du même mois, l'évêque réunit une assemblée de théologiens dans la chapelle de saint Vincent Ferrier, près du chœur de la cathédrale; aux deux médecins précédents s'adjoignirent du Buisson et Thomazzo, l'un docteur, l'autre chirurgien.

On recommença l'examen de la mâchoire. Les deux nouveaux docteurs voulurent faire honneur à leur art, mais, après quelques difficultés, ils approuvèrent. On mit enfin en présence le corps et les vertèbres, et tout cadra merveilleusement, enveloppé de ce parfum particulier qui servait comme de trait d'union mystique à ces précieuses dépouilles (1).

---

(1) *Procès-verbal de l'ouverture du tombeau, au mois de mai 1637.*

Henri Basseline, prêtre, docteur en théologie, en la sacrée Faculté de Paris, chanoine théologal en l'église cathédrale de Saint-Pierre de Vannes, vicaire perpétuel de Sainte-Croix dudit lieu, savoir faisons que ce jour de dimanche, 24 de mai 1637, environ les cinq heures d'après midi, suivant la permission et commission à nous verbalement donnée, par Monseigneur le révérend et illustre Sébastien de Rosmadec, par la grâce de Dieu et la permission du Saint-Siège apostolique, évêque de Vannes, conseiller du roy, icelui détenu de maladie depuis les quinze jours, en compagnie de nobles et vénérables personnes messire Pierre du Raueau, Alain de Kermeno, Jacques Belleville et Guillaume Guymarho, tous dignités et chanoines dudit Vannes, en présence de haut et puissant messire François de Cossé, lieutenant-général pour le roy en Bretagne, chevalier de ses ordres, duc et pair, grand pannetier de France, et messire Guillaume Le Tohic, recteur

Ce que voyant, l'évêque déclara, mitre en tête et crosse en main, que c'étaient bien là les reliques de saint Vincent Ferrier; il défendit d'y toucher sous peine d'excommunication, et les transporta dans la châsse d'argent donnée par les chanoines.

Les 5 et 6 septembre eurent lieu des processions solennelles; on porta la châsse par la ville, avec arrêts aux couvents des Dominicains, des Capucins et de Nazareth. 15 000 personnes y assistèrent, les bourgeois de Vannes s'étaient fait confectionner pour la circonstance des habits blanc et noir, couleurs dominicaines.

---

de Ploërmel, aumônier de mondit seigneur évêque, Maury Allyo et Yves Ryo, sacristes, ayant pour adjoint messire Mathurin Nicolazo prestre, notaire apostolique et secrétaire dudit seigneur évêque, Nicolas Thomazo, chirurgien et barbier du roi, et Charles Lhonneur, maitre serrurier, desquels nous aurions pris le serment de se comporter fidèlement et religieusement en ce qui seroit de leur charge, nous nous serions transportés au tombeau de Monsieur saint Vincent Ferrier, érigé au chœur de la cathédrale dudit Vannes, à côté de l'évangile : avec toute humilité, respect et dévotion, revêtus de surplis et étole, le cierge en main allumé, et après avoir vénéré ledit tombeau, aurions, exécutant notre commission, commandé audit Lhonneur nous faire ouverture réelle et lever la grille de fer apposée sur l'entrée dudit tombeau, pour par après y descendre et visiter la châsse où sont renfermés les ossements et reliques dudit saint, ce qu'ayant fait, ladite grille levée où se seroit trouvé un verrouil ou moraillon rompu, aurions entré dans ledit tombeau, et aurions trouvé une châsse de bois en forme de cercueil, d'environ quatre pieds de longueur et un pied et demi de largeur, à la tête de laquelle châsse, vers le grand autel de ladite église, aurions remarqué l'image dépeinte (*) dudit saint Vincent, à main droite de laquelle est celle de notre Sauveur Jésus-Christ jugeant le genre humain, et au pied de l'image sont écrites ces paroles de l'Apocalypse : *Timete Deum, quia venit hora judicii*, laquelle châsse aurions ouverte levant l'un des aix du dessus et aurions trouvé en icelle un taffetas rouge cramoisy dans lequel étoit enveloppé un os notable, que ledit Thomazo a dit être de l'épine du dos, appelé vertèbre, la quatrième proche de l'os sacrum, et quinze autres parcelles d'ossements, partie de la dite épine dorsale en la dite châsse, enveloppés de taffetas, lesquels nous avons enveloppés et remis en même état que devant; plus un morceau de cuir nous a dit être vraisemblablement avoir été d'un de ses souliers, et trois autres morceaux de cuir de ces mêmes souliers, deux pièces d'étoffes dont nous n'avons pu discerner la couleur, avec un morceau de serge noire et deux autres, qu'avons cru être de ses vêtements, outre un grand sac de cuir rempli de sang congelé, intestins embaumés, et quantité de pièces et parcelles de ses tuniques, de son vrai cuir adhérent aux intestins, et quelques fragments de la bierre en laquelle il fut porté au tombeau, ainsi que nous a dit ledit Thomazo, et qu'avons pu reconnaître. De tout quoy aurions pris et emporté un petit os de vertèbre, la seconde qui sert de mouvement de la tête, en outre des parcelles de fausses côtes que l'on disait être des dernières parties où commencent les intestins, autant desdits vêtements, avec un morceau du dessous de ses souliers, que nous aurions enveloppés en un mouchoir de fin lin, et l'aurions porté en compagnie de Messieurs les susnommés à Monseigneur l'illustre et révérend, qui étoit en son château de la Motte, environ les huit heures et demie du soir dudit jour, après avoir vénéré lesdites reliques en leurs enveloppes, et icelles vénérées, lui ayant fait fidèle rapport de tout ce que dessus, les auroit visitées pièces après pièces, les ayant fait révéremment envelopper, les auroit présentées audit sieur duc de Brissac, qui les auroit acceptées de sa main, baisées et emportées, et se seroit retiré en la maison archidiaconale où il étoit logé, de tout quoy..... *Suivent les signatures.*

(*) Ce tableau se voit maintenant dans la petite chapelle de Saint-Vincent.

Le rapport que publia l'évêque Sébastien de Rosmadec respire un saint enthousiasme (1).

Ce même évêque confia la garde morale du précieux trésor à une confrérie érigée en l'honneur du Saint. L'approbation du règlement est du 31 août 1637. Cette confrérie devint nombreuse et composée des personnes du plus haut rang. Aux calendes de mars 1645, Innocent X accorda indulgence plénière à tout associé, le jour de sa réception, et le 6 septembre (2). Pie VI, en date du 21 juin 1782, renouvelant les concessions d'Innocent X, y ajouta de nouvelles et précieuses faveurs.

Mgr Bécel a reconstitué cette confrérie.

Après la remise des reliques principales du Saint dans la châsse d'argent donnée par les chanoines, l'évêque Sébastien de Rosmadec crut devoir honorer aussi le tombeau primitif où avaient été laissés une vertèbre et quelques petits ossements. Son testament y pourvoit. Le saint tombeau restauré portait l'inscription suivante :

ANNO SALUTIS MDCXLVIII HOC MONUMENTUM S$^{\text{cti}}$ VINC$^{\text{tii}}$ BENEFICIO ET MUNIFICENTIA ILLUS$^{\text{mi}}$ DOMINI
SEBASTIANI DE ROSMADEC NUPER DEFUNCTI EPISCOPI
VENETENSIS MARMOREUM POSITUM FUIT, SEDENTIBUS
INNOCENTIO X SUMMO PONT$^{\text{ce}}$ ET ILLUS$^{\text{mo}}$
DOMINO CAROLO DE ROSMADEC EJUSDEM
VENET$^{\text{is}}$ DIOECESIS PRÆSULE

En 1770, les travaux du chœur de la cathédrale nécessitèrent la démolition de la chapelle souterraine où était le tombeau. La châsse en fut retirée et déposée dans la sacristie, jusqu'à ce qu'un nouveau monument fût élevé. L'exécution en fut confiée au sculpteur Fossati. C'est le tombeau actuel, en marbre rouge et noir.

Il eût été désirable de le placer dans la chapelle dédiée au Saint, derrière le maître-autel, au-dessus de l'ancien tombeau, mais cette chapelle, quoique belle et vaste, n'eût pas suffi au mouvement des foules lors des

---

(1) Voir Document 26. — Sous ce pontificat béni du ciel, un honnête paysan trouva la statue qui a donné lieu au célèbre pèlerinage de Sainte-Anne d'Auray.

(2) Le même Innocent X privilégia l'autel de saint Vincent Ferrier, le jour des Morts, tous les jours de l'Octave, et tous les lundis, mercredis et vendredis de l'année (22 juin 1653).

pèlerinages. On l'éleva dans le bras gauche du transept. Il porte cette inscription :

† 

ANNO SALUTIS MDCLXXVII
MONUMENTUM HOC, PRIUS IN SACELLO
SUB CHORO HUJUS ECCLESIÆ CONSTRUCTO, POSITUM ;
AD S$^{ti}$ VINCENTII DECENTIOREM CULTUM, IN HAC-CE PARTE,
SUMPTIBUS CAPITULI VENETENSIS RESTITUTUM FUIT ;
SEDENTE ILLUSTRISSIMO AC REVERENDISSIMO
D D SEBASTIANO-MICHAELE AMELOT
VENETENSI EPISCOPO

On ne peut célébrer la messe au tombeau même, mais bien à l'autel placé derrière, dédié autrefois à saint René. L'ensemble s'appelle aujourd'hui chapelle du Tombeau.

Mgr Amelot y fit transporter la châsse de bois laissée dans la sacristie, le 4 mai 1777.

Pillarde toujours et besogneuse à proportion, la Révolution exigea de l'évêque constitutionnel, Charles Le Masle, la châsse d'argent de saint Vincent Ferrier. Dieu permit que les reliques fussent laissées intactes.

Dans un mandement plus étudié que fier, l'évêque notifie le fait à ses diocésains, en date du 17 floréal, an IV de la République française une et indivisible (6 mai 1796).

Enfin, le 24 avril 1816, sous Mgr Beausset Roquefort, on fit une dernière reconnaissance des reliques (1).

---

(1) Nous Jean-Mathurin Le Gal, archidiacre de l'église cathédrale, et Louis-Jules Coquerel, grand pénitencier de la même église, vicaires généraux de Monseigneur l'évêque de Vannes, en vertu du pouvoir et de la Commission qu'il nous a donnés le 23 avril, nous avons procédé en la manière suivante à la visite des reliques de saint Vincent Ferrier et des autres qui se trouvent soit dans la cathédrale, soit dans la sacristie.

L'an mil huit cent seize, le 24 d'avril, nous étant transportés dans la sacristie de l'église cathédrale revêtus de notre habit de chœur et d'une étole, nous y avons convoqué M. Vincent Bocherel, chanoine, et M. Vincent Le Ficher, chanoine honoraire, et M. Le Loutre René-Ange, docteur médecin, que nous avons prié de nous assister.

Nous nous sommes ensuite transportés à la chapelle de saint Vincent, et après y avoir fait descendre de dessus l'autel un coffre fait en forme de châsse, garni en dehors d'une gaze en or faux, ainsi que les clous et les galons des coins et bords du dit coffre. Ayant fait ôter le dessus, nous avons trouvé le coffre fermé à trois clés, puis, l'ayant ouvert, nous l'avons trouvé garni en dedans d'une soie cramoisie et des reliques de saint Vincent Ferrier. Savoir un papier cacheté du sceau épiscopal contenant des parcelles des os et de l'habit de saint Vincent Ferrier, deux humérus dont l'un cassé, deux fémurs, un

Les choses sont restées depuis telles qu'elles furent reconnues alors. Le crâne de saint Vincent Ferrier repose sous un buste de bois argenté, laid.

Le livre de M. Mouillard, l'intéressante notice de M. Chauffier sur le culte de saint Vincent Ferrier en Bretagne, et surtout le zèle patriotique de l'évêque actuel de Vannes, ont remis en honneur la dévotion au grand thaumaturge. Des échos vibrants nous arrivent chaque année des fêtes qui s'y célèbrent au mois de septembre.

Quant aux fragments du précieux corps que la piété a pu extorquer, non sans peine, à la jalouse intransigeance du Chapitre de Vannes, il faut en dire quelques mots.

## § 6 — *Reliques à Valence.*

FRANÇOIS 1er PRISONNIER — TROIS VOYAGEURS — PESTE OPPORTUNE — DERNIER SURVIVANT — OUBLI MALHEUREUX — UN CHRONIQUEUR NAIF — MIRACLES EN PASSANT — LE SOURD-MUET DE MADRID — OUBLI RÉPARÉ — UNE RELIQUE CHÈRE

Valence, n'ayant pu obtenir le corps de son illustre enfant, voulait au moins des reliques. Jusque-là elle n'avait que des objets lui ayant appar-

---

tibia, deux os des isles, un péroné, un radius, sept portions de côtes avec un cordon rouge de soie, une omoplate, une portion d'omoplate, une clavicule, deux calcanéums, une portion de l'os sacrum, deux astragales, un os du nez, une portion du cubitus, diverses vertèbres et portions de vertèbres liés avec une tresse de fil à laquelle nous avons apposé le sceau épiscopal. Les linges et les morceaux de soie qui étaient sous ces reliques ou qui servaient à les envelopper étant fort vieux, nous les avons tirés de la châsse, ainsi que la poussière qui s'y trouvait, et nous les avons remis à M. Le Gal, et ayant uni deux nouveaux morceaux de drap de soie dans lesquels nous avons enveloppé les reliques, nous avons fermé le coffre avec les trois clés qui ont été remises à M. Coquerel et nous l'avons muni du sceau épiscopal et nous l'avons fait ensuite replacer sur l'autel de saint Vincent.

Nous étant ensuite transportés dans la chambre capitulaire au-dessus de la sacristie, nous y avons trouvé :

1° Le buste de saint Vincent, de bois argenté, monté sur un socle doré et fermé par quatre vis de fer; l'ayant fait ouvrir, nous y avons trouvé une tête, à laquelle manque une portion du pariétal droit. Dans le chef du buste, nous avons trouvé la mâchoire inférieure qui, comparée avec la supérieure, y a les rapports les plus exacts. Nous avons garni de trois sceaux le cordon de soie cramoisie dont elle est ficelée et de deux sceaux le galon de soie rouge broché de jaune qui renferme le chef, et le dessous du socle de quatre sceaux appuyés sur quatre bandes de galons dentelés cramoisis.

2° Un petit reliquaire d'argent percé de plusieurs trous. On le plonge dans l'eau que doivent boire les malades fiévreux. Il contient des reliques de saint Vincent; nous y avons apposé le sceau épiscopal.

Ne pouvant ouvrir le tombeau de saint Vincent Ferrier à cause de la pesanteur de la pierre de marbre qui le couvre, nous nous en sommes rapportés au témoignage de

tenu : sa chape, sa Bible, son aube, etc. (1). Antist raconte que François Ier, fait prisonnier à la bataille de Pavie, traversa Valence; les religieux du couvent allèrent lui baiser les mains et lui demandèrent les restes de leur compatriote et frère en religion. Toujours courtois, les jurés, en grand costume, allèrent aussi le saluer quand il débarqua au Grao, le 30 juin 1525, et lui dirent que Valence était à ses ordres. « Je suis pri-
» sonnier de mon cousin l'empereur, répondit-il, à présent je ne puis pas
» vous récompenser, mais Dieu me fera la grâce de le pouvoir un jour. »

Il fut interné le jour même au château de Benissano, à quatre lieues de Valence. Nous allons voir qu'il tint sa promesse autant que la chose dépendait de lui.

En 1532, les Valenciens dépêchèrent deux religieux, les PP. Louis Castellote et Gaspard Perez, à Rome, pour demander un Bref à Clément VII, à l'adresse des chanoines de Vannes. Le Pape trouva la demande fort juste et accorda le Bref suivant :

« Clément VII, à ses fils bien-aimés, salut et bénédiction apostolique.
» Le nouveau Maître Général des Frères Prêcheurs nous a exposé com-
» bien le bienheureux Vincent Ferrier, dont votre ville possède le corps
» vénérable, est honoré à Valence où il a reçu le jour, et dans tout le
» royaume. Il serait à souhaiter que le couvent des Frères Prêcheurs de
» Valence, où le Saint a fait son éducation religieuse, possédât de ses
» reliques ; c'est pourquoi ledit Maître Général et le Provincial de la pro-
» vince d'Aragon, qui a sous sa juridiction Valence, où vient de se tenir
» le dernier Chapitre général, dans l'espoir que vous accueillerez favora-
» blement leur demande, ont jugé à propos d'envoyer vers vous les
» PP. Louis de Castellote et Gaspard Perez, maîtres en théologie, avec
» mission de solliciter des reliques du Saint. Nous portons grand intérêt
» à cet Ordre célèbre tant par sa science que par le ministère assidu de
» la parole évangélique, et nous pensons que le Saint lui-même ne peut

---

M. Bocherel, qui nous a dit qu'il y avait une vertèbre de saint Vincent, et nous avons terminé notre procès-verbal les jours et ans que dessus.

Coquerèl du Filois, vic. gén.          Vincent le Figher, ch. h.
Bocherel, chanoine.                    Le Gal, vic. gén.
                                       Le Loutre, D. m.

(1) Au grand livre des *Comptes du couvent*, Teyxidor a relevé la mention suivante en date d'avril 1457 : Habuimus de adoratione reliquiæ S. Vincenti 11 l. 4 s.
Ces objets gardèrent leur valeur thaumaturgique, car on trouve au même livre qu'on donna une *castellana* (monnaie) à deux religieux chargés de porter les reliques du Saint au duc de Gandie qui, étant tombé malade, les avait fait demander. En date du 16 juillet 1526.

» qu'être favorable au projet d'enrichir de quelques-unes de ses reliques
» le berceau de sa vie religieuse.

» A ces causes et sur la supplique à nous parvenue du Maître Général
» des Frères Prêcheurs et du Provincial d'Aragon, nous vous prions, eu
» égard à votre dévouement pour ce Saint-Siège, et à votre considération
» pour l'Ordre susdit, de donner aux envoyés une portion des membres
» ou du corps du Saint ; et nous souhaitons qu'elle soit notable. Que cela
» se fasse avec le respect et la révérence convenables. Et nous vous
» donnons par la présente toutes permissions à cet égard.

» Donné à Rome, à Saint-Pierre, sous l'anneau du pêcheur, le
» 8 juin 1532, et de notre pontificat, l'an neuvième. »

Les deux religieux se dirigèrent vers la Bretagne, accompagnés d'un certain Séradols, homme de confiance de l'ambassadeur d'Espagne, à Rome. A Paris, la reine Éléonore d'Autriche, sœur de l'empereur, leur donna des lettres pour le Chapitre de Vannes. Arrivé à Cambrai, le P. Gaspard Perez tomba malade (1). Sur l'avis du Prieur du couvent de Cambrai, le P. Castellote partit seul pour Vannes, où il arriva fin juillet.

Le Chapitre de Vannes refusa net. Mais l'envoyé n'était pas homme à se décourager. Le ciel, d'ailleurs, lui vint en aide. Une peste terrible mit en fuite la plupart des chanoines ; six seulement restèrent à leur poste. Ceux-ci eurent compassion de ses longs voyages et de sa persévérance ; ils lui donnèrent un doigt de la main droite et un os du cou, avec des authentiques bien en règle, lui faisant jurer de porter le tout à Valence et non ailleurs.

Au retour, le P. Castellote mourut à Nantes, Séradols acheva la mission. Arrivé à Murviédro, il fit prévenir les magistrats de Valence, qui députèrent deux des caballeros les plus distingués, don Damon Çaéra et don Pedro Exarch. Tout Valence alla au-devant d'eux jusqu'au couvent de Saint-Bernard, hors les murs. Les Dominicains firent faire un reliquaire digne d'un si précieux objet. La ville donna 1000 *sueldos*, les particuliers 2528. A l'orfèvre, on donna pour main-d'œuvre 180 livres (2).

---

(1) Plusieurs auteurs ont affirmé qu'il y mourut, mais Teyxidor a découvert une signature de lui à Valence, le 8 août 1533. Il devint prieur du couvent de Jativa, puis de Saragosse, où il mourut en 1536. « In conventu cæsaraugustæ obiit Fr. Gaspard Perez magister et prior. » (Acta cap. Prov. Barcinonæ habiti.)

(2) *Livre de gasto y recibo* du mois de décembre 1551.
Le livre des *Memories de la ciutat e regne de Valencia*, ms. (Paris, Biblioth. Nat., n° 147.) porte : Ann. 1533 — A 20 de octubre dit any foren portats a predicadores certs osos del glorios sent Vicent Ferrer losquals donà lo rey de Franza perque els havia promesos quant fou en est regne. — P. 599.

En 1587, le fils de don Fer. Fenollet, âgé de cinq ans, atteint de maladie aiguë avec fièvre et convulsions, ne tarda pas à être abandonné des médecins. Le père demanda au Prieur du couvent, qui était le P. Antist, de faire porter l'une des reliques au malade. Au premier contact, l'enfant fut guéri, à la grande admiration de tous. En reconnaissance, le père donna 50 livres pour faire dorer le reliquaire.

Le 5 avril 1591, une femme de Carpesa, Anne Tevian, sourde et muette, et très malade d'une fièvre maligne, se recommande à saint Vincent Ferrier et fait comprendre par signe qu'elle désire être portée à sa chapelle. On l'y porte, en effet, le jour de la fête du Saint.

Durant la messe qui fut dite pour elle, cette femme crut sentir quelqu'un qui lui ouvrait la bouche de force. Elle l'ouvrit, en effet, trois fois comme en bâillant, et cria si haut que tout le monde l'entendit : « Mère de Dieu, j'ai recouvré la parole. » Elle en usa depuis largement. Dont acte notarié.

Hélas ! même aux meilleurs, le triste oubli s'impose. Cette relique tant désirée, et obtenue si difficilement, ne tarda pas à être reléguée dans le fond d'une armoire ; et nous verrons tout à l'heure qu'il fallut un long débat pour la faire reconnaître.

La Providence, qui veut bien prendre en pitié nos faiblesses, en envoya une autre.

### RELIQUE DE 1600

*Comment entra à Valence la relique de la côte et comment on la porta à la salle dorée.*

Nous laissons parler le naïf chroniqueur du couvent : « Don Juan
» d'Aquila se trouvant à Vannes, maréchal de camp, pour les bons
» services qu'il avait rendus, on lui fit hommage de la côte de saint
» Vincent Ferrier authentiquée. Il l'envoya par un de ses officiers,
» enfermée dans une boîte d'argent scellée, et enveloppée de taffetas.
» L'officier arriva à Valence, le 1er août 1600. Les principaux de la
» ville et les religieux allèrent au-devant de lui.

» Arrivés au pont de *Los Serranos*, nous vîmes un consolant spectacle :
» la relique, accompagnée de chevaliers, tête nue, en silence et sans la
» visière. Dans le carrosse était le gouverneur Jacques Ferrer, Gaspar
» Mercader Bailly général, et cinq jurés. Le sixième, appelé J.-B. Julian,
» qui était malade de la fièvre, ayant appris l'arrivée de la relique, se
» leva tout joyeux et vint à l'endroit où nous étions, complètement guéri,

» et tout le monde cria que c'était l'œuvre de Dieu et du Saint. Ces
» messieurs et ceux qui étaient dans le carrosse descendirent et nous
» firent monter à leur place, disant qu'il était convenable que des reli-
» gieux y fussent, et non pas eux. Malgré nos refus, il fallut obéir ;
» un juré seul resta, Beneyto, juré major, qui tenait la relique dans une
» boîte avec les papiers dans un damas cramoisi, couleur des jurés de
» Valence. Les autres marchèrent devant le carrosse.

» On voulait faire la procession secrète, mais bientôt la chose s'ébruita
» et nous vîmes arriver beaucoup de noblesse, entre autres le fils du
» gouverneur, son gendre et son beau-frère, Antoine de Cardona, etc., et
» le peuple. On apporta des lumières, et pour ce petit service, le Saint
» les récompensa par une faveur insigne accordée à Doña Blanca de
» Cardona, mère, sœur et belle-mère des grands susnommés. Nous
» avancions la tête découverte, au milieu de la pluie qui s'unissait aux
» larmes de la dévotion. Percluse depuis plus de six mois, elle voulut aller
» à la fenêtre, portée à bras. Très sensible au froid qu'il faisait ce jour-là,
» elle souffrit davantage ; mais quand la relique passa devant sa porte,
» elle se recommanda au Saint et se sentit guérie. Elle put quitter sa place
» en toute facilité, et criant actions de grâces. Elle descendit seule l'es-
» calier et la rue, pleurant, ainsi que son mari et son fils, et tous nous
» autres qui étions là. En reconnaissance, elle fit solenniser tous les ans
» la fête du Saint dans l'église de Saint-Barthélemy. Les jurés firent faire
» acte public de ce miracle, par devant notaire. »

« Le soir, eut lieu une fête toute étincelante d'or, d'argent, et autres
ornements variés, plumes, fleurs, lumières, etc..... Le lendemain, les
jurés votèrent pour ces fêtes 6000 ducats, avec lesquels on fit de
beaux vêtements de cérémonie pour les jurés eux-mêmes et les autres
officiers, et on distribua de l'argent aux pauvres, de manière que tout
le monde fut content.

» On adressa par lettres des remerciements publics à don Juan
d'Aquila, et à son majordome qui avait si bien apporté la relique.
Chacun se disputa l'honneur de loger celui-ci. Au départ, on le gratifia
d'une lettre de change sur Madrid, de 2500 réaux, 2000 pour son
maître, 500 pour lui.

» Provisoirement, la relique avait été déposée dans la chapelle des
jurés appelée Salle dorée. Elle y resta jusqu'au 17 avril. Le patriarche
et deux autres évêques vinrent dire la messe à cet autel improvisé. Le
dimanche 16 avril, messe chantée très solennelle. J'y fis diacre, très
heureux de rendre ce service au Saint. Le P. Louis Ureta prêcha sur
la vénération des saintes reliques superbement. Grande fête en ville,

prisonniers pour dettes libérés, travail des fonctions publiques suspendu, feux de joie, illuminations payées par les jurés, joutes chevaleresques sur la place de la Seo, avec prix magnifiques pour les vainqueurs. La nuit, on dansa devant la Salle dorée. Le lendemain, lundi, avec un grand concours, on porta la relique en procession à la *Casa natalicia*, jusqu'à ce qu'on eût délibéré sur l'endroit définitif.

» Le 27 avril, les jurés décidèrent que le clergé de Saint-Étienne et les religieux devaient y demeurer en permanence, célébrant la messe et chantant les *gozos*. La relique resta là jusqu'au 16 juillet.

» Un arrêt du roi, daté du 7 juillet 1606, ordonna qu'elle fût gardée définitivement à la cathédrale, où on la porta en la chapelle de saint Vincent Ferrier. On fit une octave de fêtes en son honneur, avec musique, poésies, offices solennels, sermons, dont l'un par le Patriarche lui-même. Elle opéra beaucoup de miracles, un entre autres, en faveur d'un petit domestique de don Juan de Villaraza, sourd et muet de naissance. Il était à Madrid et pria son maître de l'emmener avec lui pour voir les fêtes de Valence. Le lundi, après la messe, il baisa la relique et tout de suite se mit à crier. Le P. Sala voulut le voir et l'accompagna. L'enfant balbutia d'abord, puis dit : *San Vicente*. Ce fut son premier mot intelligible. On lui fit dire *Jésus*, il dit *Jésus*, puis *Maria*. On le porta à la Seo, et on le mit sur les degrés de l'autel avec un grand cierge allumé, pour que tout le monde pût le voir. Le Patriarche prêcha sur les miracles accomplis ce jour-là.

» Après la grand'messe, la foule fut si grande pour voir l'enfant qu'on l'étouffait, et il criait : *San Vicente, san Vicente!* peu à peu il parla, puis beaucoup, et plus que nous. Or, le pauvre enfant, auparavant, n'avait pas de langue, mais un morceau charnu comme une langue de perroquet. Le parler lui fit pousser la langue. » Et le chroniqueur s'attarde à relater ses premiers essais de parole. Ce miracle fut représenté dans un tableau conservé au collège (1), et le Patriarche fit peindre à cette occasion le portrait de saint Vincent Ferrier à côté de saint Vincent martyr.

Depuis lors, chaque année, du lundi de Quasimodo au dernier dimanche après Pâques (3 semaines), dans chaque paroisse, à la *Casa natalicia*, dans les couvents d'Ordres divers, fêtes, fêtes, encore fêtes. Fête aussi le jour du baptême, à Saint-Étienne ; fête le jour de la prise d'habit, au couvent ; fête le jour de la canonisation. La fête du jour de la mort était payée par Doña Francisca Ferrer, descendante de la famille de saint Vincent Ferrier.

---

(1) Un autre tableau représente l'entrée solennelle de cette relique. « J'y étais, dit le naïf chroniqueur, mais on ne m'y a pas mis. »

Depuis 1532, la première relique de Vannes était dans la sacristie, oubliée parce qu'on ne la portait plus aux malades. On commençait même à douter de son authenticité ; les religieux durent publier la bulle apostolique et les autres documents.

L'archiviste Sala se plaint de cette indifférence. « Nous avions déjà, dit-il, trois os de l'index de la main droite dans un reliquaire d'argent doré, enfermé lui-même dans un autre reliquaire plus grand en forme de doigt levé. Étant diacre, je l'ai maintes fois porté. Or, l'incrédulité devint si grande que le Patriarche envoya son vicaire général, Casanova, pour vérifier les documents.

» Cependant, quand cette relique arriva en 1532, il s'était fait un aussi grand miracle que lorsque la relique de la côte arriva en 1600.

» En effet, le 20 octobre, au moment où la procession passait, doña Almenar, qui avait une fille nommée doña Elena, aveugle de naissance, et atteinte de fièvre désespérée, entendant la musique, se mit à la fenêtre, et pria le Saint de rendre la vue à sa fille. Quand elle rentra, l'enfant voyait clair. Cette doña Elena vivait encore en 1600, quand on porta l'autre relique. Elle raconta au P. Diago son histoire. « On cria si fort » dans la maison, dit-elle, quand on me vit guérie, que le justicia Mosen » Alonzo March crut à une dispute et monta. »

Le Patriarche Jean de Ribera désirait aussi avoir pour son collège une relique de saint Vincent Ferrier : il la voulut insigne. La chose n'était rien moins que facile. Ni l'argent, ni les démarches ne lui coûtèrent, il fit agir le cardinal de Gondi et la reine Marie de Médicis et dépensa 5500 ducats. Enfin, le 14 septembre 1601, on lui expédia la relique demandée. C'est un tibia ; *sive uno femorum*, dit l'authentique (1).

---

(1) J'ai les pièces sous les yeux ; elles consistent en diverses lettres, notamment celles du cardinal au Chapitre de Vannes. Le procès-verbal constate qu'on a, en effet, extrait du corps un tibia, et relate un miracle opéré par cette relique sur un homme de Pouzzols mortellement blessé. Dans la *Constitution* de son Collège, le Patriarche Jean de Ribera parle ainsi lui-même : « C'est là le tibia du béni et célèbre saint Vincent Ferrier, patron » de cette cité et de ce royaume, trésor que nous avons pu obtenir par une particulière » grâce de Notre-Seigneur accordée par les mérites et l'intercession de ce glorieux patron. » Il y a eu de telles difficultés que c'est miracle qu'on ait pu les vaincre, d'après la rela- » tion de J.-B. Almoradi, Pierre Martinez Santos et Jean Balon, envoyés par nous à » Paris dans ce but. »
Peu de villes sont aussi riches que Valence en reliques précieuses. Qu'il suffise de citer un fragment notable de la tunique de l'Enfant Jésus, le *calice de la Cène*, des épines de la Sainte Couronne, un tibia de saint Vincent Ferrier, quatre têtes d'apôtres ; le bras droit de saint Luc, avec lequel il écrivit l'Évangile et peignit la Sainte Vierge, deux corps intacts des saints Innocents, avec blessure apparente à la gorge, etc., etc. Le *Sacrarium* du Collège patriarcal est certainement unique au monde comme reliquaire.

Le 4 août 1611, il y eut encore à Valence grande solennité pour recevoir, au couvent des Dominicains, une autre petite relique de saint Vincent Ferrier donnée par la reine de France au P. Jean Vincent Catalan, qui était allé à Paris assister au Chapitre général, comme définiteur de la province d'Aragon. Elle était enfermée dans une boîte d'or avec les documents d'authenticité.

### § 7 — *Fragments et objets divers.*

INTERDICTION LEVÉE — CHANOINES D'ACCORD — LE GRAND-MAITRE DE MALTE — MARIE-LOUISE DE FRANCE — LE TIBIA MALADE — DERNIER MATELAS — SPIRITE ANTICIPÉE — LE CHAPEAU DE LYON — LES BRAS QUI ONT SOUTENU LE MONDE

En avril 1456, le cardinal Alain de Coëtivy leva l'interdiction de toucher aux reliques du Saint, et donna au duc de Bretagne, Pierre, en récompense de son zèle, un doigt de la main droite (1).

Pierre II le légua par son testament, en date du 5 septembre 1457, à la collégiale de Nantes, où il avait voulu être enterré. Ce don est ainsi mentionné : « *Item* y ordonnons l'image de monsieur sainct Vincent Ferrier,
» lequel est en nostre garde, auquel image est un des doigts de la main
» dextre de mondit sieur saint Vincent enchassé en or à ung balloy
» dessus ledit doigt tenant à une chaisne d'or (2). »

Le Chapitre de Nantes voulut avoir à lui une relique d'un Apôtre si Breton par le cœur. Le Chapitre de Vannes s'exécuta fraternellement :

« Qu'ils sont beaux, disait-il dans sa lettre d'envoi, les pieds de ceux
» qui annoncent la paix, qui apportent tous les biens ! Tel est le langage
» de l'Apôtre empruntant les paroles et le langage d'Isaïe. Beaux sans
» doute et précieux sont les pieds du bienheureux Vincent Ferrier,
» l'ornement de son Ordre et des prédicateurs, l'Apôtre de la Bretagne, le

---

(1) *Archives de Nantes* E.. 39.

(2) *Archives départementales* N. G., XXVIII.
Cette relique fit partie du trésor de la collégiale jusqu'à la Révolution. Dans la visite épiscopale du 27 avril 1638, on la trouve ainsi décrite : « Davantage nous a esté montré
» un aultre image du saint Vincent Ferrier, confesseur, revestu de l'Ordre des Frères
» Prêcheurs, portant en ses mains un reliquaire d'or enrichy de quatre pierres et d'osse-
» mentz de saintz et aux costez de vingt-six pierres. Dans lequel reliquaire nous a esté dict
» par le dict chevecier, estre un os du dict saint Vincent. Au derrière de la teste est une
» auréole d'argent et les bordures sont dorées avec inscription en vieil caractère : Saint
» Vincent, confesseur ». (*L'Église royale et collégiale de Nantes*, par STÉPHANE DE LA NICOLLIÈRE.)

» maître et le patron de notre cité ; ces pieds qui, après avoir parcouru
» presque toutes les contrées de l'univers chrétien pour y annoncer
» l'Évangile de Jésus-Christ, se sont enfin heureusement arrêtés ici chez
» nous, y laissant le corps qu'ils portaient.

» De l'un de ces pieds bénis, nous vous envoyons une portion insigne,
» qui sera un monument, plus durable que l'airain, de l'union qui nous
» lie depuis longtemps et qui ne pourra que faire grandir encore la dévo-
» tion que vous avez pour ce Bienheureux. Fasse le Dieu bon et saint que
» ceux qui, unis par le lien sacré de la charité, auront eu sur la terre un
» aussi puissant intercesseur, aient, par le secours et la protection du
» même Saint auprès de Dieu, le bonheur de la vie éternelle. »

Vincent Ferrier était un saint Européen. Don Raymond de Perellos de Rocafull, grand-maître de Malte, pensa qu'il avait droit à quelque fragment de ce corps vénérable. L'ambassadeur de France fut mis à contribution. Cette fois encore, les chanoines de Vannes firent grand.

« Pour perpétuelle mémoire,
» Le doyen, les chanoines et le Chapitre de l'église de Vannes, à Son
» Altesse Éminentissime de Perellos de Rocafull, grand-maître du très
» célèbre Ordre de Saint-Jean de Jérusalem, aux illustres commandeurs
» et aux nobles chevaliers de l'Ordre de Malte, salut.

» Le bras des pécheurs sera brisé et les restes des impies périront, et,
» selon le langage de Sophonie, leurs corps seront comme du fumier :
» mais les Saints fleuriront comme le lis et seront comme l'odeur du
» baume en présence du Seigneur ; leurs bras seront exaltés et leurs
» ossements, semblables à des perles fines qui brillent comme le soleil,
» vivront des siècles.

» Entre tous les autres, brille le bienheureux Vincent, l'Apôtre des
» derniers siècles, homme puissant en œuvres et en paroles, que l'Espagne
» a vu naître, et dont notre cité, glorieuse de ses dépouilles, a reçu le
» dernier soupir ; lui qui fut l'élève et la gloire de l'Ordre des Frères
» Prêcheurs, le héraut évangélique infatigable, la trompette terrible du
» salut éternel et du redoutable jugement ; lui qui, après avoir visité presque
» toutes les contrées de l'univers chrétien et avoir accompli tant d'œuvres
» pieuses pour Jésus-Christ, repose ici dans le Seigneur, plein de mérites
» et environné de miracles, et qui, en mourant, nous a laissé comme en
» dépôt, dans notre cathédrale, le tabernacle de son corps ; lui qui a été
» le maître de notre nation et qui est le patron de notre ville.

» Votre Altesse Éminentissime, mue par la piété singulière qu'elle
» a pour le bienheureux Vincent, nous ayant plusieurs fois demandé une

» relique insigne, et nous la demandant encore présentement, par son
» Excellence de Mesmes, ambassadeur de France, nous, heureux de faire
» droit à votre prière, avons renfermé dans une cassette enrichie d'or
» une partie considérable de l'un des bras de ce corps sacré, et, sous
» notre sceau, avec un acte authentique, l'avons remise aux mains de
» Fr. Urbain de Guitaut, prêtre conventuel de votre Ordre et comman-
» deur de Guillé, afin qu'il la reporte dans l'église de votre principauté
» où elle sera conservée, et non ailleurs, comme un monument durable de
» notre humble déférence pour Votre Altesse, et de notre respect singulier
» pour l'Ordre tout entier. »

Enfin, Marie-Louise de France, fille de Louis XV, enfermée au Carmel de Saint-Denis, répondait au Chapitre en date du 7ᵉ de may 1779.

« Monseigneur l'archevêque de Paris m'a remis, Messieurs, la relique
» de saint Vincent Ferrier. Je vous en fais les remerciements les plus
» sincères, et n'aurais pas tant différé à répondre à la lettre que vous
» m'avez écrite pour me l'annoncer, si je n'avais attendu que ce prélat me
» l'eût remise. Mais différentes affaires qu'il a eues et qui se sont succédé
» l'une à l'autre, l'ont empêché de me l'apporter plus tôt. Je solli-
» citerai ce Saint, avec toute l'ardeur dont je suis capable, de vous concéder
» toujours des preuves de sa protection au ciel. Je vous prie, Messieurs,
» d'estre bien bien persuadés que mon estime pour vous égale ma recon-
» naissance du pieux don que vous m'avez fait et de vouloir bien me
» donner part à vos Saints Sacrifices.

« Sʳ Thérèse de Saint-Augustin. R. C. I.,
» *Prieure.* »

Nous avons vu, en son lieu, que la duchesse fondatrice du couvent de Placensia (Espagne) obtint du roi Louis XI un doigt de saint Vincent Ferrier, agent de miracles comme tout le reste (1).

Le Fr. Jean Bernal, portant de Rome, par mer, à la comtesse de Plaisance (Italie), une relique de saint Vincent Ferrier, de la part du cardinal de S. Sixte, Juan de Torquemada, une furieuse tempête s'éleva : on plaça la relique sur le pont, le vent tomba tout à coup.

---

(1) Tiene tambien (el convento) un dedo del glorioso san Vicente Ferrer que la duquesa fondadora alcançò con favor del rey de Francia Luis XI y le traxò de la ciudad de Vannes de Bretaña, donde esta su sagrado cuerpo. Tienese en mucha veneracion esta sagrada reliquia, y ay experiencia que los enfermos cobran salud bebiendo del agua que passa por el dedo del santo, y assí de toda la ciudad y aun de los pueblos de la comarca piden y llevan agua que le aya tocado. (*Description du couvent de Placensia* par le P. Alonzo Gonzalès, Livre II, Ch. 3.)

Sauf les portions plus ou moins insignes officiellement distraites, les reliques de saint Vincent Ferrier sont à Vannes. Cela paraît certain, d'après la dernière reconnaissance faite en 1816. Cependant, bien des choses demeurèrent inexpliquées.

Un piédestal de statue recouvert d'argent fleurdelisé et rempli de reliques portant le nom de saint Vincent Ferrier, a été découvert après la Révolution, dans l'église de Pleubihan (Côtes-du-Nord), provenant d'un monastère détruit. La tradition et le culte ont pu être reconstitués. Soigneusement étudiées par deux médecins, en présence de Mgr Bouché, évêque de Saint-Brieuc, les reliques ont présenté ce détail pour le moins singulier, que parmi elles se trouve un tibia d'*homme*, *de vieillard*, portant les marques évidentes d'une longue maladie de cet os. Or, saint Vincent Ferrier fut malade de la jambe les dix dernières années de sa vie.

Une relation, qui n'est pas à dédaigner, affirme que le couvent des Dominicains de Lugo possédait, sous reliquaire d'argent et de cristal, une partie au moins du crâne de saint Vincent Ferrier; cette relique serait, depuis l'exclaustration, cachée dans un des couvents de femmes.

On aimerait à retrouver aussi les objets ayant servi au Saint, miraculeux comme ses reliques, son pauvre matelas de mort, par exemple (1), ou son bonnet conservé au monastère de Bon-Repos (2).

« Une fois, dit Guyard, le Saint tombé malade, passa la nuit en
» l'illustre maison de Plessis Josso de Rosmadec. Son lit fut, depuis,
» fécond en miracles. (Perdu pendant les guerres.) Mais en souvenir,
» l'héritier actuel (1634) de cette maison nous a logés (les Dominicains),
» en attendant que le couvent fût bâti à Vannes en l'honneur de saint
» Vincent Ferrier. »

Il existe à Madrid, au pouvoir des comtes d'Alvar Fañès, un capuce de saint Vincent Ferrier. Il vient du couvent de Valence.

Près de Calatayud, à Munebreza, on conservait un Christ qui lui

---

(1) Ad memoriam reducens quod præfatus Mag. Vincentius, alias ut à quibusdam audiverat dici, quieverat et dormiverat super quoddam materacium satis durum, tunc in domo cujusdam civis venetensis existens, quod sibi aportari fecit, devotioneque motus, in honore præfati Mag. Vincentii, sub specie sanitatis recuperandæ super ipsum se accubuit, et postquam trinà vice successive super ipsum quieverat sanitatem recuperavit. (*Bretagne. Déposition de Silvestre Stéfani.*)

Dicit quod multi vadunt ad dictum materacium, et sanantur. (*Bretagne. Déposition de Jean Duclerc.*)

(2) Audivit etiam quod Birretum dicti Mag. Vincentii est in monasterio B. M. de Bonà requie, et quod ad hujusmodi birretum sunt dicti quam plura miracula. (*Bretagne. Déposition de Yves, abbé de Lanvaulx.*)

avait appartenu, donné vraisemblablement par le cardinal Lobera, originaire de ce bourg et très attaché à Benoît XIII.

Le monastère de Notre-Dame de la Piedra, réformé par le P. Martin de Vargas, disciple de saint Vincent Ferrier, gardait avec un soin pieux ses bas et un autre bonnet; Monterde, sa *varilla* (baguette); peut-être le petit bâton qui lui servait à exciter son âne.

L'évêque de Télésia raconte l'histoire d'une spirite (tant il est vrai qu'il n'y a rien de nouveau sous le soleil), que l'on conduisit à ce même monastère Cistercien de la Piedra : « Elle se disait obsédée par trois
» âmes : celle du roi Pierre de Castille, celle d'un gentilhomme du
» même royaume et celle d'un docteur. Or, ces âmes, selon la doctrine
» théologique, n'étaient autres que des esprits impurs qui l'obsédaient
» pour induire les fidèles en erreur. Quand, pour la délivrer, on lui
» mettait aux pieds les bas de maître Vincent ou sur la tête son bonnet,
» elle criait d'une voix effroyable : « Oh! comme cela me brûle (1)! »

Mais le témoin partit sur ces entrefaites, de manière qu'il ignore le résultat, qui d'ailleurs n'est pas douteux.

Téoli a tout un livre de huit chapitres sur les miracles accomplis par les objets de saint Vincent Ferrier, sa prière, etc.

Notre couvent de Lyon conservait une tasse de bois, dans laquelle il buvait, remède universel en faveur de ceux qui pouvaient y boire après lui.

Ce même couvent possède encore le chapeau qui était à Chambéry. On lisait au XVIIe siècle, dans l'inventaire de la sacristie du couvent de Chambéry: « *Item* les reliques de saint Vincent Ferrier, savoir : une
» chape, chaperon, chapeau recouvert de satin noir avec des attaches
» (qui sont perdues dès l'année 1652), un petit missel et son bâton,
» lequel avait été rompu (2). »

Tout s'est perdu à la Révolution, excepté le chapeau. Il est revenu au couvent de Lyon, grâce à un bon Frère convers, originaire d'un petit village de Savoie, qui l'emporta avec lui dans son exil. On a bien voulu donner cette précieuse relique à nos Pères, qui n'ont pas eu de peine à en reconstituer l'authenticité sur témoignages.

---

(1) Quæ dicebat se vexari à tribus animabus, scilicet regis Petri Castellæ, et cujusdam nobilis ipsius regni et cujusdam doctoris, defunctorum ; quæ animæ erant secundum sanam doctrinam et Theologorum Scientiam spiritus immundi qui eam vexabant *ut in errorem inducerent fideles*. Cumque calcearentur sibi caligæ dicti Mag. Vincentii et unum birrum ejus poneretur in capite, terribilibus vocibus clamabat! Vicentiole, Vicentiole, incendunt me caligæ tuæ et birrum tuum.....

(2) Société savoisienne d'archéologie, II-102.

Nous n'avons mentionné ici que les objets dont il n'est pas question au courant de l'histoire. Mais que de précieux souvenirs on lui a extorqués sur son chemin, et que de chapes mises en morceaux!

Parmi les reliques proprement dites, nous rappellerons seulement que la Minerve montre avec orgueil, à côté de la dépouille sacrée de sainte Catherine de Sienne, un genou de saint Vincent Ferrier. De ces deux bras, assez puissants pour arrêter le monde dans sa chute, l'un était à Sainte-Madeleine de Besançon. L'autre, et ce n'est que justice, est vénéré au Vatican (1).

---

(1) C'est-à-dire des os entiers et principaux du bras.

# CHAPITRE XII

## L'ŒUVRE ET L'HOMME

### § 1 — *L'œuvre.*

Mais quelle est donc au juste l'œuvre de cet homme ? Quel sillon a-t-il creusé ? De quelle clarté son nom éclaire-t-il l'histoire ? Car, enfin, investi d'une mission hors de la commune mesure, s'il n'est pas un des grands bienfaiteurs de l'humanité, tant de prodiges, tant de dons merveilleux aboutissent à un résultat mesquin, presque ridicule.

La thèse du jugement dernier a laissé entrevoir l'éminent service rendu au monde par notre Héros. Il a contribué, plus que personne, et dans les temps les plus critiques, à ce travail de résurrection nécessaire à ceux que la justice réclame, et dont le Christ rédempteur est le maître ouvrier.

Les empires peuvent, à la rigueur, subsister, au moyen de combinaisons politiques ou de la puissance militaire, ce qu'il faut à l'Église et, par conséquent, au monde, qui ne subsiste que par l'Église, ce sont des âmes, dont l'ensemble forme son âme à elle, c'est-à-dire sa vie.

En d'autres termes, Vincent Ferrier a fait au monde le présent le plus magnifique, le plus royal, ou, pour mieux dire, le plus divin ; il lui a donné *le temps*. A sa voix, le fleuve humain reprend son cours, vingt générations vont lui devoir la lumière. Pour les uns, le temps, c'est l'étoffe dont la vie est faite, c'est la possibilité de jouir, c'est la trame du progrès ; pour les autres, c'est la préparation de l'éternité. Tous, saluons au moins un pareil bienfaiteur.

Quelques hommes ont accusé Vincent Ferrier d'avoir fait reculer la raison humaine, croyant ainsi le vouer à l'exécration universelle ; mais c'est précisément en cela qu'il a bien mérité de l'humanité. Un éclair de cette raison, telle qu'on l'entend, accepté par l'ange de lumière, a suffi pour créer la douleur et creuser des abîmes qui ne se refermeront plus. C'est elle qui, dès l'aurore des mondes, nous a fait nous traîner dans notre misère infirme. C'est elle qui est la décadence ; elle fatigue le cœur de Dieu, elle l'irrite, de cette irritation de dégoût que l'on éprouve devant une ignorance orgueilleuse.

Après la révolte, Dieu voulut bien ajouter à la raison, désormais frappée d'impuissance, ce surcroît de lumière, appelé la foi, qui redonne à l'homme la physionomie divine nécessaire pour que Dieu le laisse vivre et marcher ; aussi, le jour où l'humanité en masse rejettera ce bienfait, ce jour-là l'humanité sera bien proche de sa fin. « Pensez-vous » que, lorsque le Fils de l'homme viendra, il y ait encore de la foi sur la » terre ? » Renversez la proposition : quand il n'y aura plus de foi sur la terre, le Fils de l'homme viendra, non plus sauver, mais pour juger. Donc faire vivre la foi, c'est donner à l'humanité des jours de vie, pendant que vous, imprudents, activez le travail de la mort. Faire partout germer la vie, telle a été l'œuvre de Vincent Ferrier.

Entré dans sa carrière comme un astre bienfaisant, il passe en faisant le bien, ne laisse nulle douleur inconsolée, nul tombé sans lui tendre la main ; il guérit le mal sous toutes ses formes, aux mauvais conseils de la peur, il substitue les salutaires pensées des grandes craintes, multiplie les ressources et les sécurités. Il est essentiellement un être de lumière.

Dans ce désarroi absolu du temps où il vécut, il fallait aux peuples, non plus cette clarté tranquille du règne de la paix, mais des phares resplendissants, des météores enflammés parcourant le monde et forçant l'attention des plus indifférents.

Il réalisa ce mot de large envergure, qui est comme l'épanouissement de son nom : *Il fut le vainqueur des erreurs et des terreurs de ce monde* (1).

On porte ordinairement à 100 000 le nombre des criminels notoires qu'il arracha au crime : ce chiffre est au-dessous de la vérité ; les Pères du couvent de Calatayud disent 140 000, les *Fasti Mariani*, beaucoup plus.

Quant aux pécheurs ordinaires, ils sont innombrables, s'il faut en juger par ce que dit le Saint lui-même, un jour à Salamanque : « La » prédication de Noé ne convertit que sept personnes et encore de sa » famille, par cet autre Noé, Dieu en a converti en un seul jour plus de » 70 000 (2). »

Et certes ! ce ne fut pas besogne facile.

Nous sommes frappés des malades guéris, des morts ressuscités, des tempêtes apaisées, des prodiges opérés sur les éléments : là, ne sont pas les plus grands miracles, parce que là ne sont pas les vrais obstacles. Il n'est pas loisible à un cadavre de résister au thaumaturge qui lui ordonne

---

(1) Saint Augustin.

(2) « Per Noe no se trobe que se convertisen sino set persones, e tots eren de sa casa, mas per aquest Noe ara mes de setanta milia en un dia ». Et toujours sûr de sa mission particulière, il ajoute : « E que aquest degués venir escoltat sent Joan : Vidi alterum angelum, etc. (*Sermons conservés à la cathédrale de Valence*, t. IV, f. 45).

de reprendre son âme ; un nuage ne se soustraira pas au signe de Croix qui le rejette au fond de l'horizon, mais la volonté de l'homme est libre toujours.

Et quand la liberté humaine se trouve bien dans la volupté de ses sens ou de son orgueil, quand elle s'est assise dans l'ornière commode de l'habitude, sorte de fatale image du bonheur, là est la difficulté, là est la montagne à soulever.

Parmi les vices publics détruits par Vincent Ferrier, il faut mentionner le jeu, terrible passion que les plus fortes lois peuvent à peine discipliner, si bien que certains esprits croient à la nécessité de lui ouvrir des exutoires, si l'on veut éviter des malheurs sociaux.

Mais il est un sentiment plus rebelle que toute passion à l'influence de la grâce, parce qu'il se confond le plus souvent avec l'honneur, les traditions de famille, la dignité personnelle ; il fait comme partie intégrante de l'héritage, du blason et du sang : c'est la haine.

Une des choses les plus difficiles de ce monde est assurément le pardon. L'ancienne loi contient à peine sur ce point délicat quelques timides recommandations comme celle-ci : Si vous rencontrez le bœuf de votre ennemi, ramenez-le lui. Mais elle disait positivement : œil pour œil, dent pour dent. Satan, l'ennemi, le rancunier, l'homicide *ab initio*, est dans son élément avec la haine, bien plus qu'avec les sens, car il est esprit.

Bien il est vrai aussi que Dieu a mis au pardon et à l'oubli des injures une saveur spéciale, une joie profonde qui enivre l'âme comme un parfum céleste. Dans la loi nouvelle, loi d'amour, il en a fait la condition de ses propres miséricordes, et toute lèvre ouverte à la malédiction est par là même fermée à la prière.

A l'époque où parut notre Saint, il y avait comme une floraison sinistre de haines, de discordes publiques, de dissensions de tout genre. Qu'il suffise de citer les noms des Guelfes et des Gibelins, des Orsini et des Colonna sous Boniface VIII. Le mot de schisme est à lui seul assez tristement éloquent.

Or, partout Vincent Ferrier laissait la paix. « C'était sa grâce spéciale, » dit un historien. Et pour que le temps, les parents ou les circonstances ne vinssent pas défaire son œuvre, des notaires publics rédigeaient les accommodements, les actes de restitution ou autres déposés ensuite aux archives des villes, comme des traités entre nations belligérantes (1).

---

(1) Item vidit Valentiæ Tolosæ et alibi quod plures homines habentes bella et inimicitias, ad invicem propter interfectiones patrum, filiorum et aliorum parentum, convertebantur ad

La Bulle de canonisation laisse entendre tous les obstacles qu'il eut à surmonter, quand elle dit : « Il accomplit un grand nombre d'actes » héroïques, surtout lorsqu'il eut à pacifier les peuples et les royaumes » en guerre pour des motifs du plus haut intérêt ! »

Si les difficultés étaient grandes pour convertir les pécheurs, on conçoit ce qu'elles devaient être quand il s'agissait des Maures et des Juifs. Ils ne cachaient point leur mépris pour les chrétiens pauvres, parfois souillés de vices apparents. Ils formaient un véritable État dans l'État, et leur orgueil était grand de voir à leurs pieds les nations mendiant ce vil métal qui tend de plus en plus à être tout.

Intraitables d'ailleurs, les néophytes se trouvaient dans la nécessité ou de quitter leur pays et souvent leur famille, ou de subir les tracasseries, sinon les persécutions de leurs anciens coreligionnaires.

Mais le grand obstacle n'était pas encore là ; il était plus intime.

Si le christianisme est la religion de l'esprit, le mahométisme est à coup sûr la religion des sens ; les fraîches mosquées aux voûtes silencieuses sont des lieux de plaisance, l'Arabe y dort plus qu'il n'y prie. Le Coran, code d'hygiène atone et sans relief, laisse toutes les libertés, ne prescrit rien, ou à peu près, sinon la haine du nom chrétien. Elle est l'œuvre la plus méritoire pour gagner le paradis de Mahomet. Ce singulier prophète, qui n'hésite pas à donner aux passions les plus grossières une sanction tirée des croyances, et tout en faisant reposer ses peuples indolents sur l'oreiller commode du fatalisme, a pu, par un de ces châtiments de Dieu pleins de mystères, enlever au Christ les plus beaux pays du monde, cet Orient d'où nous était venue la lumière, et jusqu'à Jérusalem la sainte !

Et avec quel art, une fois maîtres, ils multipliaient les commodités de l'existence ! Quelle abondance d'eaux vives dans ces climats torrides ! Quelle architecture et quel raffinement universel ! Comme ils s'étaient installés pour jouir ! Et la nature semblait se faire leur complice.

Séville, Cordoue, Grenade et l'Alhambra éveillent en nous comme des souvenirs de rêve. Nos climats glacés ne peuvent donner l'idée de ces splendeurs. Là-bas, l'oranger, le grenadier, le laurier rose jettent dans les luxuriantes verdures leur aimable variété, le laurier ses grappes tendres, l'oranger son blanc calice au pur encens, le grenadier, ses fleurs

---

Deum, et mutuò remittebant sibi injurias, damna, offensas ; et quod coram omni populo se mutuò osculabantur. Et fiebant instrumenta publica per notarios de eorum pace inità. (*Naples. Déposition du chanoine Louis Cardona.*)

ardentes. Ah! oui, ils voulaient le paradis sur terre, et l'autre ne pouvait être dans leur esprit que la continuation du premier.

C'était de plus, en Espagne, une question de domination et de race; la guerre sainte y couvait toujours sourdement. Mahomet, il faut bien le reconnaître, avait une intuition de génie lorsqu'il ouvrait à ses peuples, énervés par la jouissance, mais dont les sauvages ardeurs ne parvenaient pas à s'éteindre, le débouché périodique des appels belliqueux. La volupté appelle le sang.

On peut comprendre à quelles résistances se heurtait la morale évangélique, toute de pudeur et de charité. Aujourd'hui encore, le missionnaire catholique n'essaye même pas de convertir le musulman.

La conversion des Juifs offrait des difficultés plus grandes encore. Il y a sur leur âme un sceau de plomb scellé de la main, ou plutôt du sang du Dieu vivant : c'est comme un couvercle de tombeau qui pèse sur ce grand cadavre de peuple.

Les Saintes Écritures, dont ils ont été les gardiens providentiels, ne sont plus une clarté qui illumine leur route, mais une pierre d'achoppement et un danger : la nuée n'est plus lumineuse de leur côté, mais du nôtre.

Doués au plus haut degré de l'esprit de famille et de tradition, ils se soutenaient entre eux merveilleusement, et les transfuges étaient voués à la plus implacable vengeance.

Malgré tout, Sarrasins et Juifs se convertirent en masse.

Et ces conversions ne furent pas, comme on pourrait le croire, un feu de paille. Il faudrait avoir sous les yeux les témoignages officiels, avec leur nomenclature de vices grossiers : on y verrait que, partout, la réforme des mœurs fut générale; la paix revint au foyer avec l'honneur; la religion, soleil de justice, dégagée des pratiques superstitieuses, éclaira et purifia toutes choses (1).

Beaucoup même ne se contentèrent pas d'une vie chrétienne ou pénitente; ils voulurent aller jusqu'à la perfection évangélique.

---

(1) Et quod patria ista fuit multum reformata per praedicationem dicti Mag. Vincentii et ejus reformatio huc usque duravit et durat adhuc. (*Bretagne. Déposition de Denoual de Chef du Bois.*)

Regumbant etiam blasphemiae, perjuria et quam plura alia delicta. Et in omnibus ista patria fuit melius per ejus bonam doctrinam reformata; quae reformatio tenetur adhuc perdurare. (*Déposition de Guillaume Caramon.*)

..... Et audientes exinde fructum et commodum reportabant, et à quam plurimis quae per anteà perpetrare soliti erant se abstinebant, et bonis doctrinis et moribus decorati fuerunt. (*Déposition de Robert Juno.*)

Jean Alvar de Valence, Prieur du Val-de-Christ, a entendu dire qu'un grand nombre d'hommes avaient embrassé la règle de saint Dominique ou de saint François, après les prédications de maître Vincent. Il a connu plusieurs Dominicains affirmant que maître Vincent leur avait inspiré la vocation religieuse.

« Et beaucoup de grands pécheurs, convertis par les prédications du
» Saint, embrassèrent l'Ordre des Frères Prêcheurs : maître Vincent
» lui-même leur donnait l'habit et leur persévérance fut admirable. »
Le témoin a maintes fois assisté à de semblables cérémonies, et il ne saurait dire le nombre des adeptes ainsi reçus (1).

Son exemple, ses discours, ses énergiques réprobations, ses efforts constants, restaurèrent les Ordres religieux ; ses disciples établirent ce qu'on appelle des couvents d'observance, qui ne tardèrent pas à s'imposer aux autres, car le courage persévérant finit toujours par avoir raison des faiblesses de la conscience. Les monastères s'emplirent et se multiplièrent.

S'il est vrai, comme le dit Montalembert, que l'Église et la France durent à l'armée monastique la victoire définitive de la civilisation, si, et l'histoire est là qui le démontre, la déchéance ou le progrès des nationalités sont étroitement liés à la ruine ou à la prospérité des institutions religieuses, on peut voir quel service a rendu à la société chrétienne Vincent Ferrier.

Les témoignages cités plus haut laissent entendre que, dans ce travail de résurrection, il s'occupa surtout de son Ordre. Il savait que l'Église a autant besoin de doctrine que de sainteté, et l'une ne va pas sans l'autre.

Or, après la peste noire, pour remplir les couvents dépeuplés, on reçut des sujets peu aptes, faibles de volonté, d'esprit et de corps. Le relâchement des anciennes règles en fut la conséquence et devint bientôt général. Le schisme avait, en outre, rompu tous les liens de la discipline, les mécontents passaient d'une obédience à l'autre, tristes éléments que le désordre commun rendait forts, et qui pouvaient tout perdre (2).

Pour constater les résultats qu'obtint dans cet ordre de choses Vincent Ferrier, il suffira de jeter un coup d'œil sur la province Dominicaine d'Aragon à laquelle il appartenait.

---

(1) Naples. (*Déposition de Sanche de la Morelle.*)

(2) Cæterum evacuatis conventibus ob eam quam diximus sævam latamque pestem qua vix decima pars hominum mansit, constitutio de recipiendis minime curabatur passimque inepti et indisciplinabiles indiscrete admittebantur. (*Olmeda. Vita Magis. gen, Elias Tolozani.*)

On l'appela longtemps le jardin de l'Ordre. Elle comptait à la fin du xvɪᵉ siècle, quand l'historien Diago publia ses annales, sept martyrs dont le culte était autorisé, quinze bienheureux, parmi lesquels plusieurs disciples de notre Saint, trois cardinaux, quatre archevêques, trente-six évêques, cinq maîtres du sacré palais, vingt-trois confesseurs de rois ou de reines, onze exécuteurs testamentaires de personnes royales, et nombre d'écrivains d'une incontestable valeur.

Vincent Ferrier avait dit que le couvent de Valence ne manquerait jamais de saints religieux : la prophétie s'est vérifiée jusqu'à l'expulsion violente, en 1835 (1).

Antist, dans son épître dédicatoire aux jurés de Valence, constate que, depuis la mort de notre Saint, c'est-à-dire dans un espace de cent cinquante-sept ans, un nombre infini de prélats sont sortis de sa ville natale, parmi lesquels plus de vingt cardinaux, tandis que, auparavant, il n'y en avait jamais eu que cinq. Deux de ces cardinaux devinrent Papes : or, dans tous les siècles précédents, l'Espagne entière n'avait jamais donné à l'Église que quatre Souverains Pontifes. On dirait que, pour compenser la modestie avec laquelle Vincent Ferrier refusa constamment les dignités, Dieu en a octroyé le mérite à ses concitoyens.

Valence, déjà mère des vaillants, devint mère des Saints. Quand on poursuivait à Rome la béatification de saint Louis Bertrand et de saint François de Borgia, un auteur remarque que Valence, à elle seule, avait introduit plus de causes que toute l'Espagne (2).

Parmi les astres qui peuplent ce ciel, quelques-uns brillent d'un éclat plus vif : ceux précisément qui s'attachèrent à la fortune de notre Héros, aides nécessaires de sa mission, capables de la continuer après lui, et, en somme, son œuvre la meilleure.

Les premiers que l'Histoire mentionne furent Pierre de Moya, Geoffroy de Blanès, Jean d'Alcoy et Pierre Cerdan. Ils contribuèrent pour la plupart à la formation de la compagnie du Saint à Graus, en 1398. Tous le suivirent jusqu'à la mort, à moins qu'un ordre du maître ne leur confiât quelque mission à remplir. Plus d'un a mérité le culte public (3).

---

(1) Vidal cite le témoignage des PP. Jean Rho et Tobie Lohner S. J., d'après lequel « les saints religieux de notre couvent étaient un rempart suffisant pour la cité, et les cent » autels de notre église rendaient Valence plus forte que Thèbes avec ses cent portes. » Et il a des pages compactes toutes remplies de ce martyrologe illustre (p. 503-521).

(2) SAPENA; *Candida flos del Turia*, cap. 2, fol. 16.

(3) Un mémorial liturgique des diocèses de Tarragone et de Gérone contient les prières suivantes, à la louange de Pierre de Moya :

ANT. Gaude multum felix Gradus (Graus), tanto munere dotatus Petri pro fide certantis

« Après la mort de maître Vincent, Geoffroy de Blanès continua de
» prêcher en Espagne, donnant partout l'exemple de la plus sainte vie.
» Il mourut à Barcelone en 1414; ses restes opérèrent des miracles (1).
 » Jean de Gentilpré, Valencien, quitta l'Université de Toulouse, où il
» étudiait, pour suivre maître Vincent. Après la mort du Saint, il revint
» à Valence, sa patrie, et reçut l'habit de Frère Prêcheur. Son apostolat
» fut extrêmement fructueux. Sur son lit de mort, il prêchait encore aux
» religieux et aux séculiers qui venaient le visiter, et ce fut dans l'exer-
» cice de ce ministère qu'il expira.
 » Raphaël Cardona quitta de même ses études pour s'attacher à maître
» Vincent, qu'il suivit jusqu'à la fin. Il demeura ensuite en France, où
» son zèle fit beaucoup de bien au peuple chrétien. Il mourut en odeur
» de sainteté, et sa mémoire s'est conservée glorieuse jusqu'à ce jour. »
 Le déposant ajoute qu'il « faisait ses études à Toulouse avec les deux
» jeunes gens susnommés, lorsqu'il fut témoin de leur conversion. Il
» apprit plus tard, par le bruit public, leur persévérance, la sainteté de
» leur vie et leur apostolat glorieux (2). »
 Nous connaissons les gracieuses légendes attachées au culte de Pierre
Cerdan, homme simple et tout en Dieu, qui apprit, comme saint Jean,
la grande éloquence près du cœur de son Maître. Sa doctrine était si
profonde, disent les témoignages, et en même temps si saisissante, qu'on
le tenait pour grand docteur et maître en littérature. Vincent Ferrier,
qui avait pour lui la plus grande estime, le laissa à Graus, où il mourut
en 1422.

---

atque mundum perlustrantis, per quem et tu, Ceritania, quae fuisti ejus patria, gaude sono melodiae atque dulcis armoniae.
OREMUS. Praesta quaesumus, omnipotens Deus, ut beati Petri confessoris tui clarissimi ac praedicatoris strenui doctrinam sectemur ac mores imitemur, qui populo, ejusdem moribus reformandis, et Antichristi propinquum adventum ac Christi generale judicium verbo docuit, et exemplo ac operatione praecucurrit. Per D. N. J. C., etc.
ANT. O Petre, sator fervide verbi Dei melliflui, casto virtutis praedite fragrans odore lilii, de peccati voragine cunctos trahens, in supernorum agmine fac tuos nos semper provehi.
OREMUS. Deus qui beatum Petrum confessorem tuum tui adventus finalis dedisti nuncium, ut mundum sublevares perditum, quique cum quam plurimis decorasti miraculis, concede propitius ut meritis suae praedicationis salutiferae ac ejus vitae perfectissimae, nos ab omni periculo immunes tuâ facias pietate concordes. Per D. N. J. C., etc. Amen.

(1) Inter quos fuit Gaufridus de Blanes qui mag. Vincentio vita functo, verbum Dei cum exemplo sanctitatis praedicavit. Obiit Barchinone, miraculis claruit. (*Déposition de Louis Cardona et de Pierre, abbé de Fontfroide.*)
 Ses prédications produisaient tant de fruits que grand nombre de prélats, parmi lesquels les archevêques de Cagliari et de Saragosse, accordèrent des indulgences à qui viendrait y assister. Cette faveur est devenue de droit commun pour tout l'Ordre.

(2) *Même déposition.*

Il convient de nommer encore le P. Antoine Fuster, d'une amabilité légendaire, celui-là que notre Saint appelle *socius meus Antonius*. A Vich, il lui confia l'œuvre difficile des réconciliations à parfaire ;

Le P. Blaise d'Alvernia, qui renonça aux richesses et à un grand nom pour prendre l'habit Dominicain et suivre l'Apôtre. Il vécut saintement, mourut après la canonisation de son maître, et fut enterré au couvent de Sisteron, où son tombeau fit des miracles ;

Le P. Jean Garcia, qui devint évêque de Majorque et fut un des principaux témoins au procès de canonisation ;

Le P. Antoine d'Auria « autre Élisée, dit Antist, à qui notre Élie » laissa son esprit (1) ; »

Le P. Pierre Quéralt, théologien remarquable, prit l'habit à Lérida et devint bientôt Provincial.

Un jour, en allant voir son ami le Chartreux Jean Fort, il tomba de cheval ; la Sainte Vierge, à laquelle il était très dévot, le releva de ses mains maternelles.

Il était au fameux Chapitre général de Montpellier, en qualité de Provincial d'Aragon, en 1456. Il ne mourut qu'en 1462 (2).

Un des compagnons les plus aimés de notre Saint fut le P. Gilabert, de la Merci. Il était né à Valence et avait aussi fait ses études à l'Université de Lérida. Homme de talent et de sainte vie, il administrait le couvent

---

(1) « Idem. de Beato Antonio de Auria Italo, quem ut alterum Eliseum spiritus sui » heredem noster Elias reliquit, dici potest. » (*Præf. ad. opusc. B. Vincentii.*)

(2) Februarius — 28 — Dormitio Ven. Fr. Petri Queralt qui fuit discipulus sancti Vincentii Ferrarii, provincialis hujus provinciæ, addictissimus B. Virg. Mariæ, et ob id ab ea singulariter protectus, nam cum pergeret ad invisendum Fr. Joannem Fort Carthusianum de Scala Dei, ex equo cecidit, mansus ex uno pede suspensus, à Virg. Maria fuit mirabiliter sustentatus, ne corpus minutatim frangeretur. Et in quadam infirmitate in hoc conventu cum a maligno spiritu variis angustiis vexaretur, fuit ab ipsa hilari vultu apparente mirabiliter defensus. Obiit in hocce conventu cujus erat filius circa annum Domini 1462 cujus corpus post annos plurimos revisum integrum repertum fuit. (*Note Ms du Martyrologe de Lérida.*)

Son ami, Jean Fort, lui avait donné une *capilla blanca* de Vincent Ferrier avec l'authentique signé de sa main en date du 8 juillet 1459 : Grand sacrifice d'amitié, car le Chartreux Jean Fort était très affectionné à saint Dominique et à son Ordre. » Il » fut chargé d'héberger un jour trois Dominicains. Comme il rentrait à sa cellule, il les » rencontra dans un corridor : Vu la loi du silence, il salua, faisant effort pour passer, » mais l'un d'eux étendit familièrement le bras en disant : *Adonde vays, Padre ?* — » *A la Celda*, répondit-il doucement. — Puisque tu nous as si bien traités, nous ferons » en sorte d'être au tribunal de Dieu quand tu y viendras. » C'était saint Pierre, martyr, » saint Thomas d'Aquin et saint Vincent Ferrier. Le pauvre Chartreux pleura de joie.

» On montra longtemps à la Chartreuse de *Scala Dei* un crucifix penché miraculeuse» ment qui lui adressa des reproches parce qu'il avait fait passer la charité avant la » justice en faveur d'un pauvre. » (*Domenech, saints de Catalogne*, p. 262 et suiv.)

de son Ordre à Valence (1), lorsque, en 1410, Vincent Ferrier y entra comme un triomphateur. Le P. Gilabert alla à sa rencontre comme tout le monde et fut chargé de catéchiser les Juifs, qui se convertirent en masse au premier sermon. Une estampe le représente aussi baptisant, à Salamanque, les Juifs sur lesquels tombent de petites croix (2). Il fut en effet témoin de ce miracle. Il entourait son nouveau maître d'une sollicitude toute filiale ; malade, il le suppléait de son mieux, et le soir, quand l'Apôtre préparait le thème du lendemain, j'ai mes raisons de penser que, plus d'une fois, le P. Gilabert écrivit sous sa dictée. Retenu par son Général, en 1412, il ne suivit pas Vincent Ferrier à Caspe.

Lorsqu'il lui fut loisible de le rejoindre, en 1417, il se mit en route à pied et alla jusqu'en Bourgogne. A peine arrivé : « Retournez à votre » monastère, lui dit le Saint, vos frères vous attendent. Cependant, ne » cessez pas de prier, la mort est proche. » Le bon religieux reçut sans trouble cette annonce.

Or, un soir, dans son couvent, les cloches se mirent à sonner d'elles-mêmes. Les moines, surpris, sortirent et virent venir leur ancien Prieur. Celui-ci, arrivé au seuil, s'agenouilla pour recevoir la bénédiction de son successeur et ne se releva plus.

Beaucoup d'autres disciples de Vincent Ferrier illustrèrent l'Église à cette époque. Tonna nomme, en les qualifiant de *Vénérables*, les Dominicains Pierre Colomer et Yves Milocen. Ferdinand d'Aragon, auquel le Saint disait parfois : « Si je ne savais ce que vous devez être un jour, je vous chasserais de ma Compagnie, » devint évêque et fit grand bien (3). Martin de Vargas entra dans l'Ordre de Cîteaux, et réforma tous les couvents d'Espagne.

François de Possadas, dont nous faisons la fête le 20 septembre, était, dit sa légende, un parfait soldat du Christ : une telle vaillance l'animait

---

(1) A l'hôpital général de Valence est son portrait avec cette inscription :
« P. Gilabert Joffre, compañero de S. Vicente Ferrer, fundador del Hospital general » de Valencia. »

(2) Cette estampe se trouve dans une *Vie du P. Gilabert* ; (petit in-12 de 300 pages fin du xvi⁰ siècle.) On y voit que son grand titre de gloire fut d'avoir été le compagnon de Vincent Ferrier.
Sur la porte de l'église de la *Vera Cruz*, à Salamanque, les Pères de la Merci avaient écrit :
« Hic quondam Judæis synagoga..... Currebant simul D. Ferrerius Ferrer et B. Joan. » Gilabertus, hic dilecti, ille summi Pastoris gerens personam. »

(3) Évêque de Télésia dans le Bénéventin, il siégea de 1454 à 1458 (UGHELLUS, *Italia Sacra*, t. VIII, p. 522.)

que saint Vincent Ferrier, son modèle en toutes choses, paraissait revivre en lui.

Saint Louis Bertrand partit pour le Nouveau Monde, afin de compléter l'œuvre de son maître vénéré. Ce furent autant de satellites rayonnant autour de l'astre principal et lui empruntant leur éclat. Tout le XVe siècle fut éclairé de cette lumière. Nul siècle, peut-être, n'a eu plus de Saints.

Le mouvement de réforme, en effet, se répandit dans toute la chrétienté; les Pontifes romains y travaillèrent de leur mieux. Mais on sait que toute réforme est impuissante si les esprits sont mal disposés. Vincent Ferrier avait disposé les esprits. Sans lui, ni Colette de Corbie chez les Clarisses, ni Jean Capistran chez les Franciscains, ni tant d'autres, n'eussent rien pu faire. L'Espagne surtout s'y prêta merveilleusement, dès l'heure où le puissant Apôtre eut remis en marche, à Caspe, ce grand facteur de l'histoire humaine. L'évêque de Lucera, en adressant son livre au Maître Général des Dominicains, Martial Auribelhi, pouvait le louer d'avoir partout rétabli l'Ordre avec ses primitives observances.

Vincent Ferrier en eut la consolante vision, et nous ne saurions omettre le curieux conseil qu'en terminant son traité de la *Vie spirituelle*, il donnait à son disciple :

« La troisième considération (1), c'est la venue prochaine d'hommes
» tout à fait évangéliques : vous devez nuit et jour vous représenter l'état
» de ces hommes absolument pauvres, simples et doux, oublieux d'eux-
» mêmes, n'ayant de pensée, de parole, de goût que pour Jésus-Christ
» crucifié, sans nulle attache aux choses de ce monde, uniquement
» préoccupés de la gloire éternelle, y aspirant par tout leur être, soupi-
» rant vers elle sans cesse, attendant la mort avec une impatience crois-
» sante et disant comme saint Paul : « Ah ! qu'il me tarde de voir le
» Christ ! »

« Cette perspective (2) habituelle vous donnera, plus qu'on ne saurait

---

(1) Tertium, status virorum evangelicorum futurus. Et hoc debes die noctuque meditari scilicet statum pauperrimorum, simplicissimorum et mansuetorum, humilium, abjectorum, charitate ardentissima sibi conjunctorum, nihil cogitantium, aut loquentium, nec saporantium nisi solum Jesum Christum, et hunc crucifixum ; nec de hoc mundo curantium, suique oblitorum, supernam Dei et beatorum gloriam contemplantium et ad eam medullitus suspirantium et anhelantium, et ob ipsius amorem semper mortem sperantium, sive desiderantium, et ad instar Pauli dicentium : Cupio dissolvi, et esse cum Christo.

(2) Hæc imaginatio ducet te plusquam credi potest in quoddam impatiens desiderium adventus illorum temporum, ducet te in quoddam admirabile lumen, remoto omnis dubitationis ac ignorantiæ nubilo, et limpidissime videbis, et districte discernes. (*Traité de Vit. spir : cap. ult.*)

» croire, le désir de voir arriver ces temps, amènera peu à peu votre âme
» à une clarté merveilleuse, sans ombre de doute et sans nuage d'igno-
» rance. Vous verrez tout dans une pure lumière, et vous discernerez toutes
» choses. »

Les chroniqueurs du Carmel ont revendiqué cela pour leur Ordre, comme chose notoire (1).

Les Jésuites aussi, non sans raison d'ailleurs. Le P. Simon Rodriguez, cité par le P. Bartoli, au livre second de sa *Vie de saint Ignace*, dit que c'est le sentiment commun que saint Vincent Ferrier, avec sa lumière prophétique, avait prévu la sainte Compagnie (*Con tratti di tanta sublima idea delineasse la Compagnia*). « En ce temps-là, beaucoup de gens ne
» cessaient de nous demander si nous étions ceux dont, par divine révé-
» lation, parlait saint Vincent Ferrier, quand il annonçait, comme devant
» paraître bientôt dans le monde, une très sainte Compagnie d'hommes
» évangéliques, pleins de zèle pour la sainte foi, et faisant état d'exceller
» en toutes sortes de vertus. Nous ne savions que répondre, car les Pères
» étaient *non alta sapientes sed humilibus consentientes*. »

« Mais quelques années après, me trouvant en Portugal, l'évêque de
» Coïmbre, D. Juan Suarez, de l'Ordre de saint Augustin, me fit lire le
» texte de saint Vincent Ferrier, tenant pour certain que cela était
» écrit de notre Compagnie. »

Le P. Orlandino, S. J. (2), après avoir passé en revue toutes les œuvres et toutes les vertus des Jésuites, dit que beaucoup de prudents esprits, voyant la prophétie de saint Vincent Ferrier se réaliser dans les Pères, inclinaient à penser qu'en effet elle avait pour objet la Compagnie.

Notre Vincent de Paul disait quelquefois : « Saint Vincent Ferrier
» s'encourageait en prévoyant qu'il devait venir des prêtres, qui, par la
» ferveur de leur zèle, embraseraient toute la terre. Si nous ne méritons
» pas que Dieu nous fasse la grâce d'être ces prêtres, demandons-lui au
» moins qu'il nous accorde d'en être les images et les précurseurs (3). »

Mais à quelle hauteur cela place-t-il un homme dont on s'est ainsi disputé la pensée !

Et si Lacordaire pouvait, aux jeunes gens qui l'écoutaient à Notre-

---

(1) *Chronica FF. descalceatorum S. Theresiæ*, t. I. lib. I. cap. r. Le P. Gonet, dans la préface de sa théologie, dit formellement que, après sainte Colette, Vincent Ferrier vit en esprit sainte Thérèse. *Jam prophetica visione se solabatur*, ajoute le judicieux écrivain.

(2) *Historia Societatis Jesu*. Livre II. p. 59.

(3) Dans Abelly, l. III, p. 314.

Dame, jeter cet appel : « En quelques ténèbres que vous cachiez vos
» jours, leur éclat bienfaisant ou funeste rejaillira sur de longues géné-
» rations. Rien ne se perd d'un mouvement imprimé par une créature
» libre, et, toute froide qu'elle est, elle se survit dans l'immortalité des
» leçons qu'elle a données. » Quelle proportion prennent ces paroles
appliquées à cet homme qui, nouvel Atlas, soutint le poids du monde
croulant, et le remit en marche, guéri, raffermi, purifié, consolé !

Son influence s'est exercée longtemps après lui; elle se fait sentir
encore à l'heure où nous sommes. Ce Saint, ce convertisseur, ce thaumaturge, beaucoup d'âmes l'invoquent, et il les exauce. Et peut-être ce livre
donnera-t-il à son culte un regain de popularité, pour le plus grand bien
de ceux qui souffrent.

### § 2 — L'Apôtre.

L'œuvre et l'ouvrier sont en harmonie; le rayonnement répond à
l'ardeur du foyer, la force du tronc à la vigueur de la sève.

Vincent Ferrier n'est pas un converti, sa vie tout entière est identique
à elle-même; beau fleuve dont la source n'a pas été troublée, il fait régner
la joie et la fécondité sur ses rives; il porte à cent peuples divers les
richesses du monde céleste, jusqu'à l'heure où il va se perdre dans l'Océan
infini. Tout ce que peuvent la nature, l'étude et la grâce, se trouve réalisé
dans cet élu.

Étudions successivement l'Apôtre, le Saint.

L'apostolat de Vincent Ferrier, nous en avons un léger crayon dans
cette lettre naïvement confiante, où il rend compte de ses travaux au
Maître Général de son Ordre. Il n'était homme ni à se vanter, ni à se
plaindre. Or, cette lettre, qui tiendrait dans six pages de petit format, il
mit plusieurs mois à l'écrire.

Révérendissime Maître et Père,

« A cause des incroyables (1) occupations qui m'absorbent, je n'ai pu
» jusqu'ici écrire à Votre Révérence, comme c'était mon devoir, vu que,
» pour dire la vérité, depuis mon départ de Romans, jusqu'à ce jour
» inclusivement (2), il m'a fallu prêcher tous les jours aux peuples

---

(1) Inestimabiles.

(2) Usque nunc inclusive.

» accourant de toutes parts (1), et très souvent deux fois par jour, quand
» ce n'était pas trois (2), et de plus célébrer la messe solennelle avec
» chant (3). Aussi, me reste-t-il à peine le temps strictement nécessaire
» à la réfection, au sommeil et aux nécessités des voyages, sans compter
» qu'il faut préparer mes sermons en route. Mais pour que Votre Révé-
» rence n'impute pas mon silence à oubli ou manque de respect, j'ai pris
» à grand peine (4) quelques minutes chaque jour, pendant plusieurs
» semaines et plusieurs mois, pour vous rendre compte de mes courses
» apostoliques. »

Ceux qui, dans leur correspondance, s'excusent sur le temps, pourront s'autoriser de cet exemple.

Gaspard Pellerin, expert ès arts, docteur en médecine et médecin du roi d'Aragon, dépose qu'il a connu maître Vincent depuis l'an 1405 jusqu'à sa mort : d'après ce qu'il a constaté de ses yeux et d'après les dires de ses compagnons, il peut affirmer que l'Apôtre a prêché pendant près de quarante ans tous les jours, à moins de graves maladies, à des foules sans cesse renouvelées, que chaque jour, de même, il chantait la messe et parlait après.

Les Pères du couvent de Calatayud disent qu'il a prêché vingt mille sermons.

A mesure qu'il vieillit, il multiplia plus encore ses prédications, infatigable ouvrier d'une vigne immense et en friche. Vieux, faible, la jambe ulcérée, ce bon repos mérité des vieillards, il n'en voulut point, pas plus qu'il n'avait voulu de l'indépendance joyeuse de la jeunesse, enfermé dans un cloître, à dix-huit ans.

Et il allait, toujours pauvre, avec la livrée du pauvre : une saye, un scapulaire, une chape de grosse laine. Les détails sont précis : son âne avait un licou, un bât, des étriers de bois, pendus à des cordes.

Il ne recherchait pas les grands centres, comme il l'affirmait lui-même :
« Notre-Seigneur n'a pas dit : Vous prêcherez dans une seule ville,
» mais bien aux riches, aux pauvres et à tous : *Quia omni creaturæ* (5).
» Loin de rudoyer les pauvres gens, il se montrait heureux de les
» obliger, de les voir trouver en lui un soulagement à leurs durs soucis,

---

(1) Circumfluentibus undique populis.
(2) Frequentissime bis et ter aliquando.
(3) Cum notâ.
(4) Extorsi.
(5) Sermon pour la fête de saint Paul.

» Et par les rues, par les chemins, il saluait tout le monde, adressait
» affablement la parole, et inclinait la tête respectueusement (1). »

Et il était vraiment tout à tous ; il y a tout un côté de sa vie d'apôtre qu'on pourrait appeler l'homme du monde. Il fut l'ami de trois rois, d'un pape, d'un empereur, honoré par les sommités du savoir, aimé des grands comme des humbles (2).

Et il allait au milieu des peuples et des rois, des embûches et des triomphes, avec un tact si parfait, une mesure si juste, que le miracle de sa vie de chaque jour est plus grand que tous ceux qu'il a pu opérer.

Attendu, sans métaphore, comme un Messie, quelquefois plusieurs années durant, dès qu'on apprenait son arrivée, on allait le recevoir en grand apparat. Lui, sachant que l'appareil extérieur a sa raison d'être et dispose les âmes, laissait faire, s'en réjouissait même dans son cœur comme d'un commencement de retour à Dieu. Mais au milieu des chevaux caparaçonnés, il s'avançait assis sur son âne poudreux, aussi insensible que sa monture au baldaquin de soie, de pourpre et d'or, que tenaient étendu sur leur tête les personnages les plus éminents. Pensif et recueilli, il étudiait l'état des esprits, la moisson plus ou moins mûre.

Les détracteurs cependant ne manquèrent pas. Mais lui subissait sans amertume ce douloureux contact de la méchanceté ou des oublis humains, accomplissant partout la loi difficile du pardon, et donnant le ciel en échange d'une injure. Nous connaissons ce Supérieur d'Ordre qui allait le dénigrant partout, parce qu'il avait des femmes dans sa compagnie. D'autres blâmaient la facilité avec laquelle il acceptait les ovations, donnait ses mains à baiser, laissait les rosaires toucher ses habits, et même les gens arracher les poils de son âne.

Si quelques esprits peuvent se troubler encore de ces imputations, le témoignage suivant est de nature à les rassurer :

« Il me supplia pour l'amour de Dieu, ainsi que tous ceux qui avaient
» le gouvernement de la cité, d'empêcher la foule de le suivre et de se
» livrer à des démonstrations qui sentaient l'idolâtrie (3). »

---

(1) *Déposition d'Ollivier Le Bourdiec et d'Yves Le Gluidic*, archiprêtre de Vannes.
(2) RAZZANO, II, 19.

« (3) Dixit quod quando fiebat prædicto magistro aliquis honor vel quando occurebatur ei
» processionaliter, non refutabat illos honores quia non reputabat eos fieri sibi sed Deo ;
» unde in fine sermonis semper regratiabatur illis qui fecerant prædictos honores dicendo
» quod non sibi sed Deo fecerant, et allegando dictum psalmistæ, junctis manibus eleva-
» tisque oculis dicebat : Non nobis, Domine, non nobis, sed nomini tuo da gloriam. »
« Et rogavit ibidem existentes quod desisterent de præmissis et nollent idololatrare
» dicens quod maximum peccatum erat. » *(Déposition de Golbaud Dahusti.)*

A coup sûr, nul souci d'amour-propre ne préoccupait cet homme qui usait de sa puissance thaumaturgique pour condamner à sept ans de fièvre un de ses compagnons ouvrant à un roi sa cellule miraculeusement éclairée.

D'ailleurs, baiser les mains aux prêtres est un acte de foi : le prêtre a les mains consacrées.

L'habi... en est conservée en divers pays, en Espagne notamment, en Allema... en Italie. Enfin, ces démonstrations n'étaient point faciles à emp..., témoins les puissantes barrières dont plusieurs fois il fallut l'entourer.

A l'entrée des villes, il descendait de son humble monture, se mettait à genoux, et priait avec larmes pour lui-même et pour ce peuple qu'il allait évangéliser.

Et si, comme dans la vallée impure, l'obstacle se faisait trop sentir, il passait la nuit en prières, offrant à Dieu sa vie pour la rédemption de ces âmes. Que de fois il cueillit, par la véhémence de ses désirs, la palme du martyre! Et ce ne fut pas toujours sans motif sérieux d'appréhension.

Mais peut-être irons-nous au-devant d'une certaine impatience en nous hâtant d'étudier l'*orateur*.

Les hommes qui sont les vieillards de la génération actuelle ont vu quelle heureuse fascination exerce sur les esprits altérés de vérité, fatigués des vaines agitations de la vie, une âme ardente, imbue de la science divine, et respectueuse assez des humaines erreurs pour n'y toucher qu'avec les plus délicates attentions. Et cette force divine n'avait pas d'intermittence; l'enthousiasme toujours excité se reposait dans la satisfaction que donne à l'esprit le sublime habituel.

Vincent Ferrier lui aussi fut éloquent tout entier. Voici son portrait, tel qu'on peut le recomposer d'après les procès de canonisation, les anciens auteurs et les tableaux qui le représentent.

Il était de moyenne taille, les membres bien proportionnés, agréable de visage, le front large, respirant une majesté sereine. Ses cheveux blonds, taillés en couronne monastique, semblaient lui faire une auréole naturelle, ses yeux étaient noirs, grands, très vifs; mais la bonté tempérait habituellement le feu du regard. Pâle, sous une légère coloration des joues, quand il prêchait.

Avec le temps, cette beauté prit, sous la fatigue et les rigueurs de la pénitence, ce caractère d'austérité vénérable, sorte de transparence de l'âme qu'on retrouve dans certaines figures de solitaires. En un mot, sa personne séduisait au premier aspect (1).

D'un tempérament bien pondéré, susceptible à la fois de grandes passions et de la plus exquise tendresse; servi par un organe souple, étendu, mélodieux, bien timbré, il passait d'un diapason à l'autre sans effort, parcourait toutes les nuances, faisait vibrer toutes les fibres. Sa voix résonnait comme un cuivre, comme un clairon, dit Miguel, et c'était merveille de l'entendre parler trois et cinq heures durant, sans fatigue pour lui ni pour personne.

Il avait la mémoire heureuse, bien meublée, l'esprit fécond, mais surtout il était éloquent par le cœur. L'autel et le crucifix étaient ses deux grands livres; il l'avouait et on le voyait bien. Il disait des choses que les bibliothèques n'enseignent pas, ni même la réflexion, et qui échappent au génie. Elles venaient de ses colloques avec Dieu.

Aussi, nous comprenons cette anecdote: Un jour, devant prêcher devant le roi d'Aragon, il se prépara avec soin et ne réussit pas. « Plus » de bruit que de noix, dit le royal auditeur (2). Le lendemain, il parla » à son ordinaire et réussit. Le prince lui en demanda la raison. « Rien » de plus simple, répondit-il, hier c'était moi, aujourd'hui c'est Jésus-» Christ. » Réalisant à la lettre l'audacieuse parole d'un autre Apôtre : « Ce n'est plus moi qui vis (3). »

Pour tout dire, il était passionné. Il avait du mal ce sentiment violent qui prend tout notre être à rebours, le bouleverse et se manifeste par le hérissement des cheveux, sens régulier du mot horreur; il avait le sens intense de l'honneur de Dieu, de la valeur d'une âme, des justices inexorables.

Avec la mission d'annoncer le jugement dernier, Dieu lui en donnait la grâce spéciale. De là ces images, ces accents, ces éclats de tonnerre qui brisaient les plus fiers esprits.

---

(1) Victoria, parent du Saint, trace à peu près le même portrait. « Il était de taille » proportionnée, de corps bien organisé dans toutes ses parties, de carnation blanche, de » visage beau et agréable auquel donnaient encore une grâce spéciale les signes laissés » par Jésus-Christ, quand il le toucha familièrement, signes visibles lorsque le Saint » s'échauffait en prêchant; le front large, cheveux et barbe blonds, les yeux grands, vifs, » mais modestes, les joues rosées jusqu'à ce que l'austérité eût changé cette nuance en » une vénérable pâleur. Sa complexion, bien que peu robuste, était suffisante : ce n'est » pas à elle cependant qu'il dut de supporter tant de fatigues, mais à la divine assistance » qui voulut longtemps le conserver sur la terre. » (Vie de saint Vincent Ferrier.)

(2) Era mas el ruido que las nuezes (plus de mots que de fond. — Proverbe espagnol.)

(3) Vivo, jam non ego, vivit vero in me Christus (Saint Paul).

Qu'on s'imagine un orateur de premier ordre — et il l'était, — exposant cette vérité que Dieu qui a tout vu, tout pénétré, tout écrit, en présence de l'humanité assemblée, dévoilera les replis des âmes; que chaque âme, la nôtre, sera mise à nu sous une implacable lumière, avec ses égoïsmes, ses détours, ses faiblesses, ses perfidies, ses plus secrètes pensées, ses errements de chaque heure; que notre vie tout entière se déroulera aux yeux de tous, non seulement en elle-même, mais avec ses ramifications, son influence, ses échos sur d'autres vies et sur la société; et que tout, même un mot, même une pensée, sera pesé au poids inconnu de la justice de Dieu : rien d'étonnant à ce que des criminels aient secoué toute honte et avoué publiquement leurs crimes en sanglotant.

Nous avons vu, mais dans le texte froid des documents, qu'à Toulouse, à un moment donné, l'éloquence fut si grande, la puissance oratoire s'éleva si haut qu'il cessa d'être un homme pour paraître à tous un ange descendu du ciel. Et quand il décrivit le tribunal, et qu'il fit apparaître le Souverain Juge, le tonnerre de sa voix prit une telle puissance, que de toute cette immense foule qui remplissait l'église, la place et les rues adjacentes, pas un ne resta debout; tous tombèrent comme foudroyés. Et il fallut que cette même voix, variant ses prodiges, les rappelât à la vie. Je ne sais si cette scène a tenté quelque peintre, mais je n'en connais pas de plus grandiose dans l'histoire de la parole humaine. Le discours de Massillon sur le petit nombre des élus, et les plus beaux mouvements de Lacordaire n'en offrent qu'une lointaine image.

Cet homme était vraiment l'ange révélateur, le précurseur de l'heure terrible où il n'y aura plus de secrets (1).

Dieu a mis, il est vrai, à son jugement, d'effrayants préliminaires. Les anges, la terre qui s'ébranle, les tombeaux qui s'ouvrent, le cliquetis des ossements qui se cherchent, les astres qui s'éteignent et qui se heurtent dans l'espace, la trompette éclatante, les sillons de feu, la nuit fulgurante, tout ce qui était mort revivant, toute âme ressaisissant son corps, tout cerveau qui a pensé reprenant sa pensée, toutes les générations se levant, se reconnaissant, s'appelant, se confondant, puis se taisant tout à coup sous le regard immense de Dieu qui va juger.....

---

(1) Quand Vincent Ferrier prêchait sur le jugement, les hommes de ce temps disaient ce que diront les derniers pécheurs : « Montagnes, écrasez-nous! » (*Saint Antonin*.)

Ses discours étaient d'une éloquence si « forte et si pathétique, si animés du Saint-« Esprit, qu'il faisait trembler tout son auditoire dès le commencement et le terrassait « à la fin; ce n'était que pleurs, que gémissements pendant tout le sermon; tout le « monde était consterné en entendant les vérités éternelles telles qu'il savait les « représenter. » (Besançon, récit local.)

Quel spectacle !

Il est raconté qu'un religieux ayant subi, par la miséricorde de Dieu, un jugement anticipé, fut tellement saisi, qu'il s'enferma dans sa cellule, fit murer la porte et ne sortit pas de trente ans. On dut démolir la muraille pour passer le cadavre. Tout le monde sait que saint Jérôme, qui n'était pas un faible esprit, entendait sans cesse retentir à ses oreilles ce terrible mot : *Surgite, mortui !*

L'Évangile, habituellement sobre de figures, dit expressément : « Les » hommes sécheront d'épouvante (1). »

L'éloquence de Vincent Ferrier n'avait pas seulement des effets terribles. Comme on voit les épis s'incliner sous la brise aussi bien que sous l'ouragan, les âmes obéissent aux diverses influences de la grâce.

Quand certains textes de l'Écriture lui permettaient d'atteindre les fibres délicates, il les faisait vibrer en divines harmonies. Le cantique que seules chantent les vierges (1), surtout s'il avait devant lui quelque âme surnaturellement ouverte à son regard, lui fournissait de magiques appels, et nulle joie humaine ne peut donner l'idée de ce charme unique.

Quand il parlait des douleurs du Christ ou d'autres sujets touchants, il pleurait, et l'on pleurait avec lui, et longtemps les larmes coulaient durant ces silences doucement embarrassés.

Et quand il ouvrait son âme embrasée d'amour, les cœurs se fondaient à sa parole, comme la cire au soleil.

Ou lorsque, d'un regard extatique, perçant la voûte azurée, il contemplait les célestes splendeurs et décrivait ce qu'il voyait, les foules haletantes se sentaient soulevées de terre, et c'était avec un douloureux regret qu'elles retombaient de ces ravissements dans la triste réalité de ce monde.

La coutume inaugurée par lui de réciter l'*Ave Maria* au commencement des sermons, lui fournissait d'inépuisables variantes. Il est touchant de retrouver dans ses canevas manuscrits, tout hâtifs qu'ils soient, cette invocation écrite d'une main posée.

Quand venait la Semaine Sainte. « Vous savez, commençait-il, qu'on » ne dit pas des choses joyeuses aux personnes affligées ; aussi ne salue- » rons-nous pas aujourd'hui la Vierge de la façon accoutumée, car elle

---

(1) *Arescentibus hominibus præ timore.*

(2) *Apoc.*, XIV, 3.

» pourrait nous répondre : « Comment pouvez-vous me dire *Ave,*
» quand je suis pleine de tristesse, de douleur, d'amertume et de misères?
» Et comment ajoutez-vous *Dominus tecum,* quand ils m'ont enlevé mon
» Fils et l'on cloué à une croix ? Et comment m'appelez-vous *Benedicta,*
» quand tous me maudissent ?..... » Et cela d'une voix si touchée que
tous les yeux s'emplissaient de larmes et les cœurs étaient gagnés déjà.

Écoutons ceux qui ont eu le bonheur de l'entendre.

« J'ai assisté à des discours superbes, je connais nombre de puissants
» orateurs ; mais, ni avant, ni depuis, jamais rien de semblable, et je
» peux sans crainte engager l'avenir (1). » « J'ai entendu à Rome des pré-
» dicateurs fameux, mais il n'y a pas de comparaison possible avec
» maître Vincent (2).

» Tout le monde reconnaissait que ses paroles avaient un caractère
» divin, qu'aucun esprit d'homme, si savant fût-il, ne présenta jamais ;
» nulle objection n'était possible. Bien plus, nul ne pouvait résister pra-
» tiquement à ses appels, tant ils s'imposaient avec une pénétrante effi-
» cacité. Tous étaient persuadés que c'était un ange envoyé par Dieu,
» pour découvrir à son peuple les secrets et les mystères de l'Écriture
» Sainte, inexpliqués jusqu'à lui (3). J'affirme (c'est un docteur en théologie
» qui parle), j'affirme devant Dieu et devant les hommes, qu'aux quatre
» sermons que j'ai entendus de maître Vincent, les autorités de l'Écriture,
» invoquées par lui, à l'appui de sa thèse, paraissaient aux plus érudits
» absolument et uniquement faites pour confirmer ses paroles (4).

» Dans un des couvents d'hommes, à Toulouse, il prêcha sur la pré-
» destination, sujet extrêmement délicat. Il fut si lumineux, qu'un
» célèbre docteur avoua, malgré ses nombreuses lectures et ses études
» approfondies de cette matière, ne l'avoir bien comprise qu'alors (5).

» Un maître en théologie, nommé maître Garcia de Cassarerio, m'a
» assuré n'avoir compris à fond ce qu'est la contrition, qu'après un
» sermon de maître Vincent, le troisième dimanche après Pâques, à
» Montmirail, diocèse de Toulouse.

» Un autre docteur, devenu évêque, et nommé Bernard de Juossio,
» disait avoir eu comme la révélation de certaines obscurités du droit

---

(1) *Déposition de Pierre Gautier.*
(2) *Déposition de Jean Salvatoris.*
(3) *Déposition de l'archidiacre Bérenger Alberti.*
(4) *Déposition du gardien des Franciscains de Villefranche.*
(5) *Déposition de Pierre Gauthier.*

» canonique en entendant maître Vincent. Et pourtant, c'est un des plus
» renommés docteurs en ces matières (1). »

Maître Gaillard de la Roche, provincial des Carmes de Toulouse, rapporte le mot du docteur Jean Garcia, des Frères Mineurs :

« Je suis absolument stupéfait de la facilité avec laquelle cet homme
» fait passer dans la pratique des enseignements que tout le génie humain
» peut à grand'peine saisir spéculativement. »

Au sortir du sermon :

« Que pensez-vous de maître Vincent? demande à ce Jean Garcia le
» docteur Jean de Gauran. — A dire la vérité, seigneur docteur, je suis
» allé souvent au sermon pour chercher quelque chose à reprendre.
» Croyez que ce que dit cet homme n'est pas de lui, mais du Saint-Esprit
» qui le dirige. Et il n'est personne qui puisse y trouver à redire. »

Les auteurs contemporains l'appellent le trésor de toutes les sciences, un répertoire vivant de tout ce qui avait été écrit avant lui.

« Le témoin Michel Arbiol affirme que maître Vincent paraissait avoir
» sous les yeux la Bible et tous les livres dont il invoquait le témoignage. »

L'interrogatoire de Naples avait un article ainsi conçu :

« Est-il vrai que sa science des livres doctrinaux, et spécialement de
» la Bible, était telle que, lorsqu'il discutait, il paraissait les avoir devant
» les yeux? » A quoi deux évêques répondent par les affirmations les
plus catégoriques (2).

Est-ce à cette érudition, à son talent anecdotique, à la variété, à la nouveauté des aperçus, au charme de la diction, qu'il faut attribuer le fait universellement constaté de l'intérêt constant qu'offraient ses discours, si longs qu'ils fussent? Il prêchait trois heures au moins, quelquefois six; et jamais personne ne s'ennuya.

« Je n'ai jamais entendu pareil prédicateur, et je n'en entendrai jamais.
» Les sermons duraient environ trois heures, parfois il pleuvait : je n'ai
» jamais surpris un signe d'ennui dans l'auditoire (3). »

---

(1) *Déposition de Hugues Nigri.*

(2) « Verumne est quod tanta doctrina litterarum sacrarum claruit, quod de sententiis
» scripturarum et maxime Bibliæ ita continue disputabat ac si præ oculis omnes apparerent ?
Interpretando et declarando sacram scripturam melius quam omnes prædecessores hic
in prædicatione verbi Dei, citra SS. Apostolos. (*Déposition de l'évêque de Telésia.*)
Et audivit pluries prædicantem et cognovit eum omnes libros totius canonis divinarum
scripturarum secundum textum et glossam doctorum menti impromptu habere. (*Déposition
de l'évêque de Majorque.*)

(3) *Déposition de Pierre du Colombier.*

« Jeune, j'allai d'abord aux prédications du Saint, pour voir le monde
» (sic) bien plus que par dévotion. Mais au sermon, j'écoutais toujours
» avec bonheur et jamais je ne me suis senti fatigué (1). »

« Jamais je ne me suis ennuyé à ses sermons, ni dans sa compagnie.
» Parfois pendant qu'il prêchait, la neige, la pluie, le vent, le froid faisaient
» rage : jamais je n'ai vu personne se retirer. J'ajoute que j'avais le senti-
» ment précis de l'innocuité de ces intempéries, aussi bien que de l'impos-
» sibilité de la fatigue. Et tous pensaient comme moi (2). »

Sa puissance de pénétration allait jusqu'aux profondeurs intimes de l'âme. On se sentait littéralement perforé par l'éclair de ce regard. Et cette impression ne s'effaçait plus. « Plusieurs fois j'ai cherché, et d'autres
» avec moi, matière à difficulté insidieuse, et, chose étrange, plus nous
» nous ancrions dans cette intention, plus nous nous sentions l'âme
» subjuguée. Et le lendemain, il semblait qu'il eût lu dans nos pensées ;
» il y répondait directement, et son regard ne nous quittait pas : ce qui,
» manifestement, ne peut procéder que d'une grâce divine toute spéciale (3). »

« Dans un auditoire de dix mille personnes, s'il y avait un usurier ou
» quelque grand coupable, il ne regardait que lui, et ses paroles ne s'adres-
» saient qu'à lui seul : le pécheur du moins le croyait ainsi (4). »

L'orateur parlait ; chaque âme, chaque conscience s'isolait peu à peu, elle devenait l'unique point de mire, toute la force du discours se concentrait sur elle ; se voyant elle-même sous une lumière implacable, elle tremblait que les autres ne la vissent de même, comme il arrivera au jour des révélations, et se réfugiait dans la pénitence, trop heureuse qu'il fût temps encore.

Au courant de sa longue et intéressante déposition, l'évêque de Télésia fait sa propre confession :

« Quand j'étais jeune, dit-il, j'étais d'une perversité précoce. Or, maître
» Vincent savait évidemment sur moi des choses connues de Dieu seul.
» Un jour, il me dit : « Si je ne savais que vous travaillerez à ma gloire

---

(1) *Déposition d'Ollivier Rouxel.*

(2) ..... Et quod testis nunquam lassatus erat audiendo sermones ejus et comitivam ejus sequendo... Vidit et ipse testis in suis prædicationibus aliquando nivem, aliquando magnum ventum, aliquando pluviam, aliquando maxima frigora, et nunquam pro malo tempore vidit aliquem recedere a suis prædicationibus. Imo scit ipse testis quod sibi ipsi tale tempus non nocebat, nec potuisset fessus esse aut malum sentire in hujusmodi suis prædicationibus. Et ita dicebant alii qui cum audiebant. *Déposition d'Ollivier du Bourdiec.*

(3) *Déposition de Jean Salvatoris,* curé de la Madeleine, à Toulouse.

(4) *Déposition de Jean Inardi,* magistrat.

» après ma mort, je ne vous souffrirais pas dans ma compagnie, tant
» vous êtes perverti. — Hélas! cher maître, répondis-je, priez Dieu pour
» moi. — Ainsi ai-je fait, répliqua-t-il; et j'ai obtenu que vous ne soyez pas
» damné. La bonté de Dieu vous donnera même la prospérité et une
» vieillesse heureuse. Cependant, allez, et lisez le livre du mépris du
» monde. » Et je me retirai consolé.

« Soit en général, soit en particulier, il parlait comme si tous les cœurs
» des hommes lui eussent été dévoilés. Et quand il touchait certaines
» fautes, beaucoup d'auditeurs se disaient à eux-mêmes : « Pour sûr, il
» connaît tes péchés, et dit cela pour toi (1). »

C'est un sentiment naturel aux coupables de se croire visés personnellement, et l'orateur lui-même y employait une sorte d'industrie préméditée (2); mais, combien tout cela est ici divinement accentué!

Cette puissance d'action, que sa parole exerçait en terrassant les âmes les plus fières, le suivait partout, attachée à sa personne même; à la lettre et toujours, une vertu sortait de lui. Nous avons plusieurs témoignages de pécheurs ou de pauvres créatures perdues, tombant à ses pieds, transformées par son simple regard en passant. Sa pureté d'âme transparaissait et purifiait jusqu'au fond les cœurs souillés (3).

Souvent, cette action se traduisait par une extraordinaire joie intérieure.

« Beaucoup, après avoir été bénis par lui, sentirent dans leur âme
» comme une immense consolation. Le témoin lui-même en a fait
» l'expérience (4). »

« Le témoin ajoute que, toutes les fois qu'il voyait le Saint et assistait
» à ses prédications, toute tristesse s'envolait, la joie lui revenait au cœur,
» et le temps lui paraissait court (5). »

Il laissait aux prêtres de sa suite le soin d'entendre les confessions,

---

(1) *Déposition d'Hugues Nigri.*

(2) « Parlez un langage simple, comme une conversation familière. Soyez pratique :
» évitez les considérations générales, mettez en lumière les actes particuliers et autant que
» possible appuyez-vous sur des exemples, pour que chaque pécheur, se les appliquant à
» lui-même, croie que vous ne prêchez que pour lui seul. Que vos paroles n'aient rien de
» dur ni d'indigné, mais qu'elles respirent cette tendre compassion d'un père qui voit ses
» enfants gravement malades ou sur les bords d'un précipice. Soyez comme la mère qui
» les caresse, se réjouit de leurs progrès et de la gloire qui les attend au ciel. » (Extrait du *Traité de la vie spirituelle.*)

(3) *Déposition de Gaillard de la Roche. Provincial des Carmes de Toulouse.*

(4) *Déposition du chanoine Louis Cardona.*

(5) *Déposition de Bernard Caramon.*

mais quand il fallait un miracle, on appelait le maître. Un pêcheur ne voulait pas se convertir et allait mourir. « Je donne à Dieu pour vous » tous mes mérites, dit le Saint..... — Écrivez-moi cela, dit le mourant. » Patient, Vincent Ferrier écrivit et lui mit le papier dans les mains. Le malade se confessa et entra en agonie. Quand il fut mort, le papier disparut. Quelques jours après, le Saint, prêchant, rappelait ce fait : on vit un morceau de papier tournoyer au-dessus de sa tête puis se poser devant lui, c'était la cédule renvoyée par Dieu (1).

Il avait sa manière à lui de corriger les gens. Un homme, furieux qu'on lui eût refusé l'absolution, se plaignait partout, disant que c'était uniquement parce qu'il n'avait pas voulu pardonner à un cordonnier qui ne le méritait pas. Vincent Ferrier l'entend : « Vous ne voulez pas » pardonner au cordonnier, soit, pardonnez à vous-même. A qui faites- » vous mal ? Pendant que vous le haïssez, il mange, boit, et prend du bon » temps : et vous, vous vous rongez les foies, sans compter l'âme qui se » perd. » L'autre revint : « Je comprends à présent, dit-il, quelle sottise » c'est la haine. »

Ses sermons contiennent une foule de traits malheureusement affaiblis par la langue et la tournure d'esprit des transcripteurs. Aux mahométans, demandant avec leurs idées matérielles : « Comment Dieu peut-il avoir un Fils ? — Pensez-vous que Dieu soit muet ? répondait-il. » Et, comme saint Jean, il partait du vol de l'aigle. « Et le Verbe était en Dieu, et le Verbe était Dieu ! »

Pour inspirer le respect des saints mystères, il racontait qu'un homme, vêtu avec recherche, n'osait se mettre à genoux de peur de gâter ses habits ; il fut tué par un démon de haute stature qui lui dit : « Traître, » brigand, si Dieu avait fait pour nous autres anges ce qu'il a fait pour » vous, nous serions toujours prosternés à ses pieds, lui rendant grâce » de pareils bienfaits. »

Un jour, de bonnes âmes lui dirent : « Maître, pourquoi permettez- » vous que les prêtres se disciplinent ? On va croire qu'ils ont commis » de gros péchés. » Il répondit : « Et les enfants de dix ans ont-ils » commis de gros péchés ? »

---

(1) FERRANDIN. — Ce qui suit est de la pure légende. On trouve dans le *Roseto* du P. Ravicini qu'un pêcheur impénitent blasphémait, disant qu'il voulait se damner *a dispetto del Christo*. Et moi, *a dispetto tuo*, dit Vincent Ferrier je te sauverai. Et il ordonne aux assistants de réciter le rosaire. Bientôt on vit descendre dans un nuage la Vierge portant l'Enfant Jésus tout couvert de sang. Le pêcheur ne résista plus.

A propos de pain bénit, il rappelait cette leçon donnée par des chiens à un homme riche. L'homme avait jeté son pain bénit, les chiens n'y touchèrent pas, bien qu'ils se jetassent avec avidité sur du pain ordinaire. Il relevait, du reste, autant qu'il le pouvait, tout ce qui est sacré, ce qui constitue l'atmosphère divine où l'ennemi ne peut vivre à l'aise, tout ce qui est pour nous lien avec Dieu.

Et encore cette leçon de rubriques. Les linges d'autel ne doivent, sous aucun prétexte, être lavés par des femmes. Quand même sainte Catherine descendrait du ciel, elle ne devrait pas laver les corporaux.

Un reproche, peu fondé d'ailleurs, a été fait aux prédications de saint Vincent Ferrier. Il est ainsi formulé par un historien (1) qui, depuis, a grandi encore, et à l'œuvre duquel il suffirait de retrancher ou de retoucher quelques mots pour qu'elle fût irréprochable. « Il parut rendre à la » prédication son austérité primitive ; mais, devant s'adresser au peuple, » l'entretenir de choses actuelles, entrer dans les détails de la vie pra- » tique, il finit par séculariser la chaire, et la faire descendre jusqu'à des » vanités, à des bouffonneries indignes des temples. » Dans ces termes-là, c'est une erreur trop grossière pour qu'il soit besoin de la relever. L'auteur entend, sans doute, par « vanités », les citations des auteurs profanes : Vincent Ferrier en usait fort peu, et les appelait irrévérencieusement *paleæ, id est dicta poëtarum*.

Ce genre était effectivement assez répandu de son temps, et surtout un peu plus tard. Les sténographes peu fidèles du prédicateur croyaient bien faire en ajoutant les élucubrations de leur tempérament particulier. Aussi, les principaux biographes, notamment Antist et Vidal y Micó, ont-ils protesté contre toute accusation de bouffonnerie (2). Il était parfois crû dans ses expressions, et ses métaphores étaient originales ; mais cela faisait partie de la langue qu'il parlait, et il faut se rapporter à l'éducation intellectuelle de l'époque. Qu'eût-il fait d'un langage plus étudié ? Il est tels mots que le dernier siècle écrivait sans sourciller, et que nous ne pouvons prononcer sans rougir.

Enfin, c'est aussi l'auditoire qui fait l'orateur.

Clémangis porte le nombre de ses auditeurs à 80 000. C'était non seulement des villes, mais des provinces entières. O'Connell, portant

---

(1) Cesar Cantù.

(2) Un témoin a dit nettement : « Quod nunquam audivit eum loquentem scurrilitatem, » imó loquentes talia graviter arguebat. »

en lui l'âme de la patrie, nous donne l'idée de ces grandes houles de peuples. Mais nous avons de plus un thaumaturge, dont la voix avait une étendue surhumaine, que la renommée de ses miracles, chaque jour renouvelés, grandissait outre mesure.

Pour être exact ici, il faudrait avoir vu tout Israël ayant conscience de ses crimes et de la colère de Dieu, descendre dans la plaine pour écouter ses prophètes.

Et Dieu lui-même se chargeait de réveiller l'enthousiasme. C'est ainsi qu'on vit un jour briller au front du Saint une flamme qui s'alluma tous les jours dès qu'il montait en chaire ou à l'autel (1). Moïse, sortant de s'entretenir avec Dieu, se montrait de même au peuple, la tête entourée de rayons.

Saint Antonin, d'après Razzano (2), raconte qu'un vol d'anges apparut souvent au-dessus de la tête de Vincent Ferrier. Les esprits bons ou mauvais qui nous entourent sont invisibles ordinairement, et c'est sage de la part de Dieu. Mais on comprend que, à un moment donné, pour la consolation des pauvres mortels, les anges gardiens soient venus se réjouir visiblement, et faire fête à cet aide puissant de leur divine mission.

On a souvent comparé Vincent Ferrier aux Apôtres, comme efficacité de parole, abondance de miracles et fruits de bénédiction. Il est certain que, depuis les temps apostoliques, on n'avait rien vu de pareil, et que, vraisemblablement, notre Europe ne retrouvera qu'aux jours d'Hénoch et de l'Antéchrist, une aussi miséricordieuse effusion de la bonté de Dieu.

L'Évangile parle d'un ange qui venait de temps à autre agiter l'eau d'une piscine à Jérusalem, et le premier de tous les malheureux qui s'y plongeait était guéri. C'était là un prodige parcimonieux, digne de la loi de crainte. Mais quand cet ange du jugement agitait ces flots de pensées austères, et provoquait la houle des saintes émotions, non plus un, mais tous se précipitaient à l'envi dans la piscine salutaire de la pénitence. Et il en fut ainsi tous les jours durant vingt ans.

Ce qui frappe, soit dans les auteurs, soit dans les souvenirs, dans les manifestations de culte, mémoriaux de tout genre, c'est l'expression

---

(1) L'iconographie s'est inspirée de cette tradition, et Vincent Ferrier se reconnaît à son aigrette au front, comme saint Dominique à son étoile, et saint Thomas à son soleil sur la poitrine.

(2) 11, 12, 13.

d'une admiration sans mesure. Ceux qui se sont donné la peine de chercher ont été éblouis. Et nous-mêmes, après toutes les révolutions, toutes les ruines, quand nous fouillons nos archives départementales, nos musées, nos monuments publics, nous retrouvons partout la trace d'un grand passage, comme on retrouve le lit d'un grand fleuve.

Longtemps après lui, on entendait répondre aux questions : pourquoi ceci? pourquoi cela? Parce que maître Vincent l'a dit, ou maître Vincent l'entendait de cette façon.

Toutefois, cette puissance d'action n'a été bien constatée qu'après coup. Les contemporains y vivaient comme dans une atmosphère normale, et, chose étrange! lorsqu'on en a étudié longtemps les documents, on est tenté de faire comme les contemporains, de trouver toutes naturelles les choses les plus extraordinaires, et l'on se demande : A quoi bon en parler?

« Aussi quelle entreprise, s'écrie un historiographe, d'écrire une vie
» dont chaque circonstance est une merveille (1)! »

Son nom de vainqueur et la célèbre assimilation avec l'Ange de l'Apocalypse n'ont pas manqué d'attirer l'attention sur un autre passage du livre mystérieux. Ces grandes images de l'Écriture auxquelles la littérature profane n'a rien de comparable (2) sont, en effet, naturellement évoquées quand on écrit de saint Vincent Ferrier!..... « Je l'ai vu, ce
» blanc coursier, celui qui le montait tenait un arc...,. Une couronne
» lui a été donnée; et, vainqueur, il est parti pour vaincre encore! »

§ 3 — *Lave refroidie.*

Mais il est un genre de démonstration dont la pensée a, plus d'une fois sans doute, hanté l'esprit de nos lecteurs : c'est de laisser parler l'Apôtre lui-même. J'avoue que je ne l'aborde pas sans terreur. Donner les sermons de Vincent Ferrier, après ce que nous avons dit de ses triomphes oratoires, c'est évidemment courir au-devant d'une déception. Si vous avez assisté, la nuit, à l'éruption du Vésuve, une des belles

---

(1) GAETANO BLASCO. *Vita di san Vincenzo Ferreri* (Roma 1720).

(2) Il faut lire dans Job le portrait de ce cheval qui « bondit comme la sauterelle, dont les naseaux fumants soufflent la terreur et la gloire, qui court sus aux bataillons armés, à qui la peur est inconnue, qui fait sonner fièrement les armes de son cavalier, qui, bouillant d'ardeur, dévore l'espace, qui, au premier son des trompettes, dresse l'oreille et dit : Allons! qui de loin aspire l'odeur des combats, les ordres des chefs et les hourras des armées. »

épouvantes de ce monde, quand, au matin, étonné de revoir la pure aurore, vous voulez vous rendre compte des choses, vous ne trouvez plus qu'une cendre tiède et un amas de scories noirâtres..... C'est bien cela pourtant qui, tout à l'heure, vous tenait cloué sur place, éperdu d'admiration et de terreur.

Toutes les comparaisons clochent : l'éruption vésuvienne n'a pas lieu tous les jours, et les sermons de saint Vincent Ferrier ne sont pas des scories. Nous allons en mettre quelques-uns sous les yeux du lecteur. A coup sûr, c'est loin d'être dénué d'intérêt ; mais il serait puéril d'y chercher, même en germe, les effets de cette éloquence sans pareille. Avec cela, on ne tiendra pas trois heures et plus sous le charme, des foules haletantes, tous les jours, vingt ans durant, sans que l'enthousiasme se ralentisse jamais. Observons qu'une partie notable de ces foules ne subissait pas le prestige de la nouveauté. Qu'on fasse grande tant qu'on voudra la part de l'orateur et de ses qualités naturelles, le dernier mot ici est au miracle, comme dans le don des langues, comme dans la portée de la voix, comme dans la transformation subite de l'orateur, phénomène quotidien dont les témoins sont demeurés frappés (1).

Le *Sacrarium* (trésor) du *Corpus Christi*, à Valence, possède le manuscrit des sermons de saint Vincent Ferrier. C'est un volume in-8° assez fort, d'une écriture serrée et surchargée, contenant cent quatre-vingt-trois sermons ou plans de sermons.

L'historien Diago en fixe la date du dimanche de la Sexagésime, 15 février 1411, au mois de juillet 1412.

Le Saint laissa son livre chez son hôte à Morella, sans doute par inadvertance. Ce précieux trésor parvint de main en main jusqu'au patriarche, Jean de Ribera, grand collecteur de saintes reliques.

Échard, qui n'a pas connu ce manuscrit, déplore que Diago n'ait pas comparé les sermons qu'il renferme avec les sermons édités. Nous sommes en mesure de combler cette lacune.

Vincent Ferrier approchait alors de la fin de sa carrière, mais prêchant dans une contrée toute pleine de Maures et de Juifs, ayant parfois affaire à des rabbins très instruits, il prit la peine d'écrire les principales idées de ses sermons. Ce ne sont que des canevas, avec quelques petits développements au courant de la pensée. Les textes de l'Écriture sont scrupuleusement vérifiés, leur origine soigneusement indiquée ; il les traduit toujours comme pour se les river dans la mémoire.

---

(1) Voir plus loin, page 443.

Il écrit en latin, mais lorsque l'expression ne vient pas, il met le mot valencien.

On peut y suivre ce travail que fait dans l'esprit l'étude assidue de l'Écriture Sainte.

Comme son maître saint Thomas d'Aquin, il raisonne et raisonne puissamment, mais s'appuie toujours sur l'autorité divine. Ce n'est pas sa pensée qu'il prêche ; c'est la pensée de Dieu.

Ses plans ne sont que de l'Écriture et de la Patrologie en ordre de bataille (1).

Il déduit toujours heureusement ce qu'il appelle *secreta*, c'est-à-dire les sens divers des paroles inspirées, que Dieu révèle aux âmes dans la mesure de leurs dispositions intérieures.

Il tourne et retourne son texte avec une flexibilité merveilleuse ; c'est une sorte de kaléidoscope où les points de vue changent à chaque instant.

Il trouve des preuves surprenantes, même pour les plus petits détails.

Comment sera la Vierge au jugement dernier ? Assise. Et il citait : *Positus est thronus Matri regis, quæ sedit ad dexteram ejus* (3me liv. des Rois, ch. II, v. 19).

Il a dit avant saint François de Sales que la manne avait tous les goûts, selon le palais des gens. Et il cite le psalmiste : *Quia in multitudine dulcedinis tuæ quam abscondisti.*

Il est à remarquer que le manuscrit ne porte pas l'indication des numéros des psaumes. Il s'imaginait que tout le monde, comme lui, mettrait le chiffre sous la citation.

Les similitudes originales abondent. Il a tout un sermon sur la confession comparée à ce que fait le médecin auprès d'un malade ; depuis le sirop de la prière, si douce quand on se repent, jusqu'au poulet de

---

(1) La question d'authenticité est traitée aux pièces justificatives. — Voir appendice L.

Quand composait-il ses sermons ? Ce ne pouvait être que le soir. Après sa rude journée, s'enfermant avec un de ses frères, il prenait le livre des Offices, étudiait la liturgie du jour suivant et, sa Bible en main, écrivait ou dictait ses idées. On a là, sous les yeux, l'œuvre d'un homme qui a peu de temps, qui formule sa pensée, l'appuie d'une autorité, répare un oubli, souligne un détail ; le tout à haute voix et probablement en marchant.

Ces cent quatre-vingt-trois sermons, écrits au jour le jour, en moins d'un an, donnent l'idée de l'activité incroyable de cet homme, quand on met en ligne de compte le temps des voyages à pied, et plus de deux mois et demi de maladie.

Le volume, fatigué, mais respecté des vers, débute par une table des matières par textes de sermons, bien faite ; l'aspect général indique une nature soigneuse, active et persévérante. Les premiers feuillets sont détachés, et quelques-uns manquent, ce qu'il faut attribuer aux curieux ou aux pieux déprédateurs.

la convalescence. Mais ceci est intraduisible : « *Dum post ista per confessionem dat licentiam ut possit comedere pullum, scilicet carnem delicatam, et hoc est per communionem in quâ datur quidam pullus delicatus et tendrellet (sic), scilicet Jesus Ch., natus de la lloca* (couveuse) *et gallinà Beatâ Mariâ. Et non est, nec erit mundo ita delicata caro, scilicet Christus.* »

Ainsi se produisait ce qu'on lit partout : qu'à la fin, s'attendrissant, donnant à sa voix ces accents irrésistibles, multipliant les diminutifs, atténuant Dieu pour ainsi dire, il laissait son monde éploré et converti.

Ailleurs, à propos du sommeil de l'âme sous l'accablement du péché, que fait, se demande-t-il, l'homme qui s'éveille ? Dix choses : il ouvre les yeux, se met sur son séant, s'habille sommairement, sort de son lit, crache, se chausse, met sa ceinture, se lave les mains, besogne un peu et va déjeuner. Il tire de là les applications les plus ingénieuses.

Pour mettre les choses dans la cervelle, parfois dure, de ses auditeurs, il avait des métaphores singulières, témoin le sermon pour le samedi avant le IV<sup>e</sup> dimanche de Pâques.

Extollens vocem quædam mulier, etc.

Une femme élevant la voix dit : etc.

Nous avons quatre choses à élever, savoir notre cœur par la contrition, nos mains par la prière, nos yeux par la contemplation, et enfin, notre voix de la manière qui suit : dans la gamme, il y a six points (*sic*) : *Ut ré mi fa sol la.*

*Ut*, est loqui subtus, id est in inferno, scilicet renegare Deum et sanctos et B. Virginem etc. Et *Ré* est loqui criminaliter et blasphemare. Et *Mi* est loqui alabando seipsum et minando alios. Et ista tria puncta sunt damnata. Sed *Fa*, et hic incipit locutio discreta, *fa* est loqui in confessione, id est confiteri omnia peccata. *Sol* est loqui laudando Deum distincte et attente. Et *La* est loqui laudando Deum *divinaliter*, ut habetur in psalmo *Beati qui* : In sæcula sæculorum laudabunt te.

Et ita debemus exaltare vocem.

*Ut*, c'est parler en bas, c'est-à-dire dans l'enfer, renier Dieu, les saints et la Vierge. *Ré*, c'est parler criminellement et blasphémer. *Mi*, c'est parler pour se louer soi-même et dénigrer les autres, et ces trois points sont condamnables. *Fa*, au contraire, par où commencent les paroles dignes d'éloge. *fa*, c'est parler en confession, c'est-à-dire avouer tous ses péchés. *Sol*, c'est parler pour louer Dieu distinctement et avec attention. *La*, c'est parler pour le louer divinement, selon ce mot de psalmiste : Ils vous loueront, Seigneur, dans les siècles des siècles.

Et c'est ainsi que nous devons élever la voix.

Et ceci sur la parole finale d'après laquelle les brebis doivent être séparées des boucs.

**Et idea, bona gent, beati erunt illi qui fuerunt oves illa die. Et ideo si vultis esse oves, observetis quatuor quæ sunt in ove, scilicet innocentia, beneficentia, patientia et obedientia. Et ità sitis innocentes sicut ovis quæ neque mordet; et non diffametis aliquem. Item non habet cornua, ut non habeatis cornua, scilicet potentiæ, justitiæ ad feriendum et persequendum proximum; nam jam Deus loquitur de his cornuis :** *ego confringam cornua peccatorum.* **Item non recalcitrat cum tibiis, ut non recalcitretis contemnendo vestrum proximum, dicendo : «** *O conver retallat villano y tal perqual.* **» Item non** *rascañat* **cum ungulis; ità vos ut non rascañetis cum ungulis, furando et rapiendo. Item sitis benefici sicut ovis quæ observat consilia evangelii ut habetur Lucæ 3 :** *Qui habet duas tunicas det non habenti, et qui habet escas det non habenti.* **Nam ovis de duabus tunicis, scilicet de corio et lana dat unam scilicet lanam, et retinet aliam scilicet corium. Ita vos de superfluitatibus vestris faciatis partem proximo vestro qui indiget, et operiatis proximum nudum sicut operitis** *Laperja* **et** *rara.* **Item ovis dat lac et caseum; et ita vos de tantis cibis superfluis faciatis beneficium et partem proximo. Item ovis est patiens, nam si datis ei cum baculo non** *tornabit* **se sicut**

Heureux ce jour-là, bonnes gens, ceux qui auront été des brebis dans ce monde ! Si donc vous voulez être du nombre, observez les quatre vertus qui se trouvent dans la brebis : l'innocence, la bienfaisance, la patience et l'obéissance. Soyez innocents comme elle. Voyez ! elle ne mord point, et vous aussi ne diffamez personne. Elle n'a pas de cornes, vous aussi, même sous prétexte de justice et en usant de votre puissance, ne frappez pas, ne poursuivez pas le prochain. Dieu parle quelque part de ces cornes-là : *Je briserai*, dit-il, *les cornes des pécheurs.* De même la brebis ne frappe pas du pied. Imitez-la en ne méprisant pas le prochain et ne disant pas..... (Ici une expression proverbiale dont le sens exact est perdu.) La brebis n'a pas les ongles crochus. Ce qui veut dire pour vous de ne pas voler ni dérober furtivement. Enfin, soyez bienfaisants comme la brebis : elle observe les conseils évangéliques (Luc, 3) : Si vous avez deux tuniques, donnez-en une à qui en manque ; de ses deux tuniques, la laine et la peau, elle donne l'une et garde l'autre. Vous, de même, de votre superflu faites la part du pauvre et couvrez la nudité de votre prochain. La brebis donne le lait et le fromage. Vous aussi, de votre abondance, faites aux autres la plus large part. La brebis est patiente : si vous la frappez elle ne se retourne pas comme le chien, mais quitte la

canis qui est impatiens, sed dimittet locum et ibit ad alium; ità vos sitis patientes in vestris injuriis, ut non velitis sumere vindictam sicut canis. Item ovis est obediens suo pastori, nam unus pastor minimus est sufficiens ad respiciendum 30 oves, quod non ad respiciendum unum hædum, nam ibit per *les roques* et faciet *espeñare* ipsum.

Et ideo vos si vultis esse oves et non hædi sitis obedientes vestro pastori Deo, de quo prophetizatur Ezechielis 34 : Ecce suscitabo germen. (etc.)

place et va plus loin. Sachez, vous aussi, supporter les injures, et ne cherchez pas à vous venger. La brebis est obéissante : il suffit d'un tout petit enfant pour garder trente brebis, tandis qu'il ne pourrait garder un seul bouc, lequel s'en va parmi les rochers se faire déchirer par les ronces. Si donc vous voulez être des brebis et non des boucs, soyez soumis au Pasteur éternel dont Ézéchiel a prophétisé, chapitre 34.

(Et, en effet, le chapitre 34 d'Ézéchiel est une paraphrase superbe de cette idée.)

Même à n'en juger que par les pâles reflets que nous possédons, ce genre de prédication est éminemment approprié à des âmes alourdies par les préoccupations matérielles. L'intérêt devait se soutenir, grâce à ce cachet de familiarité, de couleur locale, à ces allusions fermées pour nous, à ces naïves histoires. Il serait presque regrettable que son genre fût plus poli, plus compassé; on n'y retrouverait ni lui, ni son siècle.

*Sermon sur le Pater.*

*Thema. Corde bono et optimo audientes verbum retinent.* (Luc, 8.) recitatur in Evangelio currentis Dominicæ.

In ista prædicatione præsenti, ego teneor prædicare de oratione *Pater noster.* Postquam jam prædicavi vobis de oratione *Ave Maria.* Et quia materia *Pater noster* esset tædiosa vobis propter suam largitatem et continet multa secreta, faciam de *Pater noster* duos sermones, hodie unum et cras alium. Et ideò ut gratia Dei sit in hoc sermone et materia utilis saluti animarum, dicatis : *Ave Maria.*

Pro danda declaratione thematis

*Entendant la parole divine avec un cœur bien préparé, ils la retiennent.* (Év. du dimanche, Luc 8.)

Vous ayant déjà parlé de l'*Ave Maria*, j'ai à vous parler aujourd'hui du *Pater.* Mais comme le *Pater* est un sujet très vaste et contenant divers mystères, j'en ferai deux sermons, l'un aujourd'hui, l'autre demain. Pour que la grâce de Dieu soit dans cette instruction, et le sujet utile à vos âmes, dites *Ave Maria.*

Pour procéder par ordre, sachez

debetis scire quod ego invenio quinque gradus orationis 1$^{us}$ gradus est de orationibus ordinatis per personas singulares sanctas, ut B. Augustinum, Hieronimum, Ambrosium et Thomam, quæ sunt bonæ; non autem dico orationes factas per personas singulares falsas, ut falsos heremitas et presbiteros, quas cantant cœci, nam illæ non sunt bonæ quia non sunt factæ nisi causà exigendi pecuniam et decipiendi gentes.

Alius gradus est ut orationes factæ et compositæ per Ecclesiam ut per B. Gregorium qui erat Papa et similes. Alius gradus est ut orationes quæ sunt incorporatæ in Biblia. Et sunt majoris dignitatis quam superiores, quia factæ per personas singulares sanctas scilicet David et cæteros proph. et apostolos et sanctos. Et sunt confirmatæ per Ecclesiam quia in Biblià sunt incorporatæ. Alius gradus est, et iste major, ut oratio facta per angelum B. Mariæ, scilicet *Ave Maria*. Alius gradus est, et iste major omnibus, ut oratio facta per Deum scilicet *Pater noster*, etc. Quem Ipsemet fecit ad interrogationes apostolorum cum dixerunt sibi : *Domine doce nos orare*. (Lucæ 11.) Et Ch.-respondit eis : *Cum oraveritis dicite, Pater noster*, etc., ut habetur. (Lucæ 11 et Matth. 6.)

Et ita, bona gent, si vultis citius et melius et securius impetrare gratiam quam petitis à Deo, presentetis sibi supplicationem quam Ipse

d'abord que je trouve cinq degrés de prières. Le premier renferme les prières composées par des personnes saintes, mais isolément, comme saint Augustin, saint Jérôme, saint Ambroise et saint Thomas. Elles sont bonnes, contrairement à celles que répandent certains faux ermites et que chantent les aveugles, ne s'apercevant pas qu'il n'y a là qu'un but : extorquer de l'argent et tromper le monde.

Le second degré est celui des prières faites par l'Église ou par le Pape en tant que Pontife suprême; le troisième est celui des prières incorporées dans la Bible : elles sont supérieures aux autres, précisément parce qu'elles font partie du livre de Dieu, et que, composées par de saints personnages, comme les prophètes et les apôtres, elles ont reçu l'approbation de l'Église. Le quatrième, plus élevé encore, est la prière faite par un ange à la Sainte Vierge, c'est-à-dire l'*Ave Maria*.

Enfin, le cinquième, le plus élevé de tous, est la prière faite par Dieu même, le *Pater*, qui fut composé précisément à la demande des apôtres disant : *Seigneur enseignez-nous à prier*. (Luc 11.) Et le Christ répondit :

met ordinavit scilicet *Pater noster*, Nam ut videtis per superiora, majoris autoritatis est, quia factam per Christum, et habet omnes prerogativas SS, quia facta per personam singularem sanctam scilicet Ch. Item confirmatam per Ecclesiam sc. papam Jesum. Item quia incorporata in Biblia. Item quia per Filium Dei apostolis docta qui est major angelis, et exemplificata de supplicationibus factis ab Episcopo et archiepiscopo. Et ipsa est, ut habetur in ps. 88 : *Quæ procedunt de labiis meis non faciam irrita.* Et habetur in alia autoritate. (Ezec. 12). *Ego quodcumque locutus fuero verbum fiet.* Et in hoc intellectu vobis proposui thema, sc. quod oratio *Pater noster* per istas prærogativas debet haberi in majori devotione quam ceteræ orationes. Et ideo dicit : *Corde bono* respectu aliarum orationum, et *optimo* respectu *Pater noster*, audientes scilicet vos me prædicantem de hoc.

Et oratio *Pater noster* ista est bene ordinata quod continet septem petitiones contra 7 peccata mortalia.

Et 1ª clausula est ista. *Pater noster qui es in cœlis sanctificetur nomen tuum.* Et nota 1° quia dicit *Pater* et non dicit Dominus, vel judex, vel rex, etc. Hoc ideò ut habeamus confidentiam et spem in corde de impetrando et *alcançando* (sic) quod petitur vel supplicatur : *Verbum* retinent sc. orationis *Pater noster*, etc. Nam non ita con-

*Notre Père qui êtes aux cieux*, etc.

Ainsi, bonnes gens, si vous voulez être plus sûrs d'obtenir ce que vous demandez, adressez à Dieu la prière qu'il a lui-même enseignée. Elle a la plus grande autorité, ayant été faite par le Christ lui-même ; elle a de plus toutes les prérogatives des autres prières, car le Christ est le Saint par excellence ; elle est approuvée par l'Église, Jésus-Christ étant Pontife suprême ; elle est incorporée dans la Bible ; enfin, elle a été enseignée aux apôtres par celui qui est au-dessus de tous les anges. Or, dit le psaume : *Les paroles sorties de ma bouche ne resteront pas vaines ;* et encore dans Ézéchiel, ch. 12 : *Ce que j'aurai dit se réalisera.* Le *Pater* doit donc être récité avec plus de dévotion que toutes les autres prières, et cette prédication sur le *Pater* écoutée avec une particulière attention selon notre texte.

Cette prière est si bien ordonnée qu'elle contient sept demandes contre les sept péchés mortels. La première est ainsi formulée : *Notre Père qui êtes aux cieux, que votre nom soit sanctifié.* Remarquez qu'il y a *Père*, et non Seigneur, ou juge, ou roi, afin que ce nom nous donne plein espoir au cœur et confiance d'obtenir ce que nous demandons. On ne s'approche pas d'un juge ou d'un maître comme d'un père ; et il redoute peu le juge-

fidenter et cum spe impetratur a Domino vel judice sicut a patre, nam jam, dicitur, securus vadit ad judicium qui patrem habet judicem. Et non sic vocabatur Deus *Pater* in veteri Test. in orationibus sed *Dominus*, licet fuisset prophetizatum (Hier. 3.) : *Patrem vocabis me et post ingredi non cessabis.*

Et nota 2° quod dicit *noster* et non dicit *mei*, nam melius est oratio facta in plurali quam in singulari, quia oratio singularis solum continet necessitatem petentis, sed pluralis continet petentis et charitatem intercedentis pro aliis. Et ideò citius impetrabit faciendo in plurali ut habetur (Jac. 5) : *Orate pro invicem ut salvemini.*

Et nota 3° quod dicit : *Qui es in cœlis* et non dicit *qui es in terris*, nam Deus non est solum in cœlis, sed imo est et in cœlis et in terris, ut habetur in veteri Test. amore Judæorum. (Is. 6.) *Pleni sunt cœli et terra, gloria tua,* sed dicitur isto modo quia hereditatem Christiani debent habere in cœlis, et ideo debent dicere in pater : *Qui es in cœlis.* Judæi debent dicere *qui es in terris,* quia non promisit eis nisi terrena. Et ideo dixit Ch. Christianis verbum quod habetur.(Mat. 23.) *Patrem nolite vocare in terris,* etc. *in cœlis.*

Et sequitur petitio cum dicit : *Sanctificetur nomen tuum.* Non intelligas quod habeat Deus sanctificari per aliquem quia ipse sanctissimus est de se, sed petimus ut

ment, celui qui a son Père pour juge. Dans l'Ancien Testament, Dieu ne voulait pas être appelé de ce nom, bien qu'un prophète ait dit : *Vous m'appellerez Père, et dès lors vous pourrez m'approcher sans crainte.*

Remarquez en second lieu qu'il y *notre* Père et non pas *mon* Père. Il vaut mieux prier au pluriel qu'au singulier, car, outre la demande personnelle, la prière au pluriel contient l'intercession charitable pour les autres selon ce que dit saint Jacques, ch. 5 : *Priez les uns pour les autres, afin d'être sauvés.*

Notez enfin qu'il y a *dans le ciel* et non *sur la terre.* Dieu est au ciel et sur la terre, selon qu'il est dit dans l'Ancien Testament, en faveur des Juifs : *Le ciel et la terre sont pleins de votre gloire, Seigneur.* (Is. 6.) Mais parce que l'héritage des chrétiens est au ciel, ils disent dans le *Pater : qui êtes aux cieux;* tandis que les Juifs doivent dire *qui êtes sur la terre,* car Dieu ne leur a promis que des biens temporels. Aussi Notre-Seigneur a-t-il dit aux chrétiens : *Ne m'appelez pas Père sur la terre, mais au ciel.* (Matth. 23.)

La seconde demande est celle-ci : *Que votre nom soit sanctifié,* non que Dieu ait en lui-même aucun besoin de sanctification, étant la sainteté

postquam ipse est sanctus quod per gentes omnes nomen ejus honoretur et sanctificetur. Et ideo petimus à Deo gratiam ut nomen Ejus sanctificetur per creaturas.

Et hæc petitio est contra peccatum superbiæ de quo David in ps. *Ut quid Deus repulisti :* Ne obliviscaris : *Superbia eorum ascendit semper :* Et dicit *ascendit* ideo quia sunt novem gradus superbiæ, sc. 1° Contemnere minorem se, 2° contemnere æqualem se, 3° contemnere majores se, 4° contemnere parentes, 5° contemnere dominos temporales et rectores et judices, 6° contemnere dominos Ecclésiasticos, perlatos (*sic*) Papam, episcopos, curatos, etc., 7° contemnere sanctos et sanctas, 8° contemnere B. V. Mariam Matrem Dei, 9° contemnere Deum et nomen Ipsius, enormiter Ipsum jurando vel blasphemando vel renegando, etc. Et propter hoc notanter dicit David : *Superbia eorum ascendit semper*, sc. per istos gradus contemnendo minorem se, æqualem se, etc.

Et ideo ut ipsa superbia contemnendi Deum, corrigatur et nomen Ejus sanctificetur, et non ascendat, sunt quatuor remedia : 1mo ut vos maxime, *mes filles*, (*sic*) nutrialis vestros pueros ut non jurent Nomen Dei J. C. per Deum vel Sm Petrum, etc ; Sed solum *seguramente, verdaderamente,* et sine fallo, et adverbialiter. Et hoc nutrimentum dabat David filiis et pueris suis ut non contemnerent nomen Dei sed

même, mais nous demandons que son Nom soit honoré et reconnu saint parmi tous les peuples, et d'en faire la grâce à toute créature. Cette demande va directement contre le péché d'orgueil, car il est dit au psaume : *Ut quid Deus repulisti Leur orgueil monte toujours.*

Il existe, en effet, neuf degrés de superbe : mépriser ses inférieurs, mépriser ses égaux, mépriser ceux qui sont au-dessus de nous, mépriser ses parents, mépriser les maîtres et juges temporels, mépriser les prélats ecclésiastiques, le Pape, les évêques, etc., mépriser les saints, mépriser la Sainte Vierge, et enfin mépriser Dieu, et son saint Nom. Et ce crime énorme a lieu quand on blasphème, qu'on jure, qu'on renie sa foi, etc. Et ce sont ces degrés que l'écrivain sacré indique, disant : *Leur orgueil monte sans cesse.* Pour corriger ce défaut abominable, il y a quatre moyens : le premier, c'est que vous-mêmes, mes filles, nourrissiez vos enfants, leur apprenant à ne jamais jurer ni par Dieu, ni par les saints, mais par une simple affirmation, ou par adverbe : *certainement, pour sûr et sans tromperie, cela est ainsi,* etc. David donnait cet enseignement à ceux de sa famille, lorsqu'il disait : *Louez le Seigneur, ô mes enfants! Laudate pueri*

quod laudarent, dicendo quod habetur in ps. : *Laudate pueri Dominum*, etc. *in seculum.*

Et alium remedium est ut vos omnes ponatis vobismet legem, sc. quoties juraveritis ponatis unum denarium in burça ad partem, et quod detur in fine septimanæ pauperibus vel pro amore Dei.

Item 3° aliud remedium, ut vos statuatis familiæ vestræ vel scutiferis vel rapacibus vel aliis servitoribus ut non jurent Nomen Dei, vel blasphement vel renegent ; aliter qui contrarium fecerit puniatur, sc., si juraverit non bibat vinum illo prandio vel cœna, vel quod comedat sedendo in terra cum gatis et canibus. Item si blasphemaverit, gravius puniatur. Si renegaverint, projice tales servitores de domo tua, nam qui renegat Deum vel blasphemat, bene poteris cogitare quod de facili renegabit te in aliquo passu.

Item 4° aliud remedium, ut fiat publica provisio per totam civitatem præconizando ut sub gravi pœna nullus audeat jurare, etc. Et per gratiam Dei jam est factum hoc in hac civitate de quo habui magnam consolationem, et Deus magnum placitum, cujus voluntas est ut suum Nomen honoretur, cum docuit apostolis in *Pater noster* quod sanctificaretur Nomen Dei. Tamen ecce, rectores civitatis, non dicatur *hodie facta, hodie facta,* sed teneatis perpetualiter et æqualiter. Et Deus conservabit vos in gratiam.

*Dominum.* Le second moyen, c'est de poser vous-même une loi, d'après laquelle, toutes les fois que vous jurerez, vous mettrez un denier dans une tirelire, et, à la fin de la semaine, vous donnerez tout aux pauvres ou pour l'amour de Dieu. Le troisième, que vous défendiez absolument aux gens de votre famille, ou serviteurs de tout ordre, de jurer ou de blasphémer ; et si quelqu'un le fait, qu'il soit puni ; s'il jure, qu'il soit privé de vin à un repas, ou qu'il mange assis par terre avec les chiens ; s'il blasphème, qu'il soit puni plus sévèrement ; et s'il renie Dieu, n'hésitez pas à chasser de chez vous un tel serviteur, car il ne tarderait pas à vous renier vous-même en quelque rencontre. Le quatrième moyen est qu'il y ait une ordonnance publique et sous peine grave, de ne pas blasphémer, etc., comme cela du reste a été fait dans cette ville, ce dont j'ai eu grande consolation, et Dieu grande gloire, lui qui veut si expressément que son Nom soit honoré. Que ce ne soit pas une loi vaine, celle que vous avez portée, ô magistrats ! tenez énergiquement à son exécution et toujours ; et Dieu vous conservera en grâce.

La troisième demande est ainsi for-

Ad 3ᵃᵐ clausulam, cum dicit *Adveniat regnum tuum*. Et nota quod non dicit quòd nos accedamus ad regnum suum; hoc ideo dicit, nam Deus quandoque per angelum, quandòque per se imponit animabus *sanctis coronam gloriæ*, ut dicit (Eccl.) : *Ecce advenit dominator Dominus et regnum in manu ejus*. Et habetur (sap. 5) : *Accipient regnum decoris et diadematis de manu Domini*.

Sed hæc petitio est contra peccatum avaritiæ quod facit desiderare terrena per cupiditatem et oblivisci celestia, et ideò judei non possunt dicere hanc clausulam petendo regnum Dei, nam, non est promissum eis per legem moysi, sed solum christiani quibus est promissum, si illud cum desiderio petierint, ut habetur (Luc. 12) : *Nolite timere pusillus grex quia complacuit Patri Vestro dare vobis regnum*. Et habetur (Matth. 6) : *querite primum regnum Dei et hæc omnia adjicientur vobis*.

Et ideo, Bona gent, hanc petitionem *adveniat regnum tuum* faciatis cum maxima ferventia et ardentia cordis desiderando paradisum, nam non datur nisi desiderantibus et filocaptis de paradiso; nam qui in hoc mundo non se *enamorat* (*sic*) de gloria paradisi, licet fecerit infinita bona opera penitenciæ habebit necesse desiderare, antequam ingrediatur, in igne purgatorii, ut contigit noviter (nam non inveni in scriptura) de quodam qui facie-

mulée : *Que votre royaume nous arrive !* Remarquez qu'il n'est pas dit : Approchons-nous du royaume de Dieu. Dieu a coutume de donner la couronne de gloire aux âmes saintes, par lui-même ou par ses anges, selon ce qui est écrit (Eccl.) : *Voici le Seigneur, maitre universel, et son royaume est dans sa main*. Ou encore (Sap. 5) : *Ils recevront la couronne d'honneur et le diadème de la main du Seigneur*.

Cette demande va directemen contre le péché d'avarice, qui fait désirer cupidement les biens terrestres et oublier les biens éternels. Les Juifs ne peuvent pas non plus formuler cette demande, eux à qui ce royaume n'a pas été promis par la loi de Moïse. Il appartient aux chrétiens seuls, s'ils le désirent véritablement, selon ce qui est écrit (Luc. 22) : *Ne craignez pas, petit troupeau, car il a plu à votre Père de vous donner son royaume*.

C'est pourquoi, bonnes gens, faites

bat magnam et asperam penitentiam, quod apparuit cuidam suo amico post mortem suam in animâ, nam miraculosè per gratiam Dei anima potest apparere aliquando in hoc mundo, ut dicit B. Thomas 1. p. *Inter divina miracula computandum est ut animæ defunctorum appareant*; nam naturaliter animæ non possunt redire, ut dicit David in ps : *Attendite : spiritus vadens*, sc., naturaliter, et *non rediens* sc., naturaliter. Et dixit sibi quod nondum ingressus erat in paradisum licet ipse fecisset tanta bona opera et penitenciam asperam quiâ non fuerat in hoc mundo filocaptus de paradiso. Et sic Deus volebat quiâ haberet ingredi in purgatorium, ut ibi desideraret ferventer paradisum et ita purgaret veniale peccatum de quadam negligentia quod non fuit filocaptus de paradiso.

Et ideo David non desideravit paradisum negligenter sed imo ferventer et cum maximo desiderio et amore, ut habetur ps : *Quemadmodum desiderat cervus*, etc. *ibi Deus tuus*. Et pone practicam ipsorum versuum cum dicit *cervus* et cum dicit *quomodo*, et cum dicit *fuerunt lacrymæ panes die ac nocte*. Quia David cum de die prandebat, licet esset magnus rex, desiderando videre Deum facie ad faciem in paradiso, flebat ; et idem de nocte cum volebat cubare, quandò scutiferi descaligabant cum. Et ideo, bona gent, si vultis esse filocapti de

cette demande : *Que votre royaume nous arrive,* avec une grande ferveur et un grand désir, car le paradis n'est donné qu'à ceux qui en sont véritablement épris. Celui qui, dans ce monde, ne s'énamoure pas de la gloire du ciel, quand même il ferait des œuvres infinies de pénitence, devra passer par le purgatoire, pour apprendre à désirer cette gloire, comme il est arrivé dernièrement, selon un récit que j'ai entendu, à un homme qui avait fait rude pénitence, et qui apparut après sa mort à un sien ami, disant qu'il était en purgatoire malgré l'austérité de sa vie, parce qu'il n'avait jamais été épris du bonheur du ciel. Une âme peut quelquefois apparaître en ce monde, mais c'est par miracle. Saint Thomas dit : « Il faut compter parmi les miracles de la toute-puissance de Dieu, l'apparition des âmes des trépassés. » Car il est écrit : *L'esprit va,* sous-entendu naturellement, *mais ne revient pas,* sous-entendu toujours, naturellement. Dieu voulut ainsi que l'homme expiât son indifférence pour le paradis.

David était loin de cette indifférence quand il disait : *Comme le cerf altéré soupire après l'eau des fontaines,* etc. Pesez ces paroles, et encore celles-ci : *Je me nourrissais de larmes nuit et jour.* David était un grand roi, sa table était bien servie, et il pleurait, désirant voir

paradiso tenete hunc modum ut non ponatis *trop* (sic) vestrum cor in hoc mundo et divitiis ejus. Ut dicit David : *Divitiæ si affluant nolite cor opponere.*

Et cum vultis facere orationem antequam cubetis, ponatis vos in tali loco ut possitis videre cœlum stellatum, et contemplabitis in pulchritudine cœli stellarum ; et consideretis quod illud quod apparet est la *cerpellera* et *enves* cœli empirœi, et si ita apparet pulchrum, quid debet fieri intra cœlum Empireum ubi stat Deus, ubi est tanta pulchritudo quod non posset imaginari. Et ita efficimini filocapti habendo mentem elevatam ad superiora et respiciendo illa, non ista inferiora per avariciam *inbolicandose* (sic) in terrenalibus sicut porci faciunt in luto. Ad hoc quod habetur (Luc, 21) : *Elevate capita vestra quoniam appropinquat redemptio vestra.* Et ita habetis duas clausulas de *Pater noster.* Restant nunc quinque pro cras, quia satis diximus hodie. Et ideo faciam finem pro hodie, et sic placeat Deo.

Dieu face à face. Et la même chose arrivait quand ses serviteurs le déchaussaient pour qu'il pût prendre son repos de la nuit. Ainsi, bonnes gens, si vous voulez être épris de la gloire du paradis, ne vous attachez pas trop à la terre. Écoutez ce même David : *Si vous avez des richesses, n'y attachez pas votre cœur.* Et le soir, pour faire votre prière, cherchez un endroit d'où vous puissiez voir le ciel plein d'étoiles, et en contempler la splendeur. Pensez que ce n'est là que la doublure et l'envers du ciel véritable, et que si celui-là nous apparaît si beau, que sera-ce du ciel où habite Dieu, et dont la beauté dépasse tout ce que nous pouvons imaginer ! Devenez épris de ce ciel, en ayant l'esprit tourné vers les choses supérieures et aimant à les contempler, au lieu de vous embarrasser des choses terrestres, comme font les pourceaux qui se vautrent dans la boue. L'Évangile nous dit (Luc, 21) : *Levez la tête, car voici votre rédemption qui est proche.* Je termine là ces deux premières demandes du *Pater,* sauf à reprendre les autres demain, s'il plaît à Dieu.

*Fragment d'un sermon sur le jeûne.*

Secunda questio est ista : an omnes generaliter simus adstricti ad jejunandum XL dies ? Et dico quod Ecclesia non vult obligare gentes ultrà quæ possunt, sed solum quæ possunt, et habet rationem. Et excusantur octo conditiones personarum jejuniis quadragesimæ.

La seconde question est celle-ci : Sommes-nous tous tenus à jeûner au même degré ? Non : l'Église n'entend obliger les gens qu'à ce qu'ils peuvent faire raisonnablement. Il y a huit sortes de personnes qui sont exemptes du jeûne :

1° Les femmes enceintes, car elles

Et primo mulieres prægnatæ, nam habent dare provisionem et refectionem duabus personis, primo sibimet, 2° creaturæ quæ stat in ventre. Imo mulier prægnata quæ vellet jejunare faceret magnum peccatum, nam complexio creaturæ valeret minus propter suam abstinentiam, nisi forte mulier prægnata esset rebusta (*sic*); quare tunc si vellet, posset aliquam diem in septimanà jejunare, postquam complexio et refectio creaturæ non valeret minus. Item excusantur mulieres quæ nutriunt suos infantes vel alios ut *didœ* (nutrices in Catalan), nam habent recipere refectionem pro se et creaturâ. Et ideo vos, *mes filles* (*sic*) quæ non vultis nutrire vestros filios ut habeatis ubera delicata providendo hominibus, jejunabitis et la *dida* cenara. Item excusantur personæ infirmæ, non tamen de omni infirmitate, nam si est *guotosus* vel *puagrosus* quis, non excusatur a jejunio, nam imò melius est pro suâ infirmitate quod in pane et aquâ jejunaret. Item de illis qui habent brachium fractum vel tibiam, nam tales bene possunt recipere semel sufficientem refectionem, quare habent malum de milano, *las alas crevadas et el papo* (l'estomac) *şano*. Et ideo illi excusantur qui perdunt appetitum comedendi sufficienter, ut febricitantes, etc. Item personæ pauperes ut illæ quæ non possunt habere sufficientem refectionem pro unà vice,

ont à se nourrir pour deux. Je dis même qu'une femme enceinte qui s'obstinerait à jeûner commettrait une faute grave, exposant ainsi son enfant à n'avoir qu'une complexion faible, à moins cependant qu'elle ne soit très robuste; et alors elle pourrait jeûner par exemple un jour par semaine, sans détriment.

2° Il en est de même pour les nourrices et pour le même motif. Mais vous, mes filles, qui ne voulez pas nourrir vos enfants pour ne pas perdre votre fraîcheur, vous êtes parfaitement obligées au jeûne, pendant que la nourrice soupera de bon appétit.

3° Sont exemptes encore les personnes malades, mais pas toutes, les goutteux par exemple, ne pouvant que gagner à jeûner au pain et à l'eau; de même, certains estropiés qui ont, comme on dit, le mal du milan, *les ailes cassées et l'estomac bon*.

4° Les pauvres, et par pauvres

ut sunt pauperes qui per januas accedunt, qui forte non poterint habere nisi un *troç de pa* (morceau de pain).

Item de illis qui in suâ domo non possunt refici semel sufficienter propter paupertatem, quare vix possunt habere *modicas caules*; et ideo vos, divites, estis stricti ad jejunandum, cum possitis refici sufficienter et habere cenam paratam vestrâ horâ congruâ. Et si dicitis quod nocte non potestis dormire stomacho jejuno, in capite vano dicatis orationem, et incontinenti dormietis, et ibi est meritum tunc habere laborem. Item gentes qui laborant excusantur ut agricolæ et *cavadors* qui cum magno labore et fatigatione laborant, non autem illi qui possunt laborare sine fatigatione ut, puta, sutores, *çabators*, notarii et argentarii, qui cantando laborant; et verum est quod agricolæ et cavadores et alii similes excusantur quando de continuo labore habent sustentari, aliter si habent jam unde possint vivere, debent cessare ab opere et laboribus, et jejunare, etc.

Item excusantur itinerantes qui propter necessitatem habent itinerare de uno loco ad alium, ut *Coreus* et famuli et nuntii. Et hoc verum si itinerant pedester, si autem equester, equus cenabit, et dominus jejunabit. Item excusantur juvenes in certâ ætate, nam ut dicit B. Thomas (2ª 2ª) non tenetur quis totam quad$^{mam}$ jejunare donec

j'entends tous ceux qui ne peuvent avoir en une fois une réfection suffisante, comme ceux qui vont de porte en porte mendier un morceau de pain, ou ceux qui, chez eux, ne peuvent avoir qu'une maigre pitance. La loi du jeûne est donc surtout pour vous, riches, qui pouvez avoir à l'heure voulue un dîner bien préparé. Que si l'estomac à jeun vous empêche de dormir, dites vos prières; le cerveau dégagé s'y prête bien, vous ne tarderez pas à vous endormir, et il n'y a pas de mérite sans quelque peine.

5° Les gens qui travaillent de peine comme les laboureurs et les jardiniers: mais je n'exempte pas les tailleurs, les notaires, les bijoutiers et tous ceux qui travaillent en chantant; je n'exempterais pas non plus un laboureur qui pourrait se passer de travailler.

6° Les gens qui voyagent par nécessité, comme les facteurs et les messagers, et encore quand ils voyagent à pied, sans quoi l'homme devrait jeûner et la bête souper.

7° Les enfants et les jeunes gens jus-

habuit tribus vicibus septem annos, et est ratio nam usque ad illam ætatem quis crescit, et ideò necessarium est ut recipiat duas refectiones, unam pro sustentatione corporis, aliam ut possit crescere. E ideo, ut dicit ipse Thomas, quantò magis quis se appropinquat ad 21 annos, tanto magis debet jejunare; et isto modo ut ille qui habet de septem ad decem annos, jejunet diè Veneris, et de septem usque ad 12, quod jejunet duos dies qualibet septimanà, sc. die Mercurii in quo fuit venditus XPS, et die Veneris in qua fuit crucifixus. Et si habet 15 annos, quod jejunet tres dies; et si habet 18, quod jejunet 4 dies. Item excusantur senes et veteres qui propter nimiam senectutem non habent apetitum, sed sunt *desmenjats* (dégoûtés), non potentes recipere suficientem refectionem semel, nam multi sunt senes qui comedunt bene, et ideo non excusantur, sed debent jejunare quad$^{am}$.

qu'à un certain âge. Saint Thomas dit : *L'homme n'est tenu à jeûner que lorsqu'il a trois fois sept ans;* la raison en est que, jusqu'à cet âge, le corps se développe; il faut donc manger deux fois, l'une pour se nourrir, l'autre pour se développer. Et c'est pourquoi, toujours selon saint Thomas, il convient de jeûner à proportion de la proximité des vingt et un ans. Je conseille donc à un enfant qui a l'âge de raison de jeûner le vendredi; à douze ans, le mercredi, jour où Notre-Seigneur fut vendu, et le vendredi, jour où il fut crucifié; à quinze ans, trois jours la semaine; à dix-huit ans, quatre fois.

8° Les vieillards qui ont l'estomac affaibli, ou qui sont sans goût; j'excepte ceux qui pourraient très bien prendre en une seule fois une suffisante réfection : ceux-là doivent jeûner toute la sainte quarantaine.

Curieuse conclusion d'un sermon sur ce texte : *Mansionem apud eum faciemus.*

Ad 4$^{um}$ opus quod faciet Ch. de obra de salvation celestial : Nam postquam fuerit facta executio de damnatis, fiet executio de salvatis dando eis salvationem cœlestem. Et pone practicam quod sicut Angeli et S$^{ti}$ venerunt ad judicium ante Ch. et matrem ejus, ita primò revertentur, et post eos Christus cum matre sua, et post ipsos salvati

La quatrième œuvre sera une œuvre de salut céleste. La Sainte Vierge et les anges, qui avaient précédé le Christ pour le jugement, le précéderont encore en rentrant au ciel, et puis viendront les sauvés. Et ce sera d'abord le ciel de la lune, et ils diront : Quoi! Seigneur, c'est donc là la lune? Qu'ils étaient insensés, ceux qui l'adoraient, disant : *Lune,*

qui in hoc mundo vixerunt in bona vita. Et cum salvati intrabunt per quodlibet cœlum, et primò per cœlum lunæ, videbunt lunam et dicent : Domine, ista est luna. Oh ! quomodo erunt stulti illi et illæ qui adorabant eam, dicendo : *lluna, lluna, ma padrina!* etc.

Et post intrabunt per alios cœlos admirandose de pulchritudine eorum; et cum fuerint in quarto cœlo, videbunt solem et dicent : Domine, et sol non habet oculos, nam lapis lucens est! Et ideo benè erant fatui, etc.

*Lune, ma marraine!*...... Puis ils pénétreront dans les autres cieux, admirant leur beauté, et quand ils arriveront au quatrième ciel, qui est le soleil, ils diront : « Quoi ! Seigneur, le soleil n'a donc pas des yeux? » Ce n'est qu'une pierre brillante !

Qu'ils étaient donc fous ceux qui l'adoraient !

Au temps où prêchait saint Vincent Ferrier, il n'était pas rare, hélas! de trouver des populations entières adonnées aux cultes idolâtriques les plus ridicules. Sa lettre sur les pratiques qu'il eut à faire détruire dans les vallées des Alpes est assez instructive. Il est certain que, pour démonétiser ces idolâtries insensées, cette manière de procéder était habile et préférable à des démonstrations en règle, auxquelles des esprits ineptes et grossiers n'auraient rien compris.

Et cum videbunt cœlum empireum, de sola pulchritudine ipsius turbabuntur, de tanta delectatione ut David in ps. : *Dixit injustus in semetipso, inebriabuntur ab ubertate,* etc. *domus tuæ.* Ergo vide David quomodo loquitur de gloria et domo paradisi, nam dicit *inebriabuntur.* Et omnes quinque sensus corporales tunc satiabuntur. Nam oculi videndo satiabuntur scilicet videndo pulchritudinem cœli imperialis, ita est bene ornatum per totam Trinitatem, et post videndo Deitatem et humanitatem Ch. et B^(am) Mariam et corpora gloriosa, ut habetur (Is. 60) : *Tunc*

Et quand ils verront le ciel empyrée, ils seront éblouis de sa splendeur et leur bonheur sera tel qu'ils réaliseront la parole du psaume : *L'impie a dû se dire en lui-même : vos élus seront enivrés de joie en votre maison, Seigneur.*

Remarquez ce mot *enivrés,* dont se sert David pour exprimer les jouissances célestes.

Et leurs sens aussi seront rassasiés.

Les yeux, en voyant la magnificence du ciel que la Sainte Trinité tout entière s'est plu à orner, et la divinité, et l'humanité glorieuse de Notre-Seigneur et la Sainte Vierge, et les corps glorifiés...... Alors, dit

*videbis, et miraberis et satiaberis.* Item aures satiabuntur audiendo melodias instrumentorum et canticorum et tripudantium; cum angelis S$^{ti}$ et Virgines sonant et cantant et tripudiant in paradiso. Et de hoc recita exemplum de religioso qui audiendo in horto quemdam *rosinyol*, scilicet angelum cantantem, quod per 300 annos stetit raptus quod non comedit neque bibit, etc. Item nares in odorando tunc satiabuntur, nam imaginetis quod *mosquet* et *pom de fenta de balena* quem abebat papa in camera sua, totum me confortabat cum olebam eum, cum eram debilis, et aliæ odorationes quæ sunt corruptibilium rerum ita odorant bene, quid de illo odore rerum incorruptibilium paradisi ! Et de hoc loquetur Salomon (Cant. 1) : *Trahe me post te, curremus post odorem unguentorum tuorum.* Item os in gustando satiabitur, comedendo escas non corporales sed spirituales, liquorem incorruptibilem, et os non stabit vacuum de illo liquore sed plenum semper sicut nunc stat plenum de liquore salivæ, et venter, et tripæ et omnia membra corporis stabunt plena de illis escis corporalibus, tamen spiritualibus incorruptibilibus. Non autem comedunt in paradiso res corporales corruptibiles ut lac et mel et *mantega* (beurre) sicut dicunt Sarraceni, nam tunc latrinæ essent necessariæ sicut nunc in hoc mundo ubi ista corruptibilia comeduntur.

Isaïe (ch. 60) : *vous verrez, vous admirerez, et vous serez rassasiés.* Les oreilles seront charmées à leur tour, en entendant les mélodies des instruments au son desquels dansent les anges et les vierges saintes dans le paradis. Et ils seront comme ce religieux qui, entendant chanter un rossignol, c'est-à-dire un ange de Dieu, demeura trois cents ans en extase sans s'en apercevoir, n'éprouvant le besoin ni de boire, ni de manger. L'odorat aussi aura son rassasiement. Songez donc : le musc et les autres parfums que le Pape avait dans sa chambre me réconfortaient lorsque je me trouvais faible. Si les choses corruptibles exhalent ainsi des parfums subtils, que faudra-t-il dire des essences incorruptibles du paradis? Et c'est de cela qu'il a été écrit : Attirez-moi, Seigneur, à l'odeur de vos parfums. (Cant. 1.)

Le goût sera rassasié de même, non pas de mets matériels, mais d'une sorte d'incorruptible liqueur qui demeurera toujours dans la bouche, à peu près comme la salive maintenant; et tout notre corps sera rempli également de cette substance nourrissante, bien que spirituelle, comme ils seront eux-mêmes spiritualisés. Mais au ciel, on ne mange rien de corruptible, ni lait, ni beurre, ni miel, comme le veulent les Sarrasins; car alors il y aurait les inconvénients de cette terre. Pensant à cette félicité, David chantait : *Exaucez-moi, Seigneur! et donnez-moi la justice; et*

Et de hoc David loquitur ut habetur in ps. : *Exaudi, Dⁿᵒ justiciam : Satiabor cum apparuerit gloria tua.* Et ideo multum deberemus laborare ut de illis cibis satiabilibus gustaremus. Ut (Lucæ, 14) : *Beatus erit qui manducabit panem in regno Dei.* Item manus in tangendo satiabuntur scilicet homines cum tangent et tripudiabunt per manus tenendo virgines B. Catharinam et Luciam, etc. ; et osculabuntur quoties voluerint manus V. Mariæ et pedes J. C. Et tamen non intelligatis quod habebunt tunc illam inclinationem quam nunc habent gentes ad luxuriam, quia nulla mala inclinatio ibi erit. Et de hoc habetur (Is., 35) : *Qui redempti fuerint a dⁿᵒ venient in Syon et gloriam,* etc. Et propter hoc loquendo de bonis possumus dicere Verbum inceptum : *Mansionem apud eum faciemus.*

*je serai rassasié quand m'apparaîtra votre gloire.*

Ne craignez donc pas le travail pour arriver à goûter ces mets délicieux, selon ce qui est écrit (Luc, 14) : *Bienheureux ceux qui mangeront le pain de Dieu dans son royaume.* Les mains aussi auront leur satiété, quand nous danserons en tenant par la main les vierges saintes, sainte Catherine et sainte Lucie ; et, qu'agenouillés, nous baiserons à volonté les mains de la Bienheureuse Vierge Marie et les pieds du Fils.

Et ne croyez pas qu'il y ait là haut comme ici-bas des inclinations mauvaises : tout y sera pur comme Dieu même..... Ainsi se réalisera ce que dit Isaïe (ch. 35) : *Les rachetés habiteront l'éternelle Sion.* Et selon notre texte initial : *Nous demeurerons chez le bon Dieu.*

C'était là son rêve, à cet austère qui craignait de manger selon son goût, qui ne vit jamais de son corps que ses mains, qui dormait sur des sarments. Ah ! c'est que la douleur est un contre-sens pour l'homme comme pour Dieu. Et il a fallu que Dieu la prît pour que l'homme l'acceptât. Et, descendant à regret à l'animalité humaine qui, hélas ! comprend si peu et si mal, il finissait ainsi :

Sed, Judæi, nisi convertamini, non potest intelligi hoc verbum de vobis, nam (Gen. 12) : *Benedicam tibi,* etc, *generationes terræ.* Et hoc semen est Ch. qui debebat exire de generatione Abrahæ ; et promisit sibi gloriam et suis obedientibus sibi, et non Judæ quod circumcisio non debet esse perpetua, sed

Ainsi donc, ô Juifs, convertissez-vous, sans quoi cette parole ne pourra s'appliquer à vous, car la bénédiction promise à Abraham et à sa race s'entend du Christ ; qui a promis la gloire à ses fidèles, et non pas à Judas. La circoncision n'est que pour un temps, mais la promesse de Dieu, la descendance d'Abraham, demeure

præceptum quod dedit Deus abrahæ de receptione carnis de suo genere est perpetuum. Et ideo non ludatis.

éternellement. Ainsi donc, ne jouez pas avec la vérité.....

A preuve de cette souplesse d'esprit vraiment incroyable et toujours renaissante, donnons encore ce squelette de plan.

Thema : Monumentum vidit et credidit. (Joan. 20.)

Christus in multis argumentis se exhibuit ad probandum resurrectionem suam, et inveni novem argumenta per qua Christus probavit se resurrexisse. 1° Per aperturam monumenti. Et hoc monumentum potest recipi pro quolibet corpore stanti in peccato mortali intrà quod stat anima mortua, ut habetur (Math. 23) : *De vobis Phariseis*, etc. Et ita si vis probare per argumentum monumenti quod anima sit resuscitata, vade ad confitendum, et ibi aperies monumentum corporis tui, et tunc spiritus erit probatus vivus et ideo poterit dici ps. verba : *Sepulcrum patens est guttur eorum*. Et ideo confitemini ut habetur. (Is. 38) : *Vivens, vivens ipse confitebitur*, etc, *tuam*. Vivens scilicet vitâ naturali, *vivens* scilicet vitâ spirituali; et ideo dicit bis *vivens* nam post mortem non potest quis confiteri si in inferno ubi non est fructuosam confessio ; et ideo confitemini modò in hâc vita temporali.

Ad 2<sup>am</sup> probationem per testimonium angeli moraliter fit per absolutionem nam presbyter confessor est æquiparatus angelis, lu-

Thème : Il vit le tombeau et crut.

Le Christ voulut que la vérité de sa résurrection reposât sur des preuves multiples. J'en trouve neuf. La première, l'ouverture du sépulcre. Ce sépulcre peut représenter tout corps en état de péché grave, au dedans duquel l'âme est morte, selon qu'il est écrit (Matth. 23) : Malheur à vous, Pharisiens, etc. Si donc vous voulez prouver que votre âme est ressuscitée, allez à confesse, vous ouvrirez là le sépulcre de votre corps, l'esprit en sortira vivant, et la parole du psaume sera réalisée : *Leur bouche est un sépulcre ouvert*. Faites ce que dit Isaïe ch. 38 : *Vivant, vraiment vivant, l'homme confessera ses fautes*. Vivant de la vie naturelle, de la vie spirituelle ensuite; et c'est pourquoi le mot *vivant* est répété, car, après la mort et dans l'enfer, tout aveu est sans fruit. Profitez donc de la vie temporelle.

La seconde preuve est le témoignage des anges. C'est l'absolution. Le prêtre et le confesseur sont comparés aux anges lumineux, revêtus

centes, clari, et non vivunt secundum carnem. Et ideo presbyteri debent esse mundi et abstinentes ab omni immunditiâ sicut habetur Lucæ ultimo : *Spiritus carnem et ossa non habent.* Et sicut angeli habent officium laudandi Deum, ita Presbyteri. Et de hac absolutione loquitur Job : *Vitam et misericordiam tribuisti mihi*, etc. (Job, 10.)

Ad 3<sup>am</sup> probationem per inspectionem plagarum. Et si volumus probare quod anima resuscitavit à morte peccatorum, oportet quod ostendat plagas in corde habendo contritionem dolorosam, in ore confitendo omnia peccata, licet habeatis verecundiam ; et per lacrymalem orationem flexis genibus, et per afflictionem corporalem, jejunando et disciplinando, et per restitutionem *tortorum*. Et sicut Christus post resurrectionem non retinuit nisi signa plagarum, et ita vos, si confiteamini omnia peccata, quando confitebimini generaliter in missâ cum sacerdote, vel cum flentes orabitis, etc.

Ad 4<sup>am</sup> probationem per tactum corporalem. Et sic probatur quod anima vivit si tacta per injuriam patiens est, nam si impatiens, mortua est, ut habetur Job 1 et 2 : *Numquid considerasti servum meum Job justum..... extende manum*

de clartés, et ne vivant pas selon la chair. Aussi, les prêtres doivent-ils veiller à se conserver purs et sans souillure, selon ce qui est écrit au dernier chapitre de saint Luc : *Un esprit n'a ni os ni chair.* De plus, les prêtres, comme les anges, ont pour office propre de louer Dieu. Job parle de cette absolution lorsqu'il dit : *Vous m'avez donné la vie, mon Dieu, en me faisant miséricorde.* (Ch. 10.)

La troisième preuve est la constatation des plaies. Si nous voulons prouver la résurrection de notre âme, il faut que le corps montre ses plaies par le brisement du cœur, par un aveu sincère et universel, quoi qu'il en coûte, par les supplications mêlées de larmes, par l'affliction du corps, les jeûnes, les disciplines, et par le redressement des torts qu'on a pu commettre. Et de même que le Christ, après sa résurrection, ne garda que les marques de ses plaies, il en sera de même pour vous, si vous confessez tous vos péchés, lorsqu'à la messe vous renouvellerez, avec le prêtre, votre confession d'une manière générale, et quand vous prierez, pleurant sur vos fautes passées.

La quatrième preuve est la constatation du corps ressuscité de Notre-Seigneur par contact physique. De même, votre âme est vivante si, frappée d'une injure, elle demeure patiente. L'impatience est signe de mort, selon qu'il est écrit dans Job 1 et 2 : *As-tu vu mon serviteur Job, tu peux étendre la main sur lui.....*

tuam..... *Dominus dedit, Dominus abstulit.*

Ad 5ᵃᵐ probationem per comestionem ; nam sicut Christus probavit resurrectionem suam comedendo verè, ita vos sincere comedite corpus Christi, communicando veraciter et benè parati.

Ad 6ᵃᵐ probationem per ambulationem itineris : nam ut Christus apparuit in formâ peregrini, et ita vos probabitis quod estis resuscitati si ambulatis ad paradisum per humilitatem, per largitatem, per castitatem, etc. Ut habetur Isaiæ 30: *hæc est via, ambulate in ea, et non declinetis,* etc.

Ad 7ᵃᵐ probationem, scilicet per locutionem rationum, scilicet cum Christus aperuisset scripturas discipulis, ità anima alicujus dicitur vivere cum loquitur vèritatem ut habetur (..... ? 4) *Quod stercus anima mentientis, et nullus sermo malus procedat andientibus.*

Ad 8ᵃᵐ probationem, per truncationem panis, scilicet dando eleemosynam et commodando amore Dei et proximi, non autem cum usurà, ut dicitur ps. : *Beatus vir.... Jucundus homo qui miseretur et commodat.*

Ad 9ᵃᵐ probationem, per complimentum scripturarum, ut habetur (Matth. 19) : *Si vis vitam ingredi, serva mandata.* Et sic habetis novem argumenta resurrectionis, etc.

*Le Seigneur m'avait tout donné, il m'a tout enlevé,* etc.

La cinquième preuve se tire de ce que Notre-Seigneur ressuscité voulait véritablement manger. Vous, de même, si vous recevez sincèrement le corps du Christ, en communiant avec un cœur bien préparé.

La sixième preuve c'est la marche. Notre-Seigneur apparut sous la forme d'un étranger. Vous aussi, vous prouverez votre résurrection si vous allez en paradis par l'humilité, la générosité, la chasteté, etc. Comme dit Isaïe, ch. 30 : *Voici la route, marchez, et ne vous détournez point.*

La septième preuve est la démonstration même que Notre-Seigneur voulut faire à ses disciples en expliquant les Écritures. De même, on dit qu'une âme est vivante lorsqu'elle dit toujours la vérité, selon ce qui est écrit : *L'âme du menteur est un amas de corruption.*

La huitième preuve est la fraction du pain ; elle se fera pour vous en donnant l'aumône, et prêtant au prochain pour l'amour de Dieu, mais non par usure, comme le dit le psaume *Beatus vir* : *L'homme sera joyeux s'il sait être miséricordieux et prêter à un frère dans l'embarras.*

La neuvième preuve est l'accomplissement des Écritures. L'Évangile dit (Matth. 19) : *Si vous voulez entrer dans la vie, observez les commandements.*

Et vous avez ainsi les neuf preuves de la résurrection.

Voici un sermon sur l'Antéchrist dont l'actualité est trop claire.

**Thema** : Et nunc dixi vobis priusquam fiat (Joan., 14).

Je vous le dis avant que cela n'arrive. (Jean, 14.)

L'Antéchrist aura quatre manières de subjuguer le monde.

Et d'abord, comme le pêcheur qui jette l'hameçon, il prendra les âmes par l'appât des richesses, des honneurs, des gourmandises et des sensualités. Le Sage dit (Eccl., ch. 9) : *L'homme ne connaît plus la fin pour laquelle il est créé, mais il se laisse prendre à tout appât comme le poisson.* Et saint Jean, ch. 2 : *Ne vous attachez donc pas au monde et à tout ce qui est dans le monde.*

Ensuite, il dirigera ses attaques contre les personnes simples qui plaisent tant à Dieu par leur intention droite et leur cœur tourné vers Lui. Il fera.....

Mais ici, il convient de laisser parler le Saint dans sa langue, afin de constater que si nous ne voyons pas clair, ce n'est vraiment pas sa faute.

..... Faciet joca et mirabiliter apparentia quæ non sunt vera; faciet descendere ignem de cœlo et loqui imagines, quia dæmon movet labia, et *apparenter resuscitare patrem tuum*, ut habetur Apoc. 13, *faciet loqui infantes apparentes.*

Et tertia conditio personarum quæ sunt personæ litteratæ quæ sciunt arguere et intelligere, ut magistri et doctores in utroque jure. Et contrà istas personas Antichristus tenebit maneram incantatoris; et faciet ita subtilissima argumenta et rationes incantatas quod non scient respondere, sed tenebunt linguam ligatam. Et est ratio illius ligamenti linguæ personarum litteratarum, nam dæmon jam tenet animam per peccata, quia quanto majoris scientiæ sunt, tanto pejoris conscienciæ. Et ideò

Il fera de la magie et des apparences merveilleuses, mais fausses, il fera descendre le feu du ciel et parler des images, car il est au pouvoir du démon de faire mouvoir les lèvres; *il fera en apparence ressusciter votre père;* comme il est dit dans l'Apocalypse, ch. 13, et il fera parler des fantômes d'enfants.

Ceux à qui il s'adressera en troisième lieu, sont les lettrés qui savent argumenter et saisir les preuves, comme les maîtres et les docteurs en l'un et l'autre droit. Contre eux, l'Antéchrist agira en enchanteur; il leur fera des arguments si subtils et leur donnera des raisons tellement séduisantes, qu'ils ne sauront plus que dire et auront la langue liée, ce qui a parfaitement sa raison d'être, le démon tenant déjà leur âme dans

nec mirum si poterit ligare unum *tros de carn* sicut lingua. Et ita subvertentur personæ litteratæ, ut habetur Cor. 4. : *Spiritus manifeste dicit*, etc., *mendacium*. Et ideo est contra ista remedium quod credentiam quam habetis de fide catholicâ, non habeatis per rationes et argumenta, sed simplicem obedientiam ; quià licet rationes bonæ sint ad confortamentum intelligentiæ, tamen non ad fondomentum credentiæ, sed solum firma credentia ; nam qui per rationes tenent fidem, tempore Antichristi citò cadent per rationes suas firmissimas, et si per firmam credentiam dicent : Vadatis cum vestris rationibus quia fidem meam non habeo per rationes et argumenta, sed per obedientiam, et ideò *plegant vostres nores*. Ut dicit Ambrosius : *Tolle argumentum ubi fides*.

Et I Cor. 2. : *Fides vestra non sit in sapientia*, etc., *Dei. Et virtus Christi fuit obedientia*.

Et nunc dixi vobis priusquam fiat.

les liens du péché, car, en général, plus on a de science, moins on a de conscience. Pouvant ainsi enchaîner les âmes, à plus forte raison un morceau de chair comme la langue. Le remède à cela, c'est de ne pas croire par raisons et par arguments, mais par simple obéissance. Car, si les arguments sont bons pour fortifier l'intelligence, ils ne sont pas les fondements de la foi. Ceux dont la foi s'appuie sur des raisonnements la perdront sous les contre preuves très fortes de l'Antéchrist ; ceux, au contraire, qui se contentent de la croyance ferme, diront : « Allez-vous-en avec vos raisonnements, ce n'est pas là ma manière de croire. »

Saint Ambroise disait : *Laissez de côté l'argument là où est la foi*. Et saint Paul aux Corinthiens (ch. 2) : *Que votre foi ne repose pas sur la sagesse humaine. La vertu favorite du Christ fut l'obéissance*.

Vous voilà donc prévenus avant que les choses n'arrivent.

Mais voici qui est plus fort et qui est proche, et arrivé pour plusieurs. Écoutez, mes frères :

Et quarta conditio personarum est personæ sanctæ et perfectæ quæ faciunt perfectam vitam contemplando in secretis Dei, quæ licet sunt in mundo corporaliter tamen jam sunt in alio : ut Phil. 3 : *Nostra conversatio in cœlis est*. Et contra istas personas tenebit maneriam tyrannici domini qui

Il attaquera enfin les personnes saintes et qui visent à la perfection par la contemplation des secrets divins ; vivant corporellement sur la terre, mais beaucoup plus dans l'autre monde, selon ce que dit saint Paul à Philémon (ch. 3) : *Notre vie habituelle est dans le ciel*. Envers ceux-là il se montrera tyran impitoyable et

quando personæ non volunt facere suam voluntatem, per diversas pœnas et captiones faciet eas consentire ; et ita crudeliter faciet Antechristus tyrannus, nam per unum annum faciet durare pœnam, incipiendo scindere in digito parvulo. Et nullus Christianus poterit emere quod comedat nisi renegaverit Christum. Et tolletur sacramentum altaris, et corporalia et imagines comburi ; quia Christiani habebunt ire per deserta et covas, comedendo herbas : ut habetur Daniel 7 : *Loquetur contra Ecclesiasticum sermonem* etc., *temporis*. Et est remedium contra ista quod habeatis devotionem spiritualem continuando orationem quolibet die de nocte et de mane, ut habetur Lucæ. 21 : *Vigilate*, etc., *omni tempore orantes*..... etc.

Et nunc dixi vobis.

pendant un an, il n'est de peines et de contraintes dont il ne doive user pour déterminer les chrétiens à subir sa loi. Aucun d'eux ne pourra acheter les choses nécessaires à la vie, à moins de renier le Christ. Il faudra enlever le Saint-Sacrement de l'autel, brûler les corporaux et les saintes images. et se retirer dans les déserts et les creux de rochers avec les herbes des champs pour toute nourriture. Daniel a prédit cela, ch. 7 : Il parlera contre les prêtres, etc. (Il y a dans Daniel : *Et sermones contra Excelsum loquetur* ; il parlera contre Dieu, etc.)

Le remède à ces maux, c'est d'avoir une véritable ferveur spirituelle, de prier jour et nuit, selon ce que dit saint Luc. ch. 21 : *Veillez et priez en tout temps*.

Et vous voilà prévenus.

Ses disciples ont relevé une autre forme de la même idée plus explicite encore..... Les prédicateurs de l'Antéchrist, après avoir exposé une doctrine à leur manière, ajouteront : « Nous ne sommes pas comme » les apôtres du Christ, exigeant des dîmes, des prémices, des offrandes, » des aumônes, et s'ingéniant de toutes façons à prendre vos biens. Nous » qui n'avons souci que de vos âmes, non seulement nous ne voulons » pas de vos biens, mais nous vous offrons les nôtres. Que les pauvres » viennent donc dans tel lieu, on les soulagera. »

Les applications à faire sont aussi faciles que douloureuses.

Il ajoute : *Hæc sola via est sufficiens ad seducendum innumerabiles populos*. En vérité, nous y sommes.

Sortons des idées sombres. Plusieurs trouveront dans ce qui suit une consolation.

Magister volumus a te signum videre.

Personæ pœnitentes quærent si-

Maître, nous voulons avoir un signe de vous.

Les personnes pénitentes me

gnum à me scilicet qualiter cognoscent an pœnitentia quam faciunt sit grata et acceptabilis coram deo. Et pro declaratione istius debetis scire quod quæstio est inter doctores an quis possit esse certus si est in gratia Dei. Et habet duas responsiones : aut quærimus scientialiter, aut conjecturaliter, ut dicimus in alia quæstione, an anima possit videri et cognosci si est in corpore alicujus. Et dicimus quod scientialiter non potest videri, sed conjecturaliter per effectus, scilicet visum, auditum et per alios quinque sensus corporales bene potest videri anima si est in corpore ; nam si corpus videt, signum est quod anima est in corpore, et ideo sicut anima creatur a Deo in corpore et habet habitationem in eo, ità gratia infunditur à Deo in animà, et habet habitationem in ea, et non potest videri per causas scientialiter, ut habetur Eccles. 9 : *Sunt justi et sapientes, et opera eorum in manu Dei, et tamen nescit,* etc. — *incerta.* — Tamen potest cognosci conjecturaliter per effectus, scilicet quod gratia sit in anima quæ est habitatio ipsius per quinque sensus corporales ; et quando anima per visum recipit consolationem et placitum in orando et contemplando Deum et ejus gloriam et beneficia. Item quando per auditum anima recipit consolationem et placitum, in prædicationibus, et missis et verbis et doctrinis Dei. Et ideò dixit Christ-

demanderont peut-être un signe auquel elles pourront reconnaître que leur pénitence est agréable à Dieu. Sachez d'abord que les docteurs discutent pour savoir si on peut être absolument certain d'être en grâce avec Dieu.

Il faut distinguer entre la certitude de science et la certitude conjecturale, comme on le fait pour la présence de l'âme dans le corps. On ne peut scientifiquement constater que l'âme est dans le corps, mais on le peut par conjecture, c'est-à-dire par les effets produits, comme la vue, l'ouïe et les autres sens. En effet, si le corps voit, c'est une preuve que l'âme habite le corps. Or, de même que Dieu a fait l'âme pour habiter le corps, de même il a fait la grâce pour habiter l'âme : Mais on ne peut savoir par raisons déductives si une âme est en grâce selon le mot du Sage (Eccl. 9) : *Il y a des sages et des justes et leurs œuvres sont aux mains de Dieu ; et cependant l'homme ne sait pas s'il est digne d'amour ou de haine.* Mais on peut le savoir conjecturalement par les effets produits, comparés à ceux des sens corporels : Par la vue, lorsque l'âme est heureuse de contempler Dieu, sa gloire et ses bienfaits ; par l'ouïe, lorsque l'âme se trouve consolée en entendant les prédications, la messe, la doctrine du salut. Et c'est pourquoi Notre-Seigneur disait aux Juifs (Jean, 8) :

tus Judæis qui non recipiebant placitum ut habetur Joan. 8 : *Qui ex Deo est verba Dei audit, vos verba Dei non auditis quia ex deo non estis.* Item quando per odoratum anima recipit placitum et consolationem, quando audit quod talis pepercit inimico suo, vel exit de malà vità ad bonam, et facit gratias Deo de illo opere bono. Item quando per gustum anima recipit placitum et consolationem quando debet communicare, et præparat se jam ante communionem et abstinet à potatione illà nocte quando cras habet communicare. Item per potum anima cognoscitur si est in gratià Dei quando quis in communione vel oratione plorat. Item per sensum anima cognoscitur si est in gratià Dei quando vix delinquit et peccat, etiam venialiter, quando jam sentit et pœnitet, et timet Deum habendo conscientiam de illo, ut si unam vicem vel in die plus comedit quam deberet, vel ridet, vel loquitur, vel dormit, etc. Item per locutionem cognoscitur anima si est in gratià Dei vel contrà, cum loquitur et placet sibi de verbis Dei, laudando, orando devoté ; benè pronunciando et attenté dicendo officium, etc. Item per opera quando anima consolatur de pœnitentià et asperitate corporis jejuni. Item ambulando cognoscitur si est anima in gratia Dei, scilicet quando persona crescit in virtutibus *aumentando* in devotione, non autem revertendo retrò. Et ideò

*Celui qui est à Dieu écoute volontiers les paroles de Dieu : Vous n'écoutez pas sa parole parce que vous n'êtes pas à lui.*

De même par l'odorat, lorsque l'âme aspire avec plaisir les parfums de vertu, comme lorsque quelqu'un a pardonné à son ennemi, ou bien changé de vie. Elle rend alors grâce à Dieu de ce bien opéré.

De même pour le goût, l'âme reçoit de la consolation et de la joie lorsque, devant communier, elle s'y prépare soigneusement, sachant se priver la veille en vue de cette communion.

On reconnaît encore que la grâce habite une âme lorsque, communiant ou priant, elle se désaltère à la rosée amère des larmes, ou lorsqu'elle vibre facilement au sens de Dieu ; quand, par exemple, venant à pécher même légèrement par un peu d'excès dans la nourriture, le rire ou le sommeil, elle est saisie d'un sentiment vif de repentir et de crainte de Dieu. La parole fait encore reconnaître la vie d'une âme, lorsqu'elle parle volontiers de Dieu, qu'elle le loue, le prie avec goût, prononçant bien les paroles saintes et les formules de l'Office divin. Les œuvres servent de preuves aussi lorsque l'âme trouve de la joie dans l'âpreté de la pénitence, dans l'austérité du jeûne et choses semblables ; et encore lorsqu'elle avance dans le bien, croissant en vertus, en piété et ne revenant jamais en

apostolus Paulus loquendo de gratiâ Dei quæ manebat in ipso dicit quod habetur : *Gratia Dei sum id quod sum*, etc., *manet*. Et de iis singulis loquebatur David dum dicebat ut habetur in ps. 85 : *Fac mecum signum in bonum*, etc. *Consolatus es me*. Et ideò loquendo de iis personis pœnitentibus potest dici Thema : *Magister volumus a te signum videre*.

arrière. Saint Paul disait de lui-même : *C'est la grâce de Dieu qui me fait ce que je suis*. Et dans le psaume 85 : *Faites connaître à tous, Seigneur, que vous m'avez soutenu te consolé !*

Et c'est ainsi qu'en parlant des âmes pénitentes, on peut dire : *Maître, donnez-nous un signe certain*.

Une jolie phrase au sujet des enfants morts sans baptême :

Et sicut Christus post resurrectionem consolavit discipulos suos, ita istos parvulos per quinque consolationes sicut manus habet quinque digitos : 1° Quia securi erant quod amplius non poterant peccare contra Deum, et est magna consolatio . Item 2° consolatio quia erant securi quod non poterant damnari ; 3° consolatio quia habebant magnam justitiam;4°quia non aliquam habebant tristitiam in se ; 5° consolatio est quia Deus certificavit eis quod resurgerent magni, licet essent modo parvuli.

De même qu'il consola ses disciples après sa résurrection, de même il apporte à ces petits enfants cinq consolations, comme il y a cinq doigts à la main : 1° la certitude de ne plus offenser Dieu, ce qui est une grande douceur à l'âme ; 2° la certitude de ne pas être damnés ; 3° la consolation d'être justes ; 4° de n'avoir aucune tristesse intérieure ; 5° l'espérance de ressusciter hommes faits, bien qu'alors tout petits enfants.

Comme c'est à la préoccupation de convertir les Juifs que nous devons ses sermons, peut-être le lecteur sera-t-il curieux de lire deux ou trois passages adressés aux Juifs.

Application aux Juifs du paralytique de la piscine.

Quidam paralyticus stabat in quadam porticu ut suâ vice possit intrare, at quia non habebat famulum vel alium qui eum imponeret stetit bené 38 annos ibi quod non potuit curari, quià semper præveniebatur ab aliis qui habebant

Un paralytique attendait son tour, mais parce qu'il n'avait ni serviteur, ni aide pour le jeter dans la piscine, il resta bien là trente-huit ans sans pouvoir être guéri. Le Christ ayant pitié de lui, lui dit : Voulez-vous être guéri ? Oui, répondit l'homme. Et il

nuntios ; et ideò Christus habens de eo pietatem dixit : Homo, vis curari ? Et respondit quod ità ; et ut dicunt glosæ, credebat quod Christus volebat ipsum *acostes* (sur le dos) ponere in piscinam cum angelus veniret, et Christus mandavit : *Tolle grabatum tuum* : Statim curatus fuit. Et de hoc, Judæi, prophetizatum fuit ut Is. 35 : *Ecce Deus noster ipse veniet, et salvabit nos tunc*, etc. Sed modo veniamus ad secreta duo et valdé pulchra.

Et primum est quia Christus voluit magis sine lavatione aquæ piscinæ et baptismo curare istum paralyticum quam alios omnes ; et dico quod ideo quia alii vel per se, vel per alios poterant ingredi in piscinam, sed iste paralyticus non poterat..... Et hoc significat quod omnis qui per se vel per alium potest duci ad fontem baptismi, non potest salvari neque curari à peccatis nisi baptizetur. Sed si non potest duci per se neque per alium ad baptizandum, sed habet cor firmum et credentiam ad fidem christianam ad recipiendum baptismum si posset, et ita moritur sine baptismo, erit salvus et curatus ab omnibus peccatis in paradiso sicut iste paralyticus, etc. Et ideò, Judæi, postquam vosmet potestis venire et filios vestros portare ad baptismum ut salvemini in fide christianà, debetis facere ; aliter sine baptismo non salvabimini. Secus esset si non possetis et velle-

croyait, disent les interprètes, que Notre-Seigneur voulait simplement le prendre sur son dos et profiter de la venue de l'ange. Mais le Christ lui ordonna de prendre son grabat ; et aussitôt il fut guéri. Isaïe a prédit cela, ô Juifs, lorsqu'il a dit : *Dieu lui-même viendra et nous sauvera*.

Mais venons-en aux applications, non sans intérêt.

Et d'abord, le Christ voulut guérir cet homme sans le secours de la piscine, préférablement aux autres, parce que les autres pouvaient profiter du moyen ordinaire et que ce malade ne le pouvait pas : ce qui signifie que ceux qui peuvent être conduits au baptême ne seront sauvés qu'à condition d'être baptisés ; mais si quelqu'un ne peut pas être conduit au baptême et qu'il ait, par ailleurs, un cœur ferme dans la foi chrétienne, en vue de recevoir le baptême, si cela était possible, s'il vient à mourir, il est guéri de ses infirmités morales comme ce paralytique. Si donc, ô Juifs, vous ne pouvez venir au baptême ni y conduire vos enfants, la foi chrétienne suffira pour vous sauver, sinon le paradis n'est pas pour vous, selon le mot de saint Paul aux Corinthiens, II, 8 : *Si la volonté est*

tis ut habetur II Cor. 8 : *Si voluntas prompta est, secundum id quod habet*, etc., *quod non habet*.

Et secundum secretum est istud quia dixit Christus paralytico curato : *vade in domum tuam*. Dico quod ista domus est paradisus ad quem accedunt qui sunt baptizati et curati de peccatis, et ideò, Judæi, qui non sunt baptizati neque habent desiderium baptizandi non accedunt ad hanc domum paradisi. Nam Moyses non promisit istam domum in lege veteri, sed solum domum terrenam, et divitias, etc.

droite, Dieu l'accepte pour ce qu'elle est, mais non pour ce qu'elle n'est pas.

La seconde application vient de la parole de Notre-Seigneur au paralytique : *Allez dans votre maison*. Cette maison est le paradis, ouvert à ceux qui sont baptisés et guéris de leurs fautes. Si donc, ô Juifs, vous n'êtes pas comme ceux qui sont baptisés ou tout au moins qui ont le désir du baptême, il n'y a pas à compter sur la demeure du paradis que Moïse n'a point promise dans l'ancienne loi, mais seulement une demeure terrestre et les biens de ce monde.

*Preuves de la Trinité*. — Nous n'adorons qu'un seul Dieu, mais en trois personnes, comme il n'y a qu'un soleil, bien que dans le soleil il y ait trois choses : la substance, le rayon et la chaleur. De même, en Dieu, il y a le Père, le Fils et le Saint-Esprit. Que le Père existe et soit Dieu, la preuve s'en trouve dans l'Ancien Testament (Jér., 3) : *Vous m'appellerez Père, et vous ne craindrez plus de m'approcher*. Et encore (Isaïe, 63), *Seigneur, notre Père..... Votre nom est de toute éternité*.

De même, que le Fils soit Dieu est prouvé (Is., 30) : *Quis suscitabit a me terminos terræ, etc. nomen Filii ejus*. Donc Dieu a un Fils. Et à cela se rapporte ce qui est dit au psaume 3. Et psaume 2 : *Le Seigneur m'a dit : Vous êtes mon Fils, je vous ai engendré aujourd'hui*. Ce verset ne peut évidemment pas s'entendre de David qui avait trente ans, de l'aveu même des Juifs lorsqu'il composa ce psaume ; mais bien du Fils de Dieu, que Dieu engendre aujourd'hui, c'est-à-dire au jour immuable de son éternité, selon ce qui est écrit au même psaume : *Je vous ai engendré avant l'astre de la lumière*. Or, la première des quatre créations fut Lucifer, avant lequel Dieu, éternellement, avait engendré son Fils.

Que le Saint-Esprit soit Dieu, la preuve s'en trouve au commencement de la Bible : *L'Esprit planait sur les eaux*. Et dans le psaume *Miserere* : *N'éloignez pas de moi, Seigneur, votre Esprit-Saint*. De même que Dieu soit trois personnes, on en trouve la preuve partout dans la Bible. Dès le commencement, on peut lire le mot *heloim*, qui signifie Dieu au pluriel, à cause des personnes de la Trinité. Non qu'il y ait plusieurs dieux, car, immédiatement après, il y a au singulier : *Créa le ciel et la terre.* Aussi Moïse, parlant de Dieu, emploie-t-il ordinairement trois expressions différentes pour signifier les trois personnes : *Écoute Israël, ton Dieu. Dieu est un,* etc.

*Fragment du sermon ayant pour texte :* « *Omnis plebs ut vidit, dedit laudem Deo.* »

Discipuli cum audissent Jesum dicentem de suâ Passione quod debebat mori non intellexerunt verbum ipsius, cum ignorassent causam et rationem quare J. Filius Dei Deus et homo debet mori. Et ideo si illa scirent intellexissent, cum scire *et intelligere sit per causas et rationes cognoscere.* Et in hoc defectu sunt Judæi qui audiunt modo verba Passionis et alia quæ quotidie eis prædico, et cum sunt in suis domibus et synagogis revolvunt prophetias et non intelligunt quia ignorant causam et rationem. Et ideo, Judæi, ut intelligatis Passionem, audiatis rationem ; et est ista, quia in Deo justicia et misericordia non est per qualitates sicut in nobis, nam in Deo sua misericordia et justicia sua essentia id est Ipsemet. Et ideo, Judæi, si Deus noluisset redimere per suam Passionem mundum, sed solo verbo dixisset : Volo quod natura humana sit salva et redempta, ubi esset justicia tunc in Deo? Cum in hoc solum sit infinita misericordia. Item si dixisset : Volo quod sit perdita, ubi esset tunc misericordia in Deo, cum in hoc solum sit infinita justicia? Certe tunc non inveniretur utraque in Deo. Et ideo Deus voluit redimere

Lorsque les disciples entendirent Notre-Seigneur parler de sa Passion et de sa mort, ils ne comprirent pas, ignorant la raison pour laquelle il devait mourir.

Comprendre, c'est connaître les raisons et les causes. Or, les Juifs qui, chaque jour, m'entendent parler de la Passion, sont dans la même erreur; quand ils retournent chez eux et dans leurs synagogues, ils relisent en vain leurs prophéties, parce qu'ils ignorent la cause. Cette cause, Juifs, la voici : en Dieu, la justice et la miséricorde ne sont pas des qualités comme chez nous; mais bien son essence propre, c'est-à-dire lui-même.

C'est pourquoi si Dieu n'eût pas voulu racheter le monde par sa Passion, mais se fût contenté de dire : Je veux que la nature humaine soit sauvée, où serait sa justice? De même, s'il eût dit : Je veux qu'elle soit perdue; où serait

humanum genus per sufficientem rationem, ut simul ostenderetur misericordiosus et justus; scilicet ut Filius Dei qui erat sine peccato factus homo recipiendo carnem humanam de V. Maria, redimeret naturam humanam perditam per peccatum hominis Adæ instigatione Evæ quæ tunc erat virgo, recipiendo passionem, nam fuit misericordiosus dando vitam suam ad mortem. Item fuit justiciosus solvendo pretium justum spargendo suum sanguinem pro redemptione humani generis. Et ideo David prophetizando de misericordia et justicia Passionis et redemptionis dicit in ps. 114 : *Circumdederunt me dolores mortis et pericula inferni invenerunt me..... misericors Dominus justus.* Et Deus fuit misericors qui non permisit mundum et humanam naturam perdere. Item fuit justiciosus quia non voluit per suam puram voluntatem mundum redimere, sed per emendam sufficientem, et hanc emendam nullus potuisset facere sufficienter nisi Filius Dei incarnatus moreretur redimendo naturam humanam perditam per peccatum. Et hæc Passio Christi fuit figurata Levitici (36) ubi de civitate refugii : quod caput loquitur de sacerdote J. C°. vero Messia, etc.

Et de hoc sacerdote eternali scilicet Christo loquitur David ut habetur in ps. 109 : *Dixit Dominus; et juravit Dominus, sed non penitebit David et in æternum.* Et

sa miséricorde ? D'un côté, il n'y aurait eu qu'infinie miséricorde, et de l'autre, qu'infinie justice, mais, à coup sûr, pas toutes les deux à la fois. Et c'est pourquoi il a voulu se montrer juste et miséricordieux tout ensemble ; c'est-à-dire que le Fils de Dieu, qui était sans péché, devenu homme dans le sein de la Vierge Marie, a racheté la nature humaine perdue par le péché d'Adam à l'instigation d'Ève, vierge encore. En acceptant de mourir, il a été miséricordieux ; en payant le prix de la rédemption, il a été plein de justice. David, prophétisant de l'un et de l'autre, dit : *Les douleurs de la mort m'ont environné..... Le Seigneur est juste et miséricordieux.* C'est ainsi que la miséricorde de Dieu se manifeste, en ne laissant pas périr le monde, et sa justice, en le rachetant par un prix suffisant. Or, personne ne pouvait payer ce prix que le Fils de Dieu fait homme et mourant. Les cités de refuge, dont il est question au livre du Lévitique, figurent cette Passion du Christ, et c'est du sacerdoce de Jésus-Christ, vrai Messie, que parle tout ce chapitre.

David exprime en termes formels ce Sacerdoce éternel dans le psaume *Dixit Dominus* : *Le Seigneur l'a juré, et Il ne s'en repentira pas, vous êtes prêtre pour l'éternité.* Il

nullus sacerdos fuit nec erit in æternum nisi Christus verus Messias qui est summus sacerdos et eternalis. Et probatur passio Christi per prophetiam David ut habetur in ps. 21 ubi tota Passio Ch. fuit prophetizata per prophetam David, et non potest de alio intelligi. Et ideo Christus in sua Passione recitavit illum psalmum. Et probatur per Isaiam ut habetur (cap. 23) : *Domine quis credidit auditui nostro.* Et totum hoc caput loquitur de Christo ut sequitur ibi *qui peccatum non fecit*, nam nullus fuit qui sine peccato in hoc mundo fuisset nisi Christus verus Messias, nec potest exponi de alio quam de ipso. Et ideo, judei, aperiatis oculos et non sitis ceci ad intelligendum veritates scripturæ, et si vultis illuminari, approximate vos ad Deum per baptismum ut dicit David in ps. 33 : *Accedite ad Deum et illuminamini et facies vestræ non confundentur.*

n'y a pas et ne peut y avoir de prêtre éternel que Jésus-Christ. Enfin, le psaume 21 est une histoire anticipée de la Passion du Christ, et ne peut s'entendre absolument que de lui ; aussi le Christ a-t-il voulu le redire durant sa Passion. Isaïe, au chapitre XXIIIe, parle de *Celui qui n'a jamais péché.* Cela ne peut manifestement s'appliquer qu'au Christ, véritable Messie.

Ainsi donc, ô Juifs, ouvrez les yeux et ne restez pas volontairement aveugles en face de la vérité des Écritures. Si vous voulez être éclairés, rapprochez-vous de Dieu par le baptême. Écoutez David, disant : *Venez à Dieu pour être éclairés, et vous ne serez plus couverts de confusion.*

Et enfin, car il faut se borner, voici cet aimable fragment de sermon qui fut critiqué à Toulouse par un audacieux contradicteur, ce qui lui attira une si rude leçon.

Christus postquam resurrexerat demonstravit se multis personis, et primò Matri suæ, et hoc per tres rationes. 1° Per obedientiam de quâ habetur Eccl. 7 : *Gemitus matris tuæ non obliviscaris.* Et 2° propter credentiam, nam firmam credentiam habuit Virgo Maria, quod habebat resurgere, et apostoli dubitaverunt, ut habetur sap. 1: *Ap-*

Après sa résurrection, le Christ apparut à plusieurs personnes et d'abord à sa Mère. Et cela pour trois raisons : 1° par obéissance, selon qu'il est écrit (Eccl. 7) : *N'oubliez pas les gémissements de votre Mère :* 2° à cause de la foi qu'avait la Bienheureuse Vierge en la résurrection de son Fils, pendant que les apôtres doutaient ; la Sagesse (ch. 1) dit :

*paret autem Dominus*, etc. *in illum*. 3° propter charitatem, nam suprà omnes creaturas amabat Christum Virgo Maria, et hoc probatur per verbum Christi, Joan 14 : *Si quis diligit me*, etc. *me ipsum*. Et ità per istas rationes Christus priùs apparuit matri suæ quam aliis sanctis. Sed modo videamus practicam quomodo : Et dico quod Beata Maria sciebat benè quod Filius suus debebat resurgere tertià die, quià ipse dixit sibi, sed non sciebat horam; et, ideò perquirebat prophetiam, et venit ut habetur in ps. *Miserere : Exsurge gloria mea. Exsurgam diluculo*. Et ità credidit quod horà albæ debuerat Christus Filius suus resurgere; sed etiam perquisivit et legit totum psalterium, et invenit alium versum, ut habetur in psalmo *Paratum cor meum : Exurge gloria mea*. Et cum legisset psalterium etiam legit prophetias, et invenit prophetam qui concordavit cum dictis authoritatis ut habetur Oseæ 6 : *Vivificavit nos per duas dies* etc. *egressus ejus*. Et cum invenerit istas auctoritates fuit contenta quia in ore duorum vel trium testium stat omne verbum; et quum vidisset quod nondum erat alba posuit se in oratione ut habetur in ps. *Eripe me : Exurge Domine in salutari tuo*. Et tunc Christus misit Angelum Gabriel ut annunciaret matri suæ resurrectionem, et dixit : *Regina Cœli lætare*. Et cum intrasset angelus primà facie, respondit Maria

Il apparaît à ceux qui ont foi en lui; 3° par amour. La Vierge Marie aimait Notre-Seigneur plus que toutes les créatures. Or, le Christ a dit lui-même (Jean. 14) : *Si quelqu'un m'aime, je me manifesterai à lui*. Pour ces trois raisons, le Christ apparut à sa Mère avant tous les autres. Et maintenant voyons comment. La Sainte Vierge savait bien que son Fils devait ressusciter le troisième jour, puisqu'il l'avait dit lui-même; mais elle ignorait l'heure, et c'est pourquoi, parcourant les prophéties, elle lut au psaume *Miserere : Levez-vous, ô ma gloire, levez-vous avec l'aurore*. Elle en conclut que son Fils devait ressusciter à l'aube. Elle parcourut alors tout le psautier, et lut au psaume *Paratum cor meum : Levez-vous, ô vous qui êtes ma gloire !* Puis elle lut les prophéties et trouva dans Osée, ch. 6, une concordance avec l'autorité du psaume : *Après trois jours, il nous a rendu la vie, le troisième jour, il nous a ressuscités*, et nous vivrons près de lui..... *Sa sortie du tombeau était prête avec l'aurore*. Ces autorités la consolèrent, sachant que la parole de deux ou trois témoins suffit. Et comme l'aube n'était pas venue, elle se mit en prières, disant avec le Psalmiste : *Levez-vous, Seigneur dans votre nouvelle vie*. Et alors le Christ envoya l'ange Gabriel pour annoncer à sa Mère sa résurrection. Et l'ange dit : *Reine du ciel, réjouissez-vous*. Et Marie répondit sur le champ : *Quand viendra-t-il ? Quand le ver-*

verba quæ habentur : *quando veniet, quando apparebit?* etc. Et cum ista dixisset, Christus apparuit sibi, et salutavit eam dicendo : Salve, Mater vitæ et consolationis! Et virgo mater osculabatur signa plagarum Christi, et dixit : Quia hodie resurrexisti, cessabit mea passio, exinde habebo *reposum;* dies Dominicus sanctificabitur, et sabbatum cessabit.

rai-je ? Et, à ces mots, le Christ apparut et la salua, disant : Je vous salue, Mère de la vie et de la consolation. Et la Vierge baisait les marques laissées par les plaies du Christ, et elle dit : Puisque vous voilà ressuscité, ma passion est finie, le repos est venu pour moi, désormais on sanctifiera le jour du Seigneur; le Sabbat n'existe plus.

En comparant ce passage aux sermons imprimés, nous allons voir comment Vincent Ferrier prêchait, ou plutôt comment ses disciples recueillaient sa parole.

Dico 2° quod est demonstrata gratiose singulariter Virgini Mariæ. Conclusio est plurium Theologorum dicentium quod Christus in suâ ressurrectione primo apparuit Virgini Mariæ suæ matri. Hoc expressè dicit Ambrosius, libro de Virginibus : *Maria resurrectionem Domini vidit, et primò vidit.* Sed Evangelistæ non curant hoc ponere, solum curaverunt ponere testes indubitatos : Quia testimonium Matris pro Filii favore posset calumniari. Et quod primo apparuit Matri Virgini, ad hoc credendum nos cogit triplex ratio : Prima propter divinum præceptum, quia in Passione Filii super omnes alios fuit tribulata. Christus ex speciali privilegio pepercit matri ut sine dolore pareret et contrà communem cursum naturæ. Item ne sentiret dolores in suâ morte qui excedunt omnes hujus vitæ dolores, ut dicit Dominus Albertus quæstio 131 :

Je dis en second lieu, que la résurrection fut, par faveur spéciale, annoncée d'abord à la Vierge Marie. Plusieurs théologiens l'affirment, et saint Ambroise dit expressément, au livre des Vierges : *Marie vit son Fils ressuscité et le vit la première.* Les évangélistes ne signalent pas le fait, parce qu'ils ne pensaient qu'à produire des témoins irrécusables. On aurait pu attaquer le témoignage de la Mère en faveur du Fils. Mais que le Christ ait apparu à sa Mère d'abord, trois raisons nous le prouvent. D'abord, le précepte divin : Dans la passion de son Fils, elle avait été torturée plus que tous. Le Christ l'avait dispensée des douleurs de l'enfantement, et plus tard lui épargna les douleurs de la mort qui surpassent toutes les autres douleurs, comme le dit Albert le Grand : *La plus terrible douleur est la mort, parce que l'âme est arrachée tout entière comme un arbre.* Mais toutes

*Finis omnium terribilium est mors, quia anima tota simul eradicatur ut arbor. Sed omnes dolores partus et mortis venerunt super eam in Passione Filii sui. Cum ergo dicat scriptura : Honora Patrem tuum, et gemitus matris tuæ ne obliviscaris.* (Eccl., ch. 7.) Cum ergo Christus perfectissimè servavit legem de honoratione parentum, sequitur quod p° apparuit Matri quæ præ omnibus aliis fuit tribulata. 2° Propter fidei meritum. Nam pro certo habetur, et ostenditur satis clarè in textu quod tempore Passionis Christi perdiderunt fidem Christianam omnes apostoli et discipuli totaliter; aliqui dubitando an esset verus Deus et Messias, licet omnes reputarent Eum sanctissimum prophetam.

Sola Virgo Maria illo Sabbato sancto inviolabiliter credidit, propter hoc obtinuit ut quolibet sabbato fiat ei officium in Ecclesia Dei. Cum ergo dicat scriptura : *Apparet autem Dominus eis qui fidem habent in illum.* (Sap. I.) Videtur ergo hoc pro præmio meriti fidei suæ quod primo ei appareat. 3° propter amoris intentionem, nam certum est quod nunquam fuit mater quæ tantum diligeret filium sicut Virgo Maria Christum. Cum ergo ipse dixit : *Qui diligit me diligitur a Patre meo, et ego diligam eum et manifestabo ei meipsum.* (Joan. 14.) Igitur ex his tribus rationibus patet quod primo apparuit Virgini

les douleurs de l'enfantement et de la mort l'envahirent lors de la Passion de son Fils. Or, l'Écriture dit (Eccl. 7) : *Honorez votre père et n'oubliez pas que votre mère est dans la douleur.* C'est pourquoi le Christ, si parfait observateur de toute loi, apparut à sa Mère d'abord : 1° parce qu'elle avait été plus torturée que les autres ; 2° à cause du mérite de sa foi. Il ressort trop clairement du texte évangélique que, au temps de la Passion, les apôtres et les disciples perdirent la foi, doutant s'il était Dieu et le véritable Messie, bien qu'ils le tinssent pour un saint prophète.

Seule, la Vierge Marie crut sans faiblir, en ce premier Samedi-Saint, et par là, mérita que l'Église de Dieu récitât un office particulier en son honneur chaque samedi. Or, l'Écriture dit : *Le Seigneur apparaît à ceux qui ont foi en lui.* Le Christ ressuscité dut donc apparaître à sa Mère avant tout ; 3° à cause de l'intensité de son amour : il est certain que nulle mère n'aima son fils plus que la Vierge Marie n'aima Jésus-Christ. Comme il dit lui-même : *Celui qui m'aime sera aimé de mon Père, et je l'aimerai aussi, et me manifesterai à lui.* (Jean, 14.) Il s'en suit, pour ces trois raisons, que la première apparition fut pour la Vierge Marie, bien que les évangélistes n'en disent rien.

Mariæ, licet S<sup>ti</sup> Evangelistæ hoc expresse taceant.

Dicatur practica quæ modo sequenti fieri potuit, et anima devota pie contemplare poterit, ut det in cordibus Deus sentire dulcedinem hujus apparitionis. Virgo autem Maria certissima erat quod Filius suus resurgeret die tertiâ ut ipse prædixerat ; sed forte nesciebat horam suæ resurrectionis, quia non legitur quod Christus dixerit horam suæ resurrectionis, si horâ primâ, vel tertiâ, etc. Ideò Virgo Maria in nocte præsenti quæ sibi fuit longa nox expectabat resurrectionem Filii sui ; et cœpit cogitare quâ horâ resurgeret et nescivit. Et sciens quod inter alios Prophetas David plus locutus fuit de Christi Passione et resurrectione, posuit se ad legendum psalterium, ut inveniret si aliquid dixisset de horâ; et legit, et nihil invenit de horâ. Tandem legendo fuit in psalmo 56 ubi legitur David in personâ Patris ad Filium dicens : *Exurge gloria mea, exurge psalterium et cithara.* Et responsio Filii ad Patrem: *Exurgam diluculo.* Nota quod Pater vocat Filium tripliciter, scilicet *gloriam, Psalterium,* et *citharam,* propter tria quæ Christus habuit in hâc vitâ. 1° Deus Pater vocat Christum gloriam suam ; et hoc quia Christus in suâ vitâ in omnibus quæ fecit et dixit diligebat et procurabat honorem Patris. Ideò dicebat: *Ego gloriam meam non quæro, sed honorifico Patrem meum* (Joan, 8).

Voyons maintenant comment cela eut lieu, et l'âme pieuse trouvera de consolantes douceurs à contempler ce mystère.

La Vierge était absolument certaine de la résurrection de son Fils, puisqu'il l'avait si ouvertement prédite ; mais elle ignorait l'heure qui, en effet, ne se trouve nulle part déterminée. Elle passa donc cette nuit, qui lui parut bien longue, à réfléchir sur l'heure possible de la résurrection. Sachant que David a, plus que tous les autres prophètes, parlé de la Passion du Christ, elle parcourut le psautier, mais n'y trouva nulle indication de l'heure.

Cependant, au psaume 56, David, parlant en la personne du Père à son Fils, dit : *Levez-vous, ô vous qui êtes ma gloire, levez-vous, ô vous l'objet de mes chants.* Et la réponse du Fils est celle-ci : *Je me lèverai avec l'aurore.* Remarquez ces trois noms : *Gloria, psalterium, cithara.* Le Père appelle d'abord son Fils *Gloria mea,* parce qu'en toutes choses le Christ a par-dessus tout aimé et prouvé la gloire de son Père. Aussi disait-il lui-même : *Je ne cherche pas ma gloire, mais j'honore mon Père.* (Jean, 8.) C'est

Ideò Pater dixit:Exurge *Gloria mea*. 2° Vocat ipsum psalterium. Psalterium enim habet decem chordas, et est instrumentum cameræ secretum, et non sonat multum; et signat legem Mosaïcam quæ quasi instrumentum cameræ fuit solum datum illi populo judaico, quæ in decem præceptis quasi in decem chordis consistit. Huic fuit Christus valdè obediens. Ideò dicebat: *Legem non veni solvere, sed adimplere*. (Matth., 5.) Ex hujus modi obedienti vocatur psalterium. 3° Vocat ipsum citharam : Cithara enim signat legem Evangelicam: ratio quia habet vocem clariorem et magis audibilem : talis fuit lex evangelica quæ per totum mundum fuit audita. *In omnem terram exivit sonus eorum.* (Ps. 18.)

Respondit Filius Patri : *Exurgam diluculo.*

Cogitate quando Virgo Maria scivit horam resurrectionis quomodò surrexit de oratione ad visendum si erat aurora; et vidit quia non. Et perrexit (?) psalterium. Deindè voluit videre si aliquis aliorum prophetarum aliquid dixisset de horâ resurrectionis : et invenit in Osee, 6 ; qui loquitur in personâ apostolorum: *Vivificabit nos post duos dies, et tertiâ die suscitabit nos, et vivemus in conspectu ejus. Sciemus,*

pourquoi le Père lui dit : *Levez-vous, ô ma gloire*. En second lieu, le Père l'appelle *Psalterium*. Le Psalterion a dix cordes; c'est un instrument d'appartement et dont on ne joue guère en public, à cause de ses faibles sons. Il figure la loi de Moïse qui est comme un instrument privé donné au seul peuple juif, composé de dix commandements comme de dix cordes. Le Christ obéit en tout à cette loi. Il s'en rend témoignage lui-même, disant : *Je ne suis pas venu abolir la loi, mais l'accomplir*. (Matth., 5.) Et c'est pourquoi son Père l'appelle *Psalterium*.

Enfin, le Père appelle son Fils *Cithara*. La *lyre* représente la loi évangélique aux sons plus clairs et de plus grande portée. Le monde entier l'entendit selon cette parole : *Leur voix s'est étendue à tout l'univers.* (Ps. 18.)

Et le Fils répondit à son Père : *Je me lèverai avec l'aurore.*

Lorsque la Vierge Marie connut l'heure de la résurrection, je vous laisse à penser avec quel empressement elle se leva pour voir si l'aurore paraissait. Elle constata que non, et acheva le psautier. Puis elle voulut s'assurer si d'autres prophètes n'avaient pas mentionné l'heure de la résurrection. Elle trouva au chapitre 6 d'Osée ce texte dans lequel le prophète parle au nom des Apôtres : *Il nous a rendu la vie après deux jours; et le troisième jour, il nous a ranimés; nous vivrons désormais près de lui; en le suivant, nous par-*

sequemur ut cognoscamus Dominum: quasi diluculum preparatus est egressus ejus. Nota Vivificavit nos, quia mortificati erant apostoli propter incredulitatem. Tunc Virgo Maria surrexit dicens : sufficit mihi habere tres testes de hora resurrectionis, et paravit cameram et cathedram pro Filio dicens : hic sedebit Filius meus, et hic loquar Ei. Et respexit per fenestram, et vidit incipere auroram, et gavisa est dicens : Modò resurget Filius meus. Et genibus flexis orabat dicens : *Exurge in occursum meum; et vide ; et tu Domine Deus virtutum, Deus Israel.* (Ps. 58.) Et Christus misit statim Virgini Mariæ Gabrielem nuntium dicens: Sicut nuntiasti Matri meæ Incarnationem, nuntia ei Resurrectionem. Et incontinenti cum magno gaudio venit ad virginem dicens : *Regina cœli lætare, alleluia. Quia quem meruisti portare, alleluia. Resurrexit sicut dixit, alleluia.* Ut fuit revelatum Beato Gregorio qui addidit : *Ora pro nobis Deum, alleluia.* Et statim post venit ad eam Filius benedictus cum omnibus sanctis Patribus, etc.

Si dicatur : Quomodo poterunt recipi in illà parvà cameră? Dico quod tanta est eorum magnificentia quod si vellent, mille millia

viendrons à connaître le Seigneur Il est prêt à sortir du tombeau comme l'aurore du sein de la nuit. (Remarquez ce mot : *Il nous a rendu la vie*. Les apôtres, en effet, avaient été frappés mortellement dans leur âme par leur incrédulité.) La Vierge alors se leva, disant : Ces témoins de l'heure où mon Fils doit ressusciter me suffisent ; et elle prépara la chambre et un siège, ajoutant : Là va venir s'asseoir mon Fils, et je pourrai converser avec lui. Puis elle regarda par la fenêtre, et vit que l'aurore commençait à poindre. Sa joie fut grande : Mon Fils va ressusciter, dit-elle. Puis, fléchissant les genoux, elle pria : *Levez-vous, et venez à moi, voyez mon impatience, ô Seigneur tout-puissant, Dieu d'Israël.* (Ps. 58.) Et aussitôt, le Christ lui envoya l'ange Gabriel, disant : Vous qui avez annoncé à ma Mère l'incarnation du Verbe, annoncez-lui sa résurrection. Sur-le-champ, l'ange vola vers la Vierge et lui dit : *Reine du ciel, réjouissez-vous ; car celui que vous avez mérité de porter dans votre sein est ressuscité selon sa promesse.* Le fait et les paroles ont été révélés au bienheureux Pape Grégoire qui ajouta ces mots : Priez Dieu pour nous. Aussitôt après, le Christ se présenta, accompagné de tous les patriarches.

Si vous demandez comment ils pouvaient tenir tous dans cette petite chambre, je réponds que leur gloire est telle qu'ils auraient pu s'y trouver au nombre de plusieurs milliers, et

possent recipi in eà, immò in minori loco per virtutem divinam ad nutum ejus assistentem, ut tangit S. Thomas (4° dist. 44). Et Christus salutavit matrem dicens : *Pax vobis*. Virgo autem flexis genibus et plena lacrymis præ gaudio adoravit eum osculando manus et pedes dicens : O vulnera benedicta quæ tantum dolorem mihi dedistis die veneris, etc. Et Christus osculando matrem dixit : Mater mea, gaudete, quia de cœtero non habebitis nisi gaudium et lætitiam tergendo ei lacrymas. Et sedit in cathedrà et loquebantur simul valdè dulciter.

O qui fuisset in illo parlamento!
Dixit Virgo Filio : Fili, ego consuevi festum in die sabbati, ad significandum requiem creationis mundi ; sed de cœtero faciam festum in die dominicà in memoriam vestræ resurrectionis, et quietis, et gloriæ. Et placuit Christo. Christus autem dixit matri ea quæ egit in inferno, quomodo ligaverat diabolum ; et ostendit sibi sanctos Patres quos indè extraxerat, qui fecerunt Virgini Mariæ magnam reverentiam.

Cogitate quomodò Adam et Eva dixerunt Virgini Mariæ : Benedicta vos estis illa filia nostra et Domina, de quà Dominus dixit diabolo serpenti : *Inimicitias ponam inter te et mulierem*. (Gen. 3.) Dixit Eva : Ego ex culpà clausi januam

même dans un espace moindre, par la vertu divine toujours à leur disposition comme l'insinue saint Thomas (Dist. 4°, art. 44). Et le Christ salua sa Mère, disant : *La paix soit avec vous !* La Vierge alors, fléchissant les genoux, et pleine de larmes que faisait couler la joie, l'adora et baisa ses pieds et ses mains. O plaies bénies qui m'avez causé tant de douleurs ! Et le Christ, embrassant à son tour sa Mère, lui dit : Réjouissez-vous, ô ma Mère, car vous n'aurez désormais que de la joie. Puis il essuya ses larmes. Et il s'assit, et tous deux conversèrent doucement.

Oh ! heureux qui eût pu assister à cet entretien !

La Vierge dit à son Fils : Mon Fils, j'avais coutume jusqu'ici de fêter le samedi pour honorer le divin repos après la création du monde, à l'avenir, je fêterai le dimanche en l'honneur de votre résurrection, de votre repos et de votre gloire. Et le Christ approuva. Puis il raconta ce qu'il avait fait aux enfers, comment il avait enchaîné Satan, et présenta à sa Mère les patriarches qu'il en avait ramenés. Et tous firent à la Vierge Marie un salut profond.

Je vous laisse à penser quels furent les sentiments d'Adam et d'Ève lorsqu'ils dirent à la Vierge Marie : Bénie soyez-vous, ô notre Fille et notre Maîtresse, vous dont parlait le Seigneur lorsqu'il dit au serpent : *Entre la femme et toi je ferai naître d'irréconciliables inimitiés*. (Genèse 3.) Ève ajouta : Par ma faute, j'ai fermé le

paradisi, sed vos ex gratia aperuistis. Item propheta quilibet dicebat Virgini Mariæ : Ego prophetavi de vobis in tali loco dicens, etc. Et humiliter eam salutando, dixerunt omnes simul Virgini Mariæ : *Tu gloria Jerusalem, tu lætitia Israel, tu honorificentia populi nostri!* (Judith., 15.) Et virgo Maria eos salutans dixit : *Vos estis genus electum, regale sacerdotium, gens sancta, populus acquisitionis, ut virtutes ejus annuntietis qui de tenebris vocavit vos ad admirabile lumen suum.* (1 Petri. 2.) Deindè Angeli dixerunt sibi ut prius : *Regina Cœli*, etc. *(Extrait de l'édition de Valence.)*

paradis, mais vous, pleine de grâce, vous l'avez ouvert de nouveau. Et chaque prophète lui disait de son côté : J'ai prophétisé de vous en tel passage de mon livre, etc. Et tous ensemble, la saluant humblement, s'écrièrent : Vous êtes la gloire de Jérusalem, la joie d'Israël et l'honneur de notre peuple. Et la Vierge leur rendit le salut en ces termes : Vous êtes la race choisie, le sacerdoce royal, la nation sainte, le peuple que s'est acquis mon Fils par ses travaux. Et vous chanterez les louanges de Celui qui, des ténèbres, vous emporte à sa lumière ineffable.

Et les anges, de nouveau, chantèrent :

*Réjouissez-vous, Reine du ciel* (1).

On peut voir par là comment il développait son thème après en avoir écrit le canevas, se laissant aller à sa verve, toute de souvenirs scripturaires, et surtout de sentiments tendres et touchants.

Y a-t-il beaucoup de sujets plus dignes d'un pinceau de génie que cette entrevue de la Vierge-Mère et du Christ rédempteur, que cette mise en présence des premiers humains, premiers coupables, source fatale de tant de crimes, sortant de la mort par la mort d'un Dieu, et de cette créature choisie dont le *fiat* obéissant a pu tout réparer surabondamment ? Et à leur tour, tous ces patriarches, tous ces prophètes qui, après avoir entrevu, dans de rapides éclairs, la suite des desseins de Dieu, attendaient dans les larmes d'un exil plein de ténèbres la venue efficace du Sauveur annoncé pour eux. Mais ce n'est pas la peinture qu'il faudrait ici, c'est la scène. Boileau, dont le médiocre génie ne s'éleva pas jusqu'à la fable, n'a pas compris ce qu'il y avait de grand et de touchant dans ces représentations tant aimées de nos « dévots aïeux, » et c'est au cœur de la mystérieuse Germanie, d'où nous sont venues tant d'autres leçons, qu'il faut aller chercher encore ce sentiment profond et doux.

---

(1) Il est facile de constater que ces sermons ressemblent à ceux du manuscrit comme allure et façon de dire les choses. Les éditeurs ont donc agi loyalement.

## § 4 — *Manuscrit de Pérouse et autres œuvres.*

Après l'expulsion des religieux en Italie, l'église de notre couvent de Saint-Dominique, à Pérouse, fut desservie par des prêtres séculiers ; l'un d'eux, l'abbé Marius Romitelli, respectueux du passé, fit, avec une piété filiale, car il était du Tiers-Ordre, l'inventaire de tous les objets laissés à sa garde. Il trouva dans la sacristie un petit volume, format in-12 environ, relié en bois, recouvert de basane gaufrée, étoilée de clous, avec fermoirs au milieu et aux extrémités, le tout enveloppé de soie brochée. Les deux gardes du livre sont en parchemin, mais tout le reste est en fort papier de fil ; il a 100 feuillets couverts d'une écriture identique et soignée, en caractères gothiques du xive siècle : chaque page contient une moyenne de 45 lignes, sans compter les notes marginales en tous sens. Il contient 477 sermons ou plans de sermons. Quelques feuillets sont restés en blanc à la fin, suivis de neuf titres ou thèmes en tête des pages, et qui n'ont pu, faute de temps, être développés. Ces titres ne laissent aucun doute sur la préoccupation de l'auteur : elle est bien celle dont nous avons parlé, et concerne les Juifs et les Maures. Les voici, d'ailleurs : 1° *De Trinitate personarum in Deo.* — 2° *De Incarnatione Filii Dei.* — 3° *De mutatione Sabbati.* — 4° *De mutatione sacrificiorum et Eucharistia.* — 5° *De adventu Messiæ præterito.* — 6° *De cessatione legis Mosaïcæ.* — 7° *De imperfectione legis Mosaïcæ.* — 8° *De necessitate, institutione et utilitate baptismi.* — 9° *Argumenta antichristianorum contra nos.* Puis vient une table alphabétique des matières, écrite de la même main, sous le titre de : *Tabula distinctionum.*

Sur la garde initiale en parchemin, on lit, en caractères de la même époque, mais d'une main étrangère : *Sermonarium scriptum per manus S[ti] Vincentii ordinis Prædicatorum, quem* (sic) *dedit conventui R[mus] Mr Leonardus de Mansuetis de Perusio,* Mr Ord[is] Præd.

Ce volume, fatigué, s'ouvre comme de lui-même au 358e sermon ayant pour texte : *Faciet judicium et justitiam in terra.* (Jer. 23.)

Comparé au manuscrit de Valence, celui-ci, antérieur de quatre ans, présente un cachet plus accentué de précision et de vigueur ; l'argumentation philosophique est plus serrée, le travail du cerveau domine. Le manuscrit de Valence, tout en conservant les qualités de fond, a quelque chose de plus familier ; c'est le cœur qui parle, c'est lui, comme dans les œuvres de Dieu, qui entend avoir le dernier mot. Dans l'un et l'autre, l'usage que l'auteur fait de l'Écriture Sainte est vraiment prodigieux.

Inutile de dire qu'ici encore le choix est impossible ; il faudrait tout prendre, et j'estime qu'une réédition critique des œuvres de Vincent Ferrier serait bien accueillie du public.

### Début et premier sermon.

Postquam per diversas Nostri Ordinis Provincias septem annis continuis discurrissem, cotidiè praedicando et nihil inde scribendo, tandem in fine septimi anni (qui fuit 1407 annus gratiae), incepi breviter scribere que sequuntur.

Dominica 22 post Trinitat.

*Omne debitum dimisi tibi quaniam rogasti me.* (Matth., 18.)

Ecclesia nobis hodie proponit 3 doctrinas in Evangelio.

1ª De misericordia Dei copiosâ, in hoc tempore praesenti.

2ª De Justitia ejus rigorosâ, in vita sequenti.

3ª De scientia angelorum luminosâ, cum curâ diligenti.

De prima loquitur thema : *Omne debitum*, etc.

Prima ostenditur in prima parte evangelii usque ibi : *Et debitum dimisit.* Unde apparet quod in hoc mundo Deus habet 2 sententias ad judicandum. 1ª est justitie in qua servus fuit condempnatus, alia misericordie ad quam appellavit dicens : *patienciam habe in me*, etc. et sententia fuit revocata; ymo plus quam peteret sibi fuit collatum : Petivit dilationem, et obtinuit remissionem. (De hujusmodi curiis, David psalmo 100) : *Misericordiam et judicium cantabo tibi*

Après que, pendant sept ans continus, j'eus parcouru diverses provinces de notre Ordre, prêchant tous les jours et n'écrivant rien, enfin, sur la fin de la septième année, qui fut l'an de grâce 1407, j'ai commencé à écrire brièvement ce qui suit :

Le 22ᵉ dimanche après la Trinité : *Je vous ai remis toute votre dette parce que vous m'en avez prié.* (Matth., 18.)

L'Église, aujourd'hui, nous propose trois enseignements dans l'Évangile : 1° sur l'abondante miséricorde de Dieu au temps présent; 2° sur sa justice rigoureuse dans l'autre vie; 3° sur la science éclairée des anges et leurs soins diligents.

Le premier ressort du texte : *Je vous ai remis toute votre dette*, et toute la première partie de notre Évangile le développe jusqu'à : *Je vous ai remis la dette.* On y voit qu'en ce monde Dieu porte deux sentences juridiques : l'une de justice, par laquelle le serviteur fut condamné ; l'autre de miséricorde, à laquelle il eut recours, disant : *Ayez patience à mon égard*, ce qui fit révoquer la première sentence; et même, il obtint plus qu'il ne demandait. Il demandait un délai, et il obtint la rémission totale. David parle de ces deux tribunaux au psaume 100 : *Je chanterai toujours*

*Domine.* Curia autem misericordiæ nunc præcellit, ps. 144 : *Misericordia ejus super omnia opera ejus.* Jac. 2. *Super exaltat misericordia judicium.*

Ideo si debito modo apellatur nunc a sententia lata in curiâ justitiæ ad sentenciam misericordiæ, sentencia revocatur. Patet de David 14 et 2° Regum. 12° Item de Ezechia 4°. Regum 2°, et Isaïas 38. Undè Ezechiel 33 : *si dixero impio morte moreris,* etc.

2ª Doctrina ostenditur in 2ª parte evangelii quando ipse servus crudeliter agens in proximum, fuit vocatus, scilicet per mortem, et irrevocabiliter condempnatus. Unde notanda duo : Pᵐ quod vocatus est *nequam;* nunc propter iram in proximum, licet non primò propter fraudem in Dominum; magna enim nequitia est in veneno iracundiæ seipsum interficere in vindictam proximi. Exemplum de mercatore Nyciæ.

Job. 5 : *Virum stultum interficit iratus (sic)* **(1)**. 2ᵐ Quod nec appellavit nec supplicavit sed obmutuit; quia in futuro nullum est remedium. Ideo Heb. 4° : *Adeamus ergo cum fiducia,* etc. 3ᵐ Ostenditur in hoc quod dicitur : *Videntes*

*votre miséricorde et votre justice.* Ici-bas, c'est le tribunal de miséricorde qui domine : *La miséricorde de Dieu prime toutes ses œuvres.* (Ps. 144. et saint Jacques, 2) : *La miséricorde surpasse la justice.*

Si donc, maintenant, on appelle en bonne forme de la sentence portée en justice à la sentence de miséricorde, la première est révoquée ; David en fournit un exemple au 2ᵉ Livre des Rois, ch. 12; ainsi que Ézéchias, au 4ᵉ Livre des Rois, ch. 20. et Isaïe, ch. 38 ; aussi Ézéchiel dit-il, ch. 33 : *Si je dis à l'impie, tu mourras de mort,* etc.

Le second enseignement est contenu dans la deuxième partie de l'Évangile où il est dit que le serviteur cruel envers son compagnon fut cité, à savoir par la mort, et condamné irrévocablement. Deux choses à noter ici : la première, qu'il est appelé *méchant,* maintenant qu'il s'est irrité contre son prochain, et non pas d'abord pour avoir trompé son maître ; car il y a une grande malice dans le venin de la colère qui nous tue nous-même et venge le prochain. Exemple du marchand de Nice.

Job dit (v. 5) : *La colère tue l'insensé qui s'y livre.* La seconde, qu'il n'appela ni ne supplia, mais se tut, parce que dans l'autre monde il n'y a point de recours possible : *Approchons-nous donc avec confiance,* etc. (Heb. 4.) Le troisième enseignement est dans ces mots : *Les autres servi-*

---

(1) La Vulgate porte : *Vere stultum interficit iracundia.* (Job. 5.)

*autem conservi quae fiebant.* Secundum glosam, isti sunt angeli qui Deo refferunt (*sic*) gesta hominum; sancti enim angeli diligenter de cœlis considerant facta nostra : ps 90 : *angelis suis,* etc.

Bona autem opera Deo refferunt (*sic*), pro nobis intercedendo. Tob. 12 : *Quando orabas,* etc.

Mala etiam opera nunciant quasi nos accusando, Eccle. 10 : *In cogitatione tuâ ne regi,* etc. Sed quare dicitur : *Contristati sunt valde ?* Propter detestationem et odium ad peccata, sicut Isaias 33 : *Ecce videntes talia,* etc. E contrario de bonis operibus (Luc, 15) : *Dico vobis quod gaudium,* etc. Ergo juxta dictum Bernardi : *nullus in conspectu sanctorum angelorum audeat facere, quod præsente homine facere non auderet, magis autem bonis operibus eos lætificemus.*

teurs, voyant ce qui se passait, etc. Selon la glose, ce sont les anges qui rapportent à Dieu ce que font les hommes. Les saints anges, en effet, considèrent attentivement nos actions du haut du ciel, selon qu'il est dit au psaume 90 : Ils rapportent à Dieu les bonnes en intercédant pour nous : *Lorsque tu priais avec larmes,* etc., est-il dit dans Tobie (ch. 12). Ils rapportent aussi les mauvaises sous forme d'accusation, selon ce qui est écrit au chapitre 10 de l'Ecclésiaste : *Dans ta pensée,* etc. Mais pourquoi est-il dit *qu'ils furent grandement constristés ?* A cause de la détestation et de la haine qu'ils portent au péché : *Témoins de telles choses,* etc. (Isaïe. ch. 33.) Ils éprouvent le sentiment contraire de nos bonnes œuvres : *Je vous dis qu'une grande joie,* etc. (Luc, 15). Donc, comme dit saint Bernard, que personne n'ose faire devant les saints anges ce qu'il n'oserait faire devant un homme; cherchons plutôt à les réjouir par nos bonnes œuvres.

### Septième sermon.

SABBATO : *Qui cepit in vobis opus bonum perficiet* (Philip. 1) et in epistola currentis Dominicæ. Circa hoc sunt tres doctrinæ : Pª quod a Xᵗᵒ est nostra in bono permanentia. 2ª Quod ex nobis est spiritualis vitæ desinentia. 3ª Quod orationibus obtinetur finalis perseverantia.

1ᵐᵃ Declaratur juxta illud Physicorum : *Rerum naturalium reci-*

Le samedi suivant (sur la persévérance) : *Celui qui a commencé le bien en vous, l'achèvera* (Philip. 1). Trois enseignements sur ce sujet : 1° Notre persistance dans le bien vient de Jésus-Christ. 2° Le désistement de la vie spirituelle vient de nous. 3° La prière obtient la persévérance finale.

Le premier est exprimé en ce texte des physiques (d'Aristote) :

*pientium peregrinam formam; quædam retinent eam permanenter, quædam solum in præsentia agentis.*

1$^m$ Patet in candela accensa, et aqua calefacta, 2$^m$ in aere illuminato, et speculo informato Hoc 2° modo gratia recipitur divinitùs in animâ nostrâ quia totum esse ejus est a Deo influente continuè Eph. 3 : *Gratiâ salvati estis*, etc. Dicit ergo X$^{tus}$ nobis : *Manete in me*, etc. (Cap. 15).

2$^a$ Declaratur per statuam. Dan, 2° *cujus caput ex auro erat optimo*, etc. Ubi tanguntur quinque gradus nostræ vitæ desinendo. In 1° est perfectio ferventis caritatis. In 2° amisso fervore, remanent opera cum nitore castitatis. In 3° amissis operibus et nitore conscientiæ, remanet sola loquacitas. In 4° obstinationis perversitas. In 5° abhominalis carnalitas. Gal. 3 : *Sic stulti estis*, etc. Ideo Jac. 4 : *Quæ est vita vestra*, etc.

3° Declaratur propter liberalitatem Dei qui libenter dat perseverantiam petentibus (Luc, 11) : *Quis ex vobis si petierit ovum a patre*

Parmi les choses naturelles qui reçoivent une forme étrangère, les unes la gardent indéfiniment, les autres seulement tant que dure la présence de l'agent; ce qui se voit, soit dans un flambeau allumé et de l'eau échauffée, soit dans l'air éclairé et un miroir réflecteur. C'est de cette seconde manière que la grâce est reçue d'en haut par l'âme, car tout son être vient de Dieu influant continuellement : *Quia totum esse ejus est a Deo influente continuè*. C'est la grâce qui vous sauve, dit saint Paul aux Éphésiens (ch..3). Et Jésus-Christ dit dans saint Jean (ch. 15) : *Demeurez en moi...*

Le second enseignement est représenté par cette statue de Daniel (ch. 2) dont la tête était d'or pur, et qui renferme les cinq états de la vie de notre âme par gradation descendante, savoir : 1° la perfection de la charité ardente ; 2° les œuvres et l'éclat de la chasteté qui demeurent malgré la ferveur tombée; 3° quand les œuvres cessent et que la conscience est souillée, il reste encore l'habitude de parler de Dieu ; 4° vient ensuite l'obstination de la perversité ; 5° enfin toutes les dégradations de la chair. *Étes-vous donc assez insensés ?* dit saint Paul aux Galates (ch. 3 ; et saint Jacques, ch. 4) : *Qu'est donc votre vie ? Une vapeur qui passe.*

Le troisième enseignement ressort de la libéralité de Dieu qui, volontiers, donne la persévérance. Il dit lui-même (Luc, 11.) : *Qui de vous, s'il demande à son père un œuf, en*

*numquid porriget ei scorpionem?* etc. Ovum non habens finem et continens finaliter fructum, figurat donum propter bonitatem, qualitatem, quantitatem, utilitatem, fecunditatem perseverantiæ. Scorpio autem habens venenum in caudâ est vitæ spiritualis finalis desinentia. Ideo, ps. 15 : *Conserva me Domine,* etc.

*recevra un scorpion?* Remarquez la forme de l'œuf qui n'a pas de fin et qui finalement, contenant un fruit, figure le don, la douceur, la qualité, la quantité, l'utilité, la fécondité de la persévérance. Tandis que le scorpion, ayant le venin dans la queue, indique la perte finale de la vie spirituelle : Dites donc avec la psaume : *Conservez-moi Seigneur,* etc.

Tout lecteur aura sans peine remarqué la profondeur de cette doctrine, et la facilité merveilleuse avec laquelle l'orateur manie les plus difficiles problèmes.

Outre les deux recueils authentiques, sinon autographes, dont on vient de lire de longs extraits, il en existe d'autres assez voisins de la source pour donner approximativement la note originale. Tels sont les quatre volumes conservés à la bibliothèque du Chapitre à Valence : les sermons qu'ils contiennent ont été recueillis à l'audition et dans la langue de l'orateur. L'écriture en est belle, et du xv siècle (1). Tel est le volume similaire que l'on trouve au couvent des Saints-Jean-et-Paul, à Venise. Tel le petit recueil de Fribourg, parfaitement conservé ; il fut composé, on s'en souvient, par le P. Frédéric d'Amberg, gardien des Cordeliers, et mort en odeur de sainteté à Fribourg, le 27 juin 1432. Tels les deux superbes in-folios de Toulouse, écrits sur parchemin avec vignette initiale. Tels enfin les sermons *del Reverent Mestre Vicent Ferrer,* conservés à Morella.

Parmi les sermons isolés, les principaux sont ceux qu'a publiés le journal *La Cruz,* années 1872-1873 ; le sermon catalan qui se trouve à la bibliothèque de Vicq (Catalogne), au commencement d'une vie de Jésus-Christ sur parchemin, manuscrit du xv siècle. Il a pour sujet la prédestination.

Sermo fet en la ciutat de Valentia à XXIII de juliol añ MCCCCX per lo reverent Mestre V. Ferrer de la predistinacio. Materia molt alt e excellent e soptil en theologia (etc.). Tema : *Ego vobis dico facite.*

Division très nette et qui ne laisse aucune obscurité. 1° Même avant

---

(1) Ce recueil aurait une importance considérable d'après Teyxidor qui dit : Estan escritos por uno que los oyó predicar a san Vicente y estuvó presente al milagro que obró en Nules.

toute création, Dieu savait qui devait être sauvé, qui devait être damné ; 2° la prédestination des bons et la prescience des méchants n'enlève pas le libre arbitre ; 3° bien que nous soyons tous *prédestinés*, nous devons travailler et faire de bonnes œuvres. Ce sermon a 16 colonnes, in-4°, de belle écriture gothique ; — le sermon manuscrit d'Oxford, sous cette rubrique : *Aysso es lo sermo que fetz lo Reverend Maistre Vincent en la cioutat de Tholoza lo jorn del divendres sanct, mil CCCC XVI ont es enscrida tota la substansa de la passio de N. S. J. C.* C'est celui dont parle M. Meyer. Il existe, traduit en vieil espagnol, à la Bibliothèque nationale de Madrid, section des manuscrits, p. 130 ; — le *Mirabile Opusculum S<sup>t</sup> Vincentii Ord. Præd. de fine mundi.* Il a pour texte : *Ecce positus est hic in ruinam*, très bel incunable (1475). On le trouve à la bibliothèque colombine de Séville, à la fin d'un petit volume intitulé *Lucidarium*, et à la bibliothèque de la Casanate à Rome, en deux exemplaires offrant quelques variantes ; — le sermon en latin, mêlé aux *Miscellanea* de Morella, manuscrit de vieille écriture, réquisitoire en règle contre ceux qui se mêlaient de juger sa compagnie, les femmes qui l'accompagnaient et les enfants qui se flagellaient. La chose se passe à Barcelone. Le scribe, évidemment contemporain, l'annonce ainsi :

« Le 7<sup>e</sup> dimanche (1) après la Pentecôte, à Barcelone, le glorieux maître
» Vincent Ferrier, prédicateur et annonciateur de la fin du monde, sur
» les paroles de l'Évangile du jour : Celui qui dit au prochain *raca*, etc.,
» prononça ces paroles : On peut voir par là l'infirmité des gens qui pré-
» tendent juger les desseins de Dieu. »

Le comte d'Argillo possède également, à Calatayud, dans un riche reliquaire, un fragment de sermon de Vincent Ferrier, qu'il donne à tort comme autographe. L'écriture est bien contemporaine, mais, à divers signes, on reconnaît un de ces sténographes qui reproduisaient de souvenir les prédications du Saint.

Les bibliothèques d'Espagne ont toutes des sermons de saint Vincent Ferrier, se rapprochant plus ou moins de l'origine. Parfois, ce sont des traductions qui semblent reproduire le texte *tel que l'entendit l'auditeur*, d'après le don des langues qu'avait l'orateur. Nous ne citerons que le début de celle qu'on trouve à la Bibliothèque nationale de Madrid (2). C'est de l'espagnol un peu suranné.

---

(1) Dominica VII post Pentecosten, in civitate Barchinonæ gloriosus Magister Vincentius Ferrarii, predicator et *nuntius finis mundi*, super verbo Evangelii dicta dominica : *qui dixerit proximo suo racha et fatue, dixit verba sequentia :* Et hic apparet stultitia multorum qui volunt judicare sancta Dei (etc).

(2) Section des manuscrits, p. 130, format in-8° rustique de 52 folios.

« Siguese el sermon de la Cruz. Siguese el tema. *Expedit vobis ut unus homo moriatur pro populo et non tota gens pereat* (Johannes XIV.)

Cerca de la tema de este sermon, muy amados señores padres, son de contemplar tres articulos. El primero es de muy grandes ruegos. El segundo sera de muy grandes querellas. El tercero sera de muy grandes dolores. Pues agora acerca del primer articulo insistendo o declarando es de saber que la bien aventurada Virgen Maria sabiendo que hoy el su hijo avia de morir era maravillada por tres cosas; conviene, a saber que era cosa muy grande e muy espantosa : que cosa puede ser mas espantosa e terribile que ver Dios verdadero e perdurable padescer muerte tan cruel? Lo segundo que era cosa nunca vista ni pensada, nin oyda que el Dios que es vida perdurable padesciese muerte temporal. Lo tercero que era cosa que nunca fue usada e era contra natura que Dios padesciese tan cruel muerte. E por estas tres causas la gloriosa Virgen Madre estava aci como fuera de juicio e buscaria por todas las criaturas universales del mundo si fallase (hallase) algunos o alguno que oviesen piedad della e la ayudasen a librar al su fijo de muerte tan cruel e dolorosa.....

Et cela finit ainsi : « Esto que dicho es el sermon de fray Vicent de » la Passyon del Señor. » — C'est le copiste qui parle.

Tous ces éléments ont été plus ou moins mis à contribution par les collecteurs des sermons de saint Vincent Ferrier ; ils sont parfois difficiles à retrouver : c'est ainsi que le premier sermon de Fribourg, *De octo modis orandi*, est, moins l'exorde, dans les vieilles éditions, au xvie dimanche après la Trinité. (*Sermo quintus*.)

Le sermon du recueil de Morella, tout en catalan, pour la fête de saint Pierre et de saint Paul, est en latin dans l'édition de Damien Diaz. (*Sermones de Sanctis*. Lyon, 1558.) Mais je n'ai trouvé reproduit nulle part le panégyrique de saint Thomas, prononcé à la Chartreuse de *Porta-Cœli*, et roulant sur les sept arts libéraux.

Cette confrontation prouve de nouveau que les éditeurs ont été consciencieux, mais que la forme adoptée par eux est beaucoup trop recherchée, et que, si l'on veut sentir passer le souffle de Vincent Ferrier, il faut lire le catalan.

La meilleure édition des sermons de saint Vincent Ferrier est sans contredit celle qui fut publiée à Valence, en 1694, par les soins des religieux du couvent, avec des extraits du manuscrit autographe ; le tout, aux frais de l'archevêque Th. de Rocaberti. 5 volumes in-4°.

Elle n'est pas la plus répandue. C'est d'autant plus regrettable que les sermons de saint Vincent Ferrier ont été le plus important recueil classique jusqu'au xvii<sup>e</sup> siècle (1).

Un moine Cistercien, Jean de Bonnair, nous apprend que, en 1450, on mettait entre les mains des religieux de son couvent les sermons de Vincent Ferrier, bien qu'aucun recueil n'existât encore (2).

Le recueil le plus répandu est celui du P. Simon Berthier. On le rencontre dans presque toutes les bibliothèques anciennes. J'en ai trouvé à Cambrai deux éditions différentes, toutes deux quasi-incunables.

La première et la plus belle a pour en-tête un petit carré sur lequel on lit : *Sermonum S<sup>ti</sup> Vincentii, Fratris Ordinis Prædicatorum, de tempore, pars hiemalis noviter correcta.*

Ils sont divisés en trois parties principales : *Sermones hiemales, Sermones estivales, Sermones de Sanctis.*

La première partie se termine ainsi : *Divini verbi preconis et predicatoris sacreque Theologie professoris eximii S<sup>ti</sup> Vincentii Conf. divi. O. Præd. Sermones validissimi temporis hiemalis finiunt. Impressi anno Inc. Dñe MCCCCXVI.* La partie d'été : *Sermones S. Vinc. illuminatissimi Sacre Theologie prof. acutissimi fr. divi Ord. Præd. temporis æstivalis finiunt feliciter.* Les sermons sur les Saints : *Expliciunt sermones S<sup>i</sup> Vinc. de Sanctis.*

La division du temps suit l'ordre du Bréviaire Dominicain, c'est-à-dire depuis l'Avent jusqu'à Pâques, et depuis Pâques jusqu'au dernier dimanche possible après l'Octave de la Trinité, à savoir le xxv<sup>e</sup>.

La troisième partie est suivie d'une sorte d'appendice annoncé comme il suit :

Sequuntur ejusdem Divi Vinc. sua ætate declamatoris longè præstantissimi nonnulli sermones castigati ac diligenter recogniti per celeberrimum virum fr. Simonem Bertherii Ord. Præd. sacre Theol. prof. bene meritum : Videlicet super oratione Dñica, contra septem

« Viennent ensuite quelques sermons spéciaux de saint Vincent Ferrier, de beaucoup le plus grand orateur de son temps, soigneusement revus et mis en ordre par le célèbre Père Fr. Simon Berthier, des Frères Prêcheurs professeur émérite de Théologie sacrée. En voici la nomenclature : de l'*Orai-*

---

(1) Vincentius Valentinus ex ordine Prædicatorum declamator suo tempore omnium celeberrimus, scripsit in lectiones Evangelicas quæ per singulos anni dies in Ecclesiis leguntur sermonum tomos tres, qui inter sermonarios scholasticos primas habent. (Ant. Senensis. Bibl. S. O. Præd.)

(2) Deponit quod legit multas predicationes quæ, ut dicitur, factæ fuerunt a dicto Mag. Vincentio.

vitia capitalia, etc. qui patent inferius in sequenti tabula. Sermones de oratione Dñicà, de Superbia, de Avaritiâ, de Luxuriâ, de Gulâ, de Irâ, de Acediâ, de Invidiâ, de Prædestinatione, de Aquà benedicta, de Pane benedicto, de timore Dei, de Quinque coronis, de Quatuor mortibus, de Perseverantiâ, de Fide, de Resurrectione generali.

Le tout se termine par ces mots :

Habes in hoc volumine, humanissime lector, sermones divi Vinc. Ord. Præd. declamatoris sua ætate præ omnium dixerim longe prestantissimi jam de novo impressos : diligentiâ et impensis solertissimi viri Simonis Vincet (*sic ?*) unà cum ejusdem divi Vincentii quibusdam aliis sermonibus additis, quos si gratos esse cognoverit reliquos singulari doctrinâ refertos impressurus est : Quod haud mediocri labore in unum collegit, et diligenter recognovit pie memorie Fr. Simon Bertherii Ord. Præd. Sacre pagine prof. bene meritus. Impressos Lugduni p. Laur Hyllaire anno dñi. MCCCCVI. Die Vero X mensis Maii. (L'année est fautive, il manque une centaine.)

*son dominicale*, de *l'Orgueil*, de l'*Avarice*, de la *Luxure*, de la *Gourmandise*, de la *Colère*, de la *Paresse*, de l'*Envie*, de la *Prédestination*, de l'*Eau bénite*, du *Pain bénit*, de la *crainte de Dieu*, des *Cinq couronnes*, des *Quatre genres de mort*, de la *Persévérance*, de la *Foi*, de la *Résurrection générale*. »

« Vous avez, dans ce volume, bienveillant lecteur, les sermons de saint Vincent Ferrier, des Frères Prêcheurs, que je puis appeler sans crainte le plus grand prédicateur de son temps. Ils ont été imprimés aux frais et par les soins du très érudit Simon Vincent. D'autres, également pleins d'une remarquable doctrine, seront également imprimés, s'ils peuvent être agréables au public. Ils ont été recueillis par le P. Simon Berthier, de pieuse mémoire. »

L'autre édition, également en caractères gothiques, mais plus petits et avec de légères différences d'abréviations, porte : *Sermones S. Fr. Vincentii Fr. Ord. Pred. Sacre Theologie prof. eximii de tempore per tempus hyemale in hoc libro continentur.*

Il y a aussi une partie d'été et une troisième *de Sanctis*, mais pas d'appendice. A la dernière page on lit :

« Divini Verbi interpretis et predicatoris inarcessibilis (*sic*), Sacreque Theologie prof. eximii. S. Vinc. Conf. divi Ord. pred. sermones validissimi temporis hiemalis in felici Colonia pervigili cura correcti et impressi felici termino finiuntur. »

Une autre édition, imprimée à l'ordinaire, semblable aux autres *quant au texte, porte* : *S. Vincentii natione Hispani, professione Sacri Pred. Ord. Theologiæque doctoris et evangelicæ doctrinæ predicatoris celeberrimi Sermones. Eisdem denuo summâ curâ per D. Damianum Diaz Lusitanum theologiæ prof. recognitis luculentæ adnotationes in margine accesserunt. Antuerpiæ apud Phil. Nutium Anno* MDLXX.

Ce correcteur n'a donc fait que suivre le P. Berthier ou les mêmes manuscrits.

Il convient d'y joindre l'édition de Gaspard Erhard (Augustæ Vindeliciorum 1729). Ce sont là des éditions classiques; mais ce ne sont point les premières. L'imprimerie était à peine connue, que les sermons de saint Vincent Ferrier furent publiés avec la légende dorée du Dominicain Jacques de Voragine. Lyon seul les imprima trois fois avant la fin du XVe siècle, une première fois, en 1490, petit in-4°. On y lit ces vers plus élogieux que poétiques :

> « Hic est ille tuus pastor, Valentia, pro quo
> Non cessas moesto spargere rore genas.
> Par priscis Vincentius est patribus pietate.
> Qui scripsit quidquid littera sacra docet. »

La seconde fois, en 1497, *tertio nonas Octobs* : in-4°, gothique, de 151 folios à deux colonnes. On y lit ces quatre vers imités de Martial :

> « Nunc tua Vincenti, sacri monumenta laboris
> In parvo poterunt codice magna legi;
> Hoc siquidem pacto cunctas volitabis in oras
> Et poteris cuivis non gravis esse comes. »

Plus, un autre distique où l'on démêle l'éloge du typographe Matth. Husz.

Enfin, une troisième fois, en 1499, en trois tomes in-4°, à la fin desquels on lit : *Impressum est autem presens opus Lugduni opera et expensis Johannis Schuab. Anno Domini* MCCCCXCIX. *Pridie idus Novembris.*

Toutes ces éditions sont en latin. Tout ce qui avait un caractère durable était écrit en latin. Les sténographes traduisirent leur copie en latin. Le latin était la langue officielle; le tabellion rédigeait ses actes en latin. L'Église, la jurisprudence, voire un peu la médecine et la pharmacopée l'emploient encore de nos jours. Cependant, une traduction française fut imprimée à Lyon en 1477.

Achevons cette nomenclature, en indiquant quelques autres incunables. Une édition latine, imprimée à Cologne, en 1482, est précédée d'un *Ars prædicandi*, par un certain *Albert*. Elle fut complétée en 1487 : quatre volumes in-folio. Un recueil fut imprimé (*Argentinæ*) en 1485, un autre à Ulm en 1475. Enfin, la bibliothèque Sainte-Geneviève possède un volume finissant ainsi : *S. Vincentii Ferrariensis regni Aragonie Ordinis Predicator, conventus Valentie Sacre Theologie professoris resolutissimi atque sancte fidei catholice directoris christianissimi sermones partis Estivalis Basilee impressi finiunt Anno Domini MCCCCLXXXVIII. XVI Kal. Januarii.*

Quant au plan de ces divers recueils, les éditeurs ont suivi la méthode la plus simple, c'est-à-dire le temps liturgique, les panégyriques et les sujets spéciaux. Cependant, cet ordre a été bouleversé par certains éditeurs, notamment dans l'ouvrage qui a pour titre : *Distinctiones B. Vincentii divini verbi præconis et predicatoris ac sacrarum litterarum interpretis et professoris subtilisissimi. Sti Vincentii conf. de Valentia Ordinis Fr. pred. aurei sermones fructuosissimi et omni tempore prædicabiles cunctis divinæ legis declamatoribus plurimum necessarii, per dictinctiones et litteras alphabeticas ordinati...., diligenterque revisi per Fr. Petrum de Tardito ejusdem Ordinis et Conventus Chamberiaci, cum tabula alphabetica valde bona ad facillime inveniendum materias per numeros distinctionum et foliorum.*

A la fin, un petit opuscule intitulé : *Perutilis expositio decem præceptorum legis per modum sermonum, à B. Vincentio Ord. præd.*, etc. Le tout imprimé à Lyon par Denys de Harsy, etc., le 8 octobre 1523. Les distinctions sont au nombre de 213.

Nous trouvons, dans un catalogue des œuvres de saint Vincent Ferrier, un volume imprimé à Cologne en 1675, sous le titre de *Sermones de Rosario*. Ce ne sont que des extraits accolés comme le recueil des quatre sermons *de fine mundi* imprimés à Valence en 1573.

Il reste à parler des autres œuvres ou opuscules de saint Vincent Ferrier. Le meilleur guide ici sera le Valencien Antist, disciple de saint Louis Bertrand. Il les a réunies en un petit in-12 (Valentia, 1594), et les présente ainsi au lecteur : « Il ne me reste plus, lecteur pieux, qu'à l'exhorter à lire les œuvres si pleines de feu de saint Vincent Ferrier ; la raison le demande, car, t'appliquant à cette lecture, tu t'approcheras de ce feu sacré et ne tarderas pas à en être embrasé toi-même. Ne t'offusque pas de la simplicité du langage, ne demande pas à ce disciple de saint Paul des paroles empruntées à la sagesse humaine ; mais cherches-y l'esprit et la vertu secrète qu'elles renferment, si, du moins, tu veux que l'amour divin embrase ton cœur. » Le P. Possevin, Jésuite, n'a pas cru mieux faire que de transcrire ces lignes dans son livre de *Apparatu sacro* (1).

Suit la nomenclature des œuvres. — 1° *Le Traité de la Vie Spirituelle* fut de bonne heure très répandu. On le trouve dès 1493, imprimé à Magdebourg, sous le titre : *Compilatio de interiori homine*. Saint Louis Bertrand, maître des novices au couvent de Valence, voulait qu'ils l'étudiassent à fond (2).

2° Le Traité des tentations contre la foi se trouvait original à la Chartreuse de *Scala Dei* en Catalogne, moitié sur parchemin, moitié sur papier. Il a pu très bien être composé là même, ou tout au moins laissé à l'intention de quelques scrupuleux. Le Chartreux Jean Fort, dont le nom est mêlé à l'histoire des disciples de notre Saint, était de ce monastère.

3° Le traité de la messe, imprimé à Barcelone, en catalan, sous le titre de *Mysteris y contemplacions de la Missa*. Miguel ne doute pas de l'authenticité de ce petit livre ; il s'explique très bien, en effet, par le besoin qu'avait l'Apôtre d'exercer ses compagnons aux cérémonies et au sens de la messe, qu'il chantait chaque jour. Mais il a pu être composé de mémoire par quelques disciples (3).

4° Quant aux lettres du Saint, nous avons dit à peu près tout ce qu'on peut en dire (4). Le fragment de sa lettre à son frère Boniface se conservait religieusement, bien que lacéré, à la Chartreuse de *Porta-Cœli*. On y lit, entre les lignes, ses préoccupations habituelles :

---

(1) Tomus II, littera V.

(2) La meilleure édition du *Traité de la Vie Spirituelle* est celle qu'a publiée, avec des commentaires, la Vénérable mère Julienne Morell. — Réimprimé dernièrement par Oudin. — L'Ordre Dominicain possède des mystiques trop peu connus. Qui connaît ce traité de saint Vincent Ferrier et la théologie affective de Contenson et l'incomparable Thaulère ?

(3) J'ai sous la main un petit volume in-16, de 57 pages, imprimé en 1518, et réimprimé à Valence en 1855 avec ce titre : CONTEMPLACIO MOLT DEVOTA E MOLT MARAVELLOSA A TOT CHRESTIA QUE COMPREN TOTA LA VIDA SAGRADA DEL MESTRE JESUS SENYOR NOSTRE, LA QUAL ES REPRESENTADA EN LO SACRIFCI DE LA MISSA QUES DIU SOLEMNAMENT. ORDENADA PER LO MOLT REVERENT PARE EN CRIST MOSSENYER SANCT VICENT FERRER DIGNE DE LOABLE MEMORIA DEL ORDE DELS FRARES PREDICADORS.

(4) La lettre de Vincent Ferrier au Maître Général, Jean de Puynoix, conservée à Catane, a été longtemps l'objet d'un culte ; on la portait aux malades, non sans efficacité. C'est peut-être ce qui explique son état de délabrement.

« *Rev. in ch. Patri Domino Bonifacio Priori magnæ domus Carthusiæ.*

» Jésus! — Rev$^{me}$ Pater et Germane præcarissime. Receptis et per-
» lectis litteris vestris, gavisus sum animo de vestro..... præoptatis.....
» De his vero quæ circa me contingunt, lator præsentis, monachus
» vester et amicus meus..... per quem etiam *mitto vobis multa nova*
» *terribilia et miranda.* Xus Dominus..... conservet. Amen. Sept 17 die de
» loco de Malon de manu mea propria. Inutilus servus. »

Les deux lettres à l'Infant don Martin : *Habentur autographæ*, dit Antist, *apud nos scriptæ idiomate lemovicensi*. Il les traduit en latin, parce que personne ne comprend plus le lémosin. La première, on s'en souvient, datée de Valence, jour de saint Sébastien, sans année, promet un volume de ses sermons, traite d'affaires d'argent, contient des comptes administratifs, recommande un religieux qui changeait de couvent. Ne serait-ce pas du temps où il était Prieur?

Le fragment de la lettre à Gerson se trouve parmi les œuvres de celui-ci.

La lettre au roi Ferdinand provient, originale, du P. Ferdinand Castillon, confesseur de Philippe II et auteur des Centuries de l'histoire de l'Ordre. Enfin Çuritá a montré à Antist le suffrage authentique de Vincent Ferrier à Caspe.

**Vicente Ximeno**, auteur estimé d'une bibliographie valencienne n'a guère fait que reproduire Antist. Il faut en dire autant de l'*Apparatus Sacer* du savant Jésuite Ant. Possevin. Ce qu'il semble avoir découvert ne sont que des combinaisons de fragments pris un peu partout dans les OEuvres du Saint, et accommodés sous des titres nouveaux.

Rappelons, en finissant, quelques importants manuscrits : la Somme annotée de saint Thomas d'Aquin, conservée à Saragosse (1) ; le Traité contre

---

(1) Voici quelques-unes de ces notes :
1 part. qu. 37. art. 2. Ad illa verba : *Sicut Pater dicit se et omnem creaturam verbo quod genuit*, etc. Nota quod secundum ea quæ hic dicuntur hæc propositio Pater et Filius diligendo se et omnem creaturam producunt spiritum sanctum. Vel potius istum : Pater et Filius producunt spiritum sanctum dilectivum sui et omnis creaturæ. Sicut ista : Pater dicit se et omnia, verbo genito ; intelligendo se et omnia producit Verbum. Vel potius sic : Pater producit Verbum representativum sui et omnium.

Qu. 63, art. 8. Nota quod angelus ad id quod se convertit totaliter se convertit secundum quod judicat et vult se convertere, cum non habeat aliquid retardare ejus judicium intellectus, vel impetum voluntatis; in nobis autem accidit oppositum. Non autem debet intelligi quod in omnia objecta voluntatis convertatur, aut moveatur secundum totam virtutem simpliciter, id est intensissime quantum potest, quia sic æqualiter omnia diligeret. Et locus hic statuit bene de motu Angeli in aliquid, tanquam in ultimatum finem, talis enim fuit motus angeli in peccato, ut prob. art. 3.

Ad 2$^{um}$, 2$^e$ qu. 10, art. 3. — Vide quod Judei non adorant verum Deum, sed fictum

les Juifs (Bibliothèque Vaticane) ; la Défense de Clément VII et de la Papauté d'Avignon (à Rome, bibliothèque Barberini) ; le Traité du schisme (Bibliothèque Nationale, Paris). Echard a dit de ce traité : *Hic tractatus Vincentium probat jam tum magnæ auctoritatis theologiæ jurisque canonici præditum.* « Il valut à l'auteur, ajouta-t-il, le laurier de Lérida, puis d'accompagner le légat Pierre de Lune, et enfin les honneurs d'Avignon. »

### § 5 — *Le Saint.*

La base de tout procès de canonisation est la vie intime. Là est le *robur* du grand chêne où les oiseaux du ciel vont chercher un abri, là est le foyer puissant qui rayonne au loin. L'héroïsme de la vertu était-il habituel chez cet homme ? Les miracles ne sont qu'un corollaire. Tel est le fond de toutes les questions. Nous avons donc à retracer la vie intime de Vincent Ferrier.

L'erreur, même de détail, est ici impossible ; on trouve en cent endroits différents, prise à toutes les époques, sa manière de vivre, avec les traits les plus typiques : on a compté le nombre de fois qu'il buvait, on a remarqué que de son corps il ne vit jamais que ses mains. Dieu sait si on l'observait, cet homme extraordinaire dont l'éclat flamboyait, presque fatigant à tous les yeux.

« Yves Le Gluidic, archiprêtre de Vannes, chargé par l'évêque de » pourvoir à la nourriture de l'Apôtre, et de ce chef devenu son com- » mensal, dépose, comme témoin oculaire, que maître Vincent mangeait » du potage, puis des poissons, les premiers servis, d'une seule espèce, » en petite quantité ; que jamais il n'acceptait les autres poissons qu'on » lui présentait ; et, quelque nombreux que fussent les mets apportés, il » se contentait toujours du premier plat. Il buvait du vin mêlé d'eau, » trois fois seulement à chaque repas (1).

» Il ne prenait jamais son repas avant midi passé ; le repas pris, il » faisait distribuer les restes aux pauvres (2).

---

per opinionem. Idem est de aliis infidelibus non credentibus *trinum* et *unum*. Nec obstat quod dicitur ultima parte quæst 3, art. 3 ad 2ᵘᵐ, quia ibi loquitur quantum ad conceptum intellectus nostri, hic autem quantum ad veritatem objecti.

Une très belle édition de saint Thomas, devenue rare, et qui malheureusement s'est arrêtée au 9ᵉ volume, a utilisé ces notes. Palma 1774, in-8°. — Voir appendice *M*.

(1) Deposuit quod vidit ipsum comedentem pulmentum, et deindè pisces unius speciei dun-taxat, et satis parcè, nec alios pisces comedebat præter sibi primo præsentatos, et licet plura alia cibaria sibi præsentarentur, nihilominus uno tantum ferculo contentabatur ; et potabat vinum lymphatum tribus vicibus solum in quolibet prandio.

(2) Semper expectabat usque post meridiem ad sumendum prandium ; et sumpto prandio, residuum faciebat distribui pauperibus.

» Le témoin ne l'a jamais vu manger le soir ; et c'était la commune
» persuasion qu'il ne faisait qu'un repas par jour (1).

» Durant le repas, il paraissait gai ; après les grâces, il ne parlait point,
» mais se retirait pour vaquer à l'étude (2).

» Il portait toujours l'habit des Frères Prêcheurs, fait d'étoffe grossière
» et de coupe fort simple, selon l'usage de l'Ordre.

» Sauf lors de la maladie dont il mourut, il ne couchait jamais dans
» un lit, bien qu'on lui en eût préparé un dans sa chambre.

» Denoual de Chef du Bois, qui suivit maître Vincent dans presque
» toute la Bretagne, l'a toujours vu vivre humble, chaste, sobre. Il
» peut affirmer qu'il ne mangeait jamais de viande, très peu de poissons,
» qu'il buvait peu, et du vin mêlé de beaucoup d'eau. Il dormait sur des
» tapis ou par terre, la tête appuyée sur une pierre.

» Je l'ai vu souvent dormir ainsi, précise-t-il ; le vicomte de Rohan
» l'a vu comme moi ; et, plus d'une fois, il l'a fait constater à d'autres
» témoins et aux membres de sa famille (3).

» Tout le monde savait et tout le monde disait que maître Vincent
» était un saint religieux, austère, sans duplicité ni fiction, irrépréhen-
» sible dans ses mœurs, et reconnu pour tel ; jouissant de la renommée
» d'un homme rempli de vertus éclatantes : humble, doux, sobre, pieux,
» adonné nuit et jour à la prière ou aux saintes lectures, l'âme toujours unie
» à Dieu, ne mangeant jamais de viande, observant rigoureusement la règle
» de son Ordre, toujours exemplaire jusque dans sa vie la plus intime (4).

» Il ne dormait jamais sur un lit, mais sur des tapis, avec une pauvre
» couverture, et un livre pour oreiller. Et encore prenait-il si peu de
» repos que ceux qui le voyaient et l'observaient à peu près chaque nuit,
» le trouvaient presque toujours en prières, se livrant à la lecture ou à
» l'oraison sans relâche, ni ennui, ni fatigue. Et chacun regardait cela
» comme un prodige (5).

» A Castres, au couvent, on lui avait donné une cellule et un lit, mais
» on constata qu'il ne s'y était point couché. Ses Frères purent le voir,

---

(1) Nunquam vidit ipsum cœnantem..... nec, ut communiter ferebatur, comedebat nisi semel in die.

(2) Et durante prandio, hilarem vultum faciebat dictus Magister Vincentius ; et post gratiarum actiones a colloquio cessabat, et studio vacabat.
Nous traduirons ainsi toujours les témoignages, aussi exactement que possible.

(3) « ..... Quia vidit eum sæpius sic dormientem ; et quod Dominus tunc vicecomes de
» Rohan hoc etiam sæpius vidit ac per testes et alios de familia suâ respici faciebat. »

(4) *Déposition de Guillaume de Languillic, Dinannais.*

(5) *Toulouse. Déposition de l'archevêque.*

» au milieu de la nuit, se lever de dessus sa planche, tout habillé, et
» commencer ses prières. Il en fut ainsi pendant les huit jours et huit
» nuits qu'il passa dans cette ville.

» Il y a vingt ans, disaient ceux qui vivaient avec lui, qu'il n'a pas
» mangé de viande ni reposé dans un lit (1).

» Antoine Curulis, citoyen de Gênes, l'a vu et entendu à Gênes et
» dans les environs ; il dépose qu'à Gênes et dans tout le district il n'était
» question que des merveilles opérées par maître Vincent ; que, voulant
» savoir lui-même à quoi s'en tenir, il l'observa souvent et le vit dormir
» sur une planche avec sa Bible pour oreiller. Il le vit encore prier avec
» beaucoup de larmes pendant plus d'une heure, puis se donner la disci-
» pline avec sa courroie, ce qu'il faisait tous les jours. Il ajoute que
» toutes les fois qu'il a vu le Saint célébrer, tant à Gênes que dans les
» villes de la Rivière, celui-ci pleurait abondamment tout le temps qu'il
» tenait dans ses mains le **Précieux Sang**, jusqu'à la Communion, qu'il
» accomplissait avec la plus touchante ferveur. »

Un autre témoin dut aussi curieusement, et avec une sorte de respect
superstitieux, regarder vivre cet homme dont la parole incinérait les
coupables : c'est le prêtre d'Alexandrie qui dicta au chanoine Castillon
de Florence la vie de saint Vincent Ferrier. « Il alla d'abord à pied, dit-
» il, puis, malade d'une jambe, sur une ânesse. Sa vie était très dure,
» même en voyage ; il ne mangeait jamais de viande, ne faisait qu'un
» repas par jour, buvait trois fois seulement à son dîner, du vin abon-
» damment trempé, donnant aux pauvres tout ce qui lui restait de son
» repas ; point de lit, mais une paillasse étendue par terre ; il dormait
» toujours vêtu de l'habit de son Ordre, avec un cilice ; lorsque les
» infirmités vinrent trop fortes, il fit faire un cilice d'étamine ; souvent une
» pierre lui servait d'oreiller ; pendant trente ans, il ne vit de son corps
» que ses mains. Il se levait la nuit sans hésiter ; après l'office de son
» Ordre, il récitait le Psautier. Il prêchait tous les jours, chantait la messe
» avant de monter en chaire, se confessait tous les jours avant la messe,
» versait d'abondantes larmes durant le Saint Sacrifice. Il ne portait avec
» lui que son bréviaire et la Bible. »

Citer d'autres témoignages paraît bien superflu (2).

Quant à l'horaire de ses journées, à force d'étudier sa vie, on arrive
à le connaître pour ainsi dire minute par minute.

---

(1) *Déposition de Eudes David, Nantais.*

(2) Dans Razzano, la vie intime est assez bien traitée. II, 9. Le religieux était là chez lui.

Il se levait à deux heures, recitait l'office de chœur, puis le psautier tout entier ; puis il lisait l'Écriture Sainte ou restait absorbé dans de longs entretiens avec Dieu. A un moment donné, dans un de ces élans d'amour qui deviennent irrésistibles, il prenait une sanglante discipline.

Il se confessait tous les matins. Vers six heures en été, sept heures en hiver, il chantait la messe. Le sermon suivait, qui durait en moyenne trois heures ; puis, venait la bénédiction des malades ou la réconciliation des inimitiés.

Il devait dîner à une heure ; à une heure et demie, il se renfermait pour achever l'office du jour et se recueillir. Puis il s'occupait des pauvres, des enfants du peuple des campagnes, des religieuses cloîtrées et enfin de sa compagnie. Les jours de déplacement, le voyage remplissait une partie de l'après-dînée, selon la distance.

A huit heures, où qu'il fût, il se retirait, préparait liturgiquement l'office du lendemain et la prédication, qui roulait toujours sur un texte du jour, sauf à prendre sa volée vers tous les horizons. Il écrivait ou dictait les idées principales que lui inspirait le texte sacré. C'est à cela que nous devons le manuscrit de Valence et celui de Pérouse. A neuf heures, il prenait son repos. Et ce fut ainsi toute sa vie.

A Toulouse, l'archevêque lui demanda de modérer un peu, pour le bien des âmes, les rigueurs de ses mortifications. « Permettez-moi, » répondit-il, d'achever comme j'ai commencé ; à mon âge, tout change- » ment est dangereux. » Il était presque septuagénaire. L'archevêque sourit et n'insista pas.

Pour qui connaît la nature humaine, cette continuité sans relâche est un vrai prodige, même au couvent, où l'entraînement de la vie commune, l'atmosphère ambiante, au milieu d'une existence calme, semblent rendre la chose facile. Mais, quand c'est au dehors qu'il s'agit de maintenir avec une rigueur inflexible cette austère uniformité, quand c'est tous les jours, avec une infinie multiplicité d'affaires, sous toutes les latitudes, en toute saison, dans toutes dispositions d'esprit ou de corps, malgré le caractère évidemment surérogatoire et même imprudent de certains actes, cela suppose une force de volonté, une vigilance, enfin un état d'âme qui n'est pas *naturel*.

Éclairons cependant chacun des actes de ces journées si bien remplies. Le jeûne et l'abstinence nous frappent assez, nous autres pauvres esclaves du corps. Une objection même se présente : ces privations abrègent la vie. La science démontre le contraire. Ce qui abrège la vie, ce sont les soucis rongeurs créés par le vice et les expédients d'une conscience désordonnée ; ce qui la conserve, c'est, avec un régime austère, la chasteté, la dépense normale des forces, la sérénité de l'âme.

On a remarqué que Vincent Ferrier était toujours gai, d'une égalité d'humeur parfaite. Malgré ses incroyables fatigues, malgré sa plaie à la jambe et malgré tout, il est mort à soixante-dix ans.

« Il dormait en moyenne cinq heures. C'est, à la rigueur, suffisant :
» mais, on a dit avec raison qu'une chose à laquelle il est difficile de
» s'habituer, c'est le manque de sommeil ; c'est-à-dire que toujours le
» réveil demande un réel effort (1). »

Malgré l'apparence contraire, les plus durs moments ne sont pas du matin, mais du soir : quand le soleil monte, tout s'active dans la nature, la pesanteur du sommeil matinal est factice et facile à secouer ; mais le soir, quand on porte le poids d'un jour de 18 heures et toutes ses ardeurs, c'est lourd : le cerveau surmené demande grâce, l'envahissement d'une irrésistible torpeur nous gagne, et la lutte alors est que plus méritoire. Les Ordres religieux qui passent pour les plus sévères n'ont pas osé affronter cette fatigue : on se couche à sept heures à la Trappe, souvent entre cinq et six à la Chartreuse.

Or, ce court sommeil était fréquemment interrompu par les rancunes de l'enfer, par ces cruelles insomnies dont nous avons esquissé le sombre tableau.

Et quand, enfin, Satan se retire sur un signe de Dieu, quand le cerveau, un peu détendu, va s'assoupir dans un repos si nécessaire, un signal se fait entendre : si longues qu'elles soient, les heures passent, l'heure de la prière vient de sonner. Alors, plus forte que tout, la volonté reprend tout l'être ; et il faut que l'esprit se tende, que les yeux suivent les lignes noires, que les lèvres prononcent les paroles, que le corps reste à genoux longtemps, car la foule attend, et doit avoir sa part de Dieu. Mais aussi comme Dieu est glorifié ! et comme les âmes coupables seront préparées à leur insu, à recevoir la grâce, leur grâce !

Il y a plus : Vincent Ferrier était Espagnol ; il a passé la plus grande partie de sa vie, même publique, en Espagne. En Espagne, il est une coutume nécessaire, au moins en été, pour laquelle on prépare toutes choses à ses hôtes, comme pour le repos même de la nuit : c'est la sieste. Quand l'ardent soleil enflamme l'atmosphère et tombe à pic sur

---

(1) Cet horaire du lever et du coucher est précisément celui que le Père Lacordaire a établi chez nous, sauf un peu de repos facultatif après l'office de nuit.

la terre embrasée, quand nul souffle de l'air n'ose lutter contre cette puissance implacable, quand tout s'engourdit et se tait dans la nature, il se produit comme un enchaînement de toutes les facultés; l'arrêt de l'activité s'impose. Et quand, à cette torpeur, se joint le travail alourdissant de la digestion, ce besoin devient presque irrésistible. « Le » témoin ajoute que, après son repas, maître Vincent se livrait toujours » à la contemplation et à la méditation des Saintes Écritures (1). »

Un auteur moderne (2), qui a traité magistralement et par expérience de la prédication, dit en substance, qu'après cet effort simultané de toutes les puissances, après cette sorte de projection de l'être, il n'y a qu'une chose à faire, c'est de laisser tomber la vie, et, s'il se peut, de dormir.

Vincent Ferrier prêchait tous les jours trois heures au moins et à jeun. Après son sermon, la foule des infirmités humaines l'attendait, et, après son maigre repas, il se retirait pour prier. Là est le point psychologique d'une volonté absolument maîtresse d'elle-même qui a fait ce pacte avec son corps : tu auras le strict nécessaire, puisque je ne puis faire autrement, mais pas un atome de plus; tu te reposeras dans l'éternité.

Chaque nuit, il prenait une sanglante flagellation; si son bras impuissant lui refusait ce service, il le demandait à un frère, à une de ces âmes capables de ne s'étonner de rien. Lacordaire le faisait, lui, pour s'humilier.

A ceci le monde ne comprend rien; c'est l'éternelle opposition entre Dieu et lui, entre l'esprit et la chair : l'un invente pour jouir, l'autre pour souffrir.

Cette joie de flageller le corps, de le sentir brûler sous les blessures ou geindre sous les cilices, appartient à l'école de la sainteté, comme les coups à donner ou à recevoir appartiennent à l'art militaire.

Qu'on ne s'imagine pas, cependant, que ce soit pour dompter les révoltes de la chair. Ce point est secondaire. La vigilance, la fuite du monde, le travail, la prière et surtout le don de Dieu qui fait les continents, sont les remèdes à ce mal trop réel.

Sans doute la haine des sens, du désordre desquels tant de maux découlent, porte à des expiations de ce genre, mais la cause, la vraie cause, c'est l'amour. Les disciplines, les haires, les meurtrissures, le

---

(1) *Déposition de l'évêque de Télésia.*
(2) M. Bautain.

sang sont un besoin qui s'impose à toute âme éprise en face de ce fait que, par amour, la chair de l'Homme-Dieu attaché à un tronçon de colonne, a volé en lambeaux sous les verges d'une soldatesque sans pitié.

Il passait ensuite de longues heures, l'âme ouverte à la grâce, comme la terre altérée ouvre son sein à la rosée matinale. C'était pour lui le temps fortuné, car c'était le temps de ces préambules tout divins de l'union que devait bientôt consommer la Communion. Là, il vivait, jouissait, se saturait de son Dieu. Là, dans la nuit, il se livrait à l'attrait des choses invisibles; là, son âme pénétrait les mystères, ce qui demeure mystère à l'homme englué dans la vie des sens : *Animalis homo non percipit*.

Il savait que si « la terre est désolée, d'une désolation inénarrable, » c'est parce que nul ne se recueille pour réfléchir dans son cœur. » Il se recueillait et réfléchissait pour le monde entier. Qui dira ces appels à la clémence, ces oblations de lui-même, ces cris vers l'Être infiniment bon, ces abandons d'un cœur aimant, ces craintes et ces soucis confiés au cœur de l'Éternel !

Là s'élaborait son rôle de réparateur social; de là il sortait, comme le soleil, pour redonner à l'univers épuisé un renouveau de force et de vie.

Et quand Dieu cessait de l'absorber, il ouvrait le livre de vie et il y trouvait ce qui est caché sous chacune de ses phrases, des lumières, des horizons infinis, des sens multiples s'ajustant à toutes les dispositions de l'âme.

Là est le secret de son influence. Ce qu'il donnait chaque jour avec des aperçus si nouveaux, si séduisants, avec une ardeur toujours croissante, il le prenait là.

Quand, parlant aux prêtres, il leur disait : « Dès votre réveil, à l'œuvre divine! et identifiez-vous avec Jésus-Christ : à telle heure, il a été conduit à Pilate, à telle autre les juifs criaient; à telle heure, il expirait, etc. » C'était sa vie qu'il révélait là, et le secret des divines privautés.

Il se confessait tous les matins. Le chapitre et la confession quotidiens, c'est-à-dire l'aveu public des fautes publiques, et l'aveu secret des fautes secrètes, étaient des lois de l'ancienne discipline monastique. Que ceux qui s'étonneraient, et qu'une légitime curiosité pousse à se rendre compte des choses, veuillent bien, après avoir lavé leur âme, s'astreindre, pendant un an, à faire chaque soir leur examen de conscience précis. Peut-être ne trouveront-ils rien les premiers jours. Que trouve à reprendre à sa toilette le mendiant poudreux et en loques à qui vous donnez du linge blanc? Mais, à mesure que leur cœur se purifiera, ils trouveront, ils deviendront plus exigeants, s'indigneront des taches que l'âme contracte chaque jour, de la poussière, sinon de la boue qui souille sa blanche robe ; ils ne tarderont pas à s'apercevoir que balayer, nettoyer, rajuster, remonter, sont des exigences quotidiennes de notre vie sur la terre.

Ainsi préparé, Vincent Ferrier montait à l'autel et chantait la messe. Dès le début, il eut soin d'avoir à sa suite ce qu'on peut appeler sa chapelle, des chantres, prêtres soigneusement exercés, et des instruments de musique.

La messe était le centre de sa journée, le point culminant des ascensions de son cœur. Il y trouvait le rassasiement de ses puissances affectives. Il dit un jour à ses auditeurs : « Nous faisons ainsi chaque jour,
» pour que l'abondance des grâces que nous recevons dans la célébra-
» tion de la messe influe et se répande. De même que le Christ allait
» chaque matin au jardin des Oliviers, ainsi nous célébrons la messe
» que ce mont de grâce et d'onction signifiait. Et puis, à l'imitation du
» même Christ, nous prêchons, parce qu'un sermon après la messe
» vaut mieux que trois dans un autre temps. »

Il est écrit du P. Lacordaire, qu'après une courte action de grâces, une sorte de soif le poussait à chercher des humiliations et des coups ; Vincent Ferrier brûlant, étouffait du trop-plein de ses pensées, et parlait pour éteindre l'incendie allumé dans ses entrailles. Il aimait Dieu ainsi ; pensant toujours à Dieu, il avait au cœur le besoin impérieux d'en parler. Il trouvait l'éloquence dans l'amour ; elle y est toujours, tout être bien épris sera éloquent, si vous le faites parler de ce qu'il aime. Et s'il est vrai, d'après saint Augustin, que les larmes, ce sang du cœur, sont les témoignages de l'amour, son cœur versait ce sang chaque jour, en même temps qu'il consacrait le Sang de Dieu. Son visage s'enflammait alors, et le Sacrifice s'achevait dans une sorte d'irradiation de tout son être.

L'expérience avait prouvé qu'on l'entendait de partout : on arrivait néanmoins avant l'aube pour voir de plus près les resplendissements célestes de son visage.

Il mettait, à la célébration de la messe, le respect de détail le plus absolu. C'était une leçon qu'il donnait chaque jour à ses prêtres. Et sans doute aussi, son attitude, ses bras en croix marquaient le sens de toutes choses dans cette sublime épopée du Sacrifice divin, si bien, si amoureusement conduite par l'Église, épouse intelligente de Celui qui s'immole.

Qui sent cela aujourd'hui? Qui connaît la genèse des vêtements sacerdotaux et le sens des diverses parties de la messe? On regarde avec raison comme un prodige de patience, l'homme qui *suit sa messe* tous les dimanches : pourquoi? Parce qu'on ne sait pas. Dieu a permis que ce siècle ait vu remettre en lumière la sainte liturgie. A ceux qui voudront l'étudier, je promets les plus intéressantes surprises; aux prêtres qui voudront l'enseigner, des assistants nombreux et attentifs.

La liturgie est la forme authentique du culte officiel que Dieu daigne accepter des mortels. Quand, parmi les intérêts dont l'humanité s'occupait, celui-là tenait son rang, savoir de quelle manière Dieu voulait être honoré était une question grave. L'histoire de tous les rites et des sacrifices barbares qui ont ensanglanté nos vieilles forêts est assez éloquente, et ce fut un véritable repos pour les âmes lorsque l'Église, messagère divine, fit marcher de front avec les enseignements de la foi, les formes symboliques du culte, et donna la formule exacte de la prière et de l'adoration.

Mais pourquoi chanter la messe tous les jours? c'est au moins une originalité. Vincent Ferrier s'était prescrit l'obligation de se rapprocher le plus possible de la vie conventuelle : or, la messe se chantait tous les jours au couvent.

Sait-on bien surtout ce que renferme de richesses le chant liturgique? Un peu d'attention suffirait à démontrer que tout y a été médité, voulu, senti, que la plus petite phrase exprime un élan de l'âme dans cet état particulier où la parole, où la poésie même ne suffisent plus, où il faut qu'elle chante. C'est l'union active de ces deux idées : l'âme naturellement chrétienne pleine de mélodieux accords : *anima plena modulatione*.

Nous étonnerons peut-être, en avançant qu'à la presque totalité du chant liturgique, peut s'appliquer la parole de ce maître, affirmant qu'il donnerait ses meilleurs morceaux pour avoir composé le chant de la *Préface*. Nos plus majestueuses messes modernes ne sont que des imitations réussies du chant ancien (1).

---

(1) Le chant Dominicain, en particulier, soigneusement puisé aux sources, porte le cachet de ces siècles de foi où, sous l'effort de la prière, l'âme atteignait naturellement ce sublime qui n'est que passagèrement le fait du génie humain livré à lui-même. Chacune de ces mélodies ressemble à ces ravissantes miniatures qui enluminent les livres d'office du moyen âge.

Il prêchait tous les jours, souvent plusieurs fois par jour. Ceci ne s'explique pas humainement. On peut, au début, trouver dans la nouveauté, dans l'attention des foules, dans le succès, l'entrain nécessaire à la prédication. Mais un moment vient où, sous la fatigue, l'ennui, les critiques qui ne font jamais défaut, le goût naturel s'épuise et on aspire au repos. Ce qu'il faut dans ce difficile travail, c'est le *feu sacré*, sans métaphore aucune, et ne s'éteignant jamais. Il faut aimer les âmes de cet amour qui a été chercher le Verbe divin dans les profondeurs des cieux et l'a jeté sur la terre rédempteur et victime; il faut avoir à l'âme, toujours brûlante, la passion de l'honneur de Dieu.

La chaire, comme un galvanisme divin, lui redonnait force, vivacité, jeunesse; et c'était, pour les peuples, la preuve vivante de ce que la grâce opère dans les âmes. Il n'y a ici ni doute, ni estompe possible. C'était bien un miracle se réitérant tous les jours. Pas de témoignage au procès de canonisation qui ne relate ce fait frappant pour tout le monde (1).

La messe opérait ce prodige : pour lui tout y était réalité vivante et active; il venait de s'approcher du Dieu qui renouvelle la jeunesse et la réjouit : la jeunesse immortelle de l'âme au contact de l'éternelle jeunesse de Dieu.

Et il allait patient. A-t-on remarqué assez les déplacements journaliers de ce vieillard après les fatigues du jour, et dans de pareilles conditions? Il voyageait toujours à pied, puis monté sur un âne, à cause de la plaie survenue à sa jambe. Il ne cueillit, avons-nous dit, la palme du martyre que par la véhémence de ses désirs; mais il subit, en réalité tous les jours, le martyre de la patience. Et quelle patience! Faim, soif, chaleur, fatigue, vents, tempêtes, ravins, rivières torrentueuses. Quand on songe qu'il parcourut ainsi l'Europe quatre fois en quinze ans. Et cela

---

(1) ..... Et completâ missa, vertebat se ad populum et incipiebat suum sermonem cum vultu jucundo et colorato et aspectu angelico ac si esset juvenis viginti vel triginta annorum, proferens verba sua cum clara et resonante voce. (*Toulouse. Déposition de l'archevêque.*)

Et incipiebat suum sermonem cum vultu alacri et jocundo et aspectu juvenili et quasi angelico, quamquam alias per terram gradiens totus senex et decrepitus appareret. (*Toulouse. Déposition de l'archidiacre Bérenger Alberti.*)

Idem dixit quod in celebratione, tenendo Corpus Christi in manibus uberrimè flebat, post celebrationem vero incipiens praedicationem videbatur attenuatus in facie, sed post moram accensus et inflammatus Dei gratiâ ut credit, apparebat toti populo rubicundus, inflammatus et junior, adeò ut populi cum audientes unà voce proclamarent eum esse angelum Dei missum in mundum. (*Naples. Déposition de Gaspard Pellerin, médecin du roi d'Aragon.*)

au XVᵉ siècle! Les chemins d'alors étaient-ils autre chose que d'effroyables fondrières? Je le demande à ceux qui voyagent même de notre temps en Espagne. Il ne fit jamais de miracle pour lui-même, c'est-à-dire qu'il laissa contre lui à la nature, aux éléments, à la malice des hommes et de l'enfer leur jeu naturel.

Il changeait souvent d'hospitalité. J'aime à croire qu'on le recevait du mieux que l'on savait; mais dans ces villages sordides, et même dans les villes, barbare entassement de maisons malpropres, que de fois il eut pour toit quelque chambre surchauffée et peuplée de parasites nauséabonds! On vénère encore la chambre qu'il occupa lors de son premier voyage à Vannes. Ce pèlerinage en vaut un autre : il est facile de s'y rendre compte de ce qui se passait au XVᵉ siècle.

La Fontaine nous dépeint quelque part certain pays « où le ciel vous » adresse quand il veut qu'on enrage. » Or, c'est aux confins de la Basse-Bretagne et pas très loin de Quimper-Corentin que voyageait Vincent Ferrier, lorsque son âne tomba dans un bourbier sans pouvoir en sortir. Nous connaissons cet épisode semi-burlesque.

Quelquefois, par dévotion, on lui coupait ses habits. Ces braves gens ne s'apercevaient pas qu'ils le faisaient grotesque, avec sa chape à franges peu géométriques, et sa robe écourtée d'un tiers. Et ce n'était pas toujours par dévotion.

« Jean Salvatoris, témoin au procès de Toulouse, s'est aperçu que ses habits étaient fréquemment coupés par les uns, pour éprouver sa patience, par les autres, comme objets de dévotion. Et de tout cela et toujours il louait Dieu. »

L'ayant suivi en divers lieux, le témoin a pu voir combien il était patient dans les adversités de toutes sortes qui l'atteignaient ou qui atteignaient ses compagnons, telles que inondations, pluies, bourrasques, mauvais temps continuel et parfois grande disette de vivres (1).

Il ne l'a jamais vu s'impatienter, bien qu'il l'ait vu deux fois tomber de son âne, sans blessure il est vrai, ce dont tout le monde était surpris (2).

Le bon P. Hugues Nigri, grand Inquisiteur de France, comme il convient à un maître en Israël, distingue subtilement l'*actum patientiæ* et l'*habitum patientiæ*. Il dit qu'il a passé peu de temps en sa compagnie, mais il peut affirmer qu'il eut l'esprit de patience, ayant persévéré tant

---

(1) *Toulouse.* Déposition de Guillaume de Pereto.
(2) *Déposition de Pierre du Colombier.*

d'années dans ce labeur ingrat de la prédication et parcouru les diverses contrées du monde. Il est vraisemblable (!) qu'il eut à supporter bien des ennuis qui, cependant, ne l'arrêtèrent pas.

C'est vraisemblable, en effet!

Et l'archidiacre de Toulouse, d'un mot concis, confirme tout cela :

« Sa patience était manifestement au-dessus de toutes les forces » humaines, et toute divine (1). »

Il supportait sans se plaindre l'empressement de la foule. — Nous avons cru devoir tout à l'heure justifier sa conduite à ce sujet; en vérité, je ne sais pourquoi nous cherchons des apologies là où il n'y a que de l'héroïsme.

Les empressements de la foule ! J'ai vu parfois des *niños* déguenillés salir ma manche sous prétexte de me baiser la main, j'affirme que la vanité n'a rien à voir là-dedans. Et le nombre ! et la malpropreté ! Un jour, dans un village d'Espagne, la foule fut telle qu'il faillit mourir de nausées *(sic)*. Et c'étaient naturellement les pauvres, les malades, les humbles et toutes les misères qui étaient les plus empressés ! Ah ! que nous voilà loin des satisfactions possibles de l'amour-propre.

« Jean Eximène de Buerba, maître ès arts, bachelier en théologie, » originaire de Aynsa, au diocèse d'Huesca, interrogé sur les travaux » entrepris et la patience apportée, dit que le Saint alla jusqu'à Aynsa, » mais que, pour y arriver et pour en sortir, il lui fallut traverser des » montagnes, des collines, des ravins, des anfractuosités de rochers, des » lieux escarpés, des fleuves nombreux, des bois épais d'où ne pou- » vaient pas se tirer les plus fortes bêtes de somme, à plus forte raison » le pauvre âne qui, pour lors, était la monture de l'homme de Dieu. » Ce fut sans nul doute une rude fatigue !

» En second lieu, sa prédication avait attiré dans la ville dix mille » personnes. Et toutes voulaient lui baiser les mains, et cela dura onze » jours. On était en juillet : sa fatigue fut telle, tant à cause de la cha- » leur des mains que de l'empressement de la foule, qu'il se trouva » comme étouffé et asphyxié, et il fallut que, chaque jour, les consuls lui » fissent cortège pour l'accompagner jusqu'à sa demeure et l'arracher » à une mort assurée (2). »

---

(1) Et quod ejus patientiae virtus erat super omnes vires humani corporis et omnino divinalis. *(Toulouse. Déposition de Bérenger Alberti.)*

(2) Stipatus agmine consulum villae conservantium eum a periculo mortis maximo labore ad domum unde manebat dictim portabatur. *(Enquête de Naples.)*

Encore, s'il eût voulu accepter en compensation quelques adoucissements de régime! Mais son intransigeance sur ce point ne se démentit jamais.

Le thème délicat de la chasteté forme toujours dans les procès de canonisation un interrogatoire à part. Et tous sans exception ni restriction répondent que jamais on n'a rien entendu dire contre lui.

« Il était regardé par tout le monde comme sans reproche et sans
» tache ; il avait la plus grande franchise de paroles et la plus grande
» simplicité d'allures (1). »

« Son extérieur était humble, il se montrait toujours bon et affable ;
» sa vie était réputée sainte, et jamais rien de fâcheux n'a été dit sur son
» compte (2). »

Un témoin, un de ceux-là qui, étudiant à Toulouse, laissèrent tout pour suivre cet Apôtre, saintement curieux, peut nous mettre au courant de ces secrets de la vie privée. Le Saint ne changeait jamais de linge que dans l'obscurité la plus absolue, et de son corps, il n'avait jamais vu que ses mains (3).

« Tout le temps qu'il resta, il fut regardé par tout le peuple comme un
» homme juste, saint, de vie irréprochable et très austère, car il se con-
» tentait toujours du premier mets qu'on lui présentait, quel qu'il fût,
» et ensuite, quoi qu'on lui apportât les meilleures choses qui fussent à
» la ville, il n'y touchait point, mais ordonnait qu'on les donnât aux
» pauvres ; il tenait ses membres mortifiés, spécialement ses yeux, comme
» si, à la lettre, il eût fait ce que dit Job : *Pepigi fœdus cum oculis meis;*
» il les tenait baissés et penchés en terre. Lorsqu'une femme venait lui
» demander conseil pour son âme, ou santé pour son corps, il lui parlait
» poliment et doucement, mais avec la plus grande modestie ; non seu-
» lement il s'abstenait de toute parole malsonnante et vaine, mais il
» reprenait en toute charité les fadaises qu'il entendait (4). »

Au procès de Naples, le 1er, le 2e, le 23e et le 24e articles sont exclusivement consacrés à la vie intime. Le 24e va même jusqu'au fond de l'être, et demande formellement *utrum permanserit virgo usque ad mortem?*

L'Église, après l'Évangile, n'hésite pas à marquer d'une auréole spéciale la virginité. Tous affirment, dans la mesure de leur situation et du

---

(1) *Déposition de Pierre du Colombier.*
(2) *Déposition de Perrine de Bazrolen.*
(3) *Déposition de Jean Salvatoris.*
(4) *Villefranche.* — Récit local.

temps qu'ils ont passé près de l'Apôtre ; pas un n'apporte de témoignage contraire.

Enfin l'évêque de Majorque dépose qu'il a vu et connu maître Vincent, qu'il était catholique parfait et zélé défenseur de la foi, faisant toutes choses pour l'honneur et la gloire du Dieu tout-puissant et de la Très Sainte Trinité.

Et c'est là le résumé de tout.

Dieu voulut dès ici-bas ouvrir aux témoins d'une telle vie, un coin de la gloire qui attend ses serviteurs. On se rappelle que des indiscrets virent souvent l'appartement où se tenait le Saint, rempli d'une lumière éblouissante, et le Saint lui-même élevé de terre comme une flamme. Quelquefois, on entendait des voix parlant haut, on surprenait d'étranges dialogues, et ses compagnons éveillés se levaient, se comptaient et se demandaient qui pouvait ainsi troubler le silence de la nuit et la solitude de leur chef vénéré. Et c'était saint Dominique ou d'autres Saints, quand ce n'était pas Jésus-Christ lui-même.

« Pendant qu'il était logé au prieuré de Saint-Martin, en Bretagne, le
» Prieur et ses religieux pratiquèrent des trous pour voir ce que faisait
» dans sa chambre maître Vincent ; il veillait la plus grande partie de la
» nuit. Plus d'une fois on vit la chambre tout éclairée, sans qu'il y eût
» ni feu ni lumière. Sur les instances du Prieur, le seigneur du lieu
» envoya des gens de sa maison pour être témoins du fait : ceux-ci
» l'affirmèrent hautement (1). »

« Et il a entendu dire que la nuit, dans la cellule du Saint, sans aucune
» lumière naturelle, on voyait de très grandes clartés. Les maîtres de la
» maison et les serviteurs s'en aperçurent (2). »

Manifestement, cet homme n'allait pas seul sur la terre, les esprits bienheureux lui faisaient cortège, prêts à répondre à tous ses appels.

Il semblait même que son âme rapportât du ciel des parfums dont s'imprégnait le corps.

« Le témoin dit que, en voyage, maître Vincent s'appuyait souvent sur
» lui, soit pour descendre, soit pour monter, et que toujours, du contact
» de ses mains, il s'exhalait une odeur merveilleusement suave qui durait
» trois ou quatre jours. L'expérience, plusieurs fois répétée, ne permet
» aucun doute à cet égard (3). »

---

(1) *Déposition de Gilles Maletaille.*
(2) *Déposition de Geoffroy Bertrand.*
(3) *Déposition de l'évêque de Telésia.*

Et quand il mourut, d'autres gracieux témoins descendirent des régions éthérées, attirés par ces parfums.

Il faut lire dans la Bulle de canonisation le résumé de cette existence. On sait avec quel soin, quel art des nuances et quelle précision de termes sont rédigées les bulles pontificales.

« Quelle gloire ne mérite pas une si longue vie passée tout entière dans » l'observance la plus stricte de ses règles? demande un témoin. Jamais » novice, dans le sanctuaire fermé du noviciat, ne fut plus passivement » obéissant aux ordres de ses supérieurs (1). »

Jean XXII disait : « Donnez-moi un Dominicain fidèle toute sa vie à » ses constitutions, je le canonise sans plus ample examen. Vincent » Ferrier, reconnu Saint de ce chef, tout le reste est donc de surcroît. »

Pour finir, qu'on nous permette un rapprochement. Au début de sa vie religieuse, Vincent Ferrier avait pris pour modèle saint Dominique : Or, voici ce qui se lit à l'office du saint Patriarche :

« Il passait les nuits presque sans sommeil, tantôt à genoux, tantôt » prosterné, et si un besoin irrésistible de repos l'oppressait, il dormait » quelques instants, appuyé à l'angle de l'autel ou contre la pierre dure. » Chaque nuit, il se flagellait si durement avec une chaîne de fer que le » sang coulait à flots. Il versait d'abondantes larmes, surtout lorsqu'il » accomplissait le Saint Sacrifice. Son plus grand sujet de joie était d'être » méprisé. Il conserva toujours la pureté la plus absolue du corps et de la » pensée. Les péchés et les souffrances des hommes lui étaient un continuel » sujet de tourments. D'une abstinence rare, il ne mangeait jamais de viande; » même malade, il refusait de rompre le jeûne. Sa vie ne fut souillée d'aucune » faute mortelle. Plus que réservé dans ses paroles, il ne parlait jamais que » de Dieu ou avec Dieu, s'occupant le moins possible des autres choses. » Il avait une soif ardente du salut des âmes, et le désir du martyre » fut un des tourments de son cœur. Thaumaturge pendant sa vie, les » miracles éclatèrent sur son tombeau. Il fut homme de zèle et d'esprit » vraiment apostolique, ferme soutien de la foi, héraut sublime de » l'Évangile, lumière du monde, éblouissant reflet du Christ, nouveau » précurseur, grand maître au gouvernement des âmes. Pour tant de » vertus, enfin, couronné au ciel de multiples couronnes. »

Ce portrait ne semble-t-il pas une photographie de notre Saint ? — Le disciple avait rempli son programme de vie et copié le Maître.

---

(1) Quantum gloriose in professione sua cum obedientia summa vixit! Pro certo non erat novitius magis formidans precepta priorum transgredi. (*Teste Andrea de Fulcovisu.*)

# CONCLUSION

Voilà une histoire documentée autant que peut l'exiger la critique moderne. Or, que nous reste-t-il, comparé à ce qu'on aurait trouvé, il y a seulement cent ans? Quelques épaves d'un naufrage lointain, de rares débris d'un vaste incendie.

Que conclure? Les âmes qui cherchent Dieu trouveront dans cette physionomie d'éblouissants reflets divins. Ceux à qui Dieu confie le soin des autres âmes y verront tout ce qu'on peut faire en ne tenant compte ni des fatigues du corps, ni des préoccupations inférieures de l'esprit. Tous reconnaitront que les Saints sont les meilleurs amis de leur pays, souverainement utiles aux gouvernants comme aux gouvernés.

Quant au surnaturel, il flamboie si fort à toutes les pages de ce livre qu'il est impossible de n'en pas être frappé. On a beau fermer les yeux en face du soleil, il passe toujours quelque rayon. Le plus sage est de regarder franchement et d'être logique une bonne fois.

Acceptez l'influence divine sans ambages, donnez-lui sa place rationnelle en toutes choses : dans les mœurs, dans la politique, dans l'histoire.

Au surplus, il est peut-être déjà tard. Rejetons d'un vieux tronc destiné à périr il y a plusieurs siècles, nous n'avons plus la sève des pousses primitives. C'est en vain que nous nous grisons des grands mots de civilisation et de progrès, notre décadence est visible. Le monde est vieux. La sagesse, pour lui comme pour les vieillards, consiste en d'austères retours et de graves pensées. Rien de triste comme des allures folles avec des cheveux blancs.

Dieu n'a fait que jusqu'à une certaine limite les nations guérissables, à supposer que le mot scripturaire ait ce sens. Des peuples sont morts qui avaient en eux, comme nous, autant que nous, le principe divin.

Le monde lui-même ne semble-t-il pas toucher à sa fin, irrévocablement cette fois? Vincent Ferrier divisait ainsi l'un de ses innombrables sermons sur ce sujet : « Les signes sont les mêmes que ceux de
» la mort ordinaire : la décrépitude de l'âge, le refroidissement total,

» l'infirmité générale, l'insensibilité, le dégoût des aliments sains. » Que d'applications viendraient naturellement sous la plume!

Quoi qu'il en soit, à l'heure où, plus encore qu'aux jours de saint Vincent Ferrier, les jugements de Dieu sont universellement mis en oubli, il n'aura pas été inutile d'évoquer l'ange du jugement, et de voir personnifié dans cette extraordinaire figure l'un des plus grands efforts de la Providence divine pour sauver les âmes rachetées au prix du sang de Jésus-Christ!

# PIÈCES JUSTIFICATIVES

DU

## SECOND VOLUME

# DOCUMENTS DE LA TROISIÈME PARTIE

## DOCUMENT 1

### ÉLECTION DE FERDINAND DE CASTILLE A CASPE

« Nos Petrus Sagarriga archiepiscopus Tarraconæ, et Dominicus Ram epis-
» copus Oscensis; Bonifacius Ferrer, Dominus Cartusiæ; Guillelmus de Valleseca,
» legum Doctor; F. Vincentius Ferrer de Ordine Fratrum Prædicatorum,
» Magister in sacra Theologia; Berengarius de Bardaxino, dominus loci de
» Zaydi; Franciscus de Aranda, donatus monasterii Portæ Cœli, Ordinis
» Cartusiensis, oriundus civitatis Teruli; Bernardus de Gualves, utriusque
» juris Doctor; et Petrus Bertrandus, Decretorum Doctor: novem videlicet
» deputati seu electi per generalia Parlamenta, prout de nostra electione, et
» subrogatione mei Petri Bertrandi, constat per publica instrumenta facta in
» Alcanitio die 14 Martii anni 1412, et Dertusæ 13 dictorum mensis et anni,
» et in castro de Casp 16 Maii ejusdem anni; cum plena et plenissima generali ac
» generalissima auctoritate, facultate et potestate investigandi, instruendi,
» informandi, noscendi et cognoscendi et publicandi, cui prædicta Parlamenta et
» subditi vasalli coronæ Aragonum fidelitatis debitum præstare, et quem in
» eorum verum Regem et Dominum per justitiam secundum Deum et nostras
» conscientias habere debeant et teneantur; ita quod illum, quem nos novem in
» concordia vel sex ex nobis, in quibus sex, seu inter quos sit unus de qua-
» libet terra, publicaremus, vel alias pro executione capitulorum inter dicta
» Parlamenta concordatorum faceremus seu executaremus quovis modo,
» haberetur pro facto, justo, constanti, valido atque recto; prout de prædictis
» potestate et capitulis constat, per publica Instrumenta recepta in Alcanitio
» per Bartholomæum Vincenti, Paulum Nicolai, et Raymundum Bajuli
» Notarios, 15 Februarii, anno prædicto:

« Considerantes quod, inter cætera, solenniter et publice quilibet nostrum
» vovit et juravit quod simul cum aliis secundum potestatem concessam citius
» quo rationabiliter fieri possit, in negocio procederet, et verum Regem et
» Dominum publicaret: prout in dictis voto et juramento, de quibus constat
» per publica recepta in villa de Casp per dictos Paulum Nicolai, Raymundum
» Bajuli et Jacobum Monteforti Notarios, diebus 17 et 22 Aprilis et 18 Maii
» anni prædicti, latius continetur; visis tenore et forma dictarum electionis de
» nobis factæ, et potestatis nobis traditæ, et juramenti et voti præmissorum;
» et præhabitis investigatione, instructione et informatione nostrorum, et
» recognitione, quæ per nos fienda erat; ac dictis et datis et communicatis
» per justitiam secundum Deum et nostras conscientias nostris opinionibus

» atque votis; et illis ac aliis præmissis recognitis et consideratis, solum Deum
» habentes præ oculis, secundum tenorem potestatis, juramenti et voti
» prædictorum : dicimus et publicamus per Parlamenta prædicta, quod subditi
» et vasalli coronæ Aragonum fidelitatis debitum præstare debent et tenentur
» Illustrissimo ac Excellentissimo et Potentissimo Principi et Domino, Domino
» Ferdinando, Infanti Castellæ, et ipsum Dominum Ferdinandum in eorum
» verum, legitimum et indubium Regem et Dominum tenentur habere et
» debent. De quibus omnibus ad æternam rei memoriam petimus, etc..... »

## DOCUMENT 2

### LETTRE DU ROI FERDINAND A VINCENT FERRIER APRÈS LE SIÈGE DE BALAGUER

« Religiose, devote, ac dilecte noster : Rex Regum, & Dominus ponens
» circulum in naribus superborum, & frœnum in labiis impiorum elationem
» ipsorum conculcat in infirmum, ut cornua eorum servitutis jugo submittit,
» ne ponant in Aquillone sedem suam, & similes altissimo fieri erubescant.
» Sanè jamdiu (pro dolor!) exiit in publicum (quod vos non credimus ignorare)
» qualiter Jacobus de Urgello, fidelitatis suæ rupto fœdere, nobis suo vero
» Regi & Domino indisolubiliter alligatus, quot rebellionis actus, quod ini-
» quitatis dolos, astutia Sathanæ concepit, peperit, & fraudes nequissimas
» abortavit, Majestatem nostram insudans offendere, & in nostra ditione infi-
» delitatis perfidiam supplantare, quibus compulit nos, ob planctus, & gemitus
» nostræ Reipublicæ, ut abrepto radicitus ipso morbo ne amplius pullulet
» aut concrescat, eidem personaliter salutis ministraremus medellam.
» Ob quod huc accesimus, & civitatem hujusmodi Balagariæ (ubi idem
» Jacobus, & alii ejus complices residebant) obsesimus usque in diem hujus-
» modi multipliciter macerantes, quo digno Dei judicio (sub cujus virtute
» prospera cuncta succedunt) intercesionibus Gloriosæ Virginis Matris ejus,
» superbum cor ipsius Jacobi, sic humilitate convertit, quod à dicta civitate
» ad nostram præsentiam accesit poplicibus flexis : illud Davidicum verbum
» materna lingua prosiliens (miserere), seque in posse nostre Majestatis
» immisit, ut de ejus persona disponeremus ad nostræ libitum voluntatis. Nos
» autem non rigore justitiæ commoti, sed pietatis rore ac misericordiæ made-
» facti, eidem mortis naturalis, ac membrorum mutilationis, exilijque secu-
» ritatem concesimus, ac ejus uxori, matri, sororibus, & populo captionem
» ultra prædicta remisimus; ipsum tamen Jacobum conservari jusimus: inde
» laudes Altissimo exaltantes, cujus gloriæ sunt hæc omnia describenda. Qui
» ut de ejus solita clementia speramus, sic dexteram nostram diriget, quod
» sedebit populus noster in pulcritudine pacis, & tabernaculis justitiæ ac
» requie opulenta.
» Cæterum, dilecte & devote noster, sunt quam plures in nostri ditione
» filii Moysis, hucusque cæcitate Judaica laqueati, qui eorum corda Spiritus
» Sancti gratia inspirante, ad Fidem Catholicam, tenero volatu anhelant;
» sperantes sitibunde ad nonnulla que humanus capere eorum sensus non
» valet, instructionibus debitis adjuvari.
» Undè cum speremus firmo vestri ædificantis sermonis fulgore, ab ipsis

» offuscationibus, eosdem in lucem Catholicæ veritatis prodire, vos affectuose
» rogamus, & in Domino exhortamur, quatenus visis præsentibus Dertusam
» (ubi plures ex prædictis causa prævia convenerunt) remeare aliquatenus
» non tardetis, ut ex vobis Judæi præfati palmam salutis colligant, qua pos-
» sint perenni in cœlestibus vita frui. Et deinde Cæsaraugustæ, ubi dante
» Domino proposuimus in brevi sacræ nostræ coronationis solemnia celebrare,
» valeatis adire, cum vestro salutari adventu, prædictorum sequentes incessus,
» ex Judaica lege quam plurimi ad orthodoxam sperentur beatitudinem evo-
» lare. Nos enim scribimus Procuratori Regio, ut ad vestri, & vestrorum
» remeatus studeat necessaria celeriter procurare. Dat. Illerdæ, sub nostro
» secreto sigillo, 20. die Novemb. Anno à Nativit. Dni. 1413.

Rex Ferdinandus.

# DOCUMENT 3.

### LETTRE DES JURÉS DE VALENCE A VINCENT FERRIER

*Al molt reverent e de gran religio Frare Vicent Ferrer del Orde dels Prehicadors, Mestre en S<sup>ta</sup> Theologia, en Caspe.*

Molt reverent Mestre e de gran religio. A vostra humil benignitat plagué, dies ha passats, visitar aquesta Ciutat, don vos prengué naxença humanal, de que aquella creixque en grans e virtuats operacions, entre les quals ni ha que prengueren final perfecio, e altres que foren començades, e no hagueren la fi per tots desijada, e aquestes punjen agudament e toquen molt lo benavenir daquesta ciutat e de son Regne, ço es la pau per vos començada en les bandisitats de la dita ciutat e de son Regne, la qual, segons nostre avis, es en disposicio de prendre bon e glorios acabament per la divinal ajuda e vostre honest e presencial treball. Per que, molt reverent mestre, en Jésus Fill de la Verge Maria, vos pregam que donada total expedicio al sant negoci per qui sots en aqueix Castell, vos placia venir en aquesta Ciutat, per donar bona fi à ço que per vostra honesta religio fon ben començat de la dita pau, en la confiança de Nostre Senor Deu, qui ha permes que per vos ab los altres co-Elets hajam novell Rey, li plaura quens vingue plenitut de pau. E aci molt reverent Mestre no vullats recusar; car sabets que cosa sera molt plaent e agradable à Nostre Senor Deu, al qual ne servirets e à aquesta Ciutat e regne farets lo major be que fer poriets. E si per vos tan beneita obra imperfecta remania, lo Fill de la Verge la requerira de vostres mans en lo darrer dia. Pregantvos per nostra consolacio vos placia fer à nos altres bona resposta de ço que dit es, e haurem ho à singular gracia de vostra benigna religio, la qual pot a nosaltres fiablement rescriure de tot ço que sia son plaer. E tingaus en la sua beneyta gracia la Santa Trinitat. Scrita en Valencia a XXV de Juny del any MCCCCXII.

Les jurats de la Ciutat de Valencia prests a tots vostres plaer e honor.

## IV

## LETTRE DES JURÉS DE VALENCE A BENOIT XIII

*Sanctissimo ac Beatissimo in Christo Patri et Domino Domino nostro Summo Pontifici.*

Sanctissime ac Beatissime Pater, post humillimam ac devotissimam recomendationem ac pedum oscula Beatorum. — Per alias nostras litteras Vestræ scripsimus Sanctitati qualiter nos cupiebamus, et ardentibus desideriis cupimus tranquillitatem et pacem in civitate præsenti posse tenus reformare, super quibus S. V. per suas benignissimas litteras nobis consolativè rescripsit, ut his quæ dictæ civitatis commodum et honorem ac pacis reformationem concernerent, ad eamdem Sanctitatem cum fiduciâ haberemus recursum; quam oblationem cum filiali devotione et humillimis gratiarum actionibus acceptantes, ejusdem Sanctitatis auxilium super præmissis imploramus humiliter.

Cum autem, B<sup>me</sup> Pater, per Rev. Mag. Vinc. Ferrarii Vestræ Sanctitati devotum, super reformatione pacis bandositatis hujus civitatis et regni laboratum fuerit diligenter temporibus retroactis, et reformatio dictæ pacis non potuit tunc assequi suum complementum, nos desiderantes ignitis affectibus ut ab istà civitate Valentiæ præcitatarum bandositatum et discordiarum radices pestiferæ evellerentur omninò, ut sic pax perfecta floreret perpetuò in eadem, scribimus velit ad hanc civitatem accedere pro pace prædictà totaliter finiendà. Confidimus enim quod per predicationem mirificam et tractatus prudentes ipsius Mag. Vincentii (nunc Magister quam unquam) præfatæ bandositates, discordiæ et rancores finem potuerint recipere peroptatam.

Proptereà V. B. supplicamus humiliter et ex corde quatenus ob Dei reverentiam Vestra dignetur Sanctitas præfatum Mag. Vincentium exhortari, eumque inducere salutaribus monitis, ac sibi per apostolicas litteras tradere in mandatis, ut perfecto negotio declarationis Regis, ad istam civitatem quæ eum expectat cum desiderio magno valdé quacumque excusatione postposità, dirigat gressus suos, et circà perfectionem dictæ pacis ardenter laboret, taliter quod cum novo rege ac principe de perpetuo et optatæ pacis dulcedine valeamus in Domino congaudere. Hoc enim, Beatissime Pater, ad notabile munus et insignem graciam plus quam exprimi possit habebimus, et proindè Vestræ Sanctitati laudes et gracias uberè referemus. Almam Personam Vestram ad decus et regimen suæ Sanctæ Eccl. præelectam conservare dignetur Altissimus feliciter et longevè.

Scripta Valentiæ XXV die junii Anno à Nat. Dom. MCCCCXII.

*V. S. humillimi et devotissimi oratores.*

Ce n'est pas là un fait isolé, car on trouve aux archives vaticanes la pièce suivante :

E Reg. Bened XIII *pseudo* pp. An. XIII 332. inf. *fol 50 verso.* Institutiones eorum que Dñus Michael Molfos acturus est pro Dño Nro papa.

Et primo ibit ad Mag<sup>rum</sup> Vincentium Ferrerii, et post salutationem et benedictionem aplicam exponet ei qualiter Dñus Nr Papa informatus de dissentionibus et guerris que inter Dños Comites Armaniaci et Fuxi, satore zizanie instigante, incipiunt, et considerans quod multi de partibus illis presumunt quòd si idem Magr Vincentius ad partes illas accederet, attenta devotione quam ad eum dicti Comites et eorum familiares habent, posset ipsos, cum Dei auxilio, ad pacem et concordiam ordinare, idcirco idem Dñus Noster deliberavit ad ipsum mittere dictum Dñum Michaelem, ut eidem exponat quód, licet idem Dñus Nr sit requisitus ut mandet ipsi Mro Vincentio quód ad partes illas et ad prelatos Comites predictis de causis accedat, dubitans tamen idem Dñus Noster eumdem Mrum Vincentium in suo proposito et predicationis opere quod prosequitur, perturbare aut aliqualiter molestare, nihil super hoc eidem Mro intendit precipere seu mandare : Attamen quód si supradictis de causis idem Mr Vincentius velit accedere, eid. Dño Nro, qui hos duos Comites cordialiter diligit, plurimum complacebit. H. Rovira.

# DOCUMENT 4

## LETTRE DU ROI FERDINAND A VINCENT FERRIER (COURONNE D'ARAGON, TOME III, REGISTRE 2401, FOLIO III, N° 10)

Lo rey, Mestre Vicens : per certes causes molt urgents e necessaries concernents lo bon estament de la cosa publica de tot aquest principat de Cathalunya, ha convengut a nos prorogar nostra partença daci fins apres la festa de Pasqua primer vinent ; la qual passada entenem infalliblement Deus volent partir daci, faents la via de aqueix regne de Valencia e passants per Tortosa havem ordonat returar (rester) per alcuns breus dies ab nostro sanct pare estrenyernos ab la sua sanctedat sobre alcuns affers molt ardues toquants la unio de la sancta Universal esglesia de Deus en la qual axi coma rey e princep Catholich entenem ab totes nostres forces e ab sobirana atencio e vigilança treballar. E com en aquests afers concernents sobiranament lo servey divinal, la vostra presencia sia molt necessaria pregamvos axi cordialment com podem que per res no partecats daqueixa ciudad per anar en altres parts, ans (ains, mais) vos disposets e siats prest per partir per fer la via del dit Sanct Pare tota hora que sabrets nostra partença daci per manera que siats ab lo dit Sanct Pare en lo temps que nos hic serem. E en aço per res no haja falla si james nos entenets en res complaure com no desigem alguna cosa en aquest mon apres salvacio de nostra anima sino que en nostres dies aconseguissem la unio de Sancta Mare esglesia : certificants vos que si de la dita vostra venguda vos escusarets en alguna manera ço que no podem creure, (a) part la gran desplaer quen fariets a nos, ne prendriets gran carrech de consciencia vers nostre Senyor Deus. Dada en Barchinona sots nostre Segell secret à XII dies de Abril de lany MCCCCXIII.

REX FERDINANDUS.

Dominus rex mandavit michi Johanni de Tudela. Dirigitur Magistro Vincentio Ferrarii.

### Fragment du même, au même.

Ideo ad vos velut sordium nostrarum lavacrum recurrentes, vos ipsum affectuosè rogamus quatenus intentionem vestram in et super pradictis nobis detegatis extensè adeò ut vestræ doctrinæ elucidatione salubri regalis conscientia nostra à quocumque ex prædictis onere sublevetur, quo non possit redemptorem suum offendere, et cæteris aperiatur semita quà valeant in similibus retrahi à delicto.

Personam vestram Altissimus conservare dignetur suo sancto servicio per tempora feliciter in longævum.

REX FERDINANDUS (1).

# DOCUMENT 5

## TEXTE DE TEYXIDOR (MAJORQUE)

(Teyxidor : Noticias de san Vicente Ferrer. Mss. n° 29, p. 357.)

Embarcose con el Santo (el obispo) en Barcelona à los ultimos de Agosto 1413; en su compañia dos religiosos de la orden, un organista con su criado, y algunos otros de sus dicipulos. Arribaron à Mallorca viernes dia primero de setiembre 1413, saliendoles à recibir los Jurados, nobles y plebeyos. Hospedose en nuestro convento de Palma cuyos religiosos dieron un refresco de vino à toda la comitiva en su arribo, por cuyo gasto el obispo D. Luis de Prades les dió 20 S. de limosna, como consta en el libro de recibo y gasto del convento p. 89. col. 1. *Item habuimus quos dedit nobis Reverendissimus episcopus ratione vini, quod biberant aliqui homines de familia Rev<sup>mi</sup> Magistri Vincentii, XX S.* No se encuentra partida alguna que el convento expendiesse en la persona del santo à excepcion de lo que pagó por la conduccion de su ropa desde la embarcacion : *Item solvi pro portu raubæ Mag. Vincentii, et pro introductione in quarto ad navigium dicti magistri 10 S. X.* Para sus dos compañeros religiosos, se encuentra esta partida : *Item pro duobus Fratribus hospitibus de familia Magistri Vincentii S. vj.*

El sabado à 2 de setiembre cantó la misa el Santo y predicó despues en la iglesia de nuestro convento. El concurso de los fieles fue numerosisimo llenando toda la Nave, que tiene 284 palmos de largo y 92 de ancho, sin contar el espacio de diez capillas que ay à cada parte; y aun fué sin comparacion mayor el numero de gente que no pudó caber en la Iglesia. Advertido el desconsuelo de tanta gente resolvieron los Padres de Consejo que se derribase parte de la cerca del huerto del convento y se abriessen dos grandes portales; i que à su esquina que mira à la cathedral se levantase un tablado para que el Santo celebrase y predicase, de suerte que pudiesen verle todos los que estuviessen en el huerto y en la espaciosa plaza de la cathedral, de las habitaciones del Castillo real, i de la casa de enfrente. El P. Fr. Bernardo Mayol, que por hallarse fuera de la isla el P. Fr. Pedro Forest Prior, era Vicario Presidente, procuró cumplir la resolucion del consejo; pero por mas que trabajaron todo el sabado, no pudó concluirse todo. El gasto que en esto tuvó el convento, se escribió en la pag. 153 de su libro, y dice assi :

« *Istæ sunt expensæ factæ in horto ratione prædicationis Magistri Vincentii: Primo, solvi pro portu de tribus Entenis 4 S. 2* — *Item, solvi pro portu de tribus pannis lanæ pro tentorio ibidem in horto faciendo 1 S.* — *Item pro*

---

(1) Dans le texte, ce fragment p. 68.

reparatione dictorum pannorum quando fuerunt lavati 2 S. 8 — Item fil de palomar para corir los dits draps, val alt. et agullas 2 S. 6 — Item potus per en Foquet et pro iis qui adjuvaverunt ipsum á posar las ditas entenas 2 S. — Item dos cabasos S. 10 — Item gypsus S. 6 — Item dedi quatuor hominibus, qui fecerunt duo portalia in horto, et pro conductione de las exades 7 S. — Item emimus á Dño Raymundo de Podayra mercatore cent i quinze canas de canyenirs, pretio viginti denariorum per cana, dimissis nobis viginti denariis 190 S. — Item emimus á Dña Rulla setanta canas cum dimidia, pretio decem ac novem denariorum per cana : et hoc totum pro cortina facienda pro sole — 111 S. — Item fil et agullas per corir la dita cortina — 4 S. 6 — Item emimus de Mosen Lebrer Fuster dotse gebrons, pretio quatre sous pro pecia : et ex alia parte quatre taulas pretio tres sous quatre d° pro pecia — 49 S. 4.— Item ex alia parte emimus ab eodem setse fullas ad cooperiendum lo altar del cadafal, pretio dos sous y dos — 33 S. 8 — Item ex alia parte emimus á Dño Truyol fuster huit gebrons pretio 3 S. : et ex alia parte quinque tabulas pretio dos sous i m 30 S. 6 — Item solvi en Angel pro fer los cadafals et pro clavo, et pro mudar los cadafals dels cantors 79 S. 8 — Item pro portu de la dita fusta 4 S. 6 — Item solvi pro portu organorum Dñi Christophori Colom pro servitio Missæ Mag. Vincentii, et pro reportatione eorumdem 4 S. 6 — Item emimus duos cereos albos pro missis Mag. Vincentii ponderantes duas libras 7 S. — Item emimus unum cereum album pro missa Mag. Vincentii — 3 S. 6 — Item solvi per tornar los bancs del hort fins á la Iglesia S. 8. — Item dedi cuidam lapicide qui incepit facere portale horti juxta ambonem Mag. Vincentii 4 S. 4 — Item pro Magistro organorum, socio et famulo Magistri Vincentii 4 S.

» Por no averse podido concluir el sabado todo el aparato, hubó de predicar el Santo en la Iglesia del convento : pero en el inmediato lunes ia celebró y predicó en el tablado del huerto, segun dice la partida del libro : *Feria 2 et incœpit prædicare Mag<sup>r</sup>. Vincentius in horto Conventus, habuimus de offertorio XXXV S*. La oferta que solia percibir el convento antes que el Santo passasse á Mallorca, eran 10 S. : y en dicho lunes llegó ya á 35 S. : i fué de aumiento en los siguientes dias. I porque las ofertas se notaron en el libro del convento, i de ellas consta que dias fueron los que el Santo predicó en el referido sitio, las copio aqui segun se escribieron en el espresado quadernito.

» Feria 4 habuimus de offertorio in sermone Mag. Vincentii 53 S. 8 — feria 5 habuimus de offertorio in sermone Mag. Vincentii 90 S. 6 — feria 3 habuimus de offertorio in sermone Mag. Vincentii 24 S. 4 — feria 4 habuimus de offert. in serm. Mag. Vincentii 43 S. — Dominica 13 post oct. trin. fer. 4 habuimus de offert. in serm. M. Vincentii 32 S. 3 — feria 5 et fuit festum S. Matthei in sermone M. Vincentii habuimus de offert. 105 S. 3 — feria 6 habuimus de offert. in sermone M. Vincentii 52 S. 4 — Sabbato habuimus de offert. in serm. Mag. Vincentii 40 S. 5 — Dominica 14 post oct. SS. trin. Item de offert. in serm. M. Vincentii 141 S. 5 — feria 3 habuimus de offert. in serm. M. Vincentii 40 S. 7 — feria 4 habuimus de offert in serm. M. V. 48 S. 4 — Feria 5 habuimus de offert. in serm. M. V. 43 S. 4 — feria 6 et fuit festum S. Michaelis A. habuimus de offert. in serm. M. Vin. 147 S. 4 — Sabbato habuimus de offert. in serm. M. V. 45 S. 4 — Dominica 15 post oct. trin. item de offert. in serm. M. V. 153 S. 4 — feria 2 habuimus de offert. in serm. M. V. 44 S. 3.

El dia 4 de octubre instado de las suplicas de muchas personas de calidad salió de Palma i fué a predicar por el reino acompañandole el obispo D. Luis de Pradés, donde se hallaban en el dia 12 de octubre en la villa de Binisalem, segun consta del regalo de una Palomina que les envió el convento y dice assi el gasto : *Feria 5 emimus unam Palominam quam missimus Rmo Dño Episcopo et Mag. Vincentio — 14 S. 8 — Item pro portu dicti piscis usque ad locum de Binisalem cum uno animali — 2 S. 8.* Bolvió el Santo de su mission i entró en Palma á 8 de deciembre, que fué viernes, i el sabado predicó en el huerto del convento segun se dice en el libro : Sabbato quo incepit prædicare Reverendissimus Mag'. Vincentius in horto. habuimus de offertorio — 51 S. 2. En el mismo sitio predicó los quatro Domingos de Adviento, la Domin. post. oct. Nativit. las ferias 3, 4, 5 i 6 de la misma semana : á 8, 9, 10, 11, 12, 13, 14, 15, 16 i 17 de Enero 1414.

A 17 de Enero de 1414 despues de haber celebrado y predicado en el mismo lugar se despidió de los Mallorquines dandoles su bendicion y la absolucion general segun se expresa en el libro : Item habuimus de offertorio Reverendissimi Mag. Vincent. in festo S. Antonii in quo festo dedit absolutionem generalem 260 S. Mantuvóse el Santo en el convento hasta el dia 20 celebrando solo sin predicar. Despues del 20, no hay en el libro memoria alguna, de donde se infiere que se embarcó el mismo sabado en fuerza de la carta del Rey D. Fernando de 4 de Enero 1414 para que fuese á Zaragosa. No informaron pues bien a Diago los que le dijeron se embarcó el 22.

Los milagros que cuenta el Archivero de Palma son los mismos que refiere Vidal (lib. 2, cap. 23). Solo añadiré que quien recogió los pelos de la rasura del Santo era natural de Ibiza, criado del convento, llamado Guillen Portas, quien despues vistió el habito en Palma a 24 julio 1420. — La otra es la inadvertencia de don Vicente Mut, en el libro VII, cap 13, donde confundió la voz *Capilla* pieza del habito de los Dominicos con la palabra *Capilla* templo.

# DOCUMENT 5 bis

## LETTRE DU CAMERLINGUE DE BENOIT XIII AU ROI A PROPOS DE MAJORQUE

Al molt alt excellent Princep e molt poderos Senyor mon Senyor lo senyor Rey. — Molt alt excellent Princep e molt poderos Senyor, humil recomendacio premesa. Notifich a vostra Reyal Magestat com de lonch temps ença yo he fet mon poder de fer passar lo Reverent pare mestre Vicent Ferrer en la Illa de Mallorques per tal com he en nostre Senyor confiança que ell Deu migançant ab les sues santes preycacions e doctrines e obres virtuoses aprofitara molt a les animes dels pobles de la dita Illa e a les persones en reformacio e bon regiment de lur stament e bona vida en moltes maneres. E fins aci, Senyor, he haguts impediments diverses de no complir lo meu sobredit voler e proposit. Mas ara, Senyor, segons he vist ab una letra del dit mestre Vicent per gracia de Deu e vostra lo dit mestre Vicent es aparellat de passar en la dita Illa. De la qual cosa yo he a nostre Senyor Deu e a vos Seynor humils gracies. Car innumerable sera lo profit que sen seguira en la dita Illa. E vos Senyor, qui en aço havets demostrat singular affecio a la dita Illa de nostre Senyor Deu naurets merit. Io Senyor stich solament sperant letra del dit mestre Vicent de Barchinona. E partesch tantost. Evaig me recollir ab ell a Barchinona per fer lo dit passatge. Per que molt alt Senyor si a vostra excellent Senyoria plauran en la dita Illa o en qualsevol altra part algunes coses de les quals vous puxa servir, yo senyor ho reputare a singular gracia e merce queus sia plasent manar a mi aquelles. Supplicant humilment vostra Reyal celsitut haver mi per recomanat. E lo sant sperit sia continua proteccio e guarda de vostra molt alta senyoria e aquella en tota prosperitat e exalçament per lonch temps conservar li placia. Scrita en Peniscola a X dagost. — De vostra majestat real humil vassall e sotsmes lo camarlench del Sant Pare.

# DOCUMENT 6

## LETTRE DE VINCENT FERRIER AU ROI FERDINAND, AU SUJET D'UNE CROIX APPARUE A GUADALAXARA

*Excellentissimo Principi, Ac Domino potentissimo Domino Ferdinando, Regi Aragonum Serenissimo.*

### JESUS

Excellentissime Princeps, et Domine, cum omnimoda reverentia, et subjectione recepi litteras vestras de miraculo spectabili, quod contigit Godolojaræ, prædicante quodam Fratre Minore de Sacramento Eucharistiæ, super quo vultis scire meam intentionem. Noverit ergo vestra excellentia principalis, quod quantum capere possum, et percipio apud Deum, istud miraculum contigit duplici ratione. Primo quidem ad confirmandam doctrinam Canonicam prædicantis. Nam sicut litteræ Regis bene scriptæ et examinatæ imprimitur sigillum Regium pro confirmatione et auctoritate ejusdem, sic Deus omnipotens ad confirmationem doctrinæ prædicantium Evangelicas veritates, ostendit aliquando hujusmodi miracula in patenti, juxta illud verbum Marci capite ultimo : *Prædicaverunt ubique domino cooperante, et sermonem confirmante sequentibus signis*. Et si bene volumus attendere ad formam, et figuram crucis apparentis in cœlo candore niveo, ostenditur doctrinam illius prædicantis fuisse cœlestem, et absque omni obscuritate erroris. In stipite autem secto ipsius crucis apparentis tria ostensa, scilicet fundamentum et duo poma, ostendunt tria necessaria in consecratione Eucharistiæ, scilicet materiam terrestrem de pane et vino, formam verborum, et intentionem consecrandi. In brachio autem ipsius crucis tranversali duo rami quasi arbores à dextris et sinistris significant ipsam consecrationem Eucharistiæ veraciter fieri per Sacerdotes, sive sint in dextera gratiæ, sive in sinistra mortalis culpæ. Quinque autem pomelli à dextris et à sinistris ipsarum arborum, seu ramorum, inter quos stat unus pomellus superior, significat quinque verba formalia consecrationis Corporis Christi, sive digne, sive indigne proferantur à Sacerdote, nam Christus Summus Rex, et Dominus utrobique consistit. Et quia omnes pomelli à dextris et à sinistris simul connumerati sunt viginti duo, significant consecrationem Sanguinis Christi per viginti duo verba formaliter adimpleri. Secundò hoc fuit ostensum, ut credo, ad præfigurandum defensionem Crucis Christi, et fidei Crucifixi juxta finem mundi. Nam tria quæ apparuerunt in recto stipite ipsius crucis cœlestis, significant tres futuros Prædicatores circa finem mundi significatos per tres Angelos, de quibus scri

bitur Apocalipsis 14 capite. Itaque per radicem stipitis intelligitur primus, per medium pomum secundus, per supremum vero pomum tertius, qui in summo statu prosperitatis et fidelitatis Christianæ veniet, scilicet post mortem Antichristi. Duo autem rami in brachio Crucis transversati apparentes significant illos duos maximos Prophetas, scilicet Henoch et Eliam tempore Antichristi futuros, qui in Sacra Scriptura per ramos, seu arbores figurantur Apocalipsis 11 capite. *Hi sunt duæ olivæ, et duo candelabra lucentia in conspectu domini terræ stantes.* Et recte in eodem brachio transversali demonstratus est secundus Angelus venturus in pomo medio crucis, quia simul cum dictis Henoch et Elia, scilicet tempore Antichristi venturus est. Decem autem pomelli in quolibet ramo significant perfectam obedientiam ad divina mandata, quam supradicti Sancti Prophetæ servaverunt. Pomellus autem superior in utroque designat altitudinem fidei, quam habuerunt. Ex omnibus autem istis excellentia Regiæ Majestatis vestræ debet colligere diligentiam maximam ad conversionem Judæorum, et aliorum Infidelium, ad extirpanda crimina notoria corruptiva communitatum, scilicet Lenonum, Lupanarium particularium, tafureriarum per taxillos, et similium, ad expediendam justitiam communitatibus, et personis particularibus petentibus eam, et ut litteræ, mandata, et ordinationes vestræ Regiæ Majestatis non contemnantur, sed firmiter, et irrevocabiliter debitæ executioni mandentur, quod vobis præstare dignetur Filius Virginis gloriosæ. Amen. Amen. Amen. Scripta in Villa de Tamarit sexta decima die Maji cum subscriptione de manu mea pro sigillo.
Inutilis Servus Christi, et vestri :
Fr. Vincentius Ferrer, Prædicator.

# DOCUMENT 7

## LETTRE DU PRINCE ROYAL A SON PÈRE, AU SUJET DE L'ATTENTAT DE LA COMTESSE D'URGELL

Al molt alt e molt excellent Princep e poderos Senyor pare e Senyor meu molt car lo Senyor Rey. — Molt alt e molt excellent Princep e poderos Senyor pare e Senyor meu molt car. — Stant ir dimarts en la missa que Maestre Vicent celebrave rebi la letra per la qual vostra celsitud me notificave la gracia per nostre Senyor Deus migançant la intercessio de la gloriosa Verge mare sua en aquests dies feta a vos, Senyor molt alt, e a mi e a mos frares e tots altres servidors e sots mesos de vostra maiestat Real en revelar vos les malvades cogitacions e inichs proposits e tractes fets per la mare de Don Jayme Durgell en tan gran perill e dampnage de vostra excellent persona e de tota la cosa publica per gracia divinal a vos acomanada de que, molt virtuos Senyor, yo faç loors e gracies à la Divinitat Santa qui per sa pietat obra tan maravellosa ha volgut obrar en vostres dies e revelar coses axi pregones e secretes e plenes de tanta perfidia e iniquitat. E axi matex a la benahuyrada Verge Maria mare de Deu advocada e patrona nostra per intercessions de la qual fermament creech nostre redemptor fill seu beneyt ha feta ab vos la misericordia sua. E comunicades les dites coses ab lo dit Maestre Vicent vuy dimecres he fet per lo dit Maestre esser celebrada en honor e reverencia de nostre Senyor Deus e de la gloriosa Verge mare sua oslemnament e devota missa retent gracies e loors ab peussa humil e fervent devocio a ells per la gracia e merçe rebudes. E no res menys lo dit Mestre en sa santa prehicacio ha aço denunciat a tot lo poble induhint los a regonexer tan gran benefici e gracia e donar e retre per aquell gracies e benediccions a Deus omnipotent de que tot lo poble reputant aço a singular miracle es romas molt aconsolat. En les altres coses, molt alt Senyor pare et Senyor meu molt car, a mi manades per la dita letra concernents lo dit Maestre Vincent axi en rebrel e acullirlo com en continuar los seus sermons e complaureli en les coses a ell plasents com encara en ferli venir los jueus e moros a oyr les seus santes prehicacions ja. Senyor molt alt, despuix que aci es vengut ho he fet et entench per obeyr vostres manaments e per esguart de sa gran religio et conversacio molt digna molt mes continuarho daci avant. E ja com la dita vostra letra reebi foren ajustats los jueus e moros a oyr lo seu sermo per manament meu et vuy ho han continuat e los hi fare continuar daci avant un jorn o dos cascuna setmana segons que ell matex ho ordonara. E, Senyor molt triumphant, lo Rey des Cels per sa infinida clemencia faça viure et regnar longament et prospera vostra Magnificencia ab creximent de la sua Reyal Corona. — Scrita en Caragoça a VII. dies de Novembre del any M.CCCC.XIIII. A. Primogenitus. — Senyor. — Lo vostre humil primogenit princep de Gerona qui besant vostres peus et mans se comana en vostra gracia e benediccio.

## FRAGMENT DE LETTRE DU PRINCE ALPHONSE A SON PÈRE AU SUJET DES JUIFS (19 NOVEMBRE 1414)

Part aço, Senyor molt poderos, he entes que aqui en vostra cort serie dit que yo havia vedat que los juheus no anassen als sermons de Maestre Vicent e que lo dit Maestre haguera dit publicament en la trona que aço ere stat feyt per diners que a mi o a alcuns de mon Consell serien stats donats, de que, Senyor molt excellent, yo he hagut gran desplaer que algu sie axi gosat tan gran malvestat levar a mi ni als de mon Consell de qui yo son ben cert que son axi nets daço com yo matex, e maiorment en cosa axi notoria, car es cert segons ja altra veguada he scrit a vostra Senyoria, e sen pot vostra gran Altesa informar, que yo personalment he continuats los seus sermons e fets hi venir los juheus e moros tota veguada que ell ho ha ordonat, e, encara que perço que un jorn no hi vengueren axi de bona hora com devien, lo dit Maestre Vicent demanat primer assentiment meu qui ho lexi volenter a son arbitre, los condempna publicament en mil florins, e pregua a mi quels manas executar e jatsie no repute yo a que a com de carrech considerada la miseria de la Aljama, pero per complaureu al dit Maestre Vicent qui men solicite sovin e menut, lur he manada fer la dita execucio, al qual dit Maestre Vicent per ço cor ell so mereix voldria complaure en tot ço que pusques honestament, e daltra part vaig encercant tota manera que pusch com sens offendre lo dit Maestre Vicent escuse los dits juhens de pagar aquesta quantitat, de que vostra Senyora pot ben conjecturar que yo no vedaria als juheus que no hi venguessen per no offendre lo dit Maestre, ne cercaria manera com los dit mil florins no pagassen si per diners havie corrompre ma consciencia; per que, Senyor molt virtuos, supplich vostra Senyoria que se informe qui foren aquells qui tals coses han volgut a mi e a mon Consell impingir, e los ne castich segons ho merexen, e de vostra gran Senyoria rahonablement yo deig sperar.

## DOCUMENT 8

### TEXTE POUR GRAUS

Au bas d'une image assez naïve, on lit ce qui suit :

En el junio de 1415, el M. R. F. M. Fray Vicente Ferrer ahora santo, apostol Valenciano, movido de superior Espiritù, llegò a esta antiquissima villa de Graus, hizò una fervorosa mission, y en la misma establecio la penitente procession de disciplina. Notò en sus moradores la docilidad, zelo de la gloria de Dios, fidelidad a su santa ley, y amor a su redemtor, motivos que obligaron al santo a desprenderse por un afecto de cariño a este pueblo, del divino Crucifijo que llevaba en su compañia, y por el que obraba inumerables conversiones en su predicacion; ofreciò e hizò la entrega de esta santa Imagen de Cristo al M. Illustre capitulo de Racioneros, y a presencia del M. Illustre ayuntamiento, como arriba se manifiesta, y en el cuadro que sirve de adorno a la suntuosa capilla y tabernaculo que la gratitud de los de Graus ha construido en su Parocchia del arcangel S. Miguel su titular.

Son sin numero los beneficios, favores, gracias y milagros que esta Villa, todo su comarca, y todos sus devotos han esperimentado visitando a este Soberano Señor; excita mucho su culto, y obliga à la pietad divina la reverente procession que se hace los domingos, y que tanto encommendò san Vicente, ahora patron de Graus, por cuyo modio tiene este pueblo una sucesion de misericordias en todas dolencias, necessitat de agua, y epidemias.

Para mas constante favor, y amor a este villa de Graus dejò en la misma san Vicente, y en la posada de Francisco Tallada entonces, despues Pedro Roda, y ahora Vicente Villadet, a su fiel compañero fray Pedro Cerdà, en la que muriò, en el año 1422. Fue su muerte preciosa y manifestada con prodigios; descansa su cuerpo en una caja junto al altar de san Vicente en la Iglesia de Nuestra Señora de la Peña.

En 29 de Junio 1777, el Illustrissimo Senor D. I. M. Cornet Obispo de Barbastro mandò abrir dicha urna, en la que existe entero, manifestatolo al gran concurso; y se levantò auto por D. Carlos Viniales escribano real de dicho ayuntamiento.

## DOCUMENT 9

### LETTRE DE BENOIT XIII AUX JUIFS DE PERPIGNAN

In Christi nomine, sit omnibus notum quod die dominica hora terciarum vel circa, intitulata undecima mensis decembris, anno a nativitate Domini millesimo quadringentesimo duodecimo, existens personaliter constitutus honorabilis et providus vir dominus Stephanus de Acrimonte, prior Beate Marie de Galterio Urgellensis diocesis, vicarius generalis in spiritualibus et temporalibus reverendi in Christo patris domini Jeronimi, Dei gracia, Elnensis episcopi, ante presenciam Vitalis Bendit, Samuelis Bonmassip, magistri Issach Cabrit Bonstruch, Jacob et Leonis de Seret, secretariorum Aljame Judeorum Ville Perpiniani Elnensis diocesis, magistri Leonis Jusse, Abram del Callar, Bofill Vidal, Bendit Benvenist, Abram Mahir, Durandi Salamies, magistri Mayr Boneti, Samuelis Bondia, Abram Cabrit, Jusse Patris conciliariorum dicte aljame, et plurium aliorum Judeorum ejusdem Aljame, in quadam domo ... silii Calli dicte aljame congrega orum, in qua pro communibus nego... sdem aljame est solitum dictam aljamam congregari, dixit et notifficav... n dominus prefatis secretariis et conciliariis et aliis judeis in dicta dom... gregatis, quod ipse recepit a sanctissimo in Christo patre et domino nostro domino Benedicto, divina providencia papa tercio decimo, per suum certum cursorem, quandam literam papiri ejusdem domini nostri Pape clausam, ejusque sigillo secreto in cere rubee impresso, in dorso dicte litere apposito, ut prima facie apparebat, sigillatam, quam dictus dominus vicarius dictis secretariis et aliis Judeis predictis, presentavit, et per me Bernardum Masdamont, notarium subnominatum legi et publicari peciit et requisivit in presencia et audiencia dictorum secretariorum et aliorum Judeorum premissorum, in dorso cujus erat scriptura tenoris sequentis : Dilecto filio vicario in spiritualibus et temporalibus generali Venerabilis fratris nostri Jeronimi episcopi Elnensis, et intus dictam literam erat scriptura hujusmodi seriei :

Benedictus episcopus, servus servorum Dei, dilecti fili, etsi Judei quos propria culpa perpetue servituti, in sua magis studeant duricia perdurare quam Jesu Christi verba et suarum scripturarum archana cognoscere, atque ad Christiane fidei et salutis noticiam pervenire, tamen quia ex eorum archivis ipsa fidei testimonia prodiderunt, et suscepti regiminis cura cunctorum salutem animarum querere nos astringit, idcirco aljame judeorum Perpiniani, Elnensis diocesis, scribere in forma quam continet cedula presentibus interclusa suadere, tibi districte precipiendo mandamus quatenus mora postposita dictas eis nostras literas presentes vel presentari facias, et super earum excencionem requiras ut ipsi Judei nostris debeant efficaciter parere mandatis; de presentacione vero dictarum literarum et earum responsione instrumentum confici facias quod nobis sine mora volumus destinare procures.

Datum Dertuse VII Calendas decembris, pontificatus nostri anno decimo nono, sub signo nostro secreto.

Quam quidem literam et omnia contenta in eadem, tam intus quam extra, ego dictus notarius, ut premittitur requisitus, legi et publicavi ac in romancis explanavi in presencia et audiencia dictorum secretariorum et aliorum judeorum predictorum, et ipsa lecta et publicata, dictus dominus vicarius tanquam vere obediens filius exequenda mandata apostolica supradicta, in mei dicti et infrascripti notarii et testium infrascriptorum presencia dictis secretariis in presencia dictorum conciliariorum et aliorum judeorum in dicta domo consilii ut predicitur, congregatorum presentavit et ipse tradidit quandam literam papiri dicti domini nostri Pape clausam, et dicto suo sigillo secreto in cera rubea impresso in dorso dicte litere aposito, ut prima facie aparebat sigillatam, in dorso cujus erat subscripcio hujusmodi seriei : Aljame Judeorum Perpiniani, Elnensis diocesis; et disclosa dicta litera per dictos Secretarios cum illis honore et reverencia quibus decet, fuit in ea reperta scriptura cujus series sic se habet.

Benedictus episcopus, servus servorum Dei, aljame Judeorum Perpiniani Elnensis diocesis, viam veritatis agnoscere et in fidei fundamentis non errare.

Cum ex caritatis vinculo quo stringimur ut ex officii nostri debito quo ad animarum salutem procurandum cunctis fidelibus et infidelibus obligamur, labores nostre possibilitatis exponere totis pro viribus teneamur, et pro ex altera racione et dilatacione fidei christiane supra non nullis articulis quorum copia vobis mittitur ebraycis literis conscripta, pro salute animarum vestrarum instrucciones et informaciones dare velimus ut Judayce cecitatis tersa caligine candorem lucis eterne agnoscere valeatis ; idcirco vos requirimus et ortamur vobis districte precipiendo mandantes quatenus quatuor de periciolibus ex vobis in lege mosayca, vel saltem duos, usque ad $xv^{em}$ diem januarii proxime futuri remota excusacione quacumque, destinare curetis, qui, una cum Salomone de Belcayre nuncio nostro, hic presenti, in statuto termino compareant coram nobis, hic vel alibi ubi nos intra dicionem carissimi in Christo filii nostri regis Aragonum adesse contingent, que exponere voluerimus audituri et predictis articulis responsuri. Et quia Vidal Bendit eruditus in talibus asseritur, ipsum vel alium de quo vobis videbitur transmittatis ministrantes eis expensas seu salaria in similibus assueta, scituri quod nisi in termino supradicto nostris mandatis in hac parte provideritis in effectu, contra vos procedemus per remedia opportuna, sicut jura divina pariter et humana disponunt. Datum Dertuse VII°. Kalendarum decembris, pontificatus nostri XVIIII° sub signeto nostro secreto.

Quibus omnibus sic peractis, dictus dominus vicarius dictos Judeos cum debita instancia requisivit, et ipsos suis bonis verbis et sermonibus exortavit, ac ipsis mandavit quatenus supra contentis in dictis literis eis directis per dictum dominum nostrum Papam debitam diligenciam adhiberent et mandata dicti domini nostri Pape efficaciter adimplere curarent juxta traditam seu directam per dictum dominum nostrum Papam sibi formam, et eidem domino vicario responsionem supra predictis facerent et alia attenderent et complerent in predictis que de jure et secundum dictarum literarum seriem et tenorem incumbunt, facienda, tenenda et complenda.

Qui quidem secretarii dixerunt et responderunt eidem domino vicario quod de supra premissis ipsi deliberabunt, et quod statim post prandium eidem domino vicario de et supra predictis in dicta litera dicti domini nostri Pape contentis suam facient qualem decet responcionem de quibus omnibus et eorum singulis dictus dominus vicarius peciit sibi fieri et tradi per me dictum notarium publicum instrumentum. Acta fuerunt hec Perpiniani videlicet intus dictam domum consilii dicte aljame die, hora et anno in principio hujus instrumenti contentis, presentibus pro testibus, etc., et me dicto Bernardo Masdamont notario supra et infrascripte. Et hiis omnibus sic peractis, ego dictus notarius, una cum testibus infrascriptis, post paululum accessi de mandato dicti domini vicarii, ad dictos secretarios qui adhuc erant congregati cum dictis consiliariis et aliis Judeis in dicta domo consilii dicte aljame, et ipsis ex parte dicti domini vicarii verbo dixi si ipsi habuerunt copiam articulorum de qua in dicta litera dicti domini nostri pape ipsis Judeis directa fit mensio expressa. Ad que fuit responsum per dictum Salomonem de Bellcayre, dictis secretariis et consiliariis presentibus, quod in veritate consistit quod ipse Salomonus de Bellcayre et nuncius dicte aljame, dictam copiam dictorum articulorum habuit et recepit a dicto domino nostro Papa, et sibi in curia romana mediante instrumento publico inde facto fuit tradita. Actum fuit hoc Perpiniani die et anno proxime dictis et fuerunt inde testes, etc. et ego dictus notarius.

Demum vero ipsa die dominica circa horam vesperarum, vel quasi, coram dicto domino vicario responsionem predictam petente, personaliter constituti secretarii predicte aljame in dicta domo consilii eorum congregati, et responsionem facientes dicte litere et conventis in eadem dicunt : quod ipsi habita deliberacione eorum consilii reverenter admittunt mandatum eis factum per dictum patrem sanctum, et in termino assignato eisdem per dictum dominum nostrum Papam sunt parati et mitent personas secundum mandatum eis factum, petentes hec per me notarium continuari pro responsione fienda ex eorum parte dicte litere dicti domini nostri Pape. Quam quidem responsionem dictus dominus vicarius peciit ad premissa continuari, et sibi de predictis omnibus et eorum singulis, per me dictum notarium fieri et tradi publicum instrumentum.

Quod fuit actum Perpiniani in dicta domo dicti consilii dicte aljame, die, hora et anno proxime dictis in presencia et testimonio dictorum dominorum, etc. et mei dicti Bernardi Masdamont notarii, qui hec omnia recepi requisitus.

# DOCUMENT 9 bis

## CONFRÉRIE ÉTABLIE A PERPIGNAN POUR LES JUIFS CONVERTIS « POBLE NOVELLAMENT VENGUT EN LA STA FE CATOLICA »

### Confratria neophitorum.

Sit omnibus notum quod persone infrascripte et inferius nominate ingenti devotione ut dixerunt mote ad laudem... concordarunt teneri et servari inter ipsas personas unam Confratriam prout in lacius videtur contineri. Quorum quidem capitulorum tenor sequitur sub hiis verbis.

Suivent 35 articles en langue catalane.....

Finitis capitulis sit derus et laus Deo B$^{te}$ Virgini et Angelis. Amen.

Quibus quidem capitulis effectualiter per superius nominatas et inferius descriptas personas intellectis et perceptis, predicte persone quarum nomina sunt sci : Guillemus Benedicti de Luna, Arnaldus Fabri, Leonardus Serra, Franciscus Felicis, Gabriel Macip, Georgius Calvet, Ludovicus Causser, Georgius Blancha, Hugo Ferrer, Jacobus Caxas, magister Johannes Benedicti, Raffael Leonart, Jacobus Tallavis, Johannes Dolnis, Johannes Blancha, Michael Benedicti, Raffael Ferrer, Johannes Raspart, Petrus dez Mestre, Ramundus Fabre, Vincentius Ferrer, Bernardus Serra et Johannes de Vilagut, neophiti ville Perpiniani predicta capitula et quodlibet ipsorum tenere et servare ac operis per effectum complere juxta eorum seriem et tenorem promiserant. Et inde pro omnibus dampnis sumptibus et interesse obligaverunt eorum bona presencia et futura. Et eciam elegerunt in rectores dicte confratrie pro presenti anno dictos Georgium Blancha et Hugonem et in operarios ejusdem confratrie Leonardum Serra et Georgium Calvet et in consiliarios predictorum rectorum et operariorum magistrum Johannem Benedicti, Gabrielem Macip, Jacobum Coxas, Lludovicum Calcer et Guillemum Benedicti de Luna predictos. Qui quidem rectores, ut prefertur, electi dictum officium dicti regiminis acceptarunt et nihilominus jurarunt per Dominum Deum seu quatuor Evangelia manibus eorum corporaliter sponte facta cujus juramenti virtute promiserunt se bene et legaliter habere in officio dicti regiminis et utilia procurare et inutilia evittare et alia facere ad que juxta seriem et tenorem dictorum capitulorum teneantur. De quibus omnibus et eorum singulis predicti superius nominati pecierunt per me notarium subnominatum eis fieri ac tradi publicum seu publica instrumentum seu instrumenta ad eternam rei memoriam de premissis in futurum habendam. Quod fuit actum et laudatum Perpiniani videlicet per dictos Guillemum Benedicti, Arnaldum Fabri, Leonardum Serra, Franciscum Felicis, Gabrielem Macip, Georgium Calvet, Ludovicum Causser, Georgium Blancha, Hugonem Ferrer et Jacobum Caxas XX$^a$ secunda die septembris et per alios superius nominatos XXX$^a$ die dicti menses septembris anno a nativitate dñi M° CCCC° X° VIII° presentibus pro testibus fratre Jacobo Cathalani Priore ordinis conventus Fratrum Predicatorum dicte ville Perpiniani, reverendo Petro Durandi in sacra pagina magistro dicti ordinis et me Petro Vila notario de Perpiniano qui hec recepi requisitus.

(Notula Petri Vila Annor. 1417-1418, note n° 1453.)

# DOCUMENT 10

## LETTRE DE JEAN LECOMTE A PIERRE THILLIA AU SUJET DE CE QUI SE PASSAIT A PERPIGNAN LE 6 JANVIER 1416

Quod ab Hispaniæ regibus die 6 januarii anno 1416 conclusum erat, fidem Petro de Luna ob lucem fidei ac promissi prorsus amissam denegandam esse, istud absque mora effectum quod aiunt : « frangenti fidem fides frangatur eidem. » Solemni proinde formula pro publica concione denunciatum populo nullam Petro tanquam papæ fidem posthac obedientiæ esse præstandam. Effecit hoc laudatus Vinc. Ferrarius ostenso hac de re plebi diplomate regio originali quod manu Alphonsi primogeniti regis subscriptu roboratum erat. Prælectum hoc diploma lingua vulgari et latina ore Vincentii præsentibus Ferdinando, Alphonso rege, aliisque magnatibus et innumera plebe. Quæ pompa plenius depicta per Joannem Comitem epistola de illo spectaculo scripto memorante Cerretano.

Hæc est epistola ad Petrum Thilliam directa.

Quia dici audivi et verum fuit quod Fr. Vincentius debebat prædicare die lunæ sequenti in castro, coram domino rege, et de ipsius mandato exponere populo capitula et concordiam facta inter serenissimum nostrum Imperatorem et ipsum. Ego ipsa die lunæ quæ fuit festum Epiphaniæ Domini remansi usque post prandium. Et fui in prædicatione dicti Fr. Vincentii qui multum notabiliter missa solemni ad portam capellæ castri superius per eum celebrata, astante ibidem populi multitudine copiosissima, atque ut credo ad decem millia personarum prædicavit, assumpto themate suo videlicet *obtulerunt ei munera*. Et capitula ipsa, eadem laudando et approbando recessum dicti Benedicti et alia per eum facta reprobando exposuit. Et facto sermone, ante tamen conclusionem, data sibi fuit littera subtractionis sigillata sigillo domini regis, et manu domini primogeniti signata. Quam exhibuit et publicavit. Et quia totus populus non intellexisset latinum dicta littera fuerat transcripta eorum vulgari lingua, in uno folio papyri et sic lecta ibidem et publicata, rege, tribus regnis, primogenito et aliis quam pluribus nobilibus ac dicti populi multitudine et *me* præsentibus. Qua publice facta dictus Fr. Vincentius dixit ista verba, videlicet : Dominus rex credit firmiter quod hodie et ista hora domini reges Castellæ et Navarræ similem fecerint publicationem subtractionis, quia misit eis nuntios suos ad deprecandum eos quod ita facere vellent. Et tunc idem Fr. Vincentius venit ad conclusionem suæ prædicationis sic dicendo : Bonæ gentes, sicut tres reges tali die sicut est hodie, obtulerunt Domino nostro Jesu Christo munera pretiosa, sic isti tres domini reges, videlicet Castellæ, Aragoniæ et Navarræ hodie fecerunt istam oblationem Deo et sanctæ matri Ecclesiæ pro ejus sancta unione.

Scriptum Narbonæ, 12 Januarii 1416.

(Apud Von der Hand, *Rerum Con. Const.* Tomus II.)

M. l'abbé Tolra de Bordas a publié dans la *Revue du Monde catholique* (1866, Tome XV) un article sur l'*Antipape Benoit XIII en Roussillon*. C'est un résumé assez exact de tous ces faits. L'auteur appartenait au clergé de Perpignan.

# DOCUMENT 11

### ACTE DE SOUSTRACTION DU ROI D'ARAGON, LUE PAR VINCENT FERRIER, LE SIX JANVIER QUATORZE CENT SEIZE

Nos Ferdinandus etc.....

Per terrenum regnum sæpe cœleste proficit ut qui intra Ecclesiam positi contra pacem agunt ecclesiæ rigore principum terreantur. Hinc est quod auctæ pacis ecclesiasticæ aut solutæ nec immerito a seculi regibus ille rationem exigit qui eorum putavit ipsam credendam ecclesiam potestati. Illud quippe felix imperium cujus divisa in partes Ecclesia regibus redit in unum.

Et licet ab adolescentia naturaliter ad pacem nobis Sanctæ matris ecclesiæ insitus fuit amor, postquam regiæ apicem dignitatis altisimo disponente attigimus, tanto ad illam ferventius nostra crevit affectio, quanto nos divinis humanisque legibus ad christiani populi procurandam concordiam dignitate jam dicta reputamus astrictos.

Nec fuit nostrum desiderium hujus modi solius voluntatis contentum finibus, quinimo non cessavit in actum indefessis laboribus prosilire. Et ut multa sileamus quibus pro desiderato fine consequendo secretam operam sollicitamque dedimus et nonulla et alia publica taceamus, illud tamen quamvis notissimum silentio minime tradere volumus, quod pro celebrandis visitis inter Dominum sanctissimum papam Benedictum et illustrissimum regem Romanorum fratrem nostrum charissimum, et nos in villa Perpiniani prout extiterat concordatum super facto unionis Sanctæ matris ecclesiæ per viam renuntiationis, omnibus illam aliis præferendo astrinxerat, ut pene universo notum est orbi, quique ut sæpius asseruit, adversarium suum, ut convenirent in unum ad mancipandum effectum, quæ de facienda cessione promiserat toties agitavit quod per eum non stabat quominus veniretur ad actum aliter mente ageretur quam in humanis auribus verba sonarent.

Hac igitur tam verosimili decepti fiducia, postquam dictus serenissimus Romanorum rex frater nobis charissimus pro Ecclesiæ Dei unitate et pace sectanda, ad quam utique habere dignoscitur ardentem zelum pro dictis visitis et factis unionis jam dictæ hujusmodi nostram villam Perpiniani multis prælatis et viris egregiis ab his qui congregati sunt in Constantia destinatis, et quam plurimis aliis ambasiatoribus regum Franciæ et Angliæ ac quorumdam aliorum christianitatis principum sociatus, intravit, nonnullis, supervacuis dilationibus locum dedimus, et non sine magno totius ecclesiæ ac negotii de quo agebatur discrimine, ut eidem Domino Benedicto omnis tolleretur dissentiendi materia, morem in diversis prorogationibus gessimus votis suis, adhuc piè credentes quod finaliter non deficeret tanto bono, aut quod de labiis suis processerat irritum facere vereretur, præsertim casu isto ubi, etiamsi nulla præcedenti esset promissione astrictus, tenebatur, prout tenetur de necessitate salutis jure divino pariter et humano, simpliciter renunciare papatui pro tot evitandis scandalis in ecclesia Dei, ob tam evidentem utilitatem ejusdem, etiamsi de jure suo nullum dubium verteretur (moveretur).

Sed res versa est, proh dolor! in obliquum. Nam difficile se in facile in promptu reduxit, et quod facile putabatur difficile experti sumus. Quis enim dictum vocatum Johannem tanta inflatum potentia, ac tantorum principum obedientiis communitum sic dejiciendum credidit, aut tam seculariter viventem ut fertur quantumcumque ejectum pure renuntiaturum putavit? Quis dictum nuncupatum Gregorium per quem, ut idem Benedictus asseruit procuratum est retracto tempore quo minus cessionis via executioni debitæ mandaretur, jus suum cogitavit tam liberaliter in sui tanti nominis gloriam dimissurum? Quis utique ex adverso tam duræ crudelitatis adesset et existimandum putaret quod omnibus circumstanciis ad obtinendam dictam Ecclesiæ Dei unionem sic se offerentibus, quas nedum homines procurare sed vix cogitare potuissent, cunctis vere Christum confitentibus, eidem humiliter instantius supplicantibus, præfatus Dominus Benedictus cessionem suam ulterius differre tentaret, ac sacrosanctam unionem Ecclesiæ quam tam meritorie et glorioso prolatione unius verbi consequi poterat, tam periculosè detestabiliter impediret?

Nos autem postquam novimus quod ex nonnullis schedulis per eum in præsenti negotio datis, et aliis suis tractatibus, nihil aliud sequi poterat nisi ruptura perpetua totius negotii, irreparabilisque populi christiani, et cuicumque fideli horrenda scissura, habito maturo atque digesto consilio ambasiatorum diversorum regnorum et civitatum nostrarum, in dicta villa Perpiniani pro dictis negotiis sanctæ unionis præsentium, dilationes hujusmodi, quantum cum Deo possumus amputare, et ulterius minimè diffugiis deliberavimus indulgere.

Et dicto domino Benedicto per inclytum Alphonsum primogenitum nostrum charissimum, in nostra persona, cum nos tunc ægritudine teneremur, supplicare et per ipsum requiri fecimus ; et unà cum eo ambasiatores illustrissimi regis Castellæ nepotis nostri carissimi præclari et egregii comitis Armaniaci, et de Fuxo consanguinei nostri dilecti, eidem utique supplicarunt, et ipsum requisierunt, quatenus omnibus supradictis attentis pro tanto Dei sacrificio et bono prælibatæ unionis habendæ, dignaretur dictam renunciationem facere pure et libere prout utroque jure ut supra dicitur tenebatur.

Cui quidem supplicationi et requisitioni tam humili atque justæ aurem obturare voluit. Et nullo congruo dato responso nonnullis per eum de vacantibus in regnis et dominio nostro Ecclesiis fiete, ut dicitur, provisionibus quibusdam familiaribus factis, deserto totaliter dicto sancto unionis negotio, simulato metu, cum nulla causa timoris adesset a dicta villa Perpiniani recessit, in cujus castri residebat tutela. Quis vero tam formidolosus esse potuit quod intra tam fortissimi castri claustra residens, multisque armorum gentibus constipatus, vallatusque undique consanguineis, servitoribus et amicis infra nationem propriam trepidaret? Quod plus est, nemine sequente, terrendi certè alios potius quam timendi aderat facultas, et fugandi potiùs quam occasio fugiendi. Maximè quod securitatibus et guidaticis nostris solemni juramento vallatis, et cautionibus et juramentis multorum baronum nobilium et aliorum potentium ditionis nostræ ac gubernationis officialium et consulum dictæ villæ fultus esset ad votum. Quibus vero simile non erat coarctionem, injuriam seu compulsionem sibi aliquam irrogari. Nam si, quod absit, in cor nostrum contra personam suam cogitatio ascendisset, recessum suum facillimé potuissemus impedire cui nulla tam lacrymabili supplicatione nos objicere possumus.

Et quidem licet jam essemus de suâ cessione non immerito desperati, et ad alia remedia cum cordis anxietate pro consequenda pace Ecclesiæ nostræ figeremus considerationis intuitum : affectione tamen singulari quam ad ejusdem domini Benedicti personam, honorem et statum semper in corde gessimus, inflammati, ad finem quod de consensu suo pax haberetur Ecclesiæ, et in tam evidenti casu et singulari articulo sui nominis gloriam exaltaret continere minimè potuimus, quin missis ad eum, antequam navim seu galeram in Coquilibrecio ascenderet, nunciis et procuratoribus nostris et aliorum regum et principum prædictorum requisitionem et supplicationem prædictas idem faceremus humiliter duplicari.

Quibus infructuoso per eum dato responso, incontinenti ventorum ducatui se commisit. Et denique percepto quod intra nostrum dominium in castro de Peniscola idem dominus Benedictus derelicto mari descenderat, etiam per nuncios et procuratores nostros et regum et principum prædictorum requisiones et supplicationes prædictas eidem faceremus triplicari.

Sed minimè supplicandi importunitas cor suum ad tanti boni et rationis vehiculum blandiri potuit, quin imo in propria pertinacia adhæreret. Attendentes itaque sic labores nostros debito fine frustrari, quod per omnes humani consilii modos laborantes, nullum potuimus boni operis manipulum ex tam prolixi schismatis tractatibus adipisci : de cetero laxare retia decrevimus invocato Christi nomine et Ejus Virginis Genitricis, salubri super his iam dictorum omnium præmissorum vocato consilio; attento quod in civitate Constantiæ fere totus populus christianus qui sub obedientiis prædictorum vocatorum Gregorii et Joannis præsens erat, tam per principes et eorum ambasiatores solemnes quam etiam per prælatos et alios quam plurimos notabiles viros congregatus existit, cum affectione sancta pura et simplici ad obediendum summo pontifici quem universalis Ecclesia sibi canonice præficiendum decreverit, et quod nedum injustum, sed inhumanum utique videretur, illos ulterius nostra communione privari quos ad unitatem et pacem sic esse constat affectos, deliberavimus quod ambasiatores regum et principum prædictæ obedientiæ dicti domini Benedicti, ac etiam omnes prælati et alii ecclesiastici viri qui ad generale consilium consueverunt vocari, jam dictum Constanciæ concilium infra certum terminum venire teneantur tractaturi una cum aliis ibidem ut dictum est congregatis, ac facturi divino mediante præsidio quod unio Ecclesiæ orthodoxæ jamdiu corrupta sub uno indubitato et ab universali Ecclesia recepto pastore legitimo habeatur : prout in certis super hoc capitulis inter serenissimum regem romanorum prædictum et ambasiatores Constantienses et diversos alios prælatos cum eis ex una parte, et nos et alios reges et principes supradictos obedientiæ dicti domini Benedicti seu eorum ambasiatores ex altera, concordatis et firmatis dignoscitur contineri.

Et non parum ad dictam catholicam communionem nos illud bonum novum allicit, ab orientis sedis apicibus, et relatione productum, quod Græci, suam actu legitimorum deflentes scissuram, ardore Christi perfusi, dominico gregi, si eidem unum et indubitatum caput præesset, aggregari proponunt. Verum quia vanum esset deliberare salubria, nisi tollantur de medio ea quæ minime pervenire deliberata permitterent ad effectum, considerantes quod prælibata tam sancta, tam totiusque catholicæ fidei conservatio provisio ac deliberatio, non nostra, imo divina, nullatenùs produci ad condignum valeret effectum quamdiu prælati et alii subditi nostri sub obedientia dicti domini Benedicti existerent aut ejus jussionibus atque mandatis parerent, præsertim cum in responsione quam fecit dictæ supplicationi et requisitioni ultimæ convocaturum se omnes prælatos suæ obedientiæ asserat, ut ad celebrandum cum eo concilium per totam mensem februari convenirent; deliberaturi ibidem, ut asseruit, quomodo respondeat supplicationibus sibi factis, quum jam ipse expresse negavit; sed jam quod notandum, ut cum eis deliberet ne possint ire Constantiam, hujusmodi vocationem ipse faciet inter alia. Ideo satis apparet quod dum erat in dictâ villâ Perpiniani ubi negotia tractabantur Ecclesiæ cessionem aliquam in concilio (idem per septennium et ultrà dilatavit) tenere noluit. Unde convocatio hujusmodi exquisita de directo deliberationi, provisioni, per nos jam dictos factæ, certissime contradicit, et unionem ac pacem Ecclesiæ impedit manifeste : quamobrem prædictis omnibus et aliis pluribus plene attentis quæ aperté demonstrant quod tam salutifero et evidenti progressui pacis Sanctæ matris Ecclesiæ et ejus inveterati schismatis evulsioni, obedire dicto domino Benedicto aut ejus parere mandatis notorium impedimentum adducit; de multorum prælatorum, comitum, baronum, militum, doctorum et presbyterorum ac nunciorum hic præsentium diversorum regnorum et civitatum nostrarum concilio, providemus et ordinamus per nos et nostros sucessores, nec non per quoscumque Ecclesiarum prælatos duces, comites, barones et quoslibet alias personas tam ecclesiasticas quam seculares cujuscumque gradus dignitatis præeminentiæ aut conditionis existant, quomodocumque subditos ac inter regna et dioceses nostras degentes præfato domino Benedicto obediendo non esse aliqualiter parendum. Ac præcipimus districtius et mandamus eisdem quatenus dicto domino Benedicto minimé tanquam papæ obediendo adhærere, aut in aliquo parere præsumant, nec ejus bullas ac quascumque litteras suas et suorum officiariorum ordinariorum vel delegatorum collectorum vel subcollectorum, intrà ditionem nostram præsentare, ac collectoribus vel subcollectoribus prædictis seu quibusvis aliis personis, de fructibus sive reditibus ad chamberam apostolicam quomodocumque spectantibus respondere, præterquam illis quod nos ad hoc duxerimus deputandos. Cum nostræ intentionis existat, illos, his duntaxat exceptis, quos in prosecutione unionis Ecclesiæ expendere opportebit, futuro unico et ab universali Ecclesia recepto summo pontifici per fideles personas integraliter reservare. Injungentes nihilominus ac etiam ordinantes quod omnes et singuli qui beneficia ecclesiastica in regnis aut terris ditioni aut dominio nostro subjectis obtinent, cujuscumque conditionis aut status existant, etiamsi cardinalatus et pontificali dignitate præfulgeant, in suis ecclesiis ac beneficiis resideant, nullusque eorum præfatum dominum Benedictum aut ejus curiam sequi, quovismodo morari præsumat. Alioquin per illos quos ad colligendos fructus chamberæ apostolicæ duxerimus ut præmittitur, deputandos, omnes et singulos reditus beneficiorum quæ obtinent præcipimus arrestari donec super hoc aliud ordinetur. Etiam districtius nihilominus universis et singulis subditis nostris tam ecclesiasticis quam secularibus etiamsi pontificali præfulgeant dignitate vel quovis alio titulo seu nomine censeantur, ne contra tenorem præsentium aliquid attentare seu in aliquo contra-venire præsumant, si penas graves cupiunt non subire. Mandamusque demum universis et singulis gubernatoribus, vicariis, justiciariis, calmedinis, bajulis, juratis et aliis officialibus nostris ubilibet constitutis, quatenus servato tenore hujusmodi, prout ad eorum quemlibet pertinebit, quoscumque deprehenderint aut noverint aliquatenus contraire sub competenti custodia teneri faciant, nosque super hoc consultare non differant facturi deinde prout a nobis receperint in mandatis.

Cujus rei testimorium præsentes fieri jussimus nostro sigillo munitas.

Datum Perpiniani et propter indispositionem personæ nostræ signatum manu nostri primogeniti die sexto januarii anno a nativitate (incarnacionis Domini) millesimo quadringentesimo decimo sexto regnique nostri quinto.

ALPHONSUS, *primogenitus*.

Leçon un peu différente de celle de Labbé et collationnée sur les manuscrits de Leipzig et autres.

# DOCUMENT 12

### SAUF-CONDUIT DU ROI FERDINAND A VINCENT FERRIER APRÈS PERPIGNAN

Ferdinandus etc". Dilectis et fidelibus universis et singulis Gubernatoribus vicariis baiulis justiciis subuicariis subbaiulis calmedinis juratis consiliariis consulibus ceterisque officialibus et subditis nostris dictorumque officialium locatenentibus nec non custodibus passuum portuum rerumque prohibitarum et Regnorum et terrarum nostrarum finibus constitutis ad quem seu quos presentes pervenerunt et fuerunt requisiti salutem et dileccionem. Cum religiosus et dilectus noster frater Vincencius de Ferrario in sacra Theologia Magister proponat more suo Regna et terras nostras perlustrare predicaturus verbum Dei, vobis et unicuique vestrum dicimus et mandamus expresse sub nostre ire et indignacionis incursu quatenus eumdem fratrem Vincencium una cum comitiva sua tam marium quam mulierum sequencium eum et bonis eorum quibuscumque eundo stando redeundo et alias divertendo ad sue libitum voluntatis tanquam pupillam oculorum vestrorum servetis indemnes non permittentes pro posse eidem seu cuivis exequentibus cum in personis sive bonis per quemcumque cuiusvis condicionis dignitatis preheminenci: vel status existat damnum offensam seu impedimentum aliquod irrogari. Quinymo si quis ausu temerario presumeret contrarium attemptare pro viribus enitatis provideatisque ei in vim tutaminis de armorum gentibus et cohorte si quando et quociens opus fuerit et per eum fueritis requisiti. Et si quid forte dispendii seu jacture sibi esset quod nollemus illatum illud procuretis illico reformare suscipientes eumdem et suos predictos omni reverencia caritate amore et curialitate in omnibus recommissos. Datam Perpiniani sub nostro sigillo secreto et propter indisposicionem persone nostre signata manu nostri Primogeniti octava die Januarii anno a nativitate Domini M° CCCC° sextodecimo.

A. Primogenitus.

Dominus Rex mandavit michi
Paulo Nicholai.

## DOCUMENT 13

### LETTRE DE LA REINE MARGUERITE SUR LE 6 JANVIER A PERPIGNAN

La Reyna Margarita.

Venerable pare en Christ e molt car oncle, Per avisar vostra venerable paternitat vos certificam que diluns festa de Aparici stant lo Rey en un cadafal fet devant la capella maior del Castell de aquesta vila, e celebrada missa per Mestre Vicens en laltar bastit, en lo dit cadafal lo dit Mestre Vicenç feu son sermo per lo qual oyr hac en lo dit Castell moltes notables personas molt gran multitud de poble, en lo qual sermo entre les altres coses, ell dix molt afirmativament com nostre sant pare era verdader Vicari de Jhesu Christ, que ell sapra coses per lesquals era ben cert de aço. Recita axi matex com nostre sant pare no era mes en algunes dilacions sobre lo fet de la Unio les quals explicar per letra bonament no poriem, e que convenia e havia convengut al dit Rey per obeir lo manament de Deu al qual devia mils star que no en aquel del Papa fer algunas ordinacions ab son notable e bon consell, les quals serien amargues al dit nostre sant pare pero profitosas a la salut de sa anima, axi com es la medecina amarga al pacient o malalt; les quals ordinacions foren aqui publicades son largas e no les posquem bonament distinctament retenir pero contenen en acabament sostraccio de tot poder quel dit nostre sant pare haie en los bens temporals, ço es en reebre peccunias, ne donar beneficis, etc. Manants e inhibient, que no lin fos respost. Si bonament porem haver de las dites ordinacions translat nos les vos trametrem, per que pus stesament ho puscats veure. Dix axi matex que semblants ordinacions se publicaven per la dita jornada en lo Regne de Castella et de Navarra e en los Comtats de Foix e Darmanyach : per que vostra venerable paternitat deslibere que es de fer. E si son algunes coses que nos hi puscham fer som prestes complir les per obre. E sia la Sancta Trinitat endressa de tots vostros afers. Data en Perpinya sots nostre segell secret a VIII de janer del any Mil quatre cens XVI.

La Reyna Margarita.

Al venerable pare en Christ
e nostre molt car oncle lo bisbe
de Mallorques camerlench de
nostre sant pare.

Domina Regina mandavit michi.
P° Scac.

*Arch. de la couronne d'Aragon*, reg. 2355, fol. 86.

# DOCUMENT 14

## MOULINS, ARCHIVES COMMUNALES. 255 CAHIERS.
## PAGE DE L'INVENTAIRE 36, AD ANNUM 1417

Rabattu par l'ordonnance des quatre à Jehan Pelote, Jehan Pélerin et Jehan Popery l'ainsné fermier de la maille pour ce qu'ils disaient qu'ils avaient grandement perdu en la dite maille, par le temps de Frère Vincent, car on avait fait crier que tous ceulx qui apporteraient pain de la dicte ville ne paieraient maille, et aussi qu'ils ont bien fait leur devoir à lever la dicte maille, 7 livres, 7 sols, 4 deniers. — A ceux qui ont amené Frère Vincent et ses gens et son bagaige de la Chièze à Molins, la première sepmaine de février 1416, 115 sols. — 33 journées employées à faire les deux chafault pour Frère Vincent, la première semaine de février 1416, 110 sols. — Dépenses pour la chapelle de Frère Vincent, sa nourriture et son logement, etc. — Dépenses pour quatre des frères dudit Frère Vincent qui estaient demorés malades en la dicte ville, etc., 45 sols. — Don fait par la ville au Frère Vincent, 30 livres.

Au receveur qu'il a payé pour les dicts quatre et de leur comandamen à Jehan Payer de la Chièze, 25 sols; ..... à Crogier, 5 sols; à ...... 50 sols; à Jehan Camus, 35 sols. Les quels ont amené Frère Vincent, ses gens et son bagaige de la Chièze à Molins, la première semaine de février 1416, pour ce....., 45 sols.

Texte du susdit compte — (Le Ms est en mauvais état, beaucoup de mots sont déchirés ou mangés par les vers. Les points indiquent les lacunes et déchirures.)

Au dict receveur, qu'il a payé à Jehan Pagnot, Jehan Tare, Pierre Pie et à Jehan Berthier-Harou (?) pour chacun deux journées quils ont mises aller et venir à la Chièze pour aider à amener le dict Frère Vincent et ses gens, et pour 3 sols, 6 deniers qu'ils ont dépendu : pour tout ce 23 sols, 6 deniers.

Au dict receveur, qu'il a payé à Berthomieu Paret, Jehan Coinchon, Jehan Pontoniers, au dict Lucas Monnir, Simon Aggelo, au dict Clément, Jehan Judet et Berthomieu Calard charpentiers pour 33 journées qu'ils ont faictes à faire les deux chafaulx pour frère Vincent, la première semaine de février 1416, à chacun pour journées 3 sols, 4 deniers : valent comme appert par quittance 110 sols.

Au dict receveur, qu'il a payé à Jehan Lemaire pour 5 journées qu'il a ouvrées et faictes avec les dicts charpentiers, es dicts chafaulx, 16 sols, 8 deniers.

Au dict receveur, qu'il a payé à Jehan et Gérard Aupy frères, pour 7 journées qu'ils ont mises et faictes pour la dicte ville, à scier du bois pour les dicts chafaulx de Frère Vincent, pour chacun jour 3 sols, 4 deniers, comme appert par quittance valent 23 sols, 4 deniers.

Au dict receveur qu'il a payé au dict Jehan Lamer, scieur pour 2 trousses de bois qu'il a faictes et sciées pour la dicte ville, en la dicte semaine pour les dicts chafaulx 11 sols, 8 deniers.

Au dict receveur qu'il a payé à Jacquette charretier pour neuf tours qu'il a faictes pour la dicte ville en la dicte semaine, à charroyer les dicts chafaulx et sièges des Pont d'Allier à Moulins, pour chacun tour, 10 deniers, valent 7 sols, 6 deniers.

Au dict receveur, qu'il a payé à Michaud Cagnard et à Jehan Petit pour amener chacun un..... des dicts chafaulx de vers les Pont d'Allier en la place de Moulins, 20 deniers.

Au dict receveur, qu'il a payé à Jehan va..... courdier, pour courdages pris de lui et pour ays de sapin qu'il a baillé pour..... vrir la chapelle du dict Frère Vincent, et en sont copés plusieurs, dont, pour ce, 5 sols.

Au dict receveur, qu'il a payé à Jehan Lemaire pour une lanterne de bois couverte de telle et pour une croix de bois faictes pour les gens du dict Frère Vincent, 6 sols.

Au dict receveur, qu'il a payé à Belleville, pour bois pris de lui à chauffer ceulx qui fasoient la discipline chez Guillots Gryvault, pour ce, 5 sols.

Au dict receveur, qu'il a payé, à Jehan Lemaire, pour 5 failx de glois (bois) (?) et six terrasses de terre à chauffer le dict Frère Vincent et ses gens, 3 sols, 7 deniers.

Au dict receveur, qu'il a payé à Jehan Colos de Bourlemont, 2 journées; à Jehan...... une journée; à Huges de Royat, une journée; à Girard de....., une journée; à Bertin Gamiret, une journée; à Perrot Blanchard, une journée et à Jehan Ba....., une journée; par ainsi, 8 journées qu'ils ont faictes pour la venue du dict Frère Vincent, à despecer les buttes de vers la porte de Saint-Pierre et netoyer la place et à aider à lever les chafaulx ; pour chacune journée, 20 deniers, valent 13 sols, 4 deniers.

Au dict receveur, qu'il a payé à Benoict Le...rie, pour avoir soié en un tas la fange et la paille de la place de la ville qui avait été mise pour la venue du dict Frère Vincent, 5 sols.

Au dict receveur, qu'il a payé à la femme Tarment, pour 200 de grands clous renttorssés, à clœr la coverture des dicts échafaulx, 5 sols.

Au dict receveur, qu'il a payé à Jehan Guarangot, pontonnier, pour 4 tinées de charbon pour chauffer le dict Frère Vincent et ses gens; pour chacune tinée, 20 deniers, valent.....

Au dict receveur, qu'il a payé à Jehan Garrangot, pour 100 toises de bois à qua......e, pour faire les deux eschafaulx du dict Frère Vincent, lequel bois était du bois de la ville, dont pour ce, 25 sols.

Au dict receveur, qu'il a payé au dict Garrangot, pour le charroi des dictes cent toises de bois amener de Mouladier au pont Macheclot, pour faire les 10 eschafaulx, 25 sols.

Au dict receveur, qu'il a payé à Jehan Duchat, pour quatre des frères du dict Frère Vincent, qui étaient demorés malade en la dicte ville, dont les deux chez J. Martin et les autres deux chez Jehannin chasnoine, tant pour siroux et autres chouses prinses chez le dict Duchat, comme pour 10 sols qui leur ont été donnés pour s'en aller vers le dict Frère Vincent, pour tout ce, 45 sols.

Au dict receveur, qu'il a payé à Jehan Duchat, espicier, pour la venue du dict Frère Vincent, tant pour torches, cierges, clous esta.....x blanche, espinlles, à mettre en sa chapelle et pour faire la discipline et aultres chouses comme appert pour les parties du dict Duchat...... livres, 11 sols, 3 deniers.

Au dict receveur, qu'il a payé à Umbert Tournier, espicier, pour 6 livres de cire franche et deux livres d'estoupes, que le dict Umbert a mises en torches pour la venue du dict Frère Vincent et lesquelles ont été guastées pour faire la discipline, comme appert par les parties du dict Umbert baillées aux dicts quatre, 26 sols, 8 deniers.

Au dict receveur, qu'il a payé à Jehan Gaget, tant pour 3 charretées de bois mises au château de Monseigneur pour faire du feu à ceux qui faisaient la discipline comme pour 200 de clous de 4 doigts, et pour 5 sols qu'il a donnés au frère qui...... ceux qui faisaient la discipline, 7 sols, 3 deniers.

Au dict receveur, qu'il a payé chez Jehan Pie, le mercredi premier jour de Carême, 24 février 1416, pour dépenses faictes chez lui par les dicts quatre et plusieurs autres des bourgeois de la dicte ville, pour aviser la dépense du dict Frère Vincent et de ses gens, 12 sols, 6 deniers.

Au dict receveur qu'il a payé à Jehan Dumoutier un des quatre de la dicte ville pour faire la dépense de lui Jehan Chamoin, Jehan Duchat et Tachar de Moncervier, quand ils furent à Saint-Pourçain (1) pour amener Frère Vincent à Moulins, 36 sols.

A lui qu'il a payé à Jehan Gaget, Jehan Dumoutier, Jehan Lemaire et Hugues Cant, qui avaient baillé par ordonnance faicte par la dicte ville à Frère Vincent par don à lui fait par icelle ville, 30 livres.

# DOCUMENT 15

## DOCUMENT DE LYON (1416)

Le mardi 28 mars 1416 (1417).

Ilz ont ordonné que Aynard de Chaponay portera une lettre de par lesdiz conseillers à Fr. Vincent, qui est à Corzieu, contenant que la ville de Lion a entendu qu'il y doit venir preschier, dont tous les habitants sont tous joyeux.

Le lundi saint, V° jour d'avril mil IIII°XVI, en la chapelle Saint-Jacques. (Pâques commençait alors l'année.)

Ilz ont ordonné que Nantuas baillera pour la despense de Fr. Vincent, tant comme il preschera à Lion pour chacun jour XXII s. VI d. tourn., et de ce qu'il baillera l'on luy a passé le mandement..... Ilz ont passé ung mandement de VI livres tourn., deuz aux Chapuis qui ont fait le chaffal de Fr. Vincent au pré d'Enay, tant pour ce qu'ilz l'ont fait V l., comme puis pour le aussier, car il estait trop bas, vint solz tournois.

Ilz ont passé ung autre mandement de la somme de XLI s., III d. tourn., baillés par le dit Nantuas pour la dispense de faicte dès Lion à l'Arbrelle par messire Jehan le Viste et moy procureur, ensemble son chapelain et son varlet qui furent envoyés au dit lieu de l'Arbrelle, vers Fr. Vincent.

Le samedi, XVII° jour d'avril après Pasques, l'an mil IIII°XVII à Saint-Jacques. Ilz ont ordonné que l'on donnera aux gens de Fr. Vincent, outre XVI escuz à lui païés pour sa despense de sa chambre et pour XVI jours qu'il a demoré à Lion, VIII escuz, lesqueulx l'on baillera au regidoux de sa compagnie, et par ainsi ilz ont passé le mandement de XXIV escuz pour tout, car la dite somme a esté payée par Nantuas comme dessus.

Le lundi, XXVI° jour d'avril MIIII°XVII, en la chapelle Saint-Jacques..... Ilz ont passé un mandement à Audry Nantuas de la somme de quarante livres XIII s. un d. tourn. emploiez et paiez ès parcelles qui s'ensuivent :

---

(1) Saint-Pourçain est à 30 kilomètres de Moulins

C'est assavoir pour la despense de Maistre Vincent, qui demoura à Lion XVI jours, pour chacun jour XXII s., VI d., monte XVIII livres. Item que messire Jehan Le Viste, à IIII chevaux et pour deux jours, XL s. tourn. Item pour abatre et reffaire le mur d'Enay par l'on passait (sic) au pré, IIII livres X s. tourn. Item pour faire faire la chapelle audit pré et puis pour retourner une partie du boys de la dite chapelle en la grange de la ville, et pour un feroil, deux freytiz, crosses et clouz, VI livres, trois solz, IIII d. tourn. Item que l'on a baillé à messire Guillaume la Pomerea pour cierges et torches qu'il a sougné es messes dudit Maistre Vincent, XX s. tourn.

Le vendredi, XXV° jour de juing l'an mil IIII°XVII, en la chapelle Saint-Jacques. Ilz ont passé un mandement de VI livres tourn. baillés, de leur commandement, par Audry de la Fray, à Fr. Gabriel de l'Ordre des prescheurs et des disciples de Maistre Vincent, pour VIII jours qu'il a preschié à Lion et fenis lundi derrier passé XXI° de juing. — (*Reg. consulaires recueillis* par Guigues, p. 39 et seq.)

N. B. — *Je supprime les documents d'Alby, de Rodez, de Milhau, de Saint-Affrique, de Clermont-Ferrand et de Saint-Flour, qui viennent d'être publiés par les Annales du Midi, t. IV.* (Toulouse, chez Privat.)

# DOCUMENT 16

## EXTRAIT DES ARCHIVES GÉNÉRALICES DE LA MINERVE

### *Chambéry*.

(Registre, PP. folio 537).

Ex annalibus conventus Camberiensis. Anno 1418, Martino V Summo Pontifice, Sigismundo imperatore, Amadeo VIII Sabaudiæ duce primo. Tanta sese undequaque diffuderat virtutum Fratrum Prædicatorum fragrantia ut eâ admodum recreati cives Camberienses supplici libello Amadeum VIII rogaverint ut pro suâ in eos et in religionem benevolentiâ à Martino V, pont. max. licentiam ad fratrum Prædicatorum vocationem specialiter requisitam obtinere dignaretur : quorum petitioni libenter annuens Amadeus VIII à Martino V Bullam infra citatam obtinuit quâ fratres prædicatores qui jam a longo tempore urbem Anneciumet Montemmelianum pietate et doctrinâ illustraverant, possint et Camberium Sabaudiæ caput mirabili vitæ sanctitate decorare; necnon sanis et inconcussis dogmatibus adversus insidiantes hereses fulcire et tueri : quasi a longè filios lucis provideret sanctissimus Papa qui filiis tenebrarum Luthero et Calvino resisterent, et cujuscumque hæreticæ pravitatis tela divino scripturæ sacræ malleo contunderent suo tempore.

La bulle est du 21 novembre 1417 (tome II du bullaire, p. 672).

Illud autem notatu dignum quod scilicet anno 1418 nescio quo felici casu, ut fert antiquissima et immemorialis traditio, S. Vincentius Ferrerius in universâ sabaudiâ ingenti cum animarum fructu evangelizans, primum lapidem fundamentalem Ecclesiæ prædicatorum Camberiensium posuerit. Quibus subindè valedicens, tanquam specialis dilectionis ad iteratam et instantem eorum petitionem missale, pileum, baculum et cappam reliquit quæ pretiosæ reliquiæ celeberrimo totius populi concursu veneratione et oblationibus quotannis honorantur, de quibus reliquiis sequens testimonium profert frater Moncelin Ord. Præd qui vixit anno 1623.

« Audivi ab antiquis et gravioribus Ordinis nostri patribus scilicet à (suivent les noms) frugi viris reliquias S. Vincentii Ferrerii exponi publicæ fidelium venerationi die XXII Jauarii in quo incidit festum S. Vincentii martyris, quia nimirum tali die S. Vincentius Ferrerius primum lapidem fundamentalem Ecclesiæ Camberiensis fratrum Prædicatorum posuit; et testor verum esse pileum qui fidelium capiti sepissime imponitur ad fugandum capitis dolorem, veram cappam, verum missale, verum baculum ut annis quinque supra quadraginta audivi à prædictis quinque gravioribus patribus qui idem ab antiquá et non interruptá traditione acceperunt. In cujus testimonii fidem manu propriá suscripsi in nomine J. C. S. Mariæ Virginis, S. Vincentii Ferrerii confessoris, et sancti Vincentii martyris patronorum meorum si ita illis placeat. Anno 1623. Fr. Andreas Moncelin Ord. Præd. Sacerdos. »

## DOCUMENT 17

### DÉPENSES FAITES A NEVERS
### POUR LE PASSAGE DE SAINT VINCENT FERRIER EN 1417

Extrait du compte rendu de la femme et des hoirs de feu Perrin Garin, receveur général de la ville de Nevers, du 1er décembre 1417, au dernier juing 1418, que le dit feu Perrin alla de vie à trespassement, folio 10, recto et verso. « C'est assavoir à Jehan Ogier, Regnault Le Court et Jacquet Dautan, charpentiers, pour 57 toises et demye de bois à quarir pour le chaffault où le dit maistre Vincent prescha, au pris de 12 deniers tournois la toise, valant 57 sols 6 deniers tournois.

» Au dit Regnault Le Court, pour 19 journées de luy, de Jehan Marnaz et de leurs varletz, à 11 gs par jour, valant 63 sols (gros) 4 deniers tournois.

» Au dit Jacquet semblablement, pour 19 journées de luy et de ses varletz, pour 63 sols 4 deniers.

» A plusieurs charpentiers qui coppent et retranchent le dit chaffault qui estoit trop long; pour ce, 5 sols.

» A Pierre Maignen pour 67 ayes de sapin achatées de lui pour covrir le dit chaffault, pour ce, 4 livres, 3 sols, 9 deniers, ob. (oboles) tournois.

» Pour 5 cents et demi de cloux de 9 livres, à 15 deniers tournois le cent, valant 6 sols 10 deniers tournois.

» Pour 1 cent de cloux de 4 doyes à couldre ledit chaffault, valant 20 deniers.

» Pour 1 cent et demi de cloux de loseres à tendre la chapelle, valant 22 deniers ob tournois.

» A Jacquet Rancon, pour une journée de sa chariete à nettayer la place du marché des bestes; pour ce, 10 sols tournois.

» A Droin Morant, pour 3 journées de sa chariete à nectayer la dicte place et oster la boe; pour ce, 30 sols.

» A Jehan Perrot, pour 2 journées et demie de sa chariete à nectayer la dicte place, à 4 gs par jour, val. 16 sols 8 deniers.

» Au charretier de Mons-Levesque, lequel il fut 2 journées, et n'en vost riens prandre le dit Mons-Levesque, pour ce donné au dit charretier pour son vin 2 sols 6 deniers.

» A certains compaignons qui nectaièrent le chemin en venant de l'église Saint-Cire en la dite place; pour ce. 10 sols.

» Pour pain et vin achaté pour les compaignons et charretiers qui nettaièrent la place, pour ce 10 sols.

» A Guillaume Girard, qui garda par nuit le dit chaffault, le soir que le dit maistre Vincent vint; pour ce, 20 deniers.

» Pour despens de bouche faicts chez les Jacopins, par le dit maistre Vincent et 6 de ses gens, tant qu'il a demoré en la dicte ville, et dont les dits quatre ont ouy le compte; pour ce, 7 l. t.

» Pour despense faicte par Pierre Cuissart et frère Guillaume Boillot en allant à Disise vers le dit maistre Vincent, savoir quand il viendroit, et retournant à Nevers; pour ce, 10 sols.

» Pour corde achatée quant on retrancha le dit chaffault; pour ce, 10 deniers tournois.

» Pour despense de bouche faicte par maistre Philippe Clément chez maistre Regnault Reclain, lequel maistre Philippe conduit en Bretaigne ledit maistre Vincent; pour ce, 15 sols.

» Pour foin achaté pour le mulet de maistre Vincent, 2 sols.

» A quatre bons hommes qui suyvent ledit maistre Vincent, pour 4 paires de souliers, 20 sols t.

» Au dit maistre Philippe Clément, pour une robe pour l'un des serviteurs dudit maistre Vincent, pour ce, 25 sols t.

» A Perrin de Molins pour 16 livres de cire dont ont esté faictes 4 torches pour aller quérir le dit maistre Vincent chacun jour et 4 sierges pour la messe, à 11 blancs la livre, valant 73 sols, 4 deniers.

» Pour chandoilles achatées à tendre par nuit la chappelle, 10 deniers t.

» Pour 4 livres de lumignon à faire les dites torches; pour ce, 3 sols, 4 deniers.

» Pour le fasson desdits torches et cierges, 3 sols, 4 deniers.

» Pour chandoilles de cire, 10 deniers t.

» A Jehan Odot et Jehan Le Mire, pour avoir gardé par nuit la dite chappelle l'espace de 9 nuits; pour ce, 10 sols t.

» A Hugues Bernart et Jehan le Maçon, natonniers, pour avoir mené par eulx et leurs aides par eaux en deux bateaux, le dit maistre Vincent et ceux de sa compaignie, de Nevers à la Charité; pour ce, 100 sols t.

» Et d'accord fait à eulx pour 2 fays de paille mise esdits bateaux, 10 deniers.

» Et au maistre de Saint-Dydier pour la despense de 12 personnes suyvans ledit maistre Vincent, vestues en habig et estat de hermites qui se loygèrent au dit lieu de Saint-Didier.

» Et pour avoir fait nectayer la dicte place après le département du dit maistre Vincent; pour ce, 40 sols t.

» Qui monte en somme toute la dicte somme de 41 livres, 13 sols, 8 deniers tournois paiée par mandement desdits quatre. Donné le 16 jour de décembre 1417. »

# APPENDICES DE LA TROISIÈME PARTIE

## APPENDICE A

### EXAMEN CRITIQUE DU COMPROMIS CASPE

#### § 1. — *Le compromis.*

M. Antoine Buffarull commence ainsi, dans son *Histoire de Catalogne*, la monographie de Jean II :

« Préliminaires indispensables pour apprécier le règne du roi Jean, mauvais
» père, mauvais homme et mauvais roi.
» La superstition n'ira pas jusqu'à nous faire croire que l'anathème de
» Benoît de Lune (1) contre la famille de celui qu'il avait fait roi à Caspe
» s'accomplit dans le règne que nous allons décrire ; mais, même en suppo-
» sant que cet anathème tint plus de l'humain que du prophétique, il est
» permis de penser que l'expérimenté politique de Péniscola qui avait eu
» du temps et des talents de reste pour connaître les défauts caractéristiques
» de certains hommes, races ou nations, jugea que la dynastie créée par lui
» et installée dans les États d'Aragon, à elle *étrangers*, ne pourrait jamais
» produire qu'illégalités, actes anti-constitutionnels, exemples immoraux, et
» par suite luttes et incertitudes qui finiraient sans doute avant la quatrième
» génération, par faire expulser du pays, comme intrus et tyrans, ceux
» qu'avec une souveraine condescendance et sans prévision, il avait d'abord
» acceptés (2). »

Il est difficile d'entasser plus d'erreurs à côté d'allégations plus visiblement passionnées.

Le patriotisme est assurément respectable ; mais un sentiment qui veut s'imposer doit être fondé sur la vérité, non sur la prévention. Il est faux que Benoît XIII ait contribué directement à l'élection de Ferdinand. Pierre de Lune, Aragonais et Pape, avait incontestablement le désir de voir finir les luttes sauvages qui désolaient sa patrie et par contre-coup l'Église ; mais le moyen lui était indifférent ; il crut bien faire de légitimer le jeune don Fadrique ; il visait à la paix, rien de plus. La seule part active qu'il prit à ces affaires fut de contraindre les évêques à se rendre au parlement de Tortose.

---

(1) Nous verrons plus tard que lorsque Ferdinand de Castille renonça enfin à l'obédience d'Avignon, pour ne pas mettre obstacle à la paix de l'Église, Benoît XIII le maudit.

(2) Ant. Buffarull. *Historia de Cataluña*, t. VI, p. 6.

M. A. Buffarull dit dans un autre endroit : « (Benoît XIII) attendait impatiemment l'occasion de raffermir sa tiare menacée (1). »

Rien n'autorise à dire que sa tiare fût alors menacée en Espagne. Il n'avait aucune raison de craindre que le comte d'Urgell, devenu roi, abandonnât son obédience. Le contraire était plus probable, car la Castille était moins unie d'intérêt à la Catalogne que l'Aragon. De plus, un des soucis de Ferdinand fut de venger l'archevêque de Saragosse, assassiné par Antoine de Lune, parent du Pontife.

Que veut dire alors cette autre phrase : « Faire l'expérience de la fatalité » engendrée par le compromis de Caspe si habilement conduit et préparé par » l'égoïsme aveugle et raffiné du Pontife intrus Benoît XIII (2) ? »

En vérité, pourquoi ? Benoît XIII, si vanté des Catalans, n'est plus, même pour leurs historiens, qu'un vulgaire ambitieux, dès que le comte d'Urgell est en cause.

Le gros mot d'*extrangeros* n'est pas plus soutenable. Ferdinand était Castillan, c'est vrai ; mais, outre sa parenté très réelle avec les rois d'Aragon, son origine était moins étrangère que celle du comte d'Urgell, qui avait dans les veines du sang lombard.

Sans doute, il y eut encore ce qu'il appelle *Luchas y pendencias*, mais on ne peut pourtant pas demander à un homme de changer le fond des choses, ni le caractère d'un peuple. Si l'Espagne est un coin du paradis terrestre par son climat, elle est une véritable tour de Babel par sa facilité aux guerres intestines et aux révolutions. L'acte posé par le compromis de Caspe fut sage, fruit d'une expérience longue et sanglante, résultat des plus mûres délibérations ; il aboutit à un choix reconnu de tous le meilleur : que peut-on raisonnablement exiger de plus ?

Quant à cette quatrième génération, si imprudemment invoquée par M. A. Buffarull, sans connaître à fond l'histoire d'Espagne, il suffit, pour s'en rendre compte, d'ouvrir le premier dictionnaire historique venu. (J'ai là sous la main celui de l'Universitaire Grégoire, Paris, Garnier 1874.) « Jean II était » le second fils de Ferdinand d'Antequera, il succéda à son frère aîné » Alphonse le Sage, et fut père de Ferdinand le Catholique, qui épousa Isa- » belle de Castille, alliance d'où sortit la grandeur de l'Espagne. »

Nous ne saurions être surpris désormais d'entendre M. A. Buffarull, transformer le choix qu'on fit de Vincent Ferrier en calcul machiavélique, destiné à *rassurer tout le monde sur l'honnêteté de ce qui serait fait*, représenter les autres juges comme des nullités grotesques, et pousser l'étourderie jusqu'à insinuer que l'illégitimité de Ferdinand était la même que celle de Benoît XIII, alors que pour les Catalans le seul Pape légitime était précisément Benoît XIII.

Faire un crime à Vincent Ferrier, prédicateur, d'employer l'Écriture Sainte dans l'annonce du résultat du Congrès, quand lui, Buffarull, cite tout au long le discours du roi Martin, aux Cortès de Perpignan, tout aussi pétri d'Écriture Sainte, comment cela s'appelle-t-il ?

Faire un crime à Çurita d'admirer ce résultat pacifique après tant d'incertitude et de sang versé, et de l'attribuer à la Providence, c'est méconnaître

---

(1) (Benoît XIII) Esperà con impaciencia reforzar en Caspe su amenazada tiara.
(2) *Historia de Cataluña*, t. V, p. 95.

ces siècles de foi si féconds en grandes œuvres, et préconiser bien gratuitement notre stérile rationalisme moderne.

Inconséquent avec lui-même, l'historien catalan fait partout le plus grand éloge de Vincent Ferrier, et on le voit employer toutes les subtilités de sa rhétorique pour l'excuser, comme d'une faute, des deux plus grands actes de sa vie : Caspe et Perpignan.

D'après lui, seule, la connaissance secrète qu'avait l'Apôtre d'un fratricide commis par le comte d'Urgell aurait fait élire Ferdinand : cette connaissance servit en effet à relever une insolence ; mais elle pesa peu ou point sur le fait principal.

Pour justifier Perpignan, il invoque certains refroidissements, *algunos disgustos*, survenus entre Benoît XIII et Vincent Ferrier. — A quelle aune mesure-t-il donc ses héros ?

Mais quand on lit cette phrase : « La religion s'honore de saints person-
» nages qui, d'abord pécheurs endurcis, devinrent ensuite, grâce au repentir et
» à la pénitence, les lumières les plus glorieuses du catholicisme, tels que
» Paul, Augustin, Chrysostome et autres », on ne sait si l'on doit rire ou s'indigner. Où a-t-il vu que Vincent Ferrier se soit jamais repenti de Caspe ou de Perpignan ?

Il est tout aussi mal inspiré quand, au lieu d'accepter l'indéniable influence personnelle de l'Apôtre, il cherche à expliquer ses succès à Barcelone par ceci qu'il avait été élevé dans cette ville, et qu'il était ami particulier de Benoît XIII très aimé en Catalogne.

Dans une note (t. V, p. 8), il dit : « Laurent Valla, historien adulateur de
» Ferdinand, qui le protégeait, passé maître en transformations historiques
» et habile à défigurer ou à inventer des noms, cherchant des antécédents
» pour légitimer l'injustice de Caspe. » Je n'ai pas à défendre Valla contre ses accusateurs, mais il fut un des premiers littérateurs de son temps, et le caractère de Ferdinand s'oppose à ce qu'il ait « salarié » un misérable. Et quand M. A. Buffarull parle d'efforts pour dénaturer les choses, il se fait son procès à lui-même.

Chose bizarre ! Monfar, dont l'œuvre *merece gran recomendacion en otras ocasiones*, est presque aussi maltraité que Valla pour avoir « adopté cette
» trame mal ourdie de faussetés, d'anachronismes et de calomnies. » (*Est mal urdido conjunto de falsedades, anacronismos y calumnias.*)

« Cette partie du travail de Monfar, ajoute M. A. Buffarull, joue de malheur
» ou trahit l'insouciance ; et c'est regrettable, surtout en un point si délicat
» Mais s'il en est ainsi, nous devons aussi blâmer Çurita, qui donna le mauvais
» vais exemple d'adopter pour ses Annales le texte d'un historien, et non le
» résultat des documents comparés, ce qui constitue la véritable Histoire. »

Il n'est pas admissible que ces auteurs, dignes par ailleurs des éloges de tous, y compris les contradicteurs, se soient également trompés juste en ce *point si délicat* qui devait attirer toute leur attention ; l'un, Çurita, n'y étant point intéressé, l'autre ayant des intérêts opposés.

Mais, de plus, je suis autorisé à répéter tout haut le témoignage qu'a rendu à l'immortel annaliste Aragon, M. Manuel de Buffarull, archiviste actuel de la Couronne et proche parent de l'historien que nous incriminons :

» Çurita est l'historien par excellence : consciencieux, droit, sans passion,
» fouilleur patient et intelligent, à telles enseignes que *l'étude actuelle des
» documents amène à reconstituer pas à pas son travail, de manière qu'on
» pourrait mettre l'indication de la source au bas de chaque page.* »

Pour l'histoire d'Espagne et en particulier pour le compromis de Caspe, il faut toujours en revenir à Çurita. Une année, l'Académie royale de Madrid proposa au concours le Congrès de Caspe; c'était un beau sujet, mais à l'étude il ressortit clairement qu'on ne pouvait faire différemment ni mieux que Çurita. Aussi l'auteur du seul mémoire couronné, Don Florencio Janer, ne put-il guère que le résumer en y ajoutant quelques citations d'autres auteurs. C'est pourquoi il n'eut que le second prix; et il n'y eut pas d'autres lauréats.

Balaguer, chroniqueur officiel de Barcelone, a, lui aussi, son point de vue, tout aussi catalan et tout aussi fantaisiste. Il est heureusement regardé surtout comme poète. Pour lui, l'ambition de Ferdinand, endormie jusque-là, se réveilla devant la perspective du trône d'Aragon (1).

Quant à Vincent Ferrier, Balaguer trouve d'abord la même note que tous les historiens.

« Étant donnée l'impossibilité d'établir un accord entre les deux Parlements
» de Valence, même avec l'intervention du Pape Benoît XIII, on ne connais-
» sait qu'un homme capable d'avoir sur eux assez d'ascendant pour leur tracer
» le sentier du devoir : c'était le bienheureux maître Vincent Ferrier, qui
» alors était en Castille. » Et voilà qu'il se déjuge, dès qu'il touche au Congrès de Caspe. Un jour, d'après Viciana, Vincent Ferrier aurait dit aux juges : « Il est inutile de discuter, la justice et le droit donnent la couronne
» à Ferdinand de Castille. Cela seul se fera, parce que cela vient d'en haut
» et non de la terre. » Et Balaguer d'entrer en fureur, et de reprocher à Vincent Ferrier de faire l'inspiré (*haciendose el inspirado*). L'anecdote est bien possible; mais qu'en a-t-il su? Sans compter que Balaguer la met en doute lui-même quelques lignes plus haut : *Si esto es cierto*.

On ne saurait accepter cette phrase au sujet de la nomination de Ferdinand :
« *El disgusto hubo de ser general*, au moins en s'appuyant sur Çurita, incomplè-
» tement cité. »

Que dit en réalité Çurita, sinon que la joie fut générale, et que le peuple se livrait à l'allégresse (2)? Quant à prétendre que le comte d'Urgell n'eut point de partisans, et surtout des partisans tapageurs, lui qui, précisément, perdit son crédit pour enrôler toutes sortes de gens, qui jamais y a songé?

Balaguer n'est pas plus juste quand il affirme à son tour, et tout aussi gratuitement, que Benoît XIII influença les juges, parce qu'avec Ferdinand l'obédience était assurée.

Mais où il perd positivement le sens en même temps que le sang-froid, c'est quand il ose écrire :

« La vérité, la raison et la justice étaient du côté de l'archevêque de Tar-

---

(1) *Historia de Cataluña y de la corona de Aragón, por* Victor Balaguer *cronista de Barcelona, para darla conocer al pueblo* (!) 5 vol. in-4°, Barcelone, t. III, l. VIII, p. 420 — 1863.

(2) *No fue tan general el recocijo de este acto, que no se hallasen en aquel lugar muchos que tuvieron de el gran pesar y sentimiento. Y aun que el pueblo hacia sus alegrias y fiestas, quedaron algunos maravillados y como atonitos, y no solamente estaban confusos, pero publicamente se començaron a quejar y murmurar que hubiese sido preferido en la sucesion un principe estranjero, teniendo los naturales y de legitima sucesion.*

» ragone et de Guillaume de Valseca, et à ces deux honnêtes et indépendants
» patriciens on dut qu'au moins la cause de la vérité eut ses représentants
» au Parlement de Caspe. »

Même en s'en tenant strictement au droit de succession par descendance, de pareilles paroles sont outrageuses pour des hommes dont nous apprécierons tout à l'heure le noble caractère.

Lorsque l'archevêque de Tarragone dut renoncer, sur l'ordre de Ferdinand, à l'obédience de Benoît XIII, « il en eut beaucoup de chagrin, dit Valls, » mais il dut obéir. »

« Bien qu'il n'eût pas donné sa voix à l'Infant de Castille, il fut très estimé et très aimé de lui. L'archevêque, de son côté, le servit de son mieux, et le roi mourant lui confia la direction de son fils et successeur Alphonse V (1). »

Voilà comme on agit dans les hauteurs sereines de la conscience. Mais si Benoît XIII avait influencé les juges, il eût commencé sans doute par un prélat qui lui était si dévoué.

Il faut mettre au nombre des contradicteurs de Caspe, Braulio Foz. On s'en douterait à peine au cours de ses déductions ; mais sa conclusion ne laisse aucune obscurité. « Le vulgaire, dans son appréhension contre le roi étranger, » fut plus vrai, plus sage et plus juste que les neuf juges, et que l'orateur » qui le fit descendre du ciel, tout exprès pour venir en Aragon fouler aux » pieds les saintes libertés de ce royaume et introduire en Catalogne la » tyrannie que souffrait la Castille ; aussi la sentence fut-elle accueillie avec » peine, avec douleur, avec étonnement et un murmure général (2). »

Ce populaire qui fut plus sage et plus juste que les neuf juges, aurait désiré sans doute qu'on respectât les droits de la justice ; mais, où étaient donc ces droits de la justice ? Braulio Foz va nous l'apprendre : « Le jeune don » Fadrique étant mis de côté à cause de sa naissance, et une fois décidé que » la succession appartenait aux lignes les plus proches, qui étaient les lignes » féminines, le *premier* était le duc d'Anjou (3). »

Or, de l'aveu de tous, le peuple murmura parce que l'élu ne fut pas le comte d'Urgell.

Qu'était-ce que Braulio Foz, demandez-vous aux érudits du pays ? — Un esprit non sans valeur, *però hombre raro*, en français, un original.

Il se moque agréablement de Curita, donnant, d'après les relations contemporaines, aux juges et à chacun des principaux assistants, leur place sur l'estrade de Caspe, et oubliant le Pape Benoît qui, sans doute, dit Foz, dut se placer parmi le peuple.

La présence du Pape à Caspe n'est rien moins que certaine ; l'oubli prétendu

---

(1) Y aun que nuestro Arzobispo no le dió el voto, fue muy estimado y querido dél, y el arzobispo le servió con toda voluntad, y cuando murió el señor rey D. Fernando, le dexó encargado a su hijo D. Alonzo para que le guiase y aconsejase en el gobierno de su reyno. (VALLS. *Episcopologe de Tarragone*. Manuscrit, page 174.)

(2) (*Histoire de Aragon*, por BRAULIO FOZ, catedratico de lengua griega en la Universidad de Zaragoza. t. III, p. 289.)

(3) Desechado por causa de su nacimiento, y decidido despues que sucediesen las lineas mas propincuas que eran las *femininas*, se hallaba *el primero* el duque de Anjou......, t. III, p. 373.

de Curita est une preuve négative qui a sa valeur. Benoît XIII avait le sens de sa dignité ; selon toute vraisemblance, il attendit qu'on lui notifiât l'élection (1).

Un fait à observer, c'est que l'affaire change de physionomie à mesure qu'on avance dans les Espagnes. Si quelque chose pouvait rehausser l'acte des juges de Caspe, ce serait d'entendre parler les Catalans, puis les Aragonais, puis les Castillans, et de lire leurs livres. Chacun envisage la chose à son point de vue ; les volumes s'entassent et la question demeure.

Rappelons, car on s'y perd, qu'au point de vue du droit strict, au moins d'après Braulio Foz, c'était le duc d'Anjou qui primait ; que c'était le jeune don Fadrique légitimé, d'après la majorité des avocats ; le comte d'Urgell, d'après quelques mécontents ; et enfin Ferdinand d'Antequera d'après les juges et Vincent Ferrier qui, lui-même, n'était que l'écho du roi défunt.

Les auteurs de l'*Histoire de la Législation d'Espagne*, hommes de loi, font un grief au célèbre Compromis de la prédominance du clergé en chose purement profane, c'est une querelle d'avocats. Outre que les questions de jurisprudence étaient loin d'être étrangères aux membres du haut clergé, toujours, mais surtout dans les temps calamiteux, les peuples se tourneront instinctivement vers ceux qui représentent Dieu, maître de leur destinée. Et le choix d'un roi n'est point chose si profane, car il touche de bien près au bonheur ou au malheur des peuples. Le malheur est chose sacrée, disaient les anciens.

Or, le juge pour lequel s'affirme la préférence de ces messieurs est un ecclésiastique !

Mais n'insistons pas quand ils écrivent eux-mêmes ces graves paroles :
« Comme politiques et représentants du peuple aragonais, ne regardant que
» le bien du royaume et la félicité publique, nous aurions élu Ferdinand
» d'Antequera, comme le firent les compromissaires de Caspe. »

« Les compromissaires de Caspe se trouvaient en face d'une situation
» désespérée ; vu l'état politique de la nation, tous les aspirants offraient de
» grand inconvénients ; mais, seul, l'Infant Ferdinand était capable de faire
» régner l'ordre et la tranquillité, et de mettre à la raison le comte
» d'Urgell (2). »

Et finalement : « Ils rendirent un grand service à leur pays. *Hicieron un*
» *gran servicio à su païs.* »

Urgell, d'après Monfar, faisait valoir surtout deux raisons : le testament du

---

(1) Seul Garibay affirme qu'il *dut* y être ; et Mariana s'en est autorisé dans le discours que nous avons cité.

(2) Como politicos y representantes del pueblo de Aragon, atendiendo al bien y conveniencia del reino y al deseo de la publica felicidad, nosotros habriamos elegido a Don Fernando de Antequera como hicieron los compromisarios. (*Histoire de la Législation d'Espagne*, par Amalio Marichalar et Caietano Manrique, t. III, p. 268.)

Los compromisarios se encontraron en una situacion desesperada porque si bien todos los aspirantes tenian grandes inconvenientes en el estado politico de la nacion, el Infante don Fernando era el *unico* capaz de introducir el orden y la tranquilidad, y hacer entrar en raçon al conde de Urgell, p. 269.

roi don Jayme 1er, qui paraissait constituer une véritable loi salique, et la volonté du roi Martin qui lui avait donné la lieutenance du royaume.

Il est certain que ce titre équivalait à une investiture anticipée. Mais dans l'esprit du roi ce n'était qu'un expédient. Et c'est Monfar lui-même qui nous en donne la preuve.

« Il y avait bien des années déjà qu'il avait le comte en horreur et désirait
» le voir loin de lui.

» Et aussitôt après avoir signé la charge de lieutenant général, « il écrivit
» à l'archevêque et à Louis de Léhori (gouverneur général réel) de ne point
» lui mettre en mains le pouvoir, mais de l'évincer comme un intrus ordi-
» naire, tout en tenant cet ordre secret (1). »

« Malheureusement, disent de leur côté les auteurs de l'*Histoire de la Légi-*
» *lation,* le roi Martin avait destitué, peu de temps avant de mourir, le comte du
» gouvernement général du royaume, le privant ainsi de l'immense influence
» que cette charge lui donnait. »

Pour eux la pensée du vieux roi ne fait aucun doute. Lorsque, après son mariage avec Marguerite de Prades, on vit que le roi n'avait pas d'enfants, les compétiteurs se présentèrent à diverses reprises pour s'appuyer plus tard de sa parole. « Or, après avoir entendu, dans des entretiens prolongés, les
» allégations de tous, il avait coutume de les congédier en disant que pour lui,
» le droit de l'Infant de Castille était le plus sûr (2). »

Enfin, dans les *Annales historiques*, je trouve qu'aux violences de la comtesse d'Urgell ainsi formulées : « *señor la sucession del reino es de mi hijo,*
» *y vos contra razon y justicia le quereis privar de ello,* le roi répondit :
» *yo no lo creo assi* (3). »

En présence de ces textes, il est difficile de ne pas sourire, quand M. A. Buffarull affirme sérieusement que le roi Martin ne trouva personne plus apte à contenir *los bandos* que le comte d'Urgell.

Restait le testament du roi Jacques 1er, mais d'autres testaments royaux le contredisaient, et nulle coutume n'avait encore prévalu.

En somme, à Caspe, personne ne fut nettement pour Urgell, car l'évêque de Tarragone, son principal défenseur, le rejetait comme indigne. Et, en effet, fils d'une mère qui lui répétait sans cesse : *Fill, o rey, o no rès!* et qui étranglait presque le roi moribond pour l'obliger à sanctionner le droit prétendu de son fils, il réalisait le dicton : *Filii matrizant.*

« Il commit des fautes énormes durant l'interrègne, dit Monfar, indisposant
» tous les honnêtes gens par ses excès et ses violences.

» Les lettres qu'il adressa au roi d'Angleterre et au roi musulman de
» Grenade, lui firent le plus grand tort aux yeux des Aragonais. On comprit

---

(1) Habia muchos años que aborecia y descaba ver lejos al Conde.

Escribió el rey al Arzobispo y al mismo don Gil que no le admitiesen en el cargo que le habia dado, sino usasen de los remedios ordinarios contra èl, y que tuviesen secreta esta orden.

(2) Pero despues de las conferencias en que el rey oia las elegaciones de todos, solia dispedirlos diciendoles que èl tenia por mas seguro el derecho del Infante don Fernande de Castilla, p. 200.

(3) *Annales Historiques,* par Pedro Abarca, p. 165.

» que, demandant ainsi l'alliance des étrangers, il prévoyait ne pouvoir
» arriver au trône par voie de justice. »

Une faute plus lourde encore fut l'assassinat de l'archevêque de Saragosse. Je n'oserais en accuser le comte d'Urgell, si je ne trouvais dans l'*Histoire de la législation d'Espagne* cette accusation ainsi formulée : « Le comte donna
» de plus en plus sa confiance au meurtrier, laissant visiblement entendre
» que l'assassinat de l'archevêque et de ses gens, s'il n'avait pas été comploté,
» fut au moins approuvé par lui (1). »

Et Monfar lui-même ne recule pas devant cet aveu : « Lorsqu'arriva le
» meurtre de l'archevêque de Saragosse et le scandale qui en fut la suite,
» ce fut un cri général au moins parmi les gens bien intentionnés d'en finir
» le plus tôt possible avec l'affaire de la succession, car on ne pouvait
» attendre rien de bon après que des mains sacrilèges avaient osé se porter
» sur le prélat, le tuant *sans cause ni raison* (2). »

Et ce fut dès lors un proverbe, quand on souhaitait du mal à quelqu'un, de lui dire : « *Con Antonio te topes!* Puisses-tu rencontrer Antoine sur ton
» chemin ! »

Urgell était le plus en vue, étant le plus remuant; son droit avait le même caractère : plus d'apparence que de fond ; aussi, pour masquer ce côté faible, son avocat s'embarqua-t-il dans les considérations les plus bizarres. Il établit un long parallèle entre le roi Jacques le Conquérant, gloire des Espagnes, et Jacques d'Urgell.

« Il n'était point étonnant que celui-ci détestât la tyrannie et aimât la
» justice, puisque l'autre avait précisément ces sentiments, *Ils s'appelaient*
» *Jacques* tous les deux : *leurs pères s'appelaient Pierre*. La succession à
» recueillir se présentait de la même manière. Urgell était jeune comme le
» conquérant, commençant à régner; le conquérant avait eu des opposants
» comme lui, dont le principal s'appelait Ferdinand. Aimables tous les deux,
» francs et libéraux tous les deux, de belle prestance tous les deux. »

L'histoire a conservé dans la langue originale, cette singulière plaidoirie (3).

Quant aux débats, ils furent complets et plus que complets. Les auteurs de l'*Histoire de la législation d'Espagne* le constatent par deux fois. On peut les en croire (4).

Pour moi, j'admire qu'on ait pu finir. Il fallut entendre les avocats séparément, en séance privée, pour que la contradiction n'amenât pas d'interminables répliques.

Ces messieurs regrettent qu'on n'ait pas conservé les allégations de chacun. Pourquoi faire? La question n'est aujourd'hui pas plus avancée qu'il y a

---

(1) Dando visiblemente à conocer que el asesinato del Arzobispo y sus gentes, si no pactado, tolerado y aprobado fue por el Conde. (t. V, p. 206.)

(2) « Matandole sin causa, ni raçon. » (*Historia de Los Condes de Urgell*, t. II, p. 418.)

(3) *Histoire de la législation d'Espagne*, t. V, p. 237.

(4) El tribunal de Caspe no pusó restriccion alguna a la defensa amplia de todos los competidores; sobre este punto hay que harcerle justicia : hasta que los letrados y doctores manifestaron que habian concluido, oyron a todos y admitieron sus pruebas, alegatos y refutationes (page 247 du même Tome V).

500 ans. Elle demeure et demeurera une énigme, à moins qu'on ne se range simplement à l'avis de Vincent Ferrier, comme firent eux-mêmes les juges de Caspe, c'est-à-dire du côté de la raison, du sens politique et du bien des peuples.

## § 2. — *Les juges.*

Un point que je tiens à mettre en lumière, c'est le caractère des juges de Caspe. Voici l'appréciation portée sur eux par les auteurs même de *la Législation d'Espagne*.

« Ce furent pour les Aragonais, Dominique Ram, évêque de Huesca,
» homme vertueux et d'une haute réputation de sagesse (1). Il devint arche-
» vêque de Tarragone, puis cardinal.

» Le second, François d'Aranda, énergique défenseur de la vérité et de la
» raison, était sympathique à tout le monde; longtemps conseiller du roi
» Jean I$^{er}$ et du roi Martin, il avait fini, méprisant les honneurs, par prendre
» l'habit de Chartreux à Porta-Cœli (2).

» Le troisième, Bérenger de Bardaxi, passait pour le jurisconsulte le plus
» fameux d'Aragon, très versé dans le droit civil et politique, aussi bien que
» dans les coutumes du royaume; il avait été longtemps président du Conseil
» et vice-chancelier. C'était bien l'homme qui inspirait le plus de confiance
» à tout le royaume (3). (Il vota comme Vincent Ferrier.)

» Pour les Catalans, le premier fut don Pedro Zagarriga, alors archevêque
» de Tarragone, homme sage, prudent et vertueux (4).

» Le second, Guillem de Valseca, éminent jurisconsulte, connaissant à fond
» les lois et les usages qu'il commenta très doctement. Il avait un très grand
» amour de la justice, était généreux et si désintéressé que jamais il ne
» demanda rien à ses clients (5).

» Le troisième, Bernard de Gualbès, était aussi un jurisconsulte fameux,
» ennemi de tout ce qui sentait la fausseté ou la ruse (6). »

« Pour Valence, le premier fut Boniface Ferrier, homme juste, prudent
» d'une grande bonté, estimé pour l'élévation de son caractère, docteur émé-
» rite en l'un et l'autre droit, éminemment propre par conséquent à traiter
» une si grave affaire (7).

---

(1) « Varon virtuoso, reputado por sabio. »

(2) « Pasaba por justo y amante de la Verdad y de la Razon; bienquisto y sympatico a todos. »

(3) « Era el jurisconsulto mas famoso de Aragon..... Era indudablemente este personaje el que inspiraba mas confianza à todo Aragon. »

(4) « Varon sabio, prudente y virtuoso. »

(5) « Eminente jurisconsulto, muy practico en las leyes y usages del principado que comentò sabiamente. »

(6) « Era tambien muy famoso jurisconsulto, y ajeno de toda sospecha y dolo. »

(7) » Varon justo, prudente, naturalmente bueno y estimado por sus altas prendas, muy versado en ambos derechos. »

» Le second, Fr. Vincent Ferrier, savant docteur en théologie, modèle de
» vertu, de sainteté et de prudence, éminent orateur sacré, et de grand pres-
» tige dans tout le royaume (1).

» Le troisième Giner Rabaza, noble Valencien, très fort en jurisprudence,
» mais déjà très âgé (2).

» Il fut remplacé par Pedro Beltran, savant jurisconsulte valencien (3).

» Le jugement que porte sur ces mêmes hommes Gil Gonzalès, historiographe
» de Philippe III, mérite d'être lu, et son autorité n'est pas contestable. Il est
» au bas de ces pages (4).

---

(1) « Sabio doctor en teologia, ejemplar de virtud, santitad y prudencia, eminente orator
» sagrado, y de gran prestigio en todo el reino. »

(2) « Muy instruido en ambos derechos ; peroque era ya muy anciano. »

(3) « Sabio jurisconsulto Valenciano. »

(4) *Ex Aragonensibus.*

I. Dñicus Ramus Oscensis tunc Episcopus, magnæ sanctitatis ac doctrinæ vir qui postea Ilerdensi Ecclesiæ præpositus fuit, indeq. ad Taraconensem Archiepiscopatum translatus, tandem a Martino V. P. M. S. R. E. Presbyter Cardinalis, Portuensis deniq. episcopus creatus decessit.

II. Franciscus seu ut vulgo vocabatur Frances Aranda in Turolensi civitate equestri familia natus non ignobili, homo sane æquus et ab omni cupiditate remotus, veritatis amicus et apud omes maxime charus. Hic fuerat studiorum ac officiorum Joannis et Martini Regum maxime concius corumq fidelis ac benevolus consiliarius. Sed ea omnia contemnens jam primum se in solitudinem contulerat ac in celebri carthusianorum cœnobio, Porta Cœli noncupato, illius se dederat religioni, sub eorum quos ibidem *Donatos* appellare solent instituto. Inde ergo fuit ad regiam hujusmodi causam judicandam universæ reipublicæ voce evocatus.

III. Berengarius Bardaxinus, tum civilis juris, tum etiam totius Aragoniæ antiquitatis peritissimus, qui apud Aragones plures annos fuerat publici consilii princeps. In cujus industria et consilio universi omnium Regnorum ordines tantam componendæ reipublicæ spem collocaverunt, ut communis hujusmodi causa cum eo non existimatione modo, sed quasi reipsa jam jam constituta, crederetur.

*Ex Catalanis.*

I. Pet. Zagarriga Taraconensis tunc Archiep. ex Ilerdensi Episcopia translatus, vir summo officio ac pietate præditus, justitia et integritate plurimum præstans, doctus sane in civili et pontificio jure, tunc vero ita facundus, ut ei primæ partes in eloquentia tribuerentur.

II. Guill. Valseca, legum et Patriæ consuetudinum valde peritus, atq. ex omni Barcelona tum prudentissimus, tum sincerissimus existimatus, cujus in ipsis legibus interpretandis, æquitateq. explicanda, scientia admirabilis his temporibus habebatur : vel ab hoc maxime plerasq. causas defensitabat neq. ex patrociniis potentium favores, neq. ex humiliorum gloriam captabat.

III. Bernard Gualvesius, qui ipsius etiam civili jure intelligentia atq. omni prudentiæ genere prestabat.

*Ex Valentinis.*

I. Bonifacius Ferrerius, Porta-Cœli monasterio Carthusianorum præpositus Prior ; homo justus, natura bonus, prudens, laudatus, studiisq. civilis juris atq. Canonici optime deditus.

II. Vinc : Ferrerius ; illius frater germanus, S. Th. D. sapientissimus, ex Præd., ut vocant, Instituto, sanctissimus et Religiosissimus, vir in omnibus vitæ suæ partibus moderatissimus, ac temperatissimus, plenus pudoris et officii et charitatis. Cujus admi-

« Enfin Monfar, l'historien des comtes d'Urgell, parle en ces termes des neuf arbitres :

« C'était, au jugement de tous, les hommes les plus aptes du royaume à
» traiter l'affaire, les plus entendus, et ceux dont le choix pouvait le mieux
» se justifier. Parmi eux, le plus estimable était sans contredit saint Vincent
» Ferrier, lumière et gloire de l'Espagne. On était sûr qu'en suivant ses avis
» et ses conseils, l'erreur n'était pas possible, tant étaient notoires sa science
» et ses vertus confirmées par les innombrables prodiges que Dieu opérait
» chaque jour par ses mains. On se serait cru revenu aux temps fortunés de
» la primitive Église. *Le comte Jacques d'Urgell et ses amis avaient en lui une*
» *telle confiance que, le 24 mars, le comte de Cardona et autres partisans*
» *recommandèrent à Bernard de Gualbès et à l'archevêque, qui partaient le*
» *lendemain pour Caspe, de ne rien faire sans ce saint homme et sans*
» *Guillaume de Valseca.* »

Et voilà les hommes qu'on nous représente comme de pauvres hères sans volonté propre, aux mains d'un exalté !

## § 3. — L'élu.

Il est de guerre loyale d'emprunter des armes aux adversaires ; ici, la vérité a été plus forte que tous les vouloirs opposés. Monfar, après avoir parlé de la magnanimité avec laquelle le prince Ferdinand refusa le trône de Castille, ajoute :

« Cela et son bon gouvernement pendant la minorité du jeune roi le ren-
» dirent populaire de manière que si le roi venait à être nommé par élection,
» le choix devait infailliblement tomber sur lui ; c'est ce qui arriva (1). »

« Ce monarque fut un des plus glorieux princes que la Castille et l'Aragon
» aient jamais eus (2). »

« Prince digne d'une plus longue vie ; doué de grandes qualités d'âme et
» de corps, plus porté à la bienveillance qu'à la sévérité, il avait coutume de
» dire qu'un roi gagnait plus à être aimé qu'à être craint. Un de ses chagrins
» fut de ne pouvoir exercer la bienfaisance comme il l'eût désiré, à cause de

---

randa sanctitatis et religionis fama universi Christiani Imperii fines, fama peragraverat, eorumq. nationibus notissimus erat. In Patriâ autem suâ, ita illius sanctimonia quasi lumen aliqd elucebat, ut oñes jam primum cum de cœlo lapsum intuerentur. At, dum à Valentinis ad hujusmodi deliberationem faciendam adhibitus fuit, repente omnes maximis lætitiis incesserunt, quod tanti viri interventu, nihil inde non vere justum, æquum, rationi consonum, omnibusq. utile et conducibile profecturum fore sperarent.

III. Genesius Rabaza, Equestris Ordinis vir ; juris civilis interpres gravis ac disc̈tus. Sed eo postea insaniente (sive qd. reverà in illud genus morbi delapsus fuisset, sive quæ vulgaris ac vehemens illis sæculis opinio fuit, qd. se, data operâ, insanum finxisset ut ab hujusmodi judicio abstineret) in ejus locum, cum jam Caspi adesset, suffectus fuit Petrus Beltrandi Decretorum doctor, plurimis, maximisq. in rebus probatissimus. (ÆGYDIUS GONZALES Abulensis historiographus Philippi III regis Hispaniarum. Lib. III-C. 45.)

(1) Esto y el buen gobierno que habia tenido en los reinos de Castilla que gobierno durante la menor edad del rey don Juan le acreditaron de manera que si hubieron de tomar rey por eloccion quedara de aquella vez elegido. Por estas raçones fue preferido.

(2) Ferreras, *Histoire générale d'Espagne*.

» la modicité de ses revenus. Pour lui, donner royalement, c'était donner
» plus qu'on ne demande (1).
  » Si ce roi eût joui d'une meilleure santé, et s'il eût régné plus longtemps,
» il eût acquis encore plus de gloire. Ce qui le distingua surtout fut de ne
» jamais s'écarter des lois de l'honneur le plus délicat. Il mérita, de toute
» manière, le surnom de Juste, titre, à coup sûr, honorable pour un particu-
» lier, mais bien plus encore pour un roi (2). »
  « Ferdinand unit à la bravoure une vertu élevée et une sagesse consommée.
» Il prit vaillamment en main ce sceptre légitime, égal au moins à celui que sa
» loyauté avait refusé (3). »
  « S'il eût vécu plus longtemps, dit Carbonell, il eût *libéré* et augmenté le
» patrimoine royal, comme le démontrent clairement les registres conservés
» dans ces archives de Barcelone (4). » Petite phrase qui évoque de pénibles
souvenirs de juifs.
  Garibay dit que le prince « eut les grandes vertus et les excellentes
» qualités qui l'ont fait surnommer le *Juste* (5). » Il ajoute, en passant, que
les femmes étaient parfaitement en droit d'hériter.
  Le Sicilien Faselli, désintéressé, à coup sûr, dans la question dynastique
en Espagne, fait du roi Ferdinand le plus pompeux éloge (6).
  « Tous les représentants du royaume, dit encore Blancas, les Majorquins et
» les Siciliens, saluèrent sans hésiter le roi élu par de joyeuses acclamations.
» Les neuf juges furent l'objet des mêmes démonstrations quand ils s'en retour-
» nèrent chez eux. Ferdinand était bien le roi que demandaient les circons-
» tances. Si l'on avait pu douter de ces grandes qualités lorsqu'on ne le con-

---

(1) Dignus longiori vita, eximiis animæ et corporis dotibus, naturaque magis ad bonitatem quam severitatem propensus, adeoque dicere solitus ad tuenda tenendaque regna
regibus aptius esse diligi quam timeri, quem tradunt ægre ferre solitum munificentiam
cupitam exercere in tanta proventuum ex suis regnis exiguitate, dicereque non agere
regem qui non plus quam posceretur donaret. (Spondanus, *Ann. Eccl.*, t. I, p. 760.)

(2) *Chronique de Blancas*, publiée par Manuel Hernandez, p. 234.

(3) *Don Joaquin Tomeo y Benedicto. Historia de Zaragoza*, p. 410.
  Que les lecteurs familiarisés avec la langue espagnole veuillent bien lire également le
portrait que trace Cabanillès, du roi Ferdinand.
  « Muy hermoso de gesto, fue hombre de gentil cuerpo, mas grande que mediano. Era
» muy gracioso, recibia alegremente a todos los que le venian a hacer reverencia o a nego-
» ciar con èl qualquiera cosa; era muy devoto y muy casto; dava siempre graciosas y
» breves respuestas. Era hombre de mucha verdad; leya de muy buena voluntad las
» cronicas e los echos passados; dava se mucho a todo trabajo; fue muy franco y muy
» manso e justiciero, y mucho honrado de todos los buenos; fue muy piadoso e limosnero;
» fue hombre de gran coraçon y esforçado e dichoso en cosas de guerra.
  » Principe grande, y uno de los mas cumplidos caballeros que se sentaron jamas en el
» trono. » (Cabanillès, *Hist. d'España*, t. IV, p. 88.)

(4) E si hagues molt viscut aquest rey Fernando, tot lo patrimoni real hagues *aquitat*
o augmental, segons en los seus registres recondits en aquest archiu de Barcelona es clarament demonstrat. (Carbonell, op. cit.)

(5) « .....Las grandes virtudes y excellencias d'este bienaventurado rey que dignamente
» es cognominado *Honesto*. » *Compendio Historial de tous les royaumes d'Espagne*.
(Livre XXI, ch. xL et livre XXXII.)

(6) De rebus siculis, p. 578.

» naissait que par le bruit public, dès qu'on le vit de près, il fut facile de
» conclure qu'il était à l'abri de tout reproche et de toute jalousie. »

Ferdinand d'Antequera, d'une loyauté indiscutée, avait pris son droit très
au sérieux et l'avait formulé, au vu et au su de tous, dans un acte solennel.
Les compétitions continuèrent, mais nul ne nia le droit ainsi posé. Et ce
fut précisément celui-là auquel s'arrêtèrent les juges de Caspe, non pas
seulement comme on veut le laisser entendre, par sentence arbitraire, mais
par jugement arbitral et motivé. Il y eut élection, si l'on y tient, mais ils
élurent celui qui leur *parut avoir le plus de droits;* la divergence de vues
qui se fit jour à la dernière heure prouve que ce droit pouvait être partagé,
rien de plus. Pratiquement, cette hésitation tomba devant les qualités de
l'élu.

En résumé, il est acquis à l'histoire que les juges de Caspe, hommes
d'une compétence parfaite et d'une irréprochable intégrité, poussèrent jusqu'au scrupule l'examen consciencieux de la cause qui leur était soumise.
Quand ils furent nommés, tout le monde fut heureux, heureux des noms aussi
bien que du fait. Si, à Caspe même, il y eut quelques mécontents, ils ne furent
ni de ceux qui s'inquiétaient du droit, ni de ceux qui avaient en vue le bien
des peuples.

La vraie politique, c'est-à-dire le bonheur et la grandeur de la nation,
demandait Ferdinand de Castille : tous le reconnaissent. Quant au droit
absolu lui-même, il semble téméraire de se croire plus éclairé aujourd'hui
que ne l'étaient les arbitres de Caspe et les contemporains.

En ce qui concerne Vincent Ferrier, il ne fut point un politique dans le
sens étroit du mot. Il fut appelé comme homme d'autorité, comme sage et
comme saint. Tout entier à son œuvre d'apôtre, il laissait s'agiter les
hommes et agir Dieu; appelé par ceux qui représentaient pour lui la Providence, il n'hésita pas. Tout en faisant très large la part des motifs humains
et de la raison, pourquoi ne pas dire qu'il eut grâce d'état?

Parfaitement sûr de ce qu'il avait entendu dire au roi Martin, il assuma
toute la responsabilité et décida la question. Quand il énuméra les titres héréditaires de Ferdinand à la royauté, il fut suivi par cinq autres juges; et
Curita fait remarquer que c'étaient justement les plus rompus au maniement
des lois et coutumes du royaume. On observera que les dissidents étaient
Catalans, c'est-à-dire compatriotes d'Urgell.

Du reste, quand on compare la rédaction ferme et nette de son vote avec
l'hésitation et les circonlocutions de ceux qui tout d'abord ne furent pas de
son avis, on sent grandir la vérité.

Et c'est bien là la note générale de l'Histoire. Curita est pour Ferdinand
sans restriction; Cabanillès et de Ferreras de même. Mariana (1), après avoir
discuté tout au long les droits des prétendants, conclut que, entre Urgell et
Ferdinand, *égaux par le sang,* il fallait choisir le plus digne.

Le vieux chroniqueur Carbonell établit, comme nous l'avons fait, les droits
des prétendants et conclut : « C'est pourquoi les neuf juges choisis pour

---

(1) *Histoire générale d'Espagne,* t. II., p. 298 et suivantes.

» décider cette affaire trouvèrent qu'en stricte et droite justice, le trône
» appartenait à l'Infant Ferdinand (1). »

Carbonell est Catalan et ce serait une erreur de croire que les Catalans en général ne partagent pas cette opinion.

« L'empire de la nation catalane, dit Narcisse Feliù, avait duré 450 ans;
» mais, à la mort du roi Martin, il semble que l'édifice de la maison royale,
» si beau, si fort jusque-là, commençait à s'ébranler, et l'on eût pu croire
» que la gloire de la nation catalane allait s'éteindre avec les deux derniers
» rois de la ligne masculine, si le ciel n'eût élevé un autre rempart du côté
» de la ligne féminine. Ce furent le roi Ferdinand I<sup>er</sup> et ses magnanimes
» descendants; ils conservèrent, agrandirent encore le crédit et la gloire de
» la nation (2). »

Les Aragonais sont enthousiastes.

« Quel peuple pourra présenter à l'histoire un exemple semblable de sou-
» mission aux lois, de respect à la raison, d'amour de la patrie! Le compromis
» de Caspe est un de ces actes qui devrait avoir un Homère pour le chanter,
» un Bossuet pour l'écrire, un Dieu pour l'interpréter. »

« Un peuple qui allait se décimant par des guerres sanglantes, une noblesse
» qui ne songeait qu'au pouvoir et ne rêvait que vengeance, un royaume
» enfin que semblait prêt à dévorer une ardente fournaise, n'eurent besoin
» que d'entendre la voix de la patrie pour déposer les armes, pour écouter
» à genoux ces neuf apôtres de la loi, nommés par eux et leur désignant, au
» sortir des créneaux de Caspe, celui qui devait ceindre cette couronne si
» précieuse mais si ensanglantée. »

« Ce Congrès fut plus qu'un Concile du moyen âge, il fut quelque chose
» comme une assemblée des premiers patriarches (3). »

---

(1) E per aquesta tal raho com aci tenim clarament vista, les dites noû persones que per aquest cas eren deputades, declararen que comper recta y dreta justicia trobassen que los dits regnes y principat pertanyien al dit infant Don Ferrando. (Folio CCXV.)

Il était *escriva-archiver e notari publick*; il écrit les choses comme il les sait, bien plus en homme de loi qu'en historien. Son ouvrage a pour titre *Chroniques d'Espagne*, in-4° gothique. 1347.

Ubi complures dies commorantes, et ut veri prudentes que in posterum accidere cogitantes, tandem servatis competitorum iuribus, Ferdinandum ceteris pretulerunt; (MARINEUS SICULUS: *Res memorabiles*, etc., folio X 1539.

(2) ..... « Se levantó otro fuerte, incontrastable propugnaculo en el rey don Fernando primero y sus magnanimos descendientes, bastante a conservar y adelantar el credito y armas de la nacion. (*Annales de Cataluña*, 1709, t. II. p. 362).

(3) El parlamento de Caspe! que pueblo podrá presentar en su historia un ejemplo semejante de sumision a las leyes, de respecto a la razon; de amor a la patria? Ninguno! El parlamento de Caspe es un suceso que debia tener un Homero para ser cantado, un Bossuet para relatarlo, un Dios para interpretarlo.

El pueblo que andaba ensangrantandose, la nobleza que pretendia poderes y soñaba venganzas, el reino, enfin, ardiendo en una hoguera voraz, no necessitó mas que oir la voz de la patria para deponer su espada y escuchar arrodillado la voz de aquellos nueve apostolos de la ley por el nombrados, y que, al salir de los torreones de Caspe, le anunciase la cabeza destinada para ceñir aquella corona tan preciosa, pero tan ensangrentada. Aquello, mas que un concilio de la edad media prometia ser una junta de los primitivos patriarcas. (JOAQUIM TOMEO Y BENEDICTO. *Histoire de Zaragoza*, p. 406.)

L'histoire ne prend ce ton que lorsqu'elle est sûre de trouver un écho dans les esprits.

Enfin, voici comment un écrivain moderne, s'appuyant sur quatre siècles d'Histoire, termine son récit du *Compromis de Caspe*.

« Quand le nom de l'élu fut prononcé, toutes les cloches sonnèrent, des
» vivats enthousiastes s'élevèrent, le canon tonna, des fanfares joyeuses
» éclatèrent, les peuples avaient un roi, c'est-à-dire un protecteur et un ami.
» Cet interrègne qui ne pouvait amener que la ruine des royaumes avait enfin
» cessé, c'était l'espoir assuré d'être défendu contre les bandes dévastatrices.
» La paix renaissait avec un monarque digne, énergique, valeureux, prudent,
» expérimenté, ayant au front l'auréole de la gloire. Ferdinand de Castille
» n'était rien moins qu'un prince vulgaire. Lorsque son nom sortit de la
» bouche de saint Vincent Ferrier, l'enthousiasme éclata du cœur de tous
» ceux qui n'avaient d'autre souci que l'intérêt général, le repos public et
» l'honneur du royaume. Le roi Ferdinand occupa glorieusement le trône
» d'Aragon et ne donna jamais lieu aux peuples de se repentir de son
» élection (1). »

## Notes complémentaires sur Dominique Ram et sur François d'Aranda.

Sancho, docte historien d'Alcañiz, met en relief les personnages marquants auxquels cette ville a donné naissance, et parmi eux Dominique Ram. Ferdinand de Castille voulut recevoir de sa main l'onction royale ; plus d'une fois, Benoît XIII lui confia des missions délicates ; Alphonse V le tenait en grande estime ; et, cependant, homme de devoir avant tout, l'évêque Ram fut sévère pour les fantaisies du roi, relativement à la comédie sacrilège de Muñoz à Péniscola ; cette attitude énergique ne contribua pas peu à y mettre fin.

J'emprunte à *J.-B. Civéra* (*Histoire de la Chartreuse de* Porta-Cœli) quelques aperçus biographiques sur François d'Aranda.

Né à Téruel en 1346, de famille noble, à quinze ans, il fut envoyé à la cour de Pierre IV pour y faire ses humanités. Pierre IV et Jean, son fils aîné, surent apprécier son mérite. Le second fils du roi, don Martin, en fit son premier écuyer. On lui confia l'éducation de l'Infant héritier présomptif, mais, un jour, le jeune prince fut trouvé mort à ses côtés. Aucun soupçon ne pouvait atteindre un pareil homme ; il n'en fut pas moins détenu en prison jusqu'à la mort du roi Jean, en 1395. Élargi, et quand, de nouveau, le monde commençait à lui sourire, il lui dit adieu et se *donna* au monastère de *Porta-Cœli*. Il avait cinquante-deux ans. Boniface Ferrier fut chargé de son éducation religieuse. L'élève fut digne du maître. Il ne voulut jamais porter que l'habit de *convers*, bien qu'on lui eût accordé tous les privilèges des dignitaires. A sa mort, les habitants de Téruel allèrent réclamer son corps, comme précieuse relique.

Benoît XIII le fit venir à sa cour d'Avignon, avec Boniface Ferrier. Ce fut lui que le roi chargea de faire évader le Pontife. Au milieu du désarroi que suscita la mort du roi Martin, ce fut lui que Benoît XIII dépêcha aux divers

---

(1) Péralez. *Histoire de Valence*. (Continuateur d'Escolano.)

Parlements. A Caspe, il fut un des plus écoutés, car il avait assisté le roi mourant.

Le roi Ferdinand voulut avoir ses conseils dans toutes les circonstances graves de son règne. Après Perpignan, en 1417, il obtint de revenir dans sa chère solitude, où il mourut plein de jours en 1438. Longtemps, à Téruel, on célébra son anniversaire funèbre, comme celui d'un Saint (1).

# APPENDICE B

## TEXTE POUR ALCANIZ

(*Somme de S<sup>t</sup> Thomas.*)

Crisis thomistica et novissima litteralis emendatio summæ theologicæ angelici Doctoris S. Thomæ aquinatis adjicienda, et post plurium theologorum operam clariorem exhibens lectoribus sensum, juxta antiqua volumina manuscripta quæ D. Vincentius Ferrarius tradidit conventui Alcagnitii ordinis prædicatorum, in cujus archivio diu abscondita ad communem utilitatem contrectavit Fr. Th. Madalena sacræ theologiæ doctor.

Saragosse, 1719.

Siste lector,

Quod fuit ab initio, quod audivimus, quod vidimus oculis nostris, quod perspeximus et manus nostræ contrectaverunt, quasi de verbo ad verbum annuntiamus vobis, volumina scilicet antiqua exterius vetustate corrosa, sed interiori illæsa charactere quæ S. V. Ferrarius sæpe contractavit et glosulis marginalibus illustriora fecit; ut igitur meum erga te, quisquis sis, propositum aperiam, accipe prius firmissimum testimonium quod exemplaria hæc antiqua veritatis auctoritatem secum afferant, et apud theologos rigidiores sine mora probentur.

Electus D. Vincentius Ferrarius judex arbiter ut apud caspense oppidum insigne Aragoniæ regnum legitimo traderetur heredi, in conventu prædictæ villæ Alcagnitii quæ nunc civitas est, caspensi oppido satis vicina, plura transitus sui imo et mansiónis reliquit monumenta quæ in manuali apostolici muneris Crucifixo, in doctrinæ evangelicæ cathedra, in sacerdotali veste et aliis hujusmodi fidelium oculis objiciuntur. Quo factum est ut quatuor volumina præfata angelicæ summæ, tunc temporis, etiam ob præli defectum desiderabilia simulque libros Magistri sententiarum alcagnitiensi traderet cœnobio; cumque aliquis officiosus frater vellet hoc munus posterorum memoriæ commendare. in cujusvis voluminis fronte, sic antiquo scripsit charactere.

« Istum dedit librum conventui Alcagnitiensi ven. P. Frat. Vincentius Ferrerius sacræ theologiæ magister et confessor Domini Papæ Benedicti XIII, quibus præter historiæ fidem, consonat ipsius D. Vincentii epistola ad Benedictum scripta Alcagnizii die 27 julii 1412. »

Marginales glosulas quas ego sæpius legi, et transcripsi ipsius S. V. Ferrerii

---

(1) Extrait des *Éphémérides cartusiennes*, t. IV, p. 409 et suiv. — On trouve dans cet ouvrage une relation circonstanciée du compromis de Caspe, et la preuve à peu près décisive que Benoît XIII n'y était pas.

manu appositas esse constans et nusquam interrupta historiarum et Alcagnitiensium traditio satis evincit, sed augere testimonium cupiens illud profero quo Petrus Portolis notarius Alcagnizii, fidem facit de voto quo ipsa civitas ad colendum S. Vincentium sese adstrinxit. In illo, præter alias quæ cives Alcagnizii ad hoc rationes urgebant, hæc designatur (1).

# APPENDICE C

### TEXTE DE MACHIAVELLI ET DISCUSSION DE LA PRÉSENCE DE SAINT VINCENT FERRIER A BOLOGNE

« Compendio storico d'aggiugnersi per spirituale consolazione de' cittadini Bolognesi alla vita del prodigiosissimo appostolo dell'Europa e gran thaumaturgo della cristianità San Vincenzo Ferrerio dell Ordine de'Predicatori, d'origine spagnuolo, e per iscrizione cittadino di Bologna, nel quale s'additano le cose più singulari da lui operate in questa patria. All oggetto di ravvivare ne'suoi divoti compatrioti quella grata riconoscenza che egli seco loro per le grazie compartitegli si meritò, e quel distinto culto qu'essi anticamente a lui professorono, come si ricava dà sicurissimi documenti di questa città in pro della quale presentemente dissepeliti e vi ridonati alla propria cognizione per opera de'signori sozii filopatrii. » (*Le titre va jusque-là.*)

Cette brochure est imprimée : en voici la traduction littérale.

« Combien c'est chose vraie, comme elle est assurément très vraie, que la
» chrétienté tout entière est tellement remplie et même comblée de la gloire et
» des prodiges éclatants du grand Apôtre de l'Europe, saint Vincent Ferrier,
» rapportés dans son admirable vie, qu'elle a contracté avec lui de ce chef une
» obligation que rien ne pourra compenser.

» C'est chose vraie aussi, et même d'une vérité absolue (*anzi infallibile*),
» d'après ce que rapportent nos annales particulières, que cette ville et ce
» peuple ne peuvent ressentir une moindre consolation spirituelle à l'endroit
» d'un Saint si considérable.

» Ils doivent même se montrer plus reconnaissants et plus dévots à son nom;
» ou, pour mieux dire, ils ne sauraient s'empêcher de remercier et de bénir
» mille et mille fois le Seigneur, Dieu des miséricordes, qui, par sa grâce, a
» ravivé dans ces temps-ci cette dévotion parmi nous, nous permettant par là
» d'être reconnaissants à saint Vincent Ferrier à l'égal de nos aïeux, qui en
» tirèrent tant de profits ; et à même de nous glorifier plus encore aux yeux
» des étrangers et de la postérité, des enviables et si considérables prérogatives
» que nous devons à ce grand Saint.

» Non seulement, en effet, Bologne a eu l'honneur de l'accueillir dans ses
» murs, d'entendre sur ses places publiques cette ardente parole d'apôtre et
» dans ses églises ce prédicateur fameux; de voir ce nouvel ange de paix

---

(1) Ces notes, écrites de la main de saint Vincent Ferrier, peuvent former une dizaine de pages; elles démontrent la puissance de cet esprit familiarisé avec les questions les plus ardues, et les éclairant, même après saint Thomas.

Il semblerait, d'après ce document, que l'étape d'Alcañiz eût précédé Caspe.

» pacifier de nombreuses et nobles familles entre lesquelles une plaie ancienne
» et gangréneuse de mortelle inimitié s'enracinait misérablement de plus en
» plus ; et de jouir de cette félicité que nous pouvons espérer plus grande
» encore; mais, en outre, de le compter, heureux de cette distinction, au
» nombre de ses citoyens.

» Notre patrie a d'ailleurs toujours eu cette sainte ambition de s'orner de
» pierreries ; c'est-à-dire, au moyen de semblables inscriptions, de se couronner,
» dès le temps du grand patriarche saint Dominique, des plus brillantes
» étoiles qui étincellent dans l'immensité du ciel Dominicain. »

Suit une charge à fond de train contre Pierre de Lune, inutile ici.

« Le Saint n'eut pas peu à faire pour se soustraire aux violences, aux
» insultes du menu peuple et de la populace, lesquels croyaient qu'il venait à
» Bologne pour tourner les esprits du côté de Benoît XIII, et gagner des
» partisans à cet odieux antipape, comme il l'avait fait peu de temps aupara-
» vant à Gênes; ils ignoraient sa glorieuse rétractation. Lors donc que le Saint
» fut entré par la porte Galliera, en cachette et comme à la dérobée, il fut sur
» le point d'être enseveli sous une grêle de pierres que lui jeta la canaille.

» Vincent Ferrier ne put échapper à ce péril que par l'autorité qu'avaient
» sur le peuple les Canetoli et principalement le célèbre docteur, professeur de
» droit, le chevalier Lambertino. Plein de zèle pour la gloire de Dieu, et pour
» la cause de l'Apôtre, son serviteur, il le fit entourer par Matthieu son frère,
» Baptiste et Balthazar ses neveux, et ses amis Gaspard Calderini et Gaspard
» Bargellini, surnommé le brave à cause de son courage, etc. De là, il parla au
» peuple en faveur de Ferrier. Bientôt, déposant les pierres, la foule s'inclina
» devant le Saint, l'environna tranquillement, et, comme s'ils l'avaient pris pour
» directeur, se mirent à l'écouter. Il fit signe, en effet, qu'il voulait parler, ce
» qui eut lieu sous la saulaie de Saint-François, à la porte Stiera, devant une
» multitude accourue si nombreuse, que jamais de mémoire d'homme on
» n'avait vu si grand concours pour entendre un prédicateur.

» A peine avait-il commencé son discours devant l'immense auditoire en
» prenant pour texte ces paroles du psaume 108 : « Faites, Seigneur, resplen-
» dir votre face sur votre serviteur, » qu'une flamme resplendissante apparut
» sur sa tête découverte et ne s'évanouit qu'après le sermon, dans lequel
» l'Apôtre mit toute sa force et tout son zèle apostolique, pour confirmer les
» citoyens dans la ferme volonté d'en finir avec le schisme, et de reconnaître
» pour unique, vrai et légitime vicaire de Jésus-Christ celui que le sacro-saint
» Concile de Constance choisirait pour revêtir le manteau de Pierre et s'asseoir
» sur la Chaire apostolique. »

Puis, le Saint aurait béni les familles qui l'avaient défendu. Après quoi, vient
une prophétie très embrouillée, qu'embrouille encore le narrateur, et qu'il
explique par l'élévation au trône pontifical de saint Pie V, des Ghislieri, exilés
de Bologne, d'où le nom de *Porte Pie*, donné à la porte qu'on appelle vulgai-
rement Saint-Isaïe. Puis de nouveau, exhortation à la paix et malédiction de
l'antipape, « dont le Saint affirma qu'en condamnation de son nom, ses viles et
» odieuses cendres ne seraient pas même épargnées. »

« Fût-ce le plaisir que causa cette déclaration, fût-ce l'ardeur qui sortait en
» éclairs des yeux enflammés de l'orateur et de ses lèvres sanguinolentes, fût-
» ce le prodige de l'aigrette lumineuse mentionnée plus haut, fût-ce tout cela
» ensemble? Toujours est-il hors de doute que tous le proclamèrent saint et
» s'empressèrent à lui baiser les mains et les habits. Après quoi, il fut conduit

» ou plutôt porté en triomphe sur les épaules de la foule, jusqu'au couvent
» de Saint-Dominique, où ses frères l'attendaient impatiemment, car il y
» avait déjà trois jours qu'il n'avait mangé; il était couvert de poussière, dans
» un accoutrement qui excitait la compassion, et tout baigné de sueur.
 « Une autre merveille prouva encore sa sainteté. Tout l'auditoire était alors
» malade d'un rhume très fatigant, que les froids du printemps de 1414 avaient
» causé à toute la ville, et qui s'aggrava aux premières gelées de l'année
» courante 1415, de manière à rendre fous les médecins, faute de pouvoir
» trouver un remède qui pût guérir le mal. Mais, dès que le Saint eut intimé
» l'ordre de se tenir tranquille, le besoin de tousser cessa dans chacun des
» assistants sans qu'ils s'en aperçussent, et l'épidémie disparut tout à fait. Ce
» qui permit à tous d'assister aux sermons que fit saint Vincent Ferrier le
» matin, dans l'église de son Ordre et devant le couvent de Sainte-Agnès, et le
» soir, sur la place et dans les saulaies de Bologne, durant les quinze jours
» qu'il resta dans nos murs. »

Et de ce style embarrassé, à physionomie de coupable, il raconte que la pluie et l'orage étant survenus, on n'était pas mouillé, mais on bougeait tout de même, et alors le Saint mena son monde à S. Pétronio, où il continua son discours sur le texte bizarre : *Factus sum sicut imber in pruina*, psaume 118.

« Il raccommode les inimitiés : un jour, il fit venir devant sa chaire les
» adversaires devenus doux comme de petits agneaux. Cela se passait dans
» la saulaie de Saint-François, où il avait déjà prêché. Là, en présence, je
» puis dire de toute la cité, il les obligea à déposer les armes, à s'embrasser,
» et finalement à se jurer une amitié si ferme et si constante que, etc. »

Et comme le juge voulait les punir, l'Apôtre les mène au nombre de cinquante-quatre (pas un de plus) devant le magistrat, les fait absoudre et les ramène triomphalement au sermon. Sur quoi, les Bolonais reconnaissants le firent citoyen de leur ville et lui envoyèrent, pour lui annoncer cet honneur, des gens nommés en toutes lettres; et Vincent Ferrier les reçut très bien. Saint Dominique et saint Thomas avaient eu le même honneur (ce qui n'est point prouvé, comme on le verra plus loin).

« Et la loi qui voulait que les pères, les aïeux ou autres ascendants, bien
» qu'innocents, demeurassent responsables des méfaits de leurs fils, neveux
» ou autres descendants, après la mort de ceux-ci, fut abrogée sur la demande
» du Saint, par un décret des seize réformateurs rendu l'année suivante, 1416. »
Confirmé par Eugène IV, en 1438, et Nicolas V. — (Extrait de la *Chronique* d'AMATO DI GUSTINO DELLE ANELLE à l'an 1415; appuyé par EGNAZIO dans ses *annotations à Ghirardacci*, même année, et par le vieux *catalogue des Saints et Bienheureux de Bologne* du mois d'avril, qui parle ainsi : « Vincent Ferrier,
» originaire de Valence, Dominicain, prédicateur et thaumaturge, fut honoré
» du titre de citoyen de Bologne, l'an 1415, après qu'il y eut prêché et fait
» de nombreux miracles. Il mourut à Vannes, dans la Gaule celtique,
» l'an 1419 ». — Imprimé à Bologne, chez G. M. Fabri, 1733, avec approbation de l'ordinaire. Six pages in-folio serrées.

La vérité m'oblige à dire que l'avocat Alexandre Machiavelli, auteur de l'opuscule, me laisse convaincu de la fertilité de son esprit inventif. Il improvise tout avec la plus complète désinvolture : les noms propres, les dates, les livres, les lois, les académies. Parfait honnête homme au demeurant. Spécialement en ce qui concerne les sources citées *Delle Anelle* et *Egnazio* : l'une et l'autre n'ont jamais existé en nature. « L'uno e l'altro de' quali autori non mai è stato in natura. » (FANTUZZI. *Notices sur les écrivains Bolonais.*)

Vérifiée à son tour, cette assertion de Fantuzzi est exacte dans sa teneur foncière. Il existe nominalement un *Antonio delle Anelle*, auteur d'un journal très ancien. *Ghirardacci* existe aussi, mais *Egnazio* est absolument inconnu. Ni l'un, ni l'autre, au surplus, ne parlent de saint Vincent Ferrier.

La Chronique bolonaise de Pietro di Mattiolo, qui comprend les dernières années du XIV° siècle et les premières du XV° jusqu'en 1423, n'en dit rien, bien que relatant des faits moindres jour par jour.

Le P. Girolamo Burselli, mort le 24 novembre 1497, qui a laissé deux volumes in-folio mss, l'un intitulé *Chronicon magistrorum Gentium* O. P.; l'autre *Chronicon civitatis Bononiæ*, conservés l'un et l'autre à la bibliothèque de l'Université, ne dit pas un mot de la venue de Vincent Ferrier à Bologne (1).

Les actes des seize *magistrats réformateurs* ne commencent à être tenus régulièrement qu'à partir de 1438. Mais au volume de *Miscellanea*, intitulé *Fanticini*, on trouve quelques-unes des années qui nous occupent, 1413-1417 : pas un mot de saint Vincent Ferrier, et rien absolument qui ait trait, de près ou de loin, à l'abolition de la loi sur la responsabilité des parents. Léandre Alberti, Bolonais, imprimé en 1517, n'en parle pas.

Au sujet du titre de citoyen de Bologne, les huit ou dix volumes énormes des archives d'État, concernant cette époque, examinés document par document, offrent un seul cas similaire : celui d'un professeur qui, après dix ans et plus de séjour et d'enseignement, sollicita cet honneur et l'obtint, en déclarant son dessein arrêté d'élire domicile à Bologne.

Et cependant, j'ai découvert à la sacristie de la Minerve, à Rome, le diplôme de Vincent Ferrier, *citoyen de Bologne*. (Il est à la suite de cette discussion.) Je soupçonne Téoli d'en être l'auteur, car ce diplôme est en même temps un abrégé très bien fait de la vie de Vincent Ferrier.

Une autre possibilité en faveur de Macchiavelli a un instant miroité devant nos yeux : un vieil almanach de Bologne intitulé *Diario Bolognese Ecclesiastico e civile per l'Anno 1770* contient, vers la fin, cette note :

« Catalogue chronologique des orateurs qui ont prêché dans la Basilique de
» San Petronio, extrait de la vénérable fabrique de cette basilique, de 1393
» à 1769. — 1413. Saint Vincent Ferrier, Dominicain espagnol, prêcha cette
» année une seule fois pour apaiser les discordes, au temps du schisme. A
» cette occasion, on le nomma citoyen de la ville.
» 1414 }
» 1415 } Il n'y eut pas de prédication ces deux années-là (2).

---

(1) Descendit quoque in Italiam, et universam regionem Pedemontium lustrans, deinum ivit usque Januam, semper evangelizans; decreverat per totam Italiam predicare, sed cum esset Januæ, per litteras regis Hispaniæ est iterum in Hispaniam revocatus. — BURSELLI. *Cron. Mag. Gen. Ord. Præd.* Ms. Autogr. Folio 436ᵛᵒ.

(2) Catalogo cronologico de' soggeti che, hanno predicato nella Basilica collegiata di San-Petronio, estratto dei registri dell'Archivio della Reverenda fabbrica della detta Basilica incommenciando dall'anno 1393 sino all'anno 1769.

1413. San Vincenzo Ferreri spagnuolo domenico predicò quest'anno una sola volta per compor le discordie fra' cittadini nel tempo della scisma, laonde fu fatto concittadino.
1414 }
1415 } In questi due anni non se predicò.

Et de courir aux archives de *San-Petronio*. Le catalogue en question existe et se dit tiré *dalli libri, scritture e memorie esistenti nell'archivio della Rev. Fabrica di San-Petronio*. Il parle ainsi :

« 1413. Saint Vincent Ferrier fait ici cette année une seule prédication. » *San Vincenzo Ferreri ci fece in quest'anno una sola predica.*

Pas question des discordes, ni du titre de citoyen. — 1414-1415, rien.

Malheureusement, l'écriture est du xviii° siècle : d'où le rédacteur de l'almanach qui, sans doute, avait lu Macchiavelli, l'a voulu faire concorder avec la note du catalogue.

En 1413, Vincent Ferrier, attendant que le roi Ferdinand en eût fini avec le comte d'Urgell, aurait-il fait une fugue rapide jusqu'à Bologne? La difficulté initiale se présente ici également : « Où a-t-il passé? »

Les archives de San-Petronio, mal tenues, consultées autant que possible sur cette époque, ne contiennent que des listes et des comptes d'ouvriers. On travaillait beaucoup à la basilique en ce temps-là.

Un vieux chanoine, qui a fait dans ce fouillis les plus minutieuses recherches, affirme n'y avoir jamais rencontré trace de saint Vincent Ferrier. Il est évident, d'ailleurs, que si Macchiavelli, qui n'était pas le premier venu, avait eu sous la main de vrais documents, il ne se serait pas livré à cette débauche d'inventions fantaisistes.

Enfin, mis en demeure de se prononcer sur ces étranges contradictions, le bibliothécaire actuel de l'Université de Bologne, aimable autant que savant, délai pris et recherches faites, m'a remis la note suivante (1) :

« Après avoir examiné soigneusement les chroniques Bolonaises aux années
» de 1413 à 1416, tant les mémoires de Ghiselli, de Negri, de Le Tuate, que
» le volume correspondant de l'histoire de Ghirardacci, le journal d'*Antoine*
» *delle Anelle*, il ne s'y trouve rien qui indique que Vincent Ferrier soit
» venu à Bologne et ait été fait citoyen de cette ville. »

Contradictoirement, il est juste de mentionner que le chanoine Castillon de Florence, fin du xv° siècle dit : « *Bononiam usque pervenit*, » et que les Bollandistes, dans la vie du bienheureux Pierre de Jérémie, mentionnent la présence de Vincent Ferrier à Bologne.

Mais on peut constater par le contexte de Castillon qu'il ne précise rien :
« Venu à Gênes et se tournant de ce côté-ci de l'Italie, il parvint jusqu'à
» Bologne; bien plus, il évangélisa le Dauphiné, la Gaule et la Bretagne. »

Le passage de la vie du bienheureux Pierre de Jérémie paraît au premier abord plus concluant :

« L'an 1416, au temps où le P. Léonard Stossi, Florentin, était Maître
» Général, saint Vincent Ferrier, qui avait prêché chaque jour dans le Piémont
» et la Lombardie, se dirigeant vers la Bretagne, deux ans avant sa mort
» vint à Bologne pour vénérer le corps de saint Dominique, fondateur de
» l'Ordre des Frères Prêcheurs. Il y demeura plusieurs jours; le bienheureux
» Pierre alla comme les autres frères lui baiser les mains. Le Saint, informé

---

(1) Esaminate le cronache Bolognesi sotto gli anni 1413 al 1416 del Ghiselli, del Negri, del Le Tuate, il vol. 3 Mss delle Istorie di Bologna del Ghirardacci, il Diario di Antonio delle Anelle, nulla si trova che dia indizio che S. Vincenzo Ferreri sia stato in Bologna e che sia stato fatto dal comune cittadino Bolognese.

» de la sainteté de sa vie, le regarda, l'embrassa et l'exhorta à ne pas se
» désister de son entreprise, mais à marcher de vertus en vertus jusqu'à ce
» qu'il fut appelé à jouir de la présence du Dieu des dieux dans la céleste
» Sion. Enflammé par ces exhortations et par les exemples du Saint, le bien-
» heureux fit en effet plus tard grand fruit dans les âmes par toute l'Italie,
» en enseignant, prêchant et confessant. » (Vie du Bienheureux Pierre de
Jérémie écrite par le P. Thomas Schifaldo de Marsala, poète lauréat, publiée
par Gaétano et les Bollandistes.)

Le P. Schifaldo était contemporain du bienheureux Pierre de Jérémie. Malgré cela, ce texte me paraît plus appartenir au *Poeta Laureato* qu'à un historien critique. Jusqu'à preuve du contraire, je m'en tiens au Silicien Razzano et au Bolonais Burselli qui ne disent rien de semblable. Razzano parle en effet d'une rencontre des deux Saints, mais pas à Bologne (1).

Quant à l'avocat Macchiavelli, il est très honorablement enterré dans ce même couvent de Saint-Dominique avec une inscription superbe. Il a joui pendant sa vie de cette réputation facile que les cités accordaient alors aux hommes qui les glorifiaient.

Le plus grave, c'est qu'il fabrique des saints, deux, de sa famille et de son nom ; tous deux Macchiavelli, tous deux Alessandro, l'un Carme, mort en Palestine en odeur de sainteté, en 1300 ; l'autre Dominicain, maître en théologie, délégué d'Eugène IV, mort en 1411 ; parfaitement absent, du reste, de tous nos catalogues. Les Bollandistes s'y sont laissé prendre ; de même que dans leur beaucoup trop longue discussion sur saint Dominique, un mauvais destin voulut qu'ils tombassent entre les mains de ce Macchiavelli. Aussi il faut voir comme, à l'appendice du 26 octobre (Volume LX *Acta Sanctorum*, p. 170), ils le malmènent à propos de ces deux bienheureux de son invention :

« Nous nous efforcerons de montrer que ces fables infectes et ces odieux
» mensonges sont percés à jour, etc. » « *Immo etiam ostendere conabimur*
» *putidas fabulas et nefanda mendacia hic nobis esse obvia, etc.* »

*Voici le diplôme suspendu à la sacristie de la Minerve à Rome :*

Al loro santo protettore Vincenzo Ferreri, nato in Valenza di spagna nel MCCCL. Figlio di Don Guglielmo Ferreri, e di Donna Costanza Miguel Nobili Valenzani, Fratello del Beato Bonifazio Ferreri Ambasciatore per la Città di Valenza al Re di Francia, poi Priore Generale del Sacro Ordine della Certosa, di Costanza Ferreri e di due Religiose Terziarie dell'Ordine Serafico, morte in opinione di Santità, Condotto con una Prodigiosa Visione dal Patriarca Gusmano all'Ordine Suo, Lettore di Filosofia in Valenza e in Lerida, di Teologia Morale e Scolastica in Valenza, di Sacra Scrittura in Barcellona, di Canonica in Parigi, Laureato Maestro in Teologia nella Università di Lerida, Fondatore della celebre Università di Valenza, Scrittore di

---

(1) « In summam vero admirationem omnes qui aderant adduxit, quum mentionem fecit
» de divo Vincentio Valentiano, theologo divinique verbi prædicatore eminentissimo,
» quem dicebat se vidisse audisseque prædicantem fuisseque adeò sanctitate insignem, ut
» non dubitaverit cum priscis illis patribus qui olim summa vitæ sanctimonia enituerunt
» non immerito comparandum. » (*Annales omnium temporum* Petri Ranzani Panormitani,
Ord. Præd., t. 8, p. 381. Ms. Bibl. Comm. Palerme.)

più Opere Filosofiche, Teologiche, Ascetiche, Dommatiche e Morali, comprese in sette Libri, Comprovato angelo dell'Apocalisse per Giudizio della Chiesa, per l'operazione di un' infinità di Miracoli, Segni e Virtù, Dichiarato Apostolo della Terra da Christo stesso in Valenza, Assistito nell'Apostolato da dodici Compagni Venerabili tutti per Santità, Predicatore di ventimila e più Prediche in ventinove Regni, e in trecento e più Città, Luoghi e Provincie dentro e fuori d'Europa, Trionfatore della Morte in trenta e più Defunti resuscitati, Debellatore dell'Inferno per la Conversione di ottomila Maomettani, di venticinquemila Ebrei, e d'Innumerabili Peccatori, Fondatore di più Monasteri e Spedali nelle Spagne e in Italia, Promotore in Bologna della estinzione del Fisco, o sia della Prammatica imposta in que' tempi ai Padri ed ascendenti che per li delitti dei loro figli e discendenti venivano molestati nelle sostanze, sotto pretesto della legittima dovuta dopo la loro morte ai rei discendenti. — Cittadino di Bologna per pubblico Decreto recatogli solennemente da Cambio Zambeccari, da Romeo Foscarari, da Folco Lombardi, da Lambertino Canetoli, da Pietro di Ancarano, da Floriano Sampieri, e da Jacopo Saliceto, Cavalieri e Dottori di Bologna. — Cappellano Papale, Maestro del Sacro Palazzo, Sommo Penitenziere, nominato agli Arcivescovadi di Valenza e di Lerida, e al Cardinalato, Limosiniere, e Confessore di un Re e di due Regine, Predicatore di un Imperatore e di due Re, Pacificatore di più Regni, Principati e Provincie, Elettore al Trono di Aragona dell'Infante Real di Castiglia, Promotore del Sacro Ecumenico Concilio di Costanza, Onorato dal Concilio stesso di due solenni Ambascerie a Lui spedite in Francia Che dalla di Lui predicazione riconobbe in parte l'estinzione dello Scisma e la tranquillità della Chiesa, Legato a Latere perpetuo della Santa Romana Sede, Portentoso Predicator Del Giudizio, Infermo assistito fino alla morte da due Duchesse e da de Principesse, Morto tra Prodigi in Vannes Città della Gallia Celtica, nel MCCCCXIX. Onorato nelle sue Esequie da un Duca e da più Principi e Vescovi, Canonizzato da Calisto Terzo Cui avea replicatamente predetto il pontificato, e l'onore che dovea da esso ricevere nella Chiesa, Eletto Protettore da quindici Regni e da sessantotto Città, Apostolo delle Spagne, Avvocato d'Italia, Taumaturgo di Europa.

Alcuni Divoti del suddetto Santo con profondissimo ossequio, offrono, donano e consacrano il seguente Distichon :

Vincenti, tua jussa, tremunt Styx, Sydera, Tellus.
Nil mirum : irati Judicis es Tubicen.
*Con permissione Ecclesiastica.*

# APPENDICE *D*

### BIOGRAPHIE ABRÉGÉE DE BONIFACE FERRIER, D'APRÈS LES ANNALES DES CHARTREUX : TOME XII, AD ANNUM 1396, 1400, ETC.

Né en 1355, il fit ses études à Pérouse, puis à Lérida, où il reçut le grade de docteur en droit (exactement *ès Décrets*). Jurisconsulte distingué, Valence lui confia ses intérêts auprès du roi ou des Cortès, et plusieurs fois le nomma juré ou échevin.

Il épousa Jacqueline Despont, dont il eut quatre fils et sept filles.

Sa femme et neuf de ses enfants étant morts coup sur coup, comme si Dieu eût voulu lui faire toucher au doigt le néant de la vie, il distribua ses biens aux pauvres, sauf un millier de florins, qu'il réserva pour les deux enfants (1) qui lui restaient, Jean et François, et lui-même entra à la Chartreuse de Porta-Cœli, non loin de Valence, le 21 mars 1396. Sa ferveur le fit dispenser d'une partie du noviciat; il fit profession le 24 juin de la même année, et reçut les Ordres sacrés le 22 juillet.

Les *Annales cartusiennes* font de lui, comme religieux, le plus grand éloge.

Le prieur Fr. Angresola, par lettre datée du 6 novembre 1399 et signée de tous ses religieux, le demanda au Maître général des Chartreux comme successeur, ce qui fut accordé le 8 janvier 1400.

Il se rendit cette année-là au Chapitre général tenu à la Grande Chartreuse; puis à Avignon, où résidait Benoît XIII. Présenter ses devoirs au Pape et conférer avec son frère Vincent sur les difficultés créées par le schisme étaient deux motifs plus que suffisants de ce voyage. Benoît XIII l'y retint tant qu'il put.

Les deux obédiences étaient alors nettement tranchées : d'un côté, avec Benoît XIII, la France, l'Espagne, l'Écosse, Naples et Viterbe : le Supérieur général des Chartreux, Guillaume Reynaldi, se tenait à la Grande Chartreuse. De l'autre, avec Grégoire XII à Rome, l'Italie, l'Allemagne, l'Angleterre : les Chartreux de cette obédience avaient pour général Étienne Maconi, l'ami et le disciple de sainte Catherine de Sienne. Il résidait à la Chartreuse de Seitz près de Gratz, en Styrie.

Boniface Ferrier quitta cependant Avignon pour la Catalogne. « Je ne sais » à quelle occasion, dit l'auteur que nous suivons; » mais nous savons qu'il ne fit qu'imiter son frère Vincent. Il revint toutefois à la cour pontificale, et fut chargé par le Pontife aux abois d'une ambassade auprès de Charles VI, qui obtint plein succès. Il eut aussi dans ces temps troublés, d'autres missions fort difficiles à remplir.

Il était à la fois ferme et animé d'un grand esprit de conciliation.

Il venait d'être nommé visiteur de sa province, lorsque, en 1402, le général Guillaume Raynaldi, mourant, le désigna pour son successeur. Benoît XIII l'obligea d'accepter, bien qu'il n'eût que six ans de profession (2).

Il fut élu le 23 juin 1402.

Cependant, la longue réclusion de Benoît XIII pesait à toute la chrétienté,

---

(1) Vincent Ferrier, exhortant les pères à ne pas s'inquiéter outre mesure de l'avenir de leurs enfants, ne parle que de cent florins. — *Serm. I Dominicæ XIII post Trinitatem* (sc. oct. Trin.). — Mais il y a erreur, soit qu'elle vienne du vague de l'audition, soit qu'elle vienne du copiste : le testament de Boniface Ferrier, conservé aux Archives cartusiennes, porte expressément qu'il laissa à chacun de ses deux fils survivants, Jean et François, cinq mille sous qui, réduits en florins de la valeur du temps, donnent 476 florins et 4 deniers.

Ce passage n'est pas extrait du manuscrit du patriarcat de Valence, mais des sermons imprimés.

(2) L'annaliste relève ici une erreur de Razzano qui dit quatre ans. Razzano n'a fait que confondre le généralat avec le priorat de Porta-Cœli. D'ailleurs, il fourmille d'erreurs de détails.

et notamment au roi Martin d'Aragon, qui envoya le connétable Jacques de Prades et quatre officiers éprouvés, avec mission de faire cesser à tout prix cet état de choses.

En effet, le jour de saint Georges, 12 mars 1403, on perça le mur de séparation entre le palais pontifical et la maison du doyen de Notre-Dame des Doms (*de las Dueñas*, dit l'annaliste chartreux), une barque conduisit le Pontife par le Rhône à Château-Renaud. Parmi sa suite étaient François d'Aranda et Boniface Ferrier dont, pour plus de sûreté, il avait pris l'habit. C'est, du moins, une tradition confirmée par plusieurs histoires qui disent *restitu simulato*. (Notamment Mariana. *Hist. générale d'Espagne*, livre XIX, chap. 5.)

La France reprit ouvertement son obédience : Boniface Ferrier demanda et obtint de rentrer à la Grande Chartreuse, où il s'occupa de la réforme de ses religieux. Nous savons que les prédications de son frère Vincent lui envoyèrent de nombreux sujets.

Sur ces entrefaites s'ouvrit le Concile de Pise. Benoît XIII y répondit en en convoquant un à Perpignan, où il manda Boniface Ferrier.

L'Allemagne et la France obéirent au Pape de Pise Alexandre V. Dans un Chapitre tenu à Strasbourg, les Chartreux de cette obédience, croyant le schisme fini, pensèrent qu'Étienne Maconi et Boniface Ferrier devaient se démettre. Celui-ci, à cette nouvelle, « *manus in cœlum levavit cum ingenti gaudio, et cam specialem gratiam a Deo sibi collatam arbitratus est; a multis enim retro annis cupiebat jugum officii generalis a collo excutere, ut cellæ exercitiis deditus, solus soli Deo vacare posset, sicque renunciationem suam ad Cartusiam misit.* »

Boniface Ferrier alla rejoindre Benoît XIII à Barcelone pour lui rendre compte de son ambassade à Pise et de sa gestion comme Maître général, sauf sa démission dont il ne souffla mot, signe de grande sincérité, et pria le Pontife de lui permettre de rentrer à sa chère Chartreuse de Porta-Cœli. Le Pontife acquiesça, mais quand il sut toute la vérité, il enjoignit au démissionnaire de reprendre son poste. La lettre pontificale est datée de Tarragone, le 26 novembre 1410. Deux bulles confirmatives suivirent immédiatement.

Boniface dut se soumettre, d'autant que l'Espagne continuait à obéir au Pontife d'Avignon. Mais un religieux du nom de Bernard de Zafabréga lui reprocha vertement d'avoir retiré sa démission. Il répondit par une lettre que nous ont conservé Martène et Durand (1), et qui jette une vive lueur sur cette funeste époque. C'est un véritable petit traité du schisme, bien qu'écrit de main courante, *per manum rudem vobis notam*, dit-il, et en un seul jour, *die mercurii in crastino Epiphaniæ Domini Anno a nativitate Domini 1411*. Ce document indique un homme énergique, aussi incapable de transiger avec le devoir que d'accepter une fonction par amour-propre (2).

---

(1) *Thesaurus Anecdotorum*.

(2) En voici le résumé, d'après l'Annaliste Chartreux : « *Ille autem legitimus Pontifex Benedictus voluit et mihi mandavit quatenus tanquam Prior Generalis majoris domus Ordinis Cartusiensis omnia quæ ad officium meum spectarent tam in spiritualibus quam in temporalibus proinde exercerem ac si cessio mea et alia quæ supervenerat (i. e. cessio Steph. Maconi) nullatenus præcessissent. Haud parere mandatis Summi Pontificis mihi*

Il est forcé d'y faire sa propre apologie : « Vous me connaissez assez pour
» savoir que je n'ai obéi à aucun sentiment humain. A mon âge, on ne
» déjuge pas une vie de Chartreux. Quant aux affaires publiques, *nul* mieux
» que moi ne les connaît, parce que *nul* n'y a été mêlé de plus près que moi.
» Vous avez été trop vite en sacrifiant des supérieurs de la légitimité desquels
» vous étiez sûrs.
» Si vous invoquez le droit théorique, je le connais par mes études et la
» pratique constante de ma vie civile. Personne jusqu'ici ne m'a pris pour un
» imbécile (le mot latin est plus dur encore : *bestialis*). Tout ce qu'il a été
» possible de dire respectueusement, je l'ai dit à tous, ne m'inquiétant ni des
» menaces, ni des dangers. Ce n'est, du reste, point pour mon plaisir que j'ai
» réassumé la responsabilité de vos âmes. Je ne suis point caméléon, comme
» vous l'insinuez, mais je cherche la volonté de Dieu, et l'accomplis quand je
» la vois, ce qui n'est pas toujours commode. Si j'eusse été ambitieux, je
» n'avais qu'à dire à Benoît XIII ce qui s'était passé : le résultat était sûr.....
» Enfin, je rendrai compte à Dieu de ma conduite. »

L'auteur infère de certaines expressions de ce document, que Benoît XIII
avait offert à Boniface comme à son frère des dignités ecclésiastiques, et
même le cardinalat. C'est assez vraisemblable, en vain d'ailleurs.

Il convoqua ses religieux à la Chartreuse du Val de Christ, près Ségorbe (1),
qui allait devenir son quartier général, et de là se rendit à Caspe pour
l'élection du roi.

Ces Annales donnent un aperçu bien fait du Congrès de Caspe, auquel prit
part, comme juge, avec Boniface Ferrier, son subordonné François d'Aranda.
Les Chartreux prièrent pour l'Infant Ferdinand par anticipation.

En 1414, Boniface Ferrier et ce même François d'Aranda firent à Morella,
avec Vincent Ferrier et le roi Ferdinand, tous leurs efforts pour convaincre
Benoît XIII, inutilement, hélas !

A cette époque se rapporte un touchant épisode : des deux fils qui lui restaient, François était mort en 1398; Jean, le dernier, devenu veuf, vint lui
demander l'habit de Chartreux. Il le lui donna de sa main, prenant pour thème
de l'exhortation accoutumée en pareille circonstance ces mots du Psalmiste:
« Tu es mon fils, je t'ai vraiment engendré aujourd'hui. » Tout le monde
pleurait (2).

Lorsque, à Perpignan, Vincent Ferrier prit sur lui de soustraire à l'obédience
avignonnaise toute l'Espagne, c'est-à-dire son dernier rempart, Boniface

---

fas non erat nec feci. Unde sicut Benedictus est legitimus Christi Vicarius, ita et ego,
licet indignus et invitus, Cartusiensis Ordinis legitimus sum Minister Generalis. »

(1) Cette réunion se fit par ordre de Benoît XIII, dont les Lettres sont curieuses : il
demande des prières à grand renfort de textes; il dit de ne pas s'inquiéter du petit nombre
de ses adhérents : c'est par là que Dieu a coutume de travailler efficacement. — On voit
bien qu'il ne bronche pas sous le fardeau, mais son style alambiqué sent le malaise.

(2) « Per id tempus omnium Bonifacii Ferrerii filiorum superstes Joannes operante
» manu Domini petiit habitum nostri Ordinis in hac domo Vallis Christi et obtinuit; sed
« Dominus Bonifacius ipse induit Joannem veste monachali, assumens pro themate exhor-
» tationis quæ fieri solet, verba illa psalmi: Filius meus es tu, ego hodie genui te.
» Applicans illa sibi qui licet esset ejus pater secundum carnem revera illa die cum
« regenerabat in spiritu secundum Deum. (*Ann. Cart.*, Anno 1414, p. 289, t. VII.)

Ferrier l'appuya de sa sympathie; du reste, il se guida toujours par les conseils de son saint frère.

Après que Benoît XIII se fut retiré à Péniscola, dans la crainte d'être amené de force à Constance, Boniface rentra dans sa solitude du Val de Christ où il mourut peu après, plein de mérite, et sans voir la fin des maux de l'Église, le 27 avril 1417. Martin V ne fut élu qu'en novembre de la même année.

Il fut enseveli dans le cimetière commun, sans autre distinction qu'une grande pierre tombale, sur laquelle plus d'un malheureux a trouvé des consolations.

Dans son *Traité sur le petit nombre de Chartreux canonisés*, il raconte qu'on venait lui demander des herbes du cimetière du Val de Christ contre les fièvres, il les refusait impitoyablement disant que ce qui fait les Saints à la Chartreuse, ce ne sont pas les miracles, mais les vertus. Or, Dieu a récompensé cette humilité, car plusieurs prodiges ont été opérés par les herbes poussées autour de sa pierre tombale. L'annaliste que nous suivons les raconte et s'en fait garant. Vidal parle de lis miraculeux poussés sur sa tombe.

Outre le petit traité du schisme, la bibliothèque cartusienne a de lui quelques ouvrages, notamment un travail assez considérable sur ce thème : *Pourquoi y a-t-il si peu de Chartreux canonisés ?*

Le tableau des Généraux Chartreux le représente les mains ballantes, les sceaux de l'Ordre à ses pieds, ayant l'air de dire : Ah! Seigneur! s'il vous plaisait de les passer à un autre! — A côté d'eux, son tombeau sur lequel poussent des miracles démontre suffisamment qu'il était sincère.

Il n'est cependant pas compté dans la liste officielle des Généraux de la Grande Chartreuse, pas plus que Benoît XIII dans celle des Papes. Le Dominicain Fontana omet de même les Maîtres Généraux de son Ordre ayant appartenu à l'obédience avignonnaise. Il y aurait lieu (ce serait peut-être même un acte de justice, car Pontifes et chefs d'Ordres étaient de bonne foi) de remanier l'histoire en comblant cette lacune.

L'annaliste qui nous a fourni cet abrégé est Jean-Baptiste Civéra, de la Chartreuse de Porta-Cœli. Son travail, qui porte la date de 1625, est en latin correct, simple, intéressant. Il ne tardera pas à être livré au public avec une vie d'Etienne Maconi.

Don Joachim Alfaura a publié à Valence une vie de Boniface Ferrier.

# APPENDICE E

## VINCENT FERRIER EST-IL ALLÉ AU CONCILE DE CONSTANCE ?

Après étude attentive, je réponds : Non, il n'y est pas allé. Voyons d'abord où a passé l'erreur.

L'abbé Trithème (fin du XVe siècle), dit dans son livre *De Scriptoribus Ecclesiasticis*, p. 305 (Coloniæ 1546, 8°) : « Vincent Ferrier, de Valence, de

» l'Ordre des Frères Prêcheurs, auquel Gerson adressa plusieurs lettres que
» nous avons, homme d'une érudition profonde, versé dans les sciences ecclé-
» siastiques et profanes, d'un esprit vaste et de grande éloquence, aussi bien
» que de vie exemplaire; le plus célèbre prédicateur de son temps, honoré
» vivant et mort de l'auréole du thaumaturge, a écrit, etc..... *On le vit briller*
» *avec éclat au Concile de Constance en 1418.* »

Cette phrase n'indique rien de plus qu'une vue générale, sans précision de détails, ce qui rentre dans les habitudes historiques de Trithème, fort érudit d'ailleurs pour son temps. Or, tous les auteurs qui ont affirmé la présence de Vincent Ferrier au Concile sont partis de là. Notre Fontana lui-même ne fait pas exception :

« L'an 1417, Vincent Ferrier entra à Constance ; depuis longtemps attendu,
» il fut accueilli avec grande joie. Son autorité dirima sur-le-champ une
» très grave controverse élevée entre les Pères à propos du schisme. Il décida
» seul ce qu'il y avait à faire. La même chose arriva une seconde fois, et il
» confirma merveilleusement les Pères dans leur résolution d'en finir au plus
» tôt avec le schisme. » (*Monumenta dominicana*.)

Et cela d'après Bzovius et Hernandez, deux écrivains d'Histoires générales, qui, manifestement, se sont inspirés de Trithème.

Une fois l'erreur accréditée, l'imagination s'en est mêlée : Téoli affirme que Vincent Ferrier fit le sermon d'actions de grâces en latin pour l'intronisation de Martin V ; et il cite un passage de Pancirol (*Roma Sacra*, p. 596), d'après lequel il existe, dans l'église de la Minerve, une chapelle où saint Vincent Ferrier est représenté parlant au Concile de Constance, devant Martin V (1).

Or, Fontana dit positivement que le discours en question fut prononcé par le P. Jean de Puynoix, sur l'ordre exprès du Pape, et il cite son texte. Quant à la chapelle de saint Vincent Ferrier, à la Minerve, l'artiste a travaillé sur commande, sans se demander si ce qu'on lui disait de peindre était historiquement vrai.

D'autres ont dit (Victoria par exemple) que Vincent Ferrier s'était trouvé à Constance en même temps que l'historien Trithème, ce qui est impossible, vu que Trithème est né en 1462 : « C'était, écrit-il, p. 450 du tome II, de ses
» *Annales Hirsaugenses*, au 1ᵉʳ février 1462, trente minutes passées onze
» heures de la nuit, que je vis la lumière du monde. » C'est une manière de parler, et l'on voit ce qu'il veut dire (2).

Mais, de plus, Fontana se contredit lui-même lorsque, dans son *Theatrum Dominicanum*, p. 376, il parle tout au long du Concile de Constance, cite *les noms de tous les Dominicains présents* et ne mentionne pas Vincent Ferrier.

Plus explicitement encore, revenant, dans un Appendice spécial, sur ce sujet évidemment travaillé avec soin, p. 629, il redit que Vincent Ferrier abandonna Benoît XIII, non seulement par zèle pour le bien de l'Église, mais à la prière du Concile de Constance. Et il cite à l'appui la phrase du légendaire officiel: *Patres quoque concilii Constantiensis plurimum ei detulerunt, honorificâ ad eum legatione destinatâ.* Rien de sa présence à Constance.

---

(1) Capella in quâ in Constantiensi synodo coram Martino V concionem habens divus Vincentius exprimitur.

(2) Cité par Gil Bernagl. Monographie de *Joannes Trithemius, Abbas Spanheimensis*. Landshut, 1868, p. 4.

Hermann Von der Hard n'en parle pas non plus dans son Histoire du Concile de Constance. Or, cet ouvrage, en trois volumes in-folio (Francfort et Leipzig, 1697), est certainement ce qu'il y a de plus complet sur la matière; composé d'après les manuscrits originaux, il relate jour par jour ce qui s'y faisait, et cite les discours qui s'y prononçaient. Vincent Ferrier vient cependant à plusieurs reprises sous sa plume. Il raconte ses travaux à Perpignan, et l'appelle *Theologus et Orator toto orbe decantatus* (t. II, p. 522).

Çurita parle, lui aussi, longuement du Concile, et nomme, parmi les envoyés du jeune roi Alphonse, un fameux docteur, *prédicateur le plus renommé après Vincent Ferrier*. C'était une belle occasion pour dire que celui-ci était allé à Constance.

Le Père de Réchac, un des biographes les plus complets de Vincent Ferrier, dit positivement qu'il n'y alla pas, « tenant pour assuré que, dans peu de jours, » on ferait paisiblement l'élection d'un nouveau Pape. »

Dans toutes ces histoires, on trouve les noms de quantité de personnes absolument inconnues; il n'y a aucun doute que si Vincent Ferrier y eût été, on eût mentionné tout d'abord cette personnalité hors ligne.

Le ministre Lenfant, historien lui aussi, à sa façon, du Concile de Constance, étude faite des documents, dit qu'il lui paraît certain que Vincent Ferrier n'y fut pas, *bien que le pourquoi lui échappe*. Des pourquoi comme ceux-là échapperont toujours aux orgueilleux sectaires comme Lenfant.

La liste des Dominicains envoyés au Concile par les rois d'Aragon ne mentionne pas Vincent Ferrier.

Jean Lopez, évêque de Monopoli, dans sa bonne histoire de saint Dominique et de son Ordre, dit positivement : « Bien que plusieurs aient avancé qu'il y est allé, il n'en fut rien. »

Il n'y aurait eu d'ailleurs aucune raison pour Martin V, en novembre même, 1417, mois de son élection, d'envoyer à l'Apôtre, par Antoine Montanus, les pleins pouvoirs apostoliques. Ce fut un des premiers soucis du nouveau Pontife; lui aussi regardait Vincent Ferrier comme l'honneur et le plus ferme appui de l'Église dans ces temps difficiles (1).

Les partisans de l'opinion contraire n'invoquent du reste que des raisons de convenance. Valdecebro, le plus violent, dit qu'il est impossible de ne pas croire à l'abbé Trithème, au grand abbé Trithème; que Vincent Ferrier ayant toujours obéi aux rois, toujours à l'antipape, a dû nécessairement obéir au Concile.

Téoli ajoute que Vincent Ferrier devait venir le premier publiquement rendre hommage au Pape élu par le Concile pour que les peuples fussent bien fixés. Ce n'est qu'une phrase.

De septembre à novembre, comme le veut Valdecebro, c'est d'ailleurs matériellement impossible : Vincent Ferrier était en Bretagne et en Normandie.

« Au lieu d'aller à Constance, dit très bien un biographe moderne de sainte Colette, il lui parut plus important de venir travailler à l'heureux succès » de ces grandes négociations à la grille d'un petit monastère avec une pauvre » Clarisse. »

---

(1) Antist nous a conservé un précieux fragment de la réponse du Saint, fragment qu'il dit avoir vu de ses yeux. « In quotidianis commendationibus sacri universalis Concilii » Constantiensis quas facio post sermonem, docui et doceo omnes fideles summittere omnia » facta et verba ac etiam scripta determinationi ac etiam correctioni ejusdem sacri » concilii; et sic facio in omnibus factis et dictis ac etiam scriptis meis..... »

Vivant dans les hauteurs où les esprits ordinaires n'arrivent pas, ces deux âmes obéirent à des inspirations que nous n'avons pas à juger.

Comme s'il eût entrevu la vérité, Labbé, dans son Histoire des Conciles, reproduit la phrase de Trithème, en supprimant le mot *personaliter*. De fait, il intervint et très activement par sa réponse à *l'ambassade de Dijon*, et par ses lettres écrites conjointement avec sainte Colette.

C'est ainsi même qu'on pourrait expliquer à la rigueur la phrase de Fontana.

Le docte Amat de Graveson, dans son Histoire ecclésiastique (t. VI, p. 67), a bien saisi ce point : « Vincent Ferrier jouissait alors d'une telle renommée » d'érudition et de sainteté que les Pères du Concile de Constance n'hésitèrent » pas à lui donner un témoignage d'estime et de confiance qu'on ne trouve nulle » part accordé à un religieux : ils lui envoyèrent des délégués pour le prier de » venir au Concile s'il le pouvait ; ou, si la mission surnaturelle qui lui avait » été confiée ne lui permettait pas de s'y rendre, de vouloir bien au moins » dire son avis aux délégués sur les points qu'ils étaient chargés de lui » soumettre. »

Enfin Luigi Tosti, moine du Mont Cassin, actuellement directeur des Archives vaticanes et auteur d'une Histoire de la comtesse Mathilde, a fait aussi une Histoire du Concile de Constance très estimée. Il dit positivement, p. 129 : « E poiche il santo nè rispose (à la lettre de Gerson) *nè venne al concilio.* » Gerson écrivit son traité contre les Flagellants.

Ce point d'histoire me paraît établi.

Vincent Ferrier ne se sentait aucunement appelé à la direction officielle de l'Église : il pouvait parler, prier, s'interposer, non gouverner. Il y avait, en outre, pour lui, dans cette abstention, une question de délicatesse : le Maître général des Dominicains assistait au Concile, et l'Ordre y était représenté par les sommités du savoir. Enfin les invitations qu'il reçut n'avaient qu'un caractère honorifique, et cela le touchait peu.

# APPENDICE F

## LES SUITES DU GRAND SCHISME

Mais ce n'est jamais impunément qu'on touche aux principes : l'humanité s'affaiblit d'autant. Une Providence bienfaisante a mis en elle quelques notions bien nettes, instinctives plutôt que formulées. Longtemps elle en a vécu, et ceux qui tendent à les détruire sont ses grands malfaiteurs. Les sociétés, pas plus que les fleuves, ne remontent vers leur source.

Après le grand schisme, comme un malade à la suite d'un grand danger de mort, l'humanité demeure frappée d'atonie. Tout entière à la joie de vivre, elle oubliera les germes du mal restés dans son organisme, elle saluera d'enthousiasme les modifications apportées à son existence, elle leur donnera des noms retentissants. En réalité, une infériorité marquée caractérisera toutes choses.

On venait de voir à Constance ce que pouvait le saint Empire romain : elle va s'éclipser peu à peu, cette grande autorité qui allait prendre sa consécration aux pieds du Vicaire de Jésus-Christ, dirimait en dernier ressort les querelles des puissants, et remplissait, à l'honneur de l'Église, ce rôle magnifique rêvé plus tard par notre roi Henri IV.

La monarchie chrétienne personnifiée dans saint Louis perdra son vrai caractère. Libre sous le contrôle de la conscience, plus près du peuple que des grands, se servant de ceux-ci pour une hiérarchie nécessaire, pour les œuvres de l'épée ou de la pensée, mais les tenant sous une main ferme ; aidée d'ailleurs dans sa difficile mission par les hommes d'Église à tous les degrés, depuis le prélat ministre ou conseiller jusqu'au moine défricheur, elle réalisait le beau titre de « Pasteur des peuples » chanté par l'antiquité. Mais elle ne tardera pas à se stériliser dans des luttes d'intérêt médiocre.

La gloire extérieure aura parfois d'éblouissants reflets, les sources de la vraie grandeur n'en seront pas moins altérées : jusqu'au jour où, battue en brèche par l'esprit de révolution, la puissance civile sanctionnera, souvent malgré elle, le mal sous toutes ses formes, et ne tiendra debout que grâce aux restes des vieilles institutions qu'elle n'aura pas eu le temps de détruire ou qu'elle aura le bon sens de laisser subsister.

Le peuple, lui aussi, appréciait l'honneur que Dieu lui avait fait, en permettant que le Verbe divin s'appelât ici-bas *ouvrier* et *fils de l'ouvrier*. Élevé et sanctifié par cette confraternité divine, il savait très bien que, à l'exemple du divin Maître, il doit obéir et non commander ; comprenant qu'un degré d'indépendance de plus est souvent un malheur, protégé par le roi, ayant ses associations, ses jurandes, ses maîtrises, il travaillait pour des patrons chrétiens et comptait après tout sur la justice divine. Plus tard, atteint dans son âme par les scandales partis de haut, il oubliera Dieu et sentira au cœur l'envie et la haine de ses maîtres.

Dans une sphère plus élevée, l'Église avait poussé de puissantes floraisons : Cluny, Cîteaux avec Clairvaux sa plus illustre fille ; toutes les branches Bénédictines, les grandes familles Dominicaine et Franciscaine : désormais, tout en poursuivant l'œuvre de vie, l'Église ne reprendra plus sa prépondérance féconde. L'influence des Ordres religieux ira s'affaiblissant, plusieurs disparaîtront ; les législations monastiques marcheront de pair dans une voie moins austère avec les adoucissements introduits par l'Église dans sa discipline. Un grand organisateur, Ignace de Loyola, surgira au XVIᵉ siècle ; mais, ne trouvant pas dans l'humanité prise individuellement cette trempe énergique d'autrefois, il créera un moule où l'homme, refait et assoupli jusque dans ses plus vivantes fibres, se fond dans la puissante unité du corps, concourt, docile et impersonnel, à l'œuvre commune. Ce sera dans l'Église quelque chose d'analogue aux armées permanentes : la valeur individuelle est absorbée par le nombre comme une goutte d'eau par l'Océan. Les Congrégations nouvelles ne s'appellent plus Ordres religieux, mais Instituts de clercs réguliers.

Par contre, l'esprit du mal développera son influence, les âmes lui seront plus ouvertes, la révolte n'effrayera plus ; les hérésies qui, jusque-là, n'étaient que des textes scripturaires mal appliqués, vont s'arroger le droit de discussion et de contrôle. Alors que les anciens hérésiarques avaient besoin, pour établir leur doctrine, d'une honnêteté vraie ou simulée, Luther va venir, qui s'appuiera sur sa turpitude impunément. Les audaces de la pensée formeront un acquis, poseront des données sur lesquelles de nouveaux esprits travailleront, qu'ils agrandiront, essayeront de grouper en faisceaux, jusqu'à ce que, Dieu confondant leur langage, ils préfèrent avec Voltaire, roi ignominieux des siècles futurs, ricaner de tout et couvrir leurs souillures d'une indifférence affectée.

# APPENDICE G

## LA CROIX DE VINCENT FERRIER A BESANÇON

C'est une croix haute de 1$^m$,95 dont les croisillons ont 0$^m$,94; elle est plate, ayant à peu près trois doigts de largeur, mais elle va se terminant en pointe, parce qu'elle était destinée à être placée dans une douille à la chaire. Les croisillons se terminent aussi en biseaux. On l'appelle bâton de saint Vincent Ferrier, mais cette dénomination est fausse : il ne s'en servait pas comme d'un bâton. Elle est en sapin, primitivement peinte en noir. Elle portait un Christ sculpté, attaché par trois clous.

Vers le milieu du XVIII$^e$ siècle, à force d'être maniée et portée en procession, les croisillons tombèrent et furent remplacés par d'autres d'un bois plus dur; le Christ se détacha aussi. On crut alors bien faire de le remplacer par un Christ peint, et le reste de la croix fut couvert d'un badigeon vert foncé. Des armatures de fer blanc consolidèrent la hampe, ainsi que l'écriteau également en sapin, et portant les lettres habituelles INRI.

Le Christ fut alors attaché avec des fils de fer et assez maladroitement sur une croix-reliquaire fort belle du XIV$^e$ siècle. Dans ces derniers temps seulement, on s'est aperçu de l'anomalie; on a de nouveau appliqué le Christ à la croix primitive, où il cadre parfaitement. Attenant à la hampe, était un grand clou vraisemblablement un des clous primitifs ou son *fac simile*; les autres sont perdus. A la place exacte des pieds dans le bois de la croix est un trou oblique, et oblique aussi et dans le même sens est le trou des pieds du Christ. Il n'y a pas de trous à la place des mains, parce qu'on ne crut pas devoir en faire, lorsqu'on remplaça les croisillons.

Tout doute fut levé quand on se souvint que le P. Firmin, Capucin, confesseur des Clarisses de Besançon avant la Révolution, avait coutume de dire à la personne à qui il laissa ce Christ en mourant : « Gardez-le précieusement, car il vient du bâton de saint Vincent Ferrier. » Selon toute vraisemblance, le P. Firmin lui-même aurait attaché le Christ au reliquaire.

Pour plus de sûreté, une Commission de savants, en tête de laquelle était M. Gauthier, archiviste du Doubs, a constaté, en 1892, que la croix dite de Vincent Ferrier et le Christ sont bien de même origine, de la même époque, parfaitement adaptables, et que, toutes recherches faites, il faut aller en Espagne et remonter au temps du Saint pour trouver des Christs semblables.

En confrontant les Mss de l'abbé de Saint-Laurent, les lettres des Clarisses conservées aux archives départementales, les inventaires des monastères, et surtout en tenant et maniant ces vénérables objets, comme j'ai pu le faire tout à mon aise, on arrive à une conviction absolue.

# DOCUMENTS DE LA QUATRIÈME PARTIE

## DOCUMENT 1

### RELIQUES DE NANTES

*Antonius-Mathias-Alexander Jaquemet, Miseratione Divina et Sanctæ Apostolicæ gratiâ, Nannetensis Episcopus.*

Universis et Singulis præsentes Litteras inspecturis fidem facimus ac testamur, quod nos, ad majorem Dei omnipotentis gloriam suorumque Sanctorum venerationem promovendam, recognovimus sacras Reliquias infra descriptas scilicet....

Et coronam precatoriam quam ex constanti traditione S. Vincentius Ferrerius dono dederat Joannæ Ducissæ Britanniæ, et ipsa moriens reliquerat prælaudatæ Beatæ Franciscæ ;

Insuper facultatem fecimus ac tenore præsentium facimus prædictas Sacras Reliquias in cunctis Diœcecis nostræ Ecclesiis Christifidelium venerationi exponendi.

Datum Nannetis, in Palatio nostro Episcopali, sub signo sigilloque nostris ac Secretarii Episcopatus nostri subscriptione, anno Domini millesimo octingentesimo sexagesimo septimo, die vero Secunda mensis Aprilis et duobus exemplaribus expeditum, quorum unum in ipsa capsa deponendum.

† Alexander Ep. Nannetensis,
De Mandato Ill. R. R. D. D. Nannetensis Episcopi.
H. Vincent,
c. s.

*Antonius-Mathias-Alexander Jaquemet, Miseratione Divinâ et Sanctæ Sedis Apostolicæ gratiâ, Nannetensis Episcopus.*

Universis et Singulis præsentes Litteras inspecturis fidem facimus ac testamur, quod nos, ad majorem Dei gloriam, suorumque sanctorum venerationem promovendam, recognovimus sacras Reliquias infra descriptas, scilicet :

Particulas ex ossibus S. Vincentii Ferrerii, Confessoris, ab Ill. et R. R. D. D. Episcopo Venetensi ex locis authenticis extractas, inclusasque in theca ex aurichalco deaurato, unico crystallo munita, bene clausa, funiculo serico coloris rubri colligata, et sigillo nostro in cera hispanica impresso obsignata ;

Pileolum ejusdem S. Vincentii Ferrerii ex lana subcærulea et obscura confectum ;

Cingulum dimidium ejusdem Sancti, ex corio, longum sexaginta et duobus centimetris.

Necnon pannum lineum, fimbriis extrema parte contectum, qui vulgo dicitur *Sudarium* S. Vincenti Ferrerii et apud Moniales B. Franciscæ Ambosiæ, in monasterio Sanctæ Mariæ de Scotiis olim asservabatur ;

Quas omnes et singulas Sacras Reliquias ex examine juridice facto die vigesima tertia mensis octobris, anno millesimo octingentesimo sexagesimo sexto ; atque ex edicto episcopali, die secunda aprilis, anno millesimo octingentesimo sexagesimo septimo, dato, omnino certas atque authenticas esse constat ; easque reverenter collocavimus in capsa ex ære deaurato, quatuor pedibus imposita, longa triginta et novem centimetris, lata viginti et alta viginti et uno, octo aperturas in modum fenestrarum, crystallis munitas circumhabente, cui operculum centimetris decem et tribus eminens, coronide aliisque ornamentis decoratum, impositum est ; et in ipso sex aperturæ, quadrifolii forma, dispositæ sunt. Hanc vero capsam, bene clausam, funiculis aureis colligavimus, quibus operculum ipsi capsæ adhæsit, nostroque sigillo in cera hispanica rubra impresso super eosdem funiculos, obsignavimus.

Insuper facultatem fecimus ac tenore præsentium facimus, prædictas sacras Reliquias in cunctis Diœcesis nostræ Ecclesiis Christifidelium venerationi exponendi.

Datum Nannetis, in Palatio nostro Episcopali, sub signo sigilloque nostris ac Secretarii Episcopatus nostri subscriptione, anno Domini millesimo octingentesimo sexagesimo septimo, die vero, secunda mensis aprilis et duobus exemplaribus expeditum, quorum unum in ipsa Capsa deponendum.

† ALEXANDER Ep. Nannetensis.
De Mandato Ill. R. R. D. D. Nannetensis.
H. VINCENT.
c. s.

# DOCUMENT 2

## ARCHIVES DÉPARTEMENTALES D'ILLE-ET-VILAINE, FONDS DU CHAPITRE DE SAINT-PIERRE DE RENNES

(3 G, 66)

Extrait d'un registre des comptes du Chapitre de Rennes, tenu par maître Jacques de la Mandeaye, prévôt du dit Chapitre.

« Iste liber est ordinatus ad redigendum Computa Capituli Redonensis per prepositos ipsius Capituli reddenda. »

Computum quarterii estivalis 1448.

« ..... Item, die mercurii post *Jubilate* de dominorum predictorum gracia et mandato presentavit ipse prepositus Magistro Vincencio Ferrer in Sacra pagina excellentissimo professori, qui populo Redonensi in predicationibus suis multum complacuit, in pane et vino, X sol.

Item, eâ die, tradidit ipse prepositus, de eorumdem mandato, Droeto Vaillant apparitori et aliis servientibus dicti Capitali, ut scamna et sedes pro dominis dictis predicationibus prepararent, V sol.

Item die jovis sequenti, presentavit ipse magistro Vincencio in pane et vino IX sol IV den.

Item, die veneris sequenti presentavit ipsi magistro Vincencio, in pane vino et piscibus XXII sols VI den.

Item die lune ante festum Invencionis Sancte Crucis eidem presentavit in pane, vino et piscibus XV sol.

Item, Die vigilie festi Ascencionis Domini, de ordinacione et mandato dicti Capituli, tam pro juvamine solucionis unius equi pro dicto Magistro Vincencio, quam pro vino, pane et piscibus sibi presentatis, solvit XI solidos. »

# DOCUMENT 3

## LETTRE DU ROI ALPHONSE V AU PAPE
## POUR LA CANONISATION DE VINCENT FERRIER

Muy santo padre. No creo ynore V. S. la fama de la santidad de Maestre Vicente Ferrer del qual la su vida fue aprovada en todo su esser que se pudo desir que no fue su par en su tiempo, e la muerte la aprovo e confirmo por muchos milagros los quales yo vi que embio el Duque de Bretanya a mi ermano el Infante don Enrique que Dios aya por dos criados suyos del dicho mi ermano que por el passaron que eran ydos cercar mundo los quales me los mostraron. Por que muy homilmente supplico vuestra S. quiera supplir mi negligencia por ser mi vassallo, e de aquellos a quien perteneciese solicitar la canonizacion deste Santo onbre, e quiera dar orden que reciba el bravio por que corio en este mundo, pues del que soys verdadero vicario le a dado el del otro; e aunque a el esta gloria mundanale aproveche poco, aprovechara a los malos a trabaiar de ser buenos, a los que son a medio camino por ser perfectos, a los perfectos perseverare; e por tanto la mi tardanza no empache el beneficio deste Santo onbre, la qual no empacho la clemencia de nuestro sennor a sanar la mujer encorvada por XVIII anyos, levante la fama deste santo onbre encorvada por culpa de los que la devian solicitar canonizandolo la qual el bien merece e los trabaios de su vida e la dotrina del qual fizo muchos bienes en las conciencas de los por donde ando, de lo qual le puedo fazer buen testimonio que por la no cura de los a quien pertenecia la religion Christiana no solamente era negleta mas en gran parte olvidada e las gentes inorantes en obrar y en creer fueron por el ensennados e alumbrados no menos por el en exemplo de vida que por el de palabras. Por tanto suplico vuestra S. tan omilmente como puedo quiera dar obra en lo canonizar que por mi parte dispuesto soy de fazer lo que puedo en que esta santa obra aya efecto lo qual terne a V. S. en singular, gracia e merced; e sobresto enbio a V. S. Maestre Johan Fernando prior de Tortosa e a Frey Carbonel de la orden de santo Domingo, suplico vos los quiera creer e dar tal desempachamiento qual es mi esperanza e la justa suplicacion merece. Asinesmo suplico V. S. que me quiera dar las reliquias de san Lorencio e Vicente que estando a Tiboli, V. S. me prometio y con los perdones escrita de mi mano en la torre a VI. de Octubre.

De vuestra Santidad muy homil fijo que beso vuestros pies e manos.

EL REY DE ARAGON E DE SICILIA.

# DOCUMENT 4

## TEXTE DU QUESTIONNAIRE DE NAPLES

I. Inprimis quod publica vox et fama est in tota civitate et ejus districtu et partibus eo adjacentibus et per totam Britanniam quod Frater Vincentius de Ferrariis toto tempore vitæ suæ, vir fidelis, scilicet habens fidem in Deum Patrem Filium et Spiritum Sanctum et Sanctam Trinitatem : atque omnia bene faciebat et dicebat ad laudem et gloriam ipsius omnipotentis Dei et Sanctæ Trinitatis.

Christianus magnæ honestatis irreprehensibilis vitæ, catholicus justus et receptus coram Deo, ab omnibus bonis et gravibus viris catholicis et fidelibus reputatus.

II. Quod ipse Frater Vincentius secundum patriæ conditionem de clara et antiqua familia de Ferrariis ex honestis et optimis parentibus ac legitimo matrimonio traxit originem, ab ineunte ætate sua vitam laudabilem duxit et usque ad tempus sui obitus, continuâ sanctitate vitæ et magna emisit doctrina et conversatione, pius, affabilis, misericors, beneficus, benevolus et benignus.

III. Quod Frater Vincentius antequam XVIII suæ ætatis annum attigerit, magna devotione accensus, cum religiosis et Deum timentibus maximam conversationem habuit, ecclesias visitando, pauperes et hospitalia inquirendo, et quantum sibi facultatis juvenilis dabat (ætas) pietatis opera implendo studiis liberalibus cum magna attentione et studio maxime deditus, et sic fuit et est verum.

IV. Quod modo non abhorrens corporis austeritates et vitam eligens regularem S$^{ti}$ Dominici regulam prædicatorum expresse professus est, in mon. civ. Val. ac recepto habitu S$^{tæ}$ religionis præfatæ, elapso anno probationis magna cum devotione præfatam religionem professus est.

V. Facta professione se sacris litteris imbuendus dedit, et non multa post tempora sacræ theologiæ professor et magister factus fuit, in quibus adeo claruit quod de omnibus sacræ theologiæ libris, et maxime de textu et sententiis veteris et novæ Legis ita improvisè loqueretur ac sibi libri præ oculis apparerent.

VI. Quod suscepto magisterio ex superiorum ordinatione cum prædicandi officium suscepisset, illico tantus fidelium ad ejus prædicationem extitit concursus ut ejus sanctæ vitæ opinio (ne) quam plurimè dimissis omnibus mundanis curis, ad eum audiendum tantum disponerentur ut quo iret de loco ad locum ubique ardentissimi sequerentur.

VII. Quod eundo de Aragonia versus Hispaniam inter alia de misericordia in eum ostensa miracula his omnibus videntibus et visa sunt Matheus Studet (sic).

VIII. Quod Frater Vincentius accepta à suo superiori licentia in agrum Dominicum excollendum se tendidit (sic) ut ex inde romore seu more sermonis sui corda hujusmodi viæ evelleret, virtutes plantaret et animas Deo lucrifaceret.

IX. Quod divina cooperante gracia in publica sua Verbi Dei evangelisatione multas seditiones a Christianorum civitatibus sedavit; multos ex gentilitate et judaismo et ex fide Mahometi miraculosissime in numero copioso ad Christianam fidem convertit, in multis, et diversis Christianorum partibus.

X. Quod in præfatis regnis et provinciis (toute l'Espagne, Piémont, France et Bretagne, et multis aliis partibus Christianitatis) Frater Vincentius tanta fama et opinione bonorum virorum pollebat propter ejus mirificam vitam et doctrinam quod inimicos ad pacem et concordiam ducebat, infideles ad veritatis agnitionem, prostitutos ad malam vitam ad castam et religiosam, scandala et rixas terminabat.

XI. Quod Frater Vincentius quadraginta fere annis prædicavit verbum Dei singulis diebus, nisi infirmitate gravaretur, affluentibus populis, publicè altà voce celebravit, et post celebrationem publicè prædicavit.

XII. Quod tanta extitit in eum fidelium devotio quod sola ejus manus impositione ab immundis spiritibus vexati liberabantur, et dolores et infirmitates pellebantur, quinimo ejus solo crucis signo assequi videbantur optatum.

XIII. Quod tam mirifica et salubris fuit ejus doctrina quod multi varii et scelerati homines ejus verbo ad Deum conversi ad religionem transtulerunt se, et translati mirabiliter perfecerunt.

XIV. Quod per ejus mirabilem doctrinam et laudabile vitæ exemplum, multa et diversa monasteria et ecclesias in diversis civitatibus, construi fecit et constitui procuravit.

XV. Quod pro unione Ecclesiæ Sanctæ Dei miraculosissimè operatus est, adeo quod multos principes et regna in obedientiam diversorum Pontificum dissidentia ad unionem et unius Pontificis obedientiam reduxit.

XVI. Tanta doctrina litterarum sacrarum claruit quod de sententiis scripturarum et maximè Bibliæ ità continuè disputabat ac si præ oculis omnia apparerent.

XVII. Quod tanta gratia in dicendo Dei dono resplenduit ut præsentibus in ejus prædicationi multis millibus christianorum et in idiomate ad dicendum differentibus omnes eum audirent sua lingua magnalia Dei loquentem.

Le XVIII est incomplet, il s'agit de sa mort.

XIX. Quod postquam felicem spiritum emisit, corpus ejus nullo fœtore jacuit insepultum per dies plurimos, quibus diebus et continuè post Deus misericors plura miracula ostendere dignatus est.

XX. Quod post ejus felicem obitum, innumera hominum multitudo propter gloriosam vitam in morte continuam famam et opinionem sanctitatis ad ejus corpus ex diversis mundi partibus continuo usque in præsentem diem cum magna devotione et reverentià confluit et indesinenter confluit, tenentes firmiter et ipsum Fratrem credentes Vincentium fuisse virum justum a Domino receptum.

XXI, XXII manquent.

XXIII. Quod publica vox et fama maximè inter fratres fuit quod Frater Vincentius continentissimè vixerit, et permanserit virgo usque ad mortem.

XXIV. Quod fuit homo purus simplex, rectus, duplicitates detestans, profundæ humilitatis et patientiæ, sufferens adversa, moribus castus, artibus strenuus et excellentià vitæ supremus, et apud principes maximæ reverentiæ.

XXV. Quod Deus omnipotens meritis et precibus Fr. Vinc., etc. (*sic*)

XXVI. Quod miracula frequentavit et frequentat in diversis mundi partibus et maximè in civ. Ven. et singulis Hispaniarum Pedemontis et Galliarum partibus, in locis maximè ubi altaria ad præfati Beatissimi memoriam sunt constructa, et in personis quas reliquiæ aliquæ dicti gloriosissimi viri tetigerant, idem ab omnibus sine dubitatione aliqua vir justus et sanctus reputatur.

XXVII. Quod de præmissis omnibus et singulis fuit et est publica vox et fama in locis prædictis.

*Déposition de l'évêque de Majorque :*

Interrogatus testis præfatus an prece, munere aut alia humana gratia, aut pro sola veritate docenda talia deposuisset : dixit quod pro sola veritate, justitia et zelo Fidei omnia supra dicta deposuisse.

*Déposition du roi Alphonse V.*

Dixit vera esse in regnis suis et regnis Castellæ et Legionis. Super X dicit vera esse quia vidit. Super XI dixit quod singulis diebus quando sua Majestas interfuit, celebrabat Missam cantando, et postea prædicabat; et omni die sic faciebat. Super XII dixit quod ipse vidit pluries dictum Fratrem Vincentium apponere manus super infirmos et dicebatur quod postea fuerant assecuti sanitatem. Super XV dixit quod ipse Frater Vincentius laboravit pro unione Ecclesiæ in Perpiniano in præsentiâ regis Ferdinandi, Patris sui, et etiam suæ Majestatis. Super XVII dixit quod in sermonibus præfati Fratris Vincentii intervenerunt magna hominum turba diversarum linguarum, et publicè dicebatur quod omnes intelligebant et omnes consentabantur et omnes admirabantur. Super XXI dixit quod audivit quod observabat ad unguem regulam Beati Dominici ita in camerâ sicut in publico. Super XXIIII dixit vera esse de reverentiâ apud principes.

# DOCUMENT 5

### BREF DE CALIXTE III AU DUC DE BRETAGNE

Calistus, episcopus, servus servorum Dei, dilecto filio nobili viro Petro Duci Britannie salutem et apostolicam benedictionem. Instantibus apud nos pro parte nobilitatis tue dilectis filiis Johanne Ynisan decretorum doctore, Rollando Le Cozic ordinis Predicatorum et sacre theologie professore, ac Egidio Gazin, in legibus licenciato, oratoribus ac consiliariis tuis quos Excellentia tua tempore fel. recordationis Nicolai SS. PP. V predecessoris nostri ad eamdem destinaverat causam canonizationis sancte ac clare memorie beati Vincentii in quâ nos tunc unus ex commissariis ad id deputatis eramus prosecuturos, cupientes postquam Domino placuit ut, dicto predecessore viam universe carnis ingresso, in summum apostolatûs apicem assumeremur immeriti, et tanti operis executio nostris esset temporibus reservata, pio Nobilitatis tue desiderio satisfacere, quam indignum erat tot ac tantos labores et impendia inaniter subiisse. ac volentes propterea ad tante rei expeditionem sicut illius gravitas ac dignitas postulabat intendere post diligentem venerabilis fratris ac dilectorum filiorum nostrorum Ostiensis, Avinionensis ac Sancti Angeli Episcopi, presbyteri et diaconi sancte romane Ecclesie Cardinalium Commissariorum ad id specialiter deputatorum in quatuor consistoriis nostris decretis relationem, auditisque preterea aliorum circà id venerabilium fratrum nostrorum ejusdem Ecclesie Cardinalium particularibus singulorum notis, tentisque insuper duobus generalibus consistoriis in quibus prelibati beati Vincentii miracula per unum ex sacri nostri consistorii advocatis fuerunt publicè, cunctis audientibus, recitata, auditis denique in quodam alio consistorio votis omnium prelatorum curie nostre quorum ad id consensus erat et auctoritas de more requirenda, et sic reperientes omnia que ad consummationem illius sanctissimi operis adhortari nos et inducere poterant et debebant. diem festi Beatorum Petri et Pauli Apostolorum quam tante celebritati convenire digné judicavimus pro hujusmodi canonizationis actu per nos debité celebrando ac penitùs absolvendo indiximus. Adveniente postmodum antedictà die in basilicà Principis Apostolorum maximo concursu populi ac devotionis fervore antè missarum solemnia precedentibus protestationibus in talibus fieri solitis pronuntiavimus, deffinivimus ac publicavimus beatum Vincentium de Ferrariis, origine Valentinum. Sanctum et ut talem à cunctis Xti fidelibus perpetuò venerari, ipsumque numero et cathalogo aliorum sanctorum adscribi debere, ac deinceps festum ipsius nonis aprilis coli et observari necnon solemne pro eo officium confessoris celebrari. Et quoniam hujus sanctissimi operis tua excellentia, merita fides ac devotio singularis auctorem te fieri Deo propitio meruerunt post decursa tanti temporis spatia quibus clare memorie Johannes genitor et Franciscus frater predecessoes tui hoc dignissimum opus sollicitis studiis ac solerti operà aggredi ceperant, non immeritò quidem nos ipsi et hec apostolica sedes ultra eterne retributionis premium persolvere tue Nobilitati tenemur gratiarum debitas actiones. Fecisti enim, ac fieri à nobis procurasti rem te Xristianissimo principe dignam quà immortalem famam et laudem tibi ac illustri domui tue perenniter comparasti. Quarè Excellentiam tuam hortamur attentè ut deinceps etiam similibus operibus illustrare nomen tuum ac te omnipotenti Deo gratiam continuè reddere pergas qui prosperum facere dignabitur iter tuum. Laudanda verò est non mediocriter diligentia et sollicitudo prefatorum oratorum tuorum qui indefesso studio ad prosecutionem eis imposite commissionis efficaciter incubuerunt ità ut nos eos paternà caritate complecti ac Nobilitas tua ipsorum opportunitate oblata personas honorare debeamus. Datum Rome apud Sanctum Petrum anno incarnationis Dominice millesimo quadringentesimo quinquagesimo quinto, pridie idus julii, pontificatûs nostri anno primo.

# DOCUMENT 5 bis

## CONSTITUTION DE NICOLAS V
## ORDONNANT L'ENQUÊTE POUR LA CANONISATION

Nicolas episcopus, etc.

« Cum itaque dudum Fr. Vincentii de Ferrariis origine Valentini, ordinis prædi-
» torum sancti Dominici vite excellentia, casti mores, fructuosa predicatio cum
» caritate, in adversis patientia, miraculorum perseverata coruscatio toti fere occi-
» denti innotescerent, presertim temporibus supremis desiderantes affectibus
» hujusmodi supplicationibus, vobis quorum grave judicium et precipuam pru-
» dentiam ac fidele consilium in maximis et dicte ecclesie negotiis, comprobatum
» à nobis extitit, de eorumdem fratrum consilio per apostolica scripta committimus
» ut vos aut alique ecclesiastice persone in dignitatibus constitute comprobate
» integritatis et doctrina sacrarum litterarum perite quos ad hoc deputandos
» esse duxeritis, super premissis omnibus et singulis et eorum circumstantiis
» universis in Curia et extra, diligentem informationem recipere et veritatem
» eligere studeatis et habita super hiis matura informatione, que veritati innixa

» esse reperietis sive hujusmodi deputandi invenerint, nobis in secreto consis-
» torio fideliter referatis.

» Verùm cùm inter ceteras graviores causas que apud sedem apostolicam
» agitantur hec gravissima sit, et in eadem omnis diligentia et conscientie sere-
» nitas adhiberi debeat, ut in hac causa non simulata sed solida veritas elici
» possit, volumus ut hujusmodi persone à vobis deputande quamquam graves
» quidem fore existimemus, in manibus nostris aut alter eorum in manibus
» ejus quem deputabitis ad hoc prestent juramentum ut omnia eis a nobis
» commissa solum Deum ac veritatem pre oculis habentes prout sacri canones
» dictant omni studio et diligentia exequantur.

» Datum Romæ apud S. Petrum, anno Incarnationis Dominice millesimo
» quadringentesimo quinquagesimo primo, quinto decimo calendas novembris,
» Pontificatus nostri anno quinto.

» Signé : L. DE COSCIARIO. »

# DOCUMENT 6

## BULLE DE CANONISATION PAR PIE II (1)

*Pie, évêque, serviteur des serviteurs de Dieu, pour perpétuelle mémoire.*

Il est juste et de haute convenance que les décrets et statuts préparés par la prévoyance du Pontife notre prédécesseur, surpris par la mort avant d'avoir publié les lettres apostoliques, obtiennent leur effet plénier, approuvés qu'ils sont par l'assentiment unanime de nos vénérables Frères les cardinaux, et de tous les prélats qui faisaient alors partie du Conseil de la curie romaine.

Calixte III, d'heureuse mémoire, alors qu'il gouvernait l'Église militante, aimait à s'absorber par d'intimes réflexions dans l'immense miséricorde de Dieu, qui, voulant ramener à lui l'homme, son image, éloigné par la ruse du serpent du seul bien parfait, et réparer personnellement la chute humaine, avait daigné se servir de notre nature même, et employer sa toute-puissance à porter remède aux hommes en ce qui avait causé la blessure, afin que, reconnaissants de tant de bonté, ils lui demeurassent fidèlement soumis.

Dès longtemps, en effet, la parole divine avait été communiquée aux prophètes, afin que, connaissant les secrets desseins de Dieu, et gardant l'espérance du salut du genre humain, ils servissent leur Créateur, l'adorassent comme le seul Seigneur et apprissent à leurs descendants à l'honorer et à le servir. Puis, sur la fin des siècles, quand les temps furent accomplis, l'Être Incréé, Père des miséricordes, envoya du ciel en terre son Verbe, par lequel il a fait les siècles, pour que, prenant un corps humain, il montrât aux pauvres égarés et tombés le chemin de l'éternelle vie, lavât, sur l'autel de la Croix et dans son propre sang, la faute du premier homme, et nous ouvrit la porte du ciel.

Et pour qu'un si grand mystère, à savoir l'Incarnation et une pareille

---

(1) Le texte est dans tous les Bullaires. Qu'on me pardonne les défectuosités de cette traduction : le latin de la chancellerie romaine, riche et chargé de périodes, s'accommode difficilement au génie français. On se trouve constamment entre deux écueils, l'inexactitude ou la lourdeur.

Rédemption parvinssent à la connaissance de tous les hommes, il confia la prédication de l'Évangile dans l'univers entier, d'abord, à des apôtres choisis pour rendre témoignage de sa vie, de sa doctrine et de ses œuvres; ensuite à des disciples, qui tous, par leur éloquence, leurs miracles et leurs vertus, devaient éclairer le monde comme les rayons du soleil.

Mais, dans la suite des temps, la méchanceté de l'antique ennemi, usant toujours des mêmes ruses, mit tout en œuvre pour priver le genre humain des fruits de ce merveilleux salut, et l'entraîner dans la perte éternelle. Alors la divine Clémence prit de nouveau en pitié ce même genre humain, et, subvenant en temps opportun aux besoins de son Église, envoya un grand nombre d'hommes, éminents en science et en sainteté; ils portaient l'auréole de la vertu et d'un génie propre au temps où ils vécurent; semblables à des béliers, ils devaient ramener le troupeau divin dans la voie droite, raffermir les esprits chancelants par leurs exhortations, leurs œuvres et leurs exemples, et donner ainsi à l'Église sainte un aide et un secours puissant, soit par la gloire du martyre, soit par la pureté de leur vie, soit par la réfutation des erreurs païennes ou hérétiques, soit enfin par la prédication de la grâce divine et de l'éternelle vie promise par Dieu.

Or, au temps de notre prédécesseur, dans les pays d'Occident, la multitude des Juifs et des infidèles s'était beaucoup accrue, leurs livres et leurs richesses leur donnaient une grande influence, enfin le jour du dernier jugement semblait presque oublié; la divine Providence, avec cette profonde sagesse qui avait déjà fortifié et orné son Église de tant d'hommes illustres, envoya pour le salut des fidèles Vincent de Valence, de l'Ordre des Frères Prêcheurs, éminent professeur de théologie sacrée, et possédant toute la doctrine de l'Évangile éternel; comme un athlète invincible, il avait pour mission de réfuter les erreurs de ces mêmes Juifs, des Sarrasins, et des autres infidèles. Semblable à un ange volant au milieu du ciel, il devait annoncer aux habitants de la terre le jour du dernier et redoutable jugement, répandre les paroles du salut sur toute nation, toute tribu, toute langue, tout peuple et tout empire, prêcher l'approche du royaume de Dieu et du jugement, et montrer à tous le chemin de l'éternelle vie.

Notre prédécesseur Calixte voulut faire connaître le mérite d'un si grand homme, aussi saint par la grâce que les anges le sont par nature, raconter sa conduite et sa vie, selon ce qu'il en connaissait de source certaine. Il attesta donc que Vincent est né à Valence, une des plus florissantes cités des Espagnes, de parents honorables et chrétiens; qu'ayant dans un âge tendre la maturité des vieillards, il reconnut la vanité de ce siècle de ténèbres, et, à dix-huit ans, reçut avec grande piété l'habit de l'Ordre sus-mentionné. Après avoir fait profession selon le mode accoutumé, il s'appliqua si heureusement à l'étude des saintes lettres qu'il fut unanimement jugé digne du magistériat en théologie, et en reçut les insignes. Il obtint ensuite les pouvoirs nécessaires pour prêcher la parole de Dieu, et se mit à semer dans le cœur des fidèles les germes de l'éternelle félicité, à combattre les erreurs, la perfidie des Juifs et des infidèles, et à montrer de la manière la plus admirable et la plus convaincante combien le Rédempteur sera, au jour du jugement, un juge inexorable pour les méchants et les réprouvés.

Il persévéra longtemps dans ces prédications salutaires, et, dans un genre de vie si digne d'éloges, parcourut, en les éclairant comme un astre nouveau, les provinces d'Espagne, de France et d'Italie, jusqu'à ce qu'enfin, à Vannes, ville de Bretagne, il achevât pieusement ses jours et son apostolat à l'âge d'un peu plus de soixante-dix ans.

Mais Dieu ne permet pas que ce qui peut être utile à son Église soit foulé aux pieds, ou mis sous le boisseau. Il ne tarda pas à inspirer à ceux qui avaient, par la prédication de cet homme illustre, reçu des grâces tant spirituelles que corporelles, de faire connaître les marques de sainteté reconnues en lui, au siège apostolique, et de l'informer de ses œuvres. C'est pourquoi Jean VI et Pierre, de glorieuse mémoire, ducs de Bretagne, les prélats, les personnes pieuses de ce même duché, et beaucoup d'autres de diverses provinces, dans lesquelles Vincent avait prêché, les religieux de son Ordre, firent à ce sujet le voyage de Rome, à différentes époques, sous le pontificat de nos prédécesseurs Martin V, Eugène IV et Nicolas V, d'heureuse mémoire.

Plus tard, Jean II, de glorieuse mémoire, roi de Castille et de Léon, et Alphonse V, roi d'Aragon, de nombreux évêques, des seigneurs, des Universités, des villes entières, notre fils bien-aimé Martial Auribelhi, Maître général des Frères Prêcheurs, agissant au nom de son Ordre, renouvelèrent leurs instances auprès du Siège Apostolique, affirmant que cet homme illustre, toujours docile à la voix des prophètes et aux paroles évangéliques, avait constamment pratiqué les préceptes divins, sans jamais négliger, en quoi que ce soit, les conseils.

Prédicateur infatigable des grandeurs divines et réprobateur énergique de l'iniquité humaine, il remplissait son apostolat, oubliant les choses les plus nécessaires à la vie, ne s'inquiétant pas même du jour présent, mais content du vêtement, de l'asile et de la nourriture que la Providence lui préparait. Il ne recevait aucune rémunération, aucun présent, les laissant aux mains de ceux qui les lui offraient, ou conseillant de les donner aux pauvres.

La grâce brillait en lui d'un tel éclat, l'Esprit-Saint le remplissait tellement, les enseignements de la vérité sortaient de sa bouche avec une telle force et un tel charme, qu'il convertit à la foi catholique une grande multitude de Juifs, très instruits dans leur croyance, qui niaient opiniâtrement que le Messie fût venu ; et il fit de beaucoup d'entre eux des prédicateurs éloquents de la vie, de la passion et de la résurrection du Christ, prêts à mourir pour la gloire de son nom.

L'autorité et l'énergie de sa parole étaient telles que des hommes, adonnés au luxe et aux plaisirs de la terre, furent frappés de la terreur du jugement dernier, au point de mépriser tout ce qui passe pour n'aimer que les choses éternelles, et de renoncer à la vanité pour s'attacher à Dieu uniquement.

Il chanta la messe tous les jours ; tous les jours il prêcha ; tous les jours, sauf l'extrême nécessité, il jeûna ; il ne mangea jamais de viande, ne porta que des vêtements de laine. Il ne refusa ses conseils à qui que ce fût. Il eut les mœurs les plus pures, il accomplit un grand nombre d'actes héroïques, surtout lorsqu'il eut à pacifier les peuples et les royaumes en guerre pour des motifs du plus haut intérêt ; et lorsque la robe sans couture de l'Église de Dieu était déchirée, il s'employa avec succès à procurer l'union et à la maintenir.

Marchant dans la simplicité et en toute humilité, il recevait avec une grande douceur ses détracteurs et ses persécuteurs, et leur donnait toutes les explications désirables. Pour confirmer sa prédication et l'exemple de sa vie, la divine sagesse opéra de nombreux miracles, soit par l'imposition de ses mains, soit par l'attouchement de ses reliques ou de ses vêtements, soit enfin par l'émission de vœux en son honneur. Il est constant, en effet, qu'il délivra de nombreux possédés, rendit l'ouïe aux sourds, la parole aux muets, la vue aux aveugles, guérit les lépreux, ressuscita les morts, et opéra miraculeusement une multitude de guérisons.

La déposition de toutes ces personnes fut si concluante que notre prédécesseur Nicolas V, pleinement informé de la pureté de la foi, de l'excellence de vie et des miracles de Vincent Ferrier, et voulant procéder plus avant, selon la coutume de la Sainte Église Romaine, confia à nos vénérables frères, alors les siens, Georges, évêque d'Ostie, à Calixte, notre prédécesseur, encore alors revêtu d'une dignité moindre; et à Jean, diacre, cardinal de Saint-Ange, le soin de réunir, par eux-mêmes ou par l'un d'eux, dans la curie romaine et au dehors par des juges spéciaux, tous les documents relatifs à l'intégrité de la foi, à la perfection de la vie et aux miracles de l'homme de Dieu.

Ceux-ci, obéissant aux ordres du Pontife, interrogèrent, dans la curie même, de nombreux témoins, et, selon la faculté qui leur avait été accordée, déléguèrent à Naples nos vénérables frères le patriarche d'Alexandrie, l'archevêque de Naples et l'évêque de Majorque qui y demeuraient; en Dauphiné, les évêques de Vaison et d'Uzès, ainsi que ses chers fils l'official d'Avignon et le doyen de l'église de Saint-Pierre de la même ville; dans le royaume de France, l'archevêque de Toulouse, l'évêque de Mirepoix et leurs officiaux; en Bretagne, les évêques de Dol et de Saint-Malo; les abbés de Saint-Jacut et de Buzay dans les diocèses de Dol et de Nantes, enfin, les officiaux de Nantes et de Vannes.

Selon la teneur des pouvoirs qu'ils tenaient des commissaires apostoliques, tous ces personnages entendirent les témoignages, rédigèrent les déclarations des témoins, et les envoyèrent à la curie romaine sous pli contresigné par les notaires et muni de leur sceau. Enfin, lorsque les commissaires eurent examiné, contrôlé et revisé tous les rapports, on trouva que, pour Naples, vingt-huit témoins avaient été interrogés; pour Avignon et les environs, dix-huit; pour le royaume de France, c'est-à-dire Toulouse, quarante-huit, et pour la Bretagne, trois cent dix, parmi lesquels un certain nombre de cardinaux, beaucoup d'évêques, de prélats, le roi d'Aragon, un grand nombre de seigneurs, plus encore de bacheliers, licenciés, docteurs et maîtres en droit, ès arts, et en sacrée théologie.

A la mort de Nicolas V, Calixte III, notre prédécesseur de pieuse mémoire, après avoir occupé longtemps des postes inférieurs, et rempli la charge de commissaire délégué, fut élevé au souverain pontificat. Il délégua à son tour, dans le même but, notre cher fils Alain, cardinal prêtre du titre de Sainte-Praxède. Et lorsqu'une relation fidèle lui eut été faite, il examina les dépositions des témoins dans deux Consistoires secrets, trouva revêtu de preuves suffisantes tout ce qui avait été dit touchant la foi, la vie, les travaux, les mœurs, les actes héroïques, l'humilité, la simplicité et les miracles de Vincent Ferrier, et déclara, du conseil de nos vénérables frères les cardinaux, les siens alors, qu'il fallait procéder à la canonisation de l'Apôtre.

Alors, après que, selon l'usage, on eut lu, dans deux Consistoires généraux et publiquement les dépositions des témoins, et qu'on eut convoqué les cardinaux et les prélats qui étaient dans la curie romaine, tous, d'une voix unanime, affirmèrent qu'il fallait procéder à la canonisation de Vincent Ferrier. Et le Pontife lui-même, ce jour-là, c'est-à-dire le 3 juin de la première année de son pontificat, en présence des cardinaux et des prélats, et sur leur avis unanime, déclara que Vincent Ferrier devait être canonisé, et ordonna qu'on en fît la cérémonie publique, et solennelle le troisième jour des calendes de juillet de cette même année, jour de la fête de saint Pierre et de saint Paul.

Lors donc que la fête des saints apôtres fut venue, notre prédécesseur Calixte résuma tout ce qui avait été dit touchant l'excellence de la vie et l'éclat des miracles, et ce qu'il savait lui-même du Saint. Il affirma de nouveau que Vincent Ferrier avait obtenu de Dieu cette grâce qui fait les saints et les élus, et qu'il avait conséquemment opéré ces prodiges auxquels on doit reconnaître les vrais fidèles et les envoyés de Dieu, et que l'Évangile lui-même désigne à l'Église pour qu'elle ne puisse errer, disant : « Voici les prodiges qui accompagneront les croyants ; ils chasseront les démons en mon nom, parleront des langues nouvelles, et guériront les malades par l'imposition des mains. »

Pour ces motifs et de son autorité apostolique, il le canonisa et déclara, par la teneur des lettres qu'il avait l'intention de produire, qu'il fallait le mettre au nombre des Saints, ordonnant à tous et à chacun, patriarches, archevêques, évêques et autres prélats, de célébrer solennellement et avec dévotion la fête de saint Vincent Ferrier, le 5 avril de chaque année, comme d'un confesseur non pontife, de la faire célébrer par leurs subordonnés et de faire honorer le Saint lui-même avec une particulière piété, afin d'être préservés des malheurs par son intercession et d'acquérir l'éternelle félicité.

Quant aux miracles que Dieu avait opérés par son serviteur, de peur que leur nombre ne dépassât les bornes des lettres qu'il avait l'intention de publier, comme il a été dit, il crut devoir les passer sous silence, faisant savoir que toutes les pièces de la procédure qui avait eu lieu à leur sujet étaient renfermées dans l'église de Sainte-Marie sur Minerve à Rome, pour perpétuelle mémoire, et qu'on les tenait à la disposition de qui voudrait les voir, que d'ailleurs il en serait fait mention, autant que possible, dans l'office du Saint.

De plus, le même Pontife, pour que les foules se pressassent avec plus de dévotion au tombeau du Saint et dans les églises où sa fête serait célébrée, accorda à tous ceux qui, vraiment pénitents et confessés, visiteraient le tombeau ou les églises susdites avec dévotion et respect, dans le dessein d'invoquer le secours du Bienheureux, la rémission de sept ans et autant de quarantaines des pénitences qui leur auraient été imposées, confiant dans la miséricorde de Dieu et appuyé sur l'autorité des apôtres Pierre et Paul.

Et pour que, à cause du délai de la publication des lettres de Notre prédécesseur au sujet de la canonisation du Saint et de tout ce qui a été dit plus haut, il n'y ait pas lieu de révoquer en doute dans la suite cette canonisation et tout ce qui s'y rattache, bien qu'elle ait été déjà publiée dans la basilique du prince des apôtres, en présence des cardinaux, des prélats et d'une multitude de peuple, Nous voulons, et, de Notre autorité apostolique, Nous décrétons que la canonisation et tout ce qui s'y rattache ait son plein accomplissement au jour indiqué, à savoir le troisième jour des calendes de juillet, comme si les lettres de Notre prédécesseur avaient été publiées à cette même date. Et Nous entendons que les présentes lettres doivent suffire pour prouver pleinement la canonisation elle-même et les faits mentionnés, et qu'il n'y ait besoin d'aucune autre preuve. Personne donc n'aura le droit d'aller contre Notre décret et Notre volonté, etc.

Donné à Rome, près de Saint-Pierre, l'an de l'Incarnation de Notre-Seigneur mil quatre cent cinquante-huit, le jour des calendes d'octobre, de Notre pontificat l'an premier.

Enregistré en la Chambre apostolique.                                   G. DE VULTERRIS.

## DOCUMENT 7

### BREF DE PIE V AUTORISANT LE CULTE DE SAINT VINCENT FERRIER EN ESPAGNE

*Pius Papa Quintus ad perpetuam rei memoriam.*

Pastoralis officii cura, paternaque nostra erga salutem animarum Christi fidelium charitas nos admonet, ut spiritualibus muneribus, indulgentiis videlicet, et pœnitentiarum relaxationibus, eorumdem fidelium devotionem erga sanctos existimemus, ut ipsorum intercessionibus ad æterna beatitudinis gaudia facilius pervenire mereamur. Hinc est quod sicut accepimus in Hispaniarum regnis quam plures personæ, ex peculiari devotionis fervore, diem festum $B^{ti}$ Vincentii Ferreri confessoris Ordinis Prædicatorum celebrari desiderent, nos piam earumdem personarum devotionem benigne confovere volentes, $q^d$. quicumque tam in prædictis Hispaniarum, quam aliis illi subjectis regnis, dominiis, provintiis, et insulis pro tempore existentes, festum $B^{ti}$ Vincentii hujusmodi celebrari voluerint horas canonicas, ac Missas in ejus memoriam dicendo et recitando, seu recitare faciendo, id facere libere ac licite possint auctoritate Apostolica, tenore præsentium concedimus pariter et indulgemus.

Et ut Christi fidelium hujusmodi devotio eo magis augeatur, quo ex hoc dono cœlestis gratiæ uberrius conspexerint se refectos, de Omnipotentis Dei misericordia, ac Beatorum Petri et Pauli auctoritate confisi, universis et singulis utriusque sexus Christi fidelibus vere pœnitentibus, et confessis festum ipsius $S^{ti}$ Vincentii Ferrer Confessoris, ut præfertur pro tempore celebrantibus in die ejusdem festi quinque annos, et totidem quadragenas de injunctis eis, seu quomodolibet debitis pœnitentiis relexamus, contrariis non obstantibus quibuscumque.

Quarum transumptis etiam impressis manu notarii publici subscriptis, et sigillo alicujus personæ in dignitate Ecclesiastica constitutæ munitis eamdem ubique fidem adhiberi volumus, quæ ipsis originalibus litteris adhiberetur si forent exhibitæ vel ostensæ perpetuis futuris temporibus duraturis. Dat. Romæ apud sanctum Petrum sub annulo piscatoris die 28 junii 1571.

## DOCUMENT 8

### VINCENT FERRIER, PATRON DE NAPLES

Voici l'acte authentique par lequel Naples s'honora de prendre Vincent Ferrier pour patron spécial, conservé aux Archives du royaume sous le n° 99 du répertoire.

Royaume des Deux-Siciles, le 30 avril 1838.

Ferdinand II, roi des Deux-Siciles et de Jérusalem, duc de Parme et de Plaisance, et grand prince héréditaire de Toscane.

Par devant nous, Janvier Ranieri Tenti, notaire officiel du district de Naples, en notre Étude, sise rue Sainte-Anne des Lombards, 30, ont déposé en qualité de témoins ayant toutes les qualités voulues par les lois :

L'Éminentissime don Philippe Caracciolo, des ducs de Gesso, de l'Oratoire romain, cardinal prêtre du titre de Sainte-Agnès-hors-des-murs, archevêque de cette ville et domicilié au palais épiscopal.

L'Excellentissime Seigneur Augustin Piarelli, domicilié rue *Infrascata*, 186, premier Élu de la cité de Naples, et faisant office de syndic, par décision curiale, au lieu et place de Son Excellence le marquis de Saint-Agapit, syndic de la ville.

Ces témoins nous sont connus comme personnes de qualité, et leur témoignage vaut en conséquence.

L'Excellentissime Seigneur Piarelli a remis aux mains de Son Éminence le cardinal archevêque la statue d'argent du glorieux thaumaturge saint Vincent Ferrier, mis par cette très fidèle cité au nombre de ses patrons et protecteurs spéciaux. Cette statue avait été livrée au Seigneur Piarelli par le R. P. Maître, Fr. Raphaël Ravenna, prieur du couvent de Saint-Dominique de cette capitale, le 28 avril courant, pour être transférée dans la chapelle où se garde le trésor de notre glorieux protecteur saint Janvier. Cette remise minutée et stipulée par nous le même jour, a été enregistrée à Naples le 30 courant : Chambre du second office, etc., sous le n° 6371. La même dite statue a été transportée le même jour dans l'église métropolitaine et placée par les chanoines don Ferdinand Panico et don Raphaël Pérena, députés à cet effet, sur l'autel majeur de ladite église, où le Révérendissime chanoine trésorier don Joseph Dontice a présenté l'encens et récité l'Oraison propre du glorieux thaumaturge.

Fait par acte public dans la province et commune de Naples, et spécialement dans la cathédrale de cette ville ; et lu par nous, notaire, à haute et intelligible voix, aux parties intéressées.

Suivent les signatures et l'indication du carton de la minute.

Le n° 100 du même répertoire des Archives enregistre la présentation acceptée de la statue aux excellents seigneurs députés, par les gardiens de la vénérable chapelle de Saint-Janvier.

Au n° 97 on lit :

Royaume des Deux-Siciles, le 28 avril 1838. Ferdinand II, etc. Par devant nous, etc.

L'Excellentissime Seigneur, don Augustin Piarelli a déposé que, dans le mois de mai de l'an passé 1837, les religieux de Saint-Dominique Majeur avaient présenté une demande en forme à Son Excellence le marquis de Saint-Agapit, syndic de cette ville, pour faire déclarer le glorieux thaumaturge saint Vincent Ferrier patron de cette très fidèle cité ; que Son Excellence le syndic a soumis la requête à la double délibération du Corps vénérable des élus de la ville et des décurions, selon l'article 75 de la loi du 12 décembre 1816; et que les deux assemblées ont, par des ordonnances uniformes, l'une en date du 22 mai 1837, l'autre en date du 11 juin de la même année, reconnu le patronat du saint et glorieux thaumaturge.

Ces délibérations ont été remises à l'intendant de la province en vue de l'approbation supérieure. Un rescrit du souverain, en date du 26 juillet 1837, les sanctionne. L'Éminentissime cardinal archevêque a, de son côté, approuvé ce choix de saint Vincent Ferrier pour patron de sa ville archiépiscopale ; et un bref du Souverain Pontife Grégoire XVI, daté du 12 janvier de la présente année, le confirme.

Enfin, une délibération municipale a fixé à 8 ducats la somme annuelle à offrir aux Dominicains pour la fête de saint Vincent Ferrier, dans leur église de Saint-Dominique Majeur.

En conséquence de quoi, l'Excellentissime Seigneur Piarelli, faisant fonction de syndic, est venu, tant au nom du Corps des Élus de la cité que du décurionat, donner à ce choix la sanction d'un acte public, par lequel acte il déclare dûment mis au nombre de nos saints Patrons le glorieux thaumaturge saint Vincent Ferrier, le priant, au nom des Napolitains, d'offrir à Dieu ses ardentes supplications pour que cette très fidèle et religieuse cité persévère dans la foi catholique et le culte divin, qu'elle soit préservée de tous fléaux, et spécialement des tremblements de terre, guerre, peste et famine, et comblée de toutes les bénédictions du ciel; le priant, en outre, d'accorder une spéciale protection à l'éducation de la jeunesse, d'obtenir pour cette capitale toutes les grâces temporelles et spirituelles, et pour nos très gracieux souverains régnants et toute la famille royale, ces faveurs spéciales que le Dieu très miséricordieux aime à répandre, afin qu'ils soient heureux eux-mêmes et fassent le bonheur de leurs fidèles sujets. Le priant enfin d'intercéder sans cesse auprès de la divine Majesté pour que tout ce peuple religieux voie ses prières toujours exaucées, grâce à ce nouveau patronage.

Finalement, l'Excellentissime Seigneur Piarelli déclare au nom et comme ci-dessus, ce patronage nouveau officiellement approuvé et que le 5 avril, fête du glorieux thaumaturge, Vincent Ferrier, sera fête chômée. Il en dresse le présent acte pour éternelle mémoire, tout le peuple acclamant le glorieux Vincent Ferrier pour son patron et se recommandant à ses prières.

Fait, publié et enregistré à Naples, le 30 avril 1838. Scellé du sceau royal.

On trouve au n° 98 la demande officielle du prieur des Dominicains dont il est question plus haut, avec l'engagement de faire faire la statue d'argent qui coûta *ducati mille cinque cento, e grana quindici* (1500 ducats et 15 grains). Le ducat valant 4 fr. 25 et le grain 4 centimes.

# DOCUMENT 9

## MANDEMENT DE MGR DE ROSMADEC AU SUJET DE L'INVENTION DU CORPS DE SAINT VINCENT FERRIER

### IN NOMINE JESUS

« Sébastien de Rosmadec, par la grâce de Dieu et du Saint Siège apostolique évêque de Vannes,

» Sçavoir faisons à tous les fidèles de nostre diocèse que si le contentement fut grand à Messire Amaury de la Mothe, notre prédécesseur évêque de Vannes de voir de son temps le bienheureux saint Vincent Ferrier anoncer la parolle de Dieu en son diocèze, et lesser son corps en sa disposition pour le faire mettre en sépulture par qui luy eust pleu, laissant le monde pour jouir de la gloire éternelle, en l'an 1418; et si messire Yves de Pontsal son successeur eust pareille joye de voir, durant son siège, canonizer ce grand saint par Calixte III Souverain Pontife, en l'année 1455 et ellever son corps et ses saintes reliques de son tombeau qui est en nostre esglise cathedralle par

» l'Illustrissime cardinal de Coëtivy, légat de Sa Sainteté, du titre de sainte
» Praxède en l'année suivante 1456 pour estre révérées, nous n'avons pas
» moins de contentement en nos jours que ces deux prédécesseurs, d'avoir
» trouvé les précieuses relliques de ce grand Saint cachées à nos prédécesseurs
» un long temps. Cette joye ne seroit pas entière si nous ne la vous commu-
» niquions, vous faisant part du récit véritable de ce qui s'est passé pour la
» découverte ou invention de ses saintes relliques, etc.

» De l'authorité de Dieu tout puissant, Père et Fils et Saint-Esprit, des
» bienheureux apôtres saint Pierre et saint Paul, de la sainte Église et de
» celle que nous tenons en ce lieu et diocèse, nous déclarons ces ossemens icy
» présentés en leur tout et chaque partie, vrayes reliques du corps de saint
» Vincent Ferrier confesseur, canonisé par le Saint-Père le Pape Calixte III,
» le 13 juillet 1455. Ordonnons et commandons qu'elles soient vénérées pour
» telles présentement et à l'advenir; défendons d'en exposer d'autres en
» vénération que les présentes ou celles qui en auroient estés tirées licitement
» par l'ordre estably par l'Église et icelles deument reconnues; faisons
» deffense sous peine d'excommunication d'en divertir ou emporter, voire la
» moindre parcelle, sans notre permission, au nom du Père et du Fils et du
» Saint-Esprit.

» C'est de quoy, cher diocèse, ainsy que nous avons voulu vous donner
» connoissance afin que vous participiés avec nous à la reconnoissance d'une
» si grande grâce que Dieu nous a faite, et comme notre saint Vincent venant
» en cette ville pour instruire vos pères de leur salut commença ses sermons
» par ces parolles tirées de saint Jean : *Colligite quæ superaverunt fragmenta*
» *ne pereant* que vous avez aussy à resserrer les précieux fragments de son
» corps, les honorans avec la dévotion qui est requise et nécessaire affin
» que Dieu bénisse les armes de notre bon roi Louis XIII, conserve sa per-
» sonne et qu'il nous maintienne en paix vivant sous ses saints commande-
» ments; et pour vous inviter à leur rendre l'honneur et la vénération qui
» leur sont deüs, nous les avons en présence de Mgr l'évesque de Treguer
» et de tout notre Chapitre posées en la châsse d'argent faite comme est dit
» cy-dessus; et que les prières des quarante heures par nous ordonnées en
» notre église cathédrale ont esté accomplies auxquelles s'est rencontré à
» notre très grand contentement plus de 150 000 personnes, nous avons fait
» transporter ladite châsse à l'autel de la chapelle bastie en l'honneur de
» Notre Dame et de saint Vincent Ferrier, derrière le chœur de notre ditte
» église cathédrale. De tout quoy nous avons fait rédiger notre procès verbal
» par Messire Mathurin Nicolazo, notre secrétaire, ce jeudy dixiesme de
» septembre après midy, l'an 1637. Soussignans en l'original demeuré vers
» moy, Messire Sébastien de Rosmadec évesque de Vannes. » (Suivent les
autres signatures.) (1)

---

(1) *Les documents relatifs au culte de saint Vincent Ferrier sont fort nombreux : on comprendra que nous donnions seulement ceux de chaque genre qui peuvent éclairer le lecteur.*

# APPENDICES DE LA QUATRIÈME PARTIE

## APPENDICE A

### LA CHAIRE DE GUÉRANDE, D'APRÈS M. RENÉ KERVILLER

« A *Guérande*, la chaire est pratiquée dans l'épaisseur du pilier droit de la porte principale, par conséquent en pleine façade de l'église paroissiale (ancienne collégiale de Saint-Aubin), et tout à côté de la tourelle d'escalier qui mène au clocher, de sorte que l'accès à la chaire a lieu par un petit embranchement sur cet escalier, dont la porte se trouve à l'intérieur de l'église, au bas de la nef latérale de droite. Le socle du balcon se profile, sans aucun encorbellement, en suivant jusqu'au sol les faces octogonales du balcon lui-même, décorées chacune de deux trilobes à leur partie supérieure au-dessous de l'accoudoir. L'abat-voix se compose d'une seule pierre formant dais, sans clocheton pyramidal, découpée suivant les plans des faces polygonales du balcon en arcatures trilobées à simples frontons. L'ensemble offre un caractère général de solidité en harmonie avec les forts piliers du porche de la collégiale. La chaire pouvait y défier les vents et les tempêtes : elle n'est cependant plus intacte aujourd'hui, et si sa base reste seule debout, c'est qu'en 1876 la façade du porche, presque tout entière, s'est écroulée sous la charge d'un clocher trop pesant qu'on avait élevé quelques années auparavant sur son sommet, sans consolider le porche à la suite des premières fissures.

» Cette chaire porte, dans le pays, le nom de chaire de saint Vincent Ferrier, et la tradition voudrait que l'Apôtre de la Bretagne y soit monté pour annoncer la parole divine. Mais je pense qu'il doit y avoir ici quelque méprise. Le portail de la collégiale date du commencement du xvi° siècle ou, au plus tard, des dernières années du xv°. Or, saint Vincent était mort à Vannes, le 5 avril 1419, en présence de la duchesse Jeanne de France et de toutes les dames de la cour ducale. Il y a donc tout lieu de croire que saint Vincent ayant prêché, selon son habitude, en plein air devant l'église de Guérande, on introduisit cette chaire dans la nouvelle construction en mémoire de son apostolat. Il est dès lors naturel qu'elle ait pu conserver son nom, mais il me semble imprudent d'affirmer qu'elle ait été contemporaine. »

Sans vouloir traiter ici *ex professo* de ces curieux monuments, mes voyages me permettent de combler une lacune que M. René Kerviller regrette dans les auteurs au sujet des chaires dites de saint Vincent Ferrier. En France, et notamment en Bretagne, quand l'Apôtre prêchait en plein air, ce qui était l'ordinaire, sa chaire était en bois, portative. En Italie, la même chose, témoin l'ancienne chaire du grand couvent de Gênes. En Espagne, on en rencontre de plusieurs genres : Valence et Séville offrent des modèles de chaire en pierre à escalier pratiqué dans le mur; Salamanque, Ocaña, Tolède et Mondragon ont des chaires à escalier extérieur en pierres ou en bois. Plusieurs de ces dernières sont à claire-voie tout à fait semblables à un balcon rond. Enfin on trouve des chaires en bois, octogones ordinairement, peintes avec plus ou moins d'art, et tout d'une pièce, c'est-à-dire que le piédestal ne se distingue pas de la chaire elle-même.

# APPENDICE B

## PROSE DE L'ANCIENNE LITURGIE DE NOTRE ORDRE EN L'HONNEUR DE SAINT VINCENT FERRIER

Gaude, mater Ecclesia, læta ducens solemnia hujus almi confessoris
Qui in cœlis consummatus, et patronus nobis datus Jesu dono Salvatoris.
Zelo tractus supernorum statum petit perfectorum sub sancto Dominico.
Hunc ingressus et professus per virtutes et progressus, ordine mirifico;
Vincentius rectè dictus, per quem hostis est devictus mirà cum victorià.
Lucis armis investitus, cruce Christi insignitus, nulla pavit jacula.
In studiis sic profecit, quòd profunda patefecit arcana divinorum;
Laurea digne insignitus, plenè eruditus et inventus supra multos magistrorum.
Veritatis prædicator, sacræ legis æmulator, verbi fulsit gratià.
Mira virtus in sermone, splendor, calor ut in sole, cujus mel eloquia.
Nulla mens ità obscura, nulla corda ita dura tenebris malitiæ
Quæ non mutat et resolvat, ac illustret et inducat ad vota pœnitentiæ.
Hic errores pravitatis, verbo vicit veritatis, splendore sapientiæ.
Sicut verbo firmamentum, sic exemplo ornamentum, factus est Ecclesiæ
Quam illustrat et adornat, dilatat et fæcundat, gentium multitudine.
Voci vita concors fuit, implens quidquid edocuit de morum pulchritudine.
At stupenda patent signa, tam post mortem quam in vita, divinæ potestatis.
Quæ naturam cùm transcendunt, argumenta clara reddunt hujus viri sanctitatis.
Vita functi reducuntur, cæci, claudi reponuntur ad membrorum officia;
Surdi, muti reparantur, ægri cuncti liberantur per ipsius suffragia.
Gaude, felix Valentia, divina providentia, tanto dotata filio.
Sed tu magis, Britannia, ingenti plaude gloriâ, quod tuo fuit in gremio.
O Vincenti gloriose, nos exaudi, nos confove pro tuâ clementia.
Fac sanctis tuis precibus, ut detur in cœlestibus æternà frui gloria.
                                              Amen. Alleluia.

# APPENDICE C

## CENTENAIRES

De même qu'il eut le rare privilège d'être honoré de son vivant et principalement dans sa patrie, Vincent Ferrier fit mentir l'adage du temps qui détruit tout. Les fêtes centenales de sa canonisation allèrent même *crescendo*, car les premières dont nous ayons à faire le récit sont de 1655 : il fut canonisé en 1455 (1).

Quand vint le mois de juin de l'année 1655, on chercha dans les archives de la ville ce qui s'était fait cent ans auparavant ; on n'y trouva mention que d'une procession générale. On résolut de faire mieux cette année-là.

Dès le 19 mai, les Dominicains allèrent faire visite, dans ce but, aux jurés, au Conseil de la province et au Chapitre de la cathédrale. La motion fut acceptée d'enthousiasme. Pour que rien ne manquât, on décida d'abord qu'il y aurait courses de taureaux ; nul n'ignore que *appena se hallara Español alguno que pierda la aficion a los toros antes de salir de la piel* (2).

Des invitations officielles convoquèrent tout le clergé des paroisses, tout le personnel des couvents. Le 12 juin, les jurés firent prévenir à son de trompe que, « par ordre de l'archevêque, chacun eût à préparer les fêtes centenaires » de *san Vicente Ferrer*, et en particulier la procession, avec prime pour » ceux qui se signaleraient davantage ; que la ville offrait toutes les bannières » et oriflammes, ainsi que les chars triomphaux du *Corpus Christi*. » Cette dernière clause donnait la note de la hauteur où l'on voulait monter les esprits. La municipalité s'engageait en outre à faire des feux d'artifice. Il devait y avoir trois jours d'illumination universelle : récompense promise aux plus zélés.

On vint, de tous les points du royaume, assister aux fêtes. Le 28 juin, on promena les taureaux par la ville, pour mettre le peuple en train ; puis on dansa. Parmi les danseurs se distinguèrent les préparateurs de laine. « Enfermés dans une sorte de labyrinthe formé par une pièce d'étoffe bleue, » ils dansaient sans sortir de l'étoffe ; mais plus ils dansaient, plus ils s'entor- » tillaient, l'enchevêtrement ayant été combiné avec beaucoup d'art. Et les » spectateurs de rire (3) ! »

A midi, toutes les cloches sonnèrent, et le fort répondit par une décharge générale de tous les canons et petits mortiers disposés sur les remparts. Une pièce éclata, une roue tomba à la rivière, mais naturellement personne n'eut de mal.

Le soir, la foule se porta à l'église du couvent, pour voir comme elle était bien ornée. La confrérie des tailleurs alla au *Grao*, en promenade militaire. Il faut savoir que les corps de métiers avaient, en ce temps-là, une sorte de garde armée, en cas de surprise des pirates ou des Maures.

A l'*Angelus*, cloches et canons ; et toute la ville s'illumina à *giorno*, avec feux et flambeaux de toutes formes et de toutes couleurs. Les créneaux, les fenêtres, les églises, les couvents, et en particulier les Templiers (*sic*), le palais épiscopal, la maison du gouverneur, l'Hôtel de Ville, l'hôtel du Conseil provincial, le clocher de la cathédrale, les tours de *los serranos* et tous les environs

---

(1) Extrait du P. ALLÈGRE. *Historia de las Cosas mas notables del convento de Predicadores de Valencia. Manuscrit commençant en l'an 1640. — Se conserve à la bibliothèque de l'Université de Valence.*

(2) A peine trouverait-on un Espagnol qui ne meure avant de perdre le goût des courses de taureaux.

(3) *Encertados contra una pieza de paño azul y sin salirse del paño dansavan. Y quanto mas dansavan, mas se enredavan, siendo el enredo muy mañoso y ardidoso ; y al mismo tiempo muy de risa.*

s'embrasèrent à la fois. Pas une voiture ne resta dedans (*sic*), et pas un valide. Le premier prix de l'illumination fut donné à Vicente Mendoza, menuisier de la rue Saint-Vincent. Un feu d'artifice fut tiré sur la fameuse tour de la *Miguelete*.

Le mardi 29 juin, au lever du soleil, carillon général. A 8 heures, tous les régiments de la ville sortirent en cavalcade, ayant à leur tête le chapelain de la *Ciudad*, monté sur une superbe mule et distribuant au peuple des images du Saint. Après eux venaient la musique municipale, les Massiers, avec leurs bâtons d'argent, et les jurés en robe de velours cramoisi ; ils allaient voir si les rues étaient bien ornées.

La grand'messe fut célébrée par l'archevêque, en grand pontifical. A l'épître, on chanta l'hymne suivante :

« Que la clarinette et la flûte, la trompette, la timbale, les castagnettes de leur douce symphonie remplissent les airs.

» Vive, vive Valence qui célèbre aujourd'hui la fête très désirée du second centenaire de saint Vincent Ferrier ! Vive Valence !

» Qui aurait pu voir sans admiration les illuminations dont la ville était tellement remplie, qu'elle paraissait vraiment en flammes sans cependant brûler.

» Les feux montaient vers le ciel avec une telle force que les étoiles, prises de peur, se mettaient en garde pour se défendre (1).

» La procession déployait tant de pompe et de richesse que, avec les autels des rues, tout le parcours semblait une église.

» L'art et la mécanique ont fait assaut d'inventions merveilleuses.

» Le génie des Valenciens est si actif et profond, qu'il sait alléger et mettre en mouvement les rochers pesants (*rocas*, nom des chars triomphaux).

» C'est que Valence veut qu'on sache que c'est la fête de son fils qu'elle célèbre. »

Sermon par le docteur Bonaventure Guérau. A l'Offertoire, autre hymne dont voici le refrain et quelques strophes :

« Oh ! qu'elle est brillante et lumineuse la belle étoile de Vincent !

» Mais un si vif éclat n'est pas celui d'une étoile, la belle lumière de son berceau doré peut passer pour la lune.

» Non ! un pareil jet de flammes n'est pas la lune ; ces ardents rayons ne peuvent être que le soleil (2). Blanche fleur de lis avec son manteau de jais, il est la joie et l'honneur de notre ville.

» Avignon, fidèle témoin, atteste la visite que te fit Jésus-Christ ; ses doigts divins laissèrent sur ta joue une marque de gloire. Par toi vingt-huit morts recouvrèrent la vie qui réjouit les humains. O droite merveilleuse qui semble

---

(1)  Montavan los fochs al cel            Que medrosos se posaren
     Ab tal rigor y tal presa             Les estrèles en defensa.

(2)  No sale para estrella                No nace para luna
     Tan tremula centella,                Tan nitida coluna
     Porque es la luz mas bella           Puesque es sin duda alguna
     De su dorada cuna,                   Mar crespo su arrebol,
     Pues que puede ser                   Puesque puede ser
            Luna.                                Sol.

disposer à ton gré de l'omnipotence de Dieu, tu prodigues au monde des miracles sans nombre.

» Pourquoi, si Valence est ta mère, ne possède-t-elle pas tes restes désirés ? — Parce qu'elle est généreuse, et, donnant ce qu'elle aime le plus, se purifie ainsi davantage. Ainsi donc la Bretagne est le château béni qui renferme mon corps et mes cendres. »

C'est une consolation peu sincère que Valence se donnait là.

A l'élévation, on chanta les vers suivants :

« Quelle est cette lumière si belle et si pure qui répand de si vifs rayons ?

» C'est une étoile dont le monde entier suit les traces. C'est un plaisir de la voir, elle éclipse les autres astres. De l'Orient à l'Occident nous aimerions à la suivre.

» Que cette étoile est éloquente ! C'est une langue de feu qui dicte, qui parle, qui sait et enseigne ; qui luit et guide, qui illumine et instruit.

» Toutes les ombres disparaissent en face de la lumière du grand saint Vincent ; ses rayons pénètrent jusqu'au fond des abîmes, les changent en sphères lumineuses.

» A ce puissant flambeau, la pénitence s'enflamma, la vie se renouvela et la foi devint plus ardente.

» Ce fut un ange qui vint s'unir à notre nature, et non pas un homme puisqu'il eut les prérogatives de la divinité.

» Ce prodige est bien vrai, car je l'ai appris de sa bouche ; et puisqu'il a dit être un ange, il ne m'appartient plus de le louer (1). »

Au couvent des Dominicains, les chanoines officièrent. Dans chaque église, il y eut messe chantée avec toute la solennité des fêtes patronales.

Après Vêpres, la procession s'organisa. En tête, la milice des tailleurs, d'autres soldats avec tambours et trompettes et tirant des coups de feu. Puis venaient trois chars de triomphe. L'un d'eux portait les représentants de toutes les nations costumés à la mode ancienne. Vincent Ferrier les prêchait debout, tenant en main un rouleau sur lequel était écrit : *Timete Deum et date illi honorem.*

En poupe étaient écrits les vers suivants :

« Ce serait peine inutile de chercher les excellences et les beautés de la
» langue valencienne. En délicatesse et perfection, nulle ne la dépasse, puisque
» saint Vincent, dans ses sermons, lui donna tant de lustre qu'il la rendit
» commune à toutes les nations. »

Un autre char blanc et or était monté par quarante-deux *Niños de san Vicente*, et, sur la poupe du char, saint Vincent Ferrier lui-même, tenant un écriteau, montrait la fondation de cette maison. En proue, on lisait les vers suivants :

---

(1) A la luz del gran Vicente
    Todas las sombras se ausentan,
    Porque à vista de sus rayos
    Los abismos son esferas.

    Desta pues lucida antorcha
    Se encendió la penitencia,
    Dando en visos mas activos
    Nueva vida, fé mas cierta.

Angel fué que quisò venirse
A humana naturaleza ;
Hombre no, pues ha tenido
De Deidad las preheminencias.

Es verdad este prodigio
Que sé de su boca misma ;
Pues él dice que es un Angel
Que alabarle no me queda.

« Quoique petits, nous avons déjà l'usage de la raison, et nous prévenons les hommes les plus sages qu'on se trompe bien quand on nous appelle orphelins. Que tout le monde sache que par là on fait injure au grand saint Vincent notre père, qui nous nourrit et nous élève; et, par conséquent, il est à la fois notre père et notre mère et toute notre famille (1). »

Ces chars étaient traînés par douze mules ornées de plumes et de rubans.

Ensuite s'avançaient les corps de métiers, avec bannières et chars triomphaux. Ceux que l'on admira le plus furent les meuniers, sur le char desquels était un moulin à vent tournant si bien. qu'il put moudre un boisseau de froment durant le parcours; puis, les maçons, portant une tarasque : leur char représentait le clocher de la cathédrale avec toutes ses cloches sonnant en carillon; puis les tisserands, bannière de damas cramoisi; le char portait sainte Anne assise sous un dais devant un métier à tisser, et l'Enfant Jésus garnissant les fuseaux; à côté un vieillard en ermite : c'était saint Antoine, abbé; en tête du char, Notre-Dame, sur l'ânesse, et saint Joseph. Ces Saints sont les patrons du métier. Les menuisiers, bannière de velours cramoisi barrée d'or, avaient un char figurant la coupole d'un temple montée sur des colonnes bien proportionnées. Aux pieds de saint Vincent Ferrier était une femme tenant un petit enfant : c'était Calixte III et sa mère. Ils eurent le premier prix.

Derrière les chars, venaient les préparateurs de laine, dansant leur danse enchevêtrée, puis les géants et les nains.

Tout cela n'était qu'un prélude, et l'on me permettra d'observer que les Valenciens n'avaient guère eu qu'un mois pour préparer toutes ces merveilles.

La procession proprement dite sortit de l'église par la porte des apôtres : les communautés religieuses, les paroisses, avec leurs plus belles croix richement ornées; le Chapitre, en costume nouveau, imaginé pour la circonstance. (Il avait fallu payer cher à Rome pour obtenir le changement (*sic*);) la relique du Saint, dans une statue d'argent, portée par huit prêtres en dalmatique (2); l'archevêque *Urbina* avec son grand-maître de cérémonie et les officiers sacrés en chapes superbes; le vice-roi, les nobles, les jurats et la foule.

Les Carmes avaient dressé devant leur couvent un autel magnifique : Notre-Dame du Mont Carmel, les quatre évangélistes en argent, six grands chandeliers d'argent, des fleurs, des images, des statues; parmi elles, Vincent Ferrier sous un arceau fleuri et quatre cents flambeaux.

Sur la place du Trosalt, un feu d'artifice fut tiré par les Pères Minimes; l'autel, dressé par les religieuses de la Conception, était tout couvert de reliques, et orné avec le goût exquis particulier aux femmes.

Toutes les maisons de la rue de la *Borseria* disparaissaient sous les plus riches étoffes; un magasin de dentelles était du faîte jusqu'au pavé couvert de dentelles blanches et noires. Au bout de la rue, un autel représentait le

---

(1) « Encara que som chiquets      » Quin digués agradiaria
   » Alcansam us de raho,      » Al gran Vicent nostron pare.
   » Y advertim als mes discrets      » Que puix nos sustenta y cria,
   » Que es molt mala introduccio      » Teniu en ell Pare y mare,
   » Lo dir que som orfenes.      » Y tota la compania. »
On peut ici comparer les deux langues espagnole et catalane.

(2) La statue et le brancard coûtèrent 4869 livres.

miracle de l'ange de l'Apocalypse à Salamanque, la vision de saint Jean à Pathmos, la mer, un navire, un rocher; au fond du ciel, saint Vincent Ferrier avec des ailes.

Toute la place du marché était couverte de draperies et de tableaux; au coin, un autel, d'une remarquable architecture et tout étincelant d'or et d'argent avait été élevé par les Pères Jésuites. Dans la niche principale, saint Vincent; à droite, saint Thomas; à gauche, saint Raymond de Pennafort, et dans d'autres niches, saint Ignace, saint François-Xavier et saint François de Borgia; au-dessous de chaque Saint, des devises explicatives en vers fort bien tournés, et revenant toujours au sujet principal *san Vicente Ferrer*. Voici ceux qu'on lisait sous la statue de sainte Catherine de Sienne :

« La flamme de l'amour, dont l'ardeur ne peut se contenir dans un lieu réservé, sort avec impétuosité du cœur de Catherine et des lèvres de Vincent (1). »

En face du couvent de Sainte-Madeleine, un feu d'artifice fut tiré par les Pères de la Merci; il figurait une bataille.

Au coin de la rue du cimetière Saint-Martin, étaient deux portes entre lesquelles un mécanisme ingénieux représentait saint Vincent, monté sur son âne et suivi de ses compagnons, sortant de Vannes et y rentrant toujours.

Sur la place des *fabricants de caisses*, un autel immense en forme de tryptique montrait tous les saints Dominicains : c'était l'œuvre des fils de saint François.

L'autel élevé à l'église Saint-Martin représentait la vision de Pathmos au milieu; à droite, le miracle de Salamanque; à gauche, la résurrection de l'enfant rôti à Morella.

Lorsque la procession arriva devant l'autel de l'église de Saint-Martin, on vit dans les airs une nymphe richement habillée, symbole de Valence, accompagnée de quatre autres nymphes, figurant la *Turia* (rivière qui baigne la ville); elle chanta les vers suivants :

« Vincent, que tant de prodiges et de miracles héroïques ont élevé au rang d'apôtre et de prophète, je suis ton heureuse patrie.

» Je suis Valence la noble, dont on vante la loyauté, si bien qu'on a mis deux .II. dans mes armes.

» Je suis une colonie romaine, chose que personne n'ignore, et j'ai hérité des plus grandes vertus de leurs patriciens.

» Mon peuple a donné de telles preuves de vaillance dans la guerre que, de tous ceux qui sont sous le soleil, fort peu l'ont imité.

» L'Italie, l'Allemagne et la Flandre se rappellent trois de mes enfants qui, tous les trois généraux en même temps, remportèrent mille victoires.

» J'en ai eu de si savants que, dans le Concile de Trente, ils donnèrent un nouveau lustre au nom catholique.

» Mon site (que couvre le bleu saphir), ne le cède à aucun autre pour la beauté, le calme et la douceur: tout le monde en convient.

» Mes beaux jardins, pendant toute l'année, brodent avec des œillets et des roses de très jolis tapis pour l'estrade de Flore.

---

(1) La llama de amor que ardiente      A Catalina del pecho,
    I no cabe en lugar estrecho,      I de la lengua à Vicente.
    Sale con furia vehemente

» Mais toutes ces félicités et tous les bonheurs que je puis obtenir ne sont rien, comparés à celui de t'avoir pour fils.

» Parce que, à peine t'ai-je invoqué dans mes angoisses, aussitôt j'en suis délivrée ; ton secours m'est toujours assuré. Quel sort plus enviable que d'avoir pour fils un ange qui me protège dans tous les périls !

» Plus heureuse que le phénix, qui, selon les historiens, renaît tous les mille ans, je me renouvelle tous les cent ans. »

La paroisse de Saint-Martin avait tenu à se signaler, parce que, un jour, saint Vincent Ferrier, y prêchant, oublia son bonnet : on lui offrit d'aller le chercher : « Non, dit-il, qu'ils le gardent en souvenir de moi. » On le mit plus tard dans un reliquaire d'argent ; et c'est devenu un objet précieux, fécond en prodiges.

Un peu plus loin, un gantier avait couvert sa maison de gants si artistement combinés qu'il mérita le premier prix.

Un fondeur de cloches avait dressé un autel en forme de grotte garnie de lierre ; à l'intérieur, une statue de Vincent Ferrier aux pieds de laquelle jaillissait une source.

Près de l'église de Sainte-Thècle, le confiseur François Garcia avait élevé un monument de gâteaux, garni d'anges, de bouquets, de chandeliers et de deux aigles de chaque côté : le tout en sucre. Pour que personne n'y touchât deux alguazils montaient la garde, et deux hommes avec des éventails chassaient les mouches. Le peuple lui donnait la palme (et les enfants aussi sans doute).

*Calle del Mar*, un autel somptueux représentait le miracle des Ams ; la procession fit halte devant la *Casa Natalicia*, un feu d'artifice fut tiré par la ville : il figurait une citadelle bombardée (1).

Place Saint-Dominique, il y eut salve d'artillerie ; là la foule était compacte. Sur la porte principale du couvent, un immense tableau représentait tous les religieux honorés d'un culte public, avec Vincent Ferrier au milieu ; sur la porte du vestibule, Notre-Dame, entourée de tous les saints de l'Ordre, attendait saint Vincent les bras ouverts, avec cette inscription : *Ilis relut ornamento vestieris*. Les murs des cloîtres étaient couverts de tentures superbes et de tableaux représentant tous les fondateurs d'Ordres ; le petit cloître avait été orné de fruits artificiels par la patience du Père Domingo Vives ; à l'escalier de l'infirmerie, d'une fontaine dont la conque était en cristal, une eau coulait, qui faisait l'effet de se changer en vin. Dans le grand cloître, saint Vincent, couché ; à côté, saint François d'Assise et saint Dominique, au-dessus une gloire avec des anges ; c'était la vision d'Avignon. Un crucifix, au chevet du lit, représentait Jésus-Christ ; on n'avait pas osé faire plus : tout cela était dû aux soins des confrères du Saint Nom de Jésus. La cellule du Saint, ornée par son opulente confrérie, étincelait de lumières.

La procession entra dans l'église par la porte du chœur : le grand autel était magnifiquement décoré ; des flambeaux sans nombre étoilaient de rubis, de topazes et d'escarboucles les cristaux et les ors, et faisaient miroiter le velours des tentures. On sortit par le petit cloître. Là, on avait dressé une estrade représentant la porte de saint Vincent martyr ; au-dessus était Vincent Ferrier, avec un glaive, repoussant la peste, tel que des âmes pieuses l'avaient

---

(1) Ces autels en plein air paraissent être un apanage spécial des fêtes de Vincent Ferrier. Le matin, on y dit la messe, et, le soir, on joue ses miracles.

vu surnaturellement au temps des calamités publiques. Là aussi on avait reproduit le miracle d'Avignon et la sortie de Vannes, par un mouvement circulaire; puis le miracle de la femme laide : la statue qui la représentait avait deux faces, l'une laide vers le public, l'autre belle vers le mari; puis la prédication au roi maure de Grenade : à cet effet, on avait pris à l'hôpital un fou calme, à qui on avait fait entendre que toute cette fête était pour lui; on l'avait habillé en roi maure et entouré de mannequins maures. Pour imiter Vincent Ferrier prêchant, un grand garçon avait été angarié, assez naïf et féru de la passion de parler en public : un avocat futur; habillé en Dominicain, il prêchait si furieusement que tout le monde s'arrêtait. Il fallut le faire taire.

A côté de la chapelle mortuaire des rois, on avait représenté la tentation du vieil ermite et autres du même genre, puis le miracle de Salamanque; le tout en figures, non pas peintes, mais statues de grandeur naturelle. Ce miracle de Salamanque consistait en une grande roue tournant sans cesse : devant, Vincent Ferrier en chaire, deux portes, un mort dans un cercueil, trois prêtres et le porte-croix; la roue tournait, le Saint bénissait, le mort ressuscitait et se levait à moitié en inclinant la tête. Un peu plus loin, Vincent Ferrier était encore représenté, enfant, prêchant à de nombreux enfants. Enfin, le miracle de l'auberge servie par les anges.

Sur la place du couvent, une plate-forme, de vingt pieds de long, représentait l'île de Pathmos : saint Jean assis sur un roc, sa plume à la main, l'aigle à son côté, regardait le ciel où apparaissait un ange qui était saint Vincent Ferrier. Une énorme corde, tendue d'un bout de la place à l'autre, soutenait un enfant sur des nuages, il tenait d'une main une torche éclairant le *Timete Deum*, et de l'autre une trompette; le câble manœuvrait, l'enfant, revêtu de l'habit dominicain, semblait voler de l'Orient à l'Occident en sonnant de la trompette; puis il disparaissait, revenait, jetant des quatrains comme ceux-ci :

« Craignez le Dieu tout-puissant et honorez-le comme vous devez l'honorer, car l'heure du jugement rigoureux approche.

» Sans doute, Valence me donna la vie, mais cet heureux couvent m'a donné des ailes pour monter au ciel et aller faire mon nid à Vannes (1).

» Ce fut avec grande joie que saint Pierre m'ouvrit le ciel, et pour en donner une preuve il me canonisa le jour de sa fête.

» Semblable au phénix, Valence rêvait à ce bonheur tous les cent ans.

» Avec cet ange gardien, Valence est sûre de ne pas souffrir la faim, l'épidémie, ni la guerre. »

Parmi ces *alleluias*, dont l'usage se conserve encore, quelques-uns rappelaient des proverbes, ou décrochaient quelques traits satiriques, exemples les suivants :

« Aloy, celui qui vole avec tant de rapidité, est l'ange qui vit saint Jean, et non pas l'oiseau de *Alcoy*.

» Celui qui ne comprend pas comment cet ange vole peut aller à l'école de Marcelino Pedrasa (2).

---

(1) Annque el ser me diò Valencia,  Me diò alas para el cielo,
   Este convento, y su suelo       Y paraque anide en Venecia.

(2) Este que axi bola Aloy         Es lo angel que veu san Juan,
   Ab velocitat tan gran           Y no el pardalot de Alcoy.

» Que celui qui a vu le second centenaire de saint Vincent Ferrier s'en contente, car il est probable qu'il n'en verra pas d'autre. »

Du rocher de Saint-Jean sortaient des jets d'eau tombant à la mer; dans l'île, il y avait des arbres d'essences diverses, sur la mer un navire, sur la plage du sable, des coquillages et le mouvement du ressac.

De là, le cortège se dirigea vers l'église Saint-Étienne, tout illuminée : les fonts baptismaux étaient particulièrement ornés : les *cultos* d'un côté, et de l'autre des gens de diverses contrées écoutant la prédication de saint Vincent Ferrier.

Enfin, la procession rentra à la cathédrale, et tout se termina par une hymne à la chapelle du Saint, et la relique fut déposée sur l'autel.

Telles furent les fêtes du premier jour.

Le deuxième jour, il y eut des messes encore plus solennelles dans les églises particulières. Il faut avoir vu ces solennités : elles sont organisées par les confréries; des maisons spéciales tiennent à cet effet tout un assortiment de tentures luxueuses et des quantités énormes d'objets d'illumination. Les musiciens, nombreux et vraiment artistes à Valence, rivalisent de goût, de création et d'exécution parfaite.

Le soir, feu d'artifice au marché et sur la place Saint-Dominique.

Le troisième jour, toute la ville se porta au couvent des Dominicains, où célébraient les Carmes; le soir, feu d'artifice tiré par les Trinitaires, et un autre au couvent des Augustins *extra muros*. Suivirent deux jours de courses de taureaux.

L'église de Saint-Barthélemy, qui possédait un portrait de Vincent Ferrier et tout près de laquelle s'était accomplie la guérison miraculeuse de Doña Blanca, voulut avoir sa fête spéciale; elle eut lieu le 12 juillet suivant.

Le lecteur aura remarqué sans doute qu'en 1655, les miracles de saint Vincent Ferrier faisaient partie des traditions les plus vivantes du pays; ils étaient dans toutes les mémoires, et venaient se placer pour ainsi dire d'eux-mêmes sous la plume des poètes, le pinceau des peintres et la pensée des organisateurs. On ferait l'histoire tout entière du Saint, en ajoutant bout à bout les *alleluias*, les devises, les inscriptions, les tableaux et les monuments de sa seule ville natale. C'est là ce qui frappe tous les esprits de bonne foi et souvent fait tomber toutes leurs préventions.

---

Le récit et la description du troisième centenaire furent faits par un Jésuite, en un volume in-4° qui n'a pas moins de 450 pages. En voici le titre : *Fiestas seculares con que la coronada ciudad de Valencia celebró el feliz cumplimiento del tercer siglo de la coronacion de su esclarecido hijo y angel protector san Vicente Ferrer, apostol de Europa.* — Escribiolas el R. P. Padre Thomas Serrano de la Compania de Jesus, y las dedica a la misma muy ilustre ciudad. (Valencia, 1762.)

---

Aquell que no sap la traça
Ab laqual este angel bola,
Sen pot anar à la escola
De Marcelino Pedrasa.

El que el segon centenar
Veu de sent Vicent Ferrer
Contentes, per que el tercer
Deu sap qui podra aplegar.

L'auteur, qui ne manque pas d'originalité, débute par une épître à son successeur, *Phénix muy erudito, muy sabio, y muy discreto escritor del quarto siglo*, dans laquelle il compare les écrivains de leur espèce à des phénix qui renaissent de leurs cendres, sans avoir l'avantage de se reconnaître. La gravure du frontispice représente un taureau dans les airs, symbole de Calixte III, élevant saint Vincent Ferrier plus haut que Jupiter n'enleva *Europe*, de qui l'Europe, dont Vincent Ferrier fut l'Apôtre, a tiré son nom. Le poète Martial, avant lui, avait fait ce rapprochement d'un goût douteux. Et comme cette autorité ne lui paraît pas suffisante, il finit par dire que son taureau vole par permission *del señor Intendente*.

En ce troisième centenaire, le génie inventif des Valenciens et l'enthousiasme toujours grandissant multiplièrent ces féeries.

La ville s'engagea pour 3000 *pesos*, environ 12 000 francs. Valence tint à mériter sa réputation de cité hospitalière. Une ordonnance du Corregidor fit établir des cabarets où « tous les étrangers devaient être traités comme chez eux. » Les confréries rivalisèrent de zèle et de créations ingénieuses : l'union fait la force, elle fait aussi l'argent. Le roi refusa les courses de taureaux comme trop profanes. Ce fut un grand chagrin, mais Valence ne sait pas bouder. On imagina de creuser sur la Turia un lac artificiel et d'y livrer un combat naval, comme au Colisée, à Rome.

Les charpentiers fabriquèrent un char surmonté d'une hydre énorme à sept têtes, figurant les sept péchés capitaux ; de chaque tête tombaient constamment des quatrains contre lesdits péchés, vaincus par le triomphateur du jour, Vincent Ferrier.

Les pâtissiers, dont la confrérie s'exhibait pour la première fois, voulurent se distinguer. Leur char, en amphithéâtre, portait tout en haut leur patron san Diego d'Alcala ; au milieu, Vincent Ferrier, et dessous un petit four où se cuisaient toutes sortes de pâtisseries : un maître et deux ouvriers faisaient la pâte. Pour attirer l'attention du peuple, on lui jetait des poulets cuits à point et d'autres mets bien assaisonnés, avec des pâtisseries d'un goût exquis. Le peuple les recevait, en effet, avec tant de faveur que rien ne tombait à terre. On jeta une telle quantité de bonbons appelés *glorias* qu'on y vit une sorte de multiplication miraculeuse. C'était une façon de rappeler *la gloria de san Vicente*.

Les fabricants de caisses avaient un char tiré par deux aigles dont chaque plume était d'ophir, et conduit par deux jolis *niños* habillés en anges. En poupe, Vincent Ferrier en clerc, un ange à ses pieds ; trois autres anges jetaient au peuple des petites boîtes, des tambours microscopiques et des éventails. Puis venait le char des fabricants de seaux et des tourneurs : en avant, saint Joseph, soutenu par huit *volantes* ; en poupe, une belle représentation du couronnement du roi Ferdinand ; au centre, des anges travaillant des objets tournés qu'on jetait à la foule.

Six corps de métiers réunis formaient ensuite des groupes costumés à la mode des différents peuples, en tout quatre-vingt-douze personnes. Ce fut très admiré.

Le char des cordonniers, traîné par quatre cygnes, portait un arc de nuées traversé par des rayons et peuplé de séraphins parmi lesquels l'ange saint Vincent ; quatre anges portaient ses armes. Les chapeliers avaient pour char une forteresse avec tous ses agrès : en poupe et en proue, deux châteaux-forts commandés, l'un par saint Vincent, l'autre par saint Jacques ; au milieu, une tour; de la tour au château, les maures et les chrétiens allaient et venaient, combattant; le char était bordé de murailles crénelées.

Le char des gantiers, portant saint Vincent sur un trône de nuées, était tiré par des lions qui, de temps à autre, quittaient la rue, entraient dans les boutiques et renversaient les étalages de bonbons que les enfants ramassaient; des officiers publics constataient le dégât et payaient sur place. Du char, on jetait des gants et des gâteaux. Ils étaient suivis d'un tournoi de treize tournoyants habillés en *mois de mai*. (Pas moyen de traduire autrement.)

Les teinturiers de soie avaient représenté le miracle de Barcelone. A l'arrière du char, Vincent Ferrier; de la poupe à la proue, la mer, avec le château de Montjuich couvert de pièces d'artillerie et canonnant sans cesse; on voyait deux navires se diriger vers le port; devant, quatre paons royaux guidés par un *niño* en ange, avec des guides de nacre.

Une invention bizarre fut celle des voiliers : quatre colonnes de belle architecture servaient de niche à saint Vincent Ferrier; de chacune, une fontaine tombait en cascade sur six marches de verre diversement colorié et se déversait au centre du char creusé en forme de navire, dans une mer sur laquelle on voyait naviguer deux jolis vaisseaux; à la proue, une renommée et une sirène tenaient les guides.

Les boulangers avaient aussi un tournoi; sur leur char, en poupe, le Sauveur environné de trois anges; à l'avant, sous un arceau, un ange tenait les guides; au centre, on pétrissait et cuisait des pains qu'on jetait au peuple.

Les verriers avaient de même installé un four chauffé à blanc, d'où sortaient des verroteries de toutes formes que la foule se disputait avidement.

Le char des bouchers était plus compliqué : en poupe, un agneau avec un livre sur un trône d'argent; au centre, saint Vincent prêchant, entouré de sept belles statues, figurant les diverses langues; deux statues symboliques jetaient l'une de l'eau, l'autre du feu; en proue, un ange conduisait quatre taureaux aux pieds et aux cornes dorés; quatre lions s'élançaient sur les taureaux et les déchiraient avec leurs griffes; six Indiens les accompagnaient.

Les meuniers avaient, cette fois encore, un moulin à vent dont la meule se mouvait avec une vitesse incroyable, *plus que la langue d'un bavard*; on jetait la farine aux yeux des spectateurs.

Sur le char des faiseurs d'espadrilles, en poupe, saint Vincent Ferrier était représenté par un enfant qui jouait admirablement bien son rôle; au fond, saint Onuphre dans une caverne et deux lions à la porte; le char était tiré par quatre lions que guidait un ange assis dans la proue, et qui, en même temps, jetait au peuple des espadrilles.

Les cordiers représentaient, avec d'étonnants effets d'optique, le miracle du Portugal, où le Saint rendit la beauté à une femme laide. Au milieu, le baptême du Sauveur; en proue, un ange tenant les brides. Il y avait aussi des tournois. Les faiseurs de courroies avaient dressé en poupe une tour, au sommet de laquelle, sur un trône de nuées, était assis Vincent Ferrier; au milieu, un beau jardin; et au centre, un mécanisme lançait continuellement en l'air *l'aménité enveloppée de perles* (sic). Un ange tenait les brides et jetait au peuple des portefeuilles, des éperons et des courroies.

Les tisserands en lin avaient un char somptueux : saint Vincent Ferrier y rendait la vie à un enfant; sainte Anne filait et jetait au peuple le produit de son travail. Deux Éthiopiens guidaient les chevaux.

Les vétérinaires, les forgerons, les serruriers, les lanterniers, les armuriers avaient autant de chars, sur lesquels trônait, à côté de leur patron, le héros du jour, et où de nombreux ouvriers travaillaient comme dans l'atelier le mieux monté. Les armuriers voulurent se distinguer dans leur char : ils avaient en proue une chauve-souris, que guidait avec des rubans bleus un ange assis en poupe.

Les maîtres menuisiers conduisaient un char en forme d'hydre ailée : quatre miracles y étaient représentés par des procédés du plus délicat travail ; vers la tête, les sept vertus tenaient les sept péchés capitaux enchaînés ; vers la queue un globe, soutenu par quatre statues représentant les quatre parties du monde, et au-dessus un joli enfant avec une croix d'une main et une scie de l'autre, imitant l'Enfant Jésus : au milieu, un trône plein de majesté et, sur des nuées dorées, l'Apôtre valencien.

Les ouvriers menuisiers avaient pour char un éléphant guidé par un ange assis sur une chaise artistement travaillée, et sur un trône auguste saint Vincent couronnant Ferdinand roi d'Aragon ; plus bas, trois jeunes gens habillés en capitaines, et trois nymphes avec trois écus d'armes, Catalogne, Aragon et Valence, rappelaient le célèbre compromis de Caspe.

Les cordonniers avaient en poupe, sous un riche pavillon, les saints rois Crespin et Crespinien, entourés de leur garde, c'est-à-dire d'un capitaine avec ses hallebardiers ; en proue, saint Vincent Ferrier enfant tirant d'un puits force souliers de diverses couleurs fort bien faits, qu'il jetait à la foule. Des groupes de *Gitanellas* dansaient au milieu du char, avec une grâce sans pareille ; en les regardant, on oubliait tout ce que l'on avait vu jusqu'alors.

Le char des tailleurs représentait un aigle perché sur la sphère du monde ; il allongeait gentiment le cou et battait fortement des ailes. Sur l'aigle était saint Jean lorsqu'il vit l'ange valencien ; dans la partie la plus élevée, trônait leur patron, *saint Homo bono*.

Les corroyeurs avaient au centre de leur métier la custode du Saint-Sacrement, et à l'extrémité un lion attaché à une croix ; seize hommes, richement habillés en *Volantes*, portaient alternativement cette croix, les huit qui restaient libres dansaient devant l'ostensoir ; derrière la custode, deux galères : l'une de chrétiens, l'autre de Maures, avec toute leur artillerie ; elles s'abordaient violemment, et le choc faisait se dresser la bannière du métier reprise aux Maures en 1393, avec la custode sacrée.

Les laineurs avaient deux chars : sur le premier, un moulin à foulon, que dominait saint Vincent Ferrier; sur l'autre, *san Cristobal de la corona dentro del rio*. C'était superbe, et le digne couronnement de tant de belles inventions.

Puis, venait un tournoi ; et les géants avec les nains clôturaient cette première partie.

On remarquera que tous ces chars, outre les animaux fantastiques, lions, cygnes, paons, chauves-souris, qui étaient censés les tirer, s'avançaient en réalité traînés par quatre, six, huit et dix mulets ou chevaux absolument couverts d'étoffes multicolores, de pompons, d'ornements de cuivre brillants, de verroteries et de grelots, et qu'ils étaient précédés, suivis et flanqués de gens habillés selon toutes les modes de la création, exécutant des danses et des tournois en mimant des scènes diverses. Si l'on en juge par ce qui se passe encore à Valence, le cortège devait avoir plus d'un kilomètre de longueur.

Les poètes, qui appartenaient à tous les métiers, n'avaient pas de char à eux.

mais ils s'étaient distribués dans tous les chars, et, habillés en anges, ils jetaient sans cesse des vers au peuple.

Il ne s'imprima pas moins de quatre mille vers, dont un nombre considérable de sonnets. Il y avait encore des Pyrénées en ce temps-là, et le terrible arrêt de Boileau ne les avait pas encore franchies. Il est vrai que le thème était fécond, et l'on peut juger de l'imagination des poètes par ceci, qu'une des poésies les plus goûtées offrait les félicitations de Pégase à l'âne de saint Vincent Ferrier.

Le bon Père Jésuite qui célébrait en 450 pages in-4° le troisième centenaire de saint Vincent Ferrier, ne fut pas le seul chantre de cette mémorable solennité. Parmi les *miscellanea* de l'Escurial, j'ai trouvé trois poèmes, l'un de 1560 vers redisant les *funciones y publicos recocijos*, c'est-à-dire messes, processions, ou autres cérémonies sacrées, qui furent célébrées pendant les *neuf jours* que dura ce célèbre centenaire; le second, en 880 vers, énumère les autels, les arcs de triomphe, les peintures, les illuminations, etc.; le troisième, en 1560 vers, comme le premier, décrit les chars, les confréries, et relate les épisodes qui émaillèrent ces fêtes splendides; le tout sur un ton joyeux, mais d'une joie sérieuse qui fait penser aux fêtes du ciel.

———

Ce siècle aussi a eu son centenaire de saint Vincent Ferrier : triste siècle, hélas! témoin de si odieuses déprédations.

Le récit d'un quatrième centenaire, célébré vingt ans après les violences sacrilèges de 1835, forme aussi un volume de 450 pages, dû à la plume du chroniqueur officiel de Valence, don Vicente Bols. Cinq mille vers furent composés.

Je ne veux conserver que l'inscription placée sur les murs du couvent transformé en caserne : elle est conçue en ce style ampoulé, particulier à ce siècle de phraséologie sonore, prétentieuse et vide.

EL PUEBLO DE VALENCIA CONSAGRA ESTA MEMORIA
A SU GRAN SANTO Y GRAN PATRICIO VICENTE FERRER
SEA TESTIMONIO DE RELIGIOSIDAD Y PATRIOTISMO A LOS SIGLOS FUTUROS
EN EL IV DE SU CANONISACION ANO MDCCCLV

Et au-dessus, comme une ironie, sont gravées les armes de Valence et l'emblème du roi conquérant, qui éleva ces murailles après une victoire d'où est sortie la civilisation espagnole.

# APPENDICE *D*

## DISCUSSION DE L'AUTHENTICITÉ DU MANUSCRIT DE VALENCE.

Diago veut que ses sermons soient autographes; et telle est aussi la conclusion d'un petit travail adressé au Patriarche de Valence, Jean de Ribera, par François Gavaldan, descendant de la famille chez laquelle Vincent Ferrier laissa ce ms à Morella, en 1414. Ce travail n'est pas daté, mais comme l'auteur était contemporain d'Antist (1), les assertions de ses aïeux, qu'il invoque, peuvent être regardées comme probantes. Il est conservé avec le manuscrit lui-même, et regardé comme concluant.

Il argue surtout de la *première personne* qui s'y rencontre fréquemment : folio 64, le Saint écrit : *Socius meus frater Moya*. A Chinchilla, parlant du soldat qui ne veut pas se soumettre à la pénitence publique : *Tunc dixi ego scutifero* (folio 154). Folio 79, il est écrit en termes exprès : *Et hic fui infirmus ab hac die usque ad pentecosten exclusive; et ideo deficiunt plures sermones hic usque ad illam diem*. Et folio 121 : *Ab hac die usque ad adventum qui incipit hodie, fui impeditus propter infirmitatem que duravit mihi sex septimanas, et debilitacio usque ad hodiernum diem; et ideo sentiens me jam in convalescentia, incepi hodie scribere sicut consuevi*. Et d'autres passages semblables.

Il y a, d'ailleurs, une foule de détails personnels, qui excluent la possibilité d'un transcripteur après coup. Mais, le jour des saints Philippe et Jacques, le Fr. Jean d'Alcoy fit le sermon de la fête le soir. Or, ce sermon est là de la même écriture, de la même encre, de la même plume; simple plan, mais mauvais pastiche des autres, et offrant un bizarre agencement de textes. Le surlendemain, jour de l'Invention de la Sainte-Croix, le matin, le Saint prêcha sur la fête, et le soir, un autre sur ce texte : *Modicum videbitis me*. Ce sermon, toujours de la même main, paraît encore une assez maladroite imitation du maître. Il traite des sept *modicum* que nous devons avoir : *Modicum* de contrition, *modicum* d'intention, *modicum* de pénitence, etc., sept, parce que *modicum* est répété sept fois. Le tout agrémenté d'anecdotes. Avant le passage où il dit qu'il va recommencer à écrire, la même main a écrit : *Et 4ª feria vacat propter infirmitatem Magistri*.

Volontiers je pencherais pour une dictée : le soir, le disciple écrivait pendant que le maître parlait en compulsant ses textes, le verbe *inscribere* pouvant, à l'extrême rigueur, se traduire par faire écrire. Mais c'est l'un ou l'autre : autographe ou dictée; à moins que ce ne soit l'un et l'autre, en s'appuyant sur la presque identité de toutes les écritures en ce temps-là. Les surcharges, dont l'encre est différente, faites, par conséquent, à diverses époques, offrent les mêmes signes graphologiques. Comparée avec les notes de la Bible donnée par Benoît XIII, l'écriture du ms des sermons trahit seulement un peu plus de précipitation.

Telles sont les pièces du litige : au lecteur de conclure.

# APPENDICE E

## QUESTION DE L'IMMACULÉE CONCEPTION

De récentes discussions se sont élevées au sujet de l'Immaculée Conception telle que saint Thomas la comprenait; Vincent Ferrier était un thomiste

---

(1) El padre Maestro Justiniano...... enseñándole yo un dia este libro que fué la primera vez que lo vió, despues de haber leido quatro o seiz lineas, se arrodillò, lo besó, y dijó con voz alegre y devota : « Este es de san Vicente. »

fervent. Sa doctrine nous aidera peut-être à découvrir la véritable pensée du Maitre. L'édition des œuvres de saint Vincent Ferrier imprimée à Valence, par les soins des religieux de notre couvent, et incontestablement la plus soignée, contient un sermon sur l'Immaculée Conception, ainsi divisé : *Conceptio divinalis, angelicalis, humanalis, scripturalis, maternalis.*

Rien de particulier dans les deux premiers points, sinon ces paroles : « La » première de toutes les créatures, non dans l'ordre des temps, mais par » sa sainteté et sa dignité. » *Primogenita ante omnem creaturam, non in tempore sed in sanctitate et dignitate.*

Il divise en trois points la *Conceptio maternalis.* Au début du premier, il y a cette phrase : « Au jour et à l'instant même où l'âme de la Bienheureuse » Vierge Marie fut créée dans son corps, elle fut sanctifiée. » *Illa die et hora cum anima fuit creata in corpore Virginis Mariæ quod erat sicut una musca fuit sanctificata.*

Puis il énumère six degrés de sanctification : « Le cinquième est celui de saint » Jean-Baptiste. Le sixième qui dépasse tous les autres est celui de la Bien- » heureuse Vierge Marie, parce qu'au jour et à l'instant même où son corps » ayant été formé et son âme créée, Marie fut une créature raisonnable capable » de sanctification, elle fut sanctifiée.

» Un fleuve, par son cours impétueux, réjouit la cité de Dieu, le Très-Haut a » sanctifié son Tabernacle (ps. 45). » Ce fleuve au cours impétueux, ce fut la sanctification de la Vierge Marie, parce que la sanctification des autres Saints ne peut être comparée à un fleuve, mais à une simple goutte de la grâce.

Saint Bernard dit : « Les autres Saints ont participé aux trésors de la grâce. » Marie a reçu la plénitude de toutes les grâces. » Le Très-Haut a sanctifié son Tabernacle, c'est-à-dire la Vierge Marie qui fut le Tabernacle de Dieu. Quand, en effet, le corps de la Vierge Marie fut formé, et pour ainsi dire dessiné, et que son âme fut unie à son corps par la création, alors le Très-Haut sanctifia son Tabernacle (1).

Après avoir assimilé la Sainte Vierge à Notre-Seigneur, en disant :

« On ne fête d'autre conception que celle du Christ et de la Vierge Marie — » *Non fit festum conceptionis nisi Christi et Virginis Mariæ,* » il complète sa pensée dans un sermon sur la Nativité de la Vierge :

« Ne croyez pas qu'il en ait été d'elle comme de nous qui avons été conçus » dans le péché ; dès que son âme fut créée, elle fut sanctifiée, et à l'instant, » les anges célébrèrent dans le ciel la fête de la *Conception.* »

Les manuscrits de Toulouse, pour être un peu différents, n'en sont pas moins précis : « La quatrième (2) condition de la Conception du Christ, à laquelle est

---

(1) Sextus gradus et super alios omnes est sanctificatio Virginis Mariæ, quia in eodem die et horà formato corpore et anima creata, qua tunc fuit rationalis et capax sanctificationis, fuit sanctificata. *Fluminis impetus lætificat civitatem Dei ; sanctificavit tabernaculum suum Altissimus* (ps. 45). Fluminis impetus fuit sanctificatio Virginis Mariæ, quia sanctificatio aliorum sanctorum non dicitur fluvius sed una gutta gratiæ.

S. Bernardus : *Cæteris per partes gratia præstatur, Mariæ autem tota se infudit plenitudo gratiarum.* Santificavit tabernaculum suum Altissimus, scilicet Virginem Mariam, quæ fuit tabernaculum Dei. Quando enim corpus gloriosæ Virginis fuit organizatum et lineatum, et anima conjuncta corpori per creationem, tunc Altissimus Sanctificavit tabernaculum suum.

(2) Quarta conditio Conceptionis X$^{ti}$ cui assimilatur Conceptio B. Mariæ est quod fuit

» assimilée la Conception de la Vierge Marie, fut la confirmation en grâce et
» en sainteté : de même que le Christ fut confirmé en grâce de manière à ne
» la pouvoir perdre par aucun péché, ainsi la Conception de la Vierge fut
» aussi saintement confirmée, de telle sorte qu'elle ne put dans la suite com-
» mettre un péché ni mortel, ni même véniel. »

Parmi les notes écrites de sa main en marge de la *Somme* de saint Thomas,
laissée à Alcañiz, se trouve celle-ci : Q° 27. 2. A noter ce mot de la fin : « Qui
» dans *sa naissance fut exempte du péché originel.* » Il nous montre clairement dans quel sens nous devons entendre ces autres paroles de saint Thomas:
« La Bienheureuse Vierge a été exempte du péché originel et actuel. » I Sent.
dist. 44, art. 3, ad. 3.

On retrouve les mêmes termes, III Sent. dist. 3 (1).

D'où il est naturel de conclure avec de pieux biographes (2) : « Saint Vincent
» Ferrier pense qu'au premier instant de sa Conception, tous les anges l'ont
» saluée avec la plus grande vénération et lui ont souhaité la bienvenue et
» une heureuse entrée dans le monde. » Ce sont les termes mêmes de la
liturgie actuelle de cette fête.

---

confirmata *Sanctament*. Unde sic in gratia fuit confirmatus quod nunquam cadere potuit
per quodcumque peccatum..... Sic Conceptio Virginis fuit confirmata tam *Sanctament*
quod exinde neque mortaliter neque venialiter peccare potuit.

Cæteris per partes datur gratia Dei, Mariæ autem tota se effundit gratiæ plenitudo.....
Pro Virgine Mariâ, formato corpore et creatâ animâ, statim fuit sanctificata..... *Lætificat
civitatem Dei*, scilicet angelos qui gratiæ divinæ revelatione viderunt gratiam sanctitatis
Virginis, et fecerunt festum in cælo de ejus *concepcione* (ms. 346).

(1) In tertiam partem. Qu. 27, art. 2. In fine prope illa verba, « Quæ in ortu suo a
peccato originali fuit immunis. » Nota verbum. Unde patet qualiter sit intelligendum id quod
dicit super I sentent. dist. 44, art. 3, in respons ad. 3 argum : Beata Virgo a peccato
originali et actuali immunis fuit. Vide similem modum loquendi : distinct. 3, 3⁵ lib sentent.

(2) Barry et Ginther, au 8 décembre.
Dans un vieux bréviaire à l'usage de l'église de Tortose, on trouve l'office de l'Immaculée
Conception, célébré dès le XVᵉ siècle, en grande solennité, exactement « avec huit chan-
» tres », dit la rubrique locale. Or, Tortose a toujours passé pour la ville la plus
thomiste d'Espagne.

Un grand serviteur de Dieu, le vénérable P. Dominique de J.-M., Carme déchaussé,
dont la vie a été plusieurs fois écrite, eut une apparition de saint Thomas « qui l'entre-
» tint longuement sur le mystère de l'Immaculée Conception, lui révélant des choses
» tout à fait particulières, non seulement sur ce sujet, mais encore sur sa doctrine, sur sa
» vie et certaines expressions de ses écrits, et lui prédisant que la pieuse tradition serait
» un jour définie par l'Église comme un dogme de foi ; que, d'ailleurs, de son temps, il
» n'était pas possible de parler de la Conception, sinon dans les termes où il le fit. »

Y conferenció con el largamente acerca del misterio de la Purissima Concepcion revelan-
dole cosas muy singulares, no solamente acerca de este, sino tambien de su doctrina,
conducta, expresiones de sus escritos. Le reveló asimismo que la piedosa tradicion
llegaria a ser definida como dogma en la Iglesia. Que en su tiempo no era posible
hablar de la Concepcion sino en la forma que él lo hizo.

(Extrait de la *Vie du Vénérable*, écrite par le P. Ant. Augustin, évêque d'Albarracin
en 1669.)

# TABLE DES MATIÈRES

## TROISIÈME PARTIE

### CHAPITRE PREMIER. — Compromis de Caspe.

Un grand acte. — Etat de l'Espagne. — Ferdinand d'Antequera. — Mort de l'Infant d'Aragon. — Le comte d'Urgell. — Agonie du roi. — Situation critique. — Meurtre de l'archevêque. — L'homme providentiel.. 1

### CHAPITRE II. — Les Juges.

Les prétendants. — Parallèle d'Urgell et de Ferdinand. — Caspe. — Convocation des prétendants. — Le grand « Justicia » Bérenger de Bardaxi. — Election des neuf juges. — Difficultés. — Serment solennel. — Vincent Ferrier.................................................. 8

### CHAPITRE III. — L'Élection.

Discussion des droits. — Alerte. — Folie subite de l'un des arbitres. — Les portes du château se ferment. — Formule de l'élection. — Les voix. — Vincent Ferrier publie le jugement. — Caspe!........... 14

### CHAPITRE IV. — Le Théâtre. — Les Personnages.

Le château de Caspe. — Le salon de Vincent Ferrier. — Table historique. — Parlement microscopique. — Agrippine. — Un roi chrétien. — Perfide Albion. — Monfar trompé. — Enfants royaux.......... 22

### CHAPITRE V. — Alcaniz.

Thème royal. — Révélation foudroyante. — Martyre. — Les Tartanes. — Benoît XIII et le jugement dernier. — Encore les Juifs. — Une ville reconnaissante. — Une bonne édition de saint Thomas d'Aquin..... 27

### CHAPITRE VI. — Le Maeztrazgo et Lérida.

Le bailli Mercader. — De village en village. — Déposition de Jacques Quintanis — Couvents trop petits. — L'estropié de Lérida. — Vincent Ferrier modiste. — Fièvre obéissante. — Roi importun. — Ressuscité en passant. — Gens dangereux........................ 33

### CHAPITRE VII. — Adieux a Valence.

Lettres sur lettres. — Comment le Saint retrouve sa cellule. — Le « Quietamento ». — Laïque prêcheur. — Encore des lettres. — Les meuniers au moyen âge. — « Que fa la bufa? » — Tour de diamants. — La femme laide. — L'eau miraculeuse. — Caïn. — Les corbeaux. — Du feu pour rire. — Danger des souvenirs classiques. — Un vaisseau de haut bord et sa cargaison. — Nouvel Iscariote. — Le « Santo Crist ». 39

### CHAPITRE VIII. — DE VALENCE A TORTOSE.

Deux lettres du roi. — Contre-temps. — Le diable au cachot. — Sous les figuiers. — Un naïf. — Vincent Ferrier en ailes d'or. — Sources qui ne tarissent pas................................................ 50

### CHAPITRE IX. — LES BALÉARES.

Pierre de Lune sacristain. — Terrain mouvant. — L'évêque de Majorque à ses administrés. — Pluie. — Effet de l'intention. — Un cabaretier de tous les temps. — Cheveux exorcistes. — Le diable et le thaumaturge. — Comptes courants. — Un beau poisson. — Un possédé. — Par crainte de l'Inquisition ! — Souvenirs. — Un arbre récalcitrant. 55

### CHAPITRE X. — LES CONFÉRENCES DE TORTOSE.

On s'occupe des Juifs. — Un livre à imprimer. — Gens qu'on attend. — Résultat des Conférences. — Bulle du Pape. — Un bâton précieux. — Le mouvement se propage. — Scrupules royaux. — L'apparition de Guadalaxara................................................ 63

### CHAPITRE XI. — L'ENFANT DE MORELLA.

Une apparition. — Le mystère de Daroca. — Repas sinistre. — Leçon inutile. — Cinquante jours de conférence. — Cadeaux qui ne consolent pas. — A l'ombre du château de Morella. — Restitution bizarre. — Une fable à faire................................................ 68

### CHAPITRE XII. — SARAGOSSE.

Protection divine. — Toujours les Juifs. — La vieille Espagne. — « Calle de la democracia ! » — Un précurseur. — Lettre du syndic. — Sortie contre les quémandeurs. — Curiosité bibliographique............ 77

### CHAPITRE XIII. — CALATAYUD.

Chronique locale. — Prix d'une truite. — Avant 1835. — Prédication en plein vent. — Série de miracles. — Une mère éloquente. — Ce qui reste. 83

### CHAPITRE XIV. — GRAUS ET LA CATALOGNE.

Une ville d'autrefois. — Christ authentique. — Notre-Dame de la Peña. — Gens pratiques. — « La predicadera de san Vicente. » — Disciple digne du maître. — A Barbastro, le 29 juin. — Mulet impertinent. — Vincent Ferrier auteur classique. — Visite céleste. — Comme dans l'Évangile................................................ 86

### CHAPITRE XV. — CONCILE DE PISE.

Le schisme à vol d'oiseau. — Intrigues déplorables. — Défiance mutuelle des Pontifes. — La terre et l'eau. — Moyen brutal d'en finir. — Concile de Pise : trois Papes. — Boniface Ferrier à Pise. — Ambassade mouvementée. — Ce qu'il faut penser du Concile de Pise. 94

### CHAPITRE XVI. — Perpignan.

Balthazar Cossa. — Le roi malade à Valence. — Deux antagonistes. — L'empereur Sigismond à Narbonne. — Page glorieuse de l'histoire de Perpignan. — Le pape et l'empereur. — Comment on prépare les actes décisifs. — Borcoll et l'étudiant. — Sermon improvisé. — Juifs convertis mais encombrants. — Le dénouement se dessine............ 104

### CHAPITRE XVII. — Fin du schisme.

Nouvelle agonie. — Le médecin céleste. — « Ossa arida. » — Roi martyr. Dernières tentatives. — Le 6 janvier 1416. — Une reine pénitente. — Le vainqueur. — Miracle difficile. — Mort du roi............... 114

### CHAPITRE XVIII. — Concile de Constance.

Tentatives pour envoyer Vincent Ferrier au Concile. — Lettre de Gerson. — Vincent Ferrier n'est pas allé à Constance. — Rôle du Saint Empire. — Graves innovations. — Fuite de Jean XXIII. — « Tumultuariter. » — Procès des récalcitrants. — Le diable à Constance. — Martin V. — Jeunesse éternelle. — Note fausse. — Le Pape supérieur au Concile. — Lisières solides. — Les jubilés. — Le bien du mal. — Décadence fatale................................................ 126

### CHAPITRE XIX. — Péniscola.

Harmonie des milieux. — Impuissante colère de l'antipape. — Changement de maîtres. — Aubade magistrale. — Pierre de Lune et les araignées. — « Tretze sont tretze. » — L'arche de Noé. — Gil Muñoz. — Un Franciscain intelligent. — Les années de Pierre. — Justification impossible. — Le poison. — Une prophétie de Vincent Ferrier. — Tête à mettre dans un musée. — Quand la politique s'en mêle...... 139

### CHAPITRE XX. — Midi de la France.

Pèlerinage à Perpignan. — Le château des rois de Majorque. — Lettre de la reine Marguerite. — Le couvent des Dominicains. — Saint-Jean-le-Vieux et M. Viollet-le-Duc. — La pluie et le beau temps. — Béziers généreux. — Entrain méridional. — Guillaume Seuhier............ 146

### CHAPITRE XXI. — Toulouse.

Entrée triomphale. — Femme écrasée. — Une déposition de sept pages. — Chômage universel. — Les miracles. — Curieuse punie. — Sermon sur la Passion. — La vallée de Josaphat. — Épisodes. — Un contradicteur malheureux. — Enfants bien sages. — Le marché aux disciplines. — Les confréries de pénitents. — Ruines saignantes.............. 153

### CHAPITRE XXII. — A travers le Midi.

Un engin de guerre. — L'épileptique de Montesquieu. — L'enthousiasme gagne les textes officiels. — Une page d'Évangile. — Tabellion attentionné. — Le légendaire Milon. — Où saint Dominique aurait reçu le Rosaire. — Trois récits contemporains. — Gens confessés malgré eux. 165

### CHAPITRE XXIII. — Du Puy a Besançon.

Naïve chronique. — Bertrand Duguesclin. — 1417 ou 1407. — Un fermier de la Maille. — Le pré d'Aynay à Lyon. — Mestre Vincent à Mascon ou le registre de Jean Crochat. — Saint Labre d'Autun........... 176

CHAPITRE XXIV. — La Communion des Saints.

De Saragosse à Besançon. — Ce qui fait aboutir les Conciles. — La croix de la terre et la croix du ciel. — « Dans moins de deux ans et en France. » — Le calvaire d'Auxonne. — Rencontre dans la vallée. — Itinéraire enchevêtré. — Le représentant Lejeune............................ 182

CHAPITRE XXV. — Bourgogne et Centre.

Vieux Français. — Une ambassade à Dijon. — La peste à Clairvaux. — Chaire sur une boutique. — La première pierre du couvent de Chambéry. — Chape, missel, bâton et chapeau. — Style de procureur. — Bulle d'indulgences. — Decize. — Évêque peu accommodant. — A vol d'oiseau.................................................. 189

# QUATRIÈME PARTIE

CHAPITRE PREMIER. — « In fines orbis terræ. »

Déposition de Jean Bernier. — Scène de l'antiquité. — Exigences de la critique. — Où finit le monde. — Tout est perdu, tout est sauvé. — Vincent Ferrier et Jeanne d'Arc....................................... 199

CHAPITRE II. — De Nantes à Vannes.

70 000 auditeurs. — La demoiselle qui va devant. — Nantes en 1793. — Françoise d'Amboise. — Le monastère des Coëts. — M. Olier. — Les premières violettes de février. — Sur le chemin de Saint-Gildas. — Les calvaires de Bretagne. — Saint-Sauveur de Redon. — Le Pardon du Guerno........................................................ 205

CHAPITRE III. — Vannes.

Changement à vue. — Un homme de foi. — « Colligite fragmenta. » — Miracles en passant. — Couloir malpropre. — Lignée ducale. — Le médiateur......................................................... 211

CHAPITRE IV. — Bretagne bretonnante.

Souvenir des Croisades. — Jocelyn. — Les aboyeuses. — Le combat des Trente. — Ploërmel. — Le B. Grignon de Montfort. — Les maçons de Vincent Ferrier. — Une calotte bien authentique. — Du viaduc de Morlaix. — Comment disparaissent les souvenirs. — Histoire d'ânes à Châtelaudren. — La Vierge d'albâtre...................... 216

CHAPITRE V. — La Bretagne française.

Comment la Bretagne est chrétienne. — Hospitalité intéressée. — Les chemins de Bretagne. — Dinan. — Idylle bretonne. — Les deux cierges. — Un confrère du rosaire inscrit par saint Dominique. — Le Jerzual. — Poésie. — Le couvent de Bonne-Nouvelle. — L'art de vérifier les dates. — L'enfant deux fois miraculé..................... 224

CHAPITRE VI. — Chez les Anglais.

Le pouvoir de Satan. — Un mal étrange. — Un bon plaisir de Dieu. — Cas particulier de l'influence des esprits. — Notes diplomatiques et fières. — Trêve et résurrection................................ 232

## CHAPITRE VII. — Sa mort.

La maison Dreulin. — Manière de payer son écot. — Un beau coin de terre. — L'oreiller. — Fausse sortie. — Toutes les cloches sonnent. — Compatissance des femmes. — « Messieurs les Bretons. » — Prière exaucée. — Heures suprêmes. — La duchesse de Bretagne. — Les papillons blancs. — Sépulture. — Vannes en deuil.................. 235

## CHAPITRE VIII. — Récit breton.

Parfum armoricain. — La ville du blé blanc. — Adieux et retour. — Le moine apôtre. — Le château de l'Hermine. — Excursions. — Le génie celtique. — Le manoir de Truhellin. — Rafaël de Cardona montre le ciel.................................................................. 244

## CHAPITRE IX. — Procès de canonisation.

### § 1. — *Le procès.*

Tocsin d'allégresse. — Le livre d'Henri le Médec. — Pourquoi pas canonisé plus tôt? — La peste veille. — Françoise d'Amboise — Le saint corps. — Les commissaires apostoliques. — Le Chapitre général des Dominicains. — « Dieu le veult ! » — Impôt de circonstance. — La voix du peuple. — Trop de miracles. — Les enquêtes............ 248

### § 2. — *La canonisation.*

Le Pape attendu. — A la Minerve. — Le ciel approuve. — Acrostiche. — La parole est aux Bretons. — La première statue. — Le mot de l'histoire................................................................. 258

## CHAPITRE X. — Thaumaturge. — Gloire posthume.

### § 1. — *Le miracle.*

Pages blanches. — Le surnaturel. — Lazare dort. — L'état d'innocence. — La vie dans la mort. — Sanction divine. — Orateur et praticien. — « Sicut parvuli. » — La chape de saint Martin. — Couvercle de plomb. — Le semeur de miracles......................... 264

### § 2. — *Autour du tombeau.*

Par lassitude. — La cloche et la formule. — Les possédés. — Miracles communs. — Comme une pomme pourrie. — Cheval bien dressé. — Sous le moulin. — Loups de mer bretons. — Les vœux. — Les railleurs. — Jacques Lepetit. — Danse macabre de ressuscités. — Jean Guerre. — L'amour plus fort que la mort.................... 269

## CHAPITRE XI. — Culte et reliques.

### § 1. — *Culte dans l'Église.*

Canonisation anticipée. — Bref de Calixte III. — Le culte à Vannes. — Progression rapide des Rites. — L'Espagne intervient. — Office obligatoire. — Les lundis et les vendredis. — Formules liturgiques.. 293

### § 2. — *Le culte à Valence.*

Prophète dans son pays. — « Calle san Vicente. » — Miracle de bienvenue. — Première chapelle. — Jubilé lucratif. — Deux Bibles. —

Le Mocador. — Les restes du couvent. — Le bref « Gloriosus ». — Échange de bons procédés. — Poignée de miracles. — Le portrait. — Les statues. — Le protecteur. — Valence la belle............ 298

### § 3. — *Le culte en Italie.*

Florence. — Un bâton peu commode. — La Bible de Pise. — Pléiade de Saints. — Les orages. — Piémont et Lombardie. — Un Saint qui fait fracas. — Les tremblements de terre. — Naples : saint Janvier dans l'oubli. — Roi étonné. — La vraie prière. — Don Juan d'Autriche. — Deux homonymes. — Encore un bâton. — Le coutumier de la Minerve................................................ 308

### § 4. — *Le culte en divers lieux.*

Tableau parlant. — Condamné qui n'a pas peur. — Patron de Majorque. — A quoi servent les statues. — L'enfant de Raguse. — A Constantinople. — Cardinaux russes. — Dans le Nouveau Monde. — Quelques noms. — Un Saint qui n'est pas jaloux. — Saint Vincent de Paul. — La Corse à la France............................................. 323

### § 5. — *Le corps.*

Possession disputée. — Délégué intelligent. — La Ligue en Bretagne. — Comédie sérieuse. — Trop bien caché. — L'invention. — Evêque peu fier. — Nouvelle reconnaissance. — Etat actuel................. 329

### § 6. — *Reliques à Valence.*

François Ier prisonnier. — Trois voyageurs. — Peste opportune. — Dernier survivant. — Oubli malheureux. — Un chroniqueur naïf. — Miracles en passant. — Le sourd-muet de Madrid. — Oubli réparé. — Une relique chère................................................ 339

### § 7. — *Fragments et objets divers.*

Interdiction levée. — Chanoines d'accord. — Le grand-maître de Malte. — Marie-Louise de France. — Le tibia malade. — Dernier matelas. — Spirite anticipée. — Le chapeau de Lyon. — Les bras qui ont soutenu le monde................................................ 346

### CHAPITRE XII. — L'ŒUVRE ET L'HOMME.

§ 1 — *L'œuvre* ............................................. 352
§ 2 — *L'Apôtre* ............................................ 364
§ 3 — *Lave refroidie* ...................................... 378
§ 4 — *Le Saint* ............................................ 434

Conclusion ................................................. 449

# PIÈCES JUSTIFICATIVES

Documents de la troisième partie........................... I

1. Acte d'élection du roi Ferdinand à Caspe. — 2. Lettre du roi Ferdinand à Vincent Ferrier après Balaguer. — 3. Lettres des jurés de Valence à Vincent Ferrier et à Benoît XIII. — 4. Autre

lettre du roi à Vincent Ferrier. — 5. Comptes de Majorque. — 5 *bis*. Lettre du Camerlingue au roi. — 6. Lettre de Vincent Ferrier au roi, à propos de Guadalaxara. — 7. Lettres du prince royal à son père, au sujet de l'attentat de la comtesse d'Urgell, et au sujet des Juifs. — 8. Texte pour Graus. — 9. Lettre de Benoît XIII aux Juifs de Perpignan. — 9 *bis*. Confrérie des nouveaux convertis à Perpignan. — 10. Lettre de Jean Lecomte à Pierre Thillia touchant le 6 janvier à Perpignan. — 11. Acte de soustraction d'obédience (6 janvier 1416). — 12. Sauf-conduit du roi Ferdinand à Vincent Ferrier. — 13. Lettre de la reine Marguerite au sujet du 6 janvier. — 14. Document de Moulins. — 15. Document de Lyon. — 16. Textes pour Chambéry. — 17. Document de Nevers.

APPENDICES DE LA TROISIÈME PARTIE.................... XXIX

*A*. Examen critique du compromis de Caspe. — *B*. La Somme de saint Thomas à Alcañiz. — *C*. Discussion de la présence de Vincent Ferrier à Bologne. — *D*. Biographie de Boniface Ferrier. — *E*. Vincent Ferrier est-il allé à Constance? — *F*. Les suites du grand schisme. — *G*. La croix de Besançon.

DOCUMENTS DE LA QUATRIÈME PARTIE.................... LXI

1. Reliques de Nantes. — 2. Comptes du chapitre de Rennes. — 3. Lettre du roi Alphonse au Pape pour la canonisation de Vincent Ferrier. — 4. Questionnaire de Naples. — 5. Bref de Calixte III au duc de Bretagne. — 5 *bis*. Constitution de Nicolas V ordonnant l'enquête. — 6. Bulle de canonisation. — 7. Bref de Pie V autorisant le culte de Vincent Ferrier. — 8. Vincent Ferrier patron de Naples. — 9. Mandement de Mgr de Rosmadec.

APPENDICES DE LA QUATRIÈME PARTIE.................... LXXVI

*A*. Chaire de Guérande. — *B*. Prose de l'ancienne liturgie. — *C*. Centenaires. — *D*. L'authenticité des sermons autographes de Valence. — *E*. Question de l'Immaculée Conception. — *F*. Tableau de l'obédience de Benoît XIII.

# ANNOTATIONS ET CORRECTIONS

*Malgré les soins les plus minutieux, quelques erreurs se sont glissées, dues, pour la plupart, à la densité du texte, à la ténuité des caractères.*

*Le lecteur remettra de lui-même les lettres tombées, corrigera les lapsus d'orthographe : un pluriel pour un singulier, une consonnance qui s'est imposée, un œ pour un æ, un temps pour un autre, une ponctuation défectueuse. — De lui-même aussi, quand il trouvera t. I*ᵉʳ*, p. 129, l. 6 : « Le Pontife ne l'abandonna pas », il lira : « ne s'abandonna pas »; p. 236, note 3, il lira : numerum au lieu de munerum; enfin, p. 254 : « Un monticule isolé au milieu d'une élévation médiocre », il verra bien que la phrase a été tronquée.*

*Tout le monde sait que l'orthographe espagnole suit la prononciation, et par conséquent, varie avec elle; qu'on écrit indifféremment Xerès ou Jerès, San Matheo ou San Matteo, Monzon ou Monçon, et tous les autres mots à phonétique approximative.*

*L'usage des œ et des æ est récent : je les ai employés dans certains documents pour faciliter la lecture.*

*La traduction de certains noms propres latins a présenté quelques difficultés. Comment traduire, par exemple, Peregrini ? — En français Pélerin, mais en espagnol ?*

*Quant au livre lui-même, cette Histoire pourrait se concevoir de trois manières : ne faire parler que le document, supprimer le document, faire parler le document assez pour que tout lecteur, érudit ou non, puisse, par lui-même, se rendre compte des choses; — c'est à ce dernier parti que me suis arrêté, sans m'en dissimuler les inconvénients.*

*Toujours préoccupé d'intéresser le lecteur en l'éclairant, j'ai dû faire une sélection : indépendamment des sources documentaires que je me réserve de reproduire intégralement quelque jour, j'ai laissé sans emploi la moitié à peu près des pièces que j'avais sous la main.*

*Parfois, j'ai cru devoir traduire largement.*

*Au courant des nombreuses allées et venues, l'exactitude de quelques références a un peu souffert, sans toutefois altérer l'objet principal.*

*Jusqu'à la limite extrême du possible, j'ai respecté les traditions, mais je n'ai qu'une foi relative aux songes, par exemple, et aux impressions maternelles; je crois que, plus d'une fois, le chien de saint Dominique a fait rêver.*

*Durant les quinze ans que j'ai mis à composer ce travail, certaines modifications générales se sont produites : l'Espagne se relève de ses r??ues; Castelar s'est rallié à la monarchie; la question juive est devenue ?? aiguë; les archives s'inventorient tous les jours.*

*?es hommes compétents m'ont signalé quelques détails erronés : au sujet ?? Archives d'Aix, par exemple; de M. Germain, professeur et non ??iviste; de la Valpute, etc. — Je les en remercie.*

*Peut-être ai-je parfois trop hardiment exprimé ma pensée; seul, l'amour de la vérité en est cause, uni, qu'on veuille bien le croire, à la plus religieuse sympathie pour les personnes.*

Paris, le 8 mai 1894.

Fête de l'Apparition de saint Michel archange.

---

Imprimerie E. PETITHENRY, 8, rue François I<sup>er</sup>, Paris.

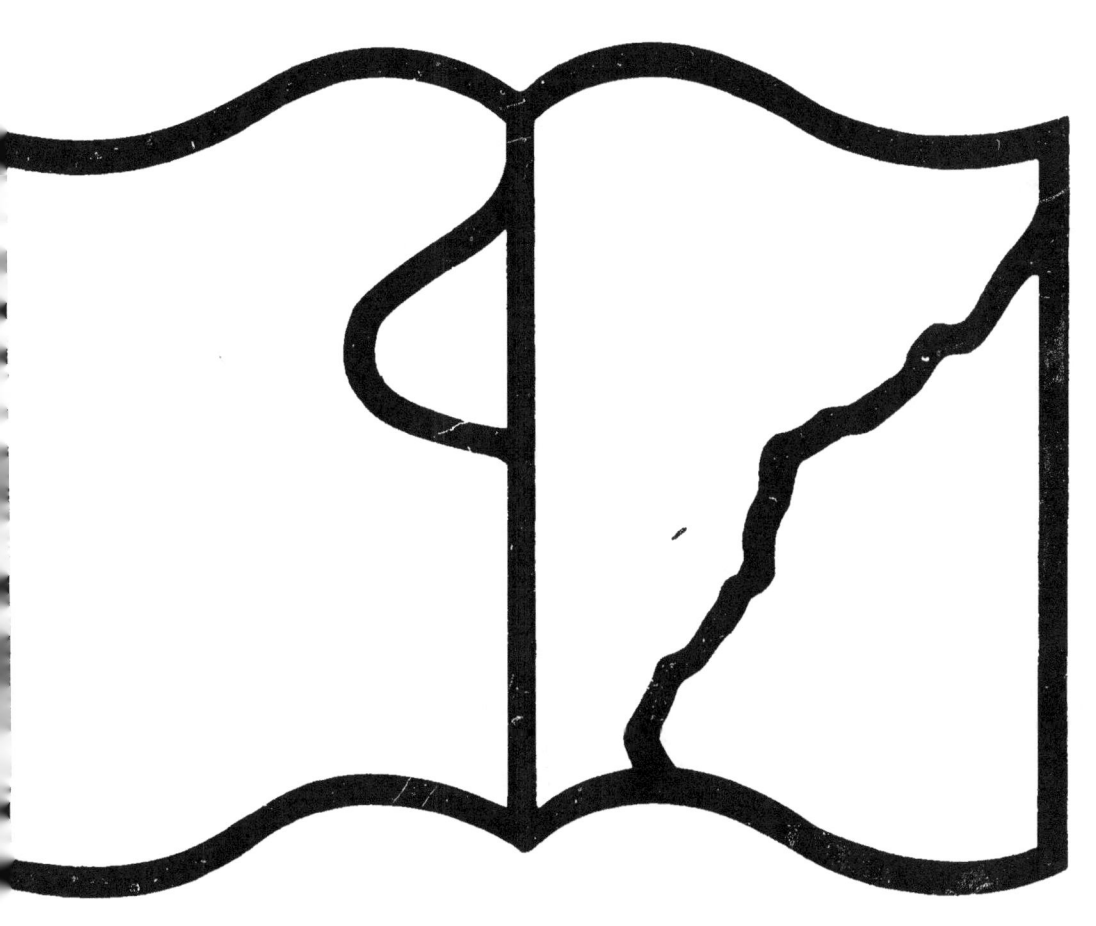

Texte détérioré — reliure défectueuse

**NF Z 43**-120-11

www.ingramcontent.com/pod-product-compliance
Lightning Source LLC
Chambersburg PA
CBHW070823230426
43667CB00011B/1676